GOLDMANN
ESOTERIK

Buch

Das Modewort »Esoterik« bezeichnete ursprünglich Geheimlehren, die vor Außenstehenden sorgfältig abgeschirmt wurden. Heute ist es ein Sammelbegriff für alle Strömungen geworden, die sich mit Selbsterfahrung, Bewußtseinsentwicklung oder Selbstvervollkommnung des Menschen beschäftigen. Die Vielfalt der Systeme und Schulen, die Vermischung von altehrwürdigen östlichen Traditionen mit kühnen Würfen der westlichen New-Age-Bewegung sowie die neuen Pfade einer ganzheitlich ausgerichteten Heilkunde verwirren jedoch nur allzu leicht. Orientierung bieten die rund 3000 Stichworte dieses Lexikons, das sehr ausgewogen alle Gebiete der Esoterik einbezieht – so zu Beispiel auch esoterische Belletristik und audiovisuelle Medien.

Autor

Hinter dem Namen Marc Roberts verbirgt sich ein Team von Astrologen, Heilpraktikern, Psychologen, Orientalisten, Indologen und Religionswissenschaftlern, die sich zu einem esoterischen Dokumentationszentrum zusammengeschlossen haben.

MARC ROBERTS

DAS NEUE LEXIKON DER ESOTERIK

GOLDMANN VERLAG

Dieser Titel ist im Goldmann Verlag
bereits als Paperback mit der Nummer 12237 erschienen.

Umwelthinweis:
Alle bedruckten Materialien dieses Taschenbuches
sind chlorfrei und umweltschonend.

Der Goldmann Verlag
ist ein Unternehmen der Verlagsgruppe Bertelsmann

Vollständige Taschenbuchausgabe Oktober 1995
Wilhelm Goldmann Verlag, München

Umschlaggestaltung: Design Team München
Druck: Presse-Druck Augsburg
Verlagsnummer: 12665
kk · Herstellung: Sebastian Strohmaier
Made in Germany
ISBN 3-442-12665-7

1 3 5 7 9 10 8 6 4 2

Verzeichnis der Abkürzungen

Abb.	Abbildung
abgel.	abgeleitet
Abk.	Abkürzung
afrik.	afrikanisch
ägypt.	ägyptisch
alchemist.	alchemistisch
alg.	algerisch
altnord.	altnordisch
amerik.	amerikanisch
anthroposoph.	anthroposophisch
AT	Altes Testament
astrolog.	astrologisch
atzek.	atztekisch
Aufl.	Auflage
babyl.	babylonisch
bayr.	bayrisch
Bde.	Bände
Begr.	Begriff
Bez.	Bezeichnung
bot.	botanisch
buddh.	buddhistisch
bulg.	bulgarisch
bzw.	beziehungsweise
chem.	chemisch
christl.	christlich
d. h.	das heißt
dän.	dänisch
dt.	deutsch
engl.	englisch
esot.	esoterisch
franz.	französisch
geb.	geboren
germ.	germanisch
german.	germanisch
gestorb.	gestorben
gnost.	gnostisch
griech.	griechisch
hebr.	hebräisch
hind.	hinduistisch
holl.	holländisch
ind.	indisch
isl.	isländisch
islam.	islamisch
israel.	israelisch
ital.	italienisch
jap.	japanisch
Jh.	Jahrhundert
jüd.	jüdisch
kabbal.	kabbalistisch
kath.	katholisch
kelt.	keltisch
klass.	klassisch
lat.	lateinisch
liban.	libanesisch
mediz.	medizinisch
mittelalterl.	mittelalterlich
mongol.	mongolisch
NT	Neues Testament
okkult.	okkultistisch
österr.	österreichisch
pers.	persisch
poln.	polnisch
polynes.	polynesisch
presbyterian.	presbyterianisch
Ps.	Pseudonym
röm.	römisch

roman.	romanisch
rumân.	rumänisch
russ.	russisch
schles.	schlesisch
schott.	schottisch
schwed.	schwedisch
singh.	singhalesisch
skrt.	Sanskrit
slaw.	slawisch
sog.	sogenannt
span.	spanisch
spekulat.	spekulativ
syr.	syrisch
theosoph.	theosophisch
tib.	tibetisch
tschech.	tschechisch
türk.	türkisch
u.	und
u. U.	unter Umständen
Überf.	Überfunktion
Übers.	Übersetzung
Unterf.	Unterfunktion
ursprüngl.	ursprünglich
volkstüml.	volkstümlich
z. B.	zum Beispiel

VORWORT

Das Herausgeberteam hat sich zum Ziel gesetzt, einem breiten Publikum ein neues Bild der Esoterik zu vermitteln. Unter dem Modewort Esoterik werden sehr unterschiedliche Erscheinungen verstanden. Ursprünglich bezeichnet es jede Geheimlehre, die vor Außenstehenden sorgfältig abgeschirmt wurde. In der Gegenwart ist Esoterik ein Sammelbegriff für alle Strömungen, besonders der New-Age-Bewegung, die sich mit der Selbsterfahrung und Selbstentwicklung oder -vervollkommnung des Menschen beschäftigen.

Man kann Esoterik geradezu mit der altgriechischen Weisheit: »Erkenne dich selbst!« umschreiben. Dieser »Weg nach Innen« will den Menschen durch das innere Tor und die Umwandlung zu einem neuen, höheren Bewußtsein führen. Nur durch die Loslösung von der äußeren Welt ist die Erkenntnis des Wesens des Menschen und die Vereinigung mit dem Absoluten oder Göttlichen möglich, das einer transzendenten, nur durch außergewöhnliche Bewußtseinszustände erfahrbaren Welt angehört.

Eine solche Bewußtseinserweiterung bzw. -veränderung einer möglichst großen Zahl von Menschen, was das Ziel der New-Age-Bewegung ist, verändert auch die Weltsicht, Spiritualität und die Denkmodelle der Wissenschaft. Das von Descartes und Newton begründete Weltbild der Neuzeit, das von der Gewißheit jeder wissenschaftlichen Erkenntnis ausgeht und durch die Trennung von Geist und Materie das Universum zu einer Maschine ohne jede Spiritualität machte, wird seit Beginn dieses Jahrhunderts schrittweise überwunden. Für die moderne Naturwissenschaft ist die Welt nichts anderes als ein dynamisches Gewebe von Beziehungen mit wechselnden Abhängigkeiten, und wissenschaftliche Erkenntnis besitzt keine absolute Wahrheit. Neuentdeckt wurde von der modernen Wissenschaft auch eine uralte Vorstellung der Esoterik, nämlich die Verbundenheit des Menschen mit dem Kosmos, die eine Urform des modernen ökologischen Denkens ist. Die ganzheitlich-ökologische Weltsicht der Esoterik kann in der gegenwärtigen Krise der Menschheit, die durch Ozonabbau, Artentod, Waldsterben etc. gekennzeichnet ist, ein grundlegendes Umdenken herbeiführen und rettende Konzepte und Modelle anbieten. Dieser eher theoretischen Richtung der Esoterik steht eine praktische gegenüber, die unter Selbstvervollkommnung des Menschen auch den äußeren Erfolg, z. B. im Beruf oder in finanzieller Hinsicht, versteht. Zu diesem mehr praktischen, auf

Lebenshilfe ausgerichteten Zweig der Esoterik gehören auch die Heilverfahren, besonders die Psychotherapien, die Heilung und Gesundheit als einen ganzheitlichen Vorgang verstehen, der Seele und Körper umfaßt. Die ganzheitliche Auffassung der Gesundheit des Menschen, die von den Kritikern als Scharlatanerie abgetan wird, bildet seit Jahrtausenden die Grundlage der medizinischen Modelle der östlichen Weisheitslehren. Die Reduzierung der Krankheiten auf biologische Mechanismen und physiologische Vorgänge entspricht nicht mehr den Erkenntnissen der modernen Biologie und Psychologie. Da der Mensch Teil der kosmischen Ordnung ist, entstehen die Krankheiten des Menschen aus einer Störung der Harmonie mit der Natur, seinen Mitmenschen und der spirituellen Welt. Besondere Aufmerksamkeit wurde dem Themenkreis der weiblichen Spiritualität geschenkt. Die heute offen zutage tretenden Mängel der patriarchalischen Religionen können durch das alte weibliche Erfahrungswissen überwunden werden, das den Gedanken der Ganzheit und Einheit alles Seienden betont. Aus dieser Definition der modernen Esoterik ergibt sich, daß der Esoteriker den Bereich der Philosophie, der Religion, der modernen Wissenschaft und der Psychologie berührt. Diese beiden Hauptrichtungen der Esoterik werden ausführlich behandelt.

Es wurde von dem Herausgeberteam aber sorgfältig darauf geachtet, daß alle Begriffe und Personen nicht durch den Staub der Jahrhunderte belastet sind. Maßgebend für diese Entscheidung waren nicht nur die Erfahrungen und Kenntnisse des aus Wissenschaftlern und esoterischen Praktikern bestehenden Teams, sondern auch die Heranziehung von ähnlichen ausländischen Werken. Somit ist das Lexikon ein zuverlässiges Nachschlagewerk zu folgenden Gebieten der modernen Esoterik: Alchemie, Anthroposophie, Aromatherapie, Astrologie, Audiovisuelle Medien, Esoterische Belletristik, Edelsteinmedizin, Farbtherapie, geheime Gesellschaften, Hexenwesen, Kabbala, Kräutermedizin (einschließlich der Zauberkräuter), Magie, Mystik, New-Age-Bewegung, östliche Weisheitslehren (Buddhismus, Hinduismus, Sufismus, Zen), Psychotherapien, Tarot, Theosophie, Zahlen.

Marc Roberts Team, 1993

A

A. A. Abk. von *Argenteum Astrum* (lat.: »Silberner Stern«); Name eines geheimen Ordens, den Aleister → Crowley (1875–1947) 1904 gründete, als er mit den führenden Mitgliedern des → Golden-Dawn-Ordens in eine Auseinandersetzung geriet. Crowley war nämlich zu dieser Zeit von sich überzeugt, den herausgehobenen Zustand des »Silbernen Sterns« erreicht zu haben, was ihn zum geheimen Leiter des Golden-Dawn-Ordens machte. Die magischen Rituale des neuen Ordens betonen die Sexualmagie. Offizielles Organ war die Zeitschrift *Equinox.*

Abano, Petrus (circa 1250–1350), von Beruf Arzt; er verfaßte wahrscheinlich das Zauberbuch *Heptameron seu elementa magica,* das magische Figuren und Formeln zum Anrufen von Geistern enthält. Es wurde 1559 als Anhang zum 4. Buch der *Philosophia occulta* von → Agrippa v. Nettesheim veröffentlicht.

Abbé de Villars (1635–1673) wuchs in der Nähe von Toulouse auf, ging 1667 nach Paris, um in die geistliche Laufbahn einzutreten. Doch die Veröffentlichung seiner kritischen Schriften, besonders aber das Skandalbuch *Le Comte de Gabalis,* 1670, dt. Übers.: *Der Graf von Gabalis,* führte bald zu einem Predigtverbot. Der Autor schildert, wie er von einem deutschen Kabbalisten, dem »Grafen von Gabalis«, in die geheimen Wissenschaften eingeführt wird. Man warf deshalb de V. vor, er habe Geheimnisse der → Gold und Rosenkreuzer verraten. Als er 1673 auf dem Weg nach Lyon ermordet wurde, glaubten viele Zeitgenossen, daß er einem Racheakt der Rosenkreuzer zum Opfer gefallen sei. Es gibt jedoch auch Stimmen, die den Roman für eine Satire auf den zeitgenössischen Okkultismus ansehen Auch die Gegner des Autors anerkannten das hohe literarische Niveau dieses Buches, nach dessen Titelhelden im 17. Jh. die geheimen Wissenschaften als »Gabalika« bezeichnet wurden.

Abdrushin, arab.: »Sohn des Lichts«; Ps. für Oskar Ernst Bernhardt (1875–1941). Der gelernte Kaufmann schloß sich zunächst den Theosophen an. Ab 1924 hielt er eigene Lehrvorträge, in denen er seine Gralsbotschaft verkündete. Seine Anhänger bildeten die Gralsgemeinschaft, die seit 1928 ihr Zentrum in Vomperberg (Schweiz) hatte. Dort schrieb A. auch sein Hauptwerk *Im Lichte der Wahrheit,* das zur Bibel seiner Sekte wurde. Der Sektengründer beanspruchte für sich eine göttliche Herkunft und behauptete, schon zu Zeiten Moses auf Erden gelebt zu haben.

Aberglaube, abgeleitet von Afterglaube = Mißglaube (Luther, 15. Jh.) Eine abwertende Bezeichnung von Glaubensvorstellungen und Bräuchen, die zunächst von der Kirche gebraucht wurde, um Andersgläubige auszugrenzen, besonders wenn es sich um heidnisches und vorchristliches Glaubensgut handelte. Die lat. Bez. lautet *superstitio,* was wörtlich übersetzt »Überglaube« bedeutet. Zu allen Zeiten waren die Religionen gezwungen, den Aberglauben in beschränktem Umfang als eine »subjektive Draufgabe« zu dem herrschenden Glauben zu tolerieren. Mit Beginn des 19. Jh. wurden alle Ideen und Vorstellungen, die den Naturwissenschaften zu widersprechen schienen, dem A. zugerechnet. So spricht man z. B. im abwertenden Sinne vom A. in der Medizin oder dem Heilaberglauben, wenn man alternative Heilverfahren bzw. die ganze Volksmedizin von der Schulmedizin abgrenzen will. Der kämpferische Materialismus besonders der marxistischen Richtung bezeichnete alle Religionen als »unwissenschaftlichen A«. (Karl Marx: »Die Religion ist Opium des Volkes.«) Die moderne Esoterik versteht unter A. wieder die alten heidnischen Vorstellungen und Bräuche, die vom Christentum unterdrückt wurden. Unter dem Begriff Neuheidentum erleben die alten vorchristlichen Religionen Europas eine Wiederauferstehung. In der → Kräuterheilkunde, → Edelsteinmedizin, → Aromatherapie und → Farbtherapie wird uraltes Menschheitswissen, das lange als A. belächelt wurde, neuentdeckt und zur Heilung benutzt.

Abhidamma-Pitaka, Pali: »der Behälter der Exegese«; der dritte und jüngste Teil der buddh. Textsammlung → Tripitaka. Er besteht aus sieben Büchern, die sich mit der buddh. Scholastik beschäftigen. In der Vergangenheit wurde diesen literarisch sehr reizlosen Texten wenig Beachtung geschenkt. Aber heute erkennt man ihren Wert für den älteren → Buddhismus und die spätere buddh. Philosophie. Das wichtigste Buch ist der siebte Teil dieser Sammlung, das *Kathavatthu,* das man dem Tissa Moggaliputta zuschreibt.

Abhinna, Pali: »höheres Wissen«; Bez. im → Buddhismus für die sechs übersinnlichen Kenntnisse, die man nach dem Eintritt in die 4. Stufe der Versenkung (→ jhana) erreicht. Es sind dies: 1. verschiedenartige magische Kräfte *(iddhividha),* 2. das himmlische Ohr *(dibhasota),* 3. das Durchschauen der Herzen *(paracittavijana),* 4. das Wissen von früheren Existenzen *(pubbenivasanussatinana),* 5. das himmlische Auge *(dibbacakkhu),* 6. das zur Vernichtung der Einflüsse führende Wissen *(asavakkhayakaranana).*

Abhisheka, skrt.: »Weihe«; Bez. für die Weihe des Schüler durch den → Guru im → Diamantenfahrzeug *(Vajrayana),* der jüngsten der drei großen Strömungen im → Buddhismus.

Durch Meditationsübungen findet eine Kraftübertragung von dem Lehrer auf den Schüler statt. Man unterscheidet vier Stufen, nach deren schrittweiser Absolvierung der Schüler ermächtigt ist, bestimmte Texte zu lesen und die darin beschriebenen Riten und Übungen auszuführen.

Abjad, arab. Bez. für die → Gematria, der Zuordnung von Buchstaben zu Zahlen. Jeder Buchstabe des arab. Alphabets hat einen Zahlenwert.

Abkochung, ein wäßriger Pflanzenauszug, bei dem die Drogen mit kaltem Wasser übergossen, zum Kochen erhitzt und zugedeckt und unter gelegentlichem Umrühren bei kleiner Hitze 10–30 Minuten ziehen gelassen werden.

Abracadabra, ein magisches Wort, das aus den Buchstaben von → Abraxas gebildet wird. Das Wort Abracadabra wird elfmal so untereinander geschrieben, daß immer ein Buchstabe weggelassen wird. Auf diese Weise kann es seine ganze Zauberkraft entfalten. Schon in der Antike schrieb man das Wort auf einen Zettel, um Krankheiten aller Art zu vertreiben.

Abraham Eleasar, ein Alchemist, der das Buch *Uraltes chymisches Werk* verfaßt haben soll, wie der Herausgeber dieses Buches im Vorwort berichtet. Dieses alchemist. Traktat stammt mit Sicherheit erst aus dem 17. Jh., so daß die weiteren Angaben zur Person des A. nur reine Fiktion sind. Er soll angeblich nach der Zerstörung der Stadt Jerusalem gelebt und auf einer Kupfertafel die Lehrsätze der chemischen Kunst gefunden haben, die von Tubal-Kain (1. Buch Mosis, Kap. 4,22) der Nachwelt überliefert wurden. Es handelt sich aber wohl nur um eine der Legenden über die Herkunft der berühmten → Tabula Smaragdina.

Abraham von Frankenberg (1593–1652), ein schlesischer Adliger und Mystiker, der zu den Schülern von Jakob → Böhme zählte. Ähnlich wie sein Meister wurde er von einem religiösen Erlebnis erleuchtet, dessen Botschaft er in Predigten und Schriften anderen Menschen mitzuteilen versuchte. Sein Hauptwerk *Raphael oder Arztengel* (1676) beruht auf der → Mikrokosmos-Makrokosmos-Lehre und der → Signaturenlehre. Nach A. kann man eine Krankheit auf drei verschiedene Weisen behandeln: 1. mit chemischen Mitteln, 2. mit einer Art geistlicher Medizin, die sich auch übernatürlicher Kräfte wie Hellsehen bedient und 3. mit magischen Kräften.

Abraham von Worms (1362?–1460), auch Abraham der Jude genannt: Die wenigen biographischen Daten, die wir über ihn besitzen, stammen aus einem Buch mit dem Titel *Des Juden Abraham von Worms Buch der wahren Praktik in der uralten göttlichen Magie* (Textkritische Ausgabe mit Kommentar von Jürgen von Inns 1988).

In der uns vorliegenden Form besteht das Buch aus vier Büchern, aber wahrscheinlich wurde zwischen dem 1. und 2. Buch eine Sammlung magischer Rezepte eingeschoben. Im 1. Buch beschreibt A., wie er nach langen Irrfahrten durch Europa und den Nahen Osten den berühmten Magier Abramelin in Ägypten findet, der in der Stadt Araki als Eremit in der Wüste lebt. Abramelin bedeutet nach Ansicht einiger Forscher »Vater des Sandes«, andere halten ihn für eine korrumpierte Form von Abraham Elymas, der als Magier in den Apostelakten vorkommt. Im 2. Buch vermittelt A. seinem Sohn Lamech, was er von Abramelin gelernt hat. Dieses magische Wissen bezeichnet man als Theurgie oder »Götterzwang«, es lehrt den Menschen, wie er mit göttlichen oder dämonischen Wesen in Verbindung treten und ihre Dienste in Anspruch nehmen kann. Für die moderne Esoterik ist von großem Interesse, daß es sich bei diesem übergeordneten Wesen um den persönlichen → Alter Ego eines Menschen handelt. Dieser Schutzengel kann dem Menschen göttliches Wissen offenbaren und ihn somit befähigen, über andere Dämonen, die für ihn gefährlich sind, zu gebieten. Die Kontaktaufnahme ist eine schwierige magische Operation, zu deren Durchführung die Kenntnis der im 3. Buch genannten magischen Quadrate und Namen von Dämonen erforderlich ist. Zahlreiche Probleme dieses Buches sind noch ungeklärt. Das Erscheinungsdatum des hebr. Originals wird in den verschieden Textvarianten unterschiedlich angegeben (1387 bzw. 1458). Mit beiden Daten stimmen aber die im Text genannten Lebensdaten von historischen Persönlichkeiten nicht überein. Berühmt wurde dieses Buch in der Neuzeit durch den → Golden-Dawn- und → Orientalischen Templerorden (OTO), die es bei ihren magischen Operationen benutzten. → Crowley versuchte vergeblich mit den darin beschriebenen Ritualen, seinen Schutzgeist anzurufen. Er mußte die Beschwörung abbrechen, weil ihn eine große Angst befiel. Der Großmeister des OTO, Dr. Petersen und seine Frau, sollen nach einer solchen magischen Beschwörung Selbstmord begangen haben.

Abraxas. Die Ableitung des Wortes ist unsicher; die Basaliden, eine gnostische Sekte (Gründer Basalides circa 150 n. Chr.) bezeichneten damit ihren höchsten Gott, aus dem alle anderen Götter – auch Jesus Christus – entstanden sind. Sie glaubten, daß dieser Name eine magische Kraft habe, da seine sieben Buchstaben im griech. Alphabet den Zahlenwert 365 ergeben, was der Anzahl der Tage im Jahr entspricht.
Folglich untersteht A. eine entsprechende Anzahl von Göttern. Da auch → Mithras in seiner griech. Namensform Meithras einen Zahlenwert von 365 hat, so identifizierte man beide Götter. A. galt als ein ägypt. Gott, den man auf → Amuletten mit dem Kopf eines Kö-

nigs und mit Schlangen als Füßen abbildete. Meistens hat er eine Peitsche in der Hand.

Absinthium, eine magische Pflanze, die noch nicht eindeutig identifiziert werden konnte. Aus der Antike sind einige hundert solcher magischer Gewächse bekannt, von denen ein großer Teil nur der Phantasie entsprungen sind. Manches spricht dafür, daß es sich bei dieser geheimnisvollen Pflanze um den → Wermut handelt (bot.: *Artemisia absinthium).* Bei den Ägyptern war es eine heilige Pflanze, welche die Eingeweihten bei den Mysterien des → Osiris und der → Isis in der Hand trugen. Das A. wird auch im NT (Offenbarung des Johannes 8,11) erwähnt: »Und der Name des Sternes heißt Wermut. Und der dritte Teil der Wasser war Wermut, und viele Menschen starben von den Wassern, denn sie waren bitter geworden.«

Abulafia, Abraham ben Samuel (1240–1291), berühmter span. Kabbalist, der 1258 den Orient bereiste, danach Griechenland und Italien. Als er versuchte, den Papst Nikolaus III. zum Judentum zu bekehren, entging er nur knapp dem Tod auf dem Scheiterhaufen. Er stand im Ruf, ein großer Magier zu sein, so daß er sich sogar in Sizilien als Messias ausgeben konnte. Seine Lehre, die viele Gemeinsamkeiten mit dem ind. → Yoga hat, übte einen großen Einfluß auf die Kabbalisten (→ Kabbala) seiner Zeit aus. Er behauptete, im Zustand der Ekstase könne der Mensch sein eigentliches Wesen erfahren. Der Weg dorthin führe über die völlige Unterdrückung der Sinne, der intensiven → Kontemplation und der → Meditation über die 72 Namen Gottes (→ Schemhamphorasch). Man schreibt A. die beiden kabbalistischen Schriften *Gan Naul* (»Verschlossener Garten«) und *Sefer ha Oth* (»Das Buch über den Buchstaben«) zu.

Abyssus, griech.: *Abgrund;* im NT (Offenbarung des Johannes, 9,1-3,11) ein Ort von unendlicher Weite und Tiefe (Gegenbegriff zum Himmel), der nur für Gott und den von ihm beauftragten Wächter, den Engel Abbadon oder Apollyon, erreichbar ist. Es ist der Ort, wo sich Christus drei Tage aufhielt, ehe ihn Gott wiederauferstehen ließ. In den A. wird auch der Satan für tausend Jahre verbannt (Offenbarung des Johannes 20,1-3). In der → Kabbalah bezeichnet A. den unermeßlichen Abstand zwischen der Welt des Verstandes *(Olam ha muskal)*, die von den → Sephiroth Kether, Chochmah und Binah gebildet wird, und den übrigen sieben Sephiroth: Chesed, Geburah und Tiphereth, die die Welt des Gefühls *(Olam ha murgah)* bilden sowie Nezah, Hod und Jesod, die die Welt der Natur *(Olam ha mutba'a)* bilden, und Malkuth.
Die moderne Esoterik kennt auch einen A. im Menschen. In der Umgangssprache benutzt man dafür den Ausdruck: »In einem Menschen öffnen sich Abgründe«, womit man die rätselhaften,

unerklärlichen und unfaßbaren Charakterzüge eines Menschen bezeichnen will.

Abzapfen, Bez. für eine → paranormale Form des Wissenserwerbs. Das → Medium entlehnt bei → Séancen Gedanken aus dem Bewußtsein bzw. Unterbewußtsein einer abwesenden Person. Eine andere Bez. ist Abwesenheitstelepathie (→ Telepathie).

Acem-Meditation, ein Kürzel, die keinen Sinn hat; Bez. für eine Meditationsorganisation, die 1974 von dem Norweger Are Holen begründet wurde. Mit Hilfe eine zweistündigen → Meditation pro Tag, die durch → Yoga und → Rollenspiel ergänzt wird, will man den Menschen in der Industriegesellschaft für die Daseinsbewältigung fit machen.

Achad, Frater (1886–1950), Ordensnamen von Charles Stansfeld Jones, der sich als »Ipsissimus« bezeichnete, was den höchsten Grad des → Golden-Dawn-Ordens bezeichnet. Diesem Grad entspricht ein Bewußtseinszustand, der durch → Kether im kabbalistischen Baum symbolisiert wird. → Crowley bezeichnete A. als seinen »geistigen Sohn«. Bekannt wurde A., der in Kanada lebte, durch seine esot. Bücher, die sich mit der Kabbala, Tarot und der Interpretation der Werke Crowleys beschäftigen: *The Bride's Reception (Der Empfang der Braut) The Anatomy of the Body of God (Die Anatomie des Körpers Gottes).*

Achat. Unter diesem Namen faßt man eine ganze Edelsteinfamilie zusammen: roter A. oder Karneol, Obsidian, Laubachat oder Moosachat, Chalcedon, weißer A. oder Anacthit, Hirschhornstein und Stephansstein.
Der älteste A. stammt aus Ägypten und wurde Menusstein genannt. Die Chinesen kennen ihn unter dem Namen *Manao* (Pferdehirn), da seine untereinandergemengten Streifen einem Pferdehirn ähnlich sind. In der griech.-röm. Antike war der A. ein Mittel gegen Schlangen- und Skorpionenbiß. Die Magier schätzten ihn als Liebesstein. Überdies sollte er den Durst löschen können. Dem roten A. wird in der arab. Medizin die Kraft zugeschrieben, Blutungen zu stillen, eine Geburt zu erleichtern und vor Bezauberungen, bösem Blick und Hypnose zu schützen. Die hl. → Hildegard v. Bingen weiß noch zu berichten, daß man mit seiner Hilfe die Epilepsie vertreiben kann, »wenn Wasser, in dem der Achat bei wachsendem Mond drei Tage gelegen hat, beim Bereiten der Speisen für den Patienten zehn Monate hindurch verwendet wird«. Auf diese Weise vertrieb man auch Schlafwandelsucht und Wahnsinn.
Anwendung in der modernen Edelsteinmedizin: Der A. beeinflußt das Basis-chakra (→ Chakra). Das → Elixier des roten A. ist wirkungsvoll gegen Tumorerkrankungen, zur Unterstützung der Sauerstofftherapie und zur Regeneration. Ein Elixier aus Laubachat hilft gegen Lymphdrüsen-, Nieren- und Lebererkrankungen.

Adam Kadmon, hebr.: »himmlischer Mensch oder Urmensch«; ein zentraler Begriff der → Kabbala, der sich nicht auf den »ersten Menschen« (hebr.: *Adam harischon)* bezieht. Nach diesem Urmenschen hat Gott die Welt und die Menschen erschaffen. Die Gestalt des Menschen ist nach der Auffassung der Kabbala das Abbild all dessen, was im Himmel oben und auf der Erde unten ist. A. K. ist gleichsam das Symbol der zehn Sephirah (→ Sephiroth), so daß man ihn auch als den »Sephiroth«-Menschen bezeichnet.

Einen solchen Urmenschen oder Menschenprototyp gibt es auch im → Manichäismus als *Enascha kadmaja* und bei den Mandäern als *Gabra kadmaja.* Auch die Ägypter kannten einen »Himmelsmann« oder »himmlischen Menschen«, den sie sich aus einer Anzahl von Gestirnen zusammengesetzt dachten.

Adept, lat.: »einer, der das Ziel erreicht hat«; damit werden in der Esoterik Eingeweihte oder neue Meister bezeichnet, die nach einer Vorbereitungszeit mit der Geheimlehre oder dem geheimen Wissen einer Religion, Sekte oder esot. Gemeinschaft vertraut gemacht wurden. Nach einer besonderen Weihehandlung (→ Initiation) wird ihnen die Berechtigung erteilt, die Geheimlehre oder Teile davon zu lehren oder zu deuten und an den Zeremonien teilzunehmen. → Nach Jung ist der A. der Alchemist, der bewußt am → *Opus magnum* (großen Werk) teilnimmt. Er steht symbolisch für das Ich und den Analytiker.

Aderlaß, lat.: Phlebotomie; Bez. für die künstliche Öffnung einer Vene. Diese Therapieform, die in der Antike und im Mittelalter sehr verbreitet war, ist auch in der chin. und aztek. Medizin bekannt.

Aderlaßmännchen, bildhafte Darstellung eines Menschen, dessen Organen die zwölf Tierkreiszeichen zugeordnet sind. Solche Bilder waren im Mittelalter sehr verbreitet. Man glaubte nämlich, daß der Aderlaß dann nicht ausgeführt werden durfte, wenn der Mond in dem betreffenden Tierkreiszeichen stand, das der zu punktierenden Körperstelle zugeordnet war (→ Iatromathematik bzw. -medizin).

Adi-Buddha, Pali: »Urbuddha«; die Schulen des → Buddhismus kennen eine Vielzahl von → Buddhas und → Bodhisattvas, die man in der späteren Zeit durch eine Art → Emanationssystem in Beziehung gesetzt hat. Nach diesem System gibt es einen Urbuddha, der ewig und durch sich selbst entstanden ist. Dieser bringt durch seine Meditation (→ Dhyana) fünf Meditationsbuddhas hervor. Diese lassen durch ihre Meditation die fünf Meditationsbodhisattvas entstehen. Während diese Buddhas bzw. Bodhisattvas in höheren Welten leben, erscheinen auf Erden als Ergebnis der magischen → Projektionen fünf menschliche Buddhas *(manushi-buddhas).*

Adi-Granth, skrt.: *adi* = »ur« u. *grantha* = »Buch«; Bez. für das heilige Buch des Sikkhismus, einer ind. Sekte. Dieses

Buch, dem eine göttliche Ehre erwiesen wird *(Granth Sahib* = »Meister Granth«), wurde 1604 zusammengestellt und wird heute im Goldenen Tempel in Amritsar aufbewahrt. Es enthält 15 575 Verse, die den Einen Gott lobpreisen. Jeder Sikkh muß frühmorgens das Eingangskapitel aufsagen.

Adler, Alfred (1870–1937), österr. Psychologe und Psychiater, der zunächst ein Schüler von → Freud war, dann aber eine eigene Lehre, die Individualpsychologie, begründete. Im Gegensatz zu Freud entstehen die Grundkonflikte des Menschen nicht aus dem Spannungsverhältnis zwischen Trieben (→ Libido) und geistigen Hemmungen, sondern aus dem individuellen Streben nach Macht und Geltung und der Verpflichtung, sich in eine Familie, Gemeinschaft und Gesellschaft einzuordnen. Dieser Machttrieb ist die Kompensation (lat.: »Ausgleich«) von Minderwertigkeitsgefühlen. Für die moderne Esoterik ist seine Traumpsychologie (→ Träume) von Interesse. Der Traum gehört zu den Kunstgriffen, die dem Machtstreben zum Sieg verhelfen sollen. Der Traum ist für ihn das bewußte Vortasten zum bewußten Machterwerb. Der Mensch will nach A. immer »oben« sein. Wenn er dies nicht am Tage erreichen kann, dann verbirgt sich dieser Wunsch in seinem Unterbewußtsein und tritt nachts in seinen Träumen in Erscheinung. Da in den Träumen häufig Erlebnisse aus den früheren Jahren, besonders der Kindheit eines Menschen behandelt werden, so ist dies für A. ein Beweis, daß der Machttrieb schon im Kindesalter als Selbstbehauptungstrieb vorhanden ist. Träume sind immer ein Anzeichen dafür, daß ein Mensch mit Konflikten nicht fertig wird. Bei der Deutung eines Traumes ist die Rückführung der Traumbilder auf unpersönliche Symbole wenig hilfreich, weil dabei den individuellen Problemen und Konflikten eines Menschen kaum Rechnung getragen wird. Folglich geht er bei seinen Traumanalysen immer den kürzesten Weg zu der jeweiligen Lebenssituation eines Menschen. Fallträume bedeuten für ihn, daß ein Mensch Angst hat, seine Stellung zu verlieren. Ehrgeiz äußert sich in Flugträumen. Werke: *Studien über die Minderwertigkeit von Organen* (1907), *Praxis und Theorie der Individualpsychologie* (1918) u. *Technik der Individualpsychologie* (1928/30).

Adler, Oskar (1875–1955), österr. Arzt und Astrologe; 1938 mußte er nach London emigrieren. Nach A. beschreibt die → Astrologie nicht unseren Lebensweg, sondern unsere Anlagen dazu. Sie zeigt uns unsere Stellung im All, den Weg zur Selbsterkenntnis und lehrt uns letztlich auch, Verantwortung zu übernehmen. Von seinen Schriften ist bisher nur ein kleiner Teil veröffentlicht. Sein Buch *Die Astrologie als Geheimwissenschaft* gilt heute noch als unerreicht. Er hat darüber hinaus 105 Vorträge hinterlassen, die er unter dem Titel *Testament der Astrologie* veröffentlichen wollte. Sie sind in sechs Bereiche gegliedert: Allgemeine Grundlegung, Tierkreis und Mensch, Planetenwelt und Mensch, Mensch und Erde, Mensch im Sternenkonzert, Sternenbewegung und Lebenslauf (seit 1991 im Erscheinen begriffen).

Adler, seit alters her in der Esoterik das Symbol der → Transzendenz (→ White Eagle). Bei den Römern war er das Attribut des Jupiters, des höchsten Gottes. Im Christentum verbindet man ihn mit dem Apostel Johannes. In der Astrologie soll er ursprünglich bei den Tierkreiszeichen den Platz des Skorpions eingenommen haben. In der → Alchemie gebraucht man den Begriff »Adler« (lat.: *aquila)* als Bez. für zahlreiche Substanzen: *aquila magna* = Ammoniaksalz, *aquila nigra* = Antimon.

Adonay, hebr.: »der Herr«; das Wort ist wahrscheinlich die Mehrzahl von hebr. *adon* = göttlich. Es wurde von den Juden neben → *elohim* (Gott) als Ersatzwort für den Gottesnamen *JHWH* oder die Kurzform *JH* (→ Jahwe, → Tetragrammaton) benutzt, dessen Aussprache aus religiösen Gründen verboten war. Da das Hebräische ursprünglich die Vokale nicht bezeichnete, ist bis heute nicht eindeutig geklärt, wie diese vier Konsonanten JHWH vokalisiert werden müssen. Als in der 2. Hälfte des 1. Jh. n. Chr. Vokalzeichen eingeführt wurden, nahm man für den Gottesnamen die Vokale von A. Statt *Yahowah* sagte man aber *Yehowa*, weil man aus Tabugründen das A nicht schreiben wollte. Hierauf gründet sich das Mißverständnis der christlichen Hebräisten und auch moderner christlichen Sekten wie z. B. der Zeugen Jehovas, daß der Gottesnamen Jehowa lautet.

Adularisieren, von *Adual* (»Mondstein«), der beim Betrachten auf einer bestimmten Fläche und in geeigneter Richtung einen wogenden bläulichweißen, milchigen Lichtschein zeigt, den man mit dem Licht des Mondes vergleicht. Dieser wird hervorgerufen durch mikroskopisch kleine, lebhaft glänzende Metalltäfelchen. Dieses A. findet man auch beim Rosenquarz und Bergkristall. Da es sich um Steine des Mondes handelt (Rosenquarz auch der Venus), deren Verehrung seit alters her den Frauen vorbehalten ist, gelten sie als Tore zur Seele der Frau und haben den Rang von Engeln.

Advaita, skrt.: »die Nicht-Zweiheit«; eine Richtung der hind. Philosophie, die das Einssein von → Brahman, der höchsten Seele des Alls oder dem Absoluten, mit → Atman, der Einzelseele des Menschen lehrt. Folglich gibt es nur das »Eine«, und alles andere ist Sinnestäuschung und Illusion. Diese Identität von Brahman und Atman findet sich schon in den → Upanishaden. Die A.-Lehre wurde von → Shankara (788–820) zu einem System des philosophischen → Monismus ausgebildet. (→ Vedanta) In der Neuzeit hat vor allem

→ Ramakrishna diese Lehre vertreten und in den westlichen Ländern bekannt gemacht.

Ägyptische Geheimnisse, ein → Zauberbuch, das fälschlich mit → Albertus Magnus (1193–1280) in Verbindung gebracht wird. Da dieser Bischof im Ruf eines Schwarzkünstlers stand, hat man ihm nachweislich zu Beginn des 18. Jh. Zauberbücher, die im Volk kursierten, zugeschrieben (z. B. der mährische Albertus). Zur selben Zeit trugen auch in Frankreich populäre Schriften dieser Art den Titel *Le grand* oder *petit Albert.* In der vorliegenden Form stammen die Ä. G. aus der Zeit zu Beginn des 19. Jh. und wurden wahrscheinlich in Reutlingen von einem gewissen Louis Ensslin gedruckt. Sie enthalten vorwiegend Krankheitsheilsegen für Mensch, Vieh und Feldfrüchte. Daneben finden sich auch Bittsegen für alle Arten von Gefahren sowie Beschwörungen und Verwünschungsformeln.

Äquinoktium, von lat.: *aequus* = »gleich« und *nox* = »Nacht«, Nachtgleiche; zwei astronomische Zeitpunkte im Lauf eines Jahres, in denen Tag und Nacht auf der ganzen Erde einander gleich sind, folglich jeweils 12 Stunden betragen. In ihnen durchschneidet die Erdbahn oder Ekliptik den Äquator in den sog. Äquinoktialpunkten. Mit den Äquinoktien heben in den beiden Erdhälften Frühling und Herbst an (Frühlings-Ä. 21. März, Herbst-Ä. 23. September).

AE, Ps. für George William → Russell (1867–1935). Engl. Künstler (Freund von Yeats) u. Mystiker. Autor von »The Candle of Vision«.

Äon, griech.: »lange Zeit, Ewigkeit«; in den hellenistischen Mysterienreligionen (→ Mithras, → Zoroaster) Bez. für den Ewigkeitsgott oder Urgott Zarvan (pers.: *zrvan akaran* = »Zeit ohne Ende«). In der → Gnosis verliert Ä. die Rolle eines Weltgottes und wird in der Mehrzahl als Bez. für göttliche Mittler gebraucht, die zwischen dem höchsten Gott, dem König der Äonen, und der materiellen Welt stehen. In den zahlreichen Schulen der späteren Gnosis hat Ä. die Bedeutung von Zeit, stofferfülltem Raum und göttlicher Persönlichkeit. Im Christentum werden die Ä. mit den Tierkreiszeichen verbunden, die jeweils 2150 Jahre regieren (→ New Age). Das vergangene Zeitalter, das unter der Herrschaft der Fische (Symbol des Christentums) stand, wird durch das Wassermannzeitalter abgelöst (→ New Age). Im → Golden-Dawn-Orden werden drei Ä. unterschieden, die durch eine bestimmte Gruppe von Göttern charakterisiert sind: Isis-Ä. (Mondgöttinnen), Osiris-Ä. (Sonnengötter) und das neue Horus-Ä. (das magische Kind, dargestellt durch den Androgyn).

Aeromantie, griech.: »Weissagung aus der Luft«. Bei dieser Form der Wahrsagung werden die Erscheinungen der Atmosphäre beobachtet (Wind, Regenbogen, Höfe um Mond und Sonne, Nebel und Wolken.) Wind aus dem Osten bedeutet z. B. Glück, aus dem Süden: die Enthüllung von Geheimnissen, aus dem Westen: Unglück und aus dem Norden: keine Entscheidung. Eine große Rolle spielen bei der Ae. Bilder, die am Himmel gesehen werden. So wurden bei der Plünderung Jerusalems durch Antiochus Reiter mit goldenen Harnischen gesehen. Von besonders medial begabten Menschen können am Himmel auch die Luftgeister oder *Aeradi* wahrgenommen werden.

Aerosol, ein Diffusionsgerät (→ Aromatherapie) zum Vernebeln der Duftstoffe. Es wird elektrisch betrieben und vernebelt auf das feinste die Duftstoffe in der Raumluft. → Ätherische Öle eignen sich besonders gut zur Behandlung mit diesem Gerät. Pro Behandlung verwendet man 2–6 Tropfen ätherischen Öls. Im Krankheitsfall wird das Gerät einige Male pro Tag für 8 bis 10 Minuten angestellt.

Aesch Mezareph, hebr.: »das reinigende Feuer«; Name einer kabbal.-alchem. Schrift, die wahrscheinlich im 16. Jh. in Italien entstanden ist. → Knorr v. Rosenroth gab vor, von diesem Buch eine Abschrift zu besitzen. Als er auf dem Titelblatt des 1. Buches seiner *Kabbala denudata* (1677) ankündigte, dieser Band enthalte ein Kompendium des Ae. M., weckte er die Neugierde aller Alchemisten, die bis zu Beginn dieses Jh. nach diesem mysteriösen Buch suchten. Man wußte davon nur, daß es zeige, wie man die zehn → Sephiroth zu Goldmacherei benutzen könne. Man glaubte schließlich, daß es mit dem → Sohar in Eins verwebt und folglich nicht mehr zu erkennen sei, wie im Kompaß der Weisen behauptet wird. Der bekannte Kabbalaforscher Scholem wies nach, daß Knorr v. Rosenroth tatsächlich im 1. Buch seiner *Kabbala denudata* (Kap. 1-8.) 16 Zitate aus dem Ae. M. anführt. Sprachliche Kriterien sprechen eindeutig dafür, daß v. Rosenroth eine hebr. Handschrift vorgelegen haben mußte. Die Schrift war nach den Metallen gegliedert: Gold, Silber, Eisen, Zinn, Kupfer, Blei, Quecksilber und Schwefel. Ihre Thematik war dreifach: 1. rein kabbalistisch. (Die Metalle werden den zehn Sephiroth zugeordnet.) 2. chemisch. (Es werden einzelne alchem. Prozesse und Verfahren beschrieben.) 3. astrologisch. (Am Schluß eines jeden Kapitels werden die planetarischen → Amulette des betreffenden Metalls aufgezählt.) Scholem nimmt aufgrund von Gemeinsamkeiten mit ital. Kabbala-Werken aus dem 16. Jh. an, daß die Schrift aus der Feder eines gelehrten italienischen Juden der Renaissance stammt. Mit der Originalschrift hat der von Levi als Supplement zu seinem Buch *Clef des grands mystères* (1860) angeführte Text des Ae. M. nichts zu tun. Dieser ist ein Phantasieprodukt des Autors.

Äther, griech.: »Himmel«; bei dem griech. Philosophen Aristoteles (384–322 v. Chr.) Bez. für das fünfte → Element, aus dem die Gestirne bestehen. Lat. Bez. *quinta essentia* (Quintessenz). In der Esoterik bezeichnet man damit einen feinstofflichen Körper oder den höheren Zustand der Materie. Dem Ä. entspricht in der hind. Philosophie das → Tattwa (→ Akasha oder Weltenäther).

Ätherialisation, in der → Theosophie Bez. für den Zustand des Weltenstoffes *Mulaprakrti*, wenn er eine feinverteilte, formlose und ruhende Wolke ist. Eine andere Bez. dafür ist → Akasha.

Aetherius Society, Name einer okkult. Vereinigung, die von dem engl. Geistheiler George King 1956 gegründet wurde.
Seine Anhänger halten ihn für das Sprachrohr eines »Master Aetherius«, der auf der Venus residiert. King behauptet, auch Kontakt mit Jesus Christus zu haben. Die Botschaften des Meisters Aetherius werden in der Zeitschrift der Gesellschaft *Cosmic Voice* veröffentlicht. In einigen der Botschaften wird von einer großen Katastrophe für die Erde gesprochen, wenn die Nukleartests fortgesetzt werden. Man schätzt die Zahl der Mitglieder auf circa 30 000.

Ätherleib, eine theosoph. und anthroposoph. Bez. für den feinstofflichen Energiekörper des Menschen, der Tiere und Mineralien, die auf die hinduist. Philosophie zurückgeht. Dahinter steht die Vorstellung, daß der Mensch eingebettet ist in den Strom der Weltenergie (→ Prana), die er ständig aufnimmt und wieder nach außen abgibt. In dem Ä. gibt es Hauptzentren (→ Chakren), in denen die Energie verdichtet wird. In der Anthroposophie wird der Ä.-Körper als »Bildekräfteleib«, »Elementarischer Leib« oder »Lebensleib« bezeichnet. Durch ihn ist der Mensch mit der Pflanzenwelt verbunden. Der Ä.-Körper muß von dem → Astralkörper (anthroposoph.: Bez. »Seelenleib«) unterschieden werden, der als eine zweite Hülle um den Menschen liegt und alles Seelische enthält. Die Abstrahlung der Energie aus den Chakren nach außen bzw. die äußere feinstoffliche Hülle des Ä. wird als → Aura bezeichnet, die man mit Hilfe der → Kirlianfotografie sichtbar machen kann. Stauungen in den Energiezentren des Ä. sind die Grundursachen der meisten Krankheiten. Dieser Ä. kann durch Duftstoffe, Edelsteine und vor allem Farben beeinflußt werden. Ob an diesem feinstofflichen Körper auch »psychische Operationen« ausgeführt werden können, wie sie von philippinischen Geistheilern praktiziert werden, (→ Logurgie), ist noch umstritten bzw. wird in der → alternativen Medizin nicht anerkannt. (→ Aromatherapie, → Edelsteinmedizin, → Farbtherapie, → Aurasomatherapie.)

Affirmation, lat.: »Bejahung«; Sammelbez. für alle → Autosuggestionsmethoden, besonders aber für die Psychotechniken, die unter dem Namen → positives Denken eine wichtige Rolle in der modernen Esoterik spielen. Diesen Methoden liegt die Erkenntnis zugrunde, daß das Unterbewußtsein des Menschen durch positive Gedanken wie z. B. das häufige Wiederholen des Satzes »Alles wird gut!« beeinflußt werden kann. Es kann nämlich zwischen Tagträumen und Realität nicht unterscheiden. Die modernste Methode der A. ist das Unterschieben und Verweben solcher positiven Gedanken mit Musik, was ein sehr kompliziertes Mischverfahren erforderlich macht (→ Subliminals). A. bedeutet aber auch ein Einverstandensein mit diesen Bereichen unserer Seele, die von → Jung als Schatten bezeichnet wurden. Es handelt sich hierbei um die negativen Seiten der menschlichen Persönlichkeit, die verborgen werden und mit denen der Mensch nichts zu tun haben will. Dieser zweiten Persönlichkeit, die in jedem Menschen vorhanden ist, kann niemand entfliehen. Das Verdrängen bzw. nicht Wahrhabenwollen der Schatten ist die Ursache von Krankheiten, Leid und Unglück vieler Menschen. Eine ganzheitliche Heilung setzt die Annahme oder A. dieser zweiten Persönlichkeit voraus.

Agada, oder Haggada, hebr.: »Gesprochenes, Vortrag«; Bez. für einen Teil des Talmud, der die Texte zur Erbauung, Unterhaltung, Geschichte, Sage und Ethik enthält. Die A. ist häufig inhaltlich nicht von dem religionsgesetzlichen Teil des Talmud, der Halacha, geschieden.

Agama, skrt.: »Überlieferung«; Bez. für eine heilige Schrift im → Hinduismus und → Buddhismus.

Agape, griech.: »Liebe«. Im Unterschied zu dem bekannten Wort »Eros«, in dessen Wortfeld »Liebesleidenschaft« immer auch die Beziehung zu einem schönen und edlen Menschen mitschwingt, bedeutet A. die Liebe des Christen zu dem Armen, Schwachen und Häßlichen. Die ersten Christen nannten ihre gemeinsamen Mahlzeiten, deren Höhepunkt die Feier des Abendmahls war, Agapen. Da die Buchstaben des Wortes A. und von → Aiwaz den gleichen Zahlenwert haben, wurde es von → Crowley zu einem der Schlüsselwörter seines Horuszeitalters gewählt. Wenn man bedenkt, daß A. das christliche → Fischezeitalter charakterisierte, so erscheint dies wenig verständlich. Denn nach der esot. Tradition steht das neue Zeitalter unter dem Tierkreiszeichen des Wassermannes, dessen Planetenherren Saturn und Uranus sind. Saturn ist der große Erzieher der Menschen. Mit dem Beginn seiner Herrschaft ist die Macht der Venus gebrochen, und das Liebesprinzip ist überwunden. Im Gegensatz hierzu stellt die östliche Esoterik die hingebungsvolle Gottesliebe (→ Bhakti) in den Vordergrund.

Agartha, ein geheimnisvolles unterirdisches Königreich, das sich im Zentrum der Welt befindet. Es wird schon in den Schriften von → Saint Yves d'Alveydre erwähnt, wie Guenon in seiner Studie *Der König der Welt* nachgewiesen hat. Es ist der Ort der Gerechten, wo der König der Welt regiert. Nach Yves d'Alveydre ist der Priesterkönig von A. ein Sproß der Sonnendynastie *(Suryavanha)*, die einst in der ind. Stadt Ayodhya residierte. Das unterirdische Königreich ist mit allen fünf Kontinenten verbunden. Ähnliche Vorstellungen verbinden sich mit Thule, wo die Hypoboräer wohnen, mit Luz, der »blauen Stadt« in der jüd. Tradition und mit Sambhala, dem Sitz der großen weißen Bruderschaft, das nach der buddh. Tradition jenseits der Schneegipfel des Himalaja liegen soll.

Agla, ein Akrostichon, d. h. ein Wort, das aus den Anfangsbuchstaben des hebr. Satzes *Athah Gibor Leolam, Adonay* (= *Gott, du bist mächtig und ewig)* gebildet wird. In der praktischen → Kabbala wird die Methode, ein solches Akrostichon zu bilden, als → Notarikon bezeichnet. Seit dem 16. Jh. erscheint A. auf → Amuletten und hatte die Funktion eines Machtwortes bei Beschwörungen und → Exorzismen.

Agnostizismus, griech.: »Nichtwissen« (geprägt 1869 von T. H. Huxley); Bez. für eine philosoph. Meinung, daß alles, was jenseits der Erfahrung liegt, nicht erkennbar ist. Daraus folgt aber noch nicht, daß dieses nicht »Erkennbare« auch nicht existiert, wie dies von extremen Vertretern des A. behauptet wird. In zahlreichen philosoph. Systemen, Weisheitslehren und Religionen wird das Absolute, das höchste Prinzip oder Gott, dessen Existenz nicht angezweifelt wird, dennoch als unbenennbar bezeichnet. So behaupteten die griech. Sophisten, daß man von den Göttern keine Aussage machen könne, was ihnen fälschlich als Atheismus ausgelegt wurde. Unter den östlichen Weisheitslehren vertritt der → Taoismus die Auffassung, daß das »Urprinzip« (Tao) nicht benennbar sei.

Agpaoa, Tony (geb. 1939), philippinischer Geistheiler, der chirurgische Eingriffe am → Ätherleib durchführt. (→ Geistheilung) Dabei wird er nach eigenen Aussagen von einem Geist namens »Alter Ego« unterstützt. Derartige Operationen sind in der alternativen Medizin noch umstritten.

Agrippa von Nettesheim, Cornelius (1486–1535), Arzt, Jurist, Theologe und Magier: In seinem Hauptwerk *De occulta philosophia* (1510, gedruckt 1531) faßte er das gesamte mittelalterliche Wissen über Magie, Astrologie, Alchemie, Medizin und Naturphilosophie zusammen und untermauerte es theoretisch. In seiner Weltanschauung verbindet er vor allem den → Neuplatonismus der Renaissance mit der → Kabbala, bzw. dem, was man in dieser Zeit in nichtjüdischen Gelehrtenkreisen darunter verstand. Es ist nur eine »praktische Kabbala«, die ein Sammelbecken der internationalen Magie und Folklore war. Diese oberflächlich judaisierte Magie hat nichts mit der jüdischen Mystik gemeinsam. Das Verdienst A. v. N. besteht vor allem darin, daß er die mittelalterliche jüdische → Dämonologie mit der christlichen in einem beeindruckenden Harmonisierungswerk verschmolzen hat.

Zusammenfassend läßt sich seine Lehre so darstellen: Gott regiert zwar die Welt, aber die Ausführung seines Willens überläßt er seinen Dienern, zu denen auch die Dämonen gehören. Die Welt

Agrippa von Nettesheim

ist hierarchisch aufgebaut, und alles ist beseelt. Die Seele des Menschen, des Tieres, der Pflanze und des Minerals sind Teile der Weltseele (→ Anima mundi). Da auch die einzelnen Himmel und Gestirne eine Seele haben, denen überdies Regenten als höhere Intelligenzen übergeordnet und Diener als Helfer untergeordnet sind, nimmt die → Astrologie und die → rituelle Magie in seiner Weltanschauung einen wichtigen Platz ein. Auf diese Weise sind alle Dinge miteinander verbunden und haben eine anziehende bzw. abstoßende Wirkung aufeinander (→ Signaturenlehre). Der Mensch als Mikrokosmos ist gleichsam das Abbild des Alls und auch Gottes, welche zusammen den Makrokosmos bilden.

Die moderne Wissenschaftshistorie mißt den esot. bzw. okkult. Lehren des A. v. N. und seinen Nachfolgern eine wichtige Rolle bei der Entstehung der wissenschaftlichen Revolution des 17. Jh. zu. Dieses Suchen nach den geheimen Kräften der Natur, das sich nicht mit der christlichen Lehre vereinbaren ließ und nur in Geheimbünden mit Gleichgesinnten durchgeführt werden konnte, ist der Ausgangspunkt für die neuzeitliche Wissenschaft. Die Befreiung von dem verknöcherten, schablonenhaften Denken des Mittelalters vollzog sich über uralte, aus der Antike überlieferte Formen der Magie. Nachdem diese neue Denkform oder alternative Rationalität in Erscheinung getreten war, entwickelte sie ihre eigene Dynamik und befreite sich von den magischen Elementen.

Ahadiyah, arab.: »Einheit«; im → Sufismus wird damit der höchste erfahrbare Bewußtseinszustand bezeichnet, den man erreicht, wenn der Geist sich völlig der → Meditation über die göttliche Einheit hingegeben hat und darin aufgegangen ist.

Ahalya, in der hind. Mythologie die erste Frau, die von → Brahma erschaffen wurde. Sie war verheiratet mit dem Weisen Gautama. Da sie über alle Maßen schön war, verliebte sich der Gott Indra in sie und hatte das Verlangen, mit ihr zu schlafen. Der Sage nach soll er sich dabei der Hilfe des Mondes bedient haben, der die Gestalt eines Hahnes annahm und krähte. Gautama glaubte , es sei schon Zeit, seine morgendlichen Gebete zu verrichten und verließ das eheliche Lager. Seinen Platz nahm Indra ein und verführte A. Rational erklärte man diese Verführung als das Verschwinden der Nacht *(Ahalya)* beim Aufgang der Sonne *(Indra).* Symbolisch wird dadurch aber der Zeugungsakt bezeichnet. Auch sonst (→ Kala, → Diana, → Lilith, → Schwarze Madonnen) findet man die Verbindung der Farbe → Schwarz mit dem Weiblichen und der Zeugung. In der esot. Frauenbewegung, die der Mythologie der ind. Göttinnen ein großes Interesse entgegenbringt, wird A. mit der biblischen → Eva identifiziert.

Ahamkara, skrt.: »Ichbewußtsein«; es entsteht nach den Lehren der hind. Philosophie, wenn die Seele (→ Atman) sich mit dem feinstofflichen Körper oder → Ätherleib identifiziert. A. gehört neben Verstand (→ Manah) und der Intelligenz (→ Buddhi) zu den drei feinstofflichen Elementen. A. ist die Voraussetzung für den Tastsinn und ermöglicht dem Menschen den Kontakt zur Außenwelt.

Ahathoor Temple No. 7, Bez. für einen inneren Zirkel des → Golden-Dawn-Ordens, den McGregor → Mathers 1894 nach seiner Übersiedlung nach Paris gründete. Von 1894–96 gehörten dieser Gruppe nur elf Personen an, zu denen auch → Crowley gehörte. Die sehr autoritäre Leitung des Ordens und die Aufnahme Crowleys, der bei den meisten Mitgliedern des Golden-Dawn-Ordens umstritten war, führten letztlich zur Spaltung des Ordens.

Ahmadiyya, eine islam. Sekte, die von dem Inder Mirza Ghulam Ahmed (1836–1908) gegründet wurde. Er behauptete von sich, der von Mohammed verheißene Mahdi zu sein, der in den letzten Tagen der Erde erscheinen wird. Nach islam. Auffassung ist dies der 12. Imam, Mohammed Abul Quasim. Weiterhin lehrte er, daß Christus nicht am Kreuz gestorben, sondern gerettet worden und nach Indien gegangen sei, wo er in Shrinagar gestorben und begraben sei. Die A. entfaltete eine umfangreiche Missionstätigkeit, die ihr eine beachtliche Zahl von Anhängern in Ost- und Westafrika verschaffte.

Ahnung. In der Umgangssprache versteht man unter »böser A.« oder »Todesa.« ein unbestimmtes Gefühl oder Vermutung, die man als eine abgeschwächte Form der → Präkognition (Vorauserkennen) bezeichnen könnte. Auch medial nichtbegabte Menschen können A. haben. Die Ursachen der A. sind im Unterbewußtsein zu suchen, wo viele Erlebnisse eines Menschen ohne die Kontrolle durch das Bewußtsein gespeichert sind. Der → Spiritismus erklärte die A. als Einflüsse der Seele Lebender oder Verstorbener.

Ahriman, pers.: »böser Geist«. In der dualistischen Religion → Zoroaster steht dem Gott Ahura-Mazda (Prinzip des Guten), der die Welt erschaffen hat, A., der Vertreter des Bösen, gegenüber. Er regiert 9000 Jahre die Welt, bis er von Ahura-Mazda überwunden wird und eine Zeit ewigen Friedens ohne Tod, Krankheit und Not anbricht. Vorher aber müssen sich die Menschen für eine dieser Mächte entscheiden. Bei → Steiner ist A. zusammen mit Luzifer eine geistige Macht, die über den Menschen stehen. Da sie das Ziel ihrer Entwicklung nicht erreicht haben, benötigen sie den Menschen, um sich Geltung zu verschaffen. A.s Reich ist die Materie, wo er König ist. Sein Prinzip ist die Materialität und der Tod. Wer ihm verfällt, denkt materialistisch und glaubt nicht an die Existenz einer Seele. Sein Begleiter Luzifer (Lichtträger) versucht, das Denken des Menschen zu beeinflussen. Er steht für die schönen Künste, die das Sinnen und Denken der Menschen beflügeln. Aber dadurch versperrt er auch den Blick auf die übergeordnete, wahre geistige Welt.

Aikido, jap.: *ai* = »Harmonie«, *ki* = »Lebensenergie« u. *do* = »Weg«, also der »Weg zur Harmonie mit der Lebensenergie«; Name einer ursprünglich geheimen jap. Kampfsportart, die schon im 17. Jh. von einem gewissen Morihei Eshiba benutzt und in den 30er Jahren von Prof. Morihei Uyeshiba einer breiten Öffentlichkeit bekannt gemacht wurde. Grundvoraussetzung einer erfolgreichen Selbstverteidigung ist eine richtige Einstellung und das harmonische Verhältnis der Körperkraft zur universellen, kosmischen Kraft oder Energie (→ Chi, jap. *Ki).* Damit der Geist die Körperkraft kontrollieren, harmonisieren und ausbalancieren kann, sind Meditations-, Konzentrations- und Koordinationsübungen erforderlich. Deshalb ist A. nicht nur eine auf Selbstverteidigung abgestellte Kampfsportart, sondern auch eine spirituelle Therapie.

Aivanhov, Omraam Mikhael (1900–1986), franz. Philosoph und Pädagoge bulgar. Herkunft, der 1937 nach Frankreich kam. A. entwickelte eine universelle Philosophie, die auf der Grundlage der → Theosophie, Kabbala und den östlichen Weisheitslehren eine Antwort auf alle wichtigen Lebensfragen gibt. Er ist auch der Erfinder eines neuen → Yoga, den er als *Surya-Yoga* (Sonnen-Yoga) bezeichnete. Die Seele nimmt nämlich beim Betrachten der Sonne deren Gestalt an, weil unser höheres Ich in der Sonne wohnt. Das umfangreiche franz. Gesamtwerk, das fast alle Themen der Esoterik behandelt, ist in die wichtigsten Kultursprachen übersetzt. Die Anhänger A.s verstehen sich als die Universelle Weiße Bruderschaft.

Aiwaz, Name eines ägypt. Gottes, der → Crowley den Text seines Buches *Liber Al vel Legis* diktierte, das zur Bibel von dessen neuer Lehre wurde. Nachdem er 1904 im Kairoer Boulak-Museum eine Totentafel entdeckt hatte, die den Horusgott Ra-Hoor-Khuit zusammen mit Priester Ankh-f-n-khonsu darstellt, empfing er die für sein weiteres Leben entscheidende Offenbarung. A., ein Abgesandter des Gottes Ra-Hoor-Khuit, übermittelte Crowley im Laufe von drei Tagen den Text dieses Buches. Von nun an waren alle Bemühungen Crowleys darauf gerichtet, dem neuen Zeitalter → Horus zum Durchbruch zu verhelfen.

Ajna-Chakra, das 6. → Chakra oder auch das Dritte Auge, das seinen Sitz zwischen den beiden Augenbrauen hat. Sein Lotos hat zwei Blütenblätter, und in der ind. Tradition wird ihm eine milchig-weiße Farbe zugeschrieben. Es ist Sitz der Seele und für die spirituellen Funktionen wie Bewußtsein vom Selbst, Meditation und Konzentration verantwortlich. Seine Farbe ist in der westl.-esot. Tradition Indigo. Energieblockaden in diesem Chakra, das mit der Hypophyse verbunden ist, rufen Störungen im endokrinen Drüsensystem hervor und führen auch zu Ohren-, Nasen- und Augenerkrankungen. Behandlungsmöglichkeiten: 1. → Farbtherapie: Bei Unterfunktion kann das A. durch Indigoblau, bei Überfunktion durch Grün oder Orange beeinflußt werden (→ Aurasomatherapie.) 2. → Aromatherapie: Pfefferminz-, Zedern-, Wacholder-, Eukalyptus- und Jasminöl. 3. Edelsteinmedizin: Lapislazuli, Saphir, Bergkristall. Man legt die Steine entweder auf das Chakra oder wendet sie innerlich als Elixier an.

Akasha, skrt.: »Raum« oder »Äther«; eines der fünf → Elemente bzw. → Tattwas in der hind. Philosophie. Es hat von allen Elementen den feinsten Zustand (→ Tattwa) oder feinstofflichsten Charakter, so daß man es in der westl. Esoterik auch als Geist oder wie → Levi als Astrallicht bezeichnet. Man ordnet ihm auch die Licht- und Tonschwingungen zu.

Akasha-Chronik, Bez. für das »Buch des Lebens« oder »Weltenchronik«; → Steiner, der den Begriff prägte, verstand darunter eine Art kosmisches Gedächtnis oder Weltengedächtnis, in dem alle vergangenen, gegenwärtigen und auch zukünftigen Geschehnisse aufgezeichnet sind. Die Geistwesen, welche alles in die A. schreiben, heißen Lipika (von skrt.: lip = »schreiben«). Medial begabte Menschen können die A. anzapfen und auch Bilder von Verstorbenen oder von vergangenen Ereignissen erhalten. Franz → Bardon beschreibt in seinem Roman *Fratabo*, wie er mit Hilfe eines magischen Spiegels Bilder des → Hermes Trismegistos und von → Lao Tse aus der A. herausfotografiert hat. Ansonsten bedarf man hierfür nach Auffassung der Esoteriker der Hilfe von Geistwesen, die sich in der → Antariska-Welt aufhalten. Eduard → Hartmann bezeichnete die A.

als den »Telefonanschluß zum Absoluten«. Die Annahme der A. ermöglicht es, paranormale Erscheinungen wie → Hellsehen etc. zu erklären.

Akelei, bot.: *Aquilegia vulgaris*; die A. gehört zu der Familie der Hahnenfüße und ist eine beliebte Zierpflanze in den Gärten. Sie erreicht eine Höhe von circa 40 cm. Ihre Blüten haben eine violette Farbe. In der Medizin benutzt man den Kern der Pflanze, der gegen Gelbsucht helfen soll. Die zerquetschten Blätter beseitigen Warzen, öffnen Geschwüre und ziehen Wasser aus der Haut. Im Zauberglauben gilt die A. als ein Schutzmittel gegen Verhexung.

Akhlat, arab.: »Essenz«. Die Lehre von den vier A. oder Essenzen (Blut-, Phlegma, Galle und melancholische Essenz), die von → Avicenna in seiner 18bändigen mediz. Enzyklopädie ausführlich behandelt werden, bildet die Grundlage der → Medizin der Sufis. Nachdem im Magen die erste Verdauung stattgefunden hat, kommen die Nahrungsstoffe in die Leber, wo eine zweite Verdauung stattfindet. Die wertvollen Nahrungsstoffe gelangen als Blutessenz (Eigenschaften: heiß u. feucht) in den Blutstrom und werden über das Herz dem allgemeinen Blutkreislauf zugeführt. Schließlich findet eine dritte Verdauung der restlichen Nahrungsstoffe statt. Weniger wertvolle Nahrungsanteile werden zur Phlegmaessenz (Eigenschaften: kalt u. feucht). Durch gewöhnliche Verdauung wird die Phlegmaessenz in Schleim, Speichel, Magensaft u. Bauchspeichel umgewandelt. Die verbleibenden Nahrungsmittel werden zur Gallenessenz (Eigenschaften: heiß u. trocken), die ihre Wirksamkeit im Dünndarm entfaltet und auch das Blut beeinflußt. Die Sedimente oder die Rückstände der Nahrungsstoffe werden in die melancholische Essenz (Eigenschaften: kalt u. trocken) umgewandelt, die in die Milz und das Blut geht und sich mit der Phlegmaessenz vermischt. Ungleichgewichte bei der Verteilung dieser Essenzen, besonders ihrer Eigenschaften, führen zu Krankheiten.

Aka, polynes.: »Schattenkörper«; Bez. für eine spirituelle Macht in der → Kahuna-Magie. Jeder Mensch hat im Kahuna-System drei A., die unsichtbar sind und denen man verschiedene Kräfte zuschreibt. So können die A. unsichtbar einen Menschen mit Gegenständen oder Personen verbinden, die er berührt. Je nach Bedarf kann man diese magische Verknüpfung aktivieren und für gute oder böse Absichten benutzen.

Akron, Ps. für C. F. Frey (geb. 1948); esot. Schriftsteller, der unter demselben Ps. eine Schule leitet. A. beschäftigte sich schon seit seiner Kindheit mit Astrologie, Magie und Tarot. Später folgte ein Studium der Mathematik, Psychologie und Philosophie. A. hat Kontakt zu zahlreichen esot. Zirkeln und Bruderschaften. In seinen Werken verbindet er Astrologie, Philosophie und Tiefenpsychologie, um alle Schichten der Psyche zu ergründen. In *Jenseits der Schwelle* untersucht er die äußeren Planeten Saturn, Neptun und Pluto, in *Im Licht der Sonne* die inneren Planeten: Sonne, Mond, Merkur, Venus, Mars und Jupiter. *Das Weltbild* versucht mit Hilfe von Klängen (→ Sphärenharmonie) die Verbindung der → Archetypen mit den zehn Planeten aufzuzeigen. Durch Öffnung des inneren Ohrs wird die harmonisierende und heilende Wirkung der Sphärenharmonie für die Seele nutzbar gemacht.

Aksakow, Alexander (1832–1903), russ. Staatsrat, Arzt u. Spiritist, der sich seit 1855 für paranormale Erscheinungen interessierte. Da die russ. Zensur Arbeiten über den → Spiritismus unterdrückte, verlegte er sein Tätigkeitsfeld nach Deutschland, wo er 1874 die Zeitschrift *Psychische Studien* gründete. 1890 veröffentlichte er sein Hauptwerk *Animismus und Spiritismus*, in dem er vor allem die Angriffe seiner Gegner (Eduard Hartmann) zurückwies. Es geht hierbei um die Frage, wie man die paranormalen Fähigkeiten des → Mediums erklären soll. Eduard Hartmann führte sie auf die hypnotische Wirkung zurück, die ein solches Medium auf die Anwesenden einer → Séance ausübt. Man nimmt das wahr, was von einem Medium suggeriert wird. Wenn aber leibhaftig ein Geist bei einer solchen Sitzung auftritt, dann beruht dies nach Hartmann auf bloßer Einbildung. Die Geister, die man damals schon fotografierte, sind demnach das Ergebnis der psychischen Kraft des Mediums. A. warf den Anhängern dieser Theorie vor, daß sie nicht nach wissenschaftlichen Grundsätzen handelten, wenn sie ein solches Phänomen unterschiedlich erklärten. Bei der Untersuchung von paranormalen Erscheinungen müsse man zuerst immer von der natürlichen und der nächstliegenden Ursache ausgehen. Um diese Erscheinungen besser deuten zu können, teilte sie A. in drei Gruppen ein: 1. elementare mediumistische Phänomene (Tischrücken u. Mitteilungen durch Klopfzeichen etc.). In diesen Fällen wirkt die Person des Mediums in gewöhnlicher und natürlicher Weise mit. 2. animistische Phänomene (Gedankenübertragung, → Telekinese). Sie beruhen auf der psychischen Kraft des Mediums. 3. spiritistische Phänomene. Sie unterscheiden sich von den paranormalen Erscheinungen durch ihren intellektuellen Inhalt. Bei ihnen kann nachgewiesen werden, daß es sich um Mitteilungen handelt, die weit über das Wissen des Mediums und der Anwesenden hinausgehen. In diesen seltenen Fällen müsse man davon ausgehen, daß Geister mitgewirkt haben.

Akupressur, → Akupunktur. Statt mit Nadeln werden die längs der Meridiane festgelegten Akupunkturpunkte mit den Fingerkuppen gedrückt. Bei den Chinesen gilt die A. als eine Art erste Hilfe, die für die Selbstbehandlung geeignet ist. Im Jap. heißt A. → Shiatsu.

Akupunktur, von lat.: *acus* = »Nadel« und *pungere* = »stechen«; eine chin. Behandlungsmethode *(Chen-Chin* = »Stechen u. Brennen«), die darin besteht, heiße und kalte Nadeln an bestimmten Körperpunkten einzustechen. Schon im ältesten mediz. Lehrbuch der Welt, dem *Nei Ching* (2500 v. Chr.), wird dieses Verfahren beschrieben. Die A. beruht wahrscheinlich auf der Erfahrung, daß Soldaten, die durch Pfeile verletzt wurden, plötzlich von Leiden und Schmerzen geheilt wurden. Die Wirkung der Pfeile begann man nachzuahmen, indem man zunächst Nadeln aus Knochen, Bambus und Steinen benutzte. Nach der Entdeckung der Metalle kamen Eisen-, Silber- und Goldnadeln in Gebrauch. In der chin. Medizin wurde sogar gelegentlich die Meinung vertreten, daß eigentlich das Metall die Heilung bewirke. In der Geschichte der chin. A. gab es Höhen u. Tiefpunkte. In der Tang-Dynastie (7. Jh. n. Chr.) war sie fast gänzlich vergessen, während sie in der nachfolgenden Sung-Dynastie (960–1279) wieder allgemein verbreitet war und sogar Lehrstühle für A. errichtet wurden. Zwar wurde sie schon im 17. Jh. von Jesuiten in China studiert, aber sie blieb bis zu Beginn des 20. Jh. fast ausschließlich eine Heilkunst des Fernen Ostens. Erst in den 30er Jahren experimentierten franz. Ärzte mit ihr und entdeckten ihren therapeutischen Wert. Sie zählt heute zu den am meisten verbreiteten alternativen Heilverfahren. Die A. beruht auf der Annahme, daß der menschliche Körper als Teil des Universums von der universellen Lebenskraft *(Chi'i)* durchströmt wird, die in zwei gegensätzliche Energieströme (→ Yin u. → Yang) aufgespalten ist. Diese beiden Ströme zirkulieren in je sechs (heute kennt man 26) Hauptgefäßen (Meridianen), auf denen sich 365 (zwischenzeitlich unterscheidet man mehr als 2000) sog. Chi'i-Punkte befinden. Durch das ständige Eindringen der universellen Lebensenergie wird der Blutkreislauf in Bewegung gehalten. Wenn nun an einer Stelle zuviel oder zuwenig von Yin- oder Yang- Energie vorhanden ist, kommt es zu Stauungen im Energiestrom. Die Folge ist eine Krankheit. Durch den Einstich einer Nadel, von denen es neun Arten gibt, wird ein Überschuß oder Mangel einer der beiden Energien an dieser Stelle beseitigt. Den Zustand dieser Meridiane kann man durch Befühlen des Pulses feststellen. Ein erfahrener chin. Akupunkteur ist fähig, anhand des Pulses Hunderte von Krankheiten zu unterscheiden.

Alant, bot.: *Inula Helenium*; im Volksmund auch Galgantwurzel, Helenakraut, Großer Heinrich, Ortwurz und Glockenwurz. Die Wurzel der über einen Meter hohen Pflanze wird im März oder September gesammelt, von den Fasern befreit, in Stücke zerschnitten und getrocknet. Sie enthält glänzend braune, kampferartig riechende Harztropfen, die im trockenem Zustand einen veilchenartigen Duft haben. Die wichtigsten Bestandteile sind das Enulin, das auch in den Knollen der Dahlien vorkommt, und der Alantkampfer, ein ätherisches Öl. In der Volksmedizin wird A. als blut-, schweiß- und harntreibendes Mittel benutzt. In der Magie ist es ein Zauberschutzmittel, das als → Amulett getragen oder aber als Aphrodisiakum (Liebesmittel) Getränken beigefügt wird. Schon die mittelalterlichen Ärzte haben beobachtet, daß A. die Durchblutung der weiblichen Geschlechtsorgane beeinflußt.

Alaya, skrt.: »Nicht auflösbar oder Speicher«. Im → Hinduismus und der → Theosophie Bez. für die universale → Seele, aus der alle Dinge ihren Ursprung ableiten. In Verbindung mit *vijnana* bezeichnet es im philosoph. System des Yogachara die »Bewußtseins-Vorratskammer«, aus der der Geist alle Dinge hervorbringt und ihnen ihre charakteristische Beschaffenheit (tathata) verleiht. Im weiteren Sinne kann man dafür auch → Äther, → Akasha oder → Anima mundi sagen.

Alb, Elfe; in Norddeutschland Mahr, im Alpenraum Drud. Es handelt sich um dämonische Wesen, die ursprünglich im Luftreich fortlebende Seelen von Verstorbenen waren. Diese nächtlichen Druckgeister suchen Schlafende heim, quälen sie und verursachen die Alpträume. Aber sie können auch erotische Träume hervorrufen, was ihnen den Ruf einbrachte, geschlechtliche Wesen zu sein. Je nach der Person, die sie quälen, sind sie männlichen bzw. weiblichen Geschlechtes.

Albedo, lat.: »Weißung«; die zweite Stufe des → Opus magnum (Großes Werk), dessen Ziel die Herstellung des → Steines der Weisen *(lapis philosophorum)* ist. Mit seiner Hilfe kann man unedle Metalle in Gold oder Silber verwandeln und das Lebenselixier herstellen. Mit der Stufe der Weißung ist an sich schon das schwierigste Ziel erreicht. Die entstandene weiße Flüssigkeit wird als Jungfrauenmilch oder als weiße Tinktur bezeichnet, mit deren Hilfe man Silber herstellen kann. In alchemist. Abbildungen wird A. symbolisch als eine Frau (Königin), die sich in der 1. Stufe oder → nigredo mit dem König vereinigt hat, in einem Kolben dargestellt. Oben ragt eine weiße Rose heraus. In der späteren → Alchemie, als man das gesamte christliche Gedankengut zur Erklärung der alchemist. Vorgänge heranzog, verglich man die A. mit 1. Buch Mosis 1,3 »Es werde Licht...«

Albertus Magnus (1193–1280), Albert von Bollstädt. Theologe, Philosoph und Naturforscher. A. M. studierte in Padua, wo er auch dem Dominikanerorden beitrat. Schon 1230 lehrte er in Paris. Sein Ruf als Gelehrter war zu dieser Zeit so groß, daß seine Vorlesungen aus Platzgründen im Freien stattfinden mußten. 1243 leitete er die Ordensschule in Köln. Zu seinen bedeutendsten Schülern zählte → Thomas von Aquin. 1260 berief man ihn zum Bischof von Regensburg. Aber er legte bald das Amt nieder und zog als Lehrer durch Deutschland. Die Gesamtausgabe seiner Werke, die 1651 in Lyon veröffentlicht wurde, umfaßt 21 Foliobände. Aber es besteht heute in der Wissenschaft noch keine Einigkeit darüber, welche Werke tatsächlich von A. M. stammen. Da er sich fast mit allen Wissenschaften seiner Zeit befaßt und sie durch eigene Beiträge bereichert hatte, nannte man ihn »Doctor universalis«. Wenngleich von ihm auch der Satz überliefert ist: »Die Naturforschung besteht nicht darin, daß man das von anderen Mitgeteilte leichtgläubig nacherzählt, sondern daß man die in den Naturwissenschaften sich offenbarenden Kräfte erforscht«, so übernimmt er doch kritiklos den Aberglauben seiner Vorgänger und Zeitgenossen. So behauptet er in den fünf Büchern über die Metalle und Mineralien, die den gesamten Stein-Aberglauben seiner Zeit enthalten, daß jeder Stein eine magische Kraft habe, die man durch Experimente feststellen könne. A. M. steht auch in dem Ruf, Alchemist gewesen zu sein und den → Stein der Weisen gefunden zu haben. Aber sein Schüler Thomas von Aquin habe ihn zerstört, weil er ihn für ein Werk des Teufels hielt. Man ist heute aber der Überzeugung, daß die ihm zugeschriebenen alchemist. Schriften nachweisbar unecht sind. Zeitgenossen von A. M. behaupten, er habe einen künstlichen Menschen, einen Androiden, gebaut, dessen einzelne Körperteile unter dem Einfluß bestimmter Planeten gegossen wurden. Dieser Automat, der auch sprechen konnte, sei sein Diener gewesen. (→ Golem). Über A. M. als Zauberer → Ägyptische Geheimnisse.

Albigenser, eine Sekte/Kirche des 12./13. Jh., die ihren Namen von ihrem Hauptsitz Albi bei Toulouse (Südfrankreich) ableiteten. Sie sind eng mit der → Katharerbewegung verbunden. Wahrscheinlich hat diese Sekte ihren Ursprung in Osteuropa, denn sie werden in den Quellen häufig als Bulgaren bezeichnet. Nachweislich bestanden Kontakte mit den gnostischen (→ Gnosis) Sekten der Bogomilen und Paulicianer, die im bulgarischen Teil Thraziens sehr verbreitet waren. Nach der Ermordung des päpstlichen Gesandten wurde diese Sekte in den Albigenserkriegen (1209–29) systematisch ausgerottet. Es ist deshalb sehr schwierig, sich ein Bild von ihrer Lehre anhand von Originalschriften zu verschaffen. Sie verwarfen das Alte Testament, die Sakramente und die Ehe. Ihre Theologie beruhte auf dem gnost. Dualismus von Gut (Gott) und Böse (Luzifer). Auch glaubten die A. an eine Seelenwanderung. Nach dem Tod gehe die Seele in einen anderen Körper über, um für ihre Verfehlungen im vergangenen Leben zu büßen. Eine Erlösung ist nur möglich, wenn in der Todesstunde die Geisttaufe (Consolamentum) vollzogen wird. Der einfache Anhänger dieser Sekte konnte auf diese Gunst hoffen, wenn er die Vollkommenen (Perfekti) materiell unterstützte.

Die Ursachen für diese Ketzerbewegung (→ Katharer) und für ihre große Verbreitung liegen noch im Dunkeln. Man betrachtet sie als eine soziale Protestbewegung gegen die wirtschaftlich sehr mächtige Kirche, was auch ihre Unterstützung durch weltliche Herrscher erklären würde. Die bei der Verfolgung der A. gewonnenen Erfahrungen, die Unterdrückungsmethoden und der dazugehörige Apparat trugen entscheidend mit dazu bei, daß es zur Verfolgung der → Hexen kam. Schon 1260 gestand Papst Alexander IV. den Inquisitoren zu, daß sie sich auch mit der Hexerei befassen durften. Die Inquisitoren, die bei der Verfolgung der südfranzösischen Ketzerbewegung festgestellt hatten, daß in diesen Sekten (Waldenser) auch viele Frauen waren, kamen zu dem falschen Schluß, daß es sich bei den Hexen um eine organisierte, ketzerische Sekte handelte.

Albion, kelt. Ursprung; ursprünglicher Name von England, den man mit dem lat. Wort *albus* = »weiß« in Verbindung brachte und auf die weißen Kreidefelsen von Dover bezog. Nach alten kelt. und engl. Sagen soll von A. die spirituelle Erneuerung der Welt ihren Anfang nehmen. (→ Avalon). Das Zentrum von A. liegt nach Ansicht der → New-Age-Propheten in → Glastonbury, wo durch Joseph von Arimathea, der Christus zu Grabe getragen hat, die erste Kirche Englands errichtet wurde.

Alcabitius (gestorb. 967 n. Chr.), Abd el Aziz ben Ali al Kabisis; berühmter arab. Astrologe, der lange Zeit in Mossul und am Hofe des Königs Saif ed Daula tätig war. Sein Lehrbuch *Einleitung in die Kunst der Sterndeutung*, das 1142 ins Lat. übersetzt wurde, gehört zu den am weitesten verbreiteten Werken der mittelalterlichen Astrologie. Es entsprach am besten den Lehren des Ptolemäus. A. hat darin Vorschriften über die Berechnung des → Horoskops und der → Direktionen gegeben, die noch heute benutzt werden.

Alchemie (Alchimie), abgel. von arab.: *al-kimiya*; der zweite Bestandteil geht auf die ägypt. Wurzel *kmm* = »schwarz« zurück. A. bedeutet also »schwarze Kunst«. Vielleicht rührt der Name auch daher, weil das schwarze Blei ein wichtiger Ausgangsstoff bei den alchemist. Verfahren war. Alle Quellen sprechen dafür, daß die A. ihren Ausgang in Ägypten und Mesopotamien genommen hat. Praktische chem. Kenntnisse entwickelten beispielsweise die Ägypter bei der Herstellung der Farben und Parfüms, die für den Kult benötigt wurden. Wegen der starken Nachfrage nach edlen Metallen und Mineralien erfand man Verfahren, mit denen man minderwertige Stoffe äußerlich so verändern konnte, daß sie ihnen täuschend ähnlich sahen. In ägypt. Papyri aus dem 3. Jh. werden einige hundert Rezepte

Alchemie

aufgezählt, wie man Metalle veredelt bzw. verfälscht. An den Wänden des Tempels der oberägypt. Stadt Edfu sind zahlreiche Rezepte zur Parfümherstellung eingraviert, was den Schluß nahelegt, daß in Teilen des Tempels sich Laboratorien befunden haben mußten. Die Herstellungsverfahren wurden als religiöses Wissen von den ägypt. Priestern geheimgehalten und nur einem auserwählten Kreis weitergegeben. In diesen Papyri, die den Toten beigegeben wurden, damit sie ihr Wissen im Jenseits nutzen, finden sich schon Geheimnamen, Allegorien, Gebete und Anrufungen von Göttern.

Die A. ist von ihrem Ursprung her nicht nur eine praktische Kunst, die Metalle veredelt und Farben herstellt, sondern sie hat auch eine religiös-weltanschauliche Komponente. Beide Seiten, die praktische und die esot., treten in der Geschichte der A. und bei den einzelnen Völkern bzw. Kulturen unterschiedlich stark hervor. Der Ausgangspunkt der historisch faßbaren A. liegt im hellenist. Alexandrien (1. Jh. v. Chr.), wo ein hohes Niveau an praktischen chemischen Fertigkeiten mit der griech. Philosophie und orientalischen Religionen zusammentrafen. Das erste schriftliche Zeugnis aus dieser Zeit, das schon die Metallumwandlung behandelt, ist die fälschlich dem Demokrit zugeschriebene Schrift *Physika et Mystica*. Der göttliche Ahnherr dieser Wissenschaft ist der ägypt. Gott Thoth bzw. in seiner hellenist. Form → Hermes Trismegistos, unter dessen Schutz die Geheimwissenschaften stehen. Die spätere A. beruft sich auf Moses bzw. auf die legendäre → Maria, die Jüdin. Entscheidenden Einfluß auf die Weiterentwicklung der A. hatte das Zusammentreffen mit den philosoph.-religiös. Strömungen der → Gnosis, des → Hermetismus und des → Neuplatonismus, die das Bild der A. prägten. Die Gnosis geht von der Annahme aus, daß der Mensch einen göttlichen Kern hat, der durch die stoffliche Hülle, die Materie, beschmutzt ist und nach Erlösung trachtet. Der Mensch ist gleichsam ein Gott, der sich selbst erlösen kann. Das wichtigste Anliegen der mittelalterlichen A., die Umwandlung des Menschen, seine Veredlung, ist gnost. Ursprungs. Die umfangreichen Funde von gnost. Originaltexten, die nicht von christlichen Schriftstellern erstellt sind (→ Nag Hammadi), sind ein Indiz, daß die A. eine Art gnost. Heilsweg war, der bis in die Neuzeit in einer ungebrochenen Tradition fortbestand. Parallel zur Gnosis wurde die A. vom Hermetismus geprägt. Diese Strömung beruft sich auf Schriften (→ Corpus Hermeticum), die von Hermes Trismegistos (Der dreimal große Hermes) inspiriert worden sein sollen. Sie enthalten okkulte Weisheiten aus der Astrologie, Magie, Mystik etc. Diesen Schriften, von denen einige in das 1. Jh. v. Chr. zurückreichen, verdankt die A. die enge Verbindung zur → Astrologie, → Magie und Geheimsymbolik. Vor allem schreibt man dem Hermetismus die → Tabula Smaragdina zu, in der das gesamte Wissen der A. thesenartig zusammengefaßt ist. Sie gilt als der Grundtext der esot. A. In der uns vorliegenden Form geht sie auf eine arab. Vorlage aus dem 12. Jh. zurück, die ihrerseits aus griech.-alexandrinischen Quellen der ersten nachchristl. Jh.e schöpft. Der wichtigste Vertreter dieser griech. A. ist Zosimos aus Panopolis (3./4. Jh.), der den inneren Veredelungsgedanken der A. in einer Vision beschreibt, wie der Körper, vom Fleisch befreit, zu Geist wird und stufenweise sich mit der Seele Gottes vereint. Die nachfolgenden griech. Alchemisten beschäftigten sich hauptsächlich mit der theoretischen Ausgestaltung der alchemist. Vorgänge. Neue Impulse erhielt die A., die in ihrem praktischen Teil sehr steril geworden war, nach der Eroberung Ägyptens durch die Araber (8. Jh.) Sie interessierten sich besonders für die nützliche Seite der A. und verbesserten die Laboratoriumstechnik, indem sie z. B. das Destillationsverfahren durch Erfindung des Alembik (Destillierhelm, Vorstufe der Retorte) weiterentwickelten. Diese neue Technik konnte für die Herstellung von → ätherischen Ölen genutzt werden. Das theoret. Wissen der Araber über A. ist in einem Schriftenkorpus überliefert, der auf Jabir (Dschabir) ibn Hayyan (lat.: »Geber«) zurückgeht. Er soll im 8. Jh. gelebt haben und Angehöriger einer mystischen islam. Sekte gewesen sein.

Über Spanien fand die A. ihren Weg nach Europa. Das Interesse an der A. wurde aber auch während der Kreuzzüge geweckt, als das Abendland mit einer großen Zahl von Duftstoffen des Orients bekannt wurde, zu deren Herstellung alchemist. Kenntnisse erforderlich waren. Die mittelalterliche A. kann man in drei Phasen einteilen. 1. Abschnitt (1200–1300): Die A. ist eine handwerkliche Fähigkeit, die ihre Nützlichkeit durch Metallfärbungen, die als Metallumwandlungen (Transmutation) ausgegeben werden, beweist. Die theoret. Seite der Metallumwandlung wird z. B. in der *Mineralogie*, die man fälschlich → Albertus Magnus zuschreibt, behandelt. 2. Abschnitt (1300–1600): Die Zahl der Alchemisten vermehrte sich beträchtlich, unter denen in Deutschland Valentinus und in England Norton hervorragen. In der theoret. und prakt. Arbeit beschäftigt man sich mit der Herstellung des Steines der Weisen (→ Lapis philosophorum), mit dessen Hilfe man besonders das von den Fürsten begehrte Gold zu erzeugen hoffte. Die Suche nach einer Universalmedizin, die nicht nur alle Krankheiten heilt, sondern auch ewiges Leben verleiht, verbindet die A. eng mit der Medizin. Der bedeutendste Vertreter dieser Richtung ist → Paracelsus. Kennzeichnend für die Endphase dieses Abschnittes ist die Überfrachtung der A. mit der christlichen Symbolik. Die gesamte christliche Lehre wird im Sinne der A. gedeutet oder als Symbole für alchemist. Erscheinungen und Verfahren benutzt. Man ging sogar so weit, daß man den Stein der Weisen mit Christus selbst identifizierte, der die Welt durch seinen Tod erlöst und verändert hat.

Mit der wissenschaftlichen Revolution im 17. Jh. trennten sich die prakt. und theoret.-spekulative. A. endgültig. Es waren vor allem die → Gold- u. Rosenkreuzer, die in ihren Zirkeln die esot. Form der A. weiterpflegten. Der von Ficino (1433–1499) ins Lat. übersetzte *Corpus Hermeticum*, der die A. in ihrer Anfangszeit nachhaltig beeinflußt hat, enthält Modelle alternativen Denkens, mit deren Hilfe man die christl.-scholastische Naturphilosophie überwinden konnte. Allmählich entledigte sich dann der Rationalismus und Experimentalismus der okkulten Elemente in diesen Denkmodellen. Mitte des 19. Jh. erlebte die A. in der Medizin eine kurze Blütezeit, als Ärzte wie Rademacher und Latz in Anlehnung an die paracelsische Tradition nach einem Universalheilmittel suchten. *Die Alchemie* (1869, Nd. 1990) von Latz ist eines der letzten großen Werke der spekulat. A., das eine tiefgründige Deutung der → Tabula Smaragdina enthält. Zu den letzten praktizierenden Alchemisten, die von sich reden machten, gehörte der Franzose Julien Champagne (1877–1932), der besser unter dem Namen → Fulcanelli bekannt ist. In Deutschland behauptete in den 20er Jahren Franz Tausend (1885–1934?), er könne Gold herstellen. Seine Theorie entwickelte er in dem 1922 erschienenen Buch *180 Elemente, deren Atomgewicht und Eingliederung in das harmonisch-periodische System*. Ihm soll es sogar in der bayr. Münze unter strenger Aufsicht gelungen sein, ein Gramm Gold herzustellen. Er wurde aber wegen Betruges verurteilt und angeblich wegen seiner Kontakte zu NS-Größen nach seiner Entlassung ermordet. Neuentdeckt wurde die A. von → Jung, der in zahlreichen Büchern nachwies, daß die A. eine Vorläuferin der modernen Psychologie ist. Nach seiner Meinung ist die A. mit ihren Symbolen und Prozessen nur eine → Projektion der → Archetypen und des kollektiven → Unterbewußten auf die Materie. Die Herstellung des Steines der Weisen sei in Wirklichkeit nur der → Individuationsprozeß, durch den man zum Selbst wird.

Alchemie, chinesische, chin. Bez. »die Kunst des Gelben und Weißen«: Sie reicht nachweisbar bis in die Zeit 400–255 v. Chr., vielleicht sogar bis ins 6. Jh. v. Chr. zurück. Ihr Hauptanliegen ist die Herstellung des *chin tan*, einer Medizin, die das Leben verlängert. In der Frühzeit der chin. A. glaubte man, diese Medizin auf einer der Inseln der Unsterblichkeit zu finden: P'eng-lai, Fang-chang und Jen-chou. Die ersten Hinweise finden sich in dem Buch *Shih chi* (Historische Aufzeichnungen), das von Ssu-ma Ch'ien (163–85 v. Chr.) verfaßt wurde. Zur Zeit der Han-Dynastie (1. Jh. v. Chr.) war die A. sehr verbreitet. Dazu gehörten neben der Umwandlung von unedlen Metallen in Gold und Silber auch alle Formen der Magie. Die chin. Quellen berichten, daß die Alchemisten vorgaben, gasförmige Abstrahlungen des menschlichen Körpers zu erkennen, aus denen sie die Zukunft weissagen könnten. Als ältestes Werk der A. gilt eine Abhandlung des Taoisten Wei Poyang (2. Jh. n. Chr.), die sich neben den Geheimnissen der A. mit dem Unsterblichkeitselixier beschäftigt. Der bekannteste chin. Alchemist ist Ko Hung (281–361 n. Chr.), der das Pseudonym »Pao-p'u tzu« führte und ein Werk mit dem gleichen Namen veröffentlichte. Ausführlich erörtert er die Metallumwandlung, so z. B. von weißem Blei in ein rotfarbiges und umgekehrt, und die Herstellung des Lebenselixiers. Er erwähnt auch eine Goldtinktur *(chin yeh)*, die man mit der Tinktura *auri* der abendländischen A. vergleichen kann. In der T'ang-Dynastie (618–907) und der Sung-Dynastie (960–1279) genoß die A. hohes Ansehen bei den Kaisern. Der bekannteste Alchemist in dieser Zeit war Chang Po-tuan (um 1075), der ein Buch mit dem Titel *Wu chen pìen* (Abhandlung über die Alchemie) verfaßte, worin er das Geheimnis des inneren und äußeren Elixiers erörterte. Mit Beginn der Yüan-Dynastie (1279–1368) sank das Ansehen der A., und die Alchemisten beschränkten sich darauf, die schwer verständlichen Schriften zu kommentieren. Von der Ming-Dynastie an verschwanden die A. vom Hof des Kaisers und zogen sich in die Gebirge zurück. Die chin. A. beruht auf der Wechselwirkung der beiden gegensätzlichen Prinzipien Yin und Yang, die für die kosmische Ordnung kennzeichnend sind. Dazu kommt die Lehre von den fünf Elementen (Holz, Feuer, Erde, Metall, Wasser), die in einen festen Kreislauf ineinander übergehen können.

Alchemie, indische. Die Anfänge der ind. A. liegen im Dunkeln. In dem berühmten Staatslehrbuch *Arthasastra* des Kautyla (4. Jh. v. Chr.?) werden schon ausführlich die Tricks der Goldfälscher beschrieben. Die Behauptung, daß die A. in Indien durch die engen Kontakte mit der arab. Kultur nach den islam. Eroberungszügen (ab 8. Jh.) aufkam, läßt sich nicht halten. Eher ist an chin. Einflüsse zu denken. Der arab. Reisende Al-Biruni (11. Jh.) nennt als bedeutendste ind. Alchemisten Vyadi und Nagarjuna. Ähnlich wie in der chin. A. ist das Hauptziel die Herstellung von Drogen, die ein ewiges Leben verleihen, und von Wundermitteln gegen Krankheiten. Unter den Stoffen, die von den Alchemisten benutzt wurden, nimmt das Quecksilber (skrt.: *rasa)* einen besonderen Platz ein. Man bezeichnet es als den »Fürst der Säfte«, dessen Einnahme den Körper reinigt und läutert.

Grundlage der ind. A. ist die Lehre von den Elementen: Luft, Feuer, Wasser, Erde, wozu noch als fünftes Element der → Äther kommt. Diese Elemente sind entweder schon von Anfang an vorhanden, oder haben sich erst allmählich aus dem Urgeist (→ Atman) oder der Urmaterie (Prakrti) herausgebildet. Diesen Entstehungsvorgang stellt man sich so vor, daß sich die groben Elemente aus den feinstofflichen gebildet haben. Alle existierenden Stoffe, die durch Mischungen dieser Elemente entstanden sind, werden danach klassifiziert, welches Element in ihnen vorherrscht. So sind die Minerale, Salze etc. Erdsubstanzen, Öle Wassersubstanzen, Rauch Feuersubstanzen und Gase die Luftsubstanzen. Der Äther ist das Leere in einem Körper, in dem sich die kleinsten Teile oder Partikel der Elemente bewegen.

Alchemie, jüdische. In Alexandrien, einem der wichtigsten Zentren der griech. A., gab es sehr viele Juden, die als Gold- und Silberschmiede arbeiteten. Zosimos berichtet, daß sich viele von ihnen mit Magie und Dämonologie beschäftigten. Eine bekannte jüd. Alchemistin war Maria, die Jüdin, die im 1. Jh. n. Chr. gelebt haben soll und in der alchemist. Literatur häufig zitiert wird. Ihr werden u. a. wichtige Erfindungen wie z. B. ein Ofen zugeschrieben, mit dessen Hilfe man feste Körper in geschmolzenen Zustand überführen und die flüchtigen Teile von den nichtflüchtigen trennen konnte. Aber zwischen der A. und der jüd. Mystik, → der Kabbala, die seit dem 17. Jh. fast synonyme Begriffe geworden sind, bestehen aufgrund ihrer Herkunft und ihres Anliegens eigentlich keine Beziehungen. Die prakt. A. beschäftigt sich mit der Umwandlung unedler Metalle in Gold, das in der spekulativen A. das Symbol der inneren Umwandlung und höchsten Vollkommenheit ist. In der Kabbala aber ist das Silber das Symbol des höchsten Standes. Es steht für die rechte Seite, das Männliche, die Gnade und die Liebe, während das Gold das Linke, das Weibliche, die Strenge und das richtende Urteil symbolisiert. Deshalb ist es verständlich, daß in kabbal. Kreisen niemals A. betrieben wurde. Auch gibt es in den hebr. kabbal. Büchern und Manuskripten keine Anweisungen und Praktiken, die in Verbindung stehen mit dem großen Werk (→ opus magnum). Aber es finden sich gelegentlich alchemist. Symbole und Motive in kabbal. Schriften, deren richtige Deutung die absolute Unvereinbarkeit von Kabbala u. A. beweisen. So steht im → Sohar II, S. 197ff: »Das höhere Gold ist dasjenige, das leuchtet und in die Augen strahlt... und wer sich diesem, wenn er nach der unteren Welt kommt, anschließt, verbirgt es in sich, und darum ist es auch das verborgene Gold; das Gold der Erde ist das ›untere Gold‹ und ist leichter wahrzunehmen.«

Alektryomantie, griech.: *alectryon* = »Korn« u. *manteia* = »Weissagung«, Wahrsagen aus Körnern. Ein Hahn wird in einen Kreis aus Körnern gesetzt, um den die Buchstaben des Alphabets gelegt werden. Die einzelnen Körner, die der Hahn aufpickt, gehören zu einem Buchstabenfeld, das zu einem Wort zusammengesetzt werden kann. Wenn man auf eine Frage ein Ja oder Nein erwartet, werden zwei Körnerhäufchen aufgeschichtet, die so markiert werden, daß rechts die Bejahung und links die Verneinung bedeutet.

Aleuromantie, griech.: *aleuron* = »Mehl« u. *manteia* = »Weissagung«; Wahrsagen mit Hilfe von Mehl. Man gibt Mehl in ein Gefäß mit Wasser und schüttelt es durch. Wenn man das Wasser ausgießt, kann man die nassen Mehlflocken an der Glaswand deuten. Es handelt sich bei A. um eine Form des → Kaffeesatzlesens.

Alexandertechnik, eine sanfte Körpertherapie, die von dem austral. Schauspieler F. Mathias Alexander (1869–1955) entwickelt und in seinem Buch *The Use of the self (Der Gebrauch des Selbst)* ausführlich beschrieben wurde. A. hatte als Schauspieler große Probleme mit seiner Stimme. Bei der Selbstbehandlung seiner persönlichen Schwierigkeiten entdeckte er, daß es keine Trennung zwischen Körper und Geist gibt. Alles, was wir machen oder denken, überträgt sich letztlich in Muskelspannung. Die Ursachen der Schwierigkeiten, die er mit seiner Stimme hatte, lagen in der Angewohnheit, beim Rezitieren den Kopf zurückzulegen. Schon von Kindheit an werden dem Menschen solche schlechte Gewohnheiten antrainiert, die in einer einseitigen Beanspruchung von Organen bzw Regionen des Körpers bestehen. Auf diese Weise wird nicht nur die Integrität des Körpers, sondern das ganze Selbst zerstört. Diese antrainierten schlechten Gewohnheiten äußern sich in Haltungsfehlern und Verspannungen der Muskulatur. Wenn man die Ursachen der Symptome erkannt hat, so müssen sie in einer behutsamen Therapie beseitigt werden. Es wäre nämlich grundfalsch, durch übertriebene Willensanstrengungen zu versuchen, sie abzulegen. Denn auf diese Weise würde ein Teilbereich des menschlichen Selbst ein Übergewicht über die anderen Körperfunktionen erlangen und die Harmonie und Integrität des Selbst erneut stören und ins Ungleichgewicht bringen. Die Verhaltensänderung erfolgt schrittweise, in der Regel in 30 Einzelstunden, damit der Patient allmählich ein neues Körpergefühl entwickelt. Alexander nannte das Verfahren »psycho-physiologisch«, da die Therapie in Belehrungen (psychische Aktionen) und in einer sanften Korrektur der körperlichen Fehlhaltung besteht. Nach dem 2. Weltkrieg errichtete Alexander ein Schulzentrum in London.

Al-Fatihah, arab.: »Die Eröffnung«; die erste Sure (Kapitel) des → Korans ist das Kurzgebet der Moslems. Sie lautet: »Im Namen Allahs, des Allbarmherzigen! Lob und Preis sei Allah, dem Herrn aller Weltenbewohner, dem gnädigen Allerbarmer, der am Tage des Gerichtes herrscht. Dir allein wollen wir dienen, und dich bitten wir um Beistand. Führe uns den rechten Weg, den Weg derer, welche sich deiner Gnade freuen, und nicht den Pfad jener, über die du zürnst oder die in die Irre gehen!« Der Koran beginnt nicht wie die Bibel mit der Schöpfung der Welt, sondern der Lobpreisung Gottes. Dieser allmächtige Eingott → Allah ist kein unversöhnlicher Rachegott, sondern er ist barmherzig. Der letzte Teil der Sure richtet sich gegen die Christen und Juden.

Al-Ghazzali (gestorb. 1111), pers. Philosoph und Mystiker, der sich gegen das Eindringen der Philosophie in die religiöse Gedankenwelt des → Islam wandte. Wenngleich auch die Vernunft höher als die Erfahrung ist, steht sie dennoch unterhalb der → Intuition. Sein Hauptw. lautet in lat. Übers. *Destructio Philosophiae (Zerstörung der Philosophie)*. Dagegen verteidigte → Averroes die philosophische Vernunft in der Gegenschrift *Destructio Destructionis (Zerstörung der »Zerstörung«)*. A. lehrte einen mittleren Weg zwischen Weltverfallenheit und Askese.

Al-Hallaj, Hussein ibn Mansur (866–922 n. Chr.), sufischer Mystiker (→ Sufismus) aus der pers. Stadt Tur. Er war der Schüler der berühmtesten Sufilehrer seiner Zeit: Al-Tustari, al-Makki und al-Junayd. Man warf ihm vor, er sei ein Alchemist und Christ, weil er die Behauptung aufstellte, der Sufismus sei die Wahrheit aller Religionen und Jesus Christus habe den Rang eines Sufilehrers. Auch seine Ansicht, daß man eine Pilgerfahrt nach Mekka an jedem Ort durchführen könne, wenn man nur die Rituale beachtete, war in den Augen der orthodoxen Moslems eine schwere Ketzerei. Im Zustand höchster Verzückung (→ Baqa) soll er ausgerufen haben: »Ana al-Haqq« (Ich bin die Wahrheit), was im Islam dem Anspruch gleichkommt, Gott zu sein. Er wurde später eingekerkert und hingerichtet.

Alkahest, ein von → Paracelsus geprägtes Wort, das angeblich aus dem Arab. stammt. Es bezeichnet das universelle alchemist. Lösungsmittel (lat.: *Menstruum universale)* für alle Stoffe außer Wasser. Später wird es als Bez. für den Stein der Weisen (→ Lapis philosophorum) und das Lebenselixier gebraucht. Bei → Blavatsky ist es die Essenz, die alles enthält, was den menschlichen Körper aufbaut.

Allah, arab.: *al-ilah* = »die Gottheit«; Bez. für den obersten Gott der Mohammedaner, dessen Wesen durch den ersten Satz des mohammedanischen Glaubensbekenntnisses (Kalimah) »la ilaha illa 'llahu« (es gibt nichts außer Gott) ausgedrückt wird. Er wird durch die »99 schönsten Namen« beschrieben, die von den Gläubigen rezitiert werden. Neben Gott gibt es keine anderen Personen (Ablehnung der Dreifaltigkeit). Die Offenbarungen Gottes, die Mohammed, sein Prophet, niederschrieb, enthält der → Koran.

Allegro, John M. (geb. 1923), engl. Marineoffizier, methodistischer Geistlicher u. Orientalist. A. hatte wesentlichen Anteil an der Entzifferung der Schriftrollen von → Qumran (1952). In seinem Buch *Der Geheimkult des Heiligen Pilzes* (dtsch. Übers. Wien 1971) versucht er den Nachweis zu erbringen, daß im Alten Orient ein Fruchtbarkeitskult existierte, dessen Eingeweihte durch den Genuß des → Fliegenpilzes mit der Gottheit in Verbindung traten. Seitdem der Mensch die Vorstellung gewonnen hatte, sein Leben hänge von der Gnade und Ungnade einer überirdischen Macht ab, war er bestrebt, mit dieser Gottheit Kontakt aufzunehmen. Um dieses Ziel zu erreichen, bediente er sich des Fliegenpilzes, der ihn in Ekstase versetzte und ihm Halluzinationen und Visionen schenkte. Der Kult und die Riten um den Fliegenpilz waren nur Eingeweihten bekannt. Erst in historischer Zeit wurde die Geheimhaltung durchbrochen, und man legte das geheime Wissen in verschlüsselter Form nieder, damit es nicht verlorengehe. Sumerische und babylonische Texte, die Qumranschriften und das Alte und Neue Testament enthalten solche geheimen Berichte. So ist der Name »Petrus« verwandt mit dem semitischen *pitra* (Pilz). Der Name Jesus (griech. *iesous)* lautet in der hebr. Urform *yehoshua* und ist dem sumerischen *IA-U-ShU-A* (rettender, heilender Samen) ähnlich. Relikte dieser geheimen Pilzreligion finden sich auch im → Koran. Das arab. Wort für Paradies (Garten der Freude) lautet *Gannatinna 'umi*, was mit dem sumerischen Namen des Fliegenpilzes *GAN-NA-IM-A-AN* sprachlich verwandt ist. Die Ergebnisse der Forschungen von A. sind von der Wissenschaft nur soweit anerkannt worden, daß man dem Fliegenpilz und anderen halluzinogenen und psychoaktiven Drogen eine wichtige Rolle im → Schamanismus und bei den Mysterien (→ Eleusis) zuschreibt (→ Zauberpflanzen). Dessenungeachtet ist die Arbeit von A. grundlegend für die Entwicklung der Ethnomykologie (Erforschung der kulturgeschichtlichen Rolle der Pilze).

Allgeist, auch Erdgeist, Übergeist; Bez. für eine überpersönliche Wissensquelle, wo das gesamte menschliche Erleben, Wissen und Denken gespeichert ist. Dieses Reservoir kann von medial begabten Menschen (→ Medium) angezapft werden. In der → Theosophie gebraucht man dafür → Akasha-Chronik.

Allopathie, griech.: *allos* = »anderer« u. *pathos* = »Leiden«; Bez. für das der → Homöopathie entgegengesetzte Heilverfahren. Es ist die Therapiemethode der Schulmedizin, die in dem lat. Satz *Contraria contrariis* (Entgegengesetztes durch Entgegengesetztes) zusammengefaßt wird. Eine Krankheit wird durch ein ihr entgegengesetztes Mittel behandelt.

Almadel, arab.: »magische Offenbarung«. Bez. für einen → Talisman aus weißem Wachs, in dem die Namen von Dämonen eingraviert sind.

Almadel Salomonis, Teil eines Grimoires oder → Zauberbuches aus dem 17. Jh., das den Titel *Lemegeton* oder »Kleinerer Schlüssel Salomons« trägt. Es enthält eine Aufzählung von Dämonen. → Crowley schätzte das *Le-*

megeton, das auch die ältere Form zu sein scheint, insgesamt höher ein als das besser bekannte Zauberbuch *Clavicula Salomonis* (»Der Schlüssel Salomons«).

Almagest, arab. »das Größte« (Makrokosmos); arab. Titel des bekannten astronom. Lehrbuches *Megale Syntaxis* des Griechen Ptolemäus (90–160 n. Chr.), das das gesamte Wissen seiner Vorgänger zusammenfaßt. Es enthält einen Katalog mit 1028 Sternen. Bis ins 16. Jh. war es das Standardlehrbuch der Astronomie. Erst 1515 erschien in Venedig eine lat. Übers.

Alma, Urmenschen, die in Berichten und Legenden aus dem 7. Jh. von Osteuropa bis Zentralasien erwähnt werden, was zu der Vermutung Anlaß gab, daß es sich um kleine Reste der Neandertaler handelte, die vor 35 000 Jahren ausgestorben sind. In einem arab. Text, der sich mit der Tierwelt Zentralasiens befaßt, werden sie »Nasnas« genannt und so beschrieben: »Ein Lebewesen von aufrechtem Gang und senkrechter Körperhaltung, mit breiten flachen Nägeln.« Dazu gehören auch die tibet. Yetis (→ Fabeltiere).

Aloe, bot.: *Aloe soccoterina;* gehört zur Gattung der Liliaceen, die in Afrika und Arabien beheimatet ist. Die Stengel sind gabelförmig und die Blätter lanzettenförmig gezahnt und haben am Rand kleine weiße Dornen. Die Blüten der A., deren Spitzen grüngelb sind, sind scharlachrot. Im Orient wird sie über die Haustüren gehängt, da sie vor Verhexung und Wetterschäden schützen soll. Den Hausbewohnern soll sie ein langes Leben schenken, was sicherlich darauf zurückzuführen ist, daß die A. lange Zeit ohne Wasser existieren kann. In der Volksmedizin wird sie in kleinen Dosen benutzt, um die Schleimabsonderung zu steigern, den Appetit anzuregen, Blähungen zu beseitigen und den Stuhlgang zu befördern. Man schreibt ihr auch einen günstigen Einfluß auf die Lebertätigkeit zu.

Aloeholz, das dunkelbraune, spröde Holz des Baumes *(Aqilaria agallocha)*, der in Hinterindien wächst. Es enthält Aloeharz und Aoin. Man benutzt es als Räucherwerk (Altes Testament u. Hinduismus). Napoleon I. ließ damit seine Paläste räuchern. Aus dem Holz gewinnen die Araber das Öl 'Ud, das in der Medizin der Sufis Verwendung findet.

Alphabet, hebräisches. Den hebr. Buchstaben wird schon bei den Juden eine magische Bedeutung zugeschrieben, die vielleicht ihren Grund darin hat, daß sie auch einen Zahlenwert haben. Durch Umstellungen, Rückwärts- und Vorwärtslesen der Buchstaben (→ praktische Kabbala, → kabbalistische Methoden) kann man diesen Wert verändern. Besonders ab dem 16. Jh. werden die Zauberbücher und alchemist. Schriften mit hebr. Buchstaben überfrachtet.

Das hebräische Alphabet und seine Symbolik

Buchstabe	Laut	Zahl	kabbal. Bed.	Astronomie	Wochentag	Tarot	allgem. Bed.
Aleph	A	1	Kether	Sonne	Sonntag	Gaukler	Vater
Beth	B	2	Chockmah	Mond	Montag	Hohepriesterin	Mutter
Ghimel	G	3	Binah	Venus	Freitag	Kaiserin	Natur
Daleth	D	4	Chesed	Jupiter	Donnerstag	Kaiser	Macht
He	E	5	Geburah	Widder		Papst	Religion
Vau	V	6	Tiphereth	Stier		Liebende	Freiheit
Zain	Z	7	Hod	Zwilling		Wagen	Eigentum
Chet	H	8	Nezah	Krebs		Gerechtigkeit	Verteilung
Theth	T	9	Jesod	Löwe		Eremit	Klugheit
Jod	I	10	Malkuth	Jungfrau		Schicksalsrad	Ordnung
Kaph	Ch	11		Mars	Dienstag	Kraft	Kraft
Lamed	L	12		Waage		Gehenkte	Opfer
Mem	M	13				Tod	Tod
Nun	N	14		Skorpion		Mäßigkeit	Rückfälligkeit
Samech	S	15		Schütze		Teufel	Wesen
Hain	Gh	16		Steinbock		Turm	Gleichgewicht
Phe	Ph	17		Merkur	Mittwoch	Sterne	Unsterblichkeit
Tsade	Ts	18		Wassermann		Mond	Schatten
Koph	K	19		Zwilling		Sonne	Licht
Resch	R	20		Saturn	Samstag	Gericht	Dankbarkeit
Shin	Sh	21				Welt	Einheit
Thau	Th	22				Narr	Synthese

Alphabete, magische. Schon die ägypt. Priester benutzten bei Beschwörungen eine Art Beduinensprache oder die kretische Sprache. In der antiken Zauberei bediente man sich ägypt., babylon. und hebr. Namen. Man kannte auch schon Kunstschriften wie die → Brillenbuchstaben, die von den Arabern übernommen wurden und deren Amulette und Zaubergegenstände zieren. Aus dem Mittelalter sind weit über 50 magische A. überliefert, die meistens auf Abwandlungen des hebr., griech. oder lat. A. beruhen. Man nannte diese magische Kunst »Staganographie« (griech.: *staganos* = »geheim« u. *graphein* = »schreiben«). Mit diesen A. sollte das geheime Wissen vor Außenstehenden und Nicht-Eingeweihten bewahrt werden (A. des → Tempelherrenordens u. Freimaurer).

Zu den Kunstschriften A. gehören auch die → Runen, welche bei den Nordgermanen und Angelsachsen in Gebrauch waren, und das Ogham A. der Kelten. Die → Druiden benutzten dieses A. für das Losorakel. Stäbchen aus Eibenholz, die mit den Ogham-Zeichen versehen waren, wurden geworfen und dann gedeutet. Im Keltischen bedeutet das Los *(chrannchur)* ursprünglich »das Werfen des Holzes«. Nach der Einführung des Christentums wurde die Verwendung des Ogham A. und der Runen verboten, was als Indiz für ihren magischen Charakter angesehen wird. Im geheimen wurde das O. A. aber von den → Barden in Wales weiterbenutzt, die vorgaben, ihr Wissen von den Druiden erhalten zu haben. Überdies entwickelten sie auch ein eigenes A. (A. der Barden) Beide A. werden heute im modernen Hexenwesen (Wicca-Kult, besonders der engl. Richtung) benutzt.
Als systematisches Nachschlagewerk über die magischen A. gilt Fred Gettings *Dictionary of Occult, Hermetic and Alchemical Signs* (London 1981).

Alphawellen, eine der vier Hauptgruppen von Hirnströmen, die man mit Hilfe des Elektroenzephalographen (EEG) messen kann (→ Gehirnströme). Die A. treten in einem normal funktionierenden Körper im Zustand der Entspannung und bei geschlossenen Augen auf. Die Stromschwankungen betragen bei Erwachsenen 8–13 Hertz. Am klarsten treten sie vor dem Einschlafen (hypnagoge Phase) und beim Aufwachen (hypnopompische Phase) bei völliger Passivität auf. In beiden Phasen ist die bewußte Kontrolle psychischer Tätigkeit gelockert (»Ego-Regression«) Es kann zu optischen und akustischen Sinneseindrücken kommen. Auch → paranormale Wahrnehmungen sind in diesem Zustand zwischen Schlafen und Wachsein möglich. Im Schlaf werden die A. schließlich von den Deltawellen abgelöst. Beim Öffnen der Augen verschwinden die A. Sie können auch künstlich erzeugt werden durch → Meditation und Psychotherapien wie → Biofeedback und die → Silva-Mind-Methode.

Alpträume, → Alp. Kennzeichen der A. ist die Angst. Der Träumer fühlt sich bedrückt, seine Kehle ist wie zugeschnürt, und die Glieder sind gelähmt. Diese Traumart, die aus allen Kulturkreisen mit übereinstimmender Gleichförmigkeit beschrieben wird, ist historisch bis zu den Chaldäern nachweisbar. Immer wurde sie mit dem Sexuellen in Verbindung gebracht. Fast alle Völker haben dafür besondere Verkörperungen. Immer ist damit eine Personifizierung des → Teufels oder seiner Diener gemeint, die als Alp, Hexe, Nachtmahr oder bei den Slawen als Mora auftreten. Eine Befreiung von den A. läßt sich nach → Freud durch Bewußtmachung der ihnen zugrunde liegenden sexuellen Verdrängung erreichen. → Jung faßt sie als archetypische Gestalten des Unbewußten auf, als symbolische Sendboten der primitiven, dunklen Seite unserer seelischen Triebkräfte.

Alraun, auch Mandragora; bot.: *Mandragora officinarum.* Die Ableitungen der Namen A. und Mandragora sind unsicher. A. bringt man mit dem gotischen *runa* = »Geheimnis« in Verbindung. Mandragora soll eine Zusammensetzung aus griech.: *mandra* »Stall« und *ageiro* = »sammeln« sein, weil diese Pflanze im Volksglauben das Vieh in den Stall lockt. A. ist bekannteste aller → Zauberpflanzen, die zur Gattung der Nachtschattengewächse gehört und in den Mittelmeerländern beheimatet ist. Sie hat eine rübenförmige Wurzel und über den Boden angedrückte Blätter, über die mehrere große Blumen hervorragen.

Alraune, weiblich und männlich

Mit etwas Phantasie kann man in der Wurzel die Gestalt eines nackten Menschen erblicken. Die vier Wurzeläste sind seine Arme und Beine.

Alraun enthält als psychoaktive Wirkstoffe die Alkaloide Atropin und Skopolamin, die zu Funktionsstörungen im Gehirn führen. In geringen Mengen werden diese Wirkstoffe als krampflösende Mittel eingesetzt. Dosen ab 10 mg führen zu schweren Vergiftungserscheinungen bzw. sind tödlich.

Das früheste Dokument, das die Verwendung des A. belegt, ist ein ugaritischer Keilschrifttext aus dem 15. Jh. v. Chr., der ein Liebes- und Fruchtbarkeitsritual beschreibt. In der Bibel (Mosis 1,30, 14-16) kommt diese Zauberpflanze unter dem Namen *Dudaim* vor. Die erste wissenschaftliche Beschreibung stammt von dem griech. Arzt → Dioskurides (1. Jh. n. Chr.), der zwischen einem schwarzen A., dem Weibchen, und dem weißen A., dem Männchen, unterscheidet.

Von den mittelalterl. Ärzten schenkt die Hl. → Hildegard v. Bingen (1098–1179) in ihrer *Physika* (B. 1) dem A. große Beachtung. Die A.-Wurzel aus der Erde zu ziehen, erforderte nach dem Volksglauben ein umfangreiches Ritual, weil man glaubte, sie würde sofort verschwinden, wenn man sie suche. Der Volksglaube bezeichnet den A. auch als »Heckemännchen«, weil er die Eigenschaft besitzt, ausgegebenes Geld wieder nachzufüllen. Eine andere Bez. ist »Galgenmännchen«, weil der A. angeblich aus dem Samen von Gehenkten entsprossen ist. Da die A.-Wurzel sehr selten und sehr teuer war, wurde sie oft gefälscht. In der Regel benutzte man dafür die Zaunrübe (bot.: *Bryonia).* Im 16. Jh. tauchten die ersten kritischen Stimmen gegen den A.-Aberglauben auf. Bekannte Botaniker wie Leonhard Fuchs warnten in ihren → Kräuterbüchern (1543) vor solchen Fälschungen.

Alta-Major-Therapie, Bez. für eine sanfte → Körpertherapie mit spirituellem Hintergrund, die von der Heilpraktikerin Divo Helche Weber entwickelt wurde. Sie beruht auf der → Alexander-Technik und der → Medizin der Sufis. Der Alta-Major-Punkt ist der oberste Punkt der Wirbelsäule, wo sich nach den östlichen Weisheitslehren und der Theosophie der Körper mit dem Geist verbindet. Bei den Sufis heißt dieser Punkt »Tor für Licht und Wahrheit«, weil an dieser Stelle die universelle Lebenskraft in den Körper eindringt. (→ Chakren). Eine Verkrümmung der Wirbelsäule an dieser Stelle, wo alle Nervenstränge zusammentreffen, führt zu einer Beeinträchtigung aller Körperregionen. Aber grundsätzlich ist jede Verkrümmung der Wirbelsäule schädlich, weil dadurch der Energiestrom zu den einzelnen Chakren unterbrochen wird. Ziel dieser Therapie ist die Wiederaufrichtung der Wirbelsäule, die dem Patienten ein neues Lebensgefühl gibt und ihn wieder öffnet für die universelle Lebensenergie. Die Begründerin beschreibt diese Therapie in dem Buch *Alta-Major-Therapie* (1987).

Alter und Angenommener Schottischer Ritus (AASR), ein aus 33 Graden bestehendes Hochgradsystem der → Freimaurerei, das in seiner jetzigen Form zwar 1801 in Amerika entwickelt wurde, aber in seinen Ursprüngen auf die Schottische Maurerei des 18. Jh. zurückgeht. Sie entsprang dem Bedürfnis, die drei → Grade der engl. Freimaurerei: Lehrling, Geselle, Meister (symbolische, blaue oder Johannisgrade) durch weitere Stufen (Hochgrade, rote Freimaurerei) zu erweitern, in denen die freimaurerische Lehre weiter vertieft (»bearbeitet«) wurde.

Alter Ego, lat.: »das andere Ich«; Bez. für einen Schutzengel oder beschützenden Dämon, der ein übernatürlicher Doppelgänger des Menschen ist. Solche → Dämonen, die einen Menschen vor Unglück bewahren, finden sich schon in den antiken Glaubensvorstellungen. Durch Sokrates und die platonische Schule kam der Glaube auf, daß jedem Einzelwesen ein Dämon beigegeben ist, der ihn von seiner Geburt an schütze und moralisch leite. Da man aber die Dämonen in gute und böse einteilte, so schrieb man jedem Menschen einen guten und einen bösen Dämon zu. Die bedeutendste Schrift zu diesem Thema *(Über den Schutzgeist des Sokrates)* stammt von Plutarch (45–120 n. Chr), worin er erörtert, wie man sich das Eingreifen eines solchen Geistes vorstellen muß. Die Botschaft des Schutzgeistes ist gleichsam eine Stimme, die meistens durch das »Getöse der Leidenschaften« im täglichen Leben übertönt wird. Auf diesen antiken Vorstellungen basiert die christl. Lehre von den Schutzengeln, die seit dem 2. Jh. n. Chr. nachweisbar ist. Sie knüpft an das Wort Jesu von den Schutzengeln der Kinder an (Matth. 18,10) und dem Engel des Petrus (Apg. 12,15). Seit dem 16. Jh. glaubt man auch an einen Schutzengel der Nichtchristen. In der frühchristl. Literatur findet sich auch die Meinung, daß jeder Mensch einen bösen Geist habe. Doch wurde diese Meinung nicht in die kath. Lehre von den Engeln aufgenommen. Das Schutzengelfest der kath. Kirche findet am 2. Oktober statt und hat sich seit dem 16. Jh. von Spanien aus in die übrigen Kirchenprovinzen verbreitet. Im älteren Okkultismus wurde das bekannteste Ritual, um mit seinem Schutzgeist Kontakt aufzunehmen, von → Abraham von Worms beschrieben. Die moderne Esoterik übernimmt diesen Glauben und zeigt Wege der Kontaktaufnahme.

Alternativ, von lat.: *alternare* = »verändern«. Damit werden von der → Ökologiebewegung Lebensweisen bezeichnet, die von den Lebensformen und Normen der Industriegesellschaft abweichen. In der → Esoterik wird a. im Zusammenhang mit einer neuen ganzheitlichen Medizin gebraucht und in bezug auf Denkformen, die auf einer Synthese der abendländischen Philosophie und Wissenschaft mit den östlichen Weisheitslehren beruhen. Diese a. Denkmuster sollen eine grundlegende Veränderung und Neuorientierung des Denkens und Verhaltens der Menschen herbeiführen, das in seiner Auswirkung nur mit der wissenschaftlichen Revolution des 17. Jh. verglichen werden kann.

Altruismus, von lat.: »der andere«; eine Richtung in der abendländ. Ethik, die Selbstlosigkeit und Nächstenliebe zum höchsten Ziel erklärt und in ihrem Ursprung auf das Christentum zurückgeht. Diese Verhaltensform, die in der Gegenwart besonders von den östlichen Weisheitslehren (→ Buddhismus) vertreten wird, ist eine der obersten ethischen Normen der New-Age-Bewegung. Der Gegenstandspunkt ist der Egoismus, der nach Meinung der führenden → New-Age-Denker das Verhalten der Menschen in der modernen Industriegesellschaft kennzeichnet.

Altus, lat: »der Erhöhte«; → Anagramm von Jacob Sulat, über dessen Leben nichts weiter bekannt ist. Er ist der Verfasser des alchemist. Buches *Mutus Liber* (1677, La Rochelle), das nur aus 20 Bildern besteht und deshalb »das stumme Buch« heißt. Darin werden die äußeren Stufen (Laborbilder) und die inneren Stufen (Himmelsallegorie) des Großen Werkes (Opus magnum, → Alchemie), dessen Ziel der Stein der Weisen ist, beschrieben. Eine dt. Übers. mit den Originalgravuren und einem Kommentar des bekannten neuzeitlichen Alchemisten → Chanseliet (1899–1982) erschien 1990 in Amsterdam.

Amadou, Robert (geb. 1924), franz. Parapsychologe, der die Zeitschrift *Revue Metapsychique* und *La Science et le Paranormal* herausgab. Von seinen zahlreichen Büchern erschien in dt. Übers. *Das Zwischenreich* (1957), das die Entwicklung der Parapsychologie vom → Okkultismus bis zur wissenschaftlichen Erforschung der paranormalen Phänomene aufzeigt. A. ist bemüht, der Parapsychologie alles Sensationelle zu nehmen und sie als eine seriöse Wissenschaft darzustellen, die keine pseudo-religiösen Erwartungen erfüllen kann.

Amara, → Bittermittel.

Ambra, graue, von arab.: *anbar*; in der franz. Parfümerie: »ambre gris«. A. ist eine aromatisch duftende Masse, die aus den beutelartigen Anschwellungen des Unterleibes des Pottwals präpariert wird oder in Klumpen an der Meeresoberfläche schwimmt, an Land gespült und eingesammelt wird (in Australien, Indien, China, Nord- und Südamerika, Madagaskar u. Arabien). Sie besteht aus hellbraunen bis graubraunen oder schwarzen mit weißlichen Streifen durchzogenen undurchsichtigen Klumpen von wachsartiger Beschaffenheit. Die hellen und spröden Sorten gelten wegen ihres feinen Geruches als die besten, während die dunklen Sorten wegen ihres sehr scharfen Geruches weniger geschätzt sind. Diese wachsartige Masse, die schon bei Körperwärme weich wird, löst sich in ätherischen und fetten Ölen, heißem Alkohol und Äther auf. Ihr Hauptbestandteil ist Ambrain, das dem Cholesterin ähnlich ist. A. ist ein Botenlockstoff, ein → Pheromon, das zur Anlockung der Geschlechter dient. Wie die anderen tierischen Duftstoffe (→ Moschus, → Zibet u. → Bibergeil) wirkt es auch auf das menschliche Sexualdrüsensystem. Die bekannte erotische Wirkung der A. führte → Albertus Magnus auf ihre Entstehung aus dem Sperma des Walfisches zurück. In den früheren Jh.n war A. ein Desinfektions- und Schutzmittel gegen Seuchen, das man in Form der Ambra oder Bisamäpfel gebrauchte. Sie bestanden aus einem Gemisch von Ambra, Moschus, Zibet und anderen Duftstoffen, die man in einer apfelförmigen goldenen Dose an einer Kette um den Hals trug. Weiterhin schätzte man seine nervenstärkende und sexuell erregende Wirkung. Er gilt als wirksamer Duftstoff für die Aktivierung des Sexual-Chakras (→ Chakra). Die klass. Parfümerie benutzt ihn heute als Fixierungsmittel, das verhindert, daß der Duft anderer Stoffe sich verflüchtigt.

Ambrette, ein ambraähnlicher Duftstoff, der aus den »Moschuskörnern« einer Eibischart (bot.: *Hibiscus)* gewonnen wird.

Amethyst, von griech.: *amethysthos* = »vor Trunkenheit schützend«. Man unterscheidet zwei Arten, den violetten Korund und den häufig vorkommenden violetten Quarz. Er ist der Ringstein der katholischen Bischöfe; als segenspendender Stein bringt er Glück und Genesung. In diesem Sinne war er der Stein des jetzt ablaufenden Fischezeitalters. Im Buddhismus gilt der A. als Bewirker frommer Sammlung. Rosenkränze aus A. sind besonders wirkungsvoll für die Gebetserhörung. Auch bei den anderen Völkern ist der A. ein glücksbringender Stein. Die Juden nennen ihn *achlamah* (angenehme Träume), und bei den alten Indern hieß er *Shakunda* (Glücksbringer). In der Antike war er ein Heilmittel gegen Trunksucht. Alkoholiker wurden mit gepulvertem A. geheilt. Die römischen Trinkgefäße waren mit A. besetzt, weil man annahm, daß man sich aus solchen Bechern keinen Rausch antrinken könnte. Wenn man auf diesen Edelstein den Namen des Mondes oder der Sonne schrieb und ihn mit den Haaren eines Hundes und mit Schwalbenfedern um den Hals hing, war man gegen jede Art von Zauberei geschützt. Er heilte die Heimwehkranken und führte sie sicher zu ihrer Familie zurück. Je mehr A. man besaß, um so größer war die Zahl der Schutzgeister. Man konnte ihn auch zum Wahrsagen benutzen, denn er zeigte im Traum dem Träger an, ob der Freund, dem er gerade vertraute, seiner würdig war. Wer als Soldat in den Krieg zog, der sollte ihn an einer seidenen Schnur am Hals tragen; kein Feind würde ihm dann beikommen können. In Form eines Skarabäus geschnitten, sollte er gegen Verwundung schützen. Nach Camillus Leonardus (16. Jh.) war der A. ein Beschützer der Pferde und ihrer Reiter, wenn ein galoppierendes Pferd darauf geschnitten war, dessen Reiter ein Zepter in der Hand hielt. Damit die magischen Kräfte des A. voll zur Entfaltung kommen konnten, mußte man ihn am dritten Finger der linken Hand tragen. → Hildegard v. Bingen hielt den A. für ein wahres Schönheitsmittel, wenn man ihn mit Speichel befeuchtet und damit die Flecken und Pusteln im Gesicht bestreicht. Hält man den Stein in warmes Wasser und läßt ihn dann in reines Wasser abtropfen, so erhält man ein vorzügliches Hautreinigungsmittel, das auch gegen Hautkrebs wirksam sein soll. In der Astrologie: Planet Venus, Tierkreiszeichen Fische und Monat Februar zugeordnet. Anwendung in der modernen Edelsteinmedizin: Er ist dem Scheitel-Chakra zugeordnet; das Elixier wirkt gegen Streß, Kopfschmerzen, Migräne, Schlaflosigkeit und Magenverstimmung.

Amitabha, skrt.: »Unendliches Licht«, auch *Amitayus* (skrt.: »Unermeßliche Lebenszeit« jap. Bez. *Amida*; einer der fünf → Dhyanibuddhas oder Meditationsbuddhas des → Mahayana, die aus dem → Adi-Buddha entstanden sind. Der Name A. deutet auf einen Licht- und Lebensspender hin. Man vermutet deshalb, daß sich diese Gestalt unter iran. Einflüssen gebildet hat. Dies muß schon in ziemlich früher Zeit geschehen sein, da das Werk, das die Legende von A. enthält, der *Sukhavativyuha* (skrt. »Ausführliche Beschreibung des glücklichen Landes«) bereits zwischen 147 und 186 n. Chr. ins Chinesische übersetzt wurde. Demnach lebte vor langer Zeit ein Mönch namens Dharamkara, der das Gelübde ablegte, ein Buddha zu werden. Doch seine Buddhaschaft, die er sich erworben hatte, wollte er nur antreten, wenn er als Buddha über ein glückliches Land *(Sukhavati)* herrschen würde, dessen Bewohner in ununterbrochener Freude bis zur Erlangung des → Nirvana leben würden. In Japan ist Amida die meistverehrte buddh. Gottheit, die mit der Formel *Amida Butsu* angerufen wird.

Amma, auch Ahma; Bez. für die traditionelle Form der jap. Energiemassage, die schon im 9. Jh. entstanden ist und seit dem 17. Jh. sich in andere Länder verbreitete. Durch schnelle Fingerbewegungen werden die Akupunkturpunkte (→ Akupunktur, → Akupressur) gedrückt und die Muskulatur der Schulter und des Rückens massiert.

Ammon, Günther (geb. 1918), Psychiater und Psychoanalytiker, der eine Richtung der humanistischen Psychologie vertritt. Er entwickelte in seinen Werken *Der mehrdimensionale Mensch* und *Die Androgynität des Menschen* eine ganzheitliche und humanistische dynamische Psychiatrie. Das Glück des Menschen, seine Selbstverwirklichung und die Herausbildung eines höheren Bewußtseins setzt neben der Aufhebung der individuellen Blockaden auch die Beseitigung der Bedürfnisverbote und der gesellschaftlichen Zwänge voraus.

A. M. O., Pseudonym für Adolf Martin Oppel (1840-1923), einem Theosophen (→ Theosophie), der von den Lehren → Swedenborgs beeinflußt ist. Werke: *Praktische Mystik* (1918) und *Adeptenbuch* (1922).

Amoräer, hebr.: »Sprecher«; jüd. Gesetzeslehrer, deren Erörterungen im → Talmud gesammelt sind.

Amorc, Abk. für *Antiquus Mysticus Ordo Rosae Crucis (Alter mystischer Orden des Rosenkreuzes).* Eine von Spencer Lewis (1883-1936) im Jahre 1916 in New York gegründete esot. Vereinigung, die ihren Ursprung auf eine Mysterienschule des ägypt. Königs Amenhotep IV. (um 1350 v. Chr.) zurückführt. Ihre Lehre, die an die Traditionen der → Gold- und Rosenkreuzer des 17. Jh. anknüpft, enthält auch Gedankengut der → Theosophie. Durch Studium, → Meditation, → Rituale und psychische Übungen soll das Innere des Menschen entfaltet und durch eine Art *Mentale Alchemie* (Titel auch einer ihrer Hauptschriften) verändert werden. Der Aufbau dieser Gesellschaft hat viele Gemeinsamkeiten mit dem Logensystem der → Freimaurerei. Die oberste Großloge hat ihren Sitz in San José (Kalifornien). Für die deutschsprachigen Länder gibt es in Baden-Baden eine Großloge.

Amnesie, griech.: »Gedächtnisverlust«. Es ist eine zeitliche und inhaltliche A. möglich, die Teile des Gedächtnisses oder das gesamte Erinnerungsvermögen betreffen kann. Mögliche Ursachen sind Verletzungen, Schock → Hypnose und → Trance. Die A. tritt nämlich sehr häufig auch bei einem → Medium auf, das sich an die Vorgänge bei einer → Séance und die von ihm im Trancezustand mitgeteilten Botschaften nicht mehr erinnern kann.

Amplifikation, lat.: »Erweiterung«; ein von → Jung benutzter Begriff für die Erweiterung und Vertiefung des Traumbildes durch gerichtete → Assoziationen. Nach Jung zeigt das Gedankengut, besonders die → Symbolwelt der Religion und Mythologie, auffällige Parallelen mit dem Trauminhalt.

Amrita, skrt.: »Unsterblich«; in den → Veden Bez. für den Unsterblichkeitstrunk, der aus der → Soma-Pflanze hergestellt wurde. Nach neueren Forschungen vermutlich aus dem → Fliegenpilz hergestellt. Man vergleicht ihn mit dem Nektar der Griechen.

Amritanandamayi, Mata (geb. 1953), ind. Mystikerin. Schon im Alter von 5 Jahren zeigte sie ihre göttliche Berufung. Sie unterzog sich fortan einer strengen Disziplin. Mit 21 Jahren glaubte sie, die Gottesverwirklichung erlangt zu haben. In ihrem Buch *Mutter der unsterblichen Glückseligkeit* beschreibt sie ihr Leben und ihre Visionen vom Göttlichen. Sie betrachtet sich als eine Verkünderin der Mahadevi (der großen Göttin), die in feminist. Zirkeln → der New-Age-Bewegung als »Universelle Mutter« verehrt wird.

Amulett, arab.: »Anhängsel«. Aber auch andere Abl. sind denkbar: lat. amoliri = »abwenden« und griech. moly = »Zauberkraut«. Im Gegensatz zum → Talisman (Glücksbringer) sind sie ein Mittel der Zauberabwehr. Schon in der Antike bezeichnete man damit Gegenstände, die am Körper getragen wurden, die Dämonen oder feindliche Kräfte abwehren sollten. Die ältesten bekannten A. sind die → Skarabäen (Nachbildungen des Mistkäfers), welche die Ägypter den Toten mitgaben. Bei den Juden war besonders das Schrift-A. *(kemia)* in Gebrauch, das Zeichnungen von geometr. Figuren, Körperteilen u. Tieren enthielt oder auf dem die Namen von Engeln, Dämonen oder die Gottesnamen eingraviert waren. Arab. A. bestehen häufig aus einem oder mehreren konzentrischen Kreisen, in die Koranverse, die Namen → Allahs oder Buchstabenkompositionen eingezeichnet sind. Im weitesten Sinn gehören auch die christl. Reliquien, geweihten Gegenstände, Schmuckstücke und Edelsteine, die man am Epiphaniastag weiht, zu den A. Eine moderne Form der A. sind die Maskottchen (aus dem provenzalischen *masco* = »Zauberer«), wofür man auch Tiere nimmt. Die A. haben eine suggestive Wirkung, die bei ihrem Träger den Glauben hervorrufen, er sei gegen Unheil gefeit.

Anagamin, Pali: »Der Nichtwiederkehrende«. Der → Buddhismus teilt seine Anhänger in zwei Gruppen: die Weltmenschen *(Puthujjana)* und die Heiligen *(Aryasavaka)*, die einen höheren, geistlichen Weg *(lokutarra)* beschreiten. Die 4. Stufe ist der Zustand des A., der nach seinem Tod nicht mehr zur Erde zurückkehrt. Er wird wiedergeboren im höchsten Himmel und wird zum → Arhat.

Anagramm, griech.: »Umstellung der Buchstaben«, die zu einem neuen, aber sinnvollen Wort führt, z. B. Sulat zu → Altus. Zugrunde liegt die kabbalistische Methode der Themurah → praktische Kaballa.

Anahata-Chakra, das 4. → Chakra, das seinen Sitz im Herzbereich hat. Es wird symbolisch durch 15 Blütenblätter des Lotus dargestellt. Seine Farbe ist Graublau. Das Klangsymbol seiner Wurzelkraft ist *Yam.* Energieblockaden äußern sich als Herzbeschwerden, Durchblutungsstörungen, Lungenerkrankungen, Immunschwäche (Aids) und Funktionsstörungen der Thymusdrüse. In der modernen Esoterik schreibt man diesem Chakra die Farben Grün und Rosa zu, die bei Unterf. angezeigt sind; Bei Überf.: Blau. In der modernen → Edelsteintherapie werden benutzt: Aventurin, Chrysopras, Turmalin, Koralle, Rosenquarz. In der Aromatherapie sprechen auf das A. Ch. an: Rose, Rosenholz, Neroli, Salbei, Muskat.

Analogiezauber, eine Form der → Magie, die auf einer Nachahmungshandlung gemäß dem Grundsatz »Ähnliches durch Ähnliches« beruht. Der A. ist uralt und findet sich schon in den Höhlenmalereien, wo durch die Jagdszenen symbolisch die eigentliche Jagd vorweggenommen wird. In der → schwarzen Magie bedient man sich eines zerstochenen Bildes, um einem Menschen Schaden zuzufügen.

Analytische Psychologie, → Jung

Analytiker, eine von → Freud geprägte Bez. für einen Seelenarzt. Nach → Jung ist der A. nur eine Seite eines gegenseitigen Abhängigkeitsverhältnisses zwischen Arzt und Patient. Beide verändern und entwickeln sich im Laufe der Behandlung. Jung verglich dieses Verhältnis mit der → Alchemie.

Anamnese, griech.: »Erinnerung«. Bez. für die Vorgeschichte einer Krankheit. In der → Psychotherapie versteht man darunter die individuelle Vorgeschichte eines seelischen Leidens.

Ananda, skrt.: »Glückseligkeit«. Im → Hinduismus ist es neben → Sat (»Sein«) und → Chit (»reines Denken«) eines der Kennzeichen der → Transzendenz oder des Absoluten. Diese drei Worte bilden zusammen das Wort *Sachidanananda*, das die Haupteigenschaft der Persönlichkeit Gottes ist.

Ananda, Name des Lieblingsschülers Buddhas (→ Buddhismus). In den klass. Schriften des Buddhismus legt Buddha in Zwiegesprächen mit A. seine Lehre dar.

Ananda Marga, skrt.: »Weg zur Glückseligkeit«; eine moderne Hindu-Sekte, die 1955 von dem Journalisten Probhat Ranjam Sarkar gegründet wurde. Die Lehre besteht aus einer Mischung aus → Yoga und einer polit. Philosophie, die einen Mittelweg zwischen Kommunismus und Kapitalismus propagierte. Seine Sekte, die sich eines großen Zulaufs besonders durch Studenten erfreute, geriet seit 1971 ins Zwielicht, als Sarkar aufgrund von Beschuldigungen (sexuelle Perversionen und Mord) seiner Ehefrau inhaftiert, angeklagt und 1976 zu einer lebenslänglichen Gefängnisstrafe verurteilt wurde. 1978 wurde er freigelassen. Der Sekte gelang es zwischenzeitlich in Europa und Amerika, Zweigorganisationen aufzubauen.

Anatta, Pali: »Nicht-Ich«; auch als »wesenlos« übers.; neben → Anicca (»vergänglich«) und → Dukkha (»leidbringend«) eines der drei Merkmale *(Tilakkhana)*, die allen Gebilden, Vorgängen und Erscheinungen eigen sind. Als Erklärung von A. wird an zahllosen Stellen des buddh. Kanon die Formel gebraucht: »Das gehört mir nicht, das bin ich nicht, das ist nicht mein Ich.«
Sie findet ihre Anwendung auf alles, was irgendwie in den Bereich der Erkenntnis fällt. Dies bedeutet, daß es keine Persönlichkeit, Wesenheit oder Seele geben kann. Unser Ich oder Selbst ist nur ein Bündel von fünf Eigenschaften (Skandhas). Die Erlösung bzw. Ablösung von diesem A.-Bereich ist das Hauptziel des → Buddhismus.

Andreae, Johannes Valentinus (oder Rosenkreuz)

Anderson, James (1680–1739), presbyterian. Geistlicher, der nach der Gründung der Großloge von London (1717) ein Konstutionsbuch der → Freimaurerei erstellte, das neben der Geschichte die Pflichten und Verordnungen enthält. Es erschien 1723 unter dem Titel *The Constitution of the Freemasons.* Die darin niedergelegten Grundsätze sind als die »Alten Pflichten« in die Geschichte der F. eingegangen.

Andreae, Johann Valentin
(1586–1654), Theologe und Schriftsteller. Als Begleiter dt. Adeliger bereiste er Europa, war Hofprediger in Stuttgart und zuletzt Generalsuperintendent. Sein Buch *Chymische Hochzeit Christiani Rosenkreuz*, eine allegorisch-satirische Dichtung, die 1606 veröffentlicht wurde, verschaffte ihm den Ruf, Gründer der Bruderschaft der → Rosenkreuzer zu sein.

Andrews, Lynn,
amerik. Esoterikerin, Therapeutin und Schamanin, die man auch als die weibl. → Castaneda apostrophierte. In ihrem autobiograph. Buch *Medicine Woman* beschreibt sie, wie sie in der einheimischen amerik. Kultur ihre Identität sucht (→ Indianer). Weitere Werke sind der Heilkunst und dem Schamanismus der amerik. Ureinwohner gewidmet. In einer Traumreise unter der Leitung der fiktiven Medizinfrau Agnes Whistling Elk wird sie in das mittelalterliche England geführt, lebt dort als Catherine und trifft die Frau von Wyrrd, die ihre Lehrerin wird. Werke in dt. Übers.: *Die Jaguarfrau, Die Sternenfrau, Die Kristallfrau.*

Androgyn, griech.: »mannweiblich«; andere Bez. Hermaphrodit und Rebus (von lat.: *res binae* = »Das Zweifache«). Ein zweigeschlechtliches Doppelwesen, das in der → Alchemie das Symbol der Aufhebung der Gegensätze ist und folglich für die → Materia prima und den Stein der Weisen (→ Lapis Philosophorum) steht. In zahlreichen Kosmogonien der Menschheit ist er das Symbol des Urmenschen, den man sich vor der Geschlechterteilung und Differenzierung in Mann und Frau als einen Zwitter vorstellte. Die Zusammenführung der Geschlechter und die Aufhebung der Polarität gehört zu den wichtigsten Zielen der mystischen Alchemie. Der A. ist der Symbolwelt der → Gnosis entlehnt, die die Weltschöpfung als eine »heilige Hochzeit« von Himmel und Erde erklärt und auch die Erlösung des Menschen als einen Prozeß der Zeugung ansieht. Denn die jungfräuliche Seele empfängt den göttlichen Samen des Lichtes, wird schwanger und gebiert den neuen geistigen Menschen in sich selbst. Der → Golden-Dawn-Orden betrachtet den A. als magisches Kind, das das neue Horuszeitalter symbolisiert.

Androide, griech.: »Menschähnlich«; Bez. für alle künstliche Menschen wie z. B. → Golem u. → Homunculus.

Angelika, bot.: *Angelica officinalis*; dt. Bez. Engelwurzel, Erzengelwurzel, heilige Geistwurzel, Brust-, Zahn-, Luftwurzel. Ein Doldenblütler, der Manneshöhe erreichen kann. Die Wurzel, die man nach dem Volksglauben im Frühling des zweiten Jahres sammeln soll, ist geringelt und hat zahlreiche dicke Fasern. Wenn man sie aufbricht, tritt eine weiße Flüssigkeit heraus. Schon seit dem Mittelalter ist sie als ein Universalmittel geschätzt, dessen Wirkung auf den Inhaltsstoffen Angelikabalsam, Insulin und einem ätherischen Öl beruht. Das A.-Öl, das durch Wasserdampfdestillation aus der Wurzel und dem Samen gewonnen wird, wirkt gegen Appetitlosigkeit, Depressionen, Entzündungen und Verdauungsbeschwerden. In der Vergangenheit stellte man auch eine A.-Essenz (Angelikawurzelgeist) bzw. A.-Essig her. In der Magie ist A. ein Zauberabwehrmittel, weil ein Engel (»Engelwurzel«) sie vom Himmel auf die Erde gebracht habe.

Anger, Kenneth (geb. 1930), amerik. Regisseur, der in seinen Filmen besonders das Okkulte darstellte. Beeinflußt wurde er besonders von den Schriften und der Lehre → Crowleys und des Satanisten → La Vey. Bekannt wurde sein Film *Lucifer Rising*, in dem Anaïs Nin die Göttin Astarte darstellte und zu dem Mick Jagger die Musik schrieb. In *Invocation of My Demon Brother* spielte La Vey die Rolle des Satans und der junge Musiker Bobby Beausoleil die des Lucifers. A. schloß sich später Manson an und wurde des Mordes an Gary Hinman (1969) überführt. A. machte auch von sich reden, als er in der ehemaligen »Abtei Thelema« in Cefalu in Sizilien, wo → Crowley in den 20er Jahren lebte, sexualmagische Gemälde an den Wänden entdeckte.

Anges, Jeanne des (1602–1665), Nonne des Ursulinerinnenordens, die neben dem Geistlichen → Urbain Grandier die zentrale Figur der Besessenheitsepidemie (→ Besessenheit) in dem mittelfranz. Ort Loudoun war. Sie wurde mit 25 Jahren Superiorin der neuen Kongregation in Loudoun. Als der Pfarrer von Loudoun, Urbain Grandier, es ablehnte, das Kloster geistlich zu betreuen, beschloß sie, sich zu rächen. So behauptete sie ab 1633, Grandier erscheine ihr im Traum und überhäufte sie mit Liebkosungen. Auch die anderen Nonnen klagten über ähnliche Erscheinungen. Man unterzog des A. und ihre Mitschwestern zahlreicher → Exorzismen, die den Zustand der Nonnen noch verschlimmerte. Die Feinde Grandiers, zu denen auch der Kardinal Richelieu gehörte, sahen eine Gelegenheit, mit ihm abzurechnen. Es kam zu einem Prozeß wegen Hexerei, bei dem als »Beweisstück« ein schriftlicher Vertrag Grandiers mit dem Satan (er wird heute in der Nationalbibliothek in Paris aufbewahrt) benutzt wurde. Grandier wurde zum Tode verurteilt und 1634 öffentlich verbrannt. Auch nach der Hinrichtung Grandiers verbesserte sich der Zustand der Nonnen nicht. Des A. behauptete sogar schwanger zu sein. Schließlich war des A. so krank, daß man ihr die Letzte Ölung gab. Danach verbesserte sich ihr Zustand, und sie behauptete, der hl. Joseph sei ihr im Traum erschienen. Mit dem Öl, das er bei sich gehabt habe, sei sie von ihrem Schutzengel eingerieben worden. Nachdem diese Heilung bekannt geworden war, pilgerten zahlreiche Kranke nach Loudoun. Nach ihrem Tode verehrte man sie wie ein Heilige. Erst 1750 wurde durch ein Dekret des Bischofs von

Poitiers der Kult um ihr Andenken verboten. Sie hinterließ eine Autobiographie, in der sie ihre Besessenheit von 1633 bis 1642 beschreibt. Dieses Manuskript wurde 1886 von Schülern des Psychiaters → Charcot in Tours entdeckt und in der Reihe *Bibliothèque Diabolique* (Bd. V.) veröffentlicht. Die dt. Übers. *(Die Memoiren einer Besessenen)* aus dem Jahre 1911 und alle Nachdrucke sind unvollständig, da psychologisch bedeutsame Partien weggelassen wurden. Die Besessenheitsepidemie von Loudoun und die Autobiographie der des A. wurden in Dramen, Romanen und Filmen behandelt. Am bekanntesten sind das Buch *Die Teufel von Loudoun* (dt. 1955) von → Aldous Huxley und der Film *Mutter Johanna von den Engeln* (1961) von Jerzy Kawalarowicz.

Angriff, magischer. In der älteren Magie konnte man anderen Personen Schaden zufügen bzw. sie töten, indem man sich der Hilfe von Dämonen bediente, die man in besonderen Ritualen (→ schwarze Magie) anrufen mußte, um sich ihrer Dienste zu versichern. Dazu gehört auch der → Analogiezauber. In der modernen Esoterik hält man m. A. für möglich, da durch intensive Gedankenkonzentration und → Visualisation einzelner Menschen oder einer Gruppe im feinstofflichen Bereich Gebilde, die meistens die Form von Tieren haben, erzeugt werden können. Diese Gedankengebilde können wie Dämonen einen anderen Menschen angreifen und töten. In der Neuzeit sind zwei m. A. bekannt geworden. Als sich → Boullan 1887 mit seinen einstigen Sektenbrüdern Stanislas de Guaita und Oswald Wirth überwarf, wurde er von ihnen in einem Ehrengericht zum magischen Tod verurteilt. Zwischen den beiden Gruppen entbrannte ein Kampf, der mit → Beschwörungen und → Schwarzen Messen ausgetragen wurde. Am 4. Januar 1893 fiel Boullan plötzlich tot um, nachdem er einen Brief mit zahlreichen Todesahnungen verfaßt hatte. 1922 kam es zwischen Dion → Fortune und Moina → Mathers, der Ehefrau von McGregor Mathers, die den Alpha-Omega-Tempel des → Golden-Dawn-Ordens in Paris leitete, zu Rivalitäten. Dion Fortune behauptete, Moina Mathers habe einen m. A. auf sie verübt, indem sie eine riesengroße Katze in ihrer Astralebene erzeugt habe. Danach sei sie durch → Alpträume gequält worden. Nach dem Aufwachen stellte sie fest, daß ihr ganzer Körper mit Kratzspuren bedeckt war. Durch Anrufung ihrer Schutzgeister, der »inneren Gebieter«, habe sie sich retten können. Die Verteidigungsmöglichkeiten gegen solche m. A. von Gedankengebilden, die von anderen Menschen in böser Absicht erzeugt werden, beschrieb sie in dem Buch *Selbstverteidigung mit Psi.*

Auch mit Hilfe der → Kahuna-Magie werden m. A. praktiziert, die man als *anana* oder *ana-ana* bezeichnet. Hierfür benutzt man die → Akas. Wenn man einen persönlichen Gegenstand von dem betreffenden Menschen hat, dem man Schaden zufügen will, so tritt der Dämon auf Bitten des → Magiers in den Körper des Opfers ein und zerstört seine Vitalenergien. Er besitzt nämlich die Fähigkeit, von diesem Gegenstand aus den Weg in den Körper zu finden.

Anguttaranikaya, Pali: die »Ein-Glied-mehr-Sammlung«; ein Werk des buddh. Kanons oder Dreikorps, das die Religion behandelt. Es ist einer der fünf Teile *(Nikayas)* der Sammlung der Lehrvorträge (Suttapitaka). In 11 Abschnitten *(nipata)* sind die Lehrvorträge *(Suttas)* so geordnet, daß im ersten Abschnitt von Dingen die Rede ist, die es einmal gibt, im zweiten von zweimal vorkommenden usw.

Anicca, Pali: »veränderlich, wechselnd«; eine der drei Eigenschaften *(Tilakkhana)*, die allen Dingen und Erscheinungen eigen sind. (→ Anatta → Dukkha).

Anima oder Animus, lat.: »Seele«. → Seele. Bei → Jung zusammen mit *animus* zwei gegensätzliche → Archetypen. Die Persönlichkeit eines Menschen hat eine nach außen gewandte Seite, der eine innere Gegenkraft unterhalb der Bewußtseinsschwelle entspricht. Der männlichen Person entspricht eine innere Frauenfigur *(Anima)*, die gleichsam der Inbegriff des Weiblichen ist, umgekehrt der weiblichen Person eine Männergestalt *(Animus)*. Sie sind verantwortlich für die weiblichen Eigenschaften eines Mannes und die männlichen einer Frau. Da es sich um Archetypen handelt, entsprechen ihnen Figuren

Anima mundi

aus der Mythologie und Religion. Anima: Aphrodite, Maria, Romeo etc. Animus: Apollo, Hercules, Christus, Romeo etc. Das Überwiegen eines dieser Archetypen in der Psyche verändert die Persönlichkeit des Mannes bzw. der Frau.

Animalismus, lat.: *animal* = »Lebewesen«. In einfachen Kulturen, die ihren Lebensunterhalt durch die Jagd beschaffen, findet sich die Vorstellung, daß auch Tiere eine Seele haben und menschenähnlich bzw. sogar übermenschlich seien. Der A. ist die Grundlage des Totemismus.

Anima mundi, lat.: »Weltseele«. Bez. für die belebende Kraft des Universums, deren Ursprung auf den → Äther zurückgeht. Sie steht gleichsam in der Mitte zwischen dem Geist, der universellen Energie und der Materie. Im Mittelalter wurde die A. m. als eine nackte Frau dargestellt, die von den Sternen umgeben wird. Theosophen wie → Blavatsky verbinden die A. m. mit dem → Adi-Buddha. Bei → Jung entspricht die A. m. dem Kollektiven → Unbewußten, das als geistige Erbmasse der Menschheit in jede individuelle Hirnstruktur hineingeboren wird und sich in Träumen, Visionen und Wahnvorstellungen bemerkbar macht.

Animismus, lat.: »Seelenlehre«. Eine Weltanschauung, die davon ausgeht, daß alles (Pflanzen, Tiere und Gegenstände) beseelt ist. In der Regel stellt man sich diese Lebenskraft als → Elementargeister vor. Damit verbunden ist die Vorstellung von einem Leben nach dem Tode. Der A. wird als Ursprung der Religion angesehen. Im weitesten Sinne ist er auch eine philosoph. Richtung, die betont, daß die Seele (→ Anima) das Prinzip des Lebens ist. In der → Parapsychologie (eingeführt von → Aksakow) kennzeichnet er die Gegenposition zum → Spiritismus. Alle paranormalen Erscheinungen werden nicht auf → Geister zurückgeführt, sondern haben ihre Ursache in den Seelenkräften des Menschen, die in solche übernatürliche Erscheinungen hineinprojiziert werden.

Animozentrik, eine astrolog. Lehre, die in den Mittelpunkt ihres Bemühens die Seele stellt. Prognosen mit Hilfe von Horis hopes Horoskopen können einen Menschen zu einem Gefangenen der Sterne machen. Die A. basiert auf der Einsicht, daß »der Weise seine Sterne regiert, der Unwissende von ihnen regiert wird«. Der Mensch wird nicht durch kosmische Gesetze determiniert, sondern er kann sich durch eine geistige und spirituelle Entwicklung seines eigenen Wesens (Seele) innere Freiheit verschaffen. (→ Anthropozentrik, → psychologische Astrologie). Ein Horoskop hat für diese Richtung der Astrologie nur die Bedeutung eines → Mandalas, das die Grundlage für → Meditationen bildet, um die verborgenen symbolhaften Prozesse der Seele und Persönlichkeit bewußt zu machen.

Anisöl, bot.: *Pimpinella anisupa*; ein Doldenblütler. Hauptbestandteil: Anethol. Geschätzt ist das Öl aus dem Samen des russ. A. Mediz. Anwendung bei Asthma, Bronchitis, Krämpfen aller Art und Magen- und Darmerkrankungen. A. beeinflußt die Milchbildung bei Wöchnerinnen; es enthält → Phytohormone (pflanzliche Hormone), die in ihrer chem. Struktur dem Östrogen ähnlich sind. In der modernen → Aromatherapie wird A. zur Aktivierung des Sexual-Chakras benutzt.

Ankh, Name eines ägypt. Symbols, das für Lebenskraft und ewiges Leben steht. Es besteht aus einem T mit einer aufgesetzten Ellipse, die der ägypt. Hieroglyphe *Ru* = »Mund, Geburt, Uterus« entspricht. Später nimmt es die Form eines Henkelkreuzes an. Die frühen Christen betrachteten A. (T steht für Kreuz) als den in Christus zu Fleisch gewordenen → Logos. Aus diesem Symbol entwickelten sich die für die rituelle oder zeremoniale Magie so wichtigen geometrischen Symbole wie Kreis und Kreuz.

Anmelden, in der → Parapsychologie Bez. für das »Bekanntmachen« von paranormalen Vorgängen. So können z. B. Herabfallen von Bildern, unerklärbares Stillstehen von Uhren oder Klopfgeräusche durch → Telekinese oder → Telepathie mit Unglücken, häufig Todesfällen, in einem kausalen oder erklärbaren Zusammenhang stehen. (→ Synchronizität).

Anrufung, die Kontaktaufnahme mit einem übermenschlichen Wesen (Gott, → Alter Ego, → Dämon); ursprüngl. Bez. für die A. Gottes oder Heiliger bei Gebeten in der christl. Religion. Bei einfachen → Beschwörungen oder in der → rituellen Magie erfolgt die A. durch Nennung des Namens (meistens in einer für Außenstehenden nicht verständlichen Sprache, durch → Machtworte und → Zauberformeln. In der älteren Magie gebrauchte man dafür das lat. Wort *Invokation*, das die Präsenz des Dämons schon voraussetzt und meisten nur für gute Zwecke (Weiße → Magie) benutzt wurde, oder aber wenn der Akzent mehr auf das Herbeirufen oder Herbeiholen gelegt wurde.

Antariska-Welt, skrt.: »äußere Sphäre«; ein Bereich in Erdnähe, an der Grenze der Atmosphäre, wo die feinstofflichen Wesen (→ Ätherleib, → Geist) leben. Dort wird auch die → Akasha-Chronik geschrieben. Besonders medial begabte Menschen können mit dieser Sphäre Kontakt aufnehmen.

Antaskarana (auch Antahkarana), skrt.: »inneres Sinnesorgan«; in der → Theosophie die Brücke im Menschen zwischen der niederen Dreiheit aus physischem, ätherischem und astralem Körper zu der höheren Dreiheit Atma, Buddhi und Manas. → Blavatsky bezeichnete A. als die Brücke zwischen dem menschlichen und dem göttlichen → Ego.

Anthroposophie, griech.: »die Weisheit vom Menschen«. Eine umfassende Geisteswissenschaft, nach ihrem Begründer → Steiner ein »Erkenntnisweg, der das Geistige im Menschenwesen zum Geistigen im Weltall führen möchte«. Von der Anthropologie (griech.: »Menschenkunde«) unterscheidet sie sich dadurch, daß ihr Hauptanliegen nicht die physische Menschenkunde, sondern die wissenschaftliche Beschäftigung mit dem Geistigen im Menschen ist. Schwieriger ist die Abgrenzung zur → Theosophie, aus der sie sich entwickelt und mit der sie viele Gemeinsamkeiten hat. Dies wird auch dadurch ersichtlich, daß Steiner und die späteren Herausgeber seiner gesammelten Schriften das bei ihm sehr häufig vorkommende Wort »Theosophie« durch »Anthroposophie« ersetzt haben. Nach Steiner besteht folgender Unterschied: »Laß Gott in dir sprechen, und was er dir über die Welt sagt, das ist Theosophie. Stelle dich in die Mitte zwischen Gott und Natur, laß den Menschen in dir sprechen über das, was über dir ist und in dich hineinleuchtet, und über das, was von unten in dich hineinragt, dann hast du die Anthroposophie, die Weisheit, die der Mensch spricht.« Grundlegend für das Anfangsstadium der A. sind die Werke: *Theosophie* (1904), *Wie erlange ich Erkenntnisse der höheren Welten?* (1904) und *Die Geheimwissenschaft* (1909). Seine von der Theosophie abweichenden Gedanken faßte er unter der Bez. »Geheimwissenschaft, Geisteswissenschaft und Okkultismus« zusammen, die dann gleichbedeutend mit A. wurden. 2. Phase: 1909–1916. Als → Besant 1911 den »Stern vom Osten« gründete und den Inder → Krishnamurti zum neuen Messias ausrief, kam es zur endgültigen Trennung Steiners von der theosoph. Bewegung. 1912/13 gründete er mit seinen Mitgliedern die Anthroposophische Gesellschaft. Kennzeichnend für diese Epoche ist vor allem die Einbeziehung der Kunst in die A. Das 1913 in Dornach bei Basel errichtete Goetheanum, das noch heute der Sitz der Anthroposophischen Gesellschaft ist, wurde von Steiner entworfen und selbst künstlerisch ausgestaltet In seiner Farbenlehre knüpft er an Goethe an und sieht im Weiß keine zusammengesetzte Farbe, wie dies Newton lehrte. Sein besonderes Interesse galt dem »Pfirsichblüt« (Inkarnat), der Farbe der menschlichen Haut, die sonst in der Natur nicht vorkommt. Marie von Sivers, Steiners spätere Frau, entwickelte eine Bewegungskunst, die → Eurythmie, die auf eine Harmonisierung der neun Wesensglieder abzielt. 3. Phase: 1917–1924. Die A. wird von Steiner und seinen Mitarbeitern auf politische, soziale, wirtschaftliche und pädagogische Fragen angewandt. Zusammen mit der holländ. Ärztin Ita Wegmann (1876–1943) legt Steiner die Grundlagen für eine anthroposophische Medizin.

Anthropozentrik, eine astrolog. Lehre, nach welcher der Mensch der Mittelpunkt des Universums ist. Dahinter steht die schon in der Antike bekannte Vorstellung, daß der Mensch als Mikrokosmos das ganze Universum (Makrokosmos) in sich enthält. (→ Mikrokosmos-Makrokosmos-Lehre). Umgekehrt wurden die Gestirnsmuster am Himmel als der Große Mensch oder der Kosmische Mensch bezeichnet. Diese auch dem Menschenbild der Renaissance zugrunde liegende Vorstellung (→ Agrippa von Nettesheim, → Paracelsus), welche auch die Naturphilosophie, Astrologie und Medizin beeinflußte, wurde durch die Philosophie des → Holismus bestätigt. Das Universum ist nach dieser modernen Sichtweise ein ganzes System, in dem es kleinere Einheiten gibt, deren Strukturen, Muster und Funktionen vollständig mit dem größeren Ganzen übereinstimmen. Während die ältere Mikro-Makrokosmos-Lehre davon ausgeht, daß der Mensch vom Universum nach dem Gesetz der Kausalität bestimmt wird, kennt der Holismus nur ein akausales Verbindungsprinzip (→ Synchronizität) oder ein Gesetz der Entsprechungen. Dieses Gesetz erklärt z. B., weshalb ein Horoskop auf den Augenblick der Geburt gestellt werden muß. Denn dies ist der Zeitpunkt, in dem der individuelle Rhythmus eines neugeborenen Kindes in Übereinstimmung mit dem größeren Ganzen (Universum) beginnt.

Antichrist, lat.: »Gegner Christi«; das personifizierte Böse, das in der → Bibel (NT, Offenbarung des Johannes 13) als *To Mega Therion* (griech.: »das große Tier«) mit der Zahl 666 bezeichnet wird. Es erscheint vor der Wiederkunft Christi auf Erden. Für das frühe Christentum waren es die röm. Kaiser Nero oder Domitian. Später Luther, Napoleon und Hitler, deren Namen man mit Hilfe der → praktischen Kabbala den Zahlenwert 666 unterschob. → Crowley nannte sich sogar Meister Therion, denn eine von ihm 1904 entdeckte Statue des Gottes → Horus (→ Aiwaz) im Kairoer Boulak-Museum hatte die No. 666. Diese Statue symbolisierte für ihn den A. Er behauptete sogar, Horus habe ihm im Laufe von drei Tagen den Text des Buches *Liber Al vel Legis* eingegeben, das er zur Bibel seiner Lehre erklärte. In diesen Zusammenhang gehört auch die Neuinterpretation der Zahl 666 durch → Steiner, der sie als ein Vielfaches der magischen Zahl der Sonne (6) ansah.

Antizipation, lat.: »Vorwegnahme«. In der Traumpsychologie (→ Traum) versteht man darunter die Vorwegnahme zukünftiger Entwicklungen im Traum.

Anupadaka, auch anupadada oder anupapaduka; skrt.: »elternlos« oder »selbsterzeugt«; Beiname eines hinduist. Gottes (→ Avatar) ohne Vorfahren, der in einen Menschen oder in ein Tier hineingeboren wird. Im → Buddhismus Bez. für einen Dhyani-Buddha, der ohne Zwischenglieder aus dem → Adi-Buddha entstanden ist.

Anuttara-Samyak-Sambodhi, Pali: »die höchste Form des richtigen vollständigen Wissens«; Bez. für den unbeschreibbaren Zustand der Erleuchtung eines → Buddha. Es ist die »Wahrheit« schlechthin, die man in der Meditation schauen kann (→ Dhyana, → Zen).

Apana, skrt.: »Einhauch«; Begriff aus der hinduist. Philosophie: einer der fünf Formen des → Prana, die als Atem den Körper durchströmen. Es ist dem *prana,* das im engeren Sinne »Aushauch« bedeutet, entgegengesetzt. Die anderen Atemformen heißen: *Samana* (»Mithauch«), *Udana* (»Aufhauch«) und *Vyana* (»Durchhauch«). Diese Fünfteilung ist schon in den → Upanishaden nachweisbar. Der späteren

Yogalehre ist sie aber unbekannt, die nur noch die verschieden Techniken der Beeinflussung der Atemluft kennt: *Puraka* (»Einziehen der Luft«), *Recaka* (»Ausatmen«) und *Kumbhanka* (»Hemmung des Atems«).

Apas, skrt.: »Wasser«; eines der fünf grobstofflichen → Elemente und Bez. einer Ätherschwingung in der → ind. Astrologie. Ihm ist die Farbe Weiß zugeordnet. Der → Golden-Dawn-Orden symbolisierte es durch einen silberfarbenen, auf dem Rücken liegenden Halbmond.

Apaya, Pali: »der Abweg«; buddh. Bez. für die vier Leidenswelten: Hölle, Tierheit, Gespensterreich und Dämonenwelt. Ihre Symbole sind die vier Leidensgefährten.

Aphrodisiaka, griech.: »Mittel der Liebesgöttin«; Sammelbez. für sexuell erregende Mittel tierischer, pflanzlicher und mineralischer Herkunft. Ihre Wirkung beruht darauf, daß sie in ihrer chem. Struktur den menschlichen Sexualhormonen ähneln. In der Liebesmagie sind solche Stoffe schon seit alters her bekannt. Die tierischen Aromastoffe – → Ambra, → Bibergeil, → Moschus und → Zibet sind Botenlockstoffe (→ Pheromone), die im Tierreich zum Anlocken des anderen Geschlechtes dienen. »Pflanzenhormone« (→ Phytohormone) enthalten z. B. → Anis, → Fenchel, die auf das weibliche Sexualdrüsensystem wirken. Die Volksmedizin kennt diese pflanzlichen Stoffe als Mittel zur Anregung der Milchbildung bei Wöchnerinnen.

Apokalypse, griech.: »Enthüllung«; Vorstellungen und Beschreibungen von der Endzeit der Welt (→ Eschatologie). Bekannt sind besonders die jüd. A., die die uralten volkstümlichen Stoffe aus verschiedenen Religionen des Orients verarbeiteten und mit der prophetischen Literatur der Juden verbanden. Zum Kanon des AT (→ Bibel) gehört das Danielbuch (165 v. Chr.) Die meisten jüd. A. gehören aber zur Gattung der → Apokryphen. Die jüd. Apokalyptiker sind Nachfolger der alten Propheten, die sich die Namen von berühmten bibl. Gestalten wie Moses, Esra, Daniel, Baruch etc. zulegten. Diese Offenbarungen haben sehr häufig die Form von Träumen, → Visionen, Entrückungen und Engelsoffenbarungen. Sie beschreiben die gegenwärtige Zeit als böse und verkommen und verkünden das Herannahen einer glänzenden Zukunft. Eingehend wird die Welt Gottes und der Engel beschrieben, was diese Schriften zu einer wichtigen Quelle für Sekten und auch den → Okkultismus und die Esoterik insgesamt machte.

Von den größtenteils verlorengegangenen A. der frühchristlichen Zeit regten die geheimen *Offenbarungen* des Johannes, die zu den kanonischen Schriften des NT gehört, die Phantasie der Menschen bis in die Gegenwart an. Man geht heute davon aus, daß sie etwa einige Jahre vor 96. n. Chr. ver-

Apokalypse
Albrecht Dürer 1498

faßt wurde, weil sie Bezüge auf die Herrschaft des röm. Kaisers Domitian enthalten. Aber es gibt auch ältere Partien, die den Schluß nahelegen, daß Teile schon vor 70 n. Chr. verfaßt oder aber ältere Stücke aus der jüd. A. benutzt wurden. Sicherlich ist der Verfasser nicht identisch mit dem Johannes der Apostelgeschichte. Das in Kap. 13 beschriebene »Große Tier 666« wurde zum Symbol des → Antichristen. Zu den außerkanonischen Schriften (→ Apokryphen) gehört die Petrus-Apokalypse, die aus der Zeit 100–140 n. Chr. stammt. Sie enthält eine Himmels- und Höllenvision. Jesus zeigt dem Petrus und seinen elf Gefährten das Reich der Gerechten und als Gegenstück den dunklen Raum der Hölle, wo die Sünder gepeinigt werden.

Apokalyptisches Tier, → Antichrist → Apokalypse → 666.

Apokatastase, griech.: »Wiederherstellung«; eine Allversöhnungslehre, wonach das Weltall in seinen früheren Zustand der Vollkommenheit und alle Menschen zum christl. Glauben geführt werden sollen. Sie basiert auf Stellen des NT wie der *Offenbarung* des Johannes 3,21 und Matthäus 19,28. Die A. wird von den christl. Kirchen abgelehnt, aber sie hat zahlreiche Anhänger unter den Mystikern gehabt.

Apokryphen, griech.: »verborgene Schriften«; Bez. für Schriften (→ Bibel), die nach Auffassung der christl. Kirchen nicht von Gott inspiriert sind und folglich auch nicht zum Kanon der Bücher des AT und NT (Heilige Schrift) gehören. Die kath. und evang. Kirche wenden die Bez. unterschiedlich an. Das AT hatte ursprünglich 24 Bücher, zu denen durch Beschluß des Tridentinischen Konzils 1546 noch sieben »deuterokanonische« (d. h. nachträglich in den Kanon aufgenommene Schriften) hinzukamen: *Das Buch Tobit, Das Buch Judith, Die Weisheit Salomons, Die Sprüche Jesus, Das Buch Baruch* und *Das 1. und 2. Buch der Makkabäer.* Dazu kamen noch Zusätze zum Buch Esther und Daniel. Diese Bücher, die schon in die griech. und lat. Bibel aufgenommen waren, werden von den Protestanten weiterhin als A. bezeichnet. Die kath. A. umfassen alle von den orientalischen Kirchengemeinden hochgeschätzten und in ihren Landessprachen abgefaßten Schriften. Die Protestanten nennen diese kath. A. »Pseudoepigrapha« (griech: »unter falschem Namen«), weil man sie wie z. B. die → Henochbücher zu Unrecht einem Gottesmann des AT zuschreibt. Durch die → Qumran-Funde sind einige dieser Schriften wieder in ihrer hebr. Originalsprache aufgetaucht. Die Zahl dieser pseudoepigraphen Schriften, von denen ein Teil nur fragmentarisch oder nur der Titel erhalten ist, ist sehr groß. Für die moderne Esoterik sind vor allem die Henochbücher wichtig. Auch das NT kennt A.: das Hebräer-, Ägypter- und Petrusevangelium, die herrenlosen Jesuworte, die keinem bestimmten Evangelium zugeordnet werden können und die Petrus-Apokalypse. Aus den Nag-Hammadi-Funden kommen noch das Thomasevangelium und einige apokalyptische Schriften (→ Apokalypse) hinzu: Apokalypse des Paulus und die Erste u. Zweite Apokalypse des Jakobus.

Apollinaris, griech.: »zu Apollo gehörig«; antiker Name des → Bilsenkrautes (bot.: *Hyoscyamos).* Der griech. Orakelgott Apollo wird in der Überlieferung häufig mit Psychopharmaka in Verbindung gebracht. Bilsenkraut gilt als ein Wahrsagemittel. Bei den Kelten hieß es Beluntia, was eine Ableitung aus dem Namen des kelt. Orakelgotts Belenos ist (daher auch der span. Name Belene). Ch. Rätsch vermutet, daß Bilsenkraut auch bei dem Orakel von → Delphi benutzt wurde. Dafür spricht auch, daß man diese Pflanze nach dem Namen der Priesterin dieses Heiligtums (Pythia) »Pythonia« nannte.

Apollonius von Tyana (um 50 n. Chr.), griech. Philosoph und Magier aus Kappadozien in Kleinasien. In der modernen Esoterik schätzt man seine Offenheit gegenüber den östlichen Weisheitslehren. Wie der Mensch haben auch die Tiere eine Seele, die göttlichen Ursprungs ist. Aus diesem Grund ist es eine Sünde, Tiere zu töten oder sie zu opfern. Angeblich soll er sogar eine Schrift *Über die Opfer* verfaßt haben. Überdies lehrte er die → Seelenwanderung und gab an, sich an seine früheren Leben erinnern zu können. Man schrieb ihm zahlreiche Wunder zu, und seine Schüler verehrten ihn mehr als einen Wundertäter denn als einen Philosophen. Im 4. Jh. n. Chr. schrieb Hierocles von Nicomedia ein anti-christl. Pamphlet mit dem Titel *Der Liebhaber der Wahrheit*, in dem er A. einen höheren Rang als Christus zuwies. Diese These wurde dann von dem Kirchenschriftsteller Eusebius (310 n. Chr.) zurückgewiesen.

Apostel, griech.: »Gesandter«; ursprünglich die Bez. der 70 Anhänger Christi, dann speziell nur für 12, die Jesus vorher schon ausgezeichnet hatte. Sie sollen den 12 Stämmen Israels entsprechen. Die Zwölferzahl, die auch der Einteilung des → Tierkreises zugrunde liegt, veranlaßte auch eine Verbindung der 12 Apostel mit den Tierkreiszeichen. Auch hat jeder der 12 A. einen Edelstein, der sein Wesen symbolisiert.

Apparition, franz.: »Erscheinung«; Bez. für eine paranormale Form der Geisterwahrnehmung. Lebende und verstorbene Personen, aber auch Gegenstände werden als körperlich anwesend erlebt. Sie unterscheidet sich von der → Halluzination (Sinnestäuschung) dadurch, daß sie nicht nur von einer Person in einer einmaligen Situation, sondern oft gleichzeitig von mehreren Menschen in unregelmäßigen Abständen wahrgenommen wird.

Apport, lat.: *apportare* = »herbeibringen«. Im → Spiritismus und in der → Parapsychologie versteht man darunter das »Herbeibringen« bzw. »das Verschwinden« von Gegenständen in geschlossen Räumen und über große Entfernungen. Der Spiritismus glaubt, daß die Ortsveränderung materieller Dinge durch Geister bewirkt werde. Nach einer anderen Erklärung (→ Animismus) beruht das Phänomen darauf, daß Gegenstände an einem Ort materiell aufgelöst und an einem anderen Ort wieder verstofflicht (materialisiert) werden.

Apuleus von Madaura (geb. 125 n. Chr.), aus Nordafrika stammender röm. Philosoph und Schriftsteller. Nach einer Verwaltungslaufbahn in Rom setzte er sich in Nordafrika zur Ruhe. Erhalten sind von seinen Schriften außer einer Verteidigungsrede gegen den Vorwurf der Magie *(Apologia de magia)* und einigen rhetorischen und philosophischen Schriften der Roman *Metamorphosen oder der goldene Esel*, der als sein Hauptwerk gilt. Seine *Verteidigungsrede* ist eine wichtige Quelle für den Aberglauben, die magischen Praktiken und das Treiben der Zauberer in der Antike. In seinem Roman schildert er, wie ein junger Mann, der sich für Magie interessiert, dadurch in Schwierigkeiten gerät und von einer berühmten Zauberin in einen Esel verwandelt wird. In dieser Gestalt durchwandert er die Welt, und seine Erlebnisse sind ein Sittengemälde dieser Zeit. Schließlich trifft er auf einen Oberpriester der → Isis, der ihm einen Kranz von Rosenblättern aufsetzt. Durch ihren Genuß erlangt er die menschliche Gestalt wieder und läßt sich als Dank in die Isis-Mysterien aufnehmen. Man hat deshalb den Roman als einen Mysterientext oder eine Bekehrungsschrift zum Isis-Kult aufgefaßt.

Aquamarin. Der meergrünblaue Edelstein gehört zu der Gruppe der Berylle. Seinen Träger macht er froh und reich; er hilft in allen Dingen der Liebe, aber erweckt auch die Eifersucht. Wenn man ihn ins Wasser legt und von der Sonne bestrahlen läßt, erhält man einen Trank, der den Teufel vertreibt. Darüber hinaus wird man beredt und leutselig. Der A. ist der Schutzstein der Seeleute und Abenteurer, denn er wehrt plötzlich eintretende Unglücksfälle ab und schützt gegen Gifte. Wenn man sich vor Streit und Zank schützen will, so trägt man ihn am besten als Ring, auf dessen Unterseite eine Krähe und auf dessen Oberseite eine Kröte eingeschnitten sind. Doch muß man sich davor hüten, daß man versehentlich beide Seiten vertauscht. Für diesen Fall muß der Träger mit einem schlimmen Unglück rechnen. Der A. ist der Beschützer der Unschuld, was ihn zu einem beliebten Geschenk für Verlobte macht. Früher benutzte man geschliffene A. als »Brillen« (von *Beryll* abgeleitet) gegen Kurzsichtigkeit. Schon in den ältesten Zeiten stellte man aus ihm Elixiere her, die gegen Schwäche, Aufstoßen, Seufzer und Leberleiden wirken sollten. Pulverisiert und mit Wasser vermischt, wurde er gegen Blasen- und Nierenleiden verordnet. In der Astrologie entsprechen ihm der Planet Uranus, die Tierkreiszeichen Wassermann oder Waage und der Monat Oktober. Anwendung in der modernen Edelsteinmedizin: Er beeinflußt das Kehlkopf-Chakra (5. Chakra oder *Visuddha*); das Elixier hilft bei Kehlkopfleiden und Krankheiten im oberen Brustraum. Es soll auch entspannend wirken und Angstzustände beseitigen.

Aquino, Thomas von (1225–1274), Dominikaner u. Schüler von → Albertus Magnus, der ein umfassendes theolog.-philosoph. Lehrgebäude errichtete, in dem er die christliche Dogmatik mit der Philosophie des Aristoteles in Einklang zu bringen suchte. Seine Lehren und seine Autorität (Doctor universalis u. angelicus) übten einen großen Einfluß bei der Ausbildung des mittelalterlichen Hexenglaubens (→ Hexen) aus. Die Verfasser des *Hexenhammers*, Sprenger und Kramer, zitieren ihn neben der Bibel und Augustinus als wichtigste Quelle. Wenngleich v. A. auch einen formellen Pakt zwischen Menschen und dem Satan leugnete, so bildeten seine Vorstellungen von den Möglichkeiten einer Verbindung mit dem Satan doch die Grundlage für die Werke der »Hexenrichter und Dämonologen«. Nach v A. gibt es: 1. Sexuelle Beziehungen mit dem Teufel. Frauen können von ihm sogar geschwängert werden. 2. Hexenflug. Der Satan kann die Hexen durch die Luft transportieren. Die Seele kann überdies Erfahrungen auch außerhalb des Körpers machen. Es handelt sich hierbei um eine Art → Astralprojektion. 3. Verwandlung (Metamorphose). Der Satan kann den Menschen in Tiere verwandeln. 4. Der Teufel kann dem Menschen die Kraft geben, Böses zu tun und anderen Schaden zufügen (maleficia, → Analogiezauber). Wer der Hexerei überführt ist, solle verbrannt werden. Eine tiefenpsycholog. Interpretation dieses Werkes veröffentlichte M. L. v. Franz, eine Schülerin von → Jung als Bd. 3 von *Mysterium Conjunctionis* (Zürich 1955–56).

Arabi, Ibn al (1164–1240 n. Chr.), span.-arab. Mystiker; er studierte in Sevilla, machte ab 1201 Reisen in den Osten und ließ sich schließlich in Damaskus nieder. Sein Hauptwerk *Mekkanische Offenbarungen* enthält eine Darstellung seiner pantheistischen Weltanschauung. Für ihn verschmelzen die Lehren des → Neoplatonismus von der Weltvernunft mit dem »Nur Mohammeds« (Licht Mohammeds), aus dem die Menschen wurden. Im Denken und Vorwissen Gottes sind schon die Geschöpfe vorhanden, bevor sie überhaupt existieren. Daraus emanieren (→ Emanation) sie, und der Mystiker vollzieht in sich die Rückkehr dorthin. Aufgrund dieser Identitätslehre *(wudjudiya)* gibt es keine Vereinigung mit Gott (Unio mystica), denn der Mystiker ist schon Gott. Er muß nur diese Tatsache erkennen und verwirklichen, wie dies der Hadith (Überlieferung außerhalb des → Koran) formuliert: »Wer sich kennt, kennt seinen Herrn.«

Aradia. *Aradia or the Gospel of Witches* ist der Titel eines Buches, das der engl. Volkskundler Charles Godfrey Leland (1824–1903) 1899 veröffentlichte. Ihm liegen die Aufzeichnungen einer ital. Hexe namens Maddalena zugrunde, die sich mit der Lehre der »alten Hexenreligion« *(Le Veccia Religione)* beschäftigen. Als Leland im Jahre 1886 von der Existenz dieser Aufzeichnungen Kenntnis erhielt, bat er seinen Freund, sie für ihn zu beschaffen. Sie sind das einzige authentische (?) Zeugnis von größerem Umfang, das sich von der alten Hexenreligion erhalten hat. Da aber die Aufzeichnungen sehr kurz und lückenhaft waren, ergänzte sie Leland mit Material, das er in Italien gesammelt hatte. Dabei ging er von der festen Überzeugung aus, daß sich die alte Hexenreligion bis in unsere Tage erhalten hat. Ein Teil dieses Materials bildete die Grundlage für moderne Hexenrituale, die unter dem Namen *The Book of Shadows (Das Buch der Schatten)* oder *The Gospel of Witches* (»Evangelium der Hexen«) bekannt wurde. Diese Aufzeichnungen, deren vollständige Veröffentlichung erst 1974 erfolgte, beeinflußte vor allem → Gerald Gardner (1884–1964), die den alten Hexenglauben neu beleben wollte. Mittelpunkt dieses Glaubens bildet die Verehrung der → Diana, die schon vor der Schöpfung existierte. Ihr Bruder und Sohn ist Lucifer, mit dem sie ihre Tochter Aradia zeugte. Der Name Aradia ist eine Zusammensetzung aus lat. *Ara* = »Altar« und *dia* = »Göttin«. Den letzten Bestandteil glaubte man auch in dem lat. Wort für Teufel *Diabolus* wiederzuerkennen. Diana lehrte ihr die Geheimnisse der Hexerei und sandte sie zur Erde, damit sie eine Gemeinschaft von Hexen gründete. Als Aradia wieder die Erde verließ, verpflichtete sie ihre Anhänger (Männer und Frauen), sich jeden Monat an einem abgelegenen Ort zu versammeln und nackt und in Tänzen die Göttin Diana anzubeten.

Aram, Kurt (1869–1934), Ps. für Hanns Fischer, einen esot. Schriftsteller und Verleger, der sich sehr lange im Orient aufgehalten haben soll. Hauptwerke: *Magie und Zauberei in der alten Welt* (1927) und *Magie und Mystik in*

Vergangenheit und Gegenwart (1929). Letzteres behandelt babyl. Dämonenglauben, Totemismus, ägypt. Tierkult, Osirismagie, Magie des Pentateuch, Mysterienkulte, Neuplatonismus, Gnostik, Spiritismus u. Animismus. Auch heute noch gilt dieses Werk als eine sehr sachkundige Darstellung und Interpretation des esot. Gedankengutes von den alten Ägyptern bis in das 20. Jh.

Aranyakas, skrt.: »Waldbücher«; altind. Texte (→ Veden), die sich an die → Brahmanas, die Erläuterungsschriften zu den Veden, anschließen. Es handelt sich um Erbauungsbücher für fromme Einsiedler, die sich in die Wälder zurückgezogen haben, um dort zu meditieren. Sie behandeln u. a. Fragen des Rituals und die Natur der Götter. Die wichtigsten A. sind: *Brihad-, Aïtarenga-* und *Kaushitaki Aranyaka.* Die A. repräsentieren in ihrem Kern sehr altes Gedankengut, das sie aber in einer modernen Sprache behandeln. Zu Recht hat man dieses Schrifttum mit den Werken der mittelalterlichen Mönche verglichen, die sich in Klöster zurückgezogen haben. Aus den A. hat sich das umfangreiche Schrifttum der → Upanishaden entwickelt.

Ararita, hebr. Gottesname, der aus den ersten Buchstaben (Akronym) des hebr. Satzes: *Eschad Rosh Achdotoho Rosh Ichudo Temurahzo Echad* (AChD RASh AChDWThW RASh YChWDW ThMWRHZW AChD) gebildet wird. Dt. Übers.: *Eins ist sein Anfang, eins ist seine Individualität, und eins ist seine Permutation.* Es wird in Ritualen und Hexagrammen besonders von → Crowley und seinen Anhängern benutzt.

Arbatel, Titel eines Zauberbuches aus dem 16. Jh., das seinen Namen wahrscheinlich von der Anredeform eines Engels hat. Es gilt als 4. Band der Werke des → Agrippa v. Nettesheim. Von den neun Bänden, die es enthalten soll, ist nur einer bekannt. Der als Isagoge (Einführung) betitelte Band führt in Form von Aphorismen in die Grundsätze der Magie ein.

Archäus (auch Archeus), von griech.: *arche* = »Anfang« oder *archaios* = »alt«; eine von → Paracelsus geprägte Bez. für die feinstoffliche Energie (→ Äther), die in allen Wesen und Dingen wirksam ist und ihnen die Form *(Idea formatrix* = »formgebende Idee«) verleiht. Im weitesten Sinne auch das Urprinzip. In der → Magie und → Kabbala auch der Name der ältesten Gottheit.

Archeomètre, franz; aus griech.: *archaios* = »alt« u. *metron* = »Maß«; Grundbegriff der Lehre von Saint Yves d'Alveydre. Das A. wird durch einen Kreis dargestellt, der zwei Skalen von 0 bis 360 Grad und 360 Grad bis 0 hat. Er ist in 12 Bereiche mit je 30 Grad eingeteilt. In den einzelnen Bereichen sind die Tierkreiszeichen, Planeten, Farben, Töne und die Buchstaben verschiedener Alphabete eingezeichnet. Das A. ist ein universeller Kanon (Richtschnur), der die Beziehung zwischen den astrologischen Zeichen, Tönen, Düften, Buchstaben und Farben aufzeigen will. Der Musiker findet darin die Farbe von Tönen, der Schriftsteller den Toncharakter von Buchstaben etc. Neben diesem praktischen Nutzen soll das A. auch aufzeigen, daß die Religionen, Künste und die Architektur eine Synthese aus verschiedenen Bereichen bilden.

Archetyp, griech.: »Urbild«. Ein von → Jung wiederentdeckter Begriff aus dem → Neuplatonismus, der bei ihm die Ursymbole bezeichnet, die aus dem Kollektiven → Unbewußten aufbrechen und sich in Träumen der Menschen aller Kulturen und Zeitalter und in der Symbolik ihrer Religionen, Mythologien, Märchen etc. bemerkbar machen. Sie beinhalten die kollektive Erfahrung der Menschheit und besitzen Aufforderungscharakter zum unmittelbaren Verhalten Die A. sind die zu Bildern gewordenen ererbten Kraftfelder und -zentren der Menschen wie z. B. das Bild des Vaters, der Mutter, der Sonne, des Mondes, der Schlange etc. Sie dekken sich mit den bekannten Motiven aus der Mythologie. So kann man die großen Göttergestalten der Griechen als A. auffassen, die alle Entwicklungsprinzipien des Menschen verkörpern. Die eigentliche Bedeutung dieser A. kann man nur umschreiben, denn für den Menschen sind nur die archetypischen Bilder wahrnehmbar. Die A. spielen besonders in den »großen Träumen« eines Menschen eine Rolle, wenn er an Wendepunkten seines Lebens steht. Solche archetypische Träume, die auch aus dem Verborgenen wirken können und von dem Träumenden nicht unbedingt verstanden werden müssen, bestehen aus mythologischen Symbolen (z. B. tritt ein Held auf, der einem Drachen begegnet oder nach einem verborgenen Schatz sucht). Es handelt sich hierbei um die Verwirklichung von Persönlichkeitsteilen im → Individuationsprozeß, die erst im Werden begriffen sind. Das Unbewußte meldet sich durch solche archetyp. Träume zu Wort und beeinflußt das bewußte Ich. Werden solche archetyp. Träume richtig gedeutet, dann kann der Individuationsprozeß beschleunigt werden. Eine Weiterentwicklung der Lehre von den A. stellt das → morphogenetische Feld von Sheldrake dar.

Arhat (oder Arahat, Ahaham, Rahat); Pali: »bereit« chin.: Ying Kong oder Lohan, japan.: Arakam u. tibet.: Dgrabchom-pa; Bez. für einen buddh. Heiligen, der die 4. Stufe des edlen oder höheren Pfades *(Ariyasavaka)* erklommen hat. Es ist der Zustand der vollendeten Heiligkeit. Der A. ist frei von den 10 Fesseln *(Samyojanas)*: Persönlichkeitsglaube, Zweifelsucht, Hängen an Regeln und Riten, Sinnliches Begehren, Übelwollen, Begehren nach feinkörperlichem Dasein, Begehren nach unkörperlichem Dasein, Dünkel, Aufgeregtheit und Unwissenheit. Die buddh. Dogmatik unterscheidet noch zwischen dem eigentlichen Weg *(magga)* und dem Ergebnis dieses Weges *(phala)*. Folglich gibt es einen A., der auf dem Pfad der Heiligkeit wandelt *(Arahattamaggatta)* und einen A., der im Besitz der Frucht dieses Weges ist, der vollendete Heilige *(Asekha)*.

Arica, eine ganzheitliche, spirituelle Körpertherapie, deren Begründer der Bolivianer Oscar Ichazo (geb. 1931) ist und die heute im Arica-Institut in New York praktiziert und weiterentwickelt wird. Sie basiert auf einer Synthese aus östlichen Meditationstechniken und Weisheitslehren und der modernen westlichen Psychologie. Stufenweise werden nicht nur Körper und Geist in einen harmonischen Zustand gebracht, sondern letztes Ziel ist eine permanente Bewußtseinsänderung. Möglichst viele dieser neugeformten Menschen sollen dann eine Meta-Gesellschaft gründen, die das bisherige Gesellschaftssystem ablöst.

Ariosophie, griech.: »Weisheit der Arier« (von skrt.: »die Edlen«); eine weltanschauliche Lehre mit starken rassistischen und antisemitischen Tendenzen, die um die Jahrhundertwende von Guido von List, Lanz von Liebenfels und Gorsleben begründet wurde. Nur die »Arier«, zu denen zwar alle indogermanischen Völker gehören, aber deren reinster Kern die germanischen Völker, besonders die Nordgermanen, sind, seien zu wahrer Esoterik, Weisheit und Magie fähig. Hieraus leitet sich auch der Herrschaftsanspruch der »Arier« über die anderen Völker ab. Grundlage dieses »nordischen Weges der Einweihung« sind die → Runen, die → Edda und der → Atlantismythos. Mit dem Ende des christlichen → Fische-Zeitalters geht auch die Herrschaft des Jupiters zu Ende. Die Herrschaft der Venus, die ebenso wie der weibliche Mond einen negativen Einfluß auf die Menschen ausübt, wird gebrochen und das Liebesprinzip überwunden. Im → Wassermannzeitalter regiert Saturn, den die Ariosophen als den großen Erzieher der Menschen betrachten. Die ariogermanische Rasse, deren Reinhaltung zur obersten Pflicht gemacht wird, besitzt Gottähnlichkeit. Die A. war die weltanschauliche Grundlage der Guido-von-List-Gesellschaft (gegründet 1905 in Wien), des Ordo Novi Templi (ONT), der von Lanz von Liebenfels 1907 ins Leben gerufen wurde, und der Edda-Gesellschaft (Leiter Johann Gorleben). Die esot. Elemente der A. wurden immer mehr zugunsten einer Rassenideologie aufgegeben. Führende Ariosophen waren auch Mitglieder von antisemitischen Organisationen wie der Thulegesellschaft. Die A. wird als einer der geistigen Vorläufer der späteren NS-Ideologie angesehen.

Arithomantie, griech.: »Wahrsagen durch Zahlen«; eine Methode der Weissagung, die auf der → praktischen Kabbala beruht. Den 24 Buchstaben des Alphabets werden 24 Zahlen zugeordnet, so daß es möglich ist, jedes beliebige Wort durch eine Zahl auszudrücken.

Nachdem man eine Frage gestellt hat, läuft die Weissagung folgendermaßen ab: Der Name der betreffenden Person, ihr Geburtsdatum und gegebenenfalls noch das Datum werden addiert. Die Quersumme wird addiert, bis man eine einstellige Zahl erhält (kabbalistische Addition). Aufgrund des Charakters dieser Zahl (gerade oder ungerade) oder anderer Eigenschaften (→ Zahlen) wird die Frage beantwortet.

Arjuna, skrt.: »der Weiße«, d. h. der im Handeln Reine; Name des dritten Pandava-Prinzen, der zu den herausragenden Gestalten der in dem Epos Mahabharata geschilderten Schlacht von Kuruksetra gehört. In dieser Schlacht standen sich die Heere der Kaurava- und der Pandava-Brüder gegenüber, die beide von derselben Königsfamilie abstammten. Die Pandavas, die von ihren Vettern viele Ungerechtigkeiten erdulden mußten, hatten in einem verwahrlosten Gebiet ein blühendes Reich aufgebaut. Es gelang den Kauravas, sie durch List daraus zu vertreiben und sie für 13 Jahre ins Exil zu schicken. Nach ihrer Rückkehr wollten die Pandavas die Kauravas in einer Schlacht endgültig vernichten. Selbst der Gott Krisna wollte vermitteln, aber die gottlosen Kauravas lehnten dies ab. Als A. auf dem Schlachtfeld den Bogen sinken läßt, weil sich sein Gewissen dagegen empört, Verwandte zu töten, belehrt ihn Krisna, der sein Wagenlenker ist, daß es seine Kastenpflicht sei, zu kämpfen und die Pflicht des Zeitalters zu erfüllen *(Yugadharma).* Diese Lehren des Krishna behandelt der Teil des Mahabharata, den man als → Bhagavadgita bezeichnet. Nachdem A. seinen Hauptrivalen Karna getötet hatte, hörten die Armeen auf zu kämpfen und die Götter kamen vom Himmel herab, um über den Zweikampf zu trauern.

Arkandisziplin, lat.: *arcani disciplina* = »Pflicht zur Geheimhaltung«; ein Merkmal der → Esoterik. Der Begriff stammt aus dem 17. Jh. und bezeichnet die Ausschließung Unbefugter von den Ritualen und die Geheimhaltung der Lehren der esot. Gemeinschaften. Bis ins 4./5. Jh. n. Chr. war in der christliche Kirche Außenstehenden die Teilnahme an der Taufe und dem Abendmahl untersagt. Die esot. Gemeinschaften unterschieden sich beträchtlich darin, was geheimgehalten werden sollte, wer auszuschließen oder zuzulassen sein sollte und welche Strafe dem Bruch der A. folgen sollte. Die Lehrinhalte wurden deshalb so formuliert und die Rituale so abgehalten, daß nur Eingeweihte sie verstehen konnten, die zu Schweigen über alles Gehörte, Gesehene, Wahrgenommene und Erkannte verpflichtet waren. Ein formales Mittel, um die A. durchzusetzen, waren die Geheimschriften (→ magische Alphabete) oder geheime Symbole bzw. Bilder, mit denen die Alchemisten (→ Alchemie) ihr Wissen vor Außenstehenden verbargen. Ein frühes Beispiel waren die Aufzeichnungen der → Essener, einer vorchristlichen jüd. Sekte, die in einer Art Geheimschrift abgefaßt sind, bei der die normale Buchstabenfolge umgedreht wurde. Ein bekanntes Beispiel für den Bruch der A. ist die Veröffentlichung der Flying Rolls (zirkulierende geheime Mitteilungen) des → Golden-Dawn-Ordens durch → Regardie.

Arkanologie, lat.: »Lehre von den Arkana« (→ Arkanum). Ein von Latz, einem späten Nachfahren des berühmten → Paracelsus, geprägter Begriff zur Bez. von Allgemeinheilmitteln (Schwefelsäure, Eisen, kohlensaures und salpetersaures Natron, eine Lösung aus Salmiak, Schwefel und Kalk und Mittel aus Quecksilber), deren genaue Anwendung nur seinen Anhängern bekannt war, die sich verpflichten mußten, ihr Wissen geheimzuhalten.

Arkanum, lat.: *arcanus* = »verschlossen, geheim«; in der → Alchemie Bez. für den Stein der Weisen (→ Lapis Philosophorum) oder die geheimen Allheilmittel (lat. *remedium universale* oder *divinum).* Gemäß der Dreierzahl der alchemist. Elemente (Salz, Schwefel, Quecksilber) nahm man drei A. an, die meistenteils Verbindungen aus diesen Stoffen waren. Ein berühmtes A. war das »Vitriol«, dessen Namen aus den Anfangsbuchstaben des lat. Satzes: *Vistabis interiora terrae, rectificando invenies optatum lapidem, veram medicinam. (Untersuche das Innere der Erde, durch Rektifizieren wirst du den gewünschten Stein finden, die wahre Medizin).* Unter Vitriol verstand man dann alle schwefelhaltigen Salze.

Arnika, bot.: *Arnica montana;* ein Doldenblütler, von dem Blumen, Blätter und Wurzelstock in der Naturheilkunde Anwendung finden. Hauptbestandteile sind Palmitinsäure und Laurin, die der A. auch ihren eigentümlich würzigen Geruch verleihen. Sie wird angewendet als Aufguß, Tinktur oder als Öl, das durch Wasserdampfdestillation aus den Blüten gewonnen wird. Mediz. Wirkung: harntreibend, anregend, entzündungshemmend und krampflösend. Folglich benutzt man sie als Heilmittel bei Blutstau, Gehirnerschütterung, Herzerkrankungen, Lähmungen, Leber- und Milzerkrankungen, Prellungen, Schocks, Schnittwunden und Zerrungen.

Aromalampe (oder Duftlampe), sie besteht aus einem Gefäß aus Keramik, Alabaster, Glas oder Porzellan mit einer Schale für Wasser, das durch eine Kerze oder Glühbirne erhitzt wird. Wenn man einige Tropfen eines Duftstoffes dem Wasser zufügt, trägt der aufsteigende Wasserdampf die Duftmoleküle in die Raumluft. Die Anzahl der Tropfen des Duftstoffes richtet sich nach der Raumgröße und der Duftintensität. Normalerweise verwendet man 5 bis 15 Tropfen.

Aromatherapie, auch Osmotherapie (von griech.: *osme* = »Duft«) oder osmologische Heilkunde; von dem franz. Chemiker Gattefosse *(Aromatherapie,* Paris 1928) geprägte Bez. für eine spezielle Form der → Kräutermedizin (Phytotherapie), die mit Hilfe von

Welche Duftstoffe wirken gegen welche Krankheiten?

Appetitlosigkeit	Bergamotte, Ingwer, Kamille, Knoblauch, Zimt, Zitrone
Bindehaut-entzündung	Geranium, Kamille, Rose
Blähungen	Anis, Bergamotte, Fenchel, Koriander, Lavendel, Salbei
Brandwunden	Lavendel
Bronchitis	Eukalyptus, Lavendel, Sandelholz, Thymian, Zimt, Weihrauch
Depressionen	Lavendel, Melisse, Rose, Schafgarbe, Tonka, Thymian, Ylang-Ylang
Durchfall	Geranium, Ingwer, Knoblauch, Koriander, Lavendel, Melisse, Rose, Sandelholz, Thymian, Wacholder, Zimt
Entzündungen	Fichte, Lavendel, Rosmarin, Thymian, Zitrone
Erbrechen	Angelika, Minze
Erkältung	Eukalyptus, Lavendel, Myrte, Thymian, Zitrone
Fieber	Eukalyptus, Kamille, Lavendel, Rose, Zitrone
Grippe	Angelika, Eukalyptus, Fichte, Kamille, Lavendel, Pfefferminz, Rosmarin, Thymian, Zimt
Halsentzündung und Heiserkeit	Bergamotte, Sandelholz, Thymian, Zitrone, Zypresse
Nervöses Herz und Herzklopfen	Anis, Eisenkraut, Kümmel, Pfefferminz, Rosmarin, Rose
Husten	Anis, Benzoe, Fenchel, Myrte, Thymian, Ysop
Impotenz	Ambra, Moschus, Zibet, Jasmin, Rose, Sandelholz, Zypresse
Insektenstiche	Lavendel, Melisse, Salbei, Zitrone
Kopfschmerz	Basilikum, Ingwer, Lavendel, Majoran, Ylang-Ylang
Kreislaufstörungen	Hoher Blutdruck: Eukalyptus, Geranie, Wacholder Niedriger Blutdruck: Kampfer, Rosmarin, Zypresse
Lungenentzündung	Eukalyptus, Rosmarin
Magenleiden	Anis, Fenchel, Kamille, Salbei, Sandelholz, Zitrone
Mundgeruch	Pfefferminz, Rosmarin, Thymian
Mundschleimhaut-entzündungen	Geranie, Kamille, Salbei, Wacholder, Zitrone
Muskelkater	Birke, Ingwer, Latschenkiefer, Wacholder
Nasenbluten	Terpentin, Zitrone

PRELLUNGEN	Latschenkiefer, Salbei, Zimt
RHEUMATISCHE SCHMERZEN	Eukalyptus, Geranie, Ingwer, Koriander, Latschenkiefer, Rosmarin, Thymian, Wacholder
SCHLAFLOSIGKEIT	Basilikum, Bitterorange, Kamille, Lavendel, Majoran, Rose, Sandelholz
SCHLUCKAUF	Basilikum, Dill, Estragon, Fenchel
SCHWÄCHEZUSTAND	Fichte, Geranie, Lavendel, Majoran, Salbei, Sandelholz, Thymian, Wacholder, Zitrone
SONNENBRAND	Kampfer, Koriander, Pfefferminz, Neroli
STRESS	Siehe Nervosität
VERSTOPFUNG	Salbei, Wacholder
ZAHNSCHMERZEN	Gewürznelke, Knoblauch, Pfefferminz, Salbei, Wacholder

Duftstoffen (aromatischen Stoffen) auf den Körper und die Psyche des Menschen einwirken will. Bei den benutzten Duftstoffen handelt es sich sowohl um pflanzliche Stoffe (in Form von ätherischen → Ölen, → Balsamen, → Harzen, → Kampfern) als auch um tierische Drüsensekrete (→ Amber, → Bibergeil, → Moschus, → Zibet).

Die aromatischen Stoffe wirken auf die endokrinen Drüsen. Pheromone wie Ambra, Bibergeil, Moschus, Zibet beeinflussen aufgrund ihrer chemischen Struktur, die den menschlichen Sexualhormonen ähnelt, das Sexualdrüsensystem des Menschen. Sie sind deshalb besonders geeignet, den spezifischen Körpergeruch zu erhöhen bzw. zu verstärken. So erinnert der Geruch der Geschlechtsorgane schwarzhaariger Menschen an den Duft von Ambra. Menschlicher Schweiß riecht nach Zibet. Die Pflanzenhormone (→ Phytohormone), die sich in einer Reihe von ätherischen Ölen befinden, ähneln in ihrer chemischen Struktur ebenfalls den menschlichen Hormonen. So sind → Sandelholz und → Weihrauch wegen ihrer mit menschlichen Sexualhormonen verwandten chemischen Struktur erotische Ähnlichkeitsstoffe. Weiblichen Sexualhormonen (Östrogene) verwandte Stoffe enthalten → Anis, → Fenchel und → Eukalyptus. In der Volksmedizin wurden sie schon seit Jh.n als Hausmittel zur Anregung der Milchsekretion stillender Mütter gebraucht. Andere Öle wie → Rosenöl, → Jasmin, → Neroli und → Ylang-Ylang sind stark wirkende → Aphrodisiaka. → Basilikum, → Geranie, → Kiefer, → Rosmarin und → Salbei beeinflussen die Tätigkeit der Nebennierenrinde. → Minze und → Jasmin wirken auf die Hypophyse und → Knoblauch auf die Schilddrüse anregend.

Ätherische Öle verhindern auch das Wachstum (Bakteriostasie) von Bakterien, Parasiten, Viren und Pilzen bzw. töten sie (Bakteriozide). 1887 entdeckte der engl. Bakteriologe Chamberland die bakterientötende Wirkung von → Engelwurz, → Geranium aus Algerien, → Origanum und → Zimt. Die franz. Bakteriologen Morel und Rochaix fanden in den 20er Jahren weitere keimtötende Öle wie z. B. das Zitronenöl, das die Erreger von Typhus, Eiter, Diphtherie, Lungentuberkulose und Hirnhautentzündung in wenigen Minuten abtötet. Die franz. Ärzte Gattefosse und Valnet wandten die ätherischen Öle erfolgreich in den 30er Jahren, vor allem bei der Behandlung Verwundeter im 2. Weltkrieg an. Schon 1903 entwickelten die beiden engl. Bakteriologen ein Verfahren, um die keimtötende Wirkung nachzuweisen. Es beruht auf dem Phenolkoeffizient. Man mißt, welche Minimaldosis (in ccm) von ätherischen Ölen notwendig ist, um 1000 ccm bakterienhaltige Nährlösung keimfrei zu machen.

Unter den über 2000 nachgewiesenen Inhaltsstoffen der ätherischen Öle sind für die keimtötende Wirkung die Phenole, Aldehyde, Alkohole und Terpene verantwortlich.

Ätherische Öle haben auch eine beruhigende, harmonisierende, aber auch erregende Wirkung auf das vegetative Nervensystem. Tierische und pflanzliche Duftstoffe beeinflussen in Sekundenschnelle das vegetative Nervensystem. Sobald der Duft über die Nasenschleimhaut wahrgenommen wird, löst er Reaktionen in übergeordneten Nervenzentren aus. Jeder auf diese Weise wahrgenommene Duftstoff wird im Stoffwechsel verarbeitet und wieder ausgeschieden. Anwendungsformen: Inhalation (→ Aromalampen, → Aerosol, Duftschale), durch die Haut (Einreiben, Massage, Bäder, Kompressen), durch Einnahme auf Zucker, in Honig oder in einer warmen Flüssigkeit wie z. B. Tee, in alkoholischen Lösungen (meist 60–96%), die Wasser, Tee, Wein etc. beigemischt werden oder durch Einführen von Kapseln oder Zäpfchen. Der Wirkstoff wird dann erst im Magen, Darm oder Enddarm bzw. Gebärmutter freigesetzt. Weiterhin durch Klistiere und Injektionen. Die physiolog. Wirkung der Duftstoffe beruht darauf, daß sie lipophil sind (d. h. sich sehr gut in Fett oder Öl auflösen) und lipotroph (d. h. sich in der Oberflächenschicht der Zellen anlagern, wo sich viele fettähnliche Stoffe befinden, und in sie eindringen).

Achtung: Überdosierung sowie eine Anwendung von Duftstoffen über einen längeren Zeitraum führt zu Gesundheitsschädigungen, besonders bei einer innerlichen Einnahme. Auf diese Weise wird nämlich die Nase als natürliche Warnanlage umgangen. In der Regel wird eine Überdosierung vom Geruchsorgan nicht mehr als angenehm empfunden. Die Giftigkeit der Duftstoffe äußert sich auf der Haut durch unterschiedliche Reizwirkungen wie Rötung, Brennen etc. Bei innerlicher Einnahme kommt es zu Entzündungen der Schleimhäute des Magen- und Darmbereiches und zu schweren Stoffwechselstörungen, die zu Leber- und Nierenschädigungen führen.

In der → Chakratherapie werden Duftstoffe zur Harmonisierung der feinstofflichen Energiezentren bei Über- und Unterfunktion eingesetzt. Um ihre Wirkung zu verstärken, verbindet man die Aromatherapie mit der → Edelsteintherapie, → Farbtherapie und entsprechenden Heilkräutern. Eine solche kombinierte Therapie (→ Aura-Soma-Farbtherapie) entwickelte Vicky Wall.

Arroyo, Stephen, amerik. Astrologe u. Psychologe, der eine »Astrologische Psychologie« entwickelte (Werke: *Astrologie, Psychologie und die vier Elemente*; *Karma und Transformation*; *Astrologische Psychologie in der Praxis*). Grundlage ist die → humanistische Psychologie, die im Gegensatz zu anderen Ansätzen ein ganzheitliches und subjektives Bild des Menschen hat. Sie fragt nicht: »Welches Problem hat ein Mensch?«, sondern »Welcher Mensch hat ein Problem?« Da aber keine Psychologie ohne meßbare und nachprüfbare Daten und einem System von menschlichen Typen und Unterscheidungsmerkmalen auskommt, bietet sich die Astrologie geradezu an. Sie wird als eine für psychologische Zwecke angewandte Astronomie definiert. Mit ihrer Hilfe will A. die verlorene Verbindung des modernen Menschen zum Kosmos wiederherstellen. Dahinter steht auch die Forderung von → Jung, daß der Psychologie niemals eine wirkliche Heilung gelingen werde, wenn die unterbrochene Verbindung des Menschen mit dem Kosmos nicht von einer »Kosmischen Psychologie« wiederhergestellt werde.

Artemidoros (2. Jh. n. Chr.), nach dem Geburtsort seiner Mutter, Daldis in Lydien, »Daldianer« genannt. A. verfaßte ein Werk *(Oneirokritika)* in fünf Büchern über die → Traumdeutung, das die Theorie der Traumdeutung und die praktische Anwendung anhand von systematisch nach menschlichen Lebensstufen geordneten Beispielen darstellt. → Freud bezeichnet diese Methode der Traumdeutung als die »Chiffriermethode, weil der Traumdeuter den Traum nicht als ein Ganzes auffaßt, sondern ihn zum Zwecke der Deutung in einzelne Bildabschnitte zerlegt, indem er Bild für Bild im Traumbuch nachschlägt und sodann die Bedeutung dafür erhält«. Es liegt an der Kombinationsfähigkeit des Deuters, ob er einen verbindenden Sinn erhält oder nicht. Bei dieser Methode ist entscheidend, ob der Schlüssel verläßlich ist. Doch A. geht über die Chiffriermethode hinaus, da er bei seiner Deutung auch auf die Person und die Lebensumstände des Träumers Rücksicht nimmt. So hat dasselbe Traumelement für jeden eine andere Bedeutung. Ins Dt. wurde das Traumbuch des A. schon in der Reformationszeit übertragen.

Artemis, griech. Göttin (lat.: Diana), die Tochter des Zeus (lat. Jupiter) und der Leto und Zwillingsschwester des Apollo. Sie wurde als Geburtshelferin, Jagdgöttin sowie als Natur- und Fruchtbarkeitsgöttin verehrt. Ihr bedeutendstes Heiligtum war in Ephesus (Kleinasien), wo sie, verziert mit zahlreichen Brüsten, Teil eines Kultes der → Großen Mutter war, die als lebensspendende und -vernichtende Göttin unterschiedliche Züge annehmen konnte. Mit ihr verschmolz Hekate (lat. Diana), die Göttin der Nacht, des Totenreiches, Hüterin des Dreiweges, Mondgöttin, Schutzherrin der Zauberer und Hexen. Dazu kam dann in der röm. Zeit noch eine Überschneidung mit der kleinasiatischen Göttin → Kybele, die ebenfalls eine Fruchtbarkeitsgöttin war und als »Große Mutter« verehrt wurde. Im A./Diana/Kybele-Kult vereinigte sich die Anbetung und Verehrung der weiblichen Fruchtbarkeit und die Anerkennung besonderer weiblicher Eigenschaften als Priesterinnen und Magierinnen. Das Christentum deklarierte nicht ohne Grund im Jahre 431 n. Chr. in Ephesus Maria zur Mutter Gottes. Von der nur oberflächlich christianisierten Landbevölkerung des römischen Reiches wurde weiterhin die alte Göttin A./Diana verehrt. Besonders die Vorstellung, daß sie mit einem großen Gefolge nachts durch die Wälder streife oder auf dem Rücken von Tieren reite, lebte im Volksglauben weiter. Im 9. Jh. berichtet der Bischof Burckhard in einem Bußbuch *(Canon episcopi)*: »Dies darf nicht übergangen werden, daß es verbrecherische Weiber gibt, die, durch die Vorspiegelungen und Einflüsterungen der Dämonen verführt, glauben und bekennen, daß sie zur Nachtzeit mit der heidnischen Göttin Diana mit einer unzählbaren Menge von Frauen auf gewissen Tieren reiten, über viele Herren Länder heimlich und in der Totenstille der Nacht hinwegeilen, der Diana als ihrer Herrin gehorchend und in bestimmten Nächten zu ihrem Dienste sich aufbieten lassen...« Solche Stellen sind als Beweise angeführt worden, daß es eine geheime Hexenreligion (→ Hexen) bis ins Mittelalter und in Resten bis in die Neuzeit gab, in deren Mittelpunkt eine Göttin (Artemis, Diana, Hekate oder bei den Kelten Epona) stand.

Artha, skrt.: »das Erlangen von Reichtümern«; eines der drei Lebensziele, die vom → Hinduismus anerkannt werden. Die beiden anderen sind: → Kama (Liebesverlangen) und → Dharma (Streben nach Rechtschaffenheit). Doch das Leben selbst gilt als ein Übel. Folglich steht über diesen drei Lebenszielen das Bestreben nach Moksha (Befreiung von dem Kreislauf der Geburten).

Arthur, ein König der kelt. Sage, der der Sohn des Oberfeldherrn Uther Pendragon und der schönen Ingerna war. Die Fee Morgana war seine Schwester und der Zauberer → Merlin sein Freund. Er unterwarf Irland und Schottland, zog mit seinem Heer siegreich durch Norwegen, Dänemark, Flandern und Frankreich. Bei Paris schlug er die römischen Truppen und bekämpfte die spanischen Riesen. Nach seiner Rückkehr nach England bestrafte er seinen Neffen Modred, der sich gegen ihn empört und seine Gemahlin Ginevra verführt hatte. Der Zauberer Merlin gab ihm nun den Rat, die sog. Tafelrunde zu stiften, wo sich 49 Ritter trafen. Sie fand an dem sagenhaften Ort Camelot statt, den man gelegentlich mit der Stadt Colchester oder Winchester identifizierte. Nach einer anderen Legende soll A. bei dem Kampf mit Modred so schwer verwundert worden sein, daß er auf der Insel → Avalon starb. Dieser sagenhafte Ort wird von der New-Age-Bewegung mit → Glastonbury in Verbindung gebracht. Die sagenhafte Gestalt des Königs A. wurde in dem Buch *History of Kings of Britain* (1135) von Geoffrey of Monmouth ausgestaltet. So ist der Vater von A., Uther Pendragon, seine Erfindung, der Name beruht auf einer fehlerhaften Übersetzung des kelt. Satzes: *Arthur mab Uthr* (»Arthur, der Schreckliche«). In der kelt. Mythologie ist A. eine Art Herkules, der den Dämon Cat von Losanne tötete, den Eber Twrch Trwyth in das Meer zog und sogar das Land der Toten plünderte, um sich des Kessels von Annwn zu bemächtigen, aus dem nur ein Tapferer und Gerechter essen durfte.

Arupaloka, Pali: »Nicht-Form-Welt« (oder *arupavacara)*; die oberste der drei Welten des → Buddhismus. Die beiden anderen sind Kamaloka und → Rupaloka. Dieser Welt entsprechen vier geistige Regionen: das unbegrenzte Raumgebiet, das unbegrenzte Bewußtseinsgebiet, das Gebiet der Nicht-irgend-etwas-Washeit und das Gebiet der Wahrnehmung-und-auch-nicht-Wahrnehmung. Es handelt sich um Bewußtseinszustände, die man durch Meditationsübungen oder »Versenkung« (→ Dhyana) erreichen kann. Der erste und der dritte Bereich gelten als imaginär, der zweite und vierte als real. Diese Bewußtseinszustände gelten als irdische Zustände (Pali: *lokiya)*, die nur eine zeitweilige Befreiung von den schlechten Zuständen herbeiführen können.

Arysavaka, Pali: »heiliger Jünger«; auch *ariya* (Edler) oder *ariyapuggala* (heiliger Mensch). Der → Buddhismus teilt seine Anhänger in zwei Gruppen ein: Puthujjana (weltlich Gesinnte) u. A. Diese auf inneren Gründen beruhende Klassifikation hat nichts mit der äußeren Einteilung in Laienjünger (upasaka) u. Mönche (bhikkhu) zu tun. Denn ein Laienjünger kann zu den A. gehören, während ein Mönch keineswegs ein A. zu sein braucht. Die A. werden in vier Gruppen eingeteilt: 1. Sotapanna (der in den Strom Eingetretene), 2. Sakadagamin (der in der Sinnenlust-Region Kamaloka noch einmal Wiederkehrende), 3. Anagamin (der in die Begierden-Welt nicht Wiederkehrende), 4. Arahat (der vollendete Heilige).

Asana, skrt.: »ruhige Haltung«; Bez. für eines der acht Glieder des → Yoga. Es handelt sich um Körperstellungen, die den Menschen von der Ruhelosigkeit befreien sollen. Auf diese Weise soll erreicht werden, daß die Lebensenergie → Prana im Körper festgehalten und nicht zerstreut wird. Überdies vermehrt sich durch die ruhige Haltung die Menge der Energie und zirkuliert besser durch den Körper. Diese Haltungen, von denen die bekannteste der »Lotussitz« (die klass. Sitzhaltung Buddhas) ist, sollen von dem ind. Gott Shiva erfunden worden sein. Angeblich gab es ursprünglich 8,4 Mill. Haltungen, was der Zahl der Lebewesen entspricht. Davon haben sich 84 als die geeignetsten herausgestellt, wie sie z. B. der → Hatha-Yoga lehrt.

Asat, skrt.: »Nicht ewig«; Bez. in der ind. Philosophie für die Eigenschaft der grob- bzw. feinstofflichen Materie, vergänglich und dem ständigen Verfall unterworfen zu sein.

Ascentia (geb. ca. 1930), amerik. Opern- und Konzertsängerin. Sie arbeitet mit der Tibetan Foundation in Boulder (Colorado) zusammen. Sie bereist die ganze Welt und gibt mit ihrem Lehrer George Goulding Konzerte und Einzelsitzungen über das → Channeling des individuellen Seelentones. Durch die Töne der eigenen Stimme wird eine Harmonisierung der verschiedenen Körper (physischer, emotionaler, mentaler und spiritueller Körper) erreicht. Denn die in der Stimme mitschwingenden Klangfarben und Töne wirken direkt auf die Molekularstruktur des Körpers ein. Es kommt zu einem Kontakt und zur Verschmelzung mit der eigenen Seele.

Ashcroft-Nowicki, Dolores (geb. 1929), engl. Magierin, Schülerin von W. E. → Butler und eine der führenden Frauen in der → Esoterik, die auf der westlichen Tradition beruht. Ihre ersten paranormalen Erlebnisse hatte sie während der deutschen Bombenangriffe auf England. Sie glaubte, in einer Gruppe von Mönchen in einem Gebirgstal zu leben. Als sie nach ihrer Verheiratung Kontakt mit → Butler wiederum aufnahm, fand sie sich bei gemeinsamer Meditation zusammen mit Butler in diese Gruppe von Mönchen versetzt. Ihr wurde von ihrem Lehrer bewußtgemacht, daß es sich hierbei um eine aktive Imagination, gelenkte Meditation oder → Visualisation handelte. Der engl. Fachausdruck *pathworking* (»einen Weg zurücklegen«) erinnert an die Pfade durch den Lebensbaum (→ Sephiroth). Nach dem Tod von Butler übernahm sie die Leitung von dessen Organisation »Servants of the Light« (SOL), die sich im Stile des → Golden-Dawn-Ordens mit ritueller Magie beschäftigte. Werke: *The Shining Paths*, *Highways of the Mind*, *The Art and History of Pathworking* (alle drei Werke beschäftigen sich mit der gelenkten Visualisation); *First Steps in Ritual*, *Sacred Cords of Meditations* und *Ritual Magic Workbook* (dt. *Magische Rituale* 1990).

Ashmole, Elias (1617–1692), Beiname: Mercuriophilus anglicus (engl. »Liebhaber des Merkur« d. h. im alchemist. Sinn des Quecksilbers); engl. Alchemist, Rosenkreuzer u. Freimaurer, der einer der berühmtesten Gelehrten des 17. Jh. war. Er war Mitglied der »Royal Society«, die sich aus dem »Invisible College«, einer Gruppe von engl. Rosenkreuzern zu Beginn des 17. Jh. entwickelte. In diese Rosenkreuzergruppe wurde er 1644 aufgenommen. Im selben Jahr wurde er auch in eine Freimaurerloge in Warrington aufgenommen. Durch seine Aktivitäten kam es zu einer engen Verbindung von Rosenkreuzern und Freimaurern. So gründete er 1646 mit dem Astrologen Lilly, dem Arzt Wharton und dem Mathematiker Oughtred das »Haus Salomonis«. Von seinen zahlreichen Veröffentlichungen *(The History of the Order of the Garter,* 1672) ist für die Esoterik besonders sein »Theatrum Chymicum Britannicum« wichtig, das die Werke engl. Alchemisten enthält. Darunter ist auch das berühmte *Regelbuch der Alchemie* (1477) von Thomas Norton.

Ashoka (gekrönt um 270 oder 264 v. Chr.), berühmter ind. König und Anhänger des Buddhismus der Maurya-Dynastie, der 218 Jahre nach dem Tod Buddhas auf den Thron kam und 37 Jahre lang regierte. Man bezeichnet ihn auch als den buddh. Konstantin den Großen. Er war anfänglich ein grausamer und sinnenfreudiger Regent, der bei internen Machtkämpfen auch seinen eigenen Bruder ermordete. Diese grausame Periode kann auch eine Erfindung buddhist. Quellen sein, um seine spätere Bekehrung zum → Buddhismus noch zu erhöhen. Als er im 9. Jahr nach seiner Krönung einen Feldzug gegen das Kalinga-Reich (heute Orissa) unternahm, kam es zu unbeschreiblichen Grausamkeiten, die zu einem Charakterwandel bei A. führten. Er bekannte sich nun offen zum Buddhismus. Er ließ Klöster errichten und 84 000 Stupas (Reliquienbehälter) zur Ehre Buddhas errichten. 236 v. Chr. fand auf seine Initiative hin in der Hauptstadt seines Reiches Pataliputra ein buddh. Konzil statt, auf dem eine umfangreiche Missionstätigkeit beschlossen wurde. Mit hoher Wahrscheinlichkeit wurden von ihm auch die buddh. Schriften zu einem Kanon zusammengestellt. Eine wichtige Quelle für sein Wirken sind seine Edikte (14 große Felsenedikte, sieben Säulenedikte und Inschriften), die verstreut über das ganze ehemalige Herrschaftsgebiet aufgefunden wurden. Abgefaßt in einem mittelind. Dialekt, belegen sie die ethische Gesinnung und Menschlichkeit von A. So wird im 1. Edikt verfügt, daß kein Tier geschlachtet werden darf. Im 2. Edikt ordnet er die Errichtung von Heilstätten für Menschen und Tiere an. In der buddh. Legende gilt A. als das Ideal des Weltenherrschers. (→ Chakravartin).

Asijjah, hebr.: »die Materielle Welt«, die vierte der kabbalist. Welten (→ Aziluth, → Beriah, → Jezirah). Sie entspricht dem letzten He (5. hebr. Buchstabe) im Tetragrammaton (Shemhamphorash), dem Gottesnamen, der aus 72 Buchstaben besteht. Der geheime Name von A. in der → Kabbala ist Ben.

Asitie, griech.: »Fasten«; auch *Inedie* (lat.) → Mystiker, → Medien, → Sadhus und → Yogis können längere Zeit ohne Nahrung leben, ohne daß sich die beim → Fasten oder Hungern üblichen körperlichen Symptome einstellen. Dieses quellenmäßig gut bezeugte paranormale Phänomen erklärt man durch → Apport (»Nahrungsapport«): Nahrung wird an einem anderen Ort aufgelöst und im Körper des Hungernden wieder materialisiert. Denkbar ist auch die Übertragung von Eiweißmolekülen von Personen aus der Umgebung oder an die → Materialisation von feinstofflicher Lebensenergie (→ Prana). Vermutlich ist die Lösung in der Chakraphysiologie (→ Chakren) zu suchen.

Askese, griech.: »Übung«; Bez. für Bußübungen, Abtötung der sinnlichen Begierden durch Ertragen von Schmerzen und Verzicht auf Essen. Diese Form religiösen Lebens findet sich in allen Weltreligionen. Im Christentum und im Islam ist die A. eng mit der → Mystik verbunden. Man unterscheidet im Christentum fünf Arten von A.: Nahrungs-A. (Fasten), sexuelle A., körperliche-A. (Abhärtung u. Peinigung), Tugend-A. (Besitzlosigkeit, Mönchtum) und Gebets-A. (Meditationsübungen). Bekannt sind auch die ind. Asketen *(Sadhu)*, die oft sehr grausame Praktiken ausüben. Neben Sitzen auf brennenden Holzstößen (skrt.: *panchadhuni)* liegt man auf einem »Dornenlager« *(kantakasayya)* oder »Pfeilbett« *(saraayya)*. Andere Arten der Selbstfolterung sind das tagelange, an einer Stütze angelehnte Stehen *(tharasri)*, das Aufhängen mit dem Kopf nach unten *(urdhvamukhi)*, die Selbstverkrüppelung *(urdhvabahu)*, das Sichvergraben *(samadh)*, das Gehen auf den Händen, Knien etc. (Achtglieder-Bußübung *astanga, dandavat)*, tagelanges im Wasser Sitzen *(jalasayin)* und Formen des Fastens wie z. B. nur Milch trinken etc. Der Buddhismus lehnt die extreme Form dieses ind. Asketentums ab und lehrt einen mittleren Weg (1. Rede Buddhas über die vier hohen Wahrheiten), der aus acht Vorschriften (achtfacher → Pfad) besteht.

Aspekte, lat.: »Anblicke«; in der Astrologie der Winkel der Planeten, von der Erde aus gesehen der Winkel zwischen zwei Planeten (einschließlich Sonne und Mond) bzw. zwischen Planet und bestimmten Fixsternen. Die wichtigsten A. unter den möglichen Winkelkombinationen sind:

Name	Winkelabstand in Grad	Wirkung
Konjunktion	0	günstig bzw. ungünstig
Sextil	60	günstig
Quadrat	90	ungünstig
Trigon	120	sehr günstig
Quincunx	150	ungünstig
Opposition	180	ungünstig

Aschram, skrt.; Bez. für ein Kloster oder geistige Schule im Hinduismus, wo Schüler mit einem → Guru zusammenleben. Nach dem Gesetzbuch des → Manu teilt sich das Leben eines Brahmanen (Angehörigen der obersten oder Priesterkaste in Indien) in vier Abschnitte: 1. *Brahmachari* (Schüler): Unter der Leitung eines geistlichen Lehrers studiert er die → Veden. 2. *Grishastha* (Ehemann): Trotz der Betonung der → Askese tritt der Hinduismus nicht für ein Zölibat der Priesterkaste ein. Denn es ist die wichtigste Pflicht eines Mannes, Söhne zu zeugen. Dieser Lebensabschnitt ist die »Wurzel« der drei anderen. 3. *Vanaprashta* (Einsiedler): Wenn der Brahmane seine Lebenspflichten erfüllt hat, zieht er sich alleine oder zusammen mit seiner Gattin als Einsiedler in den Wald zurück. Dort führt er ein einfaches Leben und muß schrittweise die Askese steigern, damit die Seele von der Bürde des Fleisches befreit wird. 4. *Sannyasin* (Heiliger): Er lebt von nun an als Bettler oder Mönch. Die »dreifache Schuld« hat er beglichen, indem er die Veden in sich aufnahm, Kinder zeugte und die seinem Vermögen entsprechenden Opfer darbrachte. Er weilt nur noch physisch in der Welt, ohne daß er ihr angehört, denn sein Geist ist im → Brahman versenkt.

Assassinen, auch Heissessin oder Haschischinen (arab.: khashish), woraus A. wurde. Man brachte das Wort mit franz. *Assassin* = (»Mörder«) in Verbindung. Eine fanatische islam. Sekte (Gründer Hassan aus Chorasan, gestorb. 1124), die die vom → Islam geforderte Selbstaufgabe und Unterwerfung unter den Willen → Allahs bis ins Extreme trieb. Der Theologie nach gehörte sie dem schiitischen Zweig (→ Iman) des Islams an. In ihrem Verhalten gegenüber ihrer Umwelt zeichnete sie sich durch größte Brutalität aus. Wer mit ihren Vorstellungen nicht übereinstimmte, wurde aus dem Weg geräumt. Die Sekte wurde um 1090 in eine Geheimgesellschaft umgewandelt, nachdem es ihr durch eine Kriegslist gelungen war, die Bergfestung Alamunt in Persien zu besetzen. Im 11. und 12. Jh. verbreitete sie in Persien und Syrien Angst und Schrecken und konnte erst bezwungen werden, nachdem man 12 000 ihrer Mitglieder massakriert hatte. Noch eine Zeitlang hielten sich Gruppen in den syrischen Bergen. Man findet gelegentlich die Behauptung, daß ihr Kult heute noch nicht ganz untergegangen sei. Die Sekte wurde von dem »Alten vom Berg« (Sheik Al Gebel) geleitet. Neue Mitglieder *(Fi da'is* = »die Frommen«), denen man eine psychoaktive Droge (wahrscheinlich Haschisch) gab, waren zu bedingungslosem Gehorsam gegenüber den Ordensoberen verpflichtet und mußten die Morde ausführen. Die eigentliche Einweihung des Refik (Gesellen) erfolgte gemäß den sieben Kapiteln des Gesetzbuches Hassans in sieben Stufen. Sie hießen nun *Dai* (Meister) und durften missionieren. Auch gegenüber dem → Templerorden wurde der Verdacht geäußert, er habe durch seine umfangreichen Kontakte mit den A. auch Teile der Lehre dieser Sekte übernommen. Gegen die schon von dem bekannten franz. Orientalisten de Sacy im 19. Jh. aufgestellte Behauptung, daß die A. Haschisch benutzten, meldete der dt. Pharmakologe Hartwich (1851–1917) Bedenken an. Nur das Bilsenkraut (arab.: *Bendsch)* sei in der Lage, die Neulinge in einen Zustand völliger Besinnungslosigkeit zu versetzen. → Allegro sieht eine Verbindung zum Kult des Heiligen Pilzes und tippt auf den Fliegenpilz, denn arab. *khashish* würde nur »getrocknetes Kraut« bedeuten.

Assagioli, Roberto (1888–1974), ital. Psychologe, Schüler von → Freud, von dem er sich später distanzierte. Vor dem 1. Weltkrieg entwickelte er eine Theorie und Therapie, die auf der Grundlage der Weiterentwicklung des Bewußtseins eine gesunde Persönlichkeit schaffen will (→ Psychosynthese). 1926 gründete er in Rom ein eigenes Institut. Aber er geriet mit den ital. Faschisten in Konflikt, weil er internationale Meditationen organisierte, und wurde verhaftet. Später lehrte er in den USA. Hauptwerk in dt. Übers.: *Handbuch der Psychosynthesis.*

Assoziation von lat.: »Zugesellung«; in der Psychologie, besonders Traumpsychologie, die Aneinanderreihung von psych. Vorstellungen und Inhalten von Träumen nach bestimmten Gesichtspunkten wie Ähnlichkeit, Gegensatz und räumlicher bzw. zeitlicher Berührung. Man unterscheidet die freie und gelenkte A. Nach → Freud bringen unwillkürliche Gedankeneinfälle eines Träumers, die zunächst ohne eine Deutung bleiben, unbewußte Regungen in mehr oder weniger entstellter Form zum Vorschein. Auf diese Weise kann ein Zugang zum → Unbewußten geschaffen werden, denn der Patient lernt dabei, daß sein Unbewußtes auch Inhalte besitzt, die der Deutung bedürfen. Die gelenkte A. besteht darin, daß der Therapeut den Patienten zu einem Reizwort, das er den Traumelementen entnimmt, seine Einfälle äußern läßt und dann gemeinsam mit ihm den Traum als Ganzes deutet und ihn über seine Konflikte aufklärt. Diese Form der Therapie nennt man »Oneirogene Assoziationstherapie« (von griech. *oneiros* = »Traum«).

Astanga-Yoga, skrt.: »achtfacher Yogapfad«; → Patanjali führte einen achtstufigen Pfad des → Yoga ein: 1. Yama (nicht töten, lügen, stehlen, unkeusch leben und keine Geschenke annehmen) 2. Niyama (Läuterung, Kräftigung, Festigung, Härtung, Leichtmachung, Wahrnehmung – mit Hilfe der Meditation – und Isolation = Versenkung, 3. Asana (Stellungen und Posituren). Dazu gehören auch die → Mudras, die ein wichtiges Hilfsmittel bei der Atemgymnastik sind, 4. Pranayama (Anhalten des Atems), 5. Pratyahara (Zurückziehen der Sinne von den Sinnesobjekten), 6. Dharana (Festlegung des Denkorgans oder Konzentration), 7. → Dhyana (Meditation), 8. → Samadhi

(Versenkung oder Trance). Die ersten vier Stufen werden auch als Hatha-Yoga bezeichnet.

Asterismus, von griech.: *aster* = »Stern«; sternförmige Lichtfiguren in Edelsteinen. Das sind verschiedene, sich berührende oder sich schneidende Kreiskegel von Lichtstrahlen, die beim Auffallen auf die verschiedenen Einschlußgebilden durch Reflexion, Brechung und Beugung entstehen. Der eigentliche A. tritt nur bei den Korunden auf. Im einzelnen spricht man von Sternsaphir (Saphirasterie) und Sternrubin (Sternasterie). Manchmal kommt es vor, daß der Stern nicht vollständig ausgebildet ist. Man sieht nur zwei Strahlen, welche eine Linie bilden. Diese Erscheinung heißt »Chatoyieren« (von franz. *chat* = »Katze«). Diese »Katzenaugen« gibt es außer vom Rubin und Saphir auch vom Turmalin und Opal. Den höchsten Wert hat das Chrysoberyll-Katzenauge, zumal wenn es honigfarben ist (indisches Katzenauge). Damit verwandt sind andere Lichtfiguren in Edelsteinen wie das Tigerauge oder Falkenauge. In der älteren Astrologie hat man solche Steine den Planeten und Tierkreiszeichen zugeordnet. In der modernen Edelsteinmagie und -therapie betrachtet man diese Steine, wenn sie besonders strahlen, als »Seelentore« (→ Klinger, → Raatz).

Astral, von griech.: *aster* = »Stern«, »gestirnlich«; feinstofflich, ursprüngl. Bez. im → Okkultismus und in der → Theosophie für die Eigenschaften von Phänomenen, die weder dem geistigen noch dem körperlichen Bereich angehören. Es muß von ätherisch (→ Äther) unterschieden werden, das zwar auch als »feinstofflich« übersetzt wird, sich aber auf die universelle Lebenskraft (→ Prana, → Azoth) und den Weltenstoff → Äther bezieht, aus denen die → Elemente und die materielle Welt hervorgehen. Beide Begriffe werden in der modernen Esoterik oft mit der gleichen Bedeutung gebraucht. In der → Anthroposophie bedeutet a. oder astralisch die Beziehung des Seelischen des Menschen zu den Planeten. Die Erde und die Fixsterne sind wie der Mensch zur Stofflichkeit verdichtete Gedanken der Schöpfung, an der der Mensch durch sein geisterfülltes Ich Anteil hat. (→ Astralwelt, → Astralkörper, → Astralreise oder -projektion).

Astralkörper, ein feinstofflicher, zweiter Körper des Menschen, der den physischen Körper und den Ätherleib umschließt. Im Gegensatz zum Ätherleib, der unmittelbar an den physischen Körper anschließt und Träger der Lebensenergie ist, umfaßt der A. das Seelische und ist der Sitz der Wünsche, Gefühle und des Gedächtnisses, wo auch die Erinnerung an frühere Leben gespeichert ist. Zusammen mit dem Ätherleib bildet er die → Aura. Seelische Vorgänge drücken sich durch entsprechende Farben des A.s aus. Mit Hilfe der → Kirlianfotografie wurde nachgewiesen, daß z. B. Wut den A.

rot, religiöse Gedanken ihn blau färben. Der A. kann sich von dem physischen Körper trennen (Astralprojektion) und zeitweilig eine eigene Existenz und Sinneswahrnehmung haben. Der A., der durch eine Silberschnur mit dem Körper verbunden ist, geht bei dem Tod eines Menschen nicht unter, sondern beginnt in der → Astralwelt ein neues Dasein. In der → Anthroposophie umfaßt der A. die Empfindungs-, Verstandes- und Bewußtseinsseele und ist jenes Wesensglied, durch das er mit den Tieren verwandt ist. Schon in der ägypt. Religion ist eine Seele (→ Ka) bekannt, die ein Spiegelbild des menschlichen Körpers ist, aber einen feinstofflichen Charakter hat. In der hinduist. Philosophie entspricht dem A. der *Linga-sarira* (skrt. »Körper der Wünsche«) und *Shukshma-sarira* (skrt. »feinstofflicher Körper«).

Astralreise oder Astralprojektion (von lat.: »Hervorwerfen«); Seelenreise, außerkörperliche Erfahrung. Der → Astralkörper kann im Traum oder durch einen bewußt herbeigeführten → Trancezustand wie bei den Schamanen den physischen Körper verlassen. Dies kann mit oder ohne Bewußtseinsverlust und nachfolgender Erinnerung geschehen. Zahlreiche → Träume, paranormale Phänomen wie z. B. → Telekinese, wie von dem amerik. Psychologen Tart nachgewiesen wurde, und → Nahtod-Erlebnisse sind als A. erklärbar. Gelenkte A., die in der modernen Esoterik ein Mittel zur Bewußtseinserweiterung sind, werden mit Hilfe von → psychotropen Drogen (Fliegenpilz), → Hypnose, Selbsthypnose durch → Kristallsehen, sexuellen Orgasmus, Manipulation der → Gehirnwellen, → Visualisation, → Phantasy-Reisen und Hilfsmittel wie z. B. → Mandalas, → I-Ging, Hexagramme, Tarotkarten und → Tattwas erzeugt. In der Vergangenheit hat sich besonders der → Golden-Dawn-Orden dieser Hilfsmittel bedient. In der vedischen Literatur (→ Veden) wird beschrieben, wie → Yogis sogar bei ihren A. die Erdatmosphäre durchstoßen und zu anderen Planeten reisen. Aus dem 12. und 13. Jh. sind Berichte von jüd. Kabbalisten bekannt, die sich durch Fasten, Gebete und eine bestimmte Körperhaltung in einen Trance-Zustand versetzten und eine Himmelsreise durch die sieben Tore zum Thron Gottes antraten (→ Merkaba-Mystik). Die am besten dokumentierten Werke über eigene Erfahrungen mit A. stammen von: H. Carrington und S. Muldoon *(The Projection of the Astral Body,* 1929 dt. Übers.: *Die Aussendung des Astralkörpers)* und → Monroe (*»Der Mann mit den zwei Leben«* dt. 1981).

Astralwelt, oder -ebene, -licht; Bez. für einen Bereich zwischen der geistigen und physischen Sphäre, die in der → Theosophie und Anthroposophie *Kamaloka* (Welt der Begierden) heißt. Wenn im Augenblick des Todes die Silberschnur zwischen physischem Körper und Astralkörper unterbrochen ist, wandert der Astralkörper in die A., wo er sich nach theosoph. Ansicht in kosmische Astralität (→ astral) auflöst. Die A. ist auch der Aufenthaltsort der niederen Engel, der → Elementare (Naturgeister der vier Elemente: Gnome, Sylphen, Undinen u. Salamander) und der → Elementare (Geister, welche die Form von Menschen annehmen und auf spiritistischen Sitzungen erscheinen). Die A. mit ihren seltsamen Landschaften und unnatürlichen geometrischen Verhältnissen und das gänzliche Anderssein ihrer Bauwerke sind vor allem in den Schriften von → Swedenborg, → Blake, → MacGregor Mathers, → Crowley, → Austin Spare und → Castaneda beschrieben und gemalt worden, die auf die Erfahrungen eigener → Astralreisen zurückgreifen konnten.

Astroenergetik, eine Richtung in der holistischen Astrologie, die von H. Taeger begründet wurde. Sie beschäftigt sich mit den wesentlichen Energien (→ Chakren) und energetischen Mustern, die in einem Menschen wirksam sind und die von Zeichen und Planeten im Horoskop symbolisiert werden. Dies setzt aber voraus, daß die subtile (feinstoffliche Energie) im Menschen und die spezifischen Formen der Energie in der Natur (→ Äther, → Prana) in ihrem Zusammenhang gesehen werden. Man kann die A. deshalb als eine Synthese aus östlichen Weisheitslehren wie → Tantra und der klass. westlichen Astrologie ansehen.

Astroarchäologie oder auch Archäoastronomie; ein Wissenschaftszweig, der sich mit der astronomischen bzw. astrologischen Bedeutung von archäologischen Denkmälern wie den → Pyramiden und den Tempeln in Mittel- und Südamerika, den kreisförmig angeordneten Steinblöcken von Stonehenge → Carnac etc. beschäftigt. Diese Denkmäler sollen dazu gedient haben, Mond- und Sonnenfinsternisse und astronomische Ereignisse wie das Frühlings- und Herbst-Äquinoktium (Tag- und Nachtgleiche) oder die Sonnenwende (Solstitium) vorauszusagen. Die A. ist ein wichtiges Teilgebiet der von → Däniken begründeten → Prä-Astronautik. Auch bei der Deutung der mysteriösen Bodenmuster in Kornfeldern (→ Kreise im Korn) wurde auf die A. zurückgegriffen.

Astrologie, altamerikanische. In den wesentlichen Punkten stimmt der Sternenglaube und die damit verbundenen Praktiken bei den Maya, Azteken und den Inkastaaten überein. Sehr genau sind wir über die A. der Azteken informiert, die der Franziskanerpater Sahagun in seinem Geschichtswerk (dt. Übers.: *Wahrsagerei, Himmelskunde und Kalender der Azteken*, Leipzig 1950) beschrieb. Er kam 1539 nach Mexiko. Das Grundbuch der aztekischen A. ist das *Tonalamatl (Buch der guten und bösen Tage)*. Die Astrologen, die den Neugeborenen das Horoskop stellten, hießen *Tonalpuhque* (Tageszeichen-Zähler). Die Grundlage bildete der Mond- und Sonnenkalender, der aus je 20 Tageszeichen

Die 12 Tierzeichen

(Die entsprechenden abendländ. Tierkreiszeichen sind in Klammern gesetzt)

1. *Ratte* (Widder) =	Yin. Aggressivität, kritischer Verstand, Charme.
2. *Büffel* (Stier) =	Yin. Ausgeglichenheit, Zähigkeit, Individualist, Starrsinnigkeit.
3. *Tiger* (Zwillinge) =	Yang. Großzügig, autoritär.
4. *Hase* (Krebs) =	Yin. Sittsam, vorsichtig, treu, argwöhnisch.
5. *Drache* (Löwe) =	Yang. Das Glückstier der Chinesen. Eigenschaften: Entschlußkraft, Kämpfer, Erfolg.
6. *Schlange* (Jungfrau) =	Yang. Klug, besitzt Logik, hat moralische Grundsätze, aber auch lebenslustig.
7. *Pferd* (Waage) =	Yang. Lebhaft, beredt, paßt sich an.
8. *Schaf* (Skorpion) =	Yang. Künstlerisch, besitzt Initiative, ausgeglichen.
9. *Affe* (Schütze) =	Yin oder Yang. Phantast, fühlt sich überlegen, diplomatisch, wendig, scharfsinnig.
10. *Huhn* (Steinbock) =	Yang. Korrektheit, Offenheit, geltungssüchtig, starker Wille, liebt die Freundschaft.
11. *Hund* (Wassermann) =	Yin. Treu, loyal, korrekt, kann logisch handeln, furchtlos.
12. *Schwein* (Fische) =	Yin. Offen, anständig, naiv, liebt keine Feste und Menschenansammlungen. Idealer Ehepartner.

bestand. Das Mondjahr bestand aus 13 Wochen mit je 20 Tagen, während das Sonnenjahr 18 Monate mit je 20 Tagen hatte. Die Zahl 20 leitete sich aus der Anzahl der Finger und Zehen ab. Die 20 Tageszeichen haben folgende Namen: 1. Krokodil, 2. Wind, 3. Haus, 4. Eidechse, 5. Schlange, 6. Tod, 7. Hirsch, 8. Kaninchen, 9. Wasser, 10. Hund, 11. Affe, 12. Gras, 13. Rohr, 14. Jaguar, 15. Adler, 16. Geier, 17. Bewegung, 18. Steinmesser, 19. Regen, 20. Blume. Diese Zeichen wurden nun auf die 13 Hütten oder Häuser so verteilt, daß das 1. Haus bis 13. Rohr reichte. Das 2. Haus fing mit 1. Jaguar an und hatte in der 8. Stufe wieder das Krokodil. Das erste Zeichen war der Regent. Man stellte entweder Gruppenprognosen über ein Haus samt der 13 Tage oder auch über einzelne Tage. So wird z. B. das 1. Haus in dem Buch *Tonalamatl* sehr ungünstig beurteilt: »Werden Vornehme geboren, so sterben sie im Krieg oder treiben Ehebruch oder werden Sklaven.«

Astrologie, chinesische. Die chin. A. basiert ähnlich wie die abendländl. → Mikrokosmos-Makrokosmos-Lehre auf der Annahme, daß der Mensch in

den Kosmos völlig eingebettet ist. Das chin. Jahr war ursprünglich ein reines Mondjahr, das in 28 Mondstationen gegliedert war. In den alten Kalendern wird genau angegeben, was man bei den einzelnen Mondstationen zu tun bzw. zu unterlassen hat.
Die chin. A. beruht auf einer Verbindung von → Taoismus und den Lehren der babylon., pers. und ind. Astrologie. Grundlage des Horoskops sind die zwölf Tierzeichen. Sie heißen die zwölf Irdischen Zweige *(Di Dschi)*, weil sie das irdische Geschehen regulieren. Jedes dieser Tierzeichen steht für ein Jahr, für einen Monat und für zwei Stunden, weil der Tag in zwölf Doppelstunden eingeteilt wird, und symbolisiert einen bestimmten Charakter. Da nach chin. Auffassung der Kosmos von dem Polaritätsprinzip → Yin und Yang beherrscht wird, werden auch diese Tierzeichen in zwei Gruppen eingeteilt.
Der zweite Faktor des chin. Horoskops sind die zehn Himmelsäste *(Tiän Gan)*. Die fünf Planeten, die durch die fünf Elemente symbolisch dargestellt werden: Merkur (Wasser), Venus (Metall), Mars (Feuer), Jupiter (Holz), Saturn (Erde) haben eine polare Auswirkung, je nachdem, ob sie unter dem Einfluß der Sonne (Yang) oder des Mondes (Yin) stehen. Wenn man diese zehn Himmelsäste mit den Tierzeichen so verbindet, so daß ein Yang-Ast mit einem Yang-Zweig zusammenkommt und umgekehrt, dann erhält man 60 Paare, die zur Bezeichnung der Jahre, Monate, Tage und Stunden benutzt werden. Folglich dauert es 60 Jahre, bis ein Tierzeichen, das von dem gleichen Planeten/Element beeinflußt wird, die Herrschaft über ein Jahr ausübt. Weiterhin 60 Monate, bis dasselbe Tierzeichen einen Monat regiert. Das Geburtsdatum eines Chinesen wird also von 8 Zeichen bestimmt, zu denen als weiterer Faktor noch die vier Jahreszeiten kommen. Außerdem werden noch die zwölf Lebensstadien und die Himmelsrichtungen berücksichtigt.

Astrologie, esoterische. Unter dieser Bez. werden moderne Formen der Horoskopie bzw. Kalenderdeutung zusammengefaßt, die zwar uralte Vorstellungen aus dem Sternglauben der Völker enthalten, aber mit der klass. Astrologie keine Gemeinsamkeiten haben. Es handelt sich hierbei um Methoden der Selbstfindung, die dem Benutzer sein Seelenleben entschlüsseln sollen. Dazu gehören das → Baumhoroskop (keltische Astrologie), die Astrologie der Erde (Sun Bear; → Indianer) und die Wahrsagesysteme, die die → Runen als Grundlage haben.

Astrologie, indische. In ihrer ältesten Form beruhte sie vermutlich auf einer Deutung der 27 Mondhäuser (skrt.: *nakschatram)*, die von ungleicher Länge waren, aber später den Tageweg des Mondes umfaßten. Das Mondhaus, in dem man geboren wurde, war für das weitere Leben ausschlaggebend. Die ältere Form der ind. A. wurde durch die Übernahme der babylon. und griech. A.

fast gänzlich verdrängt. Das berühmteste Werk der ind. A. stammt von Waraha Mihira, der zwischen 540–560 am Hofe des Königs Wikramaditya lebte. Er faßte die vier bekannten astronom. Lehrbücher *(Siddhantas)* in einem Fünferbuch *(Pantschasiddhantika)* zusammen. Die ethische Grundlage der ind. A. ist die Lehre vom → Karma, die von der Annahme ausgeht, daß das gegenwärtige Leben das Ergebnis von Taten in früheren → Inkarnationen ist und der Mensch in seinem jetzigen Leben neues Karma schafft, das seine Wiedergeburt beeinflußt. Die Grundlehren der ind. A. beruhen im wesentlichen auf den vier Faktoren der klass. A.: Planeten, Tierkreiszeichen, Häuser und Aspekte. Zu den sieben Planeten werden noch die beiden Mondknoten (skrt.: *rahu* u. *kethu)* hinzugerechnet. Ein wesentlicher Unterschied zur klass. A. besteht darin, daß das ind. Horoskop gemäß der Karmalehre auch Auskunft über das Leben des Menschen vor der Geburt und nach dem Tod gibt.

Astrologie, kabbalistische. Trotz der ablehnenden Haltung des → Sohars, dem Grundwerk der → Kabbala, gegenüber der A. (»eine lügenhafte Wissenschaft«) haben sich zahlreiche Kabbalisten mit der A. beschäftigt. Schon 1150 schrieb Avi Joseph eine Abhandlung über die Wesen, die die verschiedenen Himmelssphären bewegen und den Einfluß der Sterne. Bekannte Astrologen waren auch Ibn Esra (1092–1167), seine Zeitgenossen Abraham Chiia u. Abraham Nasi und Ibn Gabirol (um 1020/58). In der 2. Hälfte des 13. Jh. waren die Astrologen, die Alphons X., König von Kastilien, an seinen Hof holte, Rabbiner. Abraham Zacuto (1460–1510), der Autor des Buches *Sepher Yuhasin* (»Buch der Genealogien«), war der Hofastrologe des Königs Manuel von Portugal. Kennzeichnend für die k. A. ist die Verbindung der Planeten mit den zehn Sephiroth. Im → Aesch Mezareph findet man folgende Zuordnung: Chockmah (Saturn), Binah u. Nezah (Jupiter), Tiphereth (Mars), Geburah (Sonne), Hod (Venus), Jesod (Merkur) u. Chesed (Mond). Ein gänzlich anderes System entwarf Jacque Gaffarel (1601–1681), der die Verbindung der Planeten mit den Sephiroth verwarf. In seinem Buch *Curiosites inouyes* (1629) schlug er vor, die Sterne mit Linien zu verbinden, die geometrischen Gebilde sodann als hebr. Buchstaben zu interpretieren und zu Wörtern zusammenzusetzen, die als Antwort auf die Frage nach zukünftigen Ereignissen etc. gedeutet werden könnten. Dahinter steht der Gedanke, daß Gott auch die Planetenbahnen lenkt. Die gegenwärtige k. A., die nur ein Schattendasein führt, geht auf Schüler des franz. Okkultisten Eliphas → Levi zurück. Mit Hilfe der → praktischen Kabbala (→ Gematrie) wird der Vor- und Nachname in eine Zahl verwandelt, zu der dann das Geburtsdatum addiert wird. Mit Hilfe dieser Schicksalszahl werden die Grundfaktoren des Horoskops bestimmt.

Astrologie, klassische, griech.: »Sternenwissen«: Im Gegensatz zu der Astronomie (griech.: »Sternengesetze«; Wissenschaft von den Vorgängen am Himmel) beschäftigt sich die A. mit der Deutung des als bewiesen angenommenen Zusammenhanges zwischen den Gestirnen und dem Leben auf der Erde bzw. den Einfluß auf die Menschen und die sozialen Gebilde wie Städte und Staaten. Diese Wirkung des Kosmos, die astronomisch genau beschrieben werden kann, zeigt bei jedem Menschen verschiedene und individuelle Züge. Der Ursprung der Astrologie ist in Mesopotamien (Sumer, Babylonier) zu suchen, wo die ständige Beobachtung der Sterne zu dem Gedanken führte, daß die Götter den Menschen durch die Stellung der Gestirne ein Zeichen (Omen) geben wollten. Durch den Vergleich mit gleichzeitigen irdischen Ereignissen versuchte man herauszufinden, was die Götter damit meinten. Man nahm also an, daß bei einer ähnlichen Gestirnkonstellation auch dasselbe Ereignis wieder eintreten würde. In der Bibliothek des Königs Aschurbanipal (680 v. Chr.) wurde eine große Sammlung von Keilschrifttäfelchen gefunden, in denen sorgfältig kosmische und irdische Ereignisse miteinander verglichen und zur Vorausschau ausgewertet wurden. Da sich diese A. nicht auf den einzelnen Menschen, sondern auf das Staatswesen bezog, bezeichnet man sie als → Mundan-A. (von lat.: *mundus* = »Welt«). Mehr noch als für den regelmäßigen Verlauf der Gestirne interessierte man sich für unerwartete Ereignisse wie z. B. Finsternisse. Aus der Erklärung dieser Phänomene erwuchs die Mond- und Planetentheorie, welche die Unregelmäßigkeiten zu erklären versuchte (so in dem Lehrbuch *Mul Apin*, 600 v. Chr). Die Kenntnisse dieser A. drangen nach Indien, Griechenland und Ägypten, wo sie eine Weiterentwicklung und besonders eine Mathematisierung erfuhren. Seit dem 4. Jh. v. Chr. gab es genaue Anleitungen zur Berechnung der Planetenpositionen und → Ephemeriden, die auch zu einem neuen Zweig der Astrologie, der Geburtsastrologie oder Horoskopie führten. Das früheste Geburtshoroskop stammt aus dem Jahre 410 v. Chr. So führte die Verbindung von babylonischer Omendeutung, uraltem Schicksalsglauben der Völker des Alten Orients und Griechenlands und der griech. Naturphilosophie und Mathematik zu der hellenistischen A., die um 100 v. Chr. fast schon das gesamte System der klass A. enthielt. In den folgenden Jahrhunderten wurde es weiter ausgebaut und durch neue Gesichtspunkte bereichert, ehe es im 16. Jh. durch die kopernikanische Revolution (die Erde war nicht mehr der Mittelpunkt) und im 18. Jh. durch die Entdeckung des Planeten Uranus und weiterer Planeten (Neptun 1846 u. Pluto 1930) grundlegend korrigiert werden mußte. Ihre grundlegenden Elemente sind 1. die Planeten, → der Tierkreis, → die 12 Häuser (einschließlich der beiden Mondknoten) und die → Aspekte. Ihr Zusammenwirken zur Zeit der Geburtsstunde eines Menschen soll entscheidend seinen Körper und seine Seele prägen. Auf diesen vier Faktoren beruht das → Horoskop, wozu man auch Geburtshoroskop oder älter »Thema«, »Genesis« und »Kosmogramm« sagte. Das Wort selbst leitet sich von *horoskopos* (griech.: »der Aufsteigende«) ab, womit der Punkt der → Ekliptik bezeichnet wird, der für einen gegebenen Ort und Zeitpunkt gerade am Osthorizont aufgeht (→ Aszendent). Da alle zwei Stunden ein neues Tierkreiszeichen oder in jeder vierten Minute einer Stunde ein neuer Grad eines Zeichens aufsteigt, ist der Aszendent eines der wichtigsten Punkte im Horoskop. Zwei Menschen nämlich, die am selben Ort und zur gleichen Zeit geboren sind, können niemals dasselbe Horoskop haben. Es gibt folgende Deutungsformen: 1. die individuelle Auslegung des Horoskops (Geburtsastrologie); 2. die universelle oder Mundanastrologie, die eine Einteilung der Erde in Zonen (12, 24 oder 36) voraussetzt (astrologische Geographie). Auf diese Weise kann man politische Jahresprognosen oder kurzfristige Aussagen über das Wetter machen; 3. die Stundenastrologie (Katarchenhoroskop, von griech.: *Kat-archai* = »Nachanfänge«), die die günstige Stunde für ein Vorhaben angibt. Sie steht im Gegensatz zur Geburtsastrologie, denn sie geht von einer kontinuierlichen Gestirnseinwirkung aus, die man sich in einer freien Willensentscheidung zunutze machen kann. Bei der Geburtsastrologie wird eine einmalige, bleibende Prägung des Geborenen angenommen, die das Schicksal eines Menschen fest bestimmt. Schließlich die operative Astrologie, die sich in 4. die medizinische (im Mittelalter auch → Jatromathematik) und 5. die magische A. gliedert. Die medizinische A. setzt ein Zuteilungssystem (Melothesis) der menschlichen Organe und Glieder zu den Planeten, Tierkreiszeichen und Sternbildern voraus. Die Therapie erfolgt nach dem Grundsatz der → Sympathie oder Antipathie. Man wählt diejenigen Mittel aus, die eine gewisse Ähnlichkeit mit dem Gestirn des erkrankten Organs haben. Überdies waren die Pflanzen nach Form und Aussehen den Planeten und Tierkreiszeichen zugeordnet. In der magischen A. werden der richtige Ort, die richtige Zeit und die geeigneten Mittel für die Ausübung der → Magie angegeben.

Astrologie, moderne. Neben der Anwendung der klass. A., die in zahlreichen Varianten existiert und die versucht, die neuentdeckten Planeten Uranus, Neptun, Pluto und Chiro in das traditionelle System einzuarbeiten, besteht in der modernen A. die Grundtendenz, sich zur modernen Psychologie und → Psychoanalyse hinzuwenden. Man kann folgende Richtungen unterscheiden:

1. Die naturwissenschaftlich-empirische Schule oder Kosmobiologie, die von einem kausalen Ansatz ausgeht. Sie versucht, eine Ursachenkette für die astrologische Wirkung zu konstruieren. Sonne, Mond und die Planeten üben

auf das Individuum bei der Geburt einen Primäreffekt aus. Dies stellt man sich folgendermaßen vor: Planeten-Positionen verursachen Schwankungen des Gravitationsfeldes innerhalb der Sonne. Die Folge sind Flutwelleneffekte innerhalb der Sonne, diese wiederum verursachen einen Sonnenwind. Zusammen mit dem Gravitationsfeld des Mondes rufen die vom Sonnenwind erzeugten Teilchen eine Veränderung in der ionisierten Schicht der Erde hervor. Es entstehen → Alphawellen an der Erdoberfläche, die nicht nur die Geburt eines Kindes beschleunigen, sondern auch emotionale Veränderungen hervorrufen. Folglich wird die Geburtszeit von der planetaren Anordnung bestimmt, die das Geburtshoroskop wiedergibt und deutet.

2. Die mathematisch-statistische Schule. Schon 1898 forderte der franz. Astrologe P. Choisnard, daß astrologische Beziehungen mit Hilfe der Statistik nachgewiesen werden müssen. So versuchte man herauszufinden, ob in einer möglichst großen Zahl von berühmten Personen (Musiker, Dichter etc.) eine bestimmte Planetenkonstellation überdurchschnittlich häufig vertreten war. In den 20er Jahren untersuchte Kloeckler bei 5000 Fällen die astrologische Beziehung zu Unfällen, Selbstmördern, Verbrechern und Spezialbegabungen von Musikern, Dichtern, Malern und Juristen. Anhand der astrologischen Gemeinsamkeiten, die auf der statistischen Häufigkeit basierten, stellte er eine Typenlehre auf. Der franz. Astrologe → Gauquelin überprüfte einige Tausende Horoskope dahingehend, ob eine Beziehung zwischen Persönlichkeit bzw. Karriere und den astrologischen Daten bestand. Dabei fand er heraus, daß zwar keine prinzipielle Abhängigkeit besteht, aber eine erfolgreiche Karriere überdurchschnittlich häufig mit einem dominanten Einfluß des Mondes, Saturns, Mars und Jupiter im Horoskop verbunden ist.

3. Die symbolisch-psychologische Schule. In Anlehnung an → Jung, der das Horoskop von Patienten benutzte, um Einblick in psychische Prozesse zu bekommen, werden in den Planeten, Tierkreiszeichen etc. symbolische Bilder gesehen, die unbewußte Übertragungen (→ Projektionen) seelischer Inhalte und Erlebnisse der Menschen der Vorzeit auf den Sternenhimmel sind. Diese Ursymbole (→ Archetypen) sind auch heute noch in der Psyche eines jeden Menschen vorhanden und wirksam, denn sie sind der wesentliche Teil des → kollektiven Unbewußten. Das Universum ist ein System, das aus kleineren Einheiten besteht, die sich gegenseitig entsprechen (→ Holismus), und in jedem Teil ist auch das Ganze vorhanden. In diesem holistischen Modell kann kein kausales Prinzip gelten, sondern nur eine Entsprechung zwischen den Teilen des Ganzen. Dies führt im Ergebnis zu einer holistischen Astrologie, welche in der symbolischen Sprache der Astrologie die größeren Ganzheiten (z. B. das Sonnensystem) mit der Entwicklung kleiner Ganzheiten wie einer individuellen

Person, den Menschen eines Landes oder der Menschheit in Beziehung setzt. Diese »humanistische Astrologie« ist eine Art Algebra des Lebens, um die Ordnung zu verstehen, die dem individuellen und kollektiven Leben innewohnt. Wenn man aber davon ausgeht (→ Arroyo), daß der Mensch von der universellen Lebensenergie durchflutet wird und die in ihm wirksame Energie ein Teil der Energie der gesamten Natur ist, so muß man den Menschen unter Berücksichtigung des holistischen Ansatzes mit den energetischen Mustern des Kosmos, die sich in Zyklen und Bewegungen äußern, in Bezug setzen. Auf diese Weise wird die verlorene Verbindung des Menschen mit dem Kosmos und seiner Symbolwelt wieder hergestellt (kosmische Astrologie oder astrologische Psychologie).

4. Die psychoanalytische Schule. Die Grundfaktoren der Lehre → Freuds sollen folgende astrologische Entsprechungen haben: Das → Ich wird vom → Aszendenten und von → Merkur bestimmt, das → Über-Ich von der Sonne und Saturn und das → Es von Saturn, Pluto und Mars. Moderne Vertreter dieser Richtung wie der franz. Astrologe und Psychologe → Barbault verweisen auf die Gemeinsamkeiten zwischen Astrologie und Psychoanalyse. Das menschliche Verhalten, wie es von der Psychoanalyse beschrieben wird, hat seine Entsprechung im planetarischen Geschehen. Jede astrologische Situation läßt sich mit Hilfe der psychoanalytischen Sprache beschreiben. Folglich kann das Horoskop schlaglichtartig die menschlichen Konflikte erhellen. In diesen Zusammenhang gehört auch die Astrotherapie von → Dethlefsen.

Ashvattha, skrt.: »Feigenbaum«; Bez. für den mystischen Lebensbaum im → Hinduismus. Er wird dargestellt mit Wurzeln, die bis in den Himmel wachsen, und mit Zweigen, die auf die Erde reichen. Die Wurzeln symbolisieren die unsichtbare oder transzendente Welt, die Zweige das sichtbare Universum.

Ashvaghosha (um 100 v. Chr.), ind. Buddhist, der von den beiden Hauptrichtungen des Mahayana den Vijnavada oder Yogachara vertrat. Nach dieser Lehre ist das »Bewußtseinsreservoir« *(Alayavijnana)* die Quelle aller geistigen Aktivität, und aus ihm entstehen gleichsam durch Projektionen alle Objekte. Aber es ist auch keine letzte Realität, denn es ist begrenzt. Durch die Erkenntnis aber, wie sie die Buddhas besitzen und durch geistige Übungen kann man zur höchsten Weisheit *Bhuta-tathata* (Soheit) kommen. Das Sanskrit-Original seines Werkes *Shraddhotpada* (»Das Entstehen des Glaubens«), das ins Chinesische (557 n. Chr.) übersetzt wurde, ging verloren.

ASW, Abk. für außersinnliche Wahrnehmung, auch ASE (außersinnliche Erfahrung); eine von → Rhine in die Parapsychologie eingeführte Sammelbez. für das Wahrnehmen von Vorgängen, Objekten u. Erscheinungen, die außerhalb der sinnlichen Wahrnehmung (Gesicht, Gehör, Tastsinn, Geruch und Geschmack) liegen und mit den Naturgesetzen nicht erklärbar sind. Dazu gehören → Ahnung, → Hellsehen (Präkognition), → Telepathie und auch die → Träume.

Aszendent, lat.: »der Aufgehende«; Punkt der → Ekliptik (Sonnenbahn), der für einen gegebenen Ort und Zeitpunkt gerade am Osthorizont aufgeht. Der A. ist der wichtigste Punkt der Ekliptik im → Horoskop, da er das Schicksal des Neugeborenen bestimmt. Wenn der A. gefunden ist, so wird sein Einfluß danach beurteilt, in welchem Tierkreiszeichen er liegt.

Atemtherapie. Die Atmung gilt in den modernen Körper- und Psychotherapien als einer der wichtigsten physiologischen Vorgänge, die dem Körper nicht nur die notwendige Lebensenergie zuführen, sondern ihn auch mit der Seele verbinden. Der Atem ist gleichsam der Träger der Lebenskraft. Flacher und oberflächlicher Atem enthält wenig von dieser universellen Energie. Auch tiefer Atem ohne Konzentration ist wenig nützlich. Aus diesem Grund schenken die östlichen Weisheitslehren und Psychotherapien (→ Meditation, → Yoga, → Hui Chun Gong, → T'ai Chi Ch'uan) der bewußten (d. h. durch den Verstand kontrollierten) Atembeobachtung und -regulierung große Beachtung. Die umfassendste Atemtechnik hat der Yoga entwickelt, der das Einatmen *(Puruka)*, das Anhalten des Atems *(Kumbhaka)* und das Ausatmen *(Recaka)* genau vorschreibt. Das Ziel der Yogaübungen ist die Verlangsamung des Atems *(Pranayama)*. Auf diese Weise kann die Lebensenergie wahrgenommen werden und durch die Vorstellungskraft in die feinstofflichen Zentren und in erkrankte Körperregionen gelenkt werden. Auch moderne westliche Heilverfahren (→ Alexandertechnik, → Autogenes Training) lehren Atemtechniken zur willentlichen Beeinflussung des Atemrhythmus.

Atharvaveda, von skrt.: »Feuerpriester«; ein Teil der ind. → Veden, der neben Prosatexten auch 731 Hymnen enthält. Manche von ihnen sind der Verehrung der Götter gewidmet. Die Mehrheit dieser Lieder dient aber der Magie. Böse Dämonen und Krankheiten sollen abgewehrt und Vorteile der verschiedensten Art wie Liebesglück, Sieg im Kampf und dergleichen sollen erlangt werden. Es handelt sich hierbei um zum Teil uraltes Gedankengut.

Atiyoga, skrt.: »Außergewöhnlicher Yoga«; tibet.: *Dzogchen* (»Vollendung«). In der tibet. Nyingmapa-Schule wird der A. Y. als die Quintessenz der Lehre Buddhas betrachtet. Es ist der Weg der Selbstbefreiung durch nicht-dualistische → Kontemplation. Sie liegt jenseits des Geistes und gliedert den Menschen in die uranfängliche Energie wieder ein. In der Praxis besteht der A. Y. aus einem ununterbrochenen Zyklus von Kontemplationen, die in spezielle Übungen für den Tag und die Nacht aufgegliedert sind. Die Tagesübungen sind unterteilt in die Bereiche Verstehen (als experimenteller Zugang), Festigung (als Einübung des Verstandenen) und Fortschreiten in der Entwicklung kontemplativer Fähigkeiten. Die Nachtübungen werden direkt vor dem Einschlafen und nach dem Erwachen ausgeführt. Eine kontinuierliche Anwendung führt den Übenden in eine Dimension vollkommener Erkenntnis.

Atland, Name einer Zivilisation in Nordeuropa, die im Jahre 2194 v. Chr. zerstört wurde. Quelle ist eine friesische Handschrift *(Ura* oder *Oera Lind-*Chronik), die 1871 entdeckt wurde und sich seit Generationen im Besitz der holländ. Familie Over de Linden befand. Es besteht der Verdacht der Fälschung. Textausgabe: Hermann Wirth: *Die Ura Lindchronik*, Leipzig. 1931. Wirth (1885–1980) war Gründer und Präsident der Stiftung »Ahnenerbe«, die unter der Leitung der SS stand. Deshalb sind die Interpretationen Wirths mit großen Vorbehalten zu sehen.

Atlantis, nach einer dem griech. Dichter Solon (640–540 v. Chr.) von ägypt. Priestern übermittelten Sage eine große Insel im Atlantik. Von dem griech. Philosophen Plato (427–347 v. Chr.) wird sie in den Dialogen Kritias und Timaios näher beschrieben. Westwärts von den Säulen des Herakles, gegenüber dem Atlasgebirge habe sie gelegen. Ihre sehr zahlreiche Bevölkerung sei sehr reich gewesen. Der Herrschaftsbereich der Insel habe sich bis nach Europa und Afrika erstreckt. Als die Bewohner immer sittenloser wurden, sei die Insel an einem Tag und einer Nacht durch eine durch ein Erdbeben verursachte Überschwemmung in den Fluten des Meeres begraben worden. Obwohl man schon in der Antike die Angaben Platons für Dichtung hielt, ist bis in die Gegenwart versucht worden, A. zu lokalisieren. Die umfangreiche Literatur über A. kann man entsprechend ihren Aussagen in drei Gruppen einteilen.

1. A. existierte. Es reichte von Ceylon über Nigeria bis zur Karibik. Auch die Insel Helgoland war im Gespräch. Das Buch *Atlantis – The Antediluvian World* (1882, dt. 1894) des amerik. Juristen u. Abgeordneten Ignatius Donnelly (1831–1901) löste die Suche nach A. in der Neuzeit aus. Seine Beweise stützte er auf die sprachl. und archäolog. Übereinstimmungen zwischen den alten Ägyptern und den Völkern Südamerikas: In beiden Ländern gibt es Pyramiden. Er konnte sogar den engl. Premierminister Gladstone von der Existenz A. überzeugen, so daß er öffentliche Mittel für die Suche bereitstellen wollte.

2. Beschreibungen der Insel von Esoterikern. Nach → Blavatsky ist A. Teil der menschlichen Zivilisation, die 18 Mio. Jahre alt ist. Der Seher Edgar → Cayce malte ein Bild von A. aus, das nach seinen Visionen im westind. Ar-

chipel in der Nähe um Bimini lag. Nach seinen Angaben ging der Untergang der gewaltigen Landmassen in drei Etappen vonstatten, von denen Platon die letzte beschrieb. In A. habe eine hohe technische Zivilisation bestanden, die auf der Benutzung von Kristallen (Computerchips?) beruhte. Der Untergang sei die Folge eines Krieges gewesen, in dem man eine künstlich erzeugte Sklavenrasse befreien wollte.

3. Die Angabe Platons bezieht sich auf den Untergang des kretisch-minoischen Seereiches. Im 15. Jh. v. Chr. kam es zu einem gewaltigen Vulkanausbruch auf der Insel Santorin, die 70 km von Kreta entfernt liegt. Der Ausbruch muß auf Kreta und den ägäischen Inseln eine verheerende Überschwemmungskatastrophe ausgelöst haben, die den Niedergang dieses Reiches einleitete.

Atma, skrt.: »Hauch«; Bez. für die Seele oder das Selbst im Hinduismus (→ Reinkarnation). Der ältere Hinduismus, wie er von den → Upanishaden repräsentiert wird, scheint noch keine unzerstörbare Seele als Träger der Individualität gekannt zu haben. Das psychische Leben besteht aus fünf Faktoren: Hauch (→ Prana im engeren Sinne), Sprache, Sehen, Hören und Verstand, deren geistiger Zusammenhalt oder Personalität das A. ist. Beim Tod bleibt nur das Karma übrig, während das A. sich in den Weltenäther, Weltgeist oder die »Allseele« auflöst. Westliche Interpreten haben oft fälschlich A. mit Seele übersetzt, die bei der Wiedergeburt der Träger der gleichbleibenden Individualität ist. Grundsätzlich nämlich wäre eine Wiedergeburt ähnlich wie im Buddhismus auch ohne eine Seele möglich. In den jüngeren → Veden aber scheint doch eine Seelentheorie entstanden zu sein, welche das A. als den geistigen, immateriellen und unzerstörbaren Kern eines Individuums ansieht.

Atta, Pali: »das Selbst« oder »Ich«; dieselbe Wurzel wie skrt.: *atman.* Für den Buddhismus ist es ein Irrlehre *(Attavada* = »Ichlehre«) zu glauben, das A. (Ich) sei ein positiver Faktor der Erkenntnis und begrifflich zu umgrenzen. Dahinter steht die Vorstellung, daß es keine Seele gibt, die Träger der Individualität ist.

Attar, arab.; das echte, aus einer Blüte, einem Holz oder einer Rinde ausgepreßte Öl, von dem man sagt, daß es die → Essenz der Pflanze enthalte.

Atthangika-Magga, Pali: der achtfache → Pfad.

Auferstehung, die Totenerweckung, die nach christl. Auffassung zu einer individuellen Auferstehung des Leibes führt. Vorbild ist die A. Christi, die der Garant der allgemeinen A. ist (NT 1. Korinth, 15). Im AT bezieht sich die A. mehr auf das ganze Volk. (»Wo Gräber sind, sind auch Auferstehungen«). Belege für die A. von den Toten gibt es auch in den altorientalischen Religionen (ägypt., babyl. u. pers.). So wie die ägypt. Göttin Isis die Gebeine von Osiris wieder zusammensetzte und ihn zum Leben erweckte, hat jeder Mensch eine körperliche A. Die Seele kehrt ebenfalls in den Körper zurück. Der Gedanke der A. ist vor allem mit dem Fruchtbarkeitskult verbunden, wo der Tod und die Wiederauferstehung eines Gottes mit dem Absterben und Wiederentstehen der Vegetation verbunden wird. Die moderne Esoterik stellt in den Mittelpunkt die Seelenwanderung (→ Reinkarnation), die eine unveränderliche Seele als Träger der Individualität voraussetzt. In einem ständigen Kreislauf von Tod und Geburt verbindet sie sich mit den verschiedenartigsten Körpern. Auch eine Wiederverkörperung als Tier ist möglich.

Aufguß, wäßriger Auszug, der durch Übergießen einer Droge bzw. Pflanze mit kochendem Wasser, anschließendem Ziehenlassen und Abseihen gewonnen wird.

Augentraining, → Bates Methode.

Augenblicksastrologie. Das Augenblickshoroskop wird für den Zeitpunkt errechnet, in dem eine Frage gestellt wird oder in dem sich Astrologe und Klient begegnen. Die Planetenstellung und die → Aspekte spiegeln die Folgen von Ereignissen und Prozessen, die vorausgegangen sind.

Aura, lat.: »Hauch«; ein mehrschichtiges Energie- bzw. Schwingungsfeld um den menschlichen Körper, das mit Hilfe der → Kirlianfotografie optisch sichtbar gemacht werden kann. Andere Bez.: → Od, → Orgon, Bio-Plasma, Bio-Photonen oder bioelektrische Schwingungen. Solche Energiefelder lassen sich auch um Tiere, Pflanzen und Minerale nachweisen. Eine frühe Darstellung eines solchen Energiefeldes ist auch der → Heiligenschein (Aureola, Gloria, Halo-Nimbus) um den Kopf von griech. Göttern, röm. Kaisern (Claudius, Trajan) und biblischen Personen, Aposteln u. Heiligen (ab dem 4. Jh. in der christlichen Kunst). Wahrscheinlich stammt dieser Strahlenkranz aus der ind. Kunst (aber auch etrusk. und ägypt. Ursprung wird vermutet), wo er ein Symbol der Götter ist. In der sakralen Kunst der Ostkirche wird auch der Satan mit einem solchen Kranz umgeben. In profanen Darstellungen aus der frühen Neuzeit ziert er auch den Kopf von Magiern, Zauberkünstlern oder → sensitiven Personen.

Der Ausgangspunkt der Erforschung der A. war die Entdeckung des animalischen → Magnetismus durch Mesmer, der als eine Kraft (magnetisches → Fluidum) dem menschlichen Körper entströmt und durch eine »Fluidalbrücke« auf eine andere Person übertragen werden kann. Daß diese Energie auch optisch wahrgenommen werden kann, wies Reichenbach (1854) nach. In einem abgedunkelten Raum konnten sensitive Menschen diese Energie, die er

»Od-Energie« oder kurz Od nannte, als leuchtende Strahlung (odische Lohe) sehen. Diese Od-Energie entströmt nach Reichenbach allen Lebewesen und auch anorganischen Stoffen wie z. B. Kristallen. Trotz intensiver Bemühungen gelang es Reichenbach nicht, die Od-Energie zu fotografieren. Die Franzosen → Durville und Rochas setzten die Forschungen Reichenbachs fort und bestätigten, daß der menschliche Körper von einer mehrschichtigen A. umgeben wird. Einen entscheidenden Beitrag zur Deutung dieses Phänomens leistete die → Theosophie, die analog der fünf (spiritueller, kausaler, mentaler, astraler u. ätherischer) Körper auch die gleiche Anzahl von A. unterschied. Die klass. Darstellung dieser theoret. Arbeit, die unter Benutzung ähnlicher Gedankengänge der hinduist. Philosophie erfolgte, enthalten die gemeinsam von → Besant und → Leadbeater herausgegebenen Werke *Der sichtbare und unsichtbare Mensch* und *Gedankenformen* (dt. 1905/1908).

Die Sichtbarmachung der A., die bis dahin nur von Sensitiven wahrgenommen wurde, gelang dem engl. Arzt → Kilner, der auf einem nach ihm benannten Schirm die Aura sichtbar machte. Er unterschied drei Schichten: ätherische (farblos), innere u. äußere A. Die beiden letzteren konnten alle Farben des Regenbogens annehmen. Kilner kam zu dem Schluß, daß bestimmte Zentren für die Ausstrahlungen der A. verantwortlich sind. Seine Ergebnisse faßte er in dem Buch *The Human Atmosphere* (1911) zusammen. Der fotografische Nachweis der A. gelang 1958 dem russ. Ehepaar → Kirlian mit Hilfe einer Hochfrequenzfotografie. Diese »Kirlianfotos« gelten heute als wissenschaftlicher Beweis für die Existenz der A., da sie die elektromagnetischen Schwingungsfelder um den Körper und ihre verschiedenen Farben sichtbar machen. Die moderne A.-Forschung sieht in der A. Abstrahlungen von Energie, die der Mensch kontinuierlich aus dem Universum aufnimmt und durch die verschiedenen → Chakren, die man sich als Energiekonzentrationen vorzustellen hat, allen Bereichen des Körper zuführt. Überflüssige Energie wird in Form von Farbschwingungen abgestrahlt. Man unterscheidet zwei Formen der A.: Die körperliche A., die ganz eng am Körper anliegt, ist weißlich, silbrig u. bläulich, bei geschwächter Grundenergie grau. Die seelische A., die bis zu 30 cm aus dem Körper hinausreicht und die körperliche A. durchdringt, kann alle Regenbogenfarben annehmen; sie zeigt vor allem seelische Veränderungen an.

Aurasomatherapie, oder auch Aurasomafarbtherapie; ein ganzheitliches Heilverfahren, das von der Engländerin Vicky Wall (geb. 1918) entwickelt wurde. Sie ist blind und kann die → Aura sehen. In ihrem Buch *The Miracle of Colour Healing* beschreibt sie eine kombinierte Anwendung von Edelsteinen, Duftstoffen, Farben und Heilkräutern, wodurch der Aura-Soma-Bereich harmonisiert werden kann. Soma (von griech.: Körper) bezeichnet den feinstofflichen Energiekörper im grobstofflichen Körper. Wenn das natürliche Gleichgewicht wiederhergestellt ist, arbeitet auch der physische Körper wieder normal.

Aureole, von franz.: *aureole* (lat.: *aurea lux)* = »Goldner Schein«; ein Heiligenschein, der in ovaler Form den Körper einer Person umgibt. Die A. wird als eine bildhafte Darstellung der → Aura interpretiert, die von → Sensitiven zu allen Zeiten wahrgenommen wurde.

Auriculotherapie, lat.: *auricula* »Ohr«; andere Bez. Ohrakupunktur (→ Akupunktur). Eine → holographische Heilmethode, die von dem franz. Arzt Paul Nogier nach dem 2. Weltkrieg entwickelt wurde. Er wies nach, daß das menschliche Ohr dieselbe Form wie ein auf den Kopf gestellter Embryo hat. Jedes Körperorgan des Menschen hat in der Ohrmuschel einen Reflexpunkt. In der Praxis verwendet man 73 Punkte von circa 200, die in der Literatur beschrieben werden. Durch den Einstich mit einer Nadel kann man eine Energieblockade bzw. ein gestörtes Gleichgewicht zwischen Yang- und Yin-Energie beheben. In der ägypt. und antiken Medizin versuchte man, durch Schnitte in das Ohr Krankheiten wie Ischias zu heilen.

Aurobindo, Sri (1872–1950), ein bengalischer Brahmane, Philosoph und Yogalehrer; der einen »integralen Yoga« schuf. Von 1879–1893 wurde er in England erzogen, in Indien bekleidete er verschiedene Beamtenstellungen und wurde zu Gefängnis verurteilt, weil er sich revolutionär betätigte. Im Gefängnis erlebte er seine religiöse Erleuchtung und widmete sich fortan dem → Yoga. 1910 baute er in Pondicherry, einer franz. Kolonie in Indien, eine Yogaschule auf. Nach seinem Tod wurde sie von einer Französin (»die Mutter«) geleitet (gestorb. 1974). Anhänger A.s gründeten die Stadt Auroville bei Bombay, die für 50 000 Menschen geplant ist. Die Anzahl der Schriften A.s ist beachtlich; die bekannteste ist nach einem der wichtigsten Begr. der Lehre A.s mit *Göttliches Leben* betitelt. Nach A. ist es dem Menschen möglich, das Bewußtsein über die Grenzen des Ichs und des Körpers zu erweitern und es dem Licht so zu öffnen, daß das Göttliche in es hinabsteigt und dadurch eine allgemeine Vergeistigung nicht nur des einzelnen, sondern der ganzen Welt herbeigeführt wird.

Auszug, Ansetzen einer Droge mit kaltem Wasser und Ziehenlassen bei Zimmertemperatur während 8–12 Stunden.

Autogenes Training, Abk. AT; begründet von dem Psychiater und Theologen Johannes Heinrich Schultz (1884–1970). Die von ihm entwickelte Therapie der konzentrativen Selbstentspannung beruht auf Selbsthypnose (→ Hypnose) und → Autosuggestion. Ausgangspunkt für diese Technik sind die Forschungen des Hirnphysiologen Oskar Vogt, der beobachtet hatte, daß Patienten nach Anleitung fähig sind, sich selbst in eine Hypnose zu versetzen. Nach diesen selbsthypnotischen Übungen berichteten die Patienten, daß Erschöpfung und Ermüdung geschwunden seien und sie sich leistungsfähiger fühlten. In seinem Buch *Das Autogene Training* (1932) beschreibt Schultz sechs Standardübungen. Sie bestehen aus einer Reihe verbaler Formeln, auf die sich der Patient passiv konzentriert, während er mit geschlossenen Augen im Raum liegt. Diese Übungen müssen so lange durchgeführt werden, bis der Patient in der Lage ist, willentlich von einem hellwachen Zustand in einen ruhigen und erregungsfreien überzugehen. Dazu gehört auch ein meditatives Training, das in einer passiven Konzentration auf visuelle Phänomene beruht.

Automatismen, griech.: *automatos* = »aus eigenem Antrieb«; Tätigkeiten und psychisches Verhalten eines Menschen, die nicht mehr der Kontrolle des Willens unterliegen. Im normalen Leben sind es Handlungen, die durch langes Training oder Wiederholen eingeübt sind wie z. B. Autofahren, Schwimmen etc. Zu den paranormalen A., die man bei → Medien findet, gehören automatisches Schreiben, Sprechen u. Malen. Dann das Tischerücken u. Gläserrükken. Der → Spiritismus sieht die Ursache in Geistwesen, der → Animismus im Unbewußten oder als Aktivität eines selbständig gewordenen Persönlichkeitsteils.

Autoskopie, griech.: »Selbstsehen«; in der → Parapsychologie Bez. für das »Sich-selbst-Sehen«, ohne daß man den eigenen Körper verläßt. Dies kann entweder eine Wahrnehmung sein, der in der objektiven Wirklichkeit nichts Reales entspricht (Halluzination) oder das Sehen des → Doppelgängers oder → Astralleibes. Gegensatz ist die außerkörperliche → Erfahrung, bei der man bei vollem Bewußtsein den eigenen Körper verläßt und ihn von einem entfernten Punkt aus sieht.

Autosuggestion, griech-lat.: »Selbstbeeinflussung«; eine Psychotherapie, die von dem franz. Apotheker Coué (1857–1926) begründet wurde. Zunächst studierte er bei dem Arzt Liébault in Nancy → Hypnose und deren Einsatz bei der Behandlung von Krankheiten. Coué erkannte aber bald, daß der hypnotische Erfolg nicht von der erreichten Tiefe des Schlafes abhing, sondern lediglich von der Bereitschaft und dem Willen, gesund zu werden. Seine Lehre, die er in dem Buch *Die Selbstbemeisterung durch bewußte Autosuggestion* (dt. 1936) beschrieb, basiert auf zwei Grundgedanken: 1. Jeder Gedanke in uns ist bestrebt, wirklich zu werden. 2. Nicht der Wille ist die bedeutsamste Eigenschaft in uns, sondern die Einbildungskraft, die Fähigkeit, sich etwas glauben zu machen. Und kommen Wille und Einbildungskraft irgendwann in Konflikt, dann ist es immer der Wille, der unterliegt, und die Einbildungskraft, die siegt. Auf der A. beruht auch das → Autogene Training.

Avalokiteshvara, skrt.: verschiedene Deutungen: »Der Herr, der herabblickt«, »der Herr der sichtbaren Welt«, »der Herr, der zum letzten Mal gesehen worden ist« oder »vollkommene Erleuchtung«. A. ist der bedeutendste → Bodhisattva (→ Adi-Buddha). A. ist ein Wesen, das die vollkommene Erleuchtung erreichte, gleichwohl aber den Schwur getan hat, nicht eher in das → Nirvana einzugehen, bis alle Wesen erlöst sind. Als Nothelfer wird A. von den Buddhisten der → Mahayana-Richtung angerufen. Auf ihn bezieht sich das berühmte → Mantra: *Aum mani padme hum* (»O du Kleinod im Lotos«). In China und Japan wird er als eine Frau Kuanyin oder Kwannon verehrt. In Tibet ist der → Dalai Lama eine Verkörperung von A. In Nepal gilt A. als der Schöpfer der jetzigen Welt.

Avalon, kelt.: *aballos* (?) = »Apfel«; Name eines kelt. Paradieses, das man sich jenseits der Welt im Westen vorstellte. Es ist mit wunderbaren Apfelbäumen bepflanzt. Hier erhielt König → Arthur sein berühmtes Schwert Excalibur. Einer alten Legende zufolge regiert über A. die Feenkönigin Morgan. In der New-Age-Bewegung wird A. mit → Glastonbury gleichgesetzt.

Avalon, Arthur (1865–1936), engl. Rechtsanwalt u. Schriftsteller. Während seiner Tätigkeit in Indien beschäftigte er sich mit dem → Tantrismus, → Shaktismus und → Kundalini-Yoga. Durch seine Schriften *Die Schlangenkraft, Shakti und Shakta* u. *Tantra und die große Befreiung* (alle ins Dt. übers.) machte er in der westl. Esoterik die Chakralehre (→ Chakren) populär.

Avatanshaka Sutra, ein Lehrtext (Sutra) des → Mahayana-Buddhismus, der die Grundlage einer der Schulen des Zen, der chin. Huayen (japan. Kegon)-Schule bildet. Der wichtigste Teil des A., der den Titel *Gandavyuha* trägt, erörtert den gesetzmäßigen Charakter *(Dharma-dhatu)* des Universums. Alle Dinge und Erscheinungen sind voneinander abhängig und durch das Gesetz der Kausalität miteinander verbunden. Es gibt keine Mannigfaltigkeit oder Zahl (keine »Eins« oder »Zwei«). Das grundlegende Prinzip ist die Einheit, die alles miteinander verbindet.

Avatara, skrt.: »der Herabgestiegene«; in der ind. Mythologie Bez. für einen Gott, der die Gestalt eines Menschen oder Tieres annimmt. Es gibt zwei Arten von A.s: den durch eine Frau geborenen und den elternlosen → Anupadaka. Der ind. Gott Vishnu hat zehn A.s, von denen seine Verwandlung in → Krishna am bekanntesten ist. In der → Theosophie bezeichnet A. allgemein die → Inkarnation des Göttlichen.

Avesta, pers.: »Text«. Früher auch *Zend-Avesta* genannt; die heilige Schrift der persischen Volksreligion (Parsismus), die von → Zoroaster begründet wurde (6. Jh. v. Chr.). Ein Teil ist in einer altertümlichen indogermanischen Sprache, dem Avesta, abgefaßt, das mit dem Sanskrit der Inder zu vergleichen ist.

Avicenna, Abdallah ibn-Sina (980–1036), pers. Philosoph, Arzt u. Alchemist. Seine Philosophie beruht auf dem → Neuplatonismus, der aristotelischen Philosophie und dem Islam. Gott ist für ihn das oberste Prinzip, aus dem alles seinen Ursprung ableitet. Für ihn gab es keinen Gegensatz zwischen Philosophie, Wissenschaft und islam. Glauben. In seinem Buch *De anima* (lat. Übers.) anerkennt er die Existenz des räumlichen Hellsehens, denn von der Seele können entfernte Gegenstände wie in einem Spiegel gesehen werden, wenn zwischen Gegenstand und der Seele eine Ähnlichkeit besteht. Da die Seele Teil der alles bewegenden Weltseele ist und die Fähigkeit besitzt, den Körper eines Menschen zu bewegen, kann der Mensch mit Hilfe seiner Einbildungskraft entfernte materielle Gegenstände verändern und bewegen. Seine 18 Bde. umfassende Enzyklopädie der Medizin gilt als die Grundlage der Medizin der Sufis → Akhlat. Sie enthält eine vollständige Abhandlung über die Essenzen, einem der Kerngedanken dieser mediz. Richtung. A. wurde in der modernen Esoterik von → Huxley bekannt gemacht.

Avichi, skrt.: »wellenlos«; die tiefste und furchtbarste der acht großen → Höllen des Buddhismus. Auf allen Seiten brennen Feuer, die die Verderber der buddhist. Religion quälen. Doch wenn → Avalokiteshvara hinabsteigt, verwandelt sie sich in einen kühlen Lotusteich. In der → Theosophie ist A. gleichbedeutend mit Myalba, der Erde.

Avidya, skrt.: »Nichtwissen«; in der ind. Philosophie ist A. die Unkenntnis, daß Geist und Materie etwas ganz Verschiedenes sind. Wenn der Mensch dies erkennt, so schwindet der Irrtum. Die Verbindung von Geist und Materie wird gelöst. Es tritt der Zustand des Alleinseins (Kaivalya), der Erlösung (Mukti) und des Erlösens (→ Nirvana) ein. Das Nichtwissen ist die Ursache für den Kreislauf der Geburten (→ Samskara). Solange noch die Erinnerung an die früheren Geburten (→ Reinkarnation) im Geiste vorhanden ist, von denen der Mensch nichts weiß, verursachen sie neue Taten (Karma). Im Buddhismus bedeutet A. (Pali: *Avijja)* das erste der zwölf Glieder der Kausalkette (Nidanas), an deren Ende das Alter und der Tod steht.

Ayahuaska, Quechua-Sprache: »Ranke der Seele«; oder *Yage,* bot.: *Banisteriopsis caapi,* eine Lianenart, die am westlichen Amazonas beheimatet ist. A. ist eine psychoaktive Pflanze, deren Wirkung auf den Alkaloiden Harmalin und Harmin beruht. Beide Stoffe sind auch in der Steppenraute *(Peganum harmala)* des Nahen Ostens vorhanden. Diese magische Pflanze, die der bekannte dt. Pharmakologe Lewin beschrieb *(Banisteria caapi – ein neues Rauschgift und Heilmittel*, 1929), wird von den südamerikanischen Schamanen *(curanderos)* bei religiösen Handlungen und zur Heilung benutzt. Die Einnahme verursacht zunächst Übelkeit, dann Zustände von Euphorie und farbige Halluzinationen. Sehr häufig tauchen in den Visionen Tiere, meistens Katzen und Reptilien, auf. Weiterhin erscheinen im A.-Rausch durch Reizung der Hirnrinde hervorgerufene Lichteindrücke (Phosphene), die als geometrische Bildmuster beschrieben werden. Der Schamane muß diese geometrischen und abstrakten Muster deuten. Ob A. auch eine telepathische Wirkung hat, ist in der Literatur umstritten. Die Schriftsteller William → Burrough und der Dichter Allan Ginsberg veröffentlichten 1963 ihre Erfahrungen mit dieser Droge *(The Yage Letters)*. Man schätzt A. seitdem als ein Mittel, das einen Zugang zum kollektiven Unbewußten und den Archetypen im Sinne der Lehre von C. G. Jung ermöglicht. Da die Epiphyse (Zirbeldrüse) des Menschen ebenfalls harmalinartige Alkaloide enthält, ist A. ein sehr wirksames Mittel, um das 7. Chakra (→ Chakren) zu aktivieren.

Ayton, William Alexander
(1816–1909), Pfarrer der anglikanischen Kirche, der im Alter von 73 Jahren 1888 dem → Golden-Dawn-Orden beitrat.
A. hatte wahrscheinlich während seiner Studien in Cambridge Kontakte zu dem Okkultisten u. Magier Francis → Barrett. Er vertrat in dem Orden das Gebiet der Alchemie. Es wird berichtet, daß er im Keller seines Pfarrhauses das → Elixier der Unsterblichkeit hergestellt habe. Später schloß er sich der Gruppe um → Waite an. Hauptwerke: *The Alchemist of the Golden Dawn. The Letters of rev. W. A. Ayton to E. L. Gardener and Others 1886–1905.*

Ayurveda, skrt.: *ayur* = »Leben« u. *veda* = »Wissen«, das Wissen vom Leben; ursprünglich Name für einen Anhang des → Atharvanveda, später Bez. für die gesamte ind. Medizin. Als erwiesen kann heute gelten, daß die ind. Medizin kein Plagiat der griech. Medizin ist, sondern weit in die Zeit vor Christi zurückreicht. Der Atharvaveda ist eine wahre Fundgrube an Heilpflanzen, hygienischen Vorschriften und Lehren. In der ind. Tradition wird das med. Wissen auf den Gott Brahman zurückgeführt. Die klass. Darstellung des A. beruht auf den Werken der drei Ärzte Caraka, Susruta und Vagbhata, deren Leben wenig bekannt ist. Caraka (skrt.: »der Wanderer«) soll der Leibarzt des buddh. Königs Kaniska (78–101 n. Chr. oder 120–162 n. Chr.) gewesen sein. Sein Werk *Caraka-Samhita* (skrt.: »Sammlung des C.«) enthält aber kein buddh. Gedankengut. Auch Susruta (skrt. »Wohl gehört«) scheint ein Idealname zu sein. In seinem Werk *S.-Samhita* stellt er die Chirurgie an den Anfang. Das Werk *Astangahrdaya* (skrt.: »das achtgliedrige Herz«) des Vagbhata, von dem man nur weiß, daß er vor 850 n. Chr. gelebt hat, ist das

Standardwerk der ind. Medizin geworden. Man kann es als eine Zusammenfassung der Werke seiner beiden Vorgänger ansehen. Da es einen buddh. Einschlag enthält, wurde es sehr früh ins Tibet. übersetzt. Die Grundlage der ind. Medizin bildet die Tridosalehre, die sich aus der Samkyha oder Sankkyha-Philosophie entwickelt hat. Nach diesem philosph. System ist der unsterbliche, absolute Geist, die Seele (skrt.: *purusha)* mit der Materie (skrt.: *prakrti)* verbunden, die aus drei Faktoren oder feinstofflichen »Elementen« (skrt.: *gunas)* Sattvam, Rajas und Tamas besteht. Diese drei Gunas sind einmal unentfaltete (skrt.: *avyakta)* Kräfte oder Ursachen (skrt.: *karanarupa)* der Produkte, dann wiederum das sichtbare (skrt.: *vyakta)* Produkt (skrt.: *karyarupa)* selbst. Sattvam ist die Intelligibilität, und in der Welt der Objekte äußert sie sich als Licht und Leichtheit. Rajas ist Energie, die in den Objekten als Bewegung sichtbar ist. Tamas steht für Trägheit und stellt sich in der Welt der Objekte als Schwere und Dunkelheit dar. Das Ziel des Lebens ist die Aufhebung dieser Verbindung, indem die Seele zu der Erkenntnis kommt, daß sie etwas gänzlich Verschiedenes von der Materie ist und sich ihrer Absolutheit bewußt wird. Hierzu muß sich die Materie entfalten. Es kommt zu der Evolution, die auch die fünf grobstofflichen Elemente (skrt.: *mahabhuta)* hervorbringt: Erde, Wasser, Feuer, Luft und Äther. Durch die Wechselwirkung dieser fünf Elemente und den Gunas entstehen nacheinander alle materiellen Verbindungen in der Welt und auch der menschliche Körper. Die Mischung dieser drei Gunas ist bei jeder Einzelform verschieden, so daß es eine Vielzahl von Einzelexistenzen geben muß. Beim Menschen werden die drei Gunas zunächst als drei Gewebe (skrt.: *dhatu)* und dann als drei Säfte (skrt.: *dosa*; Grundbedeutung: Schaden) sichtbar:

Guna	*Gewebe/Saft*
Sattvam	Nerven/Vayu (Wind)
Rajas	Drüsen/Pitta (Galle)
Tamas	Verdauung/Slesman oder Kapha (Schleim)

Gesundheit ist dann gegeben, wenn zwischen den drei Säften (Wind, Galle, Schleim) ein ausgewogenes Gleichgewicht besteht. Wenn einer dieser Säfte zu gering vorhanden ist oder überwiegt, entsteht eine Krankheit.

Vayu: Der Wind ist trocken, leicht, fein und beweglich. Es gibt fünf Arten:

1. Udana. Er sitzt am Hals. Ursache von Krankheiten über dem Schlüsselbein.
2. Prana. Sein Sitz ist das Herz, er ist für den Atem verantwortlich. Krankheit: Asthma.
3. Samana. Sitz ist der Magen. Krankheit: Durchfall etc.
4. Apana. Sitz ist der Unterleib. Krankheit: Blasen-, Afterleiden etc.
5. Vyana. Er ist im ganzen Körper verteilt. Krankheiten: Kurzatmigkeit, Gliederzittern, Schlaflosigkeit etc.

Pitta: Die Galle ist fett, heiß, scharf und flüssig. Ebenfalls fünf Arten:

1. Ranjaka. Sitzt in Leber und Milz. Färbt den Chylus und wandelt ihn in Blut um.
2. Pacaka. Sitzt zwischen Magen und Darm. Scheidet Harn und Kot aus.
3. Sadhaka. Sitzt im Herzen. Verantwortlich für das Gedächtnis.
4. Alosaka. Sitzt in den Augen. Ursache für die Sehkraft.
5. Bhrajaka. Sitzt in der Haut. Erfüllt die Zellen mit Leben.

Ein Überfluß an Pitta verursacht blassen Teint, Schlaflosigkeit, Ohnmacht, Gelbfärbung von Stuhl und Harn. Bei einem Mangel: Der Patient sieht verfallen aus, und seine Körperwärme ist vermindert.

Slesman oder *Kapha*: Der Schleim ist schwer, kalt, mild, ölig fest und süß.

1. Rasana oder Bodhaka. Sitzt in der Zunge. Verantwortlich für den Geschmack.
2. Kledana. Sitzt im Magen. Befeuchtet die Speisen.
3. Avalambana. Sitzt im Herzen. Kräftigt die Glieder.
4. Tarpaka. Sitzt im Kopf. Macht die Sinnesorgane funktionstüchtig.

Ein Überfluß verursacht: Blässe, Kälte, schwere Glieder und Benommenheit. Bei Mangel: trockene Haut, Leere im Magen, Schwächegefühl, Schlaflosigkeit.

Aziluth, hebr.: »Vornehmheit«; Bez. der obersten der vier Welten (→ Bertah, → Jezirah, → Asijjah) nach der Lehre der → Kabbala. Sie enthält die zehn → Sephiroths oder die ersten Ausstrahlungen des → Ensoph (das Absolute, das höchste nur denkbare reine Sein). Sie wird mit dem Yod des → Tetragrammatons → Adomay verbunden. Der geheime Name von A. ist Ab.

Azoth, arab.: al *Zaug* (?), Bez. für ein unbekanntes Element und »Quecksilber«. Bei → Paracelsus eine Zusammensetzung aus dem lat. *A.* u. *Z,* dem griech. *Omega* und ḥebr. *Tau.* Bedeutung: Alles in Einem von Anfang bis Ende. In der → Alchemie hat A. bisweilen die Bedeutung von Quintessenz → Äther oder → Stein der Weisen. In der → Theosophie gebraucht man A. für das alles erleuchtende Licht, das mit dem hinduist. → Akasha verglichen wird.

B

Ba, ägyp. »Belebung«, »Seele«; neben dem vieldeutigen Begr. → Ka (Lebenskraft, »Seele«) gibt es in der ägypt. Mythologie eine Seele, die man sich plastisch in verschiedenen Gestalten vorstellte. Da sie im Tod dem Körper entflog, hatte sie meistens die Gestalt eines Vogels mit einem menschlichen Kopf. Im ägypt. → Totenbuch bekommt B. Nahrung im Überfluß, so daß dahinter offensichtlich die Vorstellung eines nicht nur geistigen Wesens steht.

Baba Ram Dass (geb. 1931), Ps. für Dr. Richard Alpert, Psychologe an der Stanford University, der zusammen mit → Leary die Wirkung des → LSD ausprobierte. Beide mußten deshalb die Universität verlassen. B. R. D. schrieb zusammen mit Leary und Ralph Metzner eine Art Reiseführer für die Nutzung von LSD (dt. *Psychedelische Erfahrungen*, 1982), der dem tibetischen → Totenbuch ähnelte. 1967 ging er nach Indien, wurde für einige Monate Schüler des Guru Neem Karoli Baba im Himalaja und kehrte unter seinem neuen Namen in die USA zurück. Den Gebrauch von Drogen lehnte er dann strikt ab. Ab 1969 lehrte er → Raja-Yoga an verschiedenen Universitäten und dem → Esalen Institute. Werke in dt. Übers. *Schrot für die Mühle* (1884) und *Reise des Erwachens* (1986).

Bach-Blütentherapie. Der Entdekker dieser holistischen Heilmethode, Edward Bach, war Bakteriologe und Homöopath am Londoner Homöopathischen Krankenhaus. Die Grundzüge seiner Therapie legte er in den Schriften *Heal Thyself, The Twelve Healers* und *Other Remedies* (dt. Übers.: *Blumen, die durch die Seele heilen*, 1979). Den Nachlaß Bachs und die Herstellung seiner Heilmittel besorgt das Edward Bach Centre in Mount Vernon, England. Die Kernaussage seiner Lehre lautet: Es gibt keine Krankheiten, sondern nur kranke Menschen. Da jede Krankheit seelische Ursachen hat, ist es wenig sinnvoll, bei der Therapie mit dem physischen Körper zu beginnen. Der Mensch, ein Teil der Schöpfung, ist mit dem universellen Lebensprinzip oder Energieschwingungen (kosmisches Prinzip, Schöpfungskraft oder einfach »Gott«) verbunden. Jeder Mensch hat eine unsterbliche Seele (sein eigentliches Wesen), eine sterbliche Persönlichkeit (seine irdische Person) und ein »Höheres Selbst«, das der Vermittler zwischen Seele und Persönlichkeit ist. Mit Hilfe des »Höheren Selbst« versucht die Seele, in der Persönlichkeit des Menschen den ihr bekannten Auftrag dieses Menschen zu verwirklichen. Es handelt sich hierbei um ideelle Qualitäten (Potentiale oder »Tugenden unserer höheren Natur«). Dazu gehören

z. B. Weisheit, Freude, Stärke, Sanftmut etc. Diese Qualitäten nennt Bach die archetypischen Seelenkonzepte (→ Archetypus). Können diese Tugenden nicht verwirklicht werden, entstehen negative Seelenzustände (Stolz, Habgier, Grausamkeit etc.), welche die Verbindung der Seele mit dem kosmischen Energiefeld stören. Es kommt zu einer Disharmonie im feinstofflichen Bereich (→ Ätherleib) des Menschen, die im physischen Körper als Krankheit sichtbar wird. Die Therapie von Bach beruht darauf, diese negativen Seelenzustände durch übergeordnete harmonische Schwingungen zu überfluten, damit sie »wie der Schnee in der Sonne wegschmelzen«. In der Praxis werden → Essenzen aus den Blüten von Pflanzen höherer Ordnung benutzt. Bach unterschied zwischen Pflanzen, die Leiden lindern können (dazu gehören die Heilpflanzen), und den »Frohnaturen in der Pflanzenwelt«, die aufgrund ihrer energetischen Abstrahlungen Harmonisierungsprozesse einleiten können. Jede dieser Pflanzen entspricht einem bestimmten Seelenkonzept im Menschen und hat eine mit dem menschlichen Energiefeld übereinstimmende Schwingungsfrequenz. Bach unterscheidet 38 Seelenkonzepte oder Energie-Potentiale: Die energetische Entladung, die eine Folge des Abbaus der Blockade ist, tritt oft in Sekundenschnelle ein und äußert sich z. B. in Stimmungsumschwüngen, Träumen und Einsichten. Die Pflanzen wählte Bach durch → Intuition aus, indem er ein Blatt dieser Pflanze auf die Zunge legte und ihre Wirkung auf seinen Körper, seine Seele und seinen Geist prüfte. Die Diagnose, d. h. welche der 38 B.-B.-Essenzen ein Mensch benötigt, wird im Gespräch ermittelt. Es wird aber von dem Therapeuten erwartet, daß er die Bachblüten mindestens ein Jahr lang an sich selbst ausprobiert hat. Manche Therapeuten versuchen auch durch moderne Diagnoseverfahren einen tieferen Einblick in den spirituellen bzw. feinstofflichen Bereich eines Menschen zu gewinnen, z. B. durch das Bach-Blüten-Orakel, eine Art → Tarot, das aus 38 Karten besteht. Durch Intuition wird die passende Bachblüte herausgefunden. Oder durch die Verbindung der B.-B.-Therapie mit der → Farbtherapie, die auf den Farbschwingungen der → Chakren beruht; in diesem Fall wird durch kombinierte Farb- und Blütenkarten die Diagnose gestellt. Die ermittelte Blütenessenz kann dann auf das betreffende Chakra aufgeträufelt werden.

Die original B.-B.-Essenzen werden mit 1/4 Quellwasser und 1/4 Alkohol verdünnt. Die Standarddosierung sind viermal täglich 4 Tropfen einer Essenz. Außer der Einnahme sind folgende Anwendungsformen möglich: Bäder, Umschläge und das Tragen in kleinen Fläschchen am Körper (besonders an den Chakren). Da die meisten seelischen Störungen in die frühkindliche Zeit (bis zum 7. Lebensjahr) zurückreichen, werden B.-B.-Essenzen auch bei Kindern und Babys angewandt. Auch den seelischen Zustand eines Tieres kann man ergründen.

Die 38 Bachblüten

1. Agrimony (bot.: *Agrimonia eupatoria*; Odermenning): Übersteigerte Sensibilität.
2. Aspen (bot. *Populus tremula*; Zitterpappel): latente Ängste.
3. Beech (bot.: *Fagus sylvatica*; Rotbuche): Intoleranz, Kritiksucht, Arroganz.
4. Centaury (bot.: *Centaurium umbellatum*; Tausendgüldenkraut): Überempfindlichkeit.
5. Cerato (bot.: *Wilmotiana*; Bleiwurz): Unsicherheit.
6. Cherry Plum (bot.: *Prunus cerasifera*; Kirschpflaume): Verzweiflung, Angst.
7. Chestnut Bud (bot.: *Aesculus hippocastanum*; Kastanienknospe): mangelnde Einsicht, Realitätsblindheit, mangelnde Einsicht in die eigenen Fehler.
8. Chicory (bot.: *Cichorium intybus*; Wegwarte) Selbstverleugnung, Aufopferung für andere.
9. Clematis (bot.: *Clematis vitalba*; Weiße Waldrebe): Geistesabwesenheit, Realitätsferne, Weltfremdheit.
10. Crab Apple (bot.: *Malus pumila*; Holzapfel): mangelndes Selbstwertgefühl, Gewissensbisse, Selbstquälen.
11. Elch (bot.: *Ulmus procera*; Ulme): mangelndes Selbstvertrauen, das Gefühl, eine Aufgabe nicht erfüllen zu können.
12. Gentian (bot.: *Gentiana amarella*; Herbstenzian): alle Arten von Unsicherheit.
13. Gorse (bot.: *Ilex europaeus*; Stechginster): Hoffnungslosigkeit, Verzweiflung.
14. Heather (bot.: *Calluna vulgaris*; Schottisches Heidekraut): eigennütziges Verhalten, Grübelsucht.
15. Holly (bot.: *Ilex aquifolium*; Stechpalme): Haß, Eifersucht, Neid, Mißtrauen.
16. Honeysuckle (bot.: Lonicera caprifolium; Geißblatt): Nostalgie, Pessimismus.
17. Hornbeam (bot.: *Carpinus betulus*; Weißbuche): Müdigkeit, Erschöpfung.
18. Impatiens (bot.: *Impatiens glandulifera*; Drüsentragendes Springkraut): Einsamkeit, Verzweiflung, Selbstmordgedanken.
19. Larch (bot.: *Larix decida*; Lärche): Minderwertigkeit, Verzagtheit.
20. Mimulus (bot.: *Mimulus guttatus*; Gefleckte Gauklerblume): Angst.
21. Mustard (bot.: *Sinapis arvensis*; Wilder Senf): Melancholie.
22. Oak (bot.: *Quercus robur*; Eiche): Verzweiflung, mangelnde Standfestigkeit.
23. Olive (bot.: *Olivia europaea*; Olive): Erschöpfung, Ermüdung.

24. Pine (bot.: *Pinus sylvestris*; Schottische Kiefer): Schuldgefühle, Selbstvorwürfe.
25. Red Chestnut (bot.: *Aesculus carnea*; Rote Kastanie): Übertriebene Angst.
26. Rock Rose (bot.: *Helianthemum nummularium*; Gelbes Sonnenröschen) Angst.
27. Rock Water (Wasser aus einem Felsen): Märtyrertum,
28. Skleranthus (bot.: *Skleranthus annus*; Einjähriger Knäuel): Verzweiflung.
29. Star of Bethlehem (bot.: *Onithogalum umbellatum*; Goldiger Milchstern): Schock, Verzweiflung.
30. Sweet Chestnut (bot.: *Castanea sativa*; Edelkastanie): Hoffungslosigkeit.
31. Vervain (bot.: *Verbena officinalis*; Eisenkraut): Selbstaufgabe, übertriebene Opferbereitschaft.
32. Vine (bot.: *Vitis vinifera*; Weinrebe): Rücksichtslosigkeit, autoritäres Verhalten.
33. Walnut (bot.: *Juglans regia*; Walnuß): Hemmungen, mangelnde Zuversicht, Zukunftsangst, Angst vor Lebensentscheidungen.
34. Water Violet (bot.: *Hottonia palustris*; Sumpfwasserfeder): Einsamkeit.
35. White Chestnut (bot.: *Aesculus hippocastanum*; Roßkastanie): Grübelsucht, Introvertiertheit.
36. Wild Oat (bot.: *Bromus ramosus*; Waldrespe): Unbesonnenheit, Abenteuerlust.
37. Wild Rose (bot.: *Rosa canina*; Heckenrose): Apathie, Gleichgültigkeit Resignation.
38. Willow (bot.: *Salix vitellina*; Gelbe Weide) Verbitterung, das Gefühl, im Leben zu kurz gekommen zu sein.

Bacon, Roger (1214–1294), engl. Mönch, Naturforscher, Philosoph u. Alchemist. Seine naturwissenschaftl. Studien nahm man zum Anlaß, ihn wegen Magie anzuklagen und zu einer zehnjährigen Kerkerstrafe zu verurteilen (1277). Außer seinen drei Hauptwerken *Opus maius*, *Opus minus* und *Opus tertium* verfaßte er noch zahlreiche andere Schriften (z. T. noch unveröffentlicht). Mit Entschiedenheit setzt er sich dafür ein, daß die Naturforschung auf Erfahrung und Experiment aufgebaut wird. In seinem *Speculum alchimiae (Spiegel der Alchemie)* unterscheidet er zwischen einer theoret. Alchemie, deren Ziel naturwissenschaftl. Erkenntnisse sind, und einer prakt. Alchemie, die sich mit der Metallumwandlung beschäftigt. Mit dem Stein der Weisen (→ Lapis philosophorum) könne man nicht nur unedle Metalle in edle verwandeln, sondern auch das menschliche Leben um mehrere hundert Jahre verlängern. In der

Astrologie *(Speculum astrologiae)* vertrat er die Auffassung, daß die Gestirne nur in großen Zügen das Schicksal des Menschen bestimmten. In seinen Einzelentscheidungen aber habe der Mensch den freien Willen (Ablehnung der Stundenastrologie). Seit dem 15. und 16. Jh. sind zahlreiche Sagen über ihn im Umlauf, in denen er als Zauberer erscheint. So soll er einen Kristall besessen haben, mit dem er alles im Umkreis von 50 Meilen sehen bzw. anzünden konnte.

Badarayana, ein nicht näher bekannter ind. Weiser und Autor des Brahma-Sutra, worin er in 555 Aphorismen eine Systematisierung der → Vedanta-Philosophie versuchte.

Badekuren, eine → Physiotherapie, deren Anfänge bis in die Antike zurückreichen. Das entwickelte Badewesen des Mittelalters, das u. a. auch Schwitzbäder kannte und mit Therapien wie dem → Schröpfen, der »Akupunktur des Westens«, verbunden war, wurde nach dem Auftreten der Syphilis (15. Jh.) rigoros eingeschränkt und unterdrückt. Wiedereingeführt wurden die B. von den Ärzten Siegmund Hahn (1664–1742) und seinem Sohn Johann H. (1696–1773), die in Schweidnitz (Schlesien) das Kaltwasserbaden bei der Krankenbehandlung einsetzten. Weltbekannt wurden die B. des Bauern Vincenz Prießnitz (1799–1851) in Freiwaldau (Schlesien), der mit seiner kombinierten Schwitz- und Kaltwasserbadekur den Körper innerlich reinigen wollte. Begleitet wurde diese Therapie von Fasten, Trinkkuren mit kaltem Wasser und Spaziergängen. Es gab folgende Anwendungsformen: Voll- u. Halbbad (im Stehen oder als Sitzbäder), Wickel (Kopf, Stirn, Hals, Unterarm, Hand etc.) und Packungen. Sein Nachfolger war der Pfarrer Sebastian Kneipp (1821–1897) in Bad Wörishofen, der die über 100 Anwendungsformen der Wassertherapie neu durchdachte und von Ganzanwendungen zu Teilanwendungen überging. Er war zu der Überzeugung gekommen, daß der Angriffspunkt des Kältereizes täglich gewechselt werden müsse. Neu eingeführt wurden: Barfußgehen im Schnee, Güsse, die ein Kernstück der Kneippschen Therapie sind, Kräuterbäder, Wechselbäder und Dampfbad. Moderne Weiterentwicklungen dieser klass. B. sind die Verbindung der Bäder mit der → Aromatherapie und der → Farbtherapie. Eine Kombination von asiatischer Bewegungs- bzw. Massagetherapie mit B. ist das von Harold Dull entwickelte Watsu, eine Sonderform des → Shiatsu.

Bärenlapp, bot.: *Lycopodium clavatum*; im Volksmund Johannisgürtel. Die Blütenblätter (Antheren), der bis einen 3/4 Meter hohen Pflanze liefern ein feines, fettes, blaßgelbes Pulver, den Bärenlappsamen, das im Volksmund Hexenmehl oder Blitzpulver genannt wird. In der Naturheilkunde wird es innerlich gegen Krämpfe und Blasenkatarrh eingenommen und als Streupulver zur Wundbehandlung benutzt. Die anderen B.-Arten, der in Ostindien beheimatete B. (bot.: *L. phlegmaria)* und der Tannen-B. (bot.: *L. selago)* sind Aphrodisiaka bzw. helfen bei Frauenleiden. In der Magie gilt B. als ein Mittel, um Zauberei abzuwehren (Beschreikraut).

Bahai, arab.: »Glanz«; eine islamische Sekte mit dem Anspruch einer Universalreligion, die von Mirza Hussein Ali (1817–92), genannt Bahai Allah (= Glanz Gottes), 1863 in Bagdad gegründet wurde. Er war ein Schüler von Mirza Ali Mohammed (1820–50), der sich Bab ud Din (= Tor des Glaubens) nannte und vorgab, der verborgene, unsichtbar weiterlebende → Imam zu sein, der ein Friedensreich errichten werde. Bab beschrieb seine Lehre in dem Buch *Bayan* (Erklärung), das den Koran ersetzen sollte. Er wurde hingerichtet und seine Anhänger blutig verfolgt. Mirza Hussein Ali beanspruchte, der von Bab verkündete Imam zu sein. Er nahm den Namen Beha Ollah (= Ruhm Gottes) an. In zahlreichen Büchern legte er seine Lehre dar: *Al Kitab al Aqdas* (Das heiligste Buch) und *Ketab e Iqan* (»Hauptlehren«). Seine Lehre in Stichworten: Einheit Gottes. Zwischen allen Religionen besteht eine fundamentale Harmonie. Die Offenbarung ist noch nicht abgeschlossen, sondern ist ständig im Gange, und alle Propheten, die mit Adam beginnen und zu denen auch → Zoroaster gehört, haben die Wahrheit verkündet, Ablehnung des Priestertums. Gleichheit der Geschlechter. Kein Gegensatz zwischen Glauben und Wissen. Ziel der Religion ist die Verbesserung der Gesellschaft, die Brüderlichkeit aller Menschen und der Weltfrieden. Bis in die Gegenwart werden die Anhänger dieser Glaubensrichtung in allen islam. Ländern verfolgt.

Bahir, Buch, hebr.: »Glanz«, eines der ältesten und zugleich wichtigsten Werke der → Kabbala (das Wort wird nicht benutzt), das um 1176 in Südfrankreich entstanden ist (erstmalig gedruckt 1651 in Amsterdam). In der kabbal. Tradition wird dieses Buch Rabbi Nehuniah ben HaKana, einem Talmudlehrer des 1. Jh. v. Chr., zugeschrieben. Der Grund liegt darin, daß der Text mit seinem Namen beginnt. Der Text, der nur fragmentarisch erhalten ist und eine verwilderte Sprache aufweist, hat die literarische Form eines Midrasch, d. h. einer Sammlung von Aussprüchen oder kurzen Vorträgen im Anschluß an Bibelverse, insbesondere solche, die sich mit Kosmologie und Kosmogonie beschäftigen. Die Gedankenführung ist assoziativ. Ein eben zitierter Bibelvers wird aufgegriffen und zum Gegenstand einer Erörterung gemacht. Mystische Gleichnisse (über 50) nehmen einen wichtigen Platz ein. Der Grundgedanke des B. B. ist die → Merkabamystik in ihrer gnostischen Weiterentwicklung. Gott hat als erste Wirklichkeit das *Pleroma* (griech.: »Fülle«), den Weltenbaum, geschaffen, der das Universum darstellt. Es ist gleichsam die obere Welt, die von den Kräften Gottes gebildet wird. Ihre Früchte, die Seelen der Gerechten, steigen von hier in die untere Welt hinab.

Baigent, Michael, engl. Astrologe, Psychologe, Schriftsteller, der zusammen mit Richard Leigh in zwei Büchern die Entstehung des → Grals und den Ursprung des Christentums völlig neu deutete. In *Der Heilige Gral und seine Erben* (1984, 3. Co-Autor Henry Lincoln) und *Das Vermächtnis des Messias* (1987) wird die These aufgestellt, daß Jesus königlicher Abkunft und mit Maria Magdalena verheiratet war. Nach der Kreuzigung, die er überlebte, habe Jesus seine Frau und seine Kinder nach Südfrankreich geschickt, damit seine Dynastie gerettet würde. Die Abkömmlinge seien das franz. Königsgeschlecht der Merowinger (500–700 n. Chr.), die in Erinnerung an Maria Magdalena die Verehrung der → Schwarzen Madonnen eingeführt hätten. Zu dieser Blutlinie gehöre auch Gottfried von Bouillon (1060–1100), der Führer des 1. Kreuzzuges und König von Jerusalem. Von hier hätten die Angehörigen des → Templerordens die Verehrung des schwarzen Weiblichen wieder nach Europa gebracht, woraus dann die Legende vom Heiligen Gral entstanden sei. Auch heute noch seien die Nachkommen in einer Art Geheimgesellschaft aktiv, die das »Königreich Jesu« vorbereiteten. In *Verschlußsache Jesus* (1991) wollen die Autoren in Anlehnung an die Forschungen des Orientalisten Eisenmann den Nachweis erbringen, daß die → Qumran-Texte aus der Zeit nach Jesus stammen und einen erbitterten Machtkampf in der Urgemeinde widerspiegeln. Auf der einen Seite stehe Jakobus, der als treuer Wächter die Lehre seines verschwundenen Bruders Jesu bewahren will; auf der andern Paulus, der kein Apostel, sondern ein römischer Agent war. Statt der wahren Lehren Jesu wollte er den wundersüchtigen Menschen seiner Zeit einen Halbgott in Menschengestalt präsentieren. Jakobus wird dann vom Hohenpriester Ananas im Tempel in Jerusalem ermordet. Die Essener wären nach dieser Theorie die christliche Urgemeinde. Gegen diese Annahme spricht, daß die Qumran-Texte nach Untersuchungen mit dem Beschleunigungs-Massenspektrometer aus den beiden vorchristlichen Jahrhunderten stammen. B. veröffentlichte auch ein Werk über die → Mundanastrologie (Mundanastrologie – *Handbuch der Astrologie des Weltgeschehens*, dt. Übers. 1990).

Bailes, Frederick (1889–1970), amerik. Psychologe und Mitbegründer des → Positiven Denkens.
Nach B. gibt es zwei Gruppen von Menschen; diejenigen, die ihr Leben meistern, und solche, die durch die Umstände des Lebens bestimmt werden. Aufgabe eines jeden Menschen sei es, herauszufinden, durch welche Ursachen sein Leben geprägt wird. Andernfalls werde man zu ihren Erfüllungsgehilfen. Werk in dt. Übers. *Lebe schöpferisch*, 1989).

Bailey, Alice (1880–1949), engl. Theosophin. Nach einer unglücklichen Jugend und einer kurzen Ehe mit einem Geistlichen schloß sie sich der Theosophischen Gesellschaft an (→ Theosophie). Sie war überzeugt, schon in ihrer Jugend mit Koot Humi, dem geheimnisvollen Lehrer von → Blavatsky zusammengetroffen zu sein. Ab 1917 gab sie für diese Gesellschaft die Zeitschrift *Messenger* heraus. 1919 lernte sie bei einem Spaziergang einen geheimnisvollen spirituellen Lehrer namens Djwal Khul kennen, der später der Tibeter genannt wurde. Durch → Telepathie, → Visualisationen und → Träume diktierte er ihr im Laufe von 30 Jahren über 18 Bücher (fast alle in dt. Übers. zugänglich), von denen *Initiation – Menschliche und Solare Einweihung* die beste Einführung in ihre Gedankenwelt ist. 1920 heiratete sie den Sekretär der Gesellschaft, Forster Bailey (gestorb. 1977), mit dem sie nach ihrem Ausscheiden aus der Theosophischen Gesellschaft den Lucis-Verlag und die Arcane-Schule gründete. Durch ihre eigenen Werke, die Zeitschrift *The Beacon* und Kurse in ihrer Schule, die sich zu einer internationalen Organisation entwickelte, versuchte sie das Ideal einer neuen Weltreligion zu verwirklichen, die Ost und West vereinigt. Das Wiedererscheinen Christi wird von ihr ebenfalls verkündet.

Baker-Eddy, Madame Mary, → Christian Science

Bala, Pali, »Kräfte«; gehört zu den 37 Elementen der Erleuchtung (→ Boddhipakkiya-dhamma) des Buddhismus. Man unterscheidet fünf geistige Kräfte: 1. Vertrauen *(saddha)* 2. Willenskraft *(viriya)* 3. Achtsamkeit *(sati)* 4. Sammlung *(samadhi)* 5. Wissen oder Einsicht *(panna).*

Baldrian, bot.; *Valeriana officinalis*: In der Volksmedizin sind folgende Bez. gebräuchlich: Katzenkraut, Wendwurzel, St. Jürgenskraut und Theriakwurzel. Der dt. Name geht auf den german. Gott Baldur zurück, der als Gott des strahlenden Lichtes von allen Götter geliebt wird und das Symbol des Guten ist. Im Zauberglauben gilt B. als eine Pflanze, die Glück bringt und Tapferkeit verleiht. Sie soll unter dem Kreuz Christi entstanden sein und dadurch ihre Wirksamkeit erlangt haben. Der Geruch des B., der besonders beim Trocknen hervortritt, ist sehr aromatisch und wird bisweilen als unangenehm empfunden. Der Geschmack ist scharf und bitter. Inhaltsstoffe: ätherisches Öl, Baldriansäure, Gummi, Stärke und ein Extraktivstoff. Mediz. Anwendung: als B.-Wasser u. Tinktur gegen nervöse, krampfartige und fiebrige Krankheitssymptome. Das Öl (→ Aromatherapie) wird durch Wasserdampfdestillation aus der Wurzel gewonnen. Mediz. Anwendung: Schlaflosigkeit, Epilepsie, Magen- und Darmbeschwerden und empfindliche Haut.

Balsam, Bez. für ein fettlösliches Gemisch aus ätherischem Öl und Harz, das in der Regel halb- bis dickflüssig ist. Bekannt sind das → Copaivb., → Mekkab., → Perub. und → Tolub.

Bandha, skrt.: »Zusammenziehung«; als vorbereitende Übungen lehrt der → Yoga die Zusammenziehung bestimmter Körperteile. Die wichtigsten sind: Bauch, unteres Zwerchfell u. Genick. Durch diese Übungen soll erreicht werden, daß Muskeln aktiviert werden, die im alltäglichen Leben kaum beansprucht werden.

Bann, in der rituellen → Magie 1. → Behexen; 2. die Beseitigung des Einflusses bzw. der Einwirkung böser Dämonen (→ Beschwören).

Banzaf, Hajo (geb. 1949), Vermögensberater u. Tarotexperte. Seit 1972 beschäftigt sich B. intensiv mit → Tarot und untersucht dessen Zusammenhänge mit der Astrologie, Mythologie und I Ging. Für ihn ist im Tarot die älteste Geschichte der Welt überliefert, nämlich die archetypische Reise des Helden, die als Grundstruktur in Mythen, Märchen und Legenden der Völker eingewoben ist. Sie handelt von der Suche nach dem verlorenen Paradies und ist eine Parabel für den Lebensweg des Menschen. Von B. sind auch neue Formen der Methodik, Ausdeutung und Legesysteme entwickelt worden. Werke: *Tarot-Handbuch*, *Tarot-Spiele*, *Arbeitsbuch zum Tarot*, *Das Geheimnis der Hohenpriesterin*, *Tarot und die Reise des Helden* u. *Der Crowley Tarot* (zusammen mit → Akron).

Baphomet, eine ziegenköpfige Gestalt mit Flügeln und Brüsten, die das Symbol des Satans ist. Man warf dem → Tempelherrenorden vor, B. als Gott zu verehren. Die Ableitung des Namens ist unsicher: 1. eine Zusammensetzung aus den griech. Wörtern: *Bafe* (»Taufe«) und *Metis* (»Weisheit«). 2. Anagramm des Wortes Mohammed. 3. Akronym (Bildung eines Wortes aus den Anfangsbuchstaben der Wörter eines Satzes) des Wahlspruches der Tempelherren: *Templum omnium hominum pacis abbas* (Der Tempel aller Menschen ist der Vater des Friedens). 4. aus arab.: *Abufimat* (»Vater des Erkennens«). Nach Eliphas → Levi kann B. auf drei Ebenen interpretiert werden. Auf der ersten handelt es sich um eine etwas komische, aber trotzdem abschreckende Teufelsgestalt der Volkssage. Auf der zweiten um eine Darstellung der männlichen Sexualität und auf der dritten um das »Astrallicht« (→ Äther). Die Verehrung des B. geht zurück auf den ägypt. Gott Mendes, der in der Gestalt des Widders verehrt wurde. Levi glaubt, daß das eigentliche Verbrechen der Tempelherren darin bestand, die Geheimnisse um den B.-Kult verraten zu haben.

Baqa, arab. »Fortbestehen«; Bez. im → Sufismus für den Zustand jenseits aller Formen oder der Einigung mit dem reinen Geist oder dem reinen Sein. Aber auch der Anblick der göttlichen Ewigkeit. Gegenteil → Fana.

Barbault, André (geb. 1922), franz. Astrologe u. Herausgeber der Zeitschrift *L'Astrologie*. In seinen zahlreichen Werken (dt. Übers.: *Von der Psychoanalyse* *zur Astrologie)* entwickelt er eine psychologische Astrologie. Nach B. läßt sich jeder Begr. der Astrologie durch die psychoanalytische Sprache umschreiben, weil es zwischen beiden Systemen grundlegende Gemeinsamkeiten gibt. (Moderne → Astrologie).

Barbey d'Aurevilly, Jules (1808–1889), franz. Schriftsteller der Schwarzen Romantik; er stellt in seinen Werken *L' Ensorcelée* (Die Gebannte, 1855), *Les Diaboliques* (Die Teuflischen, 1874) das Satanische als ein Lebensprinzip dar.

Bardo, tibet.: »Zwischenzustand«. Die tibet. Buddhisten glauben, daß die Seele eines Menschen nach dessen Tod 20 bis 49 Tage umherirrt, bis eine Wiedergeburt stattfindet. Beim Tod eines Menschen löst sich sein Körper in die Elemente Erde, Wasser, Feuer und Wind auf. Die Seele ist völlig isoliert und wird nun von der Kraft des → Karmas wie eine Feder im Wind fortgetrieben. Deshalb dauert die Trauer in Tibet sieben Wochen. Durch Opfer und Gebete versuchen die Angehörigen den Aufenthalt der Seele im B. zu verkürzen. Im tibetischen → Totenbuch werden die Gefahren dieses Zustandes beschrieben und Verhaltensregeln gegeben.

Bardon, Franz (1909–1958), tschech. Okkultist, der ein magisches System aus den geheimen Lehren der verschiedensten Logen, Gesellschaften und den östlichen Weisheitslehren entwickelte, das heute noch in Zirkeln (besonders in der Schweiz) praktiziert wird. Das Ergebnis seiner fast 30jährigen Beschäftigung mit der Magie legte er in zwei Werken nieder: *Die Praxis der magischen Evokation* u. *Der Weg zum wahren Adepten.* Jeder Mensch könne Kontakt zu den Geistwesen in den Himmelssphären aufnehmen, wenn er die entsprechenden Rituale kennt. Alles, was als Wunder oder Übernatürliches ausgegeben wird, findet seine Erklärung in den niederen Naturgesetzen.

Barnett, Michael (geb. 1930), engl. Therapeut; nach einem Mathematik- u. Juastudium machte er eine Karriere als Geschäftsmann. Nach einer vierjährigen Weltreise begründete er in London die Anti-Psychiatriebewegung (»People, Not Psychiatry«). Anfang der 80er Jahren folgte er → Bhagwan Shree Rajneesh nach Indien und arbeitete in Poona unter dem Namen Somendra. Ab 1982 arbeitete er unabhängig von der Sannyasin-Bewegung und gründete nach einem Erleuchtungserlebnis die Wild Goose Company (Zentrum Zürich) und 1988 die Michael Barnett Energy University am Lago Maggiore. B. bezeichnet sich als »Energiemeister«, der anderen Menschen helfe, mit der kosmischen Energie in Kontakt zu treten. Von seinen 17 Buchveröffentlichungen (neun in Dt.) ist die wichtigste *Der menschliche Diamant,* worin er die leicht erlernbaren Übungen seiner Energiearbeit (»Diamant-Yoga«) beschreibt.

Barret, Francis (um 1800), engl. Okkultist, über dessen Leben fast nichts bekannt ist. Unter den Studenten der Universität Cambridge soll er einen magischen Zirkel gegründet haben (→ Ayton). 1801 veröffentlichte er das Buch *The Magus* (»Der Magier«), in dem das okkulte Wissen seit der Renaissance zusammengefaßt und systematisiert wird. Fast alle Okkultisten des 19. Jh. stützten sich bei ihren magischen Experimenten auf dieses Standardwerk der zeremonialen Magie, das u. a. Eliphas → Levi und → Bulwer-Lytton beeinflußt hat.

Barrett, William Fletcher (1844–1925), engl. Prof. für Experimentalphysik, der sich intensiv mit Parapsychologie beschäftigte. Zusammen mit → Myers u. a. gründete er die Society for Psychical Research (SPR) in London. Seine parapsycholog. Forschungen faßte er in dem Buch *On the Threshold of a new World of Thought* (1923) zusammen.

Basilidianer, einer der bedeutendsten Richtungen der → Gnosis, die von Basilides aus Antiochia um 125 n. Chr. begründet wurde. Die Weltschöpfung wird demnach eingeleitet durch das Herabströmen des göttlichen Samens ins All. Hierdurch entsteht ein Gottessohn, der sich aus Nichtwissen anmaßt, die Grenze alles Seienden zu sein. Dies ist aber die Ursache für alles Leid in der Welt. Sobald der Weltenherrscher seinen Irrtum eingesehen hat, sendet er Christus in die Welt, damit er den wahren Aufbau der Schöpfung lehrt. Durch sein Leiden zeigt Christus der in der Welt eingeschlossenen Gotteskraft den Weg zur Erlösung. Aufgabe des Menschen sei es, dieses Erlösungswerk Christi zu vollenden, indem er die göttliche Kraft Gottes, die in ihm lebt, wieder zurückgibt. Deshalb sei die Zeugung etwas Göttliches, und der Mensch müsse möglichst viel Samen hervorbringen. Durch ein ungehemmtes Triebleben trage der Mensch zur Erlösung der Welt bei.

Basilikumöl, bot.: *Ocimum balicum* (Lippenblütler); beheimatet auf den Comoren. Das Öl wird durch Wasserdampfdestillation aus der Wurzel gewonnen. Besonders wertvoll ist das Öl aus der Art *Ocimum crispum*, das einen sehr feinen, aromatischen Geruch hat. Mediz. Anwendung: bei Gicht, Migräne, Magen- und Darmerkrankungen. Es regt die Nebenniere zu einer erhöhten Adrenalinproduktion an (→ Aromatherapie, → Phytohormone).

Basilisk, griech.: »König«. In der antiken Mythologie der König der Schlangen. Ein Riesenungeheuer mit Hahnenkörper, ehernen Krallen und Schnabel und dreispitzigem Schlangenschwanz, dessen Blick tödlich wirkt. Man tötet ihn durch Vorhalten eines Spiegels. In der Alchemie allegorische Bez. für den Stein der Weisen (→ Lapis philosophorum).

Bataille, Dr. Ps. für den dt. Schiffsarzt Dr. Hacks, einem Mitstreiter von Taxil. In seinem fast 2000seitigen Werk *Le Diable au XXième Siècle* (Der Teufel im 20. Jh.; 1893/94) versuchte er zu beweisen, daß die Freimaurer einen Teufelskult praktizierten. Auf seinen Wanderungen durch verschiedene Länder der Welt habe er eine gewisse Diana Vaughan getroffen, die der Sekte der Palladisten (Teufelsverehrer) angehörte. Das Idol der Sekte sei der geheimnisvolle → Baphomet, dessen Verehrung man den → Tempelherren vorwarf. Die Verbreitung seiner Behauptungen wurde besonders von der kath. Kirche (Papst Leo XIII.) gefördert. 1895 erklärte er öffentlich, daß diese Behauptungen frei erfunden seien.

Bateson-Methode, benannt nach dem amerik. Augenarzt Bates, der ein Augentraining entwickelte, um Sehstörungen zu beheben. Seine Methode beschreibt er in dem Buch *The Art of Seeing* (1943). Infolge von Streß und Anspannung haben die Menschen die natürlichen Sehgewohnheiten verloren. Durch Blinzeln, besonders durch das Schmetterlingsblinzeln, das in einem leichten und schnellen Flattern der Augenlider besteht, wird das sehr schädliche Starren überwunden. Weiterhin gehört dazu das abwechselnde Sehen auf einen nahen und entfernten Punkt. B. erkannte auch die schädliche Wirkung von Sonnenbrillen, die zu einer Schwächung der optischen Nerven im Auge führen. Zu seinen bekanntesten Patienten, die durch diese Methode ihre Sehfähigkeit wieder erlangten, gehört → Huxley.

Bateson, Gregory (1904–1980), amerik. Kulturanthropologe und Psychologe, der mit Margaret Mead verheiratet war. B. gilt als einer der Vordenker des → Holismus. Lebende Systeme haben den Geist (engl.: *mind)* als organisierendes Prinzip. B. unterscheidet den bewußten und unbewußten Geist. Eine Überbetonung bzw. -bewertung einer dieser beiden Formen führt zu einer »Schismogenese« (griech. »Ursache der Trennung«), die wiederum in einem Schneeballeffekt die Funktionsfähigkeit des ganzen Systems aufhebt. Geist/Körper oder Subjekt/Objekt sind nur zwei Aspekte des gleichen Prozesses. Ein solches System ist letztlich nicht auf seine Bestandteile zu reduzieren, denn dies würde zu der falschen Annahme führen, daß das Ganze (ein lebender Organismus) die Summe seiner Teile sei. Werke (dt. Übers.): *Ökologie des Geistes* (1981) u. *Ökologie des Geistes* (1982).

Batin, arab.: »innerlich, verborgen«; einer der 99 Namen Gottes. Im → Sufismus Bez. für das innere oder esot. Wissen (arab. *al'Ilm al-batin).* Den Gegensatz bildet das »äußere Wissen« (arab. al' Ilm azh-zhahir) der Schriftgelehrten.

Bauchtanz, orientalischer, ein sehr alter Kulttanz, der Teil eines Fruchtbarkeitsritus zu Ehren der → »Großen Göttin« war, die auch als Erdmutter oder -göttin verehrt wurde. Er besteht aus ruckartigen, von den Bauchmuskeln dirigierten Bewegungen und Zusammenziehungen des Unterleibes, die von Hüftbewegungen begleitet werden. Dabei neigt sich die Tänzerin entweder nach hinten oder nach vorne. Diese Körperbewegungen werden von Knack- und Schnalzgeräuschen der Finger u. Hände akustisch untermalt. Der B., der sich in der islam. Welt bis in die Gegenwart als erotisch betonter Kunsttanz erhalten hat, ist auf einer ägypt. Wandmalerei aus der 18. Dynastie (um 1400 v. Chr.) nachweisbar. Im *Hohenlied* (→ A. T. → Bibel), einer Sammlung von Liebesliedern babylon. oder ägypt. Ursprungs, fordert Salomo seine Geliebte Sulamith (griech.: Salome) auf, für ihn zu tanzen. Man vermutet hierin eine Anspielung auf den Ischtar u. Tammuz-Mythos der Babylonier, der den Lauf der Vegetation symbolisiert. Ischtar, die ihren toten Mann Tammuz aus der Unterwelt befreien will, tanzt einen Schleiertanz, der als Willkommenstanz oder Tanz der Salome bekannt wurde. In der griech. Mythologie trifft die Erntegöttin → Demeter bei der Suche nach ihrer Tochter → Persephone, die in die Unterwelt entführt wurde, auf eine Frau namens Baubo (griech. »Bauch«), die sie durch Tänze zum Lachen bringt. In den griech. Heiligtümern der »Großen Göttin« oder »Erdmutter« (griech.: *Gaia)* in Delphi und Delos stehen »Nabelsteine« (griech.: *Omphalos),* die man sich als die Mitte der Welt und den Ursprungsort der Menschen vorstellte. Auch der Tanz der → Hexen beim → Sabbat, der aus obszönen Körperbewegungen bestand, ist ursprünglich Teil eines solchen Vegetationskultes gewesen. Die moderne Esoterik versucht den B. wieder als den ältesten Tanz der Frauen zu entdecken. Durch die rhythmisch-schwingenden Beckenbewegungen wird besonders der Unterleib durchblutet, entspannt und gelockert.

Baudelaire, Charles (1821–1867), franz. Dichter, der zu den Vertretern des literarischen → Satanismus zählt. In den *Litaneien des Satans* in *Fleurs du Mal* 1857 (dt. Übers.: *Die Blumen des Bösen),* verehrt er Satan als »den weisesten und schönsten Engel, der selbst nach seinem Sturz noch ein Gott ist«. Der Satan ist für ihn das Symbol der unterdrückten Triebe, der Lebensfreude des Menschen und der Auflehnung gegen die Unterdrückung durch den Staat und die Kirche. B. verkehrte auch in dem von → Gautier gegründeten »Club des Haschishins«, deren Mitglieder in einem extravaganten Pariser Hotel Haschisch gemischt mit → Dawmesc, einer alg. Zauberdroge, rauchten. Die Berichte B.s über diese Trips zählen zu den ersten Veröffentlichungen über die Wirkung des Haschischgenusses im 19. Jh.

Bauer, Isolde (geb. 1923), dt. Malerin und → Sensitive (Malmedium), die seit den 50er Jahren in Kalifornien lebt. Nach einem → Nahtod-Erlebnis malt sie im Trancezustand Bilder aus den vergangenen Leben der Menschen. Der

Hollywood-Star Shirley → MacLaine, die Präsidentengattin Pat Nixon und andere Prominente ließen ihr Porträt von ihr malen. Ihre Erlebnisse aus den vergangenen Leben beschrieb B. in dem Buch *Déjà-vu.*

Bauhütte, Bez. in der → Freimaurerei für eine Loge. Dieser Ausdruck erinnert an die Entstehung der Freimaurerei aus den Dombauhütten des Mittelalters.

Baum des Lebens, oder kabbalistischer Baum (hebr.: *Ez chaj'jim),* der die zehn → Sephiroth als Symbole der zehn → Emanationen der Gottheit, der zehn manifesten Aspekte des Universums und der zehn Elemente der menschlichen Psychologie darstellt. An sich ist dieser Vergleich nicht überzeugend, weil dieser Baum nicht von unten nach oben, sondern umgekehrt von oben nach unten wächst. Denn die obersten Sephiroth gehen den unteren voraus. → Kether ist die Quelle, die den Baum tränkt. Ein anderes Symbol der Sephiroth ist der → Adam Kadmon (→ Kabbala).

Baumhoroskop, keltisches. Bei vielen Völkern ist der Baum heilig und eng mit dem Orakelwesen verbunden. Da die Religion und Gebräuche der → Kelten sich in der modernen Esoterik einer hohen Wertschätzung erfreuen (»keltisches Bewußtsein«), lag es nahe, auch den Versuch zu unternehmen, ihr altes Orakelsystem zu rekonstruieren. Als sicher kann gelten, daß sie für ihre Orakel Holzstäbchen aus Eiben-, Birken- und Eichenholz benutzten, die mit dem Oghamzeichen (magische → Alphabete) versehen waren. Das engl. Ehepaar Liz u. Colin Murray, die u. a. die *New Celtic Review* herausgeben, entwickelten kelt. Oghamkarten, die auf einem symbolischen 25-Buchstaben-Alphabet basieren. Jeder Buchstabe repräsentiert eine Baumart. Die einzelnen Buchstaben werden in einer Weise interpretiert, die den Charakter des jeweiligen Baumes wiedergibt. So bedeutet die Eiche Stärke und Schutz, die Eibe Erinnerung an die Vergangenheit und Wiedergeburt. Ein anderes System schuf Annemarie Mütsch-Engel *(Bäume lügen nicht – Das keltische Baumhoroskop).* Da jeder Baum einen dreifachen Aufbau hat (Wurzel, Stamm u. Krone) und aus sieben Teilen besteht (Wurzel, Stamm, Rinde, Geäst, Blätter, Blüten u. Früchte) erhält sie die den Kelten heiligen Zahlen 3 und 7. Durch deren Multiplikation kommt man zu einem Zyklus von 21 Bäumen, die den klass. → Tierkreiszeichen entsprechen. Davon werden vier Bäume einem bestimmten Tag zugeordnet: die Eiche (21. März – Tagundnachtgleiche), Birke (21. Juni; Sommersonnenwende), der Ölbaum (23. Sept.) u. Buche (22. Dez. = Wintersonnenwende). Die restlichen 17 Bäume kommen einmal in jeder Jahreshälfte vor. Jedem Baum kann man aufgrund der Sage und des Brauchtums menschliche Eigenschaften zuordnen. (z. B. Apfelbaum = Liebe, Zypresse = Treue, Trauerweide =

Melancholie, Nußbaum = Leidenschaft, Pappel = Ungewißheit, Ölbaum = Weisheit etc.). (→ Baumkult)

Baumkult. Die Bäume sind Träger geheimnisvoller Kräfte, die sie aus der Erde beziehen. Der B. ist ein Vertreter oder eine Abart des Erdkultes. Bäume oder ihre Vervielfältigung, die Haine, vertreten die Erdmutter, mit der sie durch ihre Wurzel verhaftet sind. Bei den B. der griech-röm. Antike wie z. B. dem Eichenhain in Dodona, dem wilden Ölbaum zu Olympia, dem Platanenhain zu Gortys in Kreta steht eine alte Muttergottheit, die nichts anderes als die lebensspendende und -nährende Erde ist, im Mittelpunkt. Der Baum hat von der Erdmutter die Fähigkeit geerbt, die Zukunft zu kennen. Diese weissagende Funktion hat sich noch in der germ. Mythologie erhalten. Bis in die Tiefe der Erde reichte das Wurzelwerk des Baumes hinunter, an dem sich neun Nächte lang der germ. Gott Odin aufhängte, um das geheime Wissen der → Runen zu bekommen. Wer in Island bestimmte Zeichen in eine Rottanne einritzte und darauf schlief, hatte wahrsagende Träume. Bäume haben auch eine magische Heilkraft, wie der Brauch des Durchkriechens zeigt. Ein Kranker, der durch einen gespaltenen Baum schlüpft, wird von seinem Leiden geheilt. In der ind. Mythologie werden große Bäume als die »Waldherren« verehrt, welche die dargebrachten Opfer zu den Göttern entlassen. Auch die Buddhisten stellten sich den Wald als beseelt vor. Wenn eine solche Baumgottheit den Menschen erscheinen will, so zeigt sie sich in den Zweigen. Aber sie kann auch ganz aus dem Baum hervortreten und als → Brahmane umherwandeln. Diese Baumgottheiten sind den Menschen freundlich gestimmt, sofern sie nicht gereizt werden. Reste dieses uralten Baumkultes lebten auch nach der Christianisierung im Volksglauben weiter. Das Baumopfer (»Baumfüttern«) oder Baumbeten wird in süddeutschen Beichtspiegeln des 15. Jh. erwähnt. In Gerichtsakten des niederbayrischen Landgerichtes ist noch 1594 ein B. bezeugt.

Baunscheidtismus, eine Hautreiztherapie, die von Carl Baunscheidt erfunden wurde. Er entdeckte, daß durch Mückenstiche sich sein Gichtleiden besserte. Diese Wirkung versuchte er mit einem Gerät (»Dermatobiotikon«) nachzuahmen, das aus 33 feinen Nadeln besteht. Diese können bis zu zwei Millimeter in die Haut eindringen. Die Reizwirkung wird noch durch ein Öl *(Oleum Beinscheidtii)* gesteigert, dessen Zusammensetzung als Geheimnis gehütet wird. Dieses Verfahren wird wirksam bei rheumatischen und neuralgischen Leiden angewendet.

Bavent, Madeleine (1607–1647), franz. Nonne, die in einer von ihr diktierten und posthum veröffentlichten Autobiographie *(Histoire de Madeleine de Bavent*, 1652; dt. Übers.: *Bekenntnisse der Hexe Madeleine Bavent*, 1980) die

Besessenheitsepidemie (→ Besessenheit) in Louviers in der Normandie beschreibt. Es ist der dritte Fall einer solchen Epidemie, die im 17. Jh. in Frankreich grassierte. Vorausgegangen waren 1611 die Affäre um den Priester Gaufridi und 1634 der Fall der Schwester Des → Anges in Loudoun. Die Beichtväter des Klosters von Louviers waren Anhänger der gnost. Sekte der Adamiten und ihrer späten Nachfahren, der böhmischen Taboriten, die den Gottesdienst nackt praktizierten. Als diese Vorgänge (1642) bekannt wurden, schützten die Nonnen Besessenheitssymptome vor, um einer Bestrafung zu entgehen. B. gestand bei den Verhören, eine Hexe zu sein. 1647 wurde sie zu lebenslänglicher Einzelhaft verurteilt und ihr Beichtvater Boulle lebendig auf dem Marktplatz in Rouen verbrannt.

Baxter, Richard (1615–1691), engl. Feldprediger und Schriftsteller, der religiös erbauliche Schriften veröffentlichte, die sich durch ein gewisses Verständnis für Andersdenkende auszeichnen. Diese Richtung in der engl. Literatur, welche zu dieser Zeit an sich von der strengen kalvinist. Orthodoxie geprägt war, wird auch als »Baxterianism« bezeichnet. Bekannt wurde B. aber durch sein Werk *The Certainity of the World of Spirits* (1691), in dem er in Anlehnung an den → Hexenhammer und Schriften der Hexenrichter u. → Bodin den Hexenglauben rechtfertigte. Darüber hinaus enthält es viele Berichte über Spukfälle. Die zahlreichen Auflagen der dt. Übers.: *Die Gewißheit der Geister*, 1691, 1731 u. 1838) zeigen die Bedeutung dieses Buches.

Bay, bot.: *Pimenta racemosa*; ein Lorbeergewächs, das in Südamerika u. Ostafrika beheimatet ist. Durch Wasserdampfdestillation wird aus den Früchten und den Blättern ein Öl gewonnen. Mediz. Anwendung: bei Durchblutungsstörungen, Erschöpfungszuständen u. Magen- und Darmerkrankungen.

Bedellium, ein dunkelbraunes bis grünliches Gummiharz der im nordwestlichen Indien und Belutschistan heimischen Pflanze (bot.: *Commiphora Roaburghi)* sowie des mehr gelbroten ostafrikanischen Harzes der *Commiphora africana*. Schon bei den alten Ägyptern, Juden und in der Antike wurde es als Räucherwerk benutzt.

Beaumont, Comyns, engl. Journalist, Diplomat und Schriftsteller, der während des 2. Weltkrieges eine wichtige Rolle im engl. Verlags- und Zeitschriftenwesen spielte. Wie → Velikovski war B. Anhänger einer Katastrophentheorie und entwickelte einen völlig neuen Ablauf der Geschichte, der ihm den Beinamen der »größte Spinner Englands« einbrachte. Alle klassischen und biblischen Stätten lagen demnach in Großbritannien, das auch die Heimat von → Atlantis war. Durch eine gewaltige Sintflut wurde es zerstört. Auch Noah stammte nicht aus Mesopotamien, sondern aus England. Die antiken Geschichtsschreiber hätten die Geographie vertauscht und gefälscht. Somit habe der Trojanische Krieg nicht in Kleinasien, sondern in Norddeutschland stattgefunden, weil man sich die uns bekannte Geographie des Mittelmeerraumes in den Norden an den Atlantik versetzt denken müsse.

Beelzebub, 1. hebr.: *Ba'al zevuv* = »Gott der Fliegen«, oder 2. hebr. *Ba'al zvul* = »Herr des Hauses«. In der sem. Wurzel *zvl* steckt die Bedeutung von Misthaufen oder Schmutz. In der ital. Stadt Aktium wurde Zeus ebenfalls als Apomyios (»Fliegenabwehrer«) verehrt. Diese doppelte Bedeutung bietet sich geradezu an für die spätere christl. Interpretation, daß B. ein gefallener Engel (»der Prinz der Dämonen«; NT, Matthäus 12,24) ist. In der mittelaltl. → Dämonologie wird er als eine Fliege dargestellt und steht unter → Luzifer. Bei → Gurdjieff ist B. ein außerirdisches Wesen, das seinem Enkel Geschichten über die Entwicklung der irdischen Zweifüßler erzählt. B. besitzt ein tiefgründiges Wissen, das er zum Nutzen der Menschen einsetzt.

Beelzebub

Behemot, hebr. *behema* = »Tier«; gelegentlich auch mit arab. *Bahamut* = »großer Fisch« in Verbindung gebracht. In der jüd. Mythologie ist B. ein → Mischwesen, das zum ersten Mal im → AT (Buch Hiob 40, 15–24) als ein gefräßiges und durstiges Tierungetüm (Nilpferd) beschrieben wird. Sein Gegenstück ist Schlange Leviathan, mit dem er am Jüngsten Tag kämpfen wird. In der mittelalterl. → Dämonologie und bei → Blavatsky ist er identisch mit → Satan.

Behexung, eine Form des Schadenszaubers (schwarze → Magie), der auf dem bösen Willen bzw. der magischen Absicht beruht, einem anderen Menschen oder seinem Eigentum einen Schaden (besonders Krankheit oder Tod) zuzufügen. Die Methoden sind: magischer → Angriff, böser → Blick u. → Beschwören.

Behringer, Wolfgang (geb. 1956), führender dt. Hexenforscher. Seine zahlreichen Aufsätze und sein Buch *Hexenverfolgung in Bayern* (1987) gelten als vorbildliche Arbeiten auf dem sehr komplexen Gebiet der Hexenthematik, besonders aber was die Auswertung der Quellen (Hexenprozeßakten, Werke der Hexenverfolger etc.) anbelangt.

Nach B. sind die Ursachen des Hexenwahns in dem Strukturwandel Mitteleuropas von der traditionellen zur modernen Gesellschaft zu suchen. In dessen Verlauf kam es zum Konflikt zwischen der magisch geprägten Volkskultur und der rationalen Oberschichtenkultur, die von den Theologen repräsentiert wurde. Die ständigen Hungersnöte im 16. Jh. brachten die inneren Widersprüche in der Volkskultur zum Ausbruch, und man suchte in den Hexen die Verantwortlichen. (→ Hexenprozesse)

Beifuß, bot.: *Artemisia vulgaris*; spielt im Zauberglauben eine wichtige Rolle. Wer den B. im Hause hat, dem kann der Teufel nichts mehr anhaben, sagt ein altes Sprichwort. Aus ihm wird der Johannisgürtel geflochten, der am Johannistag (24. Juni) in ein großes Feuer geworfen wird. Auf diese Weise werden alle Leiden auf das Feuer übertragen. Ein anderer Glauben besagt, daß Kohlen, die am Johannistag unter die Wurzeln des B. gebunden werden, sich in Gold verwandeln. Mediz. Anwendung bei Krämpfen, Epilepsien, Koliken und Menstruationsbeschwerden. B.-Öl, das durch Wasserdampfdestillation des Krautes gewonnen wird, wirkt fiebersenkend, antiseptisch, antirheumatisch und zusammenziehend. In der chin. Medizin wird B. bei der Moxabustion benutzt. Pulverisierter B. wird zu kleinen Kegeln geformt, die auf die behandelte Körperstelle aufgesetzt und dann angezündet werden.

Bekker, Balthasar (1634–1689), holl. Geistlicher, der unter dem Einfluß des franz. Philosophen Descartes (1596–1650) und Malebranche (1638–1715) den Hexenglauben einer scharfen Kritik unterzog. In Bd. 1 seines Buches *Die verhexte Welt*, 1691 (dt. Übers. 1693) wandte sich B. dagegen, daß die meisten Theologen dem Satan eine Macht zuschrieben, die ihm Gott nicht verliehen haben könne. Er spricht dem Teufel schlechthin die Macht über die Menschen und die irdische Welt ab. Im 2. Bd. (1693) zeigt er, zu welchen verhängnisvollen Folgen der Hexenglauben führen könne. Indem er sich auf die Bibel und die Naturwissenschaften seiner Zeit stützte, stellte er die Behauptung auf, es habe nie Hexen gegeben. Das Buch B.s ist ein umfassendes Sammelwerk aller Spuk-, Gespenster- und Zaubergeschichten, die zu seiner Zeit im Umlauf waren.

Bektashi, türk. → Derwischorden, der im 12. Jh. von Hajji Bektash gegründet wurde. Die B. verehren Ali, den Schwiegersohn Mohammeds. Er gehört zu den zehn Gläubigen, denen der Prophet das Paradies verheißen hat. Auf christlichen Einfluß scheint ihre Kommunion mit Brot, Wein und Käse zurückzugehen. Frauen nehmen an den Feiern unverschleiert teil.

Belladonna, → Tollkirsche.

Belletristik, esoterische, esot. Unterhaltungsliteratur. Seit der Antike hat man esot. Wissen nicht nur in Lehrschriften, sondern auch in die literarischen Formen des Romans und der Erzählung gekleidet. Die Abgrenzung von der phantast. Literatur ist oft sehr schwierig. Beide Gattungen arbeiten mit demselben Formenmaterial, wie z. B. dem Unterbewußtsein, Träumen, dem Märchenhaften etc. Esot. Romane erschöpfen sich nicht in dieser Märchenwelt, sondern versuchen das »Dahinter« zu ergründen. Die Phantasie ist nur ein Mittel, um verschlüsselten Lebenswahrheiten auf die Spur zu kommen.

Die Altphilologen Kereny und Merkelbach haben den Nachweis versucht, daß die antiken Romane Mysterientexte sind. Im *Goldenen Esel* des → Apuleius ist → Isis allgegenwärtig. Auch andere Romane, z. B. *Ephesiaka* des Xenophon v. Epheseus (2. Jh. n. Chr.), *Die Liebesgeschichte von Leukippe und Kleitophon* von Achilleus Tatios (2. H. des 2. Jh. n. Chr.) und *Aithiopika* des Heliodor (3. Jh. n. Chr.) seien Isisromane. Die Romanhandlung hat ihre Urbilder in den ägypt. Mythen um Isis und den Tod und die Auferstehung des → Osiris. Die *Babylonika* des Jamblichos (2. Jh. n. Chr.) ist eine Einführung in die Mysterien des → Mithras, und *Daphnis und Cloe* des Longos (2./3. Jh. n. Chr.) in die des → Dionysos. Fortsetzer dieser Tradition ist der berühmte ital. Roman von Francesco Colonna *Hypnerotomachia Poliphili* von 1499 (dt. Übers: *Liebeskampf im Traum des Poliphilus).* Der Roman zerfällt in zwei Teile. Im ersten erzählt der Autor einen Traum voller Allegorien, während der zweite eine selbsterlebte Liebesgeschichte enthält. Die Lehren der → Gold- und Rosenkreuzer propagierte → Abbé des Villar in seinem Roman *Comte des Gabalis* (1670 dt: *Der Graf von Gabalis).*

Eine selbständige Gattung bilden die Freimaurer- und Geheimbundromane, die seit dem 18. Jh. in Europa erscheinen. Vorbild ist der Roman *Les Voyages de Cyrus* von dem Engländer Ramsay (1680–1743), der darin schildert, wie eingeweihte Priester von den Pyramiden aus die Geschicke des Romanhelden Sethos lenken und durch Emissäre die Welt überwachen. Die Welt der Freimaurer, die zu dieser Zeit stark von Irrationalismus bestimmt war und in der Geisterseher, Wundertäter und Goldmacher eine führende Rolle spielten, wird in *Roman meines Lebens* (1781–83) von Knigge (1752–1796) geschildert. Der Geheimbundroman *Peregrinus Proteus* (1789–91) von Wieland (1733–1813) schildert die Einweihung des Helden in die Mysterien der Venus Urania auf dem Landgut der schönen Römerin Mamilia Quintillia. Der Glauben vieler Zeitgenossen, daß die geheimen Gesellschaften mit den politischen Umstürzen wie z. B. der Französischen Revolution in Verbindung standen, kommt in dem Roman *Dya-Na Sore oder der Wanderer* (1787–91) von Meyern zum Ausdruck. Der engl. Schriftsteller Shelley (1792–1822) behandelt in seinem *St. Irvyne or the Rosicrucian* (1811) das Rosenkreuzerproblem.

In den ersten Jahrzehnten des 20. Jh.

entstanden bedeutende Werke dieser Gattung. Aleister → Crowley schrieb seinen berühmten Roman *Moonchild* (1917; veröffentlicht 1924), der seine Lehren in Romanform enthält. Das Moonchild (Mondkind) ist ein magisch erzeugtes Kind, das von einer Gruppe von Magiern erschaffen wird. Die esot.-phantastischen Romane von → Meyrink (nach → Jung ein »visionärer Dichter«), die zugleich wichtige Werke des dt. Expressionismus sind, sind tiefgründige Interpretationen der esot. Thematik. In *Golem* (1916) behandelt er die Sage vom künstlichen Menschen des Rabbi Löw im Prager Ghetto. Der *Engel vom westlichen Fenster* (1917) ist eine Biographie des engl. Magiers → Dee. *Das grüne Gesicht* (1917) hat die Magie, Kabbala und den jüd. → Chassidismus zum Thema. *Der weiße Dominikaner* (1921) führt in die Welt der östlichen Mystik und den Taoismus ein. Nachfolger im dt. Sprachraum sind → Kyber mit dem esot. Schlüsselroman *Die drei Lichter der kleinen Veronika* (1929), der eine Einführung in die esot. Gedankenwelt gibt und die → Schatten, die abgespaltenen Wirklichkeiten der menschlichen Seele, beleuchtet.

Intensive Beschäftigung mit der Esoterik verraten auch die Romane von Arthur Machen (1863–1947), der dem → Golden-Dawn-Orden angehört haben soll. Zu den führenden Vertretern der esot. B. gehört der Franzose Maurice Magre (1877–1941). In *Smaragdfeuer oder die Liebe des Narren* beschreibt er eine Gralseinweihung, *Die Kraft der frühen Himmel* und *Das Blut von Toulouse* führen in die geheimnisvolle Welt der Druiden, Katharer und Zigeuner ein. Den gleichen Rang haben die Romane der engl. Theosophin Mabel → Collins (1851–1927). *Die Lotuskönigin*, der im alten Ägypten spielt, sowie der Okkultistin Dion → Fortune (1891–1947), die Mitglied des → Golden-Dawn-Ordens war. Ihre Romane *The Sea Priestess* und *Moon Magic* setzen sich mit der Magie des alten Atlantis auseinander. Ihre übrigen Romane: *The God-Foot-God*, *The Winged Bull*, *The Demon Lover* und *The Secrets of Dr. Taverner* zeichnen sich besonders durch Detailinformationen aus der Esoterik aus, die sonst nicht zugänglich sind.

Wenngleich ein abschließendes Urteil über Werke der esot. B. zeitgenössischer Autoren nur mit Vorbehalten möglich ist, so bilden *Der rote Löwe* der ungar. Autorin Maria Szepes und die *Einweihung* von Elisabeth Haich (1897) eine Ausnahme. In ihrem mystischen biographischen Roman beschreibt Haich die altägypt. große Einweihung und schildert die Lehren des Hohenpriesters Ptahhotep, welche die okkult. Gesetze des Universums, der Menschenseele und des Schicksals zum Gegenstand haben. Neue Impulse gab die amerik. Schauspielerin → MacLaine der esot. B. Humorvoll und zugleich tiefgründig beschreibt sie in *Raupe mit Schmetterlingsflügeln*, *Tanz im Licht*, *Zauberspiel*, *Zwischenleben* und die *Reise nach Innen* ihre esot. Erfahrungen. Auch der Star der Pop-Gruppe Silver Convention,

Penny → MacLean, die ihre medialen Fähigkeiten in einer Reihe von Werken behandelte, lieferte mit *Adeline und die Vierte Dimension* einen vielbeachteten Beitrag zur esot. B.

Benandanti, ital.: »die Wohlfahrenden«. Bei der Untersuchung von Hexenprozeßakten in Friaul entdeckte Carlo → Ginzburg einen als Feld- oder Vegetationskult kaschierten Totenkult, der in der Zeit zwischen 1550 und 1650 existierte. Bei oberflächlicher Beurteilung deutete man ihn als Restbestand eines alten Hexenkultes (→ Murray). Ginzburg fiel zunächst die Kluft zwischen den Fragen der Inquisitoren und den Aussagen der Hexen (Männer u. Frauen) auf, die den üblichen Stereotypen völlig widersprachen. Diese Hexen berichteten: Sie, die B., die mit einer Eihaut zur Welt gekommen seien, müßten viermal nachts »im Geiste« ausziehen, um, mit Fenchelzweigen bewaffnet, gegen Hexen und Hexer (ital.: *stregoni),* die ihrerseits mit Hirsestengeln bewaffnet seien, zu kämpfen. Auf dem Spiel stehe bei diesen nächtlichen Kämpfen die Fruchtbarkeit der Felder. Der Ausgang der Kämpfe entscheide über das Wohl der Gemeinschaft. Seine Ergebnisse faßte er in dem Buch *I Benandanti* (dt. 1982) zusammen. Bei seinen weiteren Forschungen *(Hexensabbat,* dt. 1989) entdeckte Ginzburg ähnliche Glaubensvorstellungen im gesamten eurasischen Raum. Charakteristisch ist dabei die Fähigkeit zur trancehaften Entrückung, während der eine Reise in das Land der Toten unternommen wird, wo um die Fruchtbarkeit der Felder gekämpft wird. Die B. heißen bei den Völkern Osteuropas: Kresniki (Istrien), Negromanat (Bosnien), Zduhac (Herzegowina), Taltos (Ungarn) und Burkuzäutä (Kaukasus).

Bender, Hans (1907–1991), Prof., Leiter des Institutes für Grenzgebiete der Psychologie und Psychohygiene in Freiburg i. Br. und Mitglied amerik., franz., engl., ital. u. a. parapsychologischer Vereinigungen. Seinen Forschungen ist es zu verdanken, daß die → Parapsychologie heute selbst von ihren Gegnern als Wissenschaftszweig anerkannt wird. Neben zahlreichen Zeitschriftenaufsätzen und Übersetzungen von Werken führender ausländ. Parapsychologen veröffentlichte er: *Psychische Automatismen* (1936), *Parapsychologie* (1953), *Unser Sechster Sinn* (1971), *Telepathie, Hellsehen und Psychokinese* (gesam. Aufsätze) 1973, *Verborgene Wirklichkeit* (1973), außerdem war er Herausgeber der *Zeitschrift für Parapsychologie und die Grenzgebiete der Psychologie.*

Bennett, Allan, (1872–1923), Mitglied des → Golden-Dawn-Ordens und Experte für Magie. Ordensname Frater Jehi Aour (hebr.: »es werde Licht«) B. verfaßte (1910) eine Anrufung des Großen Geistes Taphthartharath (= Merkur). Ab 1900 wandte er sich dem Buddhismus zu und wurde unter dem Ordensnamen Ananda Metteya einer der Mitbegründer der engl. buddh. Gesellschaft (1908).

Bennett, J. G (1897–1974), engl. Esoteriker, der 30 Jahre lang ein enger Mitarbeiter von → Gurdjieff war. Im engl. Sherbourne House gründete er nach dessen Vorbild eine Schule (International Academy of Continuous Education), die eng mit Idries-Shah zusammenarbeitet. B.s Interesse galt den Fragen der Veränderung des menschlichen Selbstbewußtseins. So unterstützte er die → Subud-Bewegung und stand in Kontakt mit dem nepalesischen Heiligen Shivapuri Baba (136 Jahre alt), den er 1962/63 besuchte. Neben einer ausführlichen Biographie Gurdieffs *(Gurdjieff – Ursprung und Hintergrund seiner Lehre)* verfaßte er über 20 Bücher, die sich mit der Gedankenwelt seines Lehrers befaßten. In seinem vierbändigen Hauptwerk *The Dramatic Universe* versucht er den Nachweis für die Realität der spirituellen Welt zu erbringen.

Benson, Edward Frederic (1867–1940), engl. Schriftsteller, dessen Vater E. W. Benson Erzbischof von Canterbury war. Zeitweilig arbeitete B. in Athen am Archäologischen Institut. Von seinen über 80 Novellen behandeln einige auch okkulte Themen. *The Room in the Tower* und *Mrs. Amworth* gelten als klass. → Vampirgeschichten.

Benson, Herbert, amerik. Medizinprof. (Harvard University), der wichtige Beiträge zur mediz. Grundlage des → Yoga lieferte. Auf Einladung des → Dalai-Lama untersuchte er bei tibet. Mönchen das Tumo-Phänomen. Bei dieser Form des Yoga wird eine ungewöhnlich hohe Körpertemperatur erzeugt, die sogar gefrorenen Schnee zum Schmelzen bringt.

Benz, Ernst (1907–1978), Prof. für Dogmen- u. Kirchengeschichte an der Universität Marburg. In seinen zahlreichen Veröffentlichungen beschäftigte er sich mit der christl. Mystik, der russ.-orthodoxen Kirche, den asiatischen Hochreligionen und den sich immer mehr um den Erdball ausbreitenden neuen Religionen. In dem Buch *Parapsychologie und Religion* zeigt er den Zusammenhang zwischen diesen verschiedenen Gebieten auf. An vielen Stellen berichten das AT und NT über das Wirken übersinnlicher Kräfte. Die rationalistische Theologie habe paranormale Phänomene wie → Visionen, → Telepathie etc. ignoriert, deren Existenz die Parapsychologie nachgewiesen habe. Eine umfassende Studie über die Planetenbewohner enthält das Werk *Kosmische Bruderschaft*. Er zeigt darin, daß die Astronomen, Mathematiker u. Philosophen des 16.–19. Jh. davon ausgingen, daß die Planeten belebt sind.

Benzoe, Harz des Benzoebaumes (bot.: *Styrax benzoides)*, das durch Alkoholauszug und nachträgliche Destillation gewonnen wird. Es gibt zwei Arten: Siamb., das einen vanilleartigen Geruch hat und das Sumatrab., das aromatischer und kräftiger duftet. Beide Harzsorten haben eine stark euphorisierende

Wirkung. Außerhalb der Magie findet B. Anwendung in der Heilkunde, und zwar bei Asthma, Bronchitis und nervösen Leiden. Es hat eine stark beruhigende Wirkung.

Berendt, Joachim Ernst (geb. 1922), Prof. h. c., 1945 Mitbegründer des Südwestfunks Baden-Baden. Sein Jazzbuch und seine über 250 Plattenproduktionen wurden in der ganzen Welt ausgezeichnet. In seinen *Nadha-Brahma*-Sendungen im Südwestfunk entwickelte er auf der Grundlage der westlichen und östlichen Weisheitslehren eine Theorie des Hörens (»Tao des Hörens«). Hören bedeutet für ihn, spirituell zu werden. Der westliche Mensch müsse »hörender« werden, wenn er die geistige und materielle Krise der Gegenwart überwinden und ein neues Bewußtsein erlangen wolle. In seinen Büchern *Nada Brahma – Die Welt des Klangs* u. *Das Dritte Ohr* weist er nach, daß die »Welt Klang ist«. Unter den Milliarden möglicher Schwingungen habe die Natur einige Tausende – die harmonikalen – ausgewählt, die den Proportionen des Universums (Planetenbahnen, periodisches System, genetische Codes etc.) entsprechen. In der Musik trifft dies auf die → Obertonreihe und die Urklänge zu. In allen Weisheitslehren finden sich Hinweise auf diesen Urton oder -wort: Ur-*Nada* der Inder, Ewiger Urklang der Sufis, *Logos* des Johannesevangeliums, *Ruach* oder Urstimme des Schöpfers im AT oder *Naam* der Sikkhs. In seinen Musikkassetten versucht B., die nach den harmonischen Gesetzen berechneten Klänge der Planeten und den Zusammenklang sämtlicher Himmelskörper unseres Sonnensystems in einem »Supersound« musikalisch darzustellen. Gemäß dem Motto des Propheten Jesaja: »Höre, so wird deine Seele leben«, will B. den Menschen zu der Erkenntnis bringen, daß es ein Denken durch das Ohr gibt, wodurch alle Probleme spielend gelöst werden können. Wir verstehen nur die Hälfte der Welt, wenn wir sie nur sehend begreifen wollen. In Anspielung auf das → Dritte Auge der östlichen Weisheitslehren, welche von der Unvollkommenheit der menschlichen Sehkraft wußten, führt B. zur Annahme eines Dritten Ohres, das der Mensch zu gebrauchen lernen müsse, um über das Hören solcher Urklänge ein kosmisches Bewußtsein zu erlangen. (→ Sphärenharmonie)

Benefizplaneten, lat.: »glücksbringende P.«. Dies sind Jupiter (Wohlstand, Weisheit und Großzügigkeit) und Venus (Liebe). Günstige Himmelskörper sind Sonne, Mond und Merkur. Gegensatz Malefizplaneten (Mars, Merkur).

Bergamott-Öl. Das olivgrüne Öl wird durch Kaltpressung aus den Schalen der in Italien heimischen Rautenart (bot.: *Citrus bergamia)* gewonnen. B. ist ein wichtiger Bestandteil von Duftkompositionen (z. B. Kölnisch Wasser). Mediz. Anwendung: bei Infektionen, besonders der Atemwege, Fieber, Angst und Nervenschwäche.

Bergier, Jacques (1912–1978), Chemiker und Schriftsteller. Zusammen mit Pauwels veröffentlichte er das Buch *Le Matin des Magiciens* (dt. Übers.: *Aufbruch ins Dritte Jahrtausend*, 1960), dessen Erfolg in Europa das Interesse für Magie und die »geheimen Wissenschaften« weckte. Darin wird gezeigt, welche wichtige Rolle die Schwarze Magie in der Weltanschauung Hitlers spielte. Darüber hinaus rechtfertigt er die → Prä-Astronautik. In der von ihm zusammen mit Pauwels herausgegebenen Zeitschrift *Planete* beschäftigte er sich auch mit Problemen der Grenzwissenschaften.

Bergkristall, besteht gewöhnlich aus hellem, farblosem und undurchsichtigem Quarz. Der braune bis schwarze B. trägt die Bez. Rauchtopas. Bereits 1500 v. Chr. benutzten die Ägypter und Babylonier diesen Stein für ihre Amulette. Die Äthiopier sollen ihre toten Könige in Sarkophagen aus reinstem Bergkristall aufbewahrt haben, um die Körper vor Verwesung zu schützen. Bei den Japanern heißt der B. *Sinsho* und genießt als Stein der Konzentration hohe Wertschätzung, weil er den »Atem der weißen Schlange« in sich trage. In der älteren Magie wird er für das → Kristallsehen benutzt, da die optischen Reizungen, die durch den Lichtschimmer hervorgerufen werden, tranceähnliche Zustände hervorrufen können. Berühmt war der Shew-Stone oder *Lapis sacer et mysticus* (heiliger und mystischer Stein) des John → Dee (1527–1608). Dem B. werden besondere magische Kräfte nachgesagt. Er könne die Kräfte der Individualseele so steigern, daß man mit der Weltseele (→ anima mundi) in Kontakt treten und im Schicksalsbuch (→ Akasha-Chronik) lesen könne. Wer ein B. bei sich trägt, kann die Gedanken anderer Menschen lesen. Der B. habe ein inneres Licht, das vor bösen Nachstellungen, Neid und Mißgunst schützt. Jedes Haus, in dem es aufbewahrt wird, sei vor einem Gewitter sicher. Wenn man ihn um die Nieren trägt, bringt er Heilung. Stillenden Müttern hilft zerriebener B., der mit Honig vermischt wird. Die hl. Hildegard schätzte ihn als Heilmittel gegen Kropfleiden und Herz-, Magen- und Leibschmerzen. Da er »gefrorenes Eis« ist, lindert er Fieber und Durst. Anwendung in der modernen Edelsteinmedizin: Er beeinflußt das → Dritte Auge; das Elixier ist wirksam gegen Schwindel, Gleichgewichtsstörungen, Blutungen und Durchfall. Man kann ihn gegen eine Vielzahl von Krankheiten benutzen, da er die Eigenschaft, Energien zu speichern und zu konzentrieren, besitzt. Wenn man ihn auf eine erkrankte Körperstelle legt, kann dort der Energiefluß wiederhergestellt bzw. aktiviert werden.

Beriah die 2. der vier kabbal. Welten (→ Asiluth, → Jezirah, → Asijjah). Sie ist die Welt der »Schöpfung«, nämlich der Urformen, der Weltideen oder bildenden Kräfte, die wie die → Sephiroth zehn betragen. Man verbindet sie mit dem ersten He des Tetragrammatons Adonay. Der kabbal. Geheimname von B. ist Seg. Die Erzengel der Sephiroth sind auch mit B. verbunden: Metatron, Raziel, Tzaphqiel, Tzadqiel, Kamael, Raphael, Haniel, Michael, Gabriel u. Sandalphon.

Berlitz, Charles (geb. 1913), amerik. Schriftsteller, der sich seit vielen Jahren mit Unterwasserarchäologie, Weltraumforschung, Ufos und versunkenen Kontinenten wie → Atlantis und geheimnisvollen Orten wie dem → Bermudadreieck beschäftigt. Die Ergebnisse seiner Forschungen veröffentlichte er in Weltbestsellern wie *Geheimnisvolle Welten* (dt. Übers. 1973) *Atlantis* (dt. Übers. 1976) Das *Bermudadreieck* (dt. Übers. 1975) und *Weltuntergang 1999* (dt. Übers. 1981) B. hat gegenüber dem Bermudadreieck in der Meeresregion südlich und östlich von Japan ein weiteres mysteriöses Katastrophengebiet ausgemacht, wo seit einem Jahrtausend zahllose Schiffe spurlos verschwanden: das → Drachendreieck (jap.: *Ma-no Umidas)* und in einer umfassenden Studie zu deuten versucht: *Das Drachendreieck* (dt. 1990).

Berman, Morris, Prof. für Geschichte in Victoria in Kanada. Einem größeren Publikum wurde er durch sein Buch *Wiederverzauberung der Welt – Am Ende des Newtonschen Zeitalters* (dt. Übers. 1985) bekannt, das einen wichtigen Beitrag zur Entwicklung der geistigen Grundlagen der → New-Age-Bewegung leistete. Seit dem 16. Jh. habe zwischen dem Menschen und der Natur eine völlige Trennung geherrscht, die zu katastrophalen Folgen geführt habe. Er wendet sich gegen die Betrachtungsweise des Materialismus, der auf der Vorstellung basiert, daß »da draußen eine Welt« existiert, die völlig unabhängig von dem »hier drinnen«, dem menschlichen Denken, ist. Sobald die Einheit mit der Welt aufgehoben war, sei auch das Verantwortungsgefühl für die Erde verlorengegangen. U. a. in der New-Age- und Ökologie-Bewegung sieht B. Ansätze für eine Vereinigung von Mensch und Kosmos (»Wiederverzauberung«), die sich jedoch nicht gegen die Wissenschaften richte, sondern gerade eines ihrer Ergebnisse sei.

Bermudadreieck, ein Meeresgebiet, begrenzt von Florida, Kuba und den Bermudas, in dem überdurchschnittlich viele Schiffe und Flugzeuge verschwanden. → Berlitz vermutet, daß sich in diesem Gebiet Apparaturen von Prä-Astronauten befinden, die einst dieser Region einen Besuch abstatteten. In diesen Zusammenhang gehören auch die Mauerreste auf dem Meeresgrund von Bimini (Bahamas). Edgar → Cayce macht die untergegangene Kultur von → Atlantis verantwortlich, die eine Hochtechnologie auf der Basis von Kristallen besaß. Noch funktionierende Kristallgeneratoren seien die Ursache der Katastrophen in diesem Gebiet. Andere Forscher wiederum vermuten, daß sich hier ein Eingangstor zu einer anderen Dimension befinde. Denkbar ist auch, daß im B. ein Pulsar einschlug. Diese pulsierenden Sterne oder Neutronensterne haben nur einen Durchmesser von zehn bis zwanzig Kilometern. Aber ihre Dichte ist so gewaltig, daß sie die Masse eines gewaltigen Weltenkörpers mühelos durchdringen. Diese Sterne sind »generative Materie« und besitzen gewaltige Magnetfelder, so daß noch nicht geklärte Veränderungen im Bereich des B. stattgefunden haben könnten. Der russ. Ozeanograph Vladimir Azhazha führt die Unglücksfälle auf »Infrasounds«, Töne, die vom menschlichen Ohr nicht mehr wahrgenommen werden können, zurück. Diese »Infrasounds«, die durch Meeresstürme oder Temperaturveränderungen im Meer verursacht und in ihrer Stärke verändert werden, hätten eine verheerende Wirkung auf Menschen und Material, wie Experimente ergeben hätten. Sie könnten nämlich Schiffe zum Vibrieren bringen und beim Menschen zum Herzstillstand führen.

Bernstein, eine goldhelle, organische Substanz aus dem fossilen Harz ausgestorbener Nadelbäume (bot.: *Pinites succinifer).* Das Wort B. leitet sich von »Bornstein« oder »Brennstein« ab, was auf »börnen« oder brennen zurückgeht. Er zählt zu den ältesten Schmuck-, Amulett- und Medizinsteinen der Menschheit. Schon 3200 v. Chr. haben die Ägypter aus B. Amulette hergestellt. In der Antike nannte man ihn Lynkur (Luchsstein), weil man annahm, er sei aus dem erhärteten Urin des Luchses entstanden. Die magnetische und elektrische Wirkung war schon dem griechischen Philosophen Theophrat (370–286 v. Chr.) bekannt. Mit Hilfe von B. sollen Hellseher die Zukunft weissagen können, wobei aber die richtige Mondstellung beachtet werden muß. Der B. gilt als Liebesstein, dessen anziehenden Kräfte eine treulose Geliebte wieder zurückholen können. Wenn er aber rot und undurchsichtig geworden ist, zerstöre er die Liebe. In diesen Fall müsse man ihn verbrennen und drei rote Rosen in die Flammen halten. Besonders umfangreich sind die Berichte von der Heilwirkung des B. Zerrieben, pulverisiert und mit Honig vermischt, ist er ein Mittel gegen Magen- und Darmerkrankungen. Dem röm. Schriftsteller Plinius d. Ält. (23–79 n. Chr.) zufolge soll er angeschwollene Mandeln und andere Halskrankheiten heilen. Er gilt als Mittel gegen Wahnsinn und verschafft Kühlung, weshalb ihn die Chinesen in das Kopfkissen legen. In der arab. Medizin benutzt man ihn zusammen mit kaltem Wasser gegen Blutflüsse, Herz- und Magenleiden und Durchfälle (zusammen mit Rosenwasser). Um den Hals getragen, beseitige er Geschwülste und bewahre Schwangere vor einer Fehlgeburt. Da B. ein Ersatzmittel für → Weihrauch war, wurde er auch als Räucherungsmittel benutzt. Bis in die Neuzeit hinein verschrieben Ärzte Bernsteindämpfe gegen Asthma. Das Bernsteinöl *(Oleum succini)* galt als wirksam gegen Neuralgien und Rheumatismus. Anwendung in der modernen Edelsteinmedizin: Er beeinflußt das Nabel-Chakra; das Elixier heilt Schilddrüsenkrankheiten und hilft bei Gedächtnisschwund.

Bernsteinhexe, Titel eines Romans (1843) des Pfarrers Wilhelm Meinhold, dessen Titelheldin Maria Schweidler heißt. Er behandelt die Hexenverfolgung in Pommern während des 30jährigen Krieges (1630). Abgesehen vom Schluß, der romanhafte Züge trägt, erweckt das Buch den Anschein eines authentischen Berichtes. Das Buch, das einst das Lob des Preußenkönigs Wilhelm IV. fand, weckte das Interesse an der Hexenproblematik und ihrer wissenschaftlichen Erforschung.

Bernus, Alexander von (1880–1965), Schriftsteller, Alchemist und Anthroposoph; B., ein Freund von Rilke und Thomas Mann, publizierte mehrere Gedichtsammlungen. Seine literarische Karriere fand ein Ende, als er mit → Steiner zusammentraf. Mit 33 Jahren begann er noch einmal ein Studium der Medizin und Chemie. 1923 gründete er im Stift Neuburg bei Heidelberg ein Laboratorium für spagyrische Heilmittel, das später nach Stuttgart übersiedelte (heute in Donaumünster) und Soluna hieß. Er stellte reine Naturmittel aus Kräutern her. B. hat sein ganzes Leben nach dem Stein der Weisen (→ Lapis philosophorum) gesucht. Seine theoretischen Anschauungen legte er in dem Buch *Alchemie und Heilkunst* dar.

Bernus, Ulla von (geb. 1913), Tochter von Alexander von → Bernus, Dichterin, Hellseherin und Schwarzmagierin (→ Schwarze Magie). Bekannt wurde sie durch eine öffentliche Behauptung im Fernsehen, daß sie in der Lage sei, Menschen zu töten. In ihrem Todesritual ruft sie den hebr. Todesengel Osrael und die → Elementargeister Salamander, Sylphen, Undinen u. Gnomen. Es findet an einem Saturntag (samstags) nach 24 Uhr statt. Sie selbst schützt sich vor den Dämonen durch einen magischen → Kreis und durch Schwefelräucherungen. Auf der Grundlage der → Fixsternberechnung entwickelte sie ein tibet. Horoskop.

Berridge, Edward W. (1843–1923), engl. Arzt und führendes Mitglied des → Golden-Dawn-Ordens. B. gehörte zunächst verschiedenen Sekten an (Kirche Swedenborgs), bis er 1889 Mitglied des G.-D.-Ordens wurde. Durch tantrische Übungen (→ Tantra), die er mit einigen Mitgliedern praktizierte, löste er im Orden eine Krise aus. B. propagierte den Geschlechtsverkehr ohne Ejakulation. Als es zu einer Spaltung im Orden kam, gründete B. in London den Isis-Tempel. B., der ein Lehrbuch der Homöopathie verfaßt hatte, beschäftigte sich vor allem mit praktischer Alchemie.

Berserker, altisl. »Bärenhülle«; Bez. in der nordischen Mythologie für Menschen, die plötzliche Wutanfälle bekommen (sprichwörtl.: »wütend wie ein Berserker«). Sie gebärden sich wie wilde

Tiere und fühlen sich zugleich übernatürlich stark. Man vermutet, daß diese Anfälle durch psychoaktive Drogen wie etwa den → Fliegenpilz verursacht wurden. → Ginzburg sieht in den B. »eine Art Schamane«, die in den von ihm rekonstruierten eurasischen Totenkult einzuordnen sind. (→ Benandanti)

Beryll. Der bekannteste Stein dieser Edelsteinfamilie ist der → Aquamarin. Andere Arten sind der Alexandrit (tiefgrün bis burgunderrot), der Chrysoberyll (gelbgrün) und der hellgelbe einfache B. Zu den Chrysoberyllen zählt auch der Chyastholith oder Kreuzstein. Sehr viele geheime Kräfte sollen im B. schlummern. Der Alexandrit kann Glück oder Leid bringen, was letztlich davon abhängt, ob der Träger in einer Beziehung zum Planeten des Alexandrit, dem Mars, steht. In Rußland war er der Edelstein der geheimen Bündnisse. Die Chyastholithe oder Kreuzsteine, die als Zeichnung ein Kreuz haben, gelten als Schutzsteine. Die grauen B. sind mit den Geistern verbunden, die man sich als Gnome, graue Mönche oder zarte, durchsichtige und schleierhafte Wesen vorstellt. Der Chrysoberyll soll die Sinnlichkeit bezähmen, gute Geschäfte vermitteln, vor Dieben schützen, Sprachfehler heilen, die Konzentration erhöhen und den Sehern und Astrologen okkulte Gaben verleihen. Anwendung in der modernen Edelsteinmedizin: Der Chrysoberyll wirkt auf das Herz-Chakra; das Elixier hilft bei Krankheiten des Verdauungstraktes, der Herzkranzgefäße und vor allem gegen Arterienverkalkung. Das Elixier des Alexandrit heilt Krankheiten der Milz und hilft bei Leukämie.

Besant, Annie (1847–1933), engl. Theosophin. Bis 1888 war sie eine der führenden engl. Feministinnen und Vorstandsmitglied der sozialistischen Vereinigung »Fabian Society«, wo sie auch den Dichter Bernard Shaw kennenlernte. Nach der Lektüre von *Die Geheimlehre* von → Blavatsky machte sie eine Kehrtwendung und wurde Theosophin. In kurzer Zeit schaffte sie es, dem inneren Führungszirkel (Esoteric Section) der → Theosophical Society anzugehören. Wie die führenden Mitglieder der Theosophischen Gesellschaft hatte auch sie ihren geheimen Meister, den Tibeter Morya, der als gleichsam übermenschliches Wesen in den Einöden Tibets lebte. Nach dem Tod von Blavatsky (1891) ließ sie sich in Benares nieder, wo sie das Central Hindu College gründete. Die Bitte einflußreicher Brahmanen, die Führung der nationalen Hindubewegung zu übernehmen, lehnte sie ab. In diese Periode fällt auch ihre Zusammenarbeit mit → Leadbeater, mit dem zusammen sie zahlreiche Bücher verfaßte (*Gedankenformen*, dt. Übers. 1908 u. *Der sichtbare und unsichtbare Mensch*, dt. Übers. 1905, heute noch Standardwerke der Auraforschung). In ihrer *Okkulten Chemie* (dt. Übers. 1908) entwickelten sie eine Atomlehre, die auf hellseherischen Beobachtungen (Mikropsi) beruht. Die Ergebnisse ihrer fast 40jährigen Forschungsarbeit sind überraschenderweise von der modernen Kern- und Teilchenphysik bestätigt worden. 1907 wurde sie zur Präsidentin der Theosophischen Gesellschaft gewählt. Ihre zusammen mit Leadbeater getroffene Entscheidung, daß der Brahmanenjunge → Krishnamurti ein → Avatar und der kommende Messias sei, wurde von vielen Mitgliedern (besonders → Steiner) nicht gebilligt. Ab 1913 gab B. ihre Zurückhaltung gegenüber der Politik auf und beteiligte sich am politischen Leben Indiens. Das Ende ihres Lebens ist durch Enttäuschungen gekennzeichnet. Ihr Mitarbeiter Leadbeater, der vorübergehend Bischof der Altkatholischen Kirche war, gründete Anfang der 20er Jahre seine eigene Kirche, die Liberal Catholic Church, der zahlreiche Theosophen beitraten. Von ihren über 300 Veröffentlichungen sind außer den oben genannten von Wichtigkeit (in dt. Übers.): *Die uralte Weisheit* (1898), *Die vier großen Religionen* (1904), *Reinkarnations- und Wiederverkörperungslehre* (1905) u. *Einweihung* (1908).

Beschreikraut, bot.: *Stachis recta*; Lippenblütler. Diese krautartige Pflanze wurde zum Schutz gegen Bezauberung entweder als Amulett am Leib getragen oder aber unter der Türschwelle der Häuser vergraben, um den Dämonen den Zutritt zum Haus zu verwehren.

Beschwörung, ursprüngl. Bed.: »inständig und feierlich bitten« (lat.: coniuratio); seit dem Mittelalter das Herbeirufen von Naturmächten und Geistwesen (→ Engel, → Dämonen, → Seelen, → Elementargeister.) Es gibt zwei Formen der B.: 1. Anrufen *(invocatio)* oder Herbeirufen *(evocatio)* der Geistwesen. Gewöhnlich geschieht dies mit Hilfe eines magischen → Rituals (Zauberformeln, Zauberkreis, Dämonennamen, Paßworten oder Machtworten), die in den Zauberbüchern ausführlich beschrieben werden. Eine bekannte Beschreibung einer B. findet sich in Goethes *Faust I*. 2. Vertreibung von bösen Geistern oder Aufhebung (gewöhnl. Bez.: Bannung) ihrer Macht. Dafür werden ebenfalls Rituale bzw. Machtworte benötigt. Hierzu gehört auch der → Exorzismus der kathol. Kirche und das → Besprechen in der Zaubermedizin.

Beschwörungsformel, feststehende Redewendung oder einzelne Worte in einem magischen → Ritual oder → Zauberspruch, die in der Regel verschlüsselt, verstümmelt oder verballhornt ist, um ihren Sinn vor Nichteingeweihten zu verbergen. (z. B. → Abrakadabra – Hokuspokus).

Besessenheit, das Beherrschtwerden eines Menschen oder einer Gruppe von Menschen (→ Besessenheitsepidemien) durch einen → Dämon oder auch durch die Seele von Verstorbenen. Gegner des Okkultismus sehen in der B.

eine Form von Hysterie → Charcot, meistens mit sexuellem Hintergrund. In der modernen Psychiatrie wird die B. als »Multiple Personality Disease« (MPD) definiert. Grundlage ist eine Persönlichkeitsspaltung bzw. das Auftreten verschiedener komplexer Persönlichkeiten in einem einzigen Individuum, die zu gewissen Zeiten dominieren und dessen Verhalten bestimmen. Kennzeichen der B. sind: 1. Veränderung im Gesichtsausdruck, besonders verzerrte bis fratzenhafte Gesichtszüge. 2. Veränderung der Stimme, besonders in der Höhenlage. Eine Frauenstimme verwandelt sich in eine Baßstimme. 3. Eindringen einer neuen Individualität (→ Bewußtseinsveränderung). In der Regel äußert sich dies durch unflätiges, den geltenden ethischen und religiösen Normen strikt zuwiderlaufendes Verhalten. Diese drei Veränderungen sind begleitet von übermäßiger Erregung (Tobsuchtsanfälle) und Bewegung der Körperglieder. Die B. ist in fast allen Religionen bekannt. Im → Schamanismus gilt sie als ein erstrebenswerter Zustand. Die Bibel (NT, Lukas 8,28-31) sieht ihre Ursache darin, daß gefallene Engel sich Wohnungen im Menschen suchen, um nicht in die Hölle zu fahren. Nach der kath. Lehre werden drei Formen von B. unterschieden: 1. Umsessenheit *(Circumsessio)*. Eine äußerst intensive Umlagerung eines Menschen durch einen bzw. mehreren Dämonen, die ihn an der Erfüllung seiner Aufgaben hindern. 2. Obsession. Der Dämon, der in dem Menschen wohnt, quält ihn oder verleiht ihm übermenschliche Kräfte. 3. Possession. Der Mensch ist ein willenloses Objekt des Dämonen (→ Exorzismus).

Besessenheitsepidemien. Vor allem in Nonnenklöstern und ähnlichen Anstalten traten in den vergangenen Jahrhunderten solche »Epidemien« auf, erfaßten aber nie mehr als einige Dutzend Personen. Die zölibatäre Lebensweise der Nonnen schuf die psychischen Voraussetzungen für hysterische Reaktionsmuster (→ Hysterie).

Besprechen, eine Form des Gesundbetens und Segnens, die auf der suggestiven Wirkung von Worten bzw. Zaubersprüchen beruht. Sie unterscheidet sich vom → Beschwören dadurch, daß kein Gegenübertreten bzw. Kampf mit einem Geistwesen stattfindet. Negative Formen des B. sind das Berufen (durch unwissentliche Benutzung eines Wortes oder einer Zauberformel kann es zu einer → Behexung kommen) und das Verrufen (die wissentliche Anwendung von Zauberformeln, um besonders dem Vieh Schaden zuzufügen).

Betel, bot.: *Piper betle*; der über ganz Südostasien verbreitete B.-Pfeffer ist ein wegen seiner anregenden Wirkung geschätztes Genußmittel. Er wird mit Kalkmilch bestrichen und mit Arekanuß, Katechu (Extrakt aus der Katechu-Akazie) und Gambir (Abkochung aus den jungen Blättern und Trieben von

Uncaria gambir) gemischt und zusammengerollt. Diese »Betelbissen« werden gekaut.

Bewohner der Schwelle, ein von → Bulwer-Lytton in seinem Roman *Zanoni* geprägter Begr. für bösartige Geistwesen der → Astralebene, die aus dem schlechten Karma früherer Inkarnationen eines Menschen gebildet sind. Der jetzige Mensch muß sich mit diesen Wesen aus seiner Vergangenheit auseinandersetzen. Im Sinne der Lehre von C. G. → Jung kann man sie als die personifizierten → Schatten bezeichnen. Nach → Blavatsky sind sie »gewisse bösartige astrale Doppelgänger von Verstorbenen«.

Bewußtsein, eine besondere Form menschlichen Erlebens. Als Tätigkeit ist das B. die psychische Widerspiegelung der psychischen Welt und als dessen Ergebnis der Gesamtinhalt der Phantasie-, Wahrnehmungs- und Denkfähigkeit des Menschen. Nach Tart ist es das »Gesamtmuster des psychischen Funktionierens«. Psychische Inhalte, die vom Menschen nicht als solche empfunden werden, gehören zum → Unbewußten, das z. B. nach → Jung eine ausgleichende (kompensatorische) Wirkung auf das B. hat. Die Grenze zwischen beiden Bereichen ist die Bewußtseinsschwelle, an der ein unbewußter Vorgang zu einem bewußten wird. Das nicht bewußtseinsfähige Unbewußte (→ kollektives Unbewußte) erscheint in Träumen, Visionen und Wahnvorstellungen. Man unterscheidet verschiedene B.-Zustände oder -ebenen, die mit den vier Hauptgruppen von → Gehirnwellen (Alpha-, Beta-, Delta- und Thetawellen) verbunden sind. Alphawellen sind die Grundlage aller höheren Bewußtseinszustände. In Verbindung mit den Thetawellen treten sie bei der → Meditation auf und sind ein Indiz für körperliche und psychische Entspannung. Thetawellen treten bei kreativer Inspiration und Meditation auf. Deltawellen sind ein Kennzeichen des Schlafzustandes, aber auch die Reaktion auf neue Ideen. Sie finden sich besonders bei Menschen mit paranormalen Fähigkeiten. Die Kombination der verschiedenen Gehirnwellen ergibt acht Bewußtseinszustände: 0. Tiefschlaf, 1. Traumschlaf, 2. hypnagoger Zustand (zwischen Wachen und Schlafen), in diesem Zustand kann das Unbewußte sehr leicht die Bewußtseinsschwelle überschreiten, 3. Wachzustand, 4. Meditation, 5. lichtes Bewußtsein oder Erleuchtung (= völlige Trennung zwischen Körper und Seele, wie sie durch die Meditation des Zen erreicht wird), 6. aktive Kreativität, 7. Bewußtseinserweiterung oder Trance im → Schamanismus (besonders durch psychoaktive Drogen), 8. kosmisches Bewußtsein. Die höheren B.-Formen lassen sich auch in den Farben der → Aura nachweisen. Blau/Indigoblau tritt bei Meditation und Intuition auf. Weiß ist ein Anzeichen von Erleuchtung. In der Esoterik sind alle B.-Formen oberhalb des Wachb. von Wichtigkeit. Dazu gehören auch die qualitativen Erweiterungen des Alltagsb. (→ Bewußtseinserweiterung oder Transformation) besonders durch »Grenzerlebnisse« (Überschreitung der Raum-Zeit-Welt), die u. a. durch → außersinnliche Wahrnehmung, mystische Erfahrungen (→ Mystik), → Phantasie-Reise, → Yoga, → Visualisation, aber durch psychoaktive → Drogen wie z. B. → LSD oder → Peyote hervorgerufen werden.

Bewußtsein, aproximatives, lat.: *proximus* = »nächster«; Von → Jung benutzte Bez. für bewußtseinsähnliche Inhalte, die sich zwischen Bewußtem und Unbewußtem bewegen und denen die Beziehung zum Ich fehlt. Im Traum können sie sich als Lichtfunken (multiple Luminositäten) äußern.

Bewußtsein, doppeltes, Bez. in der → Parapsychologie für die Spaltung des Bewußtseins in zwei Teile (»Doppel-Ich«), die abwechselnd in Erscheinung treten können, so daß eine zweite Persönlichkeit (Bez.: transzendentales Subjekt, subliminales Ich oder Reserve-Ich) unbewußter Art besteht. Das d. B. kann die Ursache von medialen Fähigkeiten (→ Medium) sein.

Bewußtsein, holotrophes, griech.: »dem Ganzen zugewandt«; ein von → Grof geprägter Begr. zur Bez. des grenzenlosen B., das nicht von der Logik, den Vorstellungen des dreidimensionalen Raumes und der linearen Zeit eingeschränkt wird. Der Gegensatz ist das hylotrophe B. (griech. »der Materie zugewandt«). Das h. B. wird ohne die Sinne erfahren, besonders bei durch → Halluzinogene hervorgerufenen Rauschzuständen.

Bewußtsein, hyolotrophes → Bewußtsein, holotrophes .

Bewußtsein, kosmisches, Titel eines Buches (1901) des Kanadiers Richard Maurice Bucke (1837–1902). Er beschreibt das k. B. als »das Ergebnis einer Erfahrung, die man als das plötzliche Erwachen eines neuen, nämlich des kosmischen Sinnes bezeichnen kann. In diesem Erwachen erfährt der Mensch eine geistige Erleuchtung, die an sich genügt, ihn auf eine neue Daseinsebene zu heben, fast als würde er einer neuen Spezies angehören.« Dieses k. B. besaßen alle Religionsgründer wie Buddha, Jesu Christus, Mohammed etc.

Bewußtseinserweiterung, Bez. für jede Veränderung des Wachbewußtseins, das den Normalzustand darstellt. Das Ziel ist ein neues oder spirituelles B., das zugleich die Voraussetzung für die Transformation der Denk-, Lebens- und Gesellschaftsstrukturen der Menschen ist, um die von der New-Age-Bewegung erstrebte neue Welt zu schaffen. Als bewußtseinserweiternd gelten grundsätzlich alle außergewöhnlichen B.-Zustände (ABZ) oder veränderte Wachbewußtseinszustände (VBW) wie → Trance, → Ekstase, → Besessenheit. Für solche Formen des »Außersichgetretenseins« werden selten auch Bez. wie mystische Exaltation oder → Inspiration gebraucht. → Ferguson unterscheidet vier Stufen: 1. Einstieg: Alte Vorstellungen geraten ins Wanken. 2. Erforschung: Alte Schemata oder Denkgewohnheiten werden unter Anleitung von spirituellen Lehrern aufgegeben. 3. Integration: Die neuen Erfahrungen werden in einer kontemplativen Phase verinnerlicht. 4. Verschwörung: Das neue Bewußtsein, das sich herausgebildet hat, strebt danach, die äußeren Umstände zu verändern. Die Verfahren zur Herbeiführung einer B. sind kulturbedingt. Man unterscheidet: 1. pharmakologische Praktiken mit Hilfe von psychoaktiven → Drogen (wie z. B. → Fliegenpilz, → Peyote, → Ahuasca etc.), 2. physiolog. Methoden: Fasten, Schlafentzug, Tanzen, Singen, Atemtechnik etc.) 3. psychologische Methoden: Reizentzug, akustische Stimulation wie Gesang, Schreien, Trommeln, Autohypnose, Konzentration etc. Kombiniert kommen diese Verfahren besonders in den Psychotechniken der östlichen Weisheitslehren und der modernen Psychologie zur Anwendung.

Bewußtseinsentwicklung. Das gegenwärtige Bewußtsein der Menschheit ist das Ergebnis eines historischen Prozesses, dessen Stufen und zukünftige Formen unterschiedlich dargestellt werden. Eine der bekanntesten Theorien auf dem Gebiet der Bewußtseinsentwicklung *(Ursprung und Gegenwart,* 1949) stammt von dem Kulturphilosophen Jean Gebser (geb. 1905), der die B. nicht als eine Höherentwicklung, sondern als ein Weggehen vom Ursprung auffaßt, wofür er den Begr. »Bewußtseinsmutation« prägte. Die Entwicklung sei nicht gleichmäßig, sondern unterbrochen im Sinne der Mutation. Die früheren B.-Stufen seien nicht überwunden, sondern lebten als verborgener Besitz im Menschen weiter. Gebser unterscheidet folgende Bewußtseinsebenen: 1. archaische B.-Stufe: der Urzustand, in dem die menschliche Seele noch »bewußtseinsfern« war. Es gab noch keine Trennung von Innen und Außen. 2. magische B.-Stufe: der Beginn der Bewußtwerdung. Der Mensch empfindet die Welt als fremde Kraft, die er jedoch nicht als Ganzes erfassen kann. Durch Beschwörungen und Zauberei versucht er dieses »Gegenüber« in den Griff zu bekommen. 3. mythische B.-Stufe: Kennzeichnend für diese Stufe ist die Polarität, die ihren Ausdruck im Mythos findet. Die Mythen sind das in Worte gefaßte Innere des Menschen; in ihnen drückt sich die Bewußtwerdung der Seele aus. 3. mentale oder geistige B.-Stufe: die Fähigkeit, bewußt zwischen Traum und Wachheit oder mythischer Welt der Seele und Wirklichkeit zu unterscheiden; die B.-Ebene des Verstandes, die alles zergliedert und perspektivisch betrachtet. 4. integrale und ganzheitliche B.-Stufe. Kennzeichen sind eine ganzheitliche Welterfassung und Erweiterung der Perspektive. Dazu gehört auch die vierte Dimension, die eine höhere Wirklichkeit als die gesehene dreidimensionale Körperwelt darstellt. Ein anderes Modell, das eine Verbindung von westlicher (→ Neuplatonismus) und indischer Philosophie ist, stammt von dem New-Age-Denker Ken Wilber; es zeigt in acht Stufen (»Große Kette des Seins«) die Entwicklung und Rückkehr des Seins in den Urgrund (Höchster Geist) auf. Auf jeder Stufe habe der Mensch den Drang, zur kosmischen Ureinheit zurückzukehren. Dies führt Wilber zu der Annahme einer rückläufigen Evolution (Involution), die den Weg des Höchsten Geistes in die Materie bis zum Unbewußten beschreibt. Auf diesem rückläufigen Weg verliert er auf jeder Stufe etwas von seinem Bewußtsein.

Bewußtseinszustände, außergewöhnliche, (Abk.: ABZ) → Bewußtseinserweiterung.

Bhagavadgita, skrt.: »Gesang des Erhabenen«; ein philosophisches Gedicht aus 18 Gesängen im 6. Buch des ind. Epos → Mahabharata. Autor und Abfassungszeit sind unbekannt. Die Vermutungen bewegen sich zwischen 500 bis 200 v. Chr, aber sicher ist, daß die B. ihre gegenwärtige Form im 2. Jh. n. Chr. bekommen hat. Sie enthält einen Dialog zwischen dem Gott → Krishna, der als Wagenlenker auftritt, und dem Panda-Prinzen → Arjuna über Recht und Unrecht des Tötens und die Pflicht zu kämpfen. Die Erlösung von der Wiedergeburt (→ Reinkarnation) wird nach den philosophischen Systemen, die zur Zeit der Entstehung der B. im Wettstreit lagen, ausschließlich durch Erkenntnis erreicht. Die B. lehrt aber, daß man dies durch Ausübung der Gottesliebe (→ Bhakti) viel leichter erreichen kann. Das bedingungslose Vertrauen auf → Vishnu und die Hingabe an seinen Willen verschaffe dem Menschen die Gnade, die ihn aus dem Meer der Wiedergeburt heraushebt. Im sog. Quintessenz-Vers der B. wird dies so ausgedrückt: »Wer stets bei seinem Tun nur meiner gedenkt im Leben, mich über alles liebt, sich ganz mir hingibt, wer niemanden haßt und wer an keinem Ding mag hangen, der wird, oh Pandu-Sohn (= Arjuna) dereinst zu mir gelangen.« Die B., die zusammen mit den → Upanishaden und dem → Vedanda (oder Brahma) Sutra den dreifachen Kanon (skrt.: *prasthana-traya)* bildet, gehört zu den wichtigsten religiösen Werken der Menschheit. Nach → Huxley »die klarste und reichhaltigste Zusammenfassung der Philosophia perennis (ewige Philosophie), die je gemacht worden ist«.

Bhagwan, Shri Rajneesh
(1931–1990), oder Osho (jap.: *O* = »Liebe« u. *Sho* = »allumfassendes Bewußtsein«); ind. Philosophieprof. in Jabalpur, Guru u. Sektengründer. Er lehrte eine besondere Meditationstechnik (»Dynamische Meditation«), die aus mehreren Phasen besteht (intensive Bewegung, Stille u. Entspannung). Zu seinen Schülern zählten vor allem die Anhänger des Human Potential Movement, die eine Verbindung von östlichen Weisheitslehren und westlicher

Wissenschaft sucht. Das Zentrum dieser Sekte war von 1974 bis 1981 der → Ashram in Poona (bis zu 100 000 Besucher im Jahr). Seine täglichen Vorträge, die sich mit den großen Weisheitslehren der Menschheit beschäftigten, sind in 300 Bd. festgehalten. Die Beantwortung der Fragen seiner Anhänger (Sannyasins), die tagsüber rote und abends weiße Roben trugen, umfaßt über 40 Tagebücher. 1981 wurde das Zentrum nach Oregon (USA) verlegt (Rajneeshpuram). Interne Querelen, die auch Straftaten seiner Mitarbeiter aufdeckten, führten dazu, daß B. 1985 die USA verlassen mußte und erst 1987 sich wieder in Poona niederlassen konnte. Hier entwickelte er die Mystic Rose Meditation, die eine intensive körperliche Anstrengung mit Ruhe und Stille verbindet.

Bhagavan, skrt.: »einer, der alle Fülle besitzt« 1. Bez. für einen Gott (meistens Shiva oder Krishna) als Inbegriff von Schönheit, Ruhm, Reichtum und Wissen. 2. die dritte und höchste Stufe in der Erkenntnis des Absoluten oder Gottes. Die beiden anderen sind → Brahman (1. Stufe) und Paramatma (2. Stufe). 3. Bez. für eine spirituelle Persönlichkeit oder Halbgott.

Bhagavata-Purana, eines der berühmtesten → Puranas, das die 22 Avatars Vishnus mit Bezug auf → Krishna zum Inhalt hat. Es besteht aus 18 000 Versen, die in zwölf Bücher aufgeteilt sind. Im 10. Buch werden die Kindheit und die Abenteuer Krishnas behandelt. Besonders die Liebe der Töchter der Kuhhirten zu dem jugendlichen Gott Krishna wurde zum Symbol der Liebe, welche die Seele zu Gott zieht. Diese selbstvergessene Liebe (→ Bhakti-yoga) ist einer der Leitgedanken des → Shivakultes.

Bhakti, skrt.: »Liebe zu Gott«; die höchste Form des → Yoga und einer der drei Pfade zum Absoluten, neben Wissen (jnana) u. Handeln (→ Karma). Diese liebevolle Hingabe an Gott verschafft der Seele die Befreiung von der Wiedergeburt (→ Reinkarnation). Die Bhakti-Vorstellung ist charakteristisch für den späteren → Hinduismus und der zentrale Gedanke der vishnuitischen und krishnaitischen Sekten, die ihren Ursprung im südlichen Indien haben. (→ Bhagavadgita, → Bhagavata-Purana).

Bhaktivedanta, Swami Prabhupada (1896–1977), Führer der → Hare-Krishna-Bewegung (International Society for Krishna Consciousness, Abk. ISKCON). Als junger Mann war er ein Anhänger von Gandhi, dann wandte er sich der Goudiya Vaishnava Society zu, die ihren Ursprung von der Chaitanya-Sekte ableitet. Im 16. Jh. war diese religiöse Gemeinschaft in Bengalen sehr verbreitet. Mittelpunkt ihres Glaubens ist die Verehrung des Gottes Krishna, dessen Leben in der → Bhagavadgita und → Bhagavata-Purana beschrieben wird. Als der Führer dieser Sekte Saraswati 1936 starb, gab er B. den Auftrag, die Chaitanya-Religion im Westen zu verbreiten. In den 60er Jahren war B. in den USA sehr erfolgreich, weil der Hinduismus für viele Kritiker westlicher Denk- und Lebensart und Aussteiger (»Hippies«) die ersehnte neue Weisheitslehre darstellte. B. veröffentlichte 52 Bücher, darunter Kommentare zu Bhagavadgita und zum Bhagavata-Purana.

Bhakti-Marga, skrt.: »Pfad der liebenden Verehrung«. Einer der drei Wege der Erlösung des reinen Seins aus den Fesseln der irdischen Welt (→ Bhakti).

Bhakti-Yoga. skrt.: »Yoga der Liebe«; die höchste Form des → Yoga. (→ Bhakti). Die anderen sind Karma-Yoga, Jnana-Yoga, → Raja-Yoga, Dhyana-Yoga.

Bhava, Pali: »Werden; Dasein«. Im → Buddhismus das 10. Glied (Nidanas) der Kausalkette zwischen dem Haften am Leben und der Wiedergeburt. Die buddh. Dogmatik unterscheidet drei Formen von B.: Werden in der Welt der Sinneslust, der Formenwelt u. der Nichtformenwelt.

Bhavana, Pali: »Erweckung«; gehört zum 3. Teil des achtfachen → Pfades im → Buddhismus. Es bezeichnet eine vierfache große Meditation, die auch als »die vier göttlichen Zustände« *(brahma vihara)* bekannt ist. Sie besteht in der Erweckung und Entfaltung 1. der Güte *(metta)*, 2. des Mitleids *(karuna)*, 3. der Mitfreude *(mudita)* und 4. des Gleichmuts *(upekha)*. Nachdem der Meditierende diese Gemütsverfassungen in sich geweckt hat, durchdringt er damit die Welt nach allen Richtungen.

Bhikku, Pali: »Mönch«, weibl. Form *Bhikkuni*; Bez. für den Mönch im → Buddhismus, der nach einem Noviziat die Weihe *(Upasampada)* erhalten hat. Er ist mit einem Unterkleid, dem eigentlichen Mönchsgewand und einem Überwurf bekleidet. Die Farbe der Gewänder ist gelb. Bei den tibet. → Lamas ist der Mantel stets rot. Als einziger Besitz ist dem Mönch erlaubt: Betteltopf, Schermesser, Nähnadel und Bettelstab. Er muß die zehn buddh. Gebote einhalten: Abstehen vom Zerstören des Lebens, vom Nehmen nicht gegebener Dinge, von unkeuschem Wandel, von lügnerischer Rede, von berauschenden Getränken, vom Essen zu ungehöriger Zeit, von Musik, Tanz und Schauspielen, von Schmückung des Körpers, von einer hohen und breiten Lagerstätte und von der Annahme von Gold und Silber. Dazu kamen noch 227 weitere Vorschriften *(Patimokkha)*.

Bhumi, skrt.: »Land«; Bez. für die zehn Stufen, die ein → Bodhisattva durchlaufen muß, um ein → Buddha zu werden. Diese zehn Stufen werden mit den zehn Tugenden oder Vollkommenheiten (Paramita) verbunden.

Bhuta, skrt. »Element«; auch *dhatu*; 1. Bez. für die fünf grobstofflichen Elemente: Erde, Wasser, Feuer, Luft u.

Äther (→ Akasha). Dazu kommt als 6. Element das Denken *(Vijnana)*. 2. Bez. für eine Klasse von Dämonen im → Hinduismus, welche von Menschen abstammen, die eines gewaltsamen Todes gestorben sind oder deren Körper nicht ordentlich bestattet wurden. Sie sind die Begleiter des Gottes Shiva, wenn er als furchterregender Gott *(Bhutesha)* vorgestellt wird.

Bibel, griech.: *ta biblia* = »die Bücher«, auch Heilige Schrift; Bez. für die Schriften des Alten (AT) und Neuen (NT) Testamentes. Das AT (Ursprache Hebr. und in einigen Teilen Aramäisch) ist die Heilige Schrift der Juden. Sie umfaßt bei ihnen nur 24 (»kanonische«) Bücher, während das AT der Christen durch sieben (»deuterokanonische«) Bücher einschließlich der Zusätze zu dem Buch Esther und Daniel erweitert ist. Dazu kommen die → Apokryphen. Das AT wurde nach jüd. Überlieferung zwischen 1400 bis 400. v. Chr. abgefaßt, nach der historisch-kritischen Bibelwissenschaft aber von 1200 bis 70 v. Chr. Die bedeutendste Übers. des *Pentateuch* (»Buch des Gesetzes«) ist die griech. *Septuaginta (70)*, weil sie der Überlieferung nach von 70 (72) jüd. Gelehrten im Auftrag des ägypt. Königs Ptolemäus II. Philadelphus (285–246) angefertigt wurde. Später bürgerte sich der Name *Septuaginta* für das ganze AT ein, soweit es in vorchristlicher Zeit ins Griech. übersetzt wurde.

Das NT besteht aus 27 Schriften, die alle einzeln entstanden sind. Ab 180 n. Chr. wurden die vier Evangelien zu einer Sammlung zusammengefaßt, die gleichberechtigt neben das AT traten. Die Bildung dieses Kanons (griech.: »Richtschnur«), der die christl. Heilsbotschaft enthält, ist im 4. Jh. abgeschlossen und gut bezeugt. Einer der wesentlichen Gründe für die Kanonbildung war die Auseinandersetzung mit abweichenden Strömungen und Gegnern wie z. B. der → Gnosis, die sich auch auf gefälschte Schriften berief, die unter den Namen der Apostel verbreitet waren.

In der modernen Esoterik wird die B. für magische Praktiken benutzt, z. B. für die Bibliomantie (griech.: »Weissagung mit der B.«): Eine beliebige Seite der Bibel wird mit geschlossenen Augen aufgeschlagen. Die Stelle, auf der sich die Finger befinden, gibt dann eine Antwort auf die gestellte Frage. Die Psalmen, die meistens in verstümmelter Form in den → Zauberbüchern vorkommen, werden für das → Besprechen, aber auch für die schwarze → Magie benutzt. Einige der Psalmen, besonders die Fluchpsalmen, enthalten magische Formeln. In dem angelsächsischen → Candleburning werden sie mit dem Ritual des Kerzenlichtes verbunden. Durch die → Anthroposophie Steiners wurde die Bibel, besonders die Evangelien, in den Mittelpunkt der Esoterik gerückt. Das Christentum nämlich ist für ihn eine allen anderen Religionen übergeordnete Erscheinung. Steiner steht in der Tradition der sog. Neuoffenbarung, die davon ausgeht,

Die Bücher des Alten Testaments

I. Buch des Gesetzes (hebr.: *Thora*, griech.: *Pentateuch*):
Das 1. Buch Mose *(Genesis)*
Das 2. Buch Mose (*Exodus*)
Das 3. Buch Mose (*Leviticus*)
Das 4. Buch Mose (*Numeri*)
Das 5. Buch Mose (*Deuteronomium*)

II. Die Propheten (hebr. *Nebi'im*):
Die ersten Propheten
Das Buch Josua
Das Buch der Richter
Die zwei Bücher Samuel
Die zwei Bücher der Könige

Die letzten Propheten:
Die 3 ›großen‹ Propheten.
Das Buch Jesaia
Das Buch Jeremia
Das Buch Ezechiel
Die 12 ›kleinen‹ Propheten.
Hosea, Joel, Amos Obadja, Jona, Micha, Nahum, Habakuk, Zephanja, Haggai, Sacharja, Maleachi

III. Die Schriften (hebr. *Kethubim*):
Die Psalmen
Die Sprüche
Das Buch Hiob
Das Hohelied
Das Buch Ruth
Die Klagelieder
Der Prediger
Das Buch Esther
Das Buch Daniel
Das Buch Esra
Das Buch Nehemia
Die zwei Bücher der Chronik

IV. Die deuterokanonischen Bücher:
Das Buch Tobit
Das Buch Judith
Die Weisen Salomos
Die Sprüche Jesus, des Sohnes Sirachs
Das Buch Baruch mit dem Brief Jeremias
Das erste und zweite Buch der Makkabäer
Zusätze zum Buch Esther (Kap. 10 4, 16 24)
Zusätze zum Buch Daniel (Kap. 3 24-90; 13; 14)

V. Die Agraphen (griech.: »ungeschrieben«):
Textteile, die der Überlieferung nach sich in den Büchern des AT befunden haben, aber verlorengegangen sind.

Die Bücher des Neuen Testaments

I. Die vier Evangelien: Das Evangelium nach Matthäus, Markus, Lukas, Johannes.

II. Die Apostelgeschichte

III. Die Briefe:
a) Die Briefe des Paulus an: die Römer, die Korinther I, II; die Galater; die Epheser; die Philipper; die Kolosser; die Thessalonicher I, II; Timotheus I, II; Titus; Philemon
b) Der Brief an die Hebräer
c) Die kath. Briefe des Petrus I, II; Johannes I, II, III; Jakobus; Judas

IV. Die Offenbarung des Johannes

V. Die Apokryphen:
Das Hebräer-, Ägypter- u. Petrusevangelium
Die koptischen Texte (gef. in Nag-Hammadi)

daß mit dem NT die göttlichen Prophezeiungen nicht abgeschlossen sind. Ähnlich wie im AT offenbare sich Gott zu allen Zeiten den Menschen. Bekannte Neuoffenbarungen stammen auch von → Swedenborg, → Lorber. Esot. Deutungen (z. T. mit Ergänzungen des Überlieferten durch → Channeling) der ganzen Bibel bzw. einzelner Evangelien, unter Einbeziehung der östlichen Weisheitslehren, veröffentlichten → Aivanhov. Die Textfunde von Qumran und Nag-Hammadi scheinen solche Neuinterpretationen zu rechtfertigen.

Bibergeil, lat.: *Castoreum*; das Drüsensekret des Bibers. Die paarweise zwischen After und Geschlechtsteilen des Bibers liegenden Drüsensäcke werden nach der Tötung des Tieres herausgeschnitten und in Rauch getrocknet. Die 25 –100 g schweren Beutel, die von einer braunschwarzen runzligen Hülle umgeben sind, enthalten einen harzartigen, nach Baldrian riechenden Stoff, der aromatisch, bitter und scharf schmeckt. Schon in der antiken Medizin war B. ein Heilmittel, das gegen krampfhafte, nervöse und hysterische Leiden eingesetzt wurde. In der Parfümerie wird B. wegen seiner erotisierenden Note geschätzt. Nach neuesten Forschungen ist es ein → Pheromon, das auf das menschliche Sexualdrüsensystem wirkt.

Biedermann, Hans (1930–1990), österreich. Prof. und Schriftsteller, der auf Forschungsreisen nach Südostafrika, Mexiko und Westsahara prähistorische Kulten und ungeklärte Phänomene aller Art studierte. Veröffentlichungen: *Medicina Magica* (1973), *Altmexikos heilige Bücher* (1971), *Materia Prima* (1973), *Hexen – Auf den Spuren eines Phänomens* (1974), *Bildsymbole der Vorzeit* (1977), *Lexikon der Felsbildkunst* (1977), *Wellenreise* (1977), *Die versunkenen Länder* (1980), *Die Spur der Alt-Kanarier* (1983), *Höhlenkunst der Eiszeit* (1984), *Handlexikon der magischen Künste* (3. Aufl. 1987), *Das verlorene Meisterwort* (1986).

Bier, schon 3000 v. Chr. bei den Babyloniern und Ägyptern bekanntes Getränk. Die ägypt. Sage berichtet, daß die erzürnte Göttin Hathor von dem Gott Re mit einem berauschenden Getränk aus Gerste mit dem Zusatz der Dadafrucht (= Alraun) beruhigt wurde. Wegen des geringen Alkoholgehaltes wurde es durch narkotische Solanazeene wie z. B. → Alraune verstärkt, so daß es etwa die Wirkung des Weines hatte. Nach Aussage des mittelalterl. Dichters Hartmann von der Aue war das Bier so schwach, daß ein Becher Wein dieselbe Wirkung wie 44 Becher Bier hatte. Wie in China war es auch in Mitteleuropa Brauch, das B. durch → Bilsenkrautsamen zu verstärken. Ortsnamen wie Bilsensee, Bilsdorf und Pilsen in Böhmen sprechen dafür, daß das Bilsenkraut für diesen Zweck angebaut wurde. Wegen der stark berauschenden Wirkung, die diese B.e hervorriefen, wurde ab dem 16. Jh. der Zusatz von Bilsenkrautsamen verboten. Eine Warnung findet sich auch im berühmten Kräuterbuch des Theodor Tabernaemontanus (1664): Es wird vermutet, daß solche B.e auch für die im Mittelalter epidemisch auftretende Tanzwut verantwortlich gewesen seien. Die Verbindung der Bierbrauereien mit Klöstern wurde bislang damit begründet, daß das B. während der Fastenzeit als Nahrungsmittel diente. Nach neueren Forschungen kann die Wertschätzung des B. in den Klöstern auch darauf beruhen, daß der wichtigste Inhaltsstoff des Hopfens ein → Phytohormon enthält, das beruhigend auf das Sexualdrüsensystem wirkt.

Bija, skrt.: »Samen«; die Energie, die in jeder materiellen Erscheinung steckt. Im Verlauf einer Meditation kann sie die Gestalt einer Gottheit annehmen. Besonders als Bez. für die Klangsymbole *(bija-mantra)* gebraucht, welche die → Chakren aktivieren.

Bild, bei → Jung gleichbedeutend mit → Symbol. Das Bild, das wir uns von einem anderen machen, wird von Jung und in der → Psychoanalyse als Imago bezeichnet. Als Produkte der inneren Phantasietätigkeit sind Bilder Ausdruck der momentanen Phantasietätigkeit.

Bildzauber, eine magische Praktik, die auf dem → Analogiezauber basiert. Zwischen einer Person oder einem Gegenstand und ihrem (seinem) Bild besteht eine Beziehung. So wird im Schadenszauber das Bild einer Person durchbohrt, während man gleichzeitig Fluchformeln spricht. Der Zusammenhang zwischen Magie und dem Bild wird im Lat. durch den gleichen Wortstamm zum Ausdruck gebracht: Magie u. I-mag-O (Bild) .

Bilokation, lat.: »Zweiörtlichkeit«. Bez. in der → Parapsychologie für das gleichzeitige körperliche Erscheinen eines Menschen (Doppelgestalt) an zwei verschiedenen Orten. Es ist eine Sonderform des → Doppelgängers. Man deutet die B. als eine Aussendung des → Astralkörpers oder als eine → Halluzination, die durch → Telepathie verursacht wird.

Bilsenkraut, bot.: *Hyoscyamus*; Hauptarten schwarzes u. weißes B. Ein Nachtschattengewächs (bot.: *Solananzeen)*, dessen psychoaktive Bestandteile Alkaloide (stickstoffhaltige, alkalische Substanzen) Atropin (Hyoscymin) und Skopolamin (Hyoszin) sind. Schon in geringen Mengen führen diese Stoffe zu Funktionsstörungen des Gehirns. Dosen ab 10 mg rufen schwere Vergiftungserscheinungen hervor bzw. sind tödlich. Die in der Antike gebräuchlichen Bez. *Apollinaris* oder *Pythonion* (abgel. von Apollo, dem griech. Gott der Weissagung) weisen darauf hin, daß das B. als Wahrsagemittel benutzt wurde. Dem entspricht auch die kelt. Bez. *Beluntia* (nach dem kelt. Orakelgott Belenos). Dt. volkstüml. Bez. sind Schlafkraut, Zigeunerkraut, Teufelswurz und Prophetenkraut. Im Mittelalter war B.

ein wichtiger Bestandteil der → Hexensalben und des → Bieres. Bis ins 19. Jh. wurden die Dämpfe des B. als Heilmittel gegen Zahnschmerzen und Asthma benutzt.

Binah, hebr. »Verstand«; Bez. der 3. Sephirah (→ Sephiroth), die zusammen mit → Chohmah aus → Kether hervorgebracht wurden. Diese beiden Sephiroth, aus denen die Sephirah-Daath hervorgeht, bilden das Vernunftreich. B. ist der weibliche Teil. Zuordnungen: Herz, praktische Vernunft, links, energisch und streng. B. hat den göttlichen Namen Yahweh Elohim; ihr Erzengel ist Tzaphqiel und Shabathiai; die Sphäre des Saturn ist ihre materielle Welt.

Bingelkraut, bot. *Merkurialis annua*; in der Volksbotanik: Hundskohl, Ruhrkraut, Kuhkraut, Schweißkraut, Speckmelde oder Wodanskraut. Hauptinhaltsstoff ist Saponin. Es ist ein Rautengewächs, das bis zu einem 3/4 Meter hoch wächst. Das Kraut besitzt einen angenehmen Geruch und schmeckt salzig-bitter. In der Volksmedizin benutzt man es als Abführmittel und als Mittel gegen Ödeme (Wasseransammlungen im Körper). Den → Hexensalben wurde das B. unter dem Namen »ausdauernde Bingel« beigefügt.

Bioanziehungseffekt, Bez. für das Festkleben von Gegenständen am menschlichen Körper ohne jeglichen Muskelaufwand. Im Gegensatz zur → Telekinese und → Levitation bedarf es dabei keiner besonderen psychischen Anstrengungen. Eine Person, die über den B. verfügt, kann einen Gegenstand unbeschränkt lange am Körper halten. Man nimmt an, daß bei bestimmten Menschen durch die Gehirntätigkeit ein besonderes Kraftfeld (Biofeld) entsteht.

Biochemie, griech.: »Chemie des Lebens«; ein von dem dt. Homöopathen Dr. Schüßler (1821–1898) geprägter Begr. Sch. fand heraus, daß zwölf Mineralsalze (»biochemische Heilmittel«) den Gesundheitszustand eines Menschen beeinflussen. Er nannte sie Gewebesalze, weil sie die wichtigsten Nährstoffe der Zellen sind. Die Ergebnisse seiner Forschungen faßte Sch. in fünf Grundsätzen zusammen: 1. Eine Krankheit tritt nur auf, wenn die Zellenfunktion gestört ist. 2. Die Zellenfunktion ist normal, wenn die Ernährung der Zellen normal ist. 3. Der Körper braucht sowohl organische Stoffe als auch Mineralien. 4. Mangel an Mineralsalzen beeinträchtigt die Fähigkeit des Körpers, organische Verbindungen aufzunehmen (zu assimilieren) 5. Zellernährung kann durch Einnahme der fehlenden Mineralsalze wieder ins Gleichgewicht gebracht werden. Diese Mineralsalze können auch kombiniert werden und gegen einen ganzen Formenkreis von Erkrankungen (z. B. Nervenleiden) eingesetzt werden. Die 12 Gewebesalze sind: Kalziumfluorid, Kalziumphosphat, Kalziumsulphat, Eisenphosphat, Kaliumchlorid, Kaliumphosphat, Kaliumsulphat, Magnesiumphosphat, Natriumchlorid, Natriumphosphat, Natriumsulphat, Siliziumdioxyd. Diese eigentlich frei erhältlichen Mittel sollten jedoch nur nach Beratung durch einen Heilpraktiker oder Arzt eingenommen werden.

Biodynamische Therapie, oder biodynamische Psychologie, wurde von der Norwegerin Gerda Boyesen (geb. 1922) entwickelt. Jedes psychische Ereignis (Schock, Streß, Frustration etc.) führt zu einer physiologischen Reaktion. Die Folge sind Ungleichgewichte der Muskeln und der inneren Organe (besonders der Verdauungsorgane), die sich schon in frühester Kindheit bilden und zu einer Art Panzerung führen können. Boyesen führt die Lehre von Wilhelm → Reich über Körper und Charakterpanzer weiter und unterscheidet zwei Formen: 1. Eingeweidepanzer. Die Darmmuskeln werden in ihrer Funktion (Peristaltik) erheblich eingeschränkt. Der Körper verliert die Fähigkeit zur Selbstregulierung und sich durch »peristaltische« Wellen seiner Eingeweide, besonders der Därme, von Streß zu befreien (Verlust der »Psychoperistaltik«) 2. Gewebepanzer. Die Einschränkung der Zirkulation der Körperflüssigkeit verhindert, daß die → Bioenergie frei fließen kann. Durch eine »peristaltische Massage«, bei der die Darmgeräusche mit Hilfe eines Stethoskops kontrolliert werden, werden die Spannungen in Muskeln, Eingeweiden und Gewebe aufgelöst. Wenn die gestaute Bioenergie wieder frei fließen kann, kommt es zu einem biodynamischen Auftrieb. Um künftigen Energieblockaden vorzubeugen, muß der Patient lernen, die körpereigene Selbstregulierung zu aktivieren.

Bioenergie, griech.: »Lebensenergie«; Bez. für die kosmische Energie, die der Körper aufnimmt, in den einzelnen → Chakren verdichtet und in Aura entlädt. Andere Bez. sind → Chi'i, → Prana, → Od und → Orgon. Die Schüler von Wilhelm → Reich, Alexander Lowen und Gerda Boyesen gebrauchten B. statt der Bez. *Orgon* ihres Lehrers.

Bioenergetik, eine Psychotherapie, die von dem Reich-Schüler Alexander Lowen ab 1956 an seinem Institut für Bioenergetische Analyse entwickelt wurde. Der Körper besitzt eine fundamentale Energie, die → Bioenergie, die sich in Muskeln, aber auch in den psychischen Reaktionen wie Gefühlen etc. äußert. Jeder seelischer Vorgang führt zu einer körperlichen Reaktion. Um sich vor seelischen Ereignissen wie Schmerz, Streß, Leid etc. zu schützen, umgibt sich der Körper mit einem Panzer (Charakterpanzer). Die Bildung dieses Abwehrmechanismus reiche oft in die frühkindliche Zeit zurück, so daß einem Menschen nicht bewußt sei, wieviel Bioenergie er seinem Körper entzieht, um diesen Charakterpanzer aufrechtzuerhalten. Die Therapie besteht in einer Verbesserung der Sauerstoffversorgung durch gelenktes Atmen und in der Vermittlung eines neuen Ich-Gefühls, was als »Grounding« (Erdung) bezeichnet wird. Dem Patienten wird eine bestimmte Körperhaltung beigebracht, damit er fest auf den Boden stehen und seine Bioenergie harmonisch durch den Körper fließen kann. Wegen dieser konkret zu erlebenden Körperlichkeit ist die Bioenergetik geeignet zur Behandlung neurotischer, sexueller und anderer Störungen.

Biofeedback, von engl.: *feedback* = »Rückkopplung« u. griech.: *bio* = »Leben«; die Rückkoppelung von Lebensvorgängen. Darunter versteht man das Bewußtmachen bzw. die bewußte Kontrolle von Körperfunktionen mit Hilfe von mikroelektronischen Geräten. Ohne technischen Aufwand kann man anhand des Herzschlages z. B. die Erregung eines Menschen feststellen. Erkannte und bewußtgemachte körperliche und seelische Vorgänge können kontrolliert und verändert werden. Durch Messung des elektrischen Hautwiderstandes (ESR) werden die körperlichen Reaktionen auf Erregung und Streß geprüft (körperlicher Erregungspegel). Bei Entspannung und in einem tranceähnlichen Zustand erhöht sich der Hautwiderstand enorm. Die Messung des psychischen Zustandes erfolgt mit Hilfe des EEG (Elektroenzephalographie), das die → Gehirnwellen mißt. Betawellen zeigen Aktivität und Streß an, Alphawellen Entspannung. Mit dem Mind Mirror (Geistesspiegel) können die Wellen der rechten und linken Gehirnhälfte gemessen werden. Je tiefer die Entspannung ist, desto symmetrischer sind auch die Gehirnwellen der beiden Gehirnhälften. Durch die → Kirlianfotografie kann man das elektro-magnetische Energiefeld um den Menschen (→ Aura) fotografieren.

Biointroskopie, griech.: »Lebensinnenschau«; andere Bez. Hautsehen (Dermooptik) oder Lesen mit den Fingern. Diese → paranormale Fähigkeit (»Rosa Kuleschowa-Phänomen«) ermöglicht es, ohne Zuhilfenahme des optischen Sinnes die Farbe eines Gegenstandes zu bestimmen. Nach Untersuchungen sollen 72% der Kinder zwischen 7 und 12 Jahren diese Fähigkeit haben. Grelles Licht erhöht die B., schwaches Licht und Dämmerung vermindert sie. Die Versuchspersonen berichten, daß z. B. Rot ein brennendes Gefühl, Orange ein warmes und Blau ein kaltes Gefühl hervorruft.

Bioplasma, griech.: »Lebensgebilde«; besonders von osteuropäischen Parapsychologen gebrauchte Bez. für die → Aura oder Energiekörper des Menschen, der durch die → Kirlianfotografie sichtbar gemacht werden kann.

Biorhythmik, griech.: »Lehre von den Lebensabschnitten«. Der Berliner Arzt Wilhelm Fliess *(Der Ablauf des Lebens,* 1906) und der Psychologieprofessor Hermann Swoboda fanden heraus, daß das Leben eines Menschen aufgrund biochemischer Vorgänge durch zwei parallel verlaufende Rhythmen bestimmt wird. Der erste Rhythmus, der das körperliche Leistungsvermögen anzeigt, erstreckt sich über 23 Tage, der zweite, der Auskunft über Gefühl und Kreativität gibt, über 28 Tage. In jedem Rhythmus gibt es Höhe- und Tiefpunkte. Die erste Hälfte ist positiv, die zweite negativ. In den 20er Jahren entdeckte Alfred Teltscher einen dritten Rhythmus von 33 Tagen, der sich auf die geistige Aktivität bezieht.

Bircher-Benner-System, ein nach dem Schweizer Arzt Dr. Bircher-Benner (1867–1939) benanntes Diätsystem, das er in seiner 1902 in Zürich gegründeten Klinik entwickelte. Sie basiert auf der Theorie, daß der Nährwert einer Nahrung sowohl durch den Kalorienwert (Wärmemaß) als auch den »Lichtwert« bestimmt wird. Darunter versteht er die Sonnenenergie, die für den Aufbau einer Pflanze benötigt wird. Da Nahrungsmittel von Tieren (z. B. Fleisch) ohne den direkten Einfluß des Sonnenlichts entstanden sind, sollte die Nahrung des Menschen aus pflanzlicher Rohkost bestehen, die sogar zur Hälfte unbearbeitet sein soll. Der Proteinbedarf sollte nicht durch Fleisch, sondern durch Eier und Käse gedeckt werden. Ein weiterer Grundbegr. seiner Lehre, die er 1903 in dem Buch *Grundzüge der Ernährungstherapie* darlegte, ist die »trächtige Gesundheit«. Darunter versteht er die scheinbare Gesundheit, unter deren Deckmantel sich Krankheiten anbahnen. Ursachen dieser Krankheiten sind: Vitamin- und Mineralstoffmangel, Säure-, Eiweiß-, Kochsalz- und Zuckerüberschuß.

Birke, bot.: *Betula alba*; gehört zur Gattung der Kätzchenblütler. Die Rinde und die Blätter der B. gelten als Fiebermittel. Aus dem im Frühjahr angebohrten Stamm der B. gewinnt man einen säuerlich-süßen Saft (»Birkenbalsam«), der gegen Hautkrankheiten hilft und für sog. Frühlingskuren benutzt wird. In der Magie ist die B. ein Liebesmittel. Durch trockene Destillation wird aus der B.-Rinde ein Öl gewonnen, das gegen Fieber aller Art und rheumatische Leiden angewandt wird. Aus den B.-Knospen wird ein hellgelbes, dickflüssiges Öl destilliert, das als Ersatz für den → Copaivabalsam dient. B.-Zweige wurden in der Zauberei zum Losen beim Wahrsagen benutzt.

Birkenbaum. Die Schlacht am Birkenbaum, der irgendwo in Westfalen stehen soll, ist einer alten Überlieferung nach der Endkampf der Völker. Ein Weißer Fürst soll den Sieg davontragen. Der erste gedruckte Bericht über diese Schlacht stammt aus dem Jahre 1701. Man sieht in der Schlacht vom B. einen Nachhall des altgermanischen Glaubens vom letzten Weltkampf. Aus der Weltesche Yggdrasil ist der B. geworden.

Bittermittel, oder Bitterstoffdrogen (lat.: *Amara)*; die Bez. ergibt sich daraus, daß der Mensch den Geschmack einer bestimmten Pflanze als bitter empfindet.

Früher unterschied man die rein bitteren, schleimig-b., aromatisch-b., salzig-b., ätherisch-b. etc. Heute werden die B. in drei Gruppen eingeteilt: 1. *Amara tonica.* Pflanzen mit »reinen«, d. h. tonisch wirkenden B. ohne wesentliche andere Bestandteile (z. B. Gelber Enzian, Tausendgüldenkraut). 2. *Amara aromatica.* Durch den Gehalt an B. und aromatischen Ölen sowohl bitter als auch aromatisch schmeckende Pflanzen (z. B. Wermut und Engelwurz). 3. *Amara acria.* Gleichzeitig bitter und scharf schmekkende Pflanzen. Sie werden häufig als Gewürze verwendet (z. B. Ingwer und Pfeffer). Die B. regen die Magen- und Darmfunktion an. In der Volksheilkunde werden sie als Mittel gegen körperliche und seelische Erschöpfung geschätzt.

Bittersüß, bot.: *Solanum dulcamara,* volkstüml. Bez. Hirschkraut und Kletternachtschatten; ein Nachtschattengewächs, das ein schwach psychoaktives Alkaloid Solanin und einen bittersüßen Extraktivstoff (Pikroglykion) enthält. Die Stengel und Äste des B. fördern die Ausscheidungen der Haut, Nieren und Bronchien. Im Zauberglaube war B. ein Schutzmittel gegen Behexung und wurde von Kindern in Säckchen als → Amulett um den Hals getragen.

Blackwood, Algernon
(1869–1951), engl. okkult. Schriftsteller und Mitglied des → Golden-Dawn-Ordens. Nach einer sehr religiösen Erziehung ging er schon mit zwanzig Jahren nach Kanada und versuchte, als Farmer zu arbeiten, scheiterte aber und führte dann ein Abenteuerleben, bis er in New York ein Auskommen als Reporter fand. 1899 kehrte er nach Europa zurück und begann, Erzählungen und Romane zu schreiben. Im Golden-Dawn-Orden schloß er sich der Gruppe um → Waite an. In seinen Erzählungen hebt er die Gefährlichkeit, aber auch die Faszination der Natur hervor, die den Menschen durch ihre geheimnisvollen Energien bedrohen kann. Werke in dt. Übers.: *Besuch von Drüben, Der Griff aus dem Dunkeln, Das leere Haus* u. *Der Tanz des Todes.*

Blake, William (1757–1827), engl. Dichter, Philosoph und Maler, auf den → Swedenborg und die → Kabbala einen großen Einfluß ausübten. Er lehrte die Einheit aller Religionen und glaubte, daß alle Götter im Herzen des Menschen vorhanden seien. Das Christentum wird von ihm in einer Weise umgedeutet, die ihn für die → New-Age-Bewegung sehr interessant machte. Der Sündenfall ist ein Vorgang, der sich im Inneren des Menschen abspielte. Den Satan identifiziert er folglich mit der Individualität (engl.: *selfhood)* des Menschen und Jesus als eine Art von »höherem Bewußtsein« (engl.: *imagination).* Er schuf eine Kosmologie in Anlehnung an die Kabbala, in deren Mittelpunkt die vier Zoas (griech.: *zoa* = »Lebewesen«) stehen. Werke: *The Marriage of Heaven and Hell, The Book of Urizen;* eine dt. Übers. von ausgewählten Werken erschien unter dem Titel *Die Hochzeit von Himmel und Hölle.*

Blau. In der europäischen Farbensymbolik werden mit B. das Metall Zinn, der Donnerstag, die Tugend Gerechtigkeit, Planet Jupiter, die Tierkreiszeichen Fische u. Schütze verbunden. In der → Ariosophie wird B. die Bedeutung von Blut und Opfer zugeschrieben, weil der Mantel des germ. Gottes des Krieges Wotan/Odin blau war. Als Himmelsfarbe ist B. das Symbol der weltumspannenden Idee der → Freimaurerei und die Farbe der → Loge (→ Bauhütte). In der ind. Astrologie ist das → Tattwa Vayu (Element Luft) blau. In der → Aura weist B. auf: Geruhsamkeit, Weichheit, Frömmigkeit, Idealismus, Religion, Moral und Philosophie hin. Von den → Chakren hat das 5. (→ Visuddha) reines B. und das 6. (→ Ajna) Indigo-B. Folglich aktiviert B. die Schilddrüsen und Indigo-B. die Hypophyse. In der → Farbtherapie gilt B. allgemein als eine kalte Farbe, die Entzündungen heilt, Fieber lindert und die Nerven beruhigt.

Blavatsky, Helene (1831–1891), Spiritistin, Medium und Begründerin der theosophischen Bewegung. (→ Theosophie). 1851, nach gescheiterter Ehe mit dem russ. General Blavatsky, ging sie nach Amerika und lernte die → Voodoo-Riten kennen. Danach verbrachte sie sieben Jahre in Tibet, wo sie geheime Meister (→ Mahatmas) kennenlernte, die sie in die östlichen Weisheitslehren einführten und ihr später ihre Bücher diktierten. Nach ihrer Rückkehr nach Europa machte sie die Bekanntschaft des berühmten engl. Mediums D. D. → Home. Es folgten Aufenthalte in Paris, London und in ihrer Heimat Rußland (1858). B. erwarb sich den Ruf eines Mediums und veröffentlichte ihr erstes Buch *Die Stimme der Stille* (1857). 1871 gründete sie in Kairo eine spiritistische Gesellschaft, die durch Schwindeleien in ein schiefes Licht geriet und ihre Tätigkeit einstellen mußte. Ab 1873 hielt sie sich wieder in Amerika auf. Mit Begeisterung beteiligte sie sich an an der → Spiritismus-Bewegung. 1874 lernte sie den Reporter Henry Steele → Olcott kennen, der sofort ihre mediale Begabung erkannte. Mit ihm zusammen gründete sie den Miracle Club, aus dem wenige Jahre später die Theosophical Society hervorging. 1877 erschien das für die Theosophie grundlegende Werk *Isis Unveiled* (dt. Übers.: *Die entschleierte Isis).* Hierin versucht sie nachzuweisen, daß das, was sie Theosophie nannte, der innere Kern aller früheren Geheimlehren und religiösen Systeme sei. 1879 ging sie mit Olcott nach Indien und verlegte dorthin auch das Hauptquartier ihre Organisation, die sich zu einer beachtlichen esot. Bewegung entwickelte (monatl. Zeitschrift *The Theosophist).* Schon 1885 verließ B. Indien wieder, nachdem es zu internen Querelen wegen der Briefe des geheimen Meisters Koot Humis gekommen war. Die seit 1884 kursierenden Briefe des geheimnisvollen Tibeters erwiesen sich nach einer Untersuchung durch Hodges, einem Mitglied der Society for Psychical Research, als Fälschungen, denn sie stammten aus der Feder von B. 1888 veröffentlichte sie ihr Hauptwerk *The Secret Doctrine* (dt. Übers.: *Die Geheimlehre).* Zwar behauptete sie wiederum, ein Meister namens Djwal Khul habe ihr das Buch diktiert, aber Untersuchungen ergaben, daß es eine Kompilation von älteren esot. Schriften war. Alle Werke der B. sind auch in dt. Übers. erschienen.

Blick, böser, eine Form des → Schadenszaubers, die darin besteht, daß man Menschen, Tieren und Dingen dadurch schadet, indem man sie ansieht. Dieser Glaube findet sich schon seit der Frühzeit bei Natur- und Kulturvölkern, besonders aber bei den romanischen Völkern. Schon im AT *(Buch der Sprüche)* heißt es: »Iß nicht das Brot von dem, der das böse Auge hat.« Schutzmittel gegen den b. B. sind: Korallenbänder, Perlen und rote Bänder. Im Mittelmeerraum ist eine obszöne Fingergeste (lat.: *digitus infamis* = »schamloser Finger«) üblich, die aus einem Abwehrzeichen mit Zeigefinger und kleinem Finger der rechten Hand besteht. In der Vergangenheit hat man Hexen, die in Verdacht standen, »Augenbeißer« zu sein, die Stirn oberhalb der Augenbrauen zerkratzt.

Blocksberg, Name des Brocken im Harz, wo die Versammlungen der Hexen (→ Hexensabbat) stattfinden. Nach der Christianisierung haben dort die sächsischen Priester ihre heidnischen Kulte weiterpraktiziert. Als Ort der Hexenversammlungen wurde er aber erst durch das Buch von → Prätorius: *Blokkesberges Verrichtung oder ausführliche geographischer Bericht von dem hohen, trefflich alten und berühmten Blocksberge, ingleichen von der Zauberfahrt und Hexensabbat, so auf solchem Berge die Unholden aus ganz Deutschland jährlich den 1. Mai in St.-Walburgisnacht anstellen sollen* (1668) bekannt.

Blüher, Hans (1888–1955), Philosoph und Schriftsteller. Sein besonderes Engagement galt der Jugendbewegung. In seinem Buch *Die Rolle der Erotik in der männlichen Gesellschaft* (1919) untersuchte er auch die → Freimaurerei, die für ihn kein Geistesbund, sondern die Grundlage für das Erlebnis der Verbrüderung unter Männern bildete. In dem *Traktat über die Heilkunde* (1927) befaßte er sich mit der Krise der Schulmedizin und empfahl die Verbindung von Medizin und Religion (spirituelle Medizin) als Ausweg.

Blut. Seit der menschlichen Frühgeschichte ist das B. der Sitz des Lebens (→ Animismus) oder der Seele. Auf die Anthropophagie (Menschenfresserei) geht der Brauch zurück, das Blut eines getöteten Menschen zu trinken. Diese Vorstellung lebt noch im → Vampirismus weiter. Ein Menschenopfer darzubringen und das Blut einer Gottheit oder einem Dämon zu weihen, ist die höchste Form des Sühneopfers. Die Vermischung des Blutes zweier Menschen und der anschließende Genuß stellt eine besonders enge Verbindung unter ihnen her (Blutsbrüderschaft). In dem IX.

Grad, dem »Hocherleuchteten, Auserwählten, Vertrauten«, des Systems der »Großen Landesloge der Freimaurer von Deutschland« war das Bluttrinken bis 1932 üblich. Einem Neuaufgenommenen entnahm man etwas Blut und vermischte es mit Blut aller (der lebenden und toten) Mitglieder des IX. Grades, das in einer Flasche aufbewahrt wurde. Sodann mußten alle davon trinken. (Quelle: Otto Hieber, *Der Grad der Auserwählten*, 1910).

Blutstein, oder Hämatit; besteht aus kristallisiertem Eisenoxyd von stahlgrauer bis eisenschwarzer Farbe. Das Mineral ist undurchsichtig. Wie der Name schon verrät, ist der B. ein uraltes Mittel gegen Blutungen. Die Wirkung beruht darauf, daß das Eisenoxyd das Bluteiweiß zum Gerinnen bringt. Die Ägypter legten ihn unter das Kopfkissen der Mumien und ließen Sprüche aus dem → Totenbuch darauf eingravieren. In der Antike wurde er kalziniert, d. h. mit Wein übergossen, zum Glühen gebracht und mit süßen Wein abgelöscht. Mit Frauenmilch vermischt, war er dann eine Arznei gegen tränende Augen. Der B. schützt auch gegen den bösen → Blick. Anwendung in der modernen Edelsteinmedizin: Er wirkt auf das Basis-Chakra (→ Muladhara). Das Elixier ist ein blutreinigendes Mittel und hilft gegen Nierenerkrankungen.

Blutwunder, paranormal auftretende Blutungen an Kultgegenständen (z. B. Hostie, Wein) und Bildern Christi. Dazu zählt auch die Verflüssigung der Blutreliquie mancher Heiliger, die zu bestimmten Zeiten auftreten (z. B. Januariuswunder in Neapel). Da das Blut nur auf der Oberfläche erscheint, erklärt man diese Erscheinungen als → Apport-Phänomene, deren Urheber nicht bekannt sind. Nach einer anderen Deutung werden die B. durch einen Pilz hervorgerufen *(Bacterium prodiglosum)*, der einen roten Farbstoff ausscheidet.

B'nai B'rith, hebr. »Söhne des Lichts«; eine 1843 in New York gegründete freimaurerähnliche Vereinigung (ab 1882 auch in Deutschland), die nur jüd. Männer aufnimmt. Man kennt drei Grade: Lehrling, Geselle und Meister. Im Unterschied zur → Freimaurerei wird ein Lehrling schon bei seinem Eintritt mit dem gesamten Ritual und Brauchtum bekanntgemacht. Neben humanitären Aufgaben beschäftigt sich B. besonders mit der esot. Tradition des Judentums. (→ Kabbala)

Bo Yin Ra (1876–1943), Ps. für Anton Schneiderfranken, esot. Schriftsteller und Maler, der in Frankfurt (Städelschule), München, Paris und Wien ausgebildet wurde. Die für sein Schaffen entscheidenden Erlebnisse hatte er in Griechenland. In seinen Bildern versuchte er, geistig-kosmische Lebensbereiche darzustellen, wie z. B. Urzeugung und Geburt des Kosmos. Seine 40 Schriften bilden sein »geistiges Lehrwerk«, das den Gesamttitel *Hortus Conclusus* (»Verschlossener Garten«) trägt.

Er bezeichnet sich als »Abgesandter der Weißen Loge«, der seine Offenbarungen wie vor ihm → Blavatsky und → Besant von einem geheimen asiatischen Meister erhalten haben will. Seine okkulten Lehren, die auf theosoph. Gedankengut basieren (die → Reinkarnation aber wird nur in Ausnahmefällen anerkannt), haben besonders die neueren Rosenkreuzer wie z. B. → Amorc oder Lectorium Rosicrucianum beeinflußt.

Bocksdorn, bot.: *Lycium*; ein Nachtschattengewächs, das im südlichen Europa beheimatet ist. Schon in der Antike bereitete man daraus einen Extrakt, der unter dem Namen *Lycium* gegen Hautkrankheiten eingesetzt wurde. In der chin. Medizin wird B. *(L. chinense)* als Tee bei vielen Krankheiten angewandt. In der Magie galt B. als Schutzmittel gegen Zauberei. Ein Haus schützte man, indem man Büschel der Äste vor die Tür und die Fenster hängte.

Boddhipakkiya-Dhamma, Pali: »die 37 Elemente der Erleuchtung«; enthalten die wichtigsten Lehren des → Buddhismus. Dazu gehören: 1. die vier Grundlagen des rechten Gedenkens, *(satipattana)*, 2. die vier großen Kämpfe *(sammappadhanani)*, 3. die vier Grundlagen der magischen Kraft *(iddhipada)*, 4. die fünf inneren Sinne *(indriyani)*, 5. die fünf geistigen Kräfte *(balani)*, 6. die sieben Erleuchtungsmerkmale *(sambojjhanga)*, 7. der achtfache → Pfad *(atthangikamaga)*.

Bodhi, skrt. u. Pali: »Erleuchtung«; der geistige Zustand eines → Buddha oder Bodhisattva, der im Besitz der Wahrheit oder des vollkommenen Wissens ist, und zugleich die 6. und höchste Stufe des → Samadhi erreicht hat, die den Gemütszustand des Asekha → Arahat (d. h. die Verwirklichung des Nirvana) kennzeichnet.

Bodhicitti, skrt.: »Weisheit *(Bodhi)* des Herzens«, *citti*; das Wesen des → Bodhisattva, der sich in der Welt für die Erlösung aller Wesen einsetzt.

Bodhidharma (470–543 n. Chr.), ind. Buddhist, der von seinem Lehrer wegen seiner großen Kenntnisse des Gesetzes (skrt.: → Dharma) und der Wahrheit (skrt.: → Bodhi) diesen Namen erhielt. Er ging nach China (chines. Name: Pu-ti-ta-mo) und begründete die buddh. Chan-tsung-Schule, die später in Japan → Zen hieß. (sein jap. Name: Daruma). Es wird berichtet, daß er in Loyang neun Jahre lang schweigend gesessen und an eine Wand gestarrt habe. Damit er nicht einschlief, habe er sich die Augenlider abgeschnitten. Aus ihnen erwuchs der Teestrauch, der die Mönche bei ihren Meditationen wachhält. B. lehnte Studium und äußere Formen ab. In der Meditation (→ Dhyana) über die Leerheit (Sunyata) sah er die einzige Möglichkeit der Heilsgewinnung. Diese Schule verbreitete sich sehr rasch über China und wurde um 1300 die Hauptform des chin. → Buddhismus.

Bodhisattva, »Erleuchtungswesen«; das religiöse Ideal des → Mahayana-Buddhismus. Er ist ein Heiliger, dessen Wesen die Erkenntnis ist und der es sich zur Aufgabe gemacht hat, nicht eher ins → Nirvana einzugehen, bis alle anderen Wesen vom Kreislauf der Wiedergeburt (→ Samsara) befreit sind. Jeder kann B. werden, wenn er ein Gelübde ablegt, daß er ein zukünftiger → Buddha werden will und für das Heil aller Kreaturen unermüdlich tätig sein will. Dann hat er zehn Stufen (→ Bhumi) in unzähligen Wiedergeburten zu durchlaufen, bis er zu der 10. Stufe, der »Wolke der Religion« gelangt ist, wo er höchste Erkenntnis und übernatürliche Kräfte erlangt hat.

Bodin, Jean (1530–1596), franz. Staats- und Rechtsphilosoph, Kronanwalt, der sich zwar zum Toleranzgedanken bekannte und die wahre Religion auf die Verehrung Gottes und die Befolgung der Sittengesetze eingeschränkt sehen wollte, aber gleichzeitig 1580 ein Hexenbuch *(Daemonomanie,* mit dem Anhang *Widerlegung der Meinungen von Johannes Wier)* veröffentlichte. In dieser Hetzschrift forderte er die Verantwortlichen auf, gnadenlos gegen die Hexen vorzugehen. Dieses Werk, das eine vollständige Übersicht über das Zauberwesen und seine Praktiken enthält, beschreibt u. a. sehr ausführlich, wie Hexen durch → Nestelhüpfen (50 Arten) und → Zauberknoten Männer unfruchtbar machten.

Bodylearning, engl. »Körpererfahrung«; vollständiger Name »Apeiron-Methode für Bodylearning«. Diese ganzheitliche Therapie, die sich aus verschiedenen Körpertherapien wie → Feldenkrais u. → Alexandertechnik zusammensetzt, wurde von dem schwed. Therapeuten Sandbland entwickelt. Durch Wiederherstellung der natürlichen Körperabläufe sollen nicht nur die körperlichen Funktionen, sondern auch die Seele harmonisiert werden.

Böhme, Jakob (1575–1624), schles. Schuhmacher und Mystiker. Um 1600 hatte er eine Erleuchtung, die ihn zwölf Jahre lang beschäftigte. 1612 schrieb er das Buch *Aurora oder die Morgenröte im Aufgang,* das der → Pansophie verpflichtet ist. B. wollte darin den Kosmos erkennen, das ewige Werden und Sein und die Gottesgeburt. Und er versuchte auch aus der Natur das ewige All zu erklären. Andere Schriften wie *Drei Prinzipien* enthalten Gedankengut der → Kabbala. B. erklärt hierin die Schöpfung der Welt aus der Quinta Essentia (→ Alchemie). Nach Adams Sündenfall habe der Mensch zunächst den Schlaf und dann die Geschlechtsmerkmale erhalten. Der zweigeschlechtliche, selbstzeugende Adam wurde nach seinem Sündenfall von Christus erlöst und als zweiter Adam geboren, (→ Adam kadmon). Weitere Hauptwerke: *Vierzig Fragen von der Seele* u. *Mysterium pansophicum.*

Boguet, Henry (1550–1619), franz. Oberrichter in Franche-Comte, der in dem Buch *Discours de sorciers*, 1602 (»Abhandlung über die Hexen«) seine Erfahrungen niederlegte, die er bei Hexenprozessen gesammelt hatte. Die auf der Folter erpreßten Aussagen von 40 Personen werden ausführlich wiedergegeben, um zu beweisen, daß die Hexen eine reale Gefahr darstellten. Überdies enthält das Buch Anweisungen, wie Hexenprozesse geführt werden müssen.

Bogumilen, slaw.: »Gottesfreunde«; eine im 11. Jh. in Bulgarien und Kleinasien verbreitete Sekte, deren Lehre auf gnostischem Gedankengut (→ Gnosis) beruhte. Die B. sind ein Beweis, daß die spätantike Gnosis bis ins Mittelalter weiterlebte bzw. ihre Lehren neu belebt wurden. Der eine Gott hatte zwei Söhne: Jesus und Satanel, von denen der letztere von Gott abfiel und die Welt und die Menschen schuf. Um die Seele des Menschen, die von Gott stammt, aus dem schlechten Körper zu befreien, wurde Jesus als heiliger Geist zur Erde gesandt. Von der Bibel übernahmen die B. nur das Johannesevangelium. Das Priestertum und die Sakramente lehnten sie ab. Die B., die noch bis ins 15. Jh. eine eigene Kirche bildeten, verbreiteten sich im 11. Jh. in Italien und Frankreich und übten einen großen Einfluß auf die → Katharer aus.

Bohm, David (geb. 1917, Physiker (Mitarbeiter von Einstein und Oppenheimer) und New-Age-Denker, der → Krishnamurti als seinen spirituellen Lehrer betrachtet. B. hebt den Zusammenhang der modernen Naturwissenschaften mit der Mystik hervor. Die Physik z. B. stoße bei ihren Forschungen an eine Grenze, wo Materie und Nicht-Materielles kaum mehr unterscheidbar seien. Hinter den Grenzen der Naturwissenschaft und den Formen der Erscheinungswelt gebe es eine verborgene Ordnung, die man als → Hologramm bzw → Holomovement beschreiben könne. Voraussetzung für die Erkenntnis dieser Ordnung sei die Überwindung des isolierenden Denkens, das die Natur in zusammenhanglose Bereiche auflöst. Werke in dt. Übers.: *Die implizite Ordnung, Die verborgene Ordnung des Lebens* (mit Donald Factor) u. *Das neue Weltbild* (zus. mit Peat).

Bohnenkraut-Öl, bot.: *Satureya hortensis*; ein in Mittel- und Südeuropa und Asien beheimateter Lippenblütler. Die Gewinnung des Öls erfolgt durch Wasserdampfdestillation der blühenden Zweige. Mediz. Anwendung: bei Magen- und Darmkrankheiten, Bronchitis, Impotenz und Nervenschwäche.

Bois, franz.: *boise* = »holzig«; eine Duftnote von Parfüms, die vom Derb-Frischen (Wurzelhaften) bis zum Raffiniert-Schwülen reicht und vor allem den Duft exotischer Hölzer wiedergeben will.

Bonatti, Guido (1230–1300), ital. Astrologe (Beiname: Siderabilissimus), der schon mit 20 Jahren Hofastrologe des Kaisers Friedrich II. war. In seinem Buch *Liber Astronomicus*, 1506 (dt. Übers.: *Auslegung der menschlichen Geburtsstunde*, 1572) gab er ein genaues Bild der astrologischen Praxis des Mittelalters nach der Wiedereinführung der Astrologie in Europa durch die Araber.

Bon-Tsau-Gang-Mu, (Pen Ts'ao Kang Mu), chin.: »Text und Kommentar des Bon-tsau«; ein berühmtes chin. Arzneibuch, das Li Schi-dschen (gest. um 1580) verfaßte. Nachdem er in 27jähriger Arbeit über 900 pharmakologische Werke ausgewertet hatte, konnte es erst sein Sohn im Jahre 1596 drucken lassen. Das Riesenwerk besteht aus 48 Bänden. Dazu kommen eine theoretische Einleitung in 2 Bde., 2 Bde. Krankenindizes und 3 Bde. Illustrationen. Die Zahl der behandelten Substanzen beläuft sich auf 1900, wovon der Autor 1500 aus früheren Werken übernommen hat. Den Rest untersuchte er selbst. Das Werk enthält über 11 091 alte und neue Rezepte. 1100 Drogen sind pflanzlicher Herkunft, etwa 450 tierischer, die restlichen stammen aus Mineralen. Jede Droge wird detailliert beschrieben: volkstümlicher und wissenschaftlicher Name, Aussehen, Herkunft, Geschichte, Gewinnung, med. Dosierung und Konservierung.

Bootsrap-Philosophie, eine physikalische Theorie und Naturphilosophie, die von dem amerik. Physiker Geoffrey Chew begründet wurde. Die auf die griech. Philosophie zurückgehende Zurückführung der Natur auf letzte Bausteine der Materie wird ebenso aufgegeben wie die fundamentalen Gesetze, Gleichungen und Konstanten. Nach Chew ist das Universum ein dynamisches Gewebe zusammenhängender Geschehnisse. Keine der Eigenschaften des Gewebes sei fundamental. Alle ergäben sich aus den Eigenschaften der anderen Teile. Die umfassende Stimmigkeit ihrer Zusammenhänge bestimme die Struktur des ganzen Gewebes. → Capra wies nach, daß die Anschauung vom Universum als Gewebe von Zusammenhängen typisch für das Denken der östlichen Weisheitslehren ist.

Bosch, Hieronymus (1450–1516), holl. Maler, in dessen Gemälden die esot. Lehren seiner Zeit ihren Ausdruck gefunden haben sollen. B. soll Angehöriger der Geheimsekte »Brüder und Schwester vom freien Geist« gewesen sein oder Rosenkreuzergruppen nahegestanden haben. Bilder wie z. B. »Der Garten der Lüste« lassen sich auch im gnostischen Sinn interpretieren. Es heißt, B. habe den kirchlichen Sündenbegriff geleugnet und im Sexualakt die Überwindung der Materie gesehen. Man kann in diesen Bildern aber auch die Fähigkeit eines Künstlers sehen, tiefste Schichten des Unterbewußtseins zu erfassen und die → Astralwelt darzustellen.

Boullan, Joseph Antoine (1824–1893), exkommunizierter Priester der kath. Kirche, der sich für die Marienverehrung engagierte und das »Wunder von Salette« (1846 soll angeblich den beiden Kindern Melanie u. Maxim Clavat beim Hüten der Kühe die Jungfrau Marie erschienen sein) publizistisch ausnutzte. Nachdem er die Nonne Adele Chevalier kennengelernt hatte, gründete er in einem Vorort von Paris den Orden »Les Péres de la Réparation«, dessen Gottesdienste aus einem sexualmagischen und gnostischen Ritual bestanden. Alle Teilnehmer waren nackt, und B. vollzog auf dem Altar den Koitus mit seiner Lebensgefährtin. 1875 nahm er Kontakt mit dem ebenfalls exkommunizierten Priester Vintras auf, der in Lyon zusammen mit seinen Anhängern eine »Weiße Messe des Melchisedek« zelebrierte. B. gelang es, nach dem plötzlichen Tod von Vintras einen Teil der Anhänger auf seine Seite zu ziehen. Zu Beginn der 80er Jahre wurde Oswald Wirth (1860–1943) von B. in seine Kirche aufgenommen. Als Wirth 1886 austrat und dem Okkultisten Stanislaw de → Guaita, dessen Sekretär er wurde, von den Praktiken B.s. berichtete, wurde ein Ehrengericht der Eingeweihten einberufen, das B. zum magischen Tod verurteilte. Es kam zum »Krieg der Magier«, der von beiden Seiten mit → Schwarzen Messen und magischen → Ritualen geführt wurde. B. machte während dieser Zeit die Bekanntschaft von → Huysman, der ihm als Dr. Johannes in den Roman *La Bas* ein Denkmal setzte. Als B. überraschend starb, stand auch für Huysman fest, daß B. das Opfer eines »magischen Schwerthiebs der schwarzen Rosenkreuzer von Paris« war. Die polnische Nonne Maria Francesca Kozlowska führte die Sekte B.s unter dem Namen Mariae Vita weiter, unter dem sie heute noch besteht.

Bozzano, Ernesto (1862–1943), ital. Parapsychologe. Über 25 Bücher zeugen von seinen umfassenden Studien auf dem Gebiet der Parapsychologie. Sie bedürfen jedoch eines sehr kritischen Lesers, weil B. selbst Spiritist war und ihm gelegentlich die nötige Distanz zu den paranormalen Phänomenen fehlte. Standardwerke: *Die Spukphänomene* (dt. Übers: 1930), worin er 532 → Spukfälle untersuchte, u. *Übersinnliche Erscheinungen bei den Naturvölkern* (dt. 2. Aufl. 1975).

Brahma, skrt.: Wurzel *brih* = »wachsen«; ind. Schöpfergott und Personifikation von → Brahman, dem obersten Weltprinzip. Zusammen mit → Shiva (Zerstörer der Welt) und → Vishnu (Erhalter) bildet er eine Götterdreiheit *(trimurti).* Seine Gattin ist Sarasvati, die Göttin der Beredsamkeit und Erfinderin des → Sanskrit. B., der in den ältesten Schriften der Inder, den → Veden, noch nicht vorkommt, wird in der Kunst als ein Mann mit vier gekrönten Häuptern und Händen dargestellt.

Brahma-Vihara, skrt. u. Pali: »Wandel Brahmas«; buddh. Bez. auch *apamanna* = »Unermeßlichkeit«; Inhalt einer Meditationsübung, die vier Gemützustände hervorbringt: Güte, Mitleid, Mitfreude und Gleichmut. Diese Meditation ist für Herrscher gedacht, die diese königlichen Tugenden gegenüber Untertanen walten lassen sollten.

Brahman, skrt. »Zauberspruch, Zauber«, im → Hinduismus Bez. für das Absolute und die alles durchdringende Weltseele. In den → Upanishaden werden B. und → Atman gleichgesetzt, d. h. die Allseele ist das innerste Selbst des Menschen. Weil unser Selbst mit der Allseele identisch ist, gibt es nur ein Eines ohne ein Zweites (→ Advaitam). Der Weg der Erlösung von dieser äußeren Scheinwelt (→ Maya) führt in die Tiefe des eigenen Selbst. Denn der Erkenntnis, daß der Mensch selbst das Brahman ist, entspringt die Erlösung vom ewigen Kreislauf der Geburten.

Brahmanas, Erläuterungsschriften (Ritualvorschriften, dogmatische Kommentare, traditionelle Erzählungen, Mythen und philosophische Spekulation) zu den → Veden, die um 1000 v. Chr. abgefaßt wurden. Diese umfangreichen Abhandlungen beschreiben die Durchführung der heiligen Zeremonien, heben ihre Bedeutung hervor und geben an, welche himmlischen Belohnungen dafür zu erwarten sind. Diese Texte sind der Niederschlag eines priesterlichen Denkens, das allen Riten einen großen Wert zuschrieb, weil die kosmische und kultische Ordnung einander entsprächen.

Brahmane, Hindupriester und Angehöriger der obersten Kaste in Indien. Als Kennzeichen tragen die B. eine heilige Schnur. In diese Kaste wird man hineingeboren (skrt.: *jat* = »Geburtskaste«).

Brahmanismus, Bez. für eine der Hauptreligionen Indiens, die auf den → Veden als heiliger Offenbarung, dem → Kastenwesen und der → Seelenwanderung beruht. Man unterscheidet drei Perioden: 1. Vedismus 2. Brahmanismus im engeren Sinne und 3. Hinduismus. Der B. im engeren Sinne reichte von 2. Jh. bis in die Mitte des 1. Jh. v. Chr. Die Priesterklasse (→ Brahmanen) errang eine unbeschränkte Machtstellung, weil nur sie das komplizierte Ritual kannte und praktizierte, mit dessen Hilfe man sich die Götter dienstbar machen konnte.

Brahmarandhara, skrt.: eine der Schädelnähte oder die Stirnnaht, wo → Brahman in den Körper gelangt. Im → Yoga ist dort die Endstation für den Atem auf seinem Weg durch den Energiekanal Susumna (→ Nadi).

Brennan, Herbert James, amerik. Hypnotherapeut, psychologischer Berater und Schriftsteller, der Werke über Magie, Reinkarnation und Okkultismus veröffentlichte (dt. Übers.: *Experimentelle Magie; Astralprojektion).* Er hat zahlreiche Experimente mit → Astralreisen unternommen und Forschungen zur Frage der Reinkarnation durchgeführt.

Brentano, Clemens (1778–1842), bedeutendster Dichter der Hochromantik, der u. a. zusammen mit von Arnim die Volksliedersammlung *Des Knaben Wunderhorn* herausgab. 1819–24 lebte er zurückgezogen in Dülmen (Westfalen) bei der stigmatisierten (→ Stigmatisation) Nonne Anna Katharina → Emmerich, deren Visionen er literarisch verarbeitete *(Das bittere Leiden unseres Herrn Jesu Christi,* 1833). An jedem Freitag zeigten sich bei ihr Wundmale, und sie berichtete in Ekstase über das Leiden Jesu Christi. Nach ihrem Tod führte B. ein unstetes Wanderleben.

Bricaud, Jean (1881–1934), franz. Expriester, Okkultist und Oberhaupt der »Eglise Gnostique Universelle«. B., der sich schon in seiner Jugend mit dem Okkultismus beschäftigte, ein kath. Priesterseminar besuchte und aus der kath. Kirche austrat, war 1899 von → Papus in den Martinismus eingeführt worden. 1902 veröffentlichte er eine Schrift über den Mystiker Dutoit-Membrini, der noch zahlreiche esot.-okkult. Bücher (z. B. *La Messe Noir, ancienne et moderne,* 1924) folgen sollten.

Brillenbuchstaben, eine Geheimschrift (arab.: *Kalfatirjat),* die sich besonders in arab. Zauberbüchern findet. Vieles spricht dafür, daß es sich um nicht mehr lesbare Zeichen bzw. Buchstaben handelt, deren Aussprache durch den Zauberspruch gegeben wurde. Die »Buchstaben« sind Zeichen aus Strichen, Kreuzen, Sternen oder Dreiecken, die an ihren Endpunkten durch kleine aufgehängte Kreise charakterisiert sind. Da die Zeichen Augenpaaren ähneln, hat man sie B. genannt. Schon in der Antike finden sich solche Zeichen vermischt mit ägypt. Hieroglyphen auf Zaubergegenständen, Verfluchungstafeln und Gemmen. Der Ursprung der B. ist nicht sicher geklärt. Die Augenpaare sollen ursprünglich ein Schutzmittel gegen den bösen Blick sein. Es könnten auch Kombinationen von Losbildern sein, die man durch Werfen von Losstäbchen oder Kügelchen gewonnen hat. Auch die Ableitung von der babylon. Keilschrift ist erwägenswert, denn in der Regel wurden magische → Alphabete aus untergegangenen Schriftsystemen gebildet.

Brodie-Innes, John William (1843–1923), schott. Rechtsanwalt, Schriftsteller und Begründer eines Tempels des → Golden-Dawn-Ordens in Edinburgh. Er gilt als einer der wichtigsten Lehrer von Dion → Fortune, die unter seinem Einfluß dem Orden beitrat. B., Spezialist für das Hexenwesen, schrieb nicht nur esot. Bücher und Artikel, sondern auch Novellen und Theaterstücke. Als es 1900 zur Spaltung des Ordens kam, hielt B. McGregor → Mathers die Treue und wurde deshalb von ihm zu dessen Vertreter und Nachfolger bestimmt. Später arbeitete er in der Londoner Golden-Dawn-Gruppe um → Berridge und Moina → Mathers mit.

Bruno, Giordano (1548–1600), ital. Philosoph, der als Ketzer verbrannt wurde. B., der von der magisch-hermetischen Tradition (→ Hermetismus, → Agrippa v. Nettesheim) beeinflußt ist, verband den → Neuplatonismus, die Lehre des Kopernikus sowie die Magie und den Hermetismus seiner Zeit zu einer pantheistischen Weltschau. Demnach ist Gott das unendliche All. Dieses beseelte Universum ist das einzige Seiende, das seinem Wesen nach ewig und unveränderlich ist. In dem Buch *De umbris idearum* (1582) läßt er mythische Gestalten (aus der griech. Mythologie: → Diana, → Pythagoras; aber auch den nordischen Zauberer → Merlin) auftreten, die in einer allegorischen Sprache gnostische und neuplatonische Gedanken in christlichem Gewand verbreiten. → Yates behauptet, die wissenschaftliche Revolution des 17. Jh. und überhaupt das neuzeitliche Denken habe seinen Ausgangspunkt von solchen esot. Lehren genommen.

Brunton, Paul (1898–1981), engl. Journalist und Schriftsteller, der zu den besten westlichen Kennern östlicher Religionen und Weisheitslehren zählt. Schon in seiner Jugend beschäftigte er sich mit Spiritismus, wurde später zeitweise Mitglied der → Theosophical Society und enger Freund und Mitarbeiter von Allan → Bennett, mit dem er zusammen *The Buddhist Review* herausgab. Längere Reisen führten ihn nach Ägypten, China, Japan und vor allem Indien, wo er sich von Heiligen und → Gurus in die Weisheitslehren einführen ließ. Bestimmend für sein weiteres Leben war das Zusammentreffen mit Shri Ramana → Maharshi, einem der größten ind. Heiligen der Neuzeit, als dessen Schüler er sich fortan betrachtete. Seine Bücher (besonders *A Search in Secret India)* weckten in der westlichen Welt das Interesse für die östlichen Weisheitslehren. 1956 zog er sich in die Schweiz zurück. Entschieden lehnte er das Ansinnen seiner zahlreichen Anhänger ab, ihn zu einem Guru zu machen. In seinen Notizbüchern *(The Notebooks of Paul B.*; Umfang 7000 Seiten) bemühte er sich um eine Synthese aus östlicher Mystik (Yoga, Mediation etc.) und westlichem Rationalismus. Werke in dt. Übers.: *Geheimnisvolles Ägypten, Karma – Kette von Ursachen und Wirkungen, Die Philosophie der Wahrheit, Als Einsiedler im Himalaja, Das Überselbst* u. *Der Weg nach Innen.*

Buch Dzyan, von tib.: *dzin* (?) = »lernen«; Name eines geheimnisvollen Buches, dessen schwer verständliche Strophen Blavatsky in ihrem Buch *The Secret Doctrine* (dt. Übers.: *Die Geheimlehre)* wiedergab. Sie handeln von der kosmischen Entwicklung und der wahren Schöpfung des Menschen.

Buch der Schatten, engl.: *Book of Shadow*, die Bibel der modernen Hexensekte, die von → Gardner ins Leben gerufen wurde. Nach Gardner soll das B. d. S. ein uraltes Werk sein. Doch die modifizierte Version eines Gedichtes von Rudyard Kipling, längere Auszüge von → Crowleys Gnostischer Messe und seinem *Book of Laws (Buch der Gesetze)* und Entlehnungen aus dem Buch *Aradia* von Leland weisen auf einen modernen Ursprung hin. Man vermutet, daß Crowley selbst bei der Abfassung beteiligt war. Das Buch enthält nämlich nicht nur Rituale aus seinem *Magick*, sondern verkündet auch eine Ethik, die mit Crowleys Maxime für das neue Zeitalter des Horus »Tu, was du willst« identisch ist.

Buch Thot, das, Titel eines Tarotbuches mit 78 Tarotkarten (»Grand Etteilla«), das der Franzose → Etteilla 1780 veröffentlichte. Darin versucht er u. a. den Nachweis zu erbringen, daß → Tarot von den ägypt. Hieroglyphen abstammt und eine Lehre des Tris-Mercurius Athotis sei. Athotis ist nur durch eine Verwechslung, die schon in der Antike vorkam, in diesen Zusammenhang gekommen, denn dieser Name bezeichnet den 2. ägypt. König (Theti) der 1. Dynastie. Das Werk ist nach seiner Aussage die Interpretation oder der Schlüssel zu den 78 Hieroglyphen des B. Th., des einzigen ägypt. Buches, das sich erhalten hat. Eine dt. Übers. *Theoretischer und praktischer Unterricht über das Buch Thot, oder über höhere Kraft, Natur und Mensch, um mit der Zuverlässigkeit die Geheimnisse des Lebens zu enthüllen und Orakel zu erteilen* wird schon in der Zauberbibliothek von Horst (1825) erwähnt. Nachdrucke 1857 in Stuttgart bei Scheible, 1922 und 1989 (mit Nachwort von H. Werner). Auch die Interpretation der Symbolik der Tarotkarten von → Crowley wurde 1944 unter dem Titel *Book of Toth* veröffentlicht.

Buch der Wandlungen, → I Ging.

Buchanan, Joseph Rhodes (1814–1899), amerik. Prof. für Psychologie (Medical Institute in Covington, Kentucky, USA). B. fand bei der Suche nach den Gehirnregionen, die für die Sensibilität zuständig sind, Spuren einer unbekannten psychischen Fähigkeit, für die er 1842 »Psychometrie« (griech.: »Seelenmessung«) prägte. Seine Ergebnisse veröffentlichte B. 1849 im *Journal of Man* und in erweiterter Fassung unter dem Titel *Manual of Psychometry, the Dawn of a new Civilisation*, 1885. B. vermutete, daß von allen Gegenständen »Abstrahlungen« (engl.: *emanations)* ausgehen, die von Medien interpretiert werden können. Auf diese Weise sei die Vergangenheit in der Gegenwart manifest (»Die Welt ist ihr eigenes fortdauerndes Denkmal«). Die Psychometrie wird heute als eine Art Hellsehen gedeutet. Nach → Bender ist sie »induktives Hellsehen«, weil ein Gegenstand (Induktor = »Veranlasser«) gleichsam als »Gedächtnisstütze« einem Medium hellseherisch wahrgenommene Bewußtseinsinhalte aufdrängt.

Buchstaben, magische → Alphabete, praktische → Kabbala.

Buckland, Raymond (geb. 1934), amerik. Okkultist und Schriftsteller, der zu den führendsten Vertretern des → Satanskult zählt. Zusammen mit seiner Frau baute er in Anlehnung an → Gardner 18 Hexenzirkel (→ Covens) und ein Hexenmuseum in Long Island (USA) auf. Seine Bücher beschäftigen sich mit praktischer Magie *(Complete Book of Witchcraft, Practical Candleburning Rituals, Practical Color Magic)*, der Magie des alten Schottlands und der Angelsachsen *(Scottish Witchcraft, Tree-Complete Book of Saxon Witchcraft)*, Zaubersprüchen *(Magick of Chant-o-matics)* und Wahrsagen *(Gypsy Fortunetelling Decks, Book of African Divination)*.

Buddha, skrt.: »der Erleuchtete« 1. Name des Stifters des → Buddhismus; Gautama (560–480 v. Chr.), genannt »Siddhartha« oder nach seinem Stamm der Sakya auch »Sakyamuni«, der Sohn eines Adligen aus Kapilavastu in Nordindien. Er verließ mit 29 Jahren seine Familie und gab sein fürstliches Leben auf, um über die Übel in der Welt, deren Ursprung und Beseitigung nachzudenken. Er wurde Schüler bedeutender → Brahmanen, deren Lehren über die Seelenwanderung und die Möglichkeit einer Erlösung in diesem Leben ihn nicht überzeugten. Nach siebenjährigem Nachdenken erhielt er eines Nachts unter einem Feigenbaum in Budh-Gaya (unweit Patna) die Erleuchtung (→ Bodhi) und wurde ein »Buddha«. Er war sich lange unsicher, ob er seine Erkenntnis verkünden sollte. Schließlich entschloß er sich, im Gazellenhain von Benares (heute Sarnath) seine neue Lehre fünf Asketen zu offenbaren. In dieser berühmten Predigt von Benares verkündigt B. die vier edlen Wahrheiten, welche die Grundlage des → Buddhismus bilden. Mehr als 40 Jahre zog er durch Nordindien und starb schließlich 80jährig in Kusinara. 2. Ein übernatürliches Wesen, das das Absolute verkörpert. Der historische B. ist nur eine Inkarnation dieser Wesen, deren Zahl ins Unermeßliche geht und die in überirdischen Welten thronen. Das → Hinayana nimmt an, daß es außer B. vorher schon andere B.s gab. An der Spitze aller B.s stehen die fünf Dhyani-B.s (Mediations-B.s)., die aus dem → Adibuddha hervorgehen. Während die Dhyani-B.s in höheren Welten leben, erscheinen auf der Erde die fünf menschlichen B.s (Manushi-B.), die Reflexe dieser Mediations-B.s sind. In der gegenwärtigen Weltperiode war der historische B. der vierte dieser Manushi-B.s. Der zukünftige trägt den Namen Maitreya.

Buddhatathata, skrt.: »Soheit«; in der buddh. Schule Vijnanavada oder Yogacara Bez. für das Absolute, die höchste Weisheit, in der alle Wesen eins sind. Identisch mit dem → Adi-Buddha, aus dem die Meditationsbuddhas, → Bodhisattvas und manushis hervorgehen.

Buddha-Yoga, identisch mit dem achtfachen → Pfad (→ Buddhismus).

Buddhi, skrt.: »Einsicht u. Vernunft«; in der ind. Philosophenschule Samkhya ist B. die Fähigkeit, Vorstellungen zu bilden und festzuhalten. Es ist das Organ der Unterscheidung oder des Urteils, das als das hervorragendste innere Organ gilt.

Buddhi-Yoga, skrt. »Yoga der Erkenntnis«; eine Form des → Yoga, die die Geisteskräfte (→ Buddhi) vom Ich und der Welt befreien will.

Buddhismus. Der B. stimmt mit dem → Brahmanismus überein in dem Glauben an eine Seelenwanderung (→ Reinkarnation) und Erlösung (→ Atman) und der Korrektur des Kreislaufs der Geburten durch das → Karma. Aber grundsätzlich lehnt der B. die Autorität der → Veden ab. Die Basis der Lehre des B. sind die »Vier edlen Wahrheiten« *(ariyani saccani)*: 1. das Übel *(dukkha)*. Geburt, Krankheit, Tod bringen Schmerz hervor, denn sie lassen das Verlangen nach dem entstehen, was man nicht erreichen kann. Überhaupt sind alle Zustände, die mit dem Selbstbewußtsein verbunden sind, die Ursache von Übel. 2. das Entstehen des Übels *(dukkhasamudaya)*. Die Einwirkung der äußeren Welt auf die Sinne erzeugt Verlangen *(tanha)* oder den Trieb zur Sinnlichkeit. 3. das Aufhören des Übels *(dukhanirodha)*. Es wird ermöglicht durch das völlige Überwinden dieses heftigen Verlangens. 4. der Pfad, der zur Überwindung des Übels führt. Er heißt der mittlere *(majjhima patipada)*, weil er alle Extreme vermeidet. Er beruht auf der Enthaltsamkeit von der Sinnlichkeit, die als herabwürdigend und nutzlos gilt, andererseits auf dem Verzicht der Selbstpeinigung, die für den Brahmanismus kennzeichnend ist. Dieser Pfad ist achtteilig (achtfacher → Pfad).
Alle lebenden Wesen, deren Zahl unendlich ist, sind dem Übel unterworfen. Götter, Dämonen, Menschen und Tiere haben dieselbe Natur und stellen nur verschiedene Stufen der äußeren Existenz dar. Von allen Existenzen ist aber die menschliche die beste, weil nur in ihr die Erlösung erreicht werden kann. Der Mensch besteht aus einem Aggregat verschiedener körperlicher und geistiger Eigenschaften, die vergänglich sind. Statt der Seele kennt der B. nur geistige Funktionen. Nur das innere Organ (Pali: *mano*, skrt. *manas)*, das durch die Wahrheit (Pali: *dhamma*, skrt.: *dharma)* erkannt wird, überlebt und führt die Erlösung herbei. Die Wiedergeburt jedes Wesens nach dem Tod wird durch sein Karma (Pali: *kamma)*, d. h. die guten oder schlechten Taten in früheren Existenzen und dem jetzigen Leben beeinflußt. Die Erlösung besteht in der Erkenntnis der Wahrheit, die zum »unsterblichen Ort« (Pali: *amatam padam)*, dem → Nirvana (Pali: *nibanna)*, führt. Dieses Ziel wird in vier Stufen erreicht: 1. Sotapatti (»Eintreten in den Strom«). Bedingung ist, daß man die ersten vier Pflichten des achtfachen Pfades einhält. Der Bekehrte ist frei von Selbsttäuschung und der Wirkung der Opfer.

2. Sakadagamin (»in die Sinnenlustregion noch einmal Wiederkehrende«). In dieser Stufe werden Lust, Haß und Selbsttäuschung auf ein Minimum vermindert. Der Betreffende hat nur noch einmal in der Welt zu erscheinen, und zwar als Mensch bzw. Deva (»Gott«) 3. Anagamin (»in die Begierdenwelt nicht Wiederkehrende«). Auf dieser Stufe werden die letzten Reste von Sensualität und Übelwollen zerstört, so daß keine Lust und Haß mehr aufsteigen. Eine Wiedergeburt erfolgt nur noch im Götterhimmel. 4. → Arahat (der vollendete Heilige). Kennzeichen sind die Freiheit von allem Verlangen nach materieller Existenz, von Stolz, Selbstgerechtigkeit und Unwissenheit. Ein solcher Mensch erkennt alle Dinge in ihrem wahren Wert. Der Arahat verwirklicht noch im gegenwärtigen Leben das Nirvana, und da er ein Asheka (Pali: »Erlöster«) ist, unterliegt er nicht mehr dem Kreislauf der Geburten.

Nach dem Tod Buddhas stellten seine Anhänger auf dem 1. Konzil in Rajagriha die beiden ersten Teile des buddh. Kanons (→ buddh. Schrifttum) zusammen.: *Vinaya* (Ordenszucht) und *Suttapitaka* (Lehrvorträge). Da sich bald viele Mißbräuche in den Orden einschlichen, fand 100 Jahre nach Buddhas Tod in Vesali ein 2. Konzil statt. Es behandelte Fragen der Ordenszucht und führte zum Ausschluß einer größeren Gruppe von Mönchen, die sich zu einer neuen Sekte (*Mahasanghika* = »Angehörige der großen Versammlung«) zusammenschlossen. Ein 3. Konzil fand 246 v. Chr. in Pataliputra während der Herrschaft des Königs → Ashoka statt. Den Vorsitz führte der Mönch Tissa Moggaliputta, der auch ein eigenes Werk verfaßte, das *Kathavatthu*, in dem die »reine« Lehre so festgelegt wurde. Man beschloß, Missionstätigkeit in den außerindischen Ländern aufzunehmen. Der Sohn des Königs Ashoka, Mahendra, wurde nach Ceylon geschickt, dessen König für den B. gewonnen werden konnte. Das 4. und letzte Konzil fand unter dem König Kaniska (um 100 n. Chr) statt, der ähnlich wie Ashoka dem Buddhismus zugetan war und Kaschmir zu einem Hauptsitz dieser Religion machte. Vergeblich versuchte man die Sektenbildung aufzuhalten und die neu entstandenen Richtungen zu versöhnen. Seit dem 1. Jh. n. Chr. kann man zwei Hauptrichtungen unterscheiden, das → Mahayana (nördliche Richtung) oder das »große Fahrzeug«, welche die Lehre Buddhas modifizierte, und das → Hinayana (südliche Richtung), »das kleinere Fahrzeug«, als ältere Strömung. Aus dem Mahayana entwickelte sich ab dem 7. Jh. eine dritte Richtung, das → Vajrayana (»Diamant-Fahrzeug«) oder Mantrayana (»Fahrzeug der Zaubersprüche«).

Buddhismus, chinesischer. Die Verbreitung des B. in China wurde durch den Kaiser Mingti (58–76 n. Chr.) besonders gefördert. Anfänglich trat der B. in Form des → Hinayana in Erscheinung. Später wurde das Mahayana die vorherrschende Lehre. Ab 1261 unter den Mongolenkaisern fand auch der →

Lamaismus Verbreitung. Der ch. B. verschmolz mit dem Ahnenkult und dem → Taoismus. Der chines. Kaiser wurde als eine Inkarnation des → Bodhisattva angesehen. In der Zeit von 400–700 sind über zehn Schulen entstanden. Die wichtigsten sind: 1. Chih-kuan-tsung (»Schule des Wissens und der Versenkung«), gestiftet im 6. Jh. n. Chr. von Chihkai, lehrt das Studium und die Meditation als Heilsweg zur Erlangung der Buddhaschaft. 2. Lütung (»Schule der Disziplin«), begründet von Tao-hsüan (7. Jh.), legt größtes Gewicht auf die Einhaltung strenger Ordensvorschriften. 3. Ching-tu-tsung, (»Schule des reinen Landes«), deren Stifter der Indoskythe Lokakshi (2. Jh. n. Chr.) gewesen sein soll, verehrt vor allem den → Amitabha. Durch Gebete an ihn soll die Wiedergeburt im Paradies des Westens erreicht werden. 4. Chan-tsung, »Schule der Meditation«, begründet von → Bodhidharma (6. Jh.), verwirft Studium und äußere Formen und sieht in der Mediation über die Leerheit die einzige Möglichkeit zur Heilsgewinnung. Diese Schule hat sehr große Bedeutung erlangt und namentlich auf die chin. Kunst großen Einfluß erlangt.

Buddhismus, japanischer. Nach Japan gelangte der B. von Korea (6. Jh. n. Chr.). Die dort vorherrschende Form ist das → Mahayana. Die Zahl der → Buddhas und → Bodhisattvas ist durch einheimische Götter erweitert worden. Der j. B. zerfällt in zwölf Sekten. Die wichtigsten davon sind: 1. → Zen. Mit ihren Untersekten ist sie die bedeutendste Schule in Japan Sie ist eine Fortsetzung der von → Boddhidharma in China gegründeten Meditationsschule, die im 7. Jh. nach Japan kam. 2. Shingon-shu (»Sekte des wahren Wortes«). Sie ging aus der chin. Mantraschule (Mitsung) hervor. Ihr Begründer war der Mönch Kobo Daishi (774–834). Sie verbindet eine mystische Philosophie, welche die Wesenseinheit alles Existierenden mit dem Buddha Vairocana lehrt, mit einem stark ausgeprägten Zauberglauben. 3. Tendai-Schule. Gründer ist Dengyo Daishi (767–822). Sie sucht die verschiedenen Heilswege Meditation, Studium, Kult gleichermaßen zu berücksichtigen. 4. Jodo-Sekte, die von Enko Daishi 1175 begründet wurde, entspricht der chin. »Schule des Reinen Landes«. Für sie ist Buddha → Amitabha (jap.: *Amida)* als Herrscher des westlichen Paradieses der Vermittler der Erlösung. 5. Shin-Schule, gegründet 1224 von Kenshin (Shinran Shonin genannt). Auch sie verkündet den Glauben an Amitabha, aber sie verwirft die Askese. 6. Nichiren-shu-Sekte, 1253 von dem Mönch Nichiren gegründet. Sie will dem historischen → Buddha wieder seinen gebührenden Platz einräumen.

Buddhistisches Schrifttum. Die Schriften des südlichen Buddhismus (→ Hinayana) sind in einem mittelindischen Dialekt, dem → Pali, abgefaßt. Die kanonischen Schriften, die auf dem 3. Konzil (→ Buddhismus) kodifiziert wurden, tragen den Namen Tripitaka

(»Dreikorb«): 1. *Vinaya-Pitaka (»Korb der Ordenszucht«) enthält die Erläuterung der Ordensregeln u. »Abschnitte«. Diese Textgruppe ist eine wichtige Quelle des Gemeindelebens. 2. Sutta-Pitaka* (»Korb der Lehrreden«) umfaßt Lehrtext-Sammlungen, Lieder und Legenden. 3. *Abhidamma-Pitaka* (»Korb der metaphysischen Lehrbegriffe«) enthält die Scholastik. Die Schriften des nördlichen Buddhismus (→ Mahayana) sind in der altindischen Sprache, dem Sanskrit, abgefaßt. Das wichtigste Werk ist das *Saddharmapundarikasutra* (»Das Buch von dem Lotos der guten Lehre«), entstanden um 200 n. Chr. Unter den zahlreichen Schriften des → Vajrayana ist das bekannteste das *Kalachakra* (»Rad der Zeit«). Zum → Lamaismus gehören zwei Werke: der *Kandjur* (tib. Übers. der Vorschriften), der aus 108 Bänden mit 689 Werken besteht, und der *Tandjur* (tib. Übers. der Lehre) mit 225 Bänden.

Budge, E. A. Wallis (1857–1934), engl. Ägyptologe und Leiter der Ägyptenabteilung des Britischen Museums (1892–1924). B. gab eine engl. Übers. des ägyptischen → Totenbuches heraus. Mit dem ägypt. Tempel des → Golden-Dawn-Ordens soll er in Verbindung gestanden sein.

Budo, → Bushido.

Bulwer-Lytton, Edward Georg (1803–1873), engl. Schriftsteller u. Staatsmann, der durch seinen Roman *Die letzten Tage von Pompeji* sehr bekannt wurde. B. war Mitglied der engl. Rosenkreuzergruppe (Societas Rosicruciana in Anglia, Abk. SRIA) und hatte persönlichen Kontakt mit Eliphas → Levi. In zahlreichen Romanen behandelte er die okkulte, spiritist. und Rosenkreuzer-Thematik. In seinem Rosenkreuzerroman *Zanoni* (1842) erzählt er die Geschichte der beiden Chaldäer Zanoni und Mejnour, die durch ein geheimnisvolles Elixier ein Jahrtausende dauerndes Leben erlangten. In der Erzählung *The Coming Race* (1871; dt. Übers.: *Das Geschlecht der Zukunft)* wird einer der Lieblingsgedanken B.s, nämlich Menschen zu einer mit höchsten Kräften und Fähigkeiten begabten Rasse heranzuziehen, aufgegriffen. Eine solche Rasse entdeckt ein Amerikaner tief im Erdinnern. Sie verfügt über die geheimnisvolle Kraft Vril, die Vitalenergie des sprossenden Korns, die eine wichtige Energie der Menschheit sein werde. Ihr Mißbrauch könne aber verhängnisvolle Folgen haben.

Burchard von Worms (um 965–1025), Bischof von Worms, der eine Sammlung des Kirchenrechtes in 20 Büchern verfaßte *(Decretorum libri viginti).* Darin befindet sich auch ein Abschnitt, das berühmte »Canon Episcopi«, das auf ein karolingisches Kapitular (eine Anweisung oder Gesetz) zurückgeht. Bischöfe werden darin angewiesen, Hexer und Zauberer aus ihren Pfarreien zu vertreiben. Es enthält wichtige Hinweise, daß trotz der Christianisierung der antike → Dianakult (→ Artemis) weiterlebte, sich mit ähnlichen einheimischen Göttervorstellungen verband und zur Quelle des mittelalterlichen Hexenglaubens wurde (→ Benandanti, → Ginzburg).

Burckhardt, Titus (1908–1984), Kunsthistoriker, Verleger u. Schriftsteller, der ein grundlegendes Buch über die Alchemie veröffentlichte *(Alchemie – Sinn und Weltbild*, 1960), in dem er zeigte, daß die verschiedenen Verfahren der Alchemie nur bildlich zu verstehen sind und ihr Hauptanliegen die Umwandlung des Menschen ist. Richtungweisend sind auch seine Arbeiten über den → Sufismus. (Vom Sufitum 1963, Einführung in die islam. Mystik.) Dazu kommen franz. Übers. arab. Mystiker und Astrologen: *Lettres d'un maître soufi – Le Sheikh Al-'Arabi Ad-Darqawi* (1978) u. *Le spirituelle de Astrologie musulmane* (1950). Posthum erschienen z. T. unveröffentlichte Aufsätze: *Spiegel der Weisheit* (1992). B. stimmt mit den wichtigsten → New-Age-Denkern darin überein, daß die moderne Naturwissenschaft wieder zu der Spiritualität zurückkehren müsse, die einst die Menschen der Antike und des Mittelalters bei ihrer Erkenntnis geleitet habe.

Bushido, jap.: »Weg des Kampfes«, auch: Budo, Bez. für die jap. Kampfkünste. Als der → Zen nach Japan kam, übten die Samurai (ritterlicher Adel) noch eine fast unbeschränkte Herrschaft aus. Die Zen-Methode der Willenskontrolle fördert Körperbeherrschung, Geschicklichkeit und Charakterstärke.

Butler, W. E. (1898–1978), engl. Magier, Schriftsteller u. Sektengründer. Er arbeitete mit Dion → Fortune und ihrer Fraternity of Inner Light zusammen. Ab 1954 war er auch aktives Mitglied in »Churches Fellowship for Psychical and Spiritual Studies« in Southampton. Mit zwei Werken weckte B. in den 50er Jahren das Interesse für Magie und beeinflußte eine ganze Generation von Esoterikern: *Magic, its Ritual, Power and Purpose* (1952); *The Magician, His Training and Work* (1959, dt. Übers.: *Die hohe Schule der Magie).* Als sich Anfang der 60er Jahre die Fraternity of Inner Light von ihrem ursprünglichen Ziel, der Ausübung der praktischen Magie, entfernte, gründete B. auf Anraten seines → Mahatmas (Verborgener Meister) die Gesellschaft »Servants of Lights« (Abk. SOL). Zusammen mit Knight entwickelte er für den Einsteiger in die Magie einen Kursus in die praktische Kabbalah *(The Helios Course in practical Qabalah)*, der zugleich die Grundlage seiner neuen Gesellschaft bildete. Nach seinem Tod übernahm seine Schülerin und Mitarbeiterin → Ashcroft-Nowicki die Leitung von SOL. Werke in dt. Übers.: *Hellsehen, Telepathie, Die Aura.*

Buttlar, Eva von (1670–1717), Begründerin einer neugnostischen (→ Gnosis) Geheimgesellschaft in Eisenach

(»Buttlarsche Rotte«, die → Sexualmagie praktizierte. Sie ging aus von der gnostischen Vorstellung, daß der Ur-Adam ursprünglich das weibliche Prinzip in sich trug. Erst durch den Sündenfall sei es zu einer äußerlichen Trennung der Geschlechter gekommen, die durch den Sexualakt wieder aufgehoben werden könne. Diese Sekte wurde stark verfolgt, so daß E. v. B. wiederholt fliehen mußte und schließlich ihre Lehre ganz aufgab.

Buttlar, Johannes von (geb. 1940), dt. Sachbuchautor, der sich in zahlreichen Büchern mit esot., kulturgeschichtlichen und mythologischen Themen befaßte. Werke: *Schneller als das Licht* (1972), *Der Menschheitstraum* (1975), *Der Supermensch* (1979), *Unsichtbare Kräfte* (1984), *Leben auf dem Mars* (1987), *Adams Planet* (1991) u. a.

BMV-Visionen, Abk. von engl.: *Blessed Virgin Mary* (Heilige Jungfrau Maria). Dieser Begr. wurde von Charles Hoy → Fort geprägt, der damit die in allen Kulturkreisen bekannten Erscheinungen von strahlenden Frauengestalten (z. B. → Isis in der ägypt. Religion) bezeichnete. Besonders in der hind. und buddh. Mythologie symbolisieren die »Weißen Göttinnen« wie z. B. Gauri, die »Weiße«, Locana »das Auge«, Ushinishavijaya und die weiße → Tara Güte, Vollkommenheit, Erlösung, Geist und höheres Bewußtsein (→ Weiß). Bekannte BVM-V. in unserem Jh. ereigneten sich in Lourdes und → Fatima.

C

Caduceus, der geflügelte Stab des griech. Gottes Hermes. In der Alchemie ist der C., um den sich zwei Schlangen winden, das Symbol der Vereinigung (→ Conjunctio) der beiden gegensätzlichen Prinzipien Merkur (Quecksilber) und Sulphur (Schwefel). Aus dieser Verbindung gehen nach der Vorstellung der arab. Alchemisten die Metalle hervor.

Caddy, Eileen, Mitbegründerin der 1962 gegründeten → Findhorngemeinde in Schottland und Schriftstellerin. In ihren Büchern schildert sie, wie das Geistwesen »Elixier« ihr Ratschläge erteilte. Werke: *Foundations of Findhorn* (1978), *Footprints on the Path* (1981) u. *Opening Doors Within* (1987).

Cade, C. Maxwell (gest. 1985), engl. Strahlenphysiker und Psychologe. C., der detaillierte Kenntnisse in den östlichen Weisheitslehren besaß, beschäftigte sich mit der Erforschung des → Biofeedback und der veränderten Bewußtseinszustände (→ Bewußtsein, → Bewußtseinserweiterung). Mit einer Weiterentwicklung des Enzephalographen, dem *Mind Mirror* (engl.: »Geistesspiegel«) konnte er die → Gehirnwellen aufzeichnen, die bei verschiedenen → Meditationen in den beiden Gehirnhälften auftreten. Die verschiedenen Ebenen des menschlichen Bewußtseins sind durch unterschiedliche Kombinationen der Alpha-, Beta-, Delta- und Thetawellen gekennzeichnet. Auf C. geht auch der Nachweis zurück, daß ein Heiler diese Bewußtseinszustände (z. B. bei der Meditation) auf den Patienten übertragen kann. Werke: *The Awakened Mind* (1980).

Caesarius von Heisterbach (1180–1240), Zisterziensermönch aus Köln; seit 1188/89 im Kloster Heisterbach. Da er als Novizenmeister (später Prior) für die Unterweisung der in den Orden neu eingetretenen Mönche zuständig war, verfaßte er zahlreiche Lehr- und Erbauungsschriften. Von großem Wert ist seine Exemplasammlung *(Dialogus miracolorum* u. *Libri miracolorum)*, da sie viele Hinweise über den Teufels- und Dämonenglauben seiner Zeit enthält. Der Teufel, der sich immer den Umständen anpasse, habe mit den Menschen beiderlei Geschlechtes sexuellen Kontakt, mit den Frauen als Incubus und den Männern als Succubus. Der Mensch habe zwei → Engel, einen guten zum Schutz (→ Alter Ego) und einen bösen, der ihn versuche. Aber beide könnten den Menschen nicht gewaltsam in ihrem Sinn beeinflussen, weil der Mensch den freien Willen besitze.

Cagliostro, Alessandro (1734–1795), Ps. für Giuseppe Balsamo; ital. Okkultist, Alchemist und Freimaurer, der neben Casanova und → St. Germain einer der großen Abenteurer des 18. Jh. war. Dieser begabte Hochstapler und Scharlatan verstand es immer wieder, das Vertrauen reicher und einflußreicher Männer und Frauen zu erlangen und auszunutzen. C. gab sich als Haupt der ägypt. Freimaurerei aus, die man als Vorläufer des Miriam-Ritus ansehen kann. Dieser »Rité egyptienne« (franz.: »ägyptischer Ritus«) bestand aus 90 Graden. Das Lehrsystem war eine bunte Mischung aus altägypt., jüd., christl. und hermetischem (→ Hermetismus) Gedankengut. 1785/86 wurde er in eine Betrugsaffäre am franz. Königshof (»Halsbandaffäre«) verwickelt, die seine Verbannung aus Frankreich zur Folge hatte. Auf Veranlassung des Papstes 1789 eingekerkert, starb er in der Haft. C., der gleichsam das Symbol für den Wunderglauben des 18. Jh. war, regte Goethe zu dem Stück *Der Großkophta* und Schiller zu *Der Geisterseher* an.

Cahagnet, Alphonse (1809–1885), frz. Medium, Forscher und Schriftsteller, der sich besonders mit → Magnetismus, → Somnambulismus und → Spiritismus beschäftigte. Sein Medium war Adele Maginot, die einen Verstorbenen detailgenau beschreiben konnte. Ähnliche mediale Leistungen vollbrachte auch C. selbst. In seinen Werken beschreibt er seine Gespräche mit Hippokrates, Franklin und → Swedenborg, die um naturwissenschaftliche, medizinische und religiöse Gegenstände kreisen. Werke in dt. Übers.: *Die Geheimnisse des Jenseits* (1854), *Blicke in das Reich der Toten* (1853), *Der Verkehr mit Verstorbenen* (1854).

Caitanya (1486–1534), bengal. Apostel des → Vishnuglaubens, dessen Lehre auf dem → Bhagavata-Purana beruht und von einer starken Frömmigkeit geprägt ist. Seine Liebe zu dem Gott Krishna, als dessen → Inkarnation ihn später seine Schüler ansahen, war so groß, daß er bei Gedanken an ihn in → Ekstase verfiel. Seine Lehre wurde zu einem besonderen System ausgebildet, der »unausdenkbaren Sonder-Unsonderheits-Lehre«. Die gleichzeitige Identität und Verschiedenheit von Gott, Seele und Ungeistigem sei mit den Mitteln des Verstandes nicht zu fassen und zu erklären.

Cajeputöl, bot.: *Melaleuca leucadendron*; ein in Indien beheimatetes Myrtengewächs. Durch Wasserdampfdestillation wird aus den Blüten und Blättern das nach Eukalyptus duftende Öl gewonnen. Mediz. Anwendung: bei innerlichen, und äußerlichen Entzündungen (z. B. Blasen- und Darmentzündungen), Wunden, Akne (besonders infizierte), Schuppenflechten etc.

Cakrapuya, skrt.: »Verehrung innerhalb eines Kreises«; eine geheime Kulthandlung des → Shaktismus, die bei nächtlichen Zusammenkünften stattfindet. Nach dem Hersagen von → Mantras und der Verehrung der Göttin Shakti (= Shiva) gibt man sich dem Genuß von fünf Dingen (skrt.: *pancatattva)* hin, die auch als die fünf Makras bezeichnet werden, weil sie alle mit M beginnen: Mada (Wein), Matsya (Fleisch), Mansa (Fleisch), Mudra (Getreidekörner) und Maithuna (Geschlechtsverkehr). Durch den Genuß von eigentlich verbotenen Speisen und den Geschlechtsverkehr soll die Macht der Shakti über die niederen, animalischen Lebensbereiche symbolisch zum Ausdruck kommen.

Calcination, lat.: »Verkalkung«; der erste der sieben Arbeitsvorgänge bei der Herstellung des Steines der Weisen (→ Lapis philosophorum). Das Ausgangsmaterial wird verglüht. (→ Alchemie).

Calendaria Magica, lat.: »magischer Kalender«; eine systematische Auflistung der Entsprechungen zwischen Zahlen und Sigillen (Charakteren) mit den Tierkreiszeichen, Planeten, Elementen, himmlischen → Dämonenhierarchien etc. Beispiel: 1 = Gott; 2 = Männlich und Weiblich; 3 = Oben, Unten, Mitte; 4 = Feuer, Wasser, Erde, Luft; 5 = vier → Elemente u. Quintessenz; 7 = sieben Planeten, denen je ein Planetengeist zugeordnet ist. usw. Ein umfassender C. m. stammt von Abt Tritheim (1462–1516).

Calmet, Augustin (1672–1757), franz. Benediktinerabt. In seinem Buch *Über Geistererscheinungen* (dt. 1751) will er diejenigen widerlegen, welche alle außergewöhnlichen Tatsachen für übernatürlich halten, andererseits diejenigen belehren, die sie leugnen. Geistererscheinungen, sofern sie Engel bzw. Dämonen (Teufel) sind, und die biblischen Wunder werden nicht geleugnet. Abgelehnt werden von ihm das Vorkommen von → Vampiren und → Hexen, die der Phantasie entsprungen seien. Die Vorstellung vom → Hexensabbat rühre von den → Hexensalben her, mit der sich diese Frauen einrieben.

Camelot, Hauptstadt des Reiches von König → Arthur. In den ältesten Sagen um den König Arthur wird C. nicht erwähnt. Der Name taucht erst im 12. Jh. in dem Roman *Lancelot* von Chrestien de Troyes auf. Folgende Orte brachte man mit C. in Verbindung: 1. die Stadt Colchester, die auf die röm. Niederlassung Camulodanum zurückgeht. 2. Das Gebiet um Tintagel. In dieser Gegend gibt es einen Fluß namens Camel und eine Stadt Camelford. 3. den Hügel Cadbury Hill in der Nähe von → Glastonbury, dessen Festung den Namen »Camelat« trägt. Außerdem gibt es einen Fluß Cam in der Gegend.

Campanella, Tommaso (1568–1639), ital. Philosoph und Dichter, der über 82 Bücher verfaßte. In *De Sensu Rerum et Magia* (1620) entwickelte er eine okkulte Philosophie. Die ganze Welt werde von einem

Weltgeist, einem empfindenden Lebewesen erfüllt. Alles (auch die Elemente) müsse Empfindung besitzen, denn sonst wäre dieses Vermögen beim Menschen und bei den Tieren nicht zu erklären. Die → Telepathie erklärt er damit, daß feinfühlige Menschen das Denken anderer Menschen anhand der Luftbewegungen erkennen können. C. unterscheidet drei Arten von Magie, eine göttliche, die auf dem festen Vertrauen zu Gott beruht, eine natürliche, die in der Kenntnis der Gestirne und der geheimen Naturkräfte beruht, und eine dämonische, bei der man sich der Hilfe von bösen Geistern bedient.

Campbell, Joseph (1904–1987), amerik. Religionswissenschaftler, der wichtige Beiträge zur Erforschung der Mythologie lieferte. Beeinflußt von → Jung, sind für C. Mythen Träume der Menschheit. Da sie die äußere Darstellung der tiefsten psychischen Ebene des Menschen seien, sei eine Reise in diese Welt sogleich eine Erkenntnis des innersten Wesens des Menschen. Neben ihrem Kern, den in allen Kulturen ähnlichen, konkreten Visionen und Bildern der kosmischen Ordnung, haben sie in allen Kulturen die gleiche Funktion. Sie sollen nämlich den Menschen auf einer tieferen Ebene mit den Widersprüchlichkeiten der Welt versöhnen und ihn dadurch lebensfähig machen. Hauptwerke in dt. Übers.: *Mythologie der Urvölker, Mythologie des Ostens, Mythologie des Westens, Schöpferische Mythologie.*

Canangaöl, bot.: *Cananga odorata*; eine in Indonesien, Java u. den Comoren beheimate Magnolienart, die auch das → Ylang-Ylang-Öl liefert. Die chem. Zusammensetzung beider Öle ist fast identisch. Bei der Wasserdampfdestillation der ganzen Pflanze wird zunächst Ylang-Ylang-Öl, dann C. gewonnen. C. ist ein ausgesprochen männliches Öl. Mediz. Anwendung: bei Impotenz (regt die Sexualdrüsen an), Streß und nervösen Schwächezuständen, außerdem blutdruckregulierend.

Candleburning, engl.: »Kerzenleuchter-Magie«; eine Form der → Magie, die besonders im angelsächsischen Raum verbreitet ist. Mittelpunkt des magischen → Rituals bildet das Anzünden einer oder mehrerer farbiger Kerzen, wovon der Erfolg der ganzen Beschwörung abhängt. In ihren Ursprüngen reicht C. bis in die Frühzeit der Menschheit zurück. Das → Feuer hat schon in den → Veden, den ältesten Schriften der Inder, die Funktion der Dämonenabwehr und der Beseitigung von feindlichem Zauber. Der ind. Feuergott Agni gilt als der Beschützer der Menschen. So wird, wie auch bei zahlreichen Naturvölkern, bei der Geburt eines Kindes ein Feuer angezündet, das das Kind vor der Nachstellung durch böse Geister schützen soll. Daneben ist in das C. auch christliches und freimaurerisches Gedankengut eingeflossen. Ursprünglich hatte das Kerzenlicht im Christentum keine sakrale Bedeutung, doch allmählich drang dieser Brauch in Form des Altarschmucks und bei bestimmten Anlässen wie Ostern (417 n. Chr.), Geburt eines Kindes (360 n. Chr.) oder Beerdigung (370 n. Chr.) in die Feier des Gottesdienstes ein. In der Freimaurerei wird eine Logensitzung eröffnet durch das Anzünden der drei Kleinen Lichter (Weisheit, Schönheit, Stärke). Im modernen C. sind die Vorschriften über die Farben der Kerzen und der magischen Praktiken je nach Autor verschieden. Das bekannteste Ritual stammt von → Buckland. Hierbei werden vier verschiedene Arten von Kerzen benutzt. Während das Kerzenlicht brennt, werden → Zaubersprüche oder Psalmen aufgesagt.

Candra, skrt.; dieselbe Bedeutung wie → Ida; Bez. für eine Stelle am Ende des Susumna-Kanals → Nadi, der sich zwischen den Augenbrauen befindet. Hier wird eine Flüssigkeit abgesondert, die → Soma oder Götterschnaps (skrt.: *amaravaruni)* heißt. Diese Flüssigkeit ist der Lebenssaft, so daß kein Tropfen davon verlorengehen darf.

Canseliet, Eugene (1899–1982), franz. Alchemist und Schüler von → Fulcanelli. Werke: Einleitung zu Fulcanellis, *La Mystère de Cathédrale* (1925 und 12. Aufl. 1957), *Deux Logis Alchemiques* (1945), *Alchimie Expliqué* (1972), eine kommentierte Textausgabe der Alchemie des *Mutus Liber* (1967) von → Altus, *Alchemie* (1978).

Cantillation, von lat.: *cantare* = »singen«; bei → Diamond Bez. für den Gesang der Seele.

Capra, Fritjof (geb. 1939), öster. Physiker, Philosoph und führender New-Age-Denker, der ein wissenschaftlich-ganzheitliches Denken propagierte. Er leitet heute in den USA ein Institut für interdisziplinäre, tiefenökologische Studien und ist weltweit als Dozent und Berater bei kirchlichen Organisationen, politischen Parteien und Industrie- und Wirtschaftsverbänden tätig. C., der von 1966–1974 an verschiedenen europäischen und amerikanischen Universitäten auf dem Gebiet Hochenergiephysik forschte, kam ab 1969 zu der Erkenntnis, daß zwischen der modernen Physik und der alten Mystik, besonders der östlichen, eine Übereinstimmung bestehe. Die wissenschaftlichen Methoden der Physik, die mit den Mitteln des Verstandes die atomare und subatomare Welt jenseits der Sinne zu ergründen sucht, und die mystischen Erfahrungen, die auf → Intuition und außergewöhnlichen Bewußtseinszuständen beruhen, ergänzten sich, da durch diese beiden an sich verschiedenen Ansätze ein Bewußtsein über die ursprüngliche Einheit aller Dinge, über eine »andere Realität« jenseits der Erfahrungswelt, gewonnen werden könne. Dies ist das → Tao oder der Urgrund oder Kraft. Die Krise der Gegenwart, die alle Bereiche des menschlichen Lebens wie z. B Umwelt, Gesellschaft, Wertvorstellungen und selbst die moderne Theologie ergriffen hat, könne nur durch eine neue Sicht der Wirklichkeit (→ Paradigmawechsel) überwunden werden. Unser Denken, unsere Wahrnehmungsweisen und Wertvorstellungen müßten eine ganzheitliche Orientierung erhalten (→ Holismus). Ein wichtiger Aspekt dieses ganzheitlichen Denkens ist die Ökologie, denn sämtliche biologischen, psychologischen, ökonomischen und gesellschaftlichen Phänomene seien auf globaler Ebene miteinander verwoben und verzahnt. Nach C. könne die Mystik diesen Wandel erheblich unterstützen, da mystisches Wissen nicht von einer bestimmten Lebensweise getrennt werden kann. Mystisches Wissen führe zu einer Wandlung und sei die Wandlung selbst. Das Gottes-, Welt- und Menschenbild werde der modernen Welt angepaßt werden müssen, ohne die zentralen Werte und Wahrheiten der Lehre Christi verlorengehen zu lassen. Werke: *Das Tao der Physik* (1975); *Wendezeit* (1982); *Das Neue Denken* (1987); *Wendezeit im Christentum* (zus. mit dem Benediktinerpater Steindl-Rast).

Caraka, ind. Arzt (→ Ayurveda) und Anhänger der Samkhya-Philosophie, der Leibarzt des Königs Kaniska (um 100 n. Chr.) war und dessen Gemahlin bei einer schweren Geburt beistand. Sein mediz. Werk *Carakasamhita*, das auch ins Arab. übersetzt wurde, ist eines der Grundlagenwerke der ayurvedischen Medizin.

Cardano, Girolamo (1501–1576), ital. Arzt, Astrologe und Naturphilosoph. Er übersetzte und kommentierte die Astrologie des Ptolemäus. Sein Traumbuch *Somniorum Synesiorum omnis generis insomnia explicantes* (1562), das sich weitgehend auf → Artemidor u. Synesius stützt, schrieb er aus einem inneren Bedürfnis, weil er den Traum als bedeutungsvoll für sein persönliches Leben erkannt hatte. Anhand von 800 Fällen versuchte er in seiner *Metoposcopia* (1658), einer »Stirnlinienkunde«, Eigenschaften und Schicksale aus den Stirnfalten herauszulesen.

Carnegie, Dale (1888–1955), Erfolgsautor und Fachmann für Lebenshilfe und positives Denken. C., Sohn armer Kleinfarmer im Mittleren Westen der USA, der auf dem College und in verschiedenen Berufen meistens versagt hatte, erlebte seinen ersten Erfolg, als er bei einem Rednerwettbewerb gewann. Die Überwindung der Furcht, vor Menschen frei zu sprechen, machte er ab 1912 zur Grundlage seiner Lehrgänge für Reden in der Öffentlichkeit. 1936 veröffentlichte er *Wie man Freunde gewinnt* (dt. Übers. 1951), von dem weltweit über 15 Mio. Ex. verkauft wurden. C., der von psycholog. Theorien wenig hielt, brachte seine Ratschläge als schlichte Einsichten des gesunden Menschenverstandes auf den Markt und betrachtete seinen Lehrgang als »Labor der menschlichen Beziehungen«. Neben Mary → Baker-Eddy, Norman Vincent Peale und Robert Schuller gehört er zu den Begründern des → positiven Denkens. Aber er vermied jede religiöse Etikettierung und versuchte nicht, das positive Denken zu einer Art Glaubensübung zu machen. Weiteres Hauptwerk: *Sorge Dich nicht – lebe!*

Carrol, Pete, engl. Okkultist und Gründer des Ordens IOT (»Illuminates of Thanateros«). In seinem magischen System (»Chaos-Magie«), das als »gnostischer → Schamanismus« (→ Gnosis) charakterisiert wird, bilden die mit Hilfe der magischen Operationen und Techniken hervorzurufenden veränderten Bewußtseinszustände das Hauptziel.

Carus, Carl Gustav (1789–1869), Naturforscher, Arzt und Maler, der mit Goethe befreundet war. In seiner Jugend beschäftigte er sich intensiv mit → Mesmerismus, und er war einer der ersten, der die Bedeutung des → Unbewußten erkannte. Der Schlüssel zur Erkenntnis des bewußten Seelenlebens liege in der Region des Unbewußten. Die Tätigkeit des Bewußtseins steige immer von neuem aus dem Unbewußten hervor und sinkt wieder in das Unbewußte hinab. Dabei werde das bewußt Gewesene mitgenommen. Zugleich vollzögen sich auch Wandlungen im Unbewußten, die, wenn sie wirksam geworden sind, dem Bewußtsein einen anderen Charakter geben. Auf diese Weise könne ein Wesen verändert werden, was sich an den Gesichtszügen ablesen lasse. Traumbilder sind für ihn poetische Symbole, und die Traumpoesie ist für ihn rational erklärbar, da das Unbewußte Bindeglied zur Welt ist. Im Traum nehme der Mensch teil an der Unermeßlichkeit des Ganzen, das ihm über Symbole erscheine. Hellsehen ist für C. nur ein traumartiges Erkennen. Ekstase und andere Formen der Verzückung entstünden durch Untertauchen in das Unbewußte. Werke: *Psyche* (1846), *Über Lebensmagnetismus* (1857), *Organon der Erkenntnis der Natur und des Geistes* (1856).

Carnac, kelt.: *Carn* = »Steinmal«; ein Ort in der Bretagne (Morbihan), wo sich 3000 Menhire (Steinblöcke) erhalten haben, die in drei Gruppen von Zehner- oder Dreizehnerreihen angeordnet sind. In der Archäologie wird C. als ein Begräbnisplatz angesehen. Die Anhänger der Theorie der → Landmarkierungen, die von Watkin begründet wurde, haben versucht nachzuweisen, daß C. durch Linien mit den engl. prähistorischen Stätten verbunden sei.

Case, Paul Foster (1884–1954), amerik. Okkultist und Tarotexperte. C. beanspruchte, das amerik. Oberhaupt des → Golden-Dawn-Ordens zu sein, der mit geheimen Meistern (→ Mahatmas) in Kontakt stehe. In Los Angeles gründete er ein okkult. Zentrum »Bota« (»Builders of the Adytum«). Nach seiner Ansicht enthält die Symbolik des → Tarot das gesamte esot. Wissen.

Cargo-Kult, engl.: *cargo* = »Ladung eines Transportmittels«; Bez. für moderne Kulte in Melanesien, die ihren Ursprung in den Waren der weißen Ankömmlinge haben. Da die Eingeborenen nicht wußten, woher die neuen Dinge stammten, schrieben sie ihnen eine göttliche Herkunft zu. Meistens wurden die Ankömmlinge auch selbst als Götter angesehen und verehrt. Nach → Däniken kann der C. auch die Vergöttlichung der außerirdischen Astronauten erklären, die einst die Erde besucht hätten.

Cascarillaöl, bot.: *Croton eluteria*; ein auf den Bahamas, Kuba und Haiti beheimatetes Wolfsmilchgewächs (Euphorbiacae). Das Öl wird durch Wasserdampfdestillation aus der Rinde gewonnen. Mediz. Anwendung: bei Verdauungsbeschwerden, eitrigen Wunden, schlechter Durchblutung und Depressionen.

Castaneda, Carlos (geb. 1935 oder 1925), amerik. Anthropologe brasilianischer oder peruanischer Abstammung. Bei einer Studie über den Gebrauch von Heilpflanzen bei den Indianern traf er den Yaqui-Indianer Don Juan Matus (geb. 1891 in Mexiko), der als Brujo (Heilzauberer) und Yerbero (Verkäufer von Heilkräutern) tätig war. Don Juan Matus lud C. ein, sein Schüler zu werden und erbot sich, ihn in die Geheimnisse der indianischen Zaubermedizin einzuführen. Im Mittelpunkt seiner Lehren stand der Genuß von psychedelischen → Drogen wie → Peyote und → Stechapfel (bot.: *Datura)*. Peyote, das den Gott Mecalito symbolisierte, erschloß auch den Kontakt zu diesem göttlichen Wesen, weil es die Loslösung vom eigenen Körper ermöglichte. Nicht nur C.s Berichte über visionäre Begegnungen mit dem Peyote-Gott und über seine Astralreisen, die er in Gestalt einer Krähe unternommen habe, sondern auch die Existenz des Don Juan wurden schon bald angezweifelt. Die Berichte C.s zeigen auffallend viele Ähnlichkeiten und Parallelen mit längst bekannten indianischen Schamanengeschichten. Aber auch seine Kritiker stimmen darin überein, daß C.s Bücher eine tiefgründige allegorische Weltdeutung und Philosophie enthalten. Werke in dt. Übers.: *Die Lehren des Don Juan*; *Eine andere Wirklichkeit*; *Das Feuer von Innen*; *Die Kraft der Stille*; *Die Kunst des Pirschens*; *Reise nach Ixtlan*; *Der Ring der Kraft*; *Der zweite Ring der Kraft*.

Castoreum, → Bibergeil.

Cavendish, Richard (geb. 1939), engl. Autor; ist einer der führenden Fachleute auf den Gebieten Magie und Hexenwesen. Werk in dt. Übers.: *Die schwarze Magie*.

Cayce, Edgar (1877–1945), amerik. Therapeut und Sensitiver, der als der »schlafende Prophet« bezeichnet wurde. Schon als Kind hatte er → Visionen, und mit 16 Jahren besaß er die Fähigkeit, mediz. Ratschläge zu geben. C. versetzte sich in einen leichten → Trancezustand, in dem er Krankheiten diagnostizieren und heilen konnte. Trotz seiner Erfolge stieß C. auf Ablehnung, wenn er mit bekannten Ärzten Kontakt aufnehmen wollte. Erst ein positiver Bericht des Homöopathen Dr. Wesley Ketchun verschaffte ihm den Durchbruch. 1931 wurde die »Association for Research and Enlightment« gegründet, die alle Berichte C.s über Heilerfolge sammelte (14 000). Später erteilte er im Trancezustand auch Ratschläge bei persönlichen Problemen und empfing Prophezeiungen und Botschaften zu Fragen der Vergangenheit, Gegenwart und Zukunft (→ Atlantis), die in über 10 000 Protokollen (Readings) aufgezeichnet wurden. Zahlreiche seiner Visionen haben sich bestätigt. Werke in dt. Übers.: Edgar Cayces *Visionen des Neuen Zeitalters* (12 Bde).

Cazotte, Jacques (1720–1792), franz. Schriftsteller, der den Martinisten angehörte. Er hatte häufig → Visionen und soll auf einem Festbankett 1788 die Franz. Revolution, besonders aber die Hinrichtung der Königin und berühmter Persönlichkeiten vorausgesagt haben. Als Gegner der Revolution wurde er am 10. August 1792 gefangengesetzt, und nur durch das heroische Eingreifen seiner Tochter blieb er am Leben. Doch bei seiner Freilassung prophezeite er, daß er in drei Tagen guillotiniert werden würde. Seine in allen Einzelheiten von ihm beschriebene Verurteilung und Hinrichtung trat auch ein. Hauptwerk: *Le Diable amoureux* (1772).

Ch'an, chin. Form von → Dhyana (skrt.: »Meditation«), das im Jap. zu → Zen wurde. Eine andere Bez. lautet Hsin-tsung (»Lehre des Wissens«), worunter man die höchste Form des Wissens eines Buddha verstand. (→ chinesischer Buddhismus).

Channeling, engl.: »Kanalisierung«; eine moderne Form des → Schamanismus und → Spiritismus, die in dem Empfang von Informationen aus paranormalen Quellen durch ein Medium (»Kanal«) besteht. Bekannt wurde Ch., das sich zu einer epidemieartigen Moderichtung in der Esoterik entwickelte, durch Jane → Roberts, die behauptete, ihre Botschaften würden von → Seth, William → Jane und → Jung stammen. Andere Geistwesen, deren Botschaften gechannelt worden sind: → Emmanuel (Medium: Pat Rodegast), Lazaris (Medium: Jach Pursel) und Ramtha (Medium: J. Z. Knight, eine amerik. Hausfrau.) Die Begleitumstände des Ch. ähneln den veränderten Bewußtseinszuständen der → Medien. Auch in → Trance, → Hypnose und durch den Gebrauch von psychedelischen → Drogen haben Menschen zu allen Zeiten geglaubt, mit fremden Wesen in Kontakt zu stehen und ihre Botschaften mündlich oder schriftlich mitzuteilen. C. wird unterschiedlich gedeutet: 1. Die gechannelten Botschaften seien → Projektionen und Schöpfungen aus dem → kollektiven Unbewußten. Die geistigen Wesen, die als Quelle angegeben werden, sind demnach symbolische Übersetzungen von unbewußtem Material. 2. Ch. beruhe auf Selbsthypnose. Im Trancezustand kann sich die Phantasie in den bekannten Formen (körperliche Veränderungen, Wechsel der Stimme etc.) darstellen, wie dies auch bei den Medien aus der Vergangenheit beobachtet wurde. 3. Die Absender der Botschaften seien Teilpersönlichkeiten des Menschen. Dahinter steht die Theorie, daß der Mensch aus einer Vielzahl multipler Persönlichkeiten besteht, von denen einige unbewußt bleiben. Durch das Ch. werden sie »gelebt«. 4. Quelle des Ch. sei das kollektive Bewußtsein. Alles, was schon einmal gedacht oder gesehen wurde, könne von sensitiven Menschen angezapft werden (→ Akashachronik, → Anima mundi). Dafür spricht der Umstand, daß das Ch.-Material nichts enthält, was nicht auf andere Weise schon entdeckt wurde. 5. Ch. sei eine Form der → Intuition. Eine plötzliche Erkenntnis bekomme eine größere Autorität, wenn man als Quelle ein Geistwesen oder einen geheimen Meister angibt.

Chabadismus, Abk. für die → Sephiroth, Chochma, Bina, Daath; eine theosophische Richtung im → Chassidismus, die zurück zur → Kabbala strebte. Gründer ist Rabbi Schneur Salman (1747–1812) aus Ljosni. Sein Versuch, das chassidische Programm im praktischen Leben durchzusetzen, führte zur Verfolgung durch rabbinische Organisationen, und Salman wurde von seinen Gegnern ins Gefängnis geworfen.

Chado, oder Cha-no-yu; jap.: »Teeweg«. Die Teezeremonie ist im → Zen eine Methode, um das innere Selbst in Harmonie zu bringen. Im 16. Jh. war diese Zeremonie durch mehr als hundert Vorschriften geregelt. Für einen Außenstehenden ist es schwer einzusehen, wie durch diese übertriebene Korrektheit eine innere Ruhe entstehen und der Geist von lästigen Gedanken befreit werden soll. Große Sorgfalt wird auch auf die Ausgestaltung des Teeraumes gelegt. Die »Teemeister«, die sich im Zen gut auskennen, sind gesuchte Ratgeber bei Fragen der Kunst.

Chakra, skrt.: »Rad«, Bez. für ein feinstoffliches Energiezentrum, das seine Ursprünge im Yoga des → Shaktismus hat. Die Beschreibung der einzelnen Ch.en ist in den tantrischen Schriften (→ Tantra) und in den modernen westlichen esot. Schulen sehr unterschiedlich. Um leben zu können, benötigt der menschliche Körper kosmische Energie, die sich als Atem manifestiert. Am Hauptenergiekanal des Körpers (→ Sushumna → Nadi, der sich entlang der Wirbelsäule erstreckt, liegen sechs Hauptchakren, welche die kosmische Energie gleichsam als Regulatoren sammeln und verteilen. Ein siebtes Ch. befindet sich außerhalb des Körpers über dem Scheitel. Im untersten Ch. ruht wie eine Schlange die höchste Energie, die → Kundalini, die nach ihrer Erweckung nach oben steigt und dabei alle Ch.en nacheinander aktiviert. Jedes Ch., das die Kundalini auf ihrem Weg berührt,

erblüht wie ein Lotus. Da von den Ch.en Energiekanäle → Nadis ausgehen, werden auch die benachbarten Organe davon betroffen. Außer einem ständig wachsenden Glücksgefühl werden bei jedem Ch. auch besondere übersinnliche Kräfte (→ Siddhi) geweckt, die in dem Gefühl von höchster Glückseligkeit und einem Überbewußtsein beim Erreichen des 7. Ch.s gipfeln.
In der modernen Esoterik werden die Ch.en als Schwingungskörper aufgefaßt, die Energie jeglicher Art, also außer der kosmischen Energie auch die von Tieren, Pflanzen und Mineralien, empfangen, transformieren und verteilen. Man betrachtet diese Schwingungskörper in ihrem wörtlichen Sinne als »Räder«, durch die die Energie hindurchfließt. Je schneller die Energie fließt, desto schneller drehen sich diese Räder. Man unterscheidet eine negative und positive Drehrichtung. Wenn sich die Chakraenergien im Uhrzeigersinn drehen, dann wird kosmische Energie aufgenommen, um sie dem Körper zuzuführen. Bei einer Bewegung gegen den Uhrzeigersinn werden feinste Energien dem Bewußtsein zugeführt. Jeder dieser Energiekörper hat aufgrund der unterschiedlichen Schwingungszahlen verschiedene Farben. Da dem Körper ständig neue Energie zugeführt und überflüssige Energie in die → Aura abgestrahlt wird, kann anhand der verschiedenen oder veränderten Farben der Aura der Zustand der einzelnen Ch.en überprüft werden. Wenn eines der Ch.en stärker oder schwächer arbeitet (»strahlt«), dann führt dies zu einem Ungleichgewicht im Gesamtsystem der Ch.en, und es kommt zu einer Energieblockade, (→ Chakratherapie). Die Hauptchakren sind: 1. *Muladhara* (Wurzel-Chakra, zwischen Geschlechtsorgan und Anus), 2. *Svadhisthana* (Sexual-Chakra, in der Region der Sexualorgane), 3. *Manipura* (Nabel-Chakra, in der Nabelgegend), 4. *Anahata* (Herz-Chakra, in der Herzgegend), 5. *Visuddha* (Kehlkopf-Chakra, in der Mitte der Kehle), 6. *Ajna* (Drittes Auge, in der Mitte der Stirn zwischen den Augenbrauen), 7. *Sahasrara* (Scheitel-Chakra, am oder oberhalb des Scheitelpunktes des Kopfes, also über dem grobstofflichen Körper). Außer diesen klass. Ch.en gibt es noch Nebenchakren, die besonders in der modernen Esoterik wichtig sind: Ch.en der Handinnenflächen, Harachakra (Bauch), Milzchakra, Tymuschakra.

Chakratherapie, eine Therapieform, die durch Duftstoffe, Edelsteine, Klänge, → Mantras und → Meditation die Energieschwingungskörper (→ Chakra) zu aktivieren oder zu harmonisieren sucht. Rückschlüsse auf den Zustand der Chakren liefern die Farben der → Aura (→ Kirlianfotografie).

Chakravartin, skrt.: »Radrollend«; Bez. für einen Weltherrscher im → Buddhismus und → Jainismus. Er zeichnet sich durch 32 Merkmale aus, die ihn zu einem weltbeherrschenden König, Eroberer der Erde, Vater von tausend tapferen Söhnen, Heiligen und Erleuchteten machen. In der buddh. Tradition verwirklichte der König → Ashoka dieses Ideal.

Chalcedone, eine Edelsteinfamilie, zu der der → Achat, → Heliotrop, → Jaspis, → Karneol und → Onyx gehören.

Chaldäer, ein Volksstamm im südwestlichen Babylonien, der mehrere kleinere Staaten gründete. Außerdem Bez. für die Priesterschaft und besonders in der Antike für die Stern- und Traumdeuter, die sich in der babylonischen Astrologie auskannten.

Chaldäische Orakel, eine zum größten Teil verlorengegangene Sammlung von Aussprüchen in gereimter Form, die dem persischen Religionsreformer → Zarathustra zugeschrieben werden, aber wahrscheinlich von dem Neuplatoniker Julianos (331–363 n. Chr.) stammen. Die noch erhaltenen Reste erlauben den Schluß, daß sich der Autor besonders gegen die gewerbsmäßige Wahrsagerei wandte und nicht an eine vorherbestimmte Zukunft glaubte. Die ch. O. waren besonders bei den Theurgen geschätzt, die sich mit der Belebung von bildlichen Darstellungen befaßten. (→ Magie).

Champacaöl, bot.: *Magnolia champaca*; eine fernöstliche Magnolienart, aus deren gelben Blüten durch Wasserdampfdestillation ein Öl gewonnen wird, dessen Geruch dem des → Ylang-Ylang-Öles ähnelt. In der tib. Medizin (tib. Bez.: *gser-me-tog)* ist Ch. ein Mittel gegen Gallenstörung; ansonsten gilt es in Asien als Allheilmittel.

Chandra, Ram (1899–1983), ind. → Guru und Yogalehrer. Er vereinfachte den → Raja-Yoga und entwickelte daraus den Sahaj Marg (skrt.: »einfacher Weg«). Sein Ziel ist Einswerdung mit dem höheren Selbst, was durch die Befreiung von inneren Zwängen und Reinigung der Gedanken und Gefühle erreicht werden kann. Durch tägliche Meditation und die Hilfe eines spirituellen Meisters erfährt der Mensch die göttliche Liebe, die nicht nur ihn, sondern auch alle Bereiche seines Lebens durchdringt. In zahlreichen östlichen und westlichen Ländern gibt es Sahaj-Marg-Meditationszentren. Werk in dt. Übers.: *Der einfache Weg.*

Chandogya, eine der ältesten → Upanishaden, die nach einer Priesterklasse benannt ist. Darin finden sich wichtige Lehren des → Brahmanismus wie Seelenwanderung (→ Reinkarnation) und die Einheit von → Brahman und → Atman.

Chao-Chou (778–897), jap. Form *Jopshu* oder *Jushin*; ein berühmter Zen-Meister (→ Zen) der frühen Chang-Dynastie, der wegen seiner scharfen Logik bekannt war. Auf ihn geht das → Koan zurück: »Wenn alle Dinge in das Eine zurückkehren, wohin kehrt dann aber das Eine zurück?« Er lehnte den gedankenlosen Gebrauch (Verbalismus) von Worten ab.

Chaos, griech.: »leerer Raum«; in der griech. Mythologie ist Ch. das erste Entstandene, von dem nur ausgesagt wird, daß es nur kurze Zeit existierte. Aus ihm sind dann die Erde und der Himmel entstanden. Im → Taoismus entspricht dem Ch. das Wu gi, der Zustand der Formlosigkeit, aus dem die kosmische Ordnung entstanden ist. In der Alchemie Bez. für die Urmaterie (→ Materia prima), in der die vier Elemente Erde, Wasser, Feuer und Luft durch das 5. Element (Quintessenz) miteinander verbunden sind. In der modernen Wissenschaft ist die Ch.-Theorie ein zentraler Begr., mit dem man die schwer oder überhaupt nicht zu berechnenden Phänomene beschreibt. Denn nicht die regelmäßigen, geordneten und berechenbaren Formen und Prozesse bestimmen unsere Welt, sondern die »chaotischen«.

Chaosmagie, → Carrol.

Charaktere, griech.: »Eingeprägte«; Bez. für graphische Zeichen oder Sigillen in der Alchemie, Astrologie, Magie etc., welche die Funktion von Symbolen oder einer magischen Geheimschrift ohne unmittelbaren Mitteilungscharakter (→ Brillenbuchstaben) haben. Sie werden für → Amulette, → Siegel und Talismane benutzt. Man vermutet, daß die Ch. aus verstümmelten griech., arab. oder hebr. Buchstaben oder aus Buchstabengruppen oder untergegangenen Schriften wie der Keilschrift oder den ägypt. Hieroglyphen entstanden sind. → Agrippa von Nettesheim leitete sie aus den Urbildern des Dargestellten ab, während → Paracelsus sie als Abbilder der Sterne ansah.

Charcot, Jean Martin
(1825–1893), franz. Psychiater u. Hypnotiseur, der wichtige Entdeckungen auf dem Gebiet der Pathologie des Nervensystems machte. Der Verlauf der Hysterie, die ähnlich wie die mittelalterlichen Besessenheitsepidemien in dieser Zeit ein weitverbreitetes Leiden war,

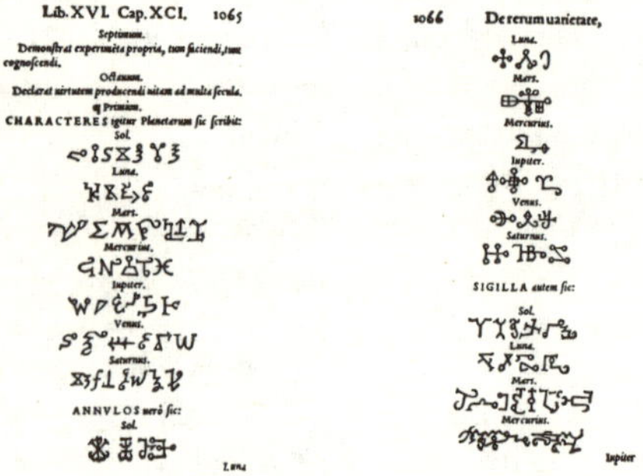

Charaktere

wurde von ihm in vier Stadien eingeteilt: epileptoide Verrenkungen und Zuckungen, wütende Posse, leidenschaftliche Gebärde und Beruhigung. In seinem Werk *Die Besessenen in der Kunst* (dt. Übers. 1988) versucht Ch. den Nachweis zu erbringen, daß seine Beschreibung der Hysterie unbewußt schon in früheren Jahrhunderten bei der Darstellung von Besessenen bekannt war. Ch., dessen berühmtester Schüler → Freud war, ebnete den Weg für eine psychogene Sicht aller Neurosen. Denn bei der Vorstellung von Hysterikern (Hysterie ist abgel. von griech. *hysteros* = »Gebärmutter«) pflegte er zu bemerken: »Doch immer handelt es sich um eine genitale Angelegenheit.«

Charisma, griech.: »Begabung, Gnadengabe«; im Christentum (NT, 1. Korinth.) Bez. für eine übernatürliche Gabe (Heilkraft, außerordentliche Glaubenskraft, Sprachengabe, Prophetie etc.), die einem Menschen von Gott verliehen ist, um der christlichen Gemeinde zu nützen. Diese Gabe schließt nicht die Heiligkeit ihres Besitzers ein. Später allgemein Bez. für jede übernatürliche Fähigkeit.

Charroux, Robert (1909–1978), Ps. für Robert Grugeau, franz. Schriftsteller und Journalist. In seinen Werken (dt. Übers. *Die Meister der Welt,* 1972, *Phantastische Vergangenheit,* 1967 u. *Verratene Geheimnisse,* 1966) versucht er zu beweisen, daß die Götter in den Mythologien Astronauten waren. (→ Prä-Astronautik). So verfügten diese außerirdischen Wesen über die Kenntnis von uns bis heute unbekannten kosmischen Stahlen und Partikeln. Wie → Velikovsky machte er das Eindringen des Planeten Venus für die Sintflut verantwortlich.

Chardin, Teilhard de (1881–1955), kath. Priester, Paläontologe und Philosoph, der zu den Vordenkern der → New-Age-Bewegung und modernen Esoterik gezählt werden muß. In seinen zahlreichen Schriften entwarf er eine Weltschau, in der er die kirchlichen Lehren und die Ergebnisse der Wissenschaft seiner Zeit zu vereinbaren suchte. Ausgangspunkt ist die Weltentstehung (Evolution), die auf einem von Anfang an programmierten Schöpfungsplan beruht. Christus ist der Anfang (Alpha) und das Ziel der Schöpfung (Omega). Die einzelnen Stufen der Evolution sind: Materie (Geosphäre), Leben (Biosphäre) und Geist (Noosphäre), welche die Erde umhüllt und mit Energie überflutet. Diese Entwicklung ist möglich, weil von Anfang an die Materie mit kosmischer Energie beseelt war. Diese kosmische oder spirituelle Energie und Noosphäre entspricht dem → Prana, → Ch'i und der → Astralwelt der östlichen Weisheitslehren. In dieser Noosphäre werde sich die nächste Stufe der menschlichen Evolution ereignen, die in ihrer Bedeutung nur mit der Entwicklung der Denkfähigkeit am Anfang der Menschheitsgeschichte verglichen werden könne. Wenn die Menschheit aus diesem kosmischen Potential schöpfe, werde sie in der Lage sein, eine Weltkultur oder Superorganisation zu entwickeln, die sich nach Ch. in ihren Anfängen schon in den USA herausgebildet habe. Seit 1961 erscheint die dt. Gesamtausgabe. Hauptwerke: *Der Mensch im Kosmos* u. *Das Tor in die Zukunft*.

Charvaka, Begründer einer materialistischen und atheistischen Schule, die in den ind. Epen (→ Mahabharata) und den buddh. Dialogen öfter erwähnt wird. Diese Lehre heißt auch Lokayata (skrt.: *loka* = »Welt«), weil sie nur die Existenz dieser Welt annimmt, die aus den vier Elementen Erde, Wasser, Feuer u. Luft besteht. Aber nicht nur das Dasein einer geistigen Welt, sondern auch die Wirksamkeit der rituellen Gebräuche und die sittlichen Pflichten werden geleugnet. Da der Materialismus des Ch. für die Religion und Sittlichkeit gefährliche Folgen hatte, sank er zu einer Geheimlehre herab.

Charubel (1826–?), engl. Hellseher und Astrologe im 19. Jh. Bekanntestes Werk: *Die Grade des Zodiaks, ihre Symbole und Bedeutung*. Darin beschrieb er in einer Art Trancezustand (→ Channeling) die Symbole (»Charubel-Symbole«) für jeden einzelnen Grad.

Chassidismus, hebr.: *chassid* = »der Fromme«; Bez. für religiöse Strömungen im Judentum.

1. Die Chassidäer sind Gegner der Hellenisten vor und während der makkabäischen Erhebung (2. Jh. v. Chr.) und gelten als die Vorläufer der Pharisäer.

2. Eine mystische Strömung der deutschen Kabbalisten im 13. Jh., die zur Schule des Eleasar von Worms (Beiname Rokeach) gehören. Ihr Hauptwerk war das *Sephar ha Chassidim* (»Das Buch der Frommen«).

3. Eine religiös-mystische Bewegung im Ostjudentum, die von Baal (oder »Baalschem«) Schem Tow (abgek. Bescht, 1698–1760) gegründet wurde. Nach Martin Buber, der den Ch. erforschte, lassen sich die Hauptlehren folgendermaßen zusammenfassen: Gott ist in jedem Ding zu schauen und durch jede reine Tat zu erreichen. Kein Ding kann ohne einen göttlichen Funken in sich bestehen, und die Aufgabe des Chassidim liegt darin, diesen Funken zu jeder Zeit und durch jede Handlung zu entdecken und zu erlösen. Gott soll mit dem ganzen Alltag, mit dem Leben gedient werden, und das Weltliche soll geheiligt werden. Es ist die Aufgabe der Chassidim – die auch Zaddikim (Gerechte) genannt wurden –, Vermittler zwischen Gott und Mensch zu sein. Alle Äußerungen eines Zaddik haben einen geheimen Sinn. Quelle dieser Lehre sind die kabbalistische Mystik von Lurja (→ Kaballa). Originell am Ch. sind vor allem die optimistische Lebensauffassung und die Ablehnung übertriebener Askese. Das orthodoxe Judentum war Gegner des Ch. Eine Erneuerung strebte im 19. Jh. der Zionismus und in unserem Jh. Martin Buber an. Durch den Nationalsozialismus ist der Ch. in Osteuropa

fast völlig ausgerottet worden. Die Aussprüche und Legenden, die vielfach in Jiddisch abgefaßt sind, wurden in den 20er Jahren von Chajim Bloch in seinen *Chassidischen Geschichten* gesammelt.

Cheiro (1866–1936), Ps. für Louis Hamon, »The Count«; engl. Experte für Handlesekunst und Astrologe, zu dessen Kunden bekannte Namen der engl. Gesellschaft zählten wie z. B. König Edward VII., Lord Kitchener und Lord Charles Russel, der oberste engl. Richter. Zu seinen Kunden zählten auch der belg. König Leopold II., der russ. Zar und der Papst Leo XIII. und Schriftsteller wie Mark Twain und Oscar Wilde, dessen Todestag er voraussagte. 1933 ging er nach Hollywood. Seine Werke über Handlesekunst (→ Chiromantie) wie *Language of the Hand* (14. Aufl. 1901) und → Numerologie (dt. Übers.: *Buch der Zahlen)* sind als Standardwerke geschätzt.

Chela, skrt.: »Diener«. Bez. des Schülers eines ind. spirituellen Meisters und Lehrers (→ Guru). Dies ist die erste Stufe oder Ashram im Leben eines → Brahmanen.

Chelidonius, griech.: »Schwalbenstein«; ein pathologisches Konkrement (Calculi) in den inneren Hohlorganen von Vögeln, besonders Schwalben. In der Volksmedizin ein Heilmittel gegen Melancholie und unregelmäßige Periode. Gegen Fieber soll er helfen, wenn man ihn in einem gelben Leinenbeutel um den Nacken bindet.

Chemiatrie, zusammengesetzt aus Chemie und *iatreia* (griech.: »Heilkunst«). Dieselbe Bedeutung wie → Iatrochemie.

Chenresi, tib. Name von → Avalokiteshvara, der Schutzgottheit von Tibet. Das weibliche Gegenstück ist → Tara. Der → Dalai Lama, das Oberhaupt der Gelbmützen, ist die Inkarnation des Ch. Auch bei den Rotmützen steht Ch. in hohem Ansehen, weil ihr Sektengründer Padma Sambhava (8. Jh. n. Chr.) als Inkarnation des Ch. gilt. Dargestellt wird Ch. als Hirte mit vier Armen oder als Mischwesen mit elf Häuptern, 1000 Armen und einem Auge in der Handfläche.

Chen Yen, chin.: »wahres Wort«; chin. Form des → Tantrismus, der im 8. Jh. n. Chr. nach China kam. Wegen ihres esot. Charakters wird diese Lehre auch *Mi-chiao* (chin.: »geheime Lehre«) genannt. Nach dieser Lehre kann jeder Mensch ein → Buddha werden. Besondere Verehrung genießt → Vairochana (→ Adi-Buddha).

Cherub, Mehrz. Cherubim; hebr. Name für Engel in der Nähe Gottes, die als geflügelte Wesen die Bundeslade und das Paradies bewachen. Im AT (→ Bibel) haben sie vier Gesichter: Mensch, Löwe, Stier u. Adler (Tetramorph), die in der christl. Kunst Symbole der vier Evangelisten sind. In der sog. himmlischen → Dämonenhierarchie der → Dämonologie, die von dem → Neuplatonismus entwickelt wurde, nehmen sie den zweiten Platz ein. Sie sind die Geister der Harmonie und sind verantwortlich für das planetarische System. Deshalb werden sie auch mit den vier festen Zeichen des Tierkreises (Stier, Löwe, Skorpion u. Wassermann) verbunden.

Chesed, hebr.: »Barmherzigkeit«; die 4. Sephirah (→ Sephiroth), die auch den Namen Gedulah (hebr.: »Größe«) trägt und sich im kabbal. → Lebensbaum auf der rechten Seite (männlich) befindet. Zusammen mit der Sephirah → Geburah oder Din (im Lebensbaum links und folglich weiblich) bildet sie das Seelenreich oder das Reich des Willens. Göttlicher Name: El; Erzengel: Tzadqiel; materielle Welt: Tzedek, die Sphäre des Jupiters.

Chew, Geoffrey, → Bootstrap.

Chih-I (531–597), auch K'e Fu, voller Name: Chich-che Tai-shih, jap.: Chigi, Begründer der Tien-Tai (jap. Tendai)-Schule des Buddhismus. Neben seinen umfangreichen Studien (15 vollständige Ausgaben der buddh. Schriften) widmete er sich auch der Meditation. Seine Nachfolger entfernten sich von diesem Ideal des → Zen und schätzten mehr die wissenschaftliche Tätigkeit.

Ch'i, chin.: »Atem, Hauch«, jap.: *Ki*; Bez. für die kosmische Kraft, die, aufgeteilt in die beiden Pole → Yin und → Yang, in allen Dingen einschließlich des Menschen wirksam ist. Ch. ist ein Grundbegr. des → Taoismus und der chin. Medizin und ist identisch mit → Prana in der ind. Philosophie. Diese Energie, die immer in vibrierender Bewegung ist, gelangt als Atem und durch die Nahrung in den menschlichen Körper. Stauungen des Energiestromes führen zu Krankheiten.

Ch'i Kung, → Quigong.

Chilam Balam, Maya-Sprache von Yucatan: »liegender Jaguar«; Bez. für einen Wahrsagepriester der Maya und für religiöse Bücher (Ch. B. von Chumayel etc.), die zwar erst nach der span. Eroberung verfaßt wurden, aber sehr viel alte Tradition (Mythologie, Prophezeiungen), Ritualvorschriften und Berichte über geschichtliche Ereignisse enthalten.

Ch'i lei Jong-Massage, chin.: »Organaktivierung«; Grundlage ist die Vorstellung, daß die Gesundheit auf dem ungestörten Strom der eigenen Energie (→ Ch'i) beruht. Außer den Energiekanälen, in denen die Lebenskraft fließt, werden noch vier weitere Körpersysteme (Gefäße, Lymphe, Nerven, Muskeln) als wichtig für die Gesundheit angesehen. Da diese fünf Körpersysteme im Nabel zusammenlaufen, können Energieblockaden aller Körperorgane durch Massage der Nabelregion aufgehoben werden.

Chiliasmus, griech.: *chilioi* = »tausend«; ursprüngl. der Glaube, daß am Ende dieser Weltzeit Christus mit seinen

Heiligen tausend Jahre herrschen wird (NT; Matth. 26,29; Offenb. 20,2, → Bibel), bevor der Satan endgültig überwunden wird und der Untergang der Welt, die Totenauferstehung und das Jüngste Gericht kommt. Quelle ist die antike Vorstellung von einem goldenen Zeitalter und die Aussagen der Propheten des Judentums, die ein Reich des Messias auf Erden verheißen hatten. Der Ch., der besonders in den ersten Jahrhunderten des Christentums sehr lebendig war, wurde seit Augustinus (354–430) durch die Anschauung abgelöst, daß mit dem Christentum dieses tausendjährige Reich schon angebrochen sei. Der Ch. lebte im 8. Jh., um die 1. Jahrtausendwende und im Spätmittelalter besonders in Sekten (z. B. Wiedertäufer) wieder auf.

Chinmoy, Sri (geb. 1932), ind. Mystiker und Yogi, der Leiter der Friedensmeditation der UNO. Durch zahlreiche Aktionen machte er Politiker wie z. B. Gorbatschow auf seine Vorstellung von dem »Einssein der Welt des Friedens« aufmerksam. Nach Ch.s Ansicht kann die Welt durch → Meditation und Gebet verändert werden, was für ihn gleichbedeutend mit → Spiritualität ist. Auf diese Weise wird das Einssein mit der übrigen Welt erreicht und Kriege werden unmöglich. Um den Weltfrieden zu erhalten, organisiert C. auch einen Weltfriedenslauf.

Chirognomie, griech.: »Handformenkunde«; ein Teilgebiet der Handlesekunst (→ Chirologie). Sie beschreibt die Formen der Hand einschließlich des Handgelenkes, des Handrumpfes und der Finger und faßt sie zu verschiedenen Handtypen zusammen. Nach → Carus gibt es folgende Typen: 1. motorische, 2. sensible, 3. elementare und 4. psychische Handform. Der Franzose D'Arpentigny (1. H. 19. Jh.) unterschied sieben Typen: 1. elementare, 2. spatelförmige, 3. konische, 4. eckige, 5. philosophische, 6. psychische und 7. gemischte Hand.

Chirologie, griech.: »Handkunde«; Bez. für die wissenschaftliche Handlesekunst, die eine Charakterdeutung auf der Grundlage der Hand- und Fingerformen geben will. Sie bedient sich hierbei sowohl der Form von Hand und Finger (→ Chirognomie), der Handberge (Erhöhungen in den Händen) und der Handlinien, die beide die Grundlage der wahrsagerischen Handlesekunst (→ Chiromantie) bilden, als auch der feinen Linien und Rillen (Riffelung), besonders der Finger, die auch in der Gerichtsmedizin und Kriminalistik herangezogen werden.
Das Schicksal eines Menschen bzw. seinen Charakter aus der Hand zu lesen reicht bis in die frühen Hochkulturen (Indien, Ägypten, Babylonien und Assyrien) zurück. In der Antike war die Chiromantie eine angesehene Geheimwissenschaft. Aristoteles sagte in seiner Schrift *De coelo et mundi causa*: »Die Linien sind nicht ohne Grund in die menschliche Hand geprägt, sie stammen von himmlischen Einflüssen.« Aber erst

im 2. Jh. n. Chr. wurde die Chiromantie theoretisch behandelt (→ Artemidor) und von der Philosophin Hypatia (4. Jh. n. Chr.) popularisiert. Bei den Arabern wurde sie weiterentwickelt und erlebte eine Blütezeit (Abuhali ben Omar). Wichtige Beiträge lieferten Johann Hartlaub (1450), → Albertus Magnus, → Paracelsus, → Fludd und Arnold de → Villanova. Im 17. und 18. Jh. gab es an den Universitäten chiromantische Kollegien. Bekannte Vertreter waren im 18. Jh. die franz. Wahrsagerin → Lenormand; im 19. Jh. der Franzose D'Arpentigny, → Carus, → Desbarolles und → Papus. Einen entscheidenden Beitrag zur Entwicklung der Chiromantie zur Ch., die nicht nur zur Charakterdeutung, sondern auch zu medizinisch-diagnostischen Zwecken benutzt werden konnte, lieferte Ernst Issberner-Haldane (1886–1966).

Die Ch. ist heute eher eine Methode der Selbsterfahrung, die einem Menschen helfen kann, sich anhand der verschlüsselten Informationen seiner Handform, -linien etc. Auskünfte über seine Talente, Fähigkeiten, Stärken, aber auch Schwächen, Neigungen und Gefährdungen zu verschaffen. Nach → Dürckheim ist die Ch. ein wichtiges Mittel der Lebensgestaltung, da sich die Bestimmung eines Menschen in der Form seiner Hände ausdrückt. Die Hand ist das Abbild des ganzen Menschen, einschließlich seiner Seele. Man könne deshalb die Hand auch als eine Landkarte der »Lebensreise« ansehen.

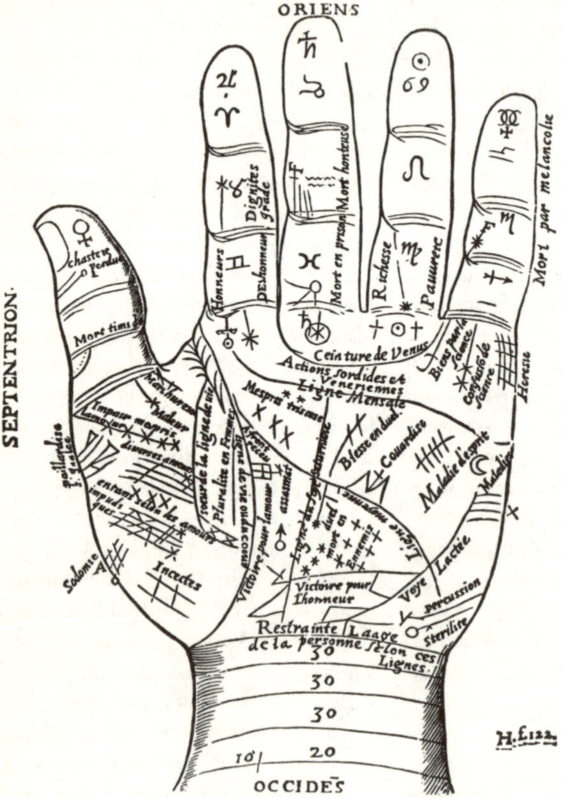

Chiromantie

Chiromantie, griech.: »wahrsagerische Handlesekunst«. Nach der → Mikrokosmos-Makrokosmos-Lehre ist nicht nur der Mensch als ganze Person, sondern auch seine Hand Abbild des Kosmos (der → Planeten und der → Tierkreiszeichen), so daß die Ch. eng mit der → Astrologie verbunden ist. Man unterscheidet drei Formen: 1. Ch. der Handwurzel. Die Linien des Handgelenkes bezeichnet man als Rascetten oder Armbänder. Ihre Anzahl gibt über die Lebenserwartung eines Menschen Auskunft. 2. Ch. der Handfläche oder Palmistrie (lat.: *palma* = »Handfläche«). Grundlage sind die Handberge und die deutlich sichtbaren Linien, die in Haupt- und Nebenlinien eingeteilt werden. Jeder Finger »steht« auf einem Berg, der ein Symbol für Energien ist. 3. Ch. der Finger und Fingernägel. Grundlage ist das Vorhandensein bzw. der Verlauf von Linien auf den Fingern.

Chiron, 1. In der griech. Mythologie Name eines Zentauren, eines Mischwesens, halb Mensch, halb Tier, das von Zeus als Stern in den Himmel versetzt wurde. Ch. ist urspr. ein Gott der Heilkunst, dem die Entdeckung wichtiger Heilpflanzen zugeschrieben wird. 2. Name eines Planeten, der 1977 entdeckt wurde. Er kreist in einem 50 bis 51 Jahre dauernden Umlaufzyklus zwischen den Planeten Saturn und Uranus. Man betrachtet ihn als eine Brücke zwischen den inneren (Merkur, Venus) und äußeren (Mars bis Pluto) Planeten. Strittig ist die Zuordnung zu dem Haus (6. Haus) und dem Tierkreiszeichen (Jungfrau; aber auch Schützen oder Waage). Ch. ist einer der drei großen → Transite (neben Saturn und Uranus), dessen Wiederkehr jeder Mensch erlebt, der älter als 50 Jahre wird. In der → esot. Astrologie gilt Ch. als der große Astrologe, Lehrer, Heiler, Krieger und Magier. Ch. ist der Planet des New Age, denn er zeigt einen Ausweg aus der Zerstörung und Lebensbedrohung der Welt. Er stellt eine Brükke zwischen Saturn (Tod) und Uranus (Leben) her.

Chiropraktik, griech.: »manuelle Medizin«; eine Therapieform, die von dem Heiler und Magnetiseur Daniel David Palmer (1845–1913) begründet wurde und sehr viele Gemeinsamkeiten mit der etwas älteren → Osteopathie hat. Der Grundgedanke der Ch. geht auf den griech. Arzt Hippokrates (circa. 460–370 v. Chr.) zurück, der die gründliche Beachtung der Wirbelsäule verlangte. Denn sie enthält und schützt das Rückenmark, durch das die Vitalkräfte strömen, die über die Rückenmarksnerven an alle Teile des Körpers weitergegeben werden. Die falsch stehenden Segmente der Wirbelsäule beeinträchtigen durch Druck auf die aus der Wirbelsäule austretenden Nerven den Fluß der Vitalkräfte. Die Untersuchung der Wirbelsäule erfolgt durch Beobachten, Befühlen und Messen. Die wichtigste Behandlungsmethode besteht darin, durch raschen manuellen Druck (»Justierung«) oder plötzliche Krafteinwirkung die Stellung und die Bewegung der Gelenke zu normalisieren. Dazu kommen körperliche Übungen, Beratung über richtige Lebensweise, besonders der Stellung der Füße in den Schuhen und Sitz- und Liegehaltung. Im Unterschied zur Osteopathie, welche die Blutversorgung der Gewebe als den wesentlichen Faktor ansieht, betont die Ch. die Nervenversorgung.

Chirosophie, griech.: »Handwissen«; ältere Bez. für die Handlesekunst (→ Chirologie). Die Ch. beschäftigte sich vorwiegend mit den Grundlagen und den Prinzipien dieses Gebietes. So untersuchte sie die formgebenden Prinzipien des menschlichen Körpers, die u. a. auch die Hand individuell gestalten. Heute geht man davon aus, daß die Beschaffenheit der Hand genetisch bedingt ist und die einzelnen Formelemente, welche die Grundlage der Chirognomie, -logie und -mantie bilden, schon drei Monate vor der Geburt geprägt sind und zeitlebens bis zum Tod gleich bleiben. Nur sekundäre Merkmale (Nebenfalten) sind bedingt durch Krankheiten etc. einem Änderungsprozeß unterworfen.

Chirotesie, griech.: »Handauflegen«; Heilung von Krankheiten durch Auflegen der Hände. (→ Geistheilung)

Chladni, → Cymatik.

Chochmah, hebr.: »Weisheit«; die 2. Sephirah (→ Sephiroth). Ch. und → Binah gelten als die ersten aus → Kether hervorgebrachten Sephiroth. Ch. ist männlich und Binah weiblich. Mit Daath zusammen bilden sie das Vernunftreich. Da Kether an sich alle anderen Sephiroth umfaßt, ist Ch. die eigentlich erste Sephirah. Der göttliche Name von Ch. ist Yah, Erzengel: Raziel, materielle Welt: Mazloth, die Sphäre des Tierkreises. Ch. ist mit dem Yod des → Tetragrammatons verbunden.

Chokmah Nisetarah, hebr.: »geheimes Wissen«; Bez. für die → Kabbala.

Chöd, tibet.: »abschneiden«; ein Ritus im → Lamaismus, mit dessen Hilfe man die falsche Vorstellung von einem Ich (→ Atman) beseitigen will, indem man alle bösen Geister herbeiruft und ihnen seinen Körper opfert. Der Ch.-Ritus wird in meditativer Versunkenheit geübt. Man stellt sich den Körper fett und häßlich vor und als den Haken, an dem wir all unsere Begierden aufhängen. Dann folgt die Visualisierung einer Weisheitsgöttin, die dem Körper den Kopf abschlägt und die Stücke des Körpers in die Schädelschale wirft, die wie ein Kochtopf aufs Feuer gesetzt wird. Das unvorstellbare Licht, das von diesem Opfer ausstrahlt, lockt die verschiedendsten Wesen und Geister an. Ch. wird meistens auf Begräbnisstätten ausgeführt und gilt als eine gefährliche magische Praktik, die zu Geistesstörungen führen kann.

Christdorn, bot.: *Ilex aquifolium*; dt. Bez.: Stechpalme oder Stecheiche. Der Sage nach ist es jene Palme, mit der

Jesus bei seinem Einzug in Jerusalem begrüßt wurde. Sie erhielt in Erinnerung an den Verrat, der an Jesus verübt wurde, Stacheln. Die schleimig-bitteren und herb schmeckenden Blätter sind in der Volksmedizin ein Mittel gegen Gicht und Rheuma. Die roten Beeren, die mit den Blutstropfen Christi verglichen werden, waren wichtige Bestandteile von Räuchermitteln und → Hexensalben.

Christian, Paul (1811–1881), Ps. für Jean Baptiste Pitois, franz. Astrologe und Okkultist, der mit → Levi befreundet war. In seinem Hauptwerk *L'Homme rouge de Tuilleries* vermengt er die Tarotsymbolik mit Elementen der Astrologie zu einem kabbalistischen Weissagungsverfahren (kabbalistische → Astrologie). Der rote Mann der Tuillerien ist Guyon, ein Schützling Napoleons, der seinen Aufstieg und Sturz vorausgesagt haben soll.

Christian Science, engl.: »Christliche Wissenschaft«; eine christliche Bewegung, die von der Amerikanerin Mary Baker-Eddy (1821–1910) gegründet wurde. Da sie nach zwei gescheiterten Ehen an nervösen Störungen litt, nahm sie Kontakt zu Phineas → Quimby auf, der sich selbst als Magnetiseur bezeichnete und ein Heilverfahren entwickelt hatte, das auf → Suggestion und → Hypnose beruhte. Nach ihrer Heilung wurde sie Quimbys Schülerin und entwickelte selbst ein Heilverfahren auf einer religiösen, metaphysischen Grundlage. Die Störungen haben ihre Ursachen nicht in der Materie oder in der Physis, sondern im Geist. Folglich seien Krankheiten, Schmerz und Tod nichts Reales, sondern sie entstünden durch falsches Denken und Unwissenheit über Gott. Durch Beten könne eine Krankheit beseitigt werden. 1875 faßte sie ihre Lehre in dem Buch *Science and Health* zusammen. Ein Jahr später gründete sie die »Christian Scientist's Association«. Die Ch. S. verbreitete sich rasch in den USA und im Ausland (Zeitschrift: *Christian Science Monitor*).

Christus, griech. Übers. von hebr. *messias* = »der Gesalbte«; im Christentum der »Sohn Gottes« und der Zuname von Jesus von Nazareth, der Träger und Mittelpunkt der Offenbarungen in den Bücher des NT (→ Bibel) ist. Die Bedeutung Ch.s für die Esoterik erkannte → Steiner, der aufgrund einer geistigen Schau aus der → Akashachronik behauptete, daß es zwei Jesu gegeben habe. Keiner dieser beiden Knaben, die dann in geheimnisvoller Weise zu einem Jesusknaben verschmolzen, sei aber der Christus gewesen. Dieser sei erst mit dem dreißigsten Lebensjahr bei der Jordantaufe geboren worden. Das Ichwesen des Jesus habe den Körper verlassen, und das göttliche Christuswesen habe von ihm Besitz ergriffen.

Die → Qumran-Funde haben in der Esoterik der alten These, Jesus sei ein → Essener gewesen, neuen Auftrieb gegeben. Diese Sekte, deren Namen man von aramä.: *assaya* (Arzt, Heiler) ablei-

tet, war wegen ihrer ungewöhnlichen Fähigkeiten in der Heilkunde so geschätzt, daß man sie in Ägypten »Therapeuten« (griech.: »Heiler«) nannte. Auch in der Lebensgeschichte Jesu nehmen Krankenheilungen einen breiten Raum ein, und er hat sich selbst gelegentlich als Arzt bezeichnet. Dazu kommt exakte Übereinstimmung zwischen den Worten Jesu im NT und den Qumran-Texten. So nannten sich die Essener »Arme im Geiste«, was wörtlich von Jesus in der Bergpredigt (NT; Matth. 5, 3) wiederholt wird. Die Abendmahlpraxis Jesus und der Abendmahlritus der Essener zeigen ebenfalls direkte Parallelen. Auch wird in den Qumran-Texten von einem für »unsere Sünden durchbohrten Messias« gesprochen und ein »Lehrer der Gerechtigkeit« erwähnt, der »von einem Frevelpriester umgebracht« und »am Ende der Tage auferstehen wird«.
Die zahlreichen Parallelen zwischen Christentum und Buddhismus haben schon um die Jahrhundertwende Notovitch (dt. Übers.: *Die Lücke im Leben Jesu,* 1894) zu der Behauptung veranlaßt, daß Jesus in jungen Jahren in Indien gelebt habe. Schon 1836 hat F. Nork in dem Buch *Brahminen und Rabbinen* die Juden in ein verwandtschaftliches Verhältnis zu den Indern gebracht. Nach den Lehren der islam. → Ahmadiyya-Sekte ging Jesus nach seiner überstandenen Kreuzigung nach Indien, wo er in Shrinagar gestorben und begraben sein soll.

Chromotherapie, griech.: → »Farbtherapie«.

Chronik von Akakor. Der Journalist und Südamerikaexperte Karl Brunner, der 1984 einem Mordanschlag zum Opfer fiel, erhielt von einem Deutschen namens Günther Hauck, der sich selbst Taunca Nara und Häuptling der Ugha Mongulala bezeichnete, einen Bericht über ein hochzivilisiertes Volk in Akakor, im Grenzgebiet zwischen Peru und Brasilien. Diese »Chronik«, die angeblich 12 000 Jahre zurückreichte, enthält die glorreiche, aber auch traurige Geschichte eines Volkes, das ähnlich große zivilisatorische Leistungen wie die Maya und Inka vollbrachte. Brunner glaubte lange an die Authentizität dieses Berichtes, weil archäologische Funde in diesem Raum ihn zu bestätigen schienen, doch kurz vor seinem Tod erhielt er Beweise, daß er einem Betrug erlegen war. Andere Personen, die sich auf die Suche nach Akakor machten, verschwanden spurlos oder wurden getötet.

Chronobiologie, griech.: »Lehre von den biologischen Zeitabläufen«; Gegenstand sind die biolog. Rhythmen (→ Biorhythmik) des menschlichen Körpers und der Natur. Die Hochzivilisation zwingt den Menschen, seinen natürlichen Lebensrhythmus aufzugeben, der von einer »inneren Uhr« kontrolliert wird. Die Folgen sind die typischen Zivilisationserkrankungen wie Herz- und Kreislaufstörungen.

Chuang Tzu (4. Jh. oder Anfang 3. Jh. v. Chr.), einer der bedeutendsten chin. Philosophen, der mit Hilfe des →

Taoismus den → Konfuzianismus kritisierte. Ch. ist Skeptiker und Pessimist. Seine Lehre basiert auf dem Gedanken, daß letzte und tiefe Dinge vom Verstand nicht erfaßt werden können. Wenn man den Urgrund oder das Absolute (→ Tao) verstehen wolle, müsse man sein eigenes Wissen unterdrücken. Dem unbeschreiblichen Tao könne man sich nur durch Meditation nähern. Die Welt, die ein Teil der Natur sei, bedürfe keiner Ordnung und Regel, wie sie der Konfuzianismus lehrt. Das ihm zugeschriebene Buch *Chuang-tzu* besteht aus 33 Kapiteln, von denen der größere Teil von seinen Nachfolgern verfaßt wurde.

Chua K'a, ein mongol. Massagesystem, das von Oscar Ichazo (→ Arica) wiederbelebt wurde.

Chymische Hochzeit, 1. Titel einer der Grundschriften der → Rosenkreuzer, die auf → Andreae zurückgehen soll.
2. Alchemist. Begr. (lat.: *conjunctio)*; bezeichnet in der → erotischen Bildersysmbolik der → Alchemie den Höhepunkt des Großen Werkes (→ opus magnum), wenn sich die weiße Königin (Symbol: Mond, Silber oder Quecksilber) mit dem roten König (Symbol: Sonne, Schwefel oder Gold) vereinigt. Die Vereinigung der polaren Gegensätze ist aber nicht nur ein äußerer Vorgang, sondern auch eine Allegorie des inneren, seelischen Wandlungsprozesses eines Menschen, da die Veränderung des Menschen selbst eines der wichtigsten Ziele der Alchemie war. Dahinter steht die Vorstellung von einer »Heiligen Hochzeit« (griech.: *hieros gamos)* von polaren Gegensätzen. Auch die → Yin und → Yang-Symbolik des → Taoismus kann als eine solche »Heilige Hochzeit« aufgefaßt werden. Die ch. H. lebt in der modernen → Chaos-Theorie wieder auf, die untersucht, wie polare Gegensätze sich in einem System verhalten und zu einer neuen Ordnung vereinigen können.

Chypre, franz.: »Zypern«; eine erotische Duftkomposition aus dem 14. Jh., die ursprüngl. zum Räuchern benutzt wurde. Der Name »Zypern« weist darauf hin, daß dieses Räucherwerk von den Kreuzfahrern nach Europa gebracht wurde. Im 18. Jh. gab es zwei Kompositionen, die diesen Namen trugen: 1. Eichenmoospulver, → Moschus, → Ambra und → Zibet. 2. Eichenmoos, Orangenblüten, → Benzoe, → Styrax, → Zibet, Bittermandel, → Kardamon, → Rosenblätter, Nelkenstiel, → Sandelholz und → Kampfer. Dieser älteste Typ des Ch. besaß ausgesprochen narkotische Eigenschaften, die noch durch den Kohlenstoff verstärkt wurden, der sich beim Räuchern bildete. Die erotische Wirkung beruht auf den → Pheromonen, den pflanzlichen Hormonen (→ Sandelholz) und den Ähnlichkeitsriechstoffen, wie z. B. → Styrax, dessen Geruch an den menschlichen Schweiß erinnert. Die neuzeitlichen Ch.-Kompositionen enthalten stimulierende Duftstoffe wie → Zimt-Öl, → Nelken-Öl, → Koriander-Öl, → Cumarin, → Vanille und → Iris-Öl.

Chrysopras, ein Edelstein der → Chalcedongruppe. Nach den orphischen Lithika (5.–6. Jh. n. Chr.), einem Steinbuch, soll der Ch. gegen Zauberei helfen. In der byzantinischen Zeit trug man ihn an der Handwurzel, wenn man sich ein scharfes Auge verschaffen oder Magenleiden und Schwellungen beseitigen wollte. Nach der hl. → Hildegard hat er folgende Kräfte: er heilt Gichtleiden, beruhigt Zornige, hebt die Wirkung von Giften auf, lindert den Anfall von Epileptikern und hilft bei Besessenheit. Anwendung in der modernen Edelsteinmedizin: Er beeinflußt das Herz-Chakra, und das Elixier hilft bei den Leiden der Vorsteherdrüse, von Hoden, Eileitern und Eierstöcken.

Cintamani, skrt.: »Wunschstein«; ein sagenhafter ind. Edelstein, der seinem Besitzer alle Wünsche erfüllen soll. In der Medizin ein Quecksilbermittel.

Citrinitas, lat.: »Gelbung«; griech.: *xanthosis*, die 3. Stufe des Großen Werkes (→ Opus magnum), an deren Stelle auch die Grünung treten kann. Beide gelten als Vorankündung des vollendeten Werkes. Meistens wird die C. aber unerwähnt gelassen.

Citronell-Öl, bot.: *Andropogon nardus*; Süßgras. Das Öl wird durch Wasserdampfdestillation aus den Blättern gewonnen. Mediz. Anwendung: bei Schnupfen, Stirnhöhlenkatarrh (antibakteriell), Depressionen und Abgeschlagenheit.

Citta, skrt. u. Pali: »Verstand, Bewußtsein, Herz«; im Buddhismus einer der drei Teile des gesamten Daseins neben den Geistesfaktoren *(cetasika)* und der Körperlichkeit *(rupa)*.

Church of Satan, First Ch. o. S.; engl.: »Erste Kirche des Satans«. Diese amerik. Sekte, die eine Spielart des modernen → Satanskult vertritt, wurde 1967 von dem Schauspieler Howard LaVey (Künstlername: Anton Szandor) gegründet. LaVey, der in seiner Biographie angibt, kath. Priester gewesen zu sein, veröffentlichte 1969/70 zwei Bücher: *The Satanic Bible, The Book of Satanism: The Complete Witch.* Seine Lehre enthält Gedanken von → Crowley, der Psychoanalyse von → Freud und → Reich und Gedankengut franz. Satanisten des 19. Jh. In San Francisco gründete er einen Tempel der Ch. o. S. Prominentes Mitglied war die 1967 tödlich verunglückte Schauspielerin Jayne Mansfield. Einen breiten Raum in den satanischen Riten nimmt die Sexualmagie, besonders Gruppensex ein, der als eine primitive Form der ursprüngl. sakralen Orgien der → Gnosis angesehen werden muß, die in eine religiöse Gedankenwelt eingebettet waren. Die Ch. o. S., die durch die Sensationspresse (Sektenzeitschrift: *The Cloven Hoof)* und die Film- und Fernsehmedien bekannt wurde, gründete auch in Holland eine Niederlassung (1975 nach LaVey 7000 (?) Mitglieder).

Clairvoyence, franz. → »Hellsehen«.

Clavicula Salomonis, lat.: »Schlüsselchen Salomons«; Name eines → Zauberbuches aus dem Spätmittelalter (17. Jh.). Salomon galt wie Mosis seit der Antike als großer Zauberer und Geisterbeschwörer, so daß ihm eine Reihe von Zauberbüchern unterschoben wurde. Inhalt sind die Methoden für das »Beschwören der Geister«. Das Zauberbuch *Der Kleinere Schlüssel Salomon* (→ Legemeton) wird z. B. von einem erfahrenen Magier wie → Crowley als wertvoller angesehen.

Coex-System, Abk. von engl.: *condensed experience system* = »System verdichteter Erfahrung«. Eine von → Grof geprägte Bez. für ein psychisches Prinzip, das im Unterbewußtsein wirksam ist. Grof fand heraus, daß es Erfahrungen gibt, die man nicht einzeln oder isoliert, sondern nur in einem Prozeß macht. Man unterscheidet drei Niveaus im C.: 1. perinatales N.: alles, was vor der Geburt liegt; 2. psychodynamisches N.: die Zeit ab der Geburt, die in der traditionellen Psychoanalyse behandelt wird; 3. transpersonales N.: Erfahrungen, die sich über das individuelle Bewußtsein hinaus erstrecken und nicht an den dreidimensionalen Raum und die Zeit gebunden sind. Das C.-S. kann mit Techniken der → Bewußtseinserweiterung (→ Ekstase, → psychedelische Drogen) erfahren werden.

Cohausen, Johannes Heinrich (1665–1750), Leibarzt des Bischofs von Münster und Autor des Buches *Der wiederlebende Hermippus oder von seltener Art, sein Leben durch das Anhauchen junger Mädchen bis auf 115 Jahre zu verlängern.* (lat. Original 1742; dt. Übers. 1753, ND. 1847 in *Der Schatzgräber* Bd. 2). In dieser satirischen Schrift kritisierte C. den besonders bei jüd. Ärzten beliebten → Sunamitismus. Der Patient liegt zwischen zwei jungfräulichen Mädchen, deren Wärme und Ausdünstungen seine »Lebensgeister« wieder wecken sollen. Diese materialreiche Schrift hatte zur Folge, daß der Sunamitismus nicht nur unter Ärzten, sondern einer breiten Öffentlichkeit bekannt wurde.

Collin de Plancy, Jacques Albert Simon (1794–1881), franz. Schriftsteller; von seinen zahlreichen Werken, die sich mit Okkultismus, Wahrsagerei und Satanismus *(Legendes infernales,* dt. Übers.: *Satanalien)* beschäftigen, sind am bekanntesten sein *Dictionnaire infernale* (letzte Aufl. 1963, ND 1980), das von L. Breton mit 72 Abbildungen von Dämonen illustriert wurde.

Collins, Mabel (1851–1922), engl. Schriftstellerin, Theosophin und Frauenrechtlerin; 1884 schloß sie sich der Theosophical Society an und war zusammen mit → Blavatsky Mitherausgeberin der theosoph. Zeitschrift *Lucifer*. Ihre esot. Romane *The Idyll of the White Lotus* (dt. Übers.: *Die Lotuskönigin)* und *The True Story of a Black Magician* sind wichtige Beiträge zur esot. → Belletristik. → Crowley empfahl das letztere Werk als Einführung für Neulinge auf dem Gebiet der → Schwarzen Magie, weil es sehr viele Details aus den okkult. Organisationen enthält. Nach Kontroversen über ihr Hauptwerk *Light on the Path* (dt. Übers.: *Licht auf dem Weg)* wurde sie aus der Theosophical Society ausgeschlossen.

Colortherapie, → Farbtherapie.

Comenius, Jan Amos (1592–1670), tschech. Pädagoge, der zusammen mit dem dt. Kaufmann Hartlib, der in England lebte, zu den Wegbereitern der → Freimaurerei gehörte. In seinen Schriften *Pansophia prodromus* (1639) und *Via lucis* (1642) entwarf er den Plan einer humanitären Gesellschaft aller Gelehrten und Gebildeten des ganzen Erdkreises. Er verwendete darin Gleichnisse, die mit den Symbolen der Freimaurerei völlig übereinstimmen. So spricht er von einem *Templum sapientia* (»Tempel der Weisheit«), vom »Höchsten Baumeister der Welt« etc. Als Beleg für die geistige Verwandtschaft C. mit der Freimaurerei wird auch das Titelblatt der Schrift *Pansophia prodromus* herangezogen, das eine königliche Frauengestalt zeigt, zu deren Füßen Zirkel, Winkelmaß und ein Buch liegen. Es kann heute als gesichert gelten, daß die Vorstellungen von C. und Hartlib ihren Ausdruck in dem Konstitutionenbuch der Freimaurer von 1723 fanden.

Comte de Gabalis, → Abbe de Villars, esot. → Belletristik.

Conceptographie, lat.: *conceptus* = »Begriff« u. *graphein* = »schreiben«; mit diesem von Resch geprägten Begr. wird das paranormale Phänomen der Gedankenfotografie (auch Psychographie) umschrieben. Schon 1861 beobachtete H. Mummler, daß Medien im Trancezustand einen Film oder ein Medium der Bildaufzeichnung beeinflussen können, wenn sie ihre Gedanken auf das Aufnahmegerät konzentrieren. Auf diese Weise entstehen nicht nur Abbildungen von Gedanken, sondern auch von Vorstellungen des psychisch Unbewußten. (→ Conceptophonie)

Conceptophonie, von lat.: *conceptus* = »Begriff« u. griech.: *phone* = »Stimme«; ein von → Resch geprägter Begr. für das Phänomen der paranormalen → Tonbandstimmen, die aber nur ein Teil der Stimmen und Laute sind, die aus Dimensionen stammen, die normalerweise für das menschliche Ohr unzugänglich sind. In derselben Bedeutung wird »Transzendalstimmen« oder »Transaudio« (instrumentelle → Transkommunikation) gebraucht. Seit den 1964 veröffentlichten Büchern *Stimmen aus dem All* von Friedrich Jürgenson (1903–1987; »Jürgensoneffekt«) und *Unhörba-*

res wird hörbar von → Raudive wird an der Existenz dieses Phänomens nicht mehr gezweifelt.

Conjunctio aurea, lat.: »goldener Zusammenschein« oder Königsaspekt (→ Aspekt); in der Astrologie Bez. für eine → Konjunktion, bei der Saturn und Jupiter die gleiche Länge haben. Im Mittelalter wurde die C. a. als ein Krisenzeichen (Pest, Bauernkriege) angesehen. Als besonders ungünstig gelten die C. a. im Zeichen des Skorpions und die 3. Wiederkehr der C. a. nach je 60 Jahren.

Cook, Florence (1856–1904), eines der berühmtesten → Medien des 19. Jh., mit dem → Crookes experimentierte. C. gelang es, zwei Jahre lang ein Geistwesen zu materialisieren, das sich Katie King nannte und behauptete, in einem früheren Leben Annie Morgan geheißen u. um die Zeit der Königin Katharina, der Gattin Karl II., gelebt zu haben. Aus den Tagebüchern Crookes geht aber hervor, daß die Sitzungen mit C. selbst den einfachsten wissenschaftlichen Kriterien nicht genügen. So wurden z. B. die Sitzungen im Dunkeln unter Leitung des Mediums selbst abgehalten.

Copaivabalsam, bot.: *Copaifera*; eine in Südamerika beheimatete Baumart. Das → gelbliche Balsam wird durch Einschnitte in den Stamm gewonnen. Mediz. Anwendung: bei Harn- und Geschlechtsleiden.

Copal, ein Harz, das aus den Bäumen der Gattung Hymnaea, die zu den Schmetterlingsblütlern gehören und in Südamerika, Indien und Afrika beheimatet sind, gewonnen wird. Das bernsteinartige Harz wurde schon von den Azteken, Maya und Inka für Räucherungen benutzt.

Cordovero, Rabbi Mosche (1522–1570), berühmter Kabbalist und einer der Führer der Schule in Safed (Stadt in Obergaliläa). Sein Hauptwerk *Pardes rimmonim* (»Lustgarten von Granatäpfeln«) enthält eine systematische Einführung in die → Kabbala mit Erläuterung vieler Stellen des → Sohar.

Core Energetic, C.-Energie ist die zentrale Lebenskraft des Menschen. John Pierrakos entwickelte eine Therapieform, die auf der Grundlage der Bioenergetik basiert. Die Energieblockaden, die sich in Ängsten manifestieren, werden durch → Körperarbeit und durch die reinigende Wirkung (Katharsis) abgebaut, wenn man mit ihnen konfrontiert wird und sie bewußt erleben muß. Das Zentrum der C. E. ist in Wessobrunn (Bayern).

Coping, engl.: »Verkappung«; Sammelbez. für Lebenshilfen, die den Menschen widerstandsfähiger machen wollen. Dazu gehören die Stärkung von grundlegenden gesundheitserhaltenden Persönlichkeitsmerkmalen wie Selbstwertgefühl, Selbstvertrauen und Hoffnung.

Corpus hermeticum, eine Sammlung von 18 anonymen griech. Prosaschriften aus dem 2. u. 3. Jh., die wahrscheinlich in Ägypten entstanden ist und sich als Offenbarungen des → Hermes Trismegistos (Dreimalgrößten Hermes), des ägypt. Gottes der Weisheit, ausgeben. Das Streben nach Gottesschau, Wiedergeburt und Erlösung der Seelen könne durch Mystik, Ekstase, Meditation, Magie und Astrologie erreicht werden. Eine solche Verbindung (Synkretismus) von griech. und orientalischem Gedankengut ist typisch für religiöse Schriften der röm. Kaiserzeit. Die wichtigste dieser Schriften, der *Poimandres* (»Der Menschenhirt«), der auch zeitweise der ganzen Sammlung den Namen gab, gehört zur nichtchristlichen → Gnosis. Mitte des 15. Jh. wurde der C. h. wiederentdeckt und 1463 von dem ital. Gelehrten Marsiglio Ficino (1433–1499) ins Lat. übersetzt. Die Wirkung auf die Renaissancephilosphie war gewaltig. 1781 veröffentlichte Dietrich Tiedmann eine dt. Übers. *Hermes Trismegists Poemander oder von der göttlichen Weisheit.* Nach → Yates kommt dem mit der Wiederentdeckung des C. h. beginnenden → Hermetismus eine wichtige Rolle bei der wissenschaftlichen Revolution des 17. Jh. zu, da der kath. Naturphilosophie, die auf Aristoteles basierte, ein alternatives Denkmodell entgegengesetzt wurde. Im weiteren Verlauf der wissenschaftlichen Revolution wurden die okkulten Elemente allerdings beseitigt.

Coué, → Autosuggestion.

Counselling, oder Co-C.; eine Psychotherapie, die von dem Amerikaner Harvey Jackins in den 50er Jahren unter dem Namen »Re-evaluation counselling« (Abk. RC) entwickelt wurde. C. ist hauptsächlich eine Methode der Persönlichkeitsentwicklung, aber sie hilft auch bei psychischen Störungen, dem Abbau von Ängsten und Emotionen etc. Da in ihr der Gegensatz zwischen Therapeut und Patient aufgehoben ist, wird sie in Selbsthilfegruppen durchgeführt, für die mindestens zwei Personen erforderlich sind. Schmerzliche Erinnerungen und Erfahrungen werden noch einmal erlebt, damit der Klient sich in einer Art Katharsis (griech.: »Reinigung«) von ihrem zwanghaften Druck befreien kann. Berührungspunkte gibt es mit der Dialektik von L. Ron Hubbards → Scientology.

Cousto, Hans (1948), Musikwissenschaftler und esot. Sachbuchautor. C. wurde bekannt durch die Berechnung der harmonikalen Kammertöne, die sich von den bisher bekannten Kammertönen durch ihre Ableitung von astronomischen Gegebenheiten unterscheiden. Durch vergleichende Untersuchungen fand C. heraus, daß diese Töne seit Jahrtausenden meditativ erfahren werden. Dazu gehören das ind. und fernöstliche Mantra → »Om« und das abendländische »Amen«. Eine von C. entwickelte Stimmgabel kann Schwingungen erzeugen, die identisch sind mit den Urtönen von → Berendt (→ Harmonikale Grundgesetze). Werke: *Die kosmische Oktave; Klänge, Bilder, Welten.*

Coven, eine Vereinigung von 12 bzw. 13 → Hexen oder Hexern. Das Wort tauchte zum ersten Mal 1662 bei der Vernehmung der schottischen Hexe Isobel Gowdie auf, die behauptete, daß ein C. aus 13 Hexen bestünde und jede ihren eigenen Unterteufel habe. Nach → Murray setzte sich ein C. nur aus 12 Mitgliedern zusammen, die unter der Leitung des Teufels oder eines als Teufel verkleideten Leiters standen.

Crack, ein Kokainderivat, das erheblich stärker als das gewöhnliche Kokain ist und wie → Haschisch geraucht werden kann. C. führt zu intensiven Rauschzuständen. Die Mischung von C. mit → Heroin lindert den Übergang zur depressiven Phase, die sich in der Regel nach dem Genuß psychedelischer Drogen einstellt.

Cranio-sacral-Massage, lat.: *cranio* = »Schädel« u. *sacrum* = »Kreuzbein«; eine sanfte Körpertherapie, die an der Grenze zur → Psychotherapie und → Meditation liegt. Sie wurde von William G. Sutherland aus der → Ostheopathie entwickelt. Durch Manipulation der Schädelknochen soll das Membranen-Flüssigkeitssystem beeinflußt werden, das sich vom Schädel bis zum Kreuzbein ausdehnt. Diese Flüssigkeit, in der das Zentrale Nervensystem schwimmt, pulsiert ungefähr sechsmal pro Minute. Sutherland nennt sie den primären Atem. Die heutige Form erhielt die C. s. M. von Apletcher. Zunächst lernt der Therapeut den Rhythmus kennen, der über das Bindegewebe am ganzen Körper vom Schädel bis zu den Füßen fühlbar ist. Durch sanften Druck werden dann Schädel und Wirbelsäule massiert.

Croiset, Gerard (1910–1980), holl. Hellseher, der als »Hellseherdetektiv« mit den Polizeibehörden der europäischen Länder zusammenarbeitete. C., der »Mann mit dem Röntgenblick«, wirkte bei der Aufklärung vieler Kriminalfälle mit. Er besaß die paranormale Gabe, ohne in Trance zu verfallen eine Verbindung von Menschen und Gegenständen herzustellen.

Croll, Oswald (1580–1609), Arzt und Alchemist, der von → Paracelsus beeinflußt war. Als er sein Erstlingswerk *Basilica chymica* (1609) dem Prinzen Christian I. von Anhalt-Berneburg widmete, zog er sich die Mißgunst von Kaiser Rudolf II. zu, der sich als Schirmherr der okkulten Wissenschaften betrachtete. Die Untersuchung der magischen Harmonie zwischen Mensch und Kosmos (→ Makrokosmos-Mikrokosmos) brachte C. zu der Ansicht, daß jedes Wesen seinen eigenen Stern habe.

Cromlech, Waliser Ausdruck zur Bez. von Steinkreisen und Megalithbauten (»großsteinige Bauwerke«) aus der prähistorischen Zeit. In der Esoterik glaubt man, daß diese Bauten nach denselben Gesetzen funktionierten wie die ägypt. Pyramiden oder untereinander durch Linien (→ Leys) verbunden sind.

Cromlech Temple, eine um 1900 gegründete esot. Vereinigung, die von ihren Mitgliedern die Anerkennung der christl. Lehre verlangte und jede Form von Magie ablehnte.

Crookall, Robert (1890–1981), Geologe, Parapsychologe und esot. Schriftsteller, der Mitglied der engl. und amerik. »Society for Psychical Research« war. In umfangreichen Fallstudien wies er nach, daß bei → Astralreisen dieselben Informationen erlangt werden können wie durch Medien. Wichtigstes Werk: *What Happens, When You Die?*

Crookes, William (1832–1919), engl. Chemiker und Physiker, Entdecker des Thalliums, der sich intensiv mit paranormalen Phänomenen beschäftigte. Besonders interessierte ihn die Frage, ob geheime Kräfte von → Medien ausgehen und Erscheinungen wie Tischrücken, Läuten von Glocken etc. verursachen können. C. experimentierte auch mit dem schottischen Medium Home (1833–1886), das in seiner 35jährigen Tätigkeit niemals eines Betruges überführt werden konnte. Bei seinen Untersuchungen benutzte C. spezielle Registriermethoden wie z. B. Waagen, um objektiv festzustellen, ob unbekannte Kräfte am Werk waren. Bei einem anderen berühmten Medium seiner Zeit (→ Cook) ist sicher, daß er einem Selbstbetrug erlegen ist. Werke: *Researches in the Phenomena of Spiritualism* (posthum 1926 zusammengestellt). In dt. Übers.: *Spiritualismus und die Wissenschaft* (1871) u. *Materialisationsversuche* (1923).

Crowley, Aleister (1875–1947), engl. Dichter, Sektengründer und einer der bedeutendsten Okkultisten des 20. Jh. Der spätere Werdegang C.s, der sich selbst als der Antichrist, als das Tier 666, bezeichnete, kann als eine Art innere Befreiung von seiner strengen christlichen Erziehung verstanden werden. 1898 wurde er in den → Golden-Dawn-Orden aufgenommen, auf den er durch die Lektüre eines Buches von → Waite aufmerksam geworden war. Obwohl er auch von → Mathers gefördert wurde, war sein eigentlicher Lehrmeister aber Allan → Bennett, der ihn auch mit Drogen bekannt machte, von denen er zeitlebens nicht mehr loskam. C., der den Ordensnamen »Perdurabo« (»Ich werde durchhalten«) führte, machte rasch Fortschritte, aber seine Aufnahme in den zweiten Orden scheiterte an Mathers autoritärem Verhalten. Es kam zu einer heftigen Auseinandersetzung, in deren Verlauf C. versuchte, Mathers mit Hilfe einer Armee von 49 bösen Dämonen zu vernichten.

Als C. ausgeschlossen wurde, gründete er 1905 seinen eigenen Orden (Argentium Astrum, = »Silberner Stern«, Abk. → A. A.). 1904 diktierte ihm → Aiwaz, der Abgesandte des ägypt. Gottes Ra Hoor-Khuit, das Buch *Liber Al vel Legis* (»Das Buch der Gesetze«). Dieses Jahr markierte nicht nur den endgültigen Bruch C.s mit dem Golden-Dawn-Orden, sondern auch den Beginn eines neuen Zeitalters des Horus-Äons. Für C. ist die Freiheit des Willens zwar das höchste Gut eines Menschen, aber er muß zunächst einmal herausfinden, was er eigentlich will. Wenn ihm das bewußt geworden ist, wozu auch abscheuliche Dinge gehören, dann muß er sie auch in die Tat umsetzen. C.s Beschäftigung mit → Sexualmagie, die u. a. auf seine in Indien, Ceylon und China erworbenen Kenntnisse des → Yoga und des Tantrismus zurückzuführen sind, brachte ihn 1910 in Kontakt mit Reuss, der ihn 1912 zum Leiter des → OTO in England machte. In diese Zeit fällt auch seine Bekanntschaft bzw. seine homosexuelle Beziehung zu dem Dichter Neuburg, mit dem er 1909 in der algerischen Wüste eine Beschwörung durchführte, die er in den Werken von John Dee gefunden hatte. 1913 verfaßte er für die Gnostisch-katholische Kirche, eine Schwesterorganisation des OTO, ein Meßbuch. Während des 1. Weltkrieges lebte er in New York, beschäftigte sich mit Sexualmagie und schrieb anti-britische Propagandatexte, was er als Beweis für seinen freien Willen ansah.

1920 gründete er in Cefalu in Sizilien die Abtei Thelema. Das ausschweifende Leben in der Abtei und der mysteriöse Tod eines Mitgliedes veranlaßten die ital. Behörden, ihn 1923 auszuweisen. (In den 70er Jahren rekonstruierte der Filmemacher → Anger die Wandgemälde C.s, die Bilder von den »Astralwesen« enthalten, die er in seinem Drogenrausch erlebte.) Auch aus Frankreich wurde er ausgewiesen, wo er bis 1929 lebte. Nach seiner Rückkehr nach England, wo schon 1924 seine Bücher verboten worden waren, führte er 1932 gegen die Bildhauerin Nina Hamnett einen Prozeß, weil sie ihn der Schwarzen Magie bezichtigt hatte. C. erlitt nicht nur eine Niederlage vor Gericht, da die von N. Hamnett vorgetragenen Beweise erdrückend waren, sondern er verlor auch sein ganzes Vermögen. Zusammen mit Frieda Harris, die er 1937 kennenlernte, schuf er dann Tarotkarten (→ Tarot) für die Einweihung in das Neue Zeitalter. Grundlage bildeten die Arbeiten → Levis, der das Tarot mit dem aus der → Kabbala bekannten → Lebensbaum verband. 1947 verstarb er zurückgezogen in Hastings (Sussex). Werke in dt. Übers.: *Das Buch der Gesetze* (1985), *Equinox I–X* u. andere Werke C.s erschienen seit 1961 im Psychosophischen Verlag in Stein/App. (Schweiz) bzw. Zürich. *Das Buch der Lügen, Magick* (2. Bde.), *Moonchild* (esot. → Belletristik), Die *Heiligen Bücher von Thelema, Liber CXI Aleph, Confessions* und *Ausgewählte Werke (I–III)* in den 80er Jahren im Johanna Bohmeier Verlag.

Crowther, Patricia, engl. Hexe, die zusammen mit Eleanor Bone in der Nachfolge von → Gardner den Wiccakult fortsetzt und eine Wortführerin der modernen Hexenbewegung ist. Sie leitet in Sheffield einen → Coven. Werke: *Witchblood* (1974, (Autobiographie) u. *Lid off the Cauldron* (1981, »Ratgeber der Hexenkunst«).

Crux Ansata, → Ankh.

Cumarin, ein Duftstoff, der in den Tonkabohnen, den Samenkernen des Tonkabaumes (bot.: *Dipterix odorata),* in Steinklee, Waldmeister und frischem Heu enthalten ist. C. wird auch künstlich erzeugt.

Cumberlandismus, eine Form des Gedankenlesens (Pseudogedankenlesen), die nach dem engl. Illusionisten Cumberland (Ps. für Charles Gardener) benannt wurde. Anhand von Muskelbewegungen und anderer körperlicher Reaktion und Verhaltensweisen werden Rückschlüsse auf die Gedanken eines Menschen gezogen.

Cumin, bot.: *Cuminum cyminum*; ein in Indien, China und USA beheimateter Doldenblütler, aus dessen Samen durch Wasserdampfdestillation Öl gewonnen wird. Mediz. Anwendung: bei Magen- und Darmerkrankungen.

Curandero, span.: »Heiler«; Bez. für den süd- und mittelamerik. Heilzauberer oder Schamanen, der für die Wahrsagung, Opferungen, Jagd- und Regenzauber und die Behandlung der Kranken zuständig ist. Er leitet die religiösen Zeremonien der süd- und mittelamerik. Stämme, bei denen sich die Teilnehmer durch psychedelische → Drogen in Ekstase bzw. in einen Trancezustand versetzen. Dem C. obliegt es, seine → Visionen und die seiner Stammesangehörigen zu deuten. Bei diesen »Seelenreisen« übt er die Funktion eines geistigen Führers aus, der den Kontakt zwischen der alltäglichen und der spirituellen Welt herstellt.

Current 93, bei → Crowley Bez. für die magischen Energien des Horus-Zeitalters, das 1904 begann. Der Zahlenwert (praktische → Kabbala, → Numerologie) der griech. Wörter einer der Hauptmaximen: Liebe (griech.: *agape)* unter Willen (griech.: *thelema),* die ihm der 1904 → Aiwaz, der Abgesandte des ägypt. Gottes Ra-Hoor-Khuit diktierte, beträgt 93. Auch das Wort Aiwaz hat diesen Zahlenwert.

Cuspidiens Domorum (Domuum), lat.: »Anfangsgrenzen der Häuser«; in der Astrologie Bez. für die Anfangsspitzen der Orte oder → Häuser im → Horoskop.

Cymatik, von griech.: *cyma* = »Gärung«; ein umfassendes Wissensgebiet, das die Wirkung von Wellen (Vibrationen, elektromagnetischen Schwingungen) auf die Materie bzw. den menschlichen Körper untersucht. Schon im 18. Jh. entdeckte Chladni (1756–1827), daß Töne Muster in Sand erzeugen, der auf eine dünne Metallplatte gestreut wurde. Die C. beruht auf der Annahme, daß die gesamte Formenwelt eine Sichtbarmachung der harmonischen Schwingungen ist, welche die Struktur des gesamten Kosmos bestimmen (→

Sphärenharmonie, → Harmonikale Grundgesetze). In der Medizin kommen die Erkenntnisse der C. bei der Behandlung von Schmerzzuständen der Knochen, Gelenke und Bänder durch Vibrationen in Anwendung. Auch die Grundlagen der Edelstein- und Farbtherapie beruhen auf der C., da die Farben im physikalischen Sinne elektromagnetische Schwingungen sind.

Cypher-Manuscript, ein 60seitiges, in einer Geheimschrift abgefaßtes Manuskript, das 1887 von → Wescott entdeckt wurde. Die Entzifferung des C. M. brachte fünf fragmentarische, in Englisch abgefaßte mystische Rituale zu Tage. Unter den Manuskriptseiten lag ein Papier mit Namen und Anschrift einer gewissen Anna Sprengel mit dem Ordensnamen Soror SDA (lat.: *sapiens dominabitur astris* = »Der Weise wird von den Sternen geleitet«), die eine hohe Eingeweihte in der deutschen Rosenkreuzergesellschaft »Goldene Dämmerung« war. Wescott trat in einen Briefwechsel mit dem »Fräulein Sprengel«, die ihn autorisierte, eine engl. Niederlassung dieser Gesellschaft zu gründen (→ Golden Dawn). Eine Untersuchung des Textes des C. M durch → Waite ergab, daß die Abfassungszeit um 1870 liegen mußte, weil das Buch *Dogme et Rituel de la Haute Magie* (1856) von → Levi benutzt wurde. Äußerliche Merkmale drängten den Verdacht auf, daß das C. M. eine Fälschung von → Wescott oder Woodman war.

D

Daath, hebr.: Erkenntnis; eine Art Hilfs-Sephirah (→ Sephiroth), die zwischen → Binah und → Chochmah eingeschoben ist und mit ihnen zusammen das Vernunftreich bildet. Durch sie soll der → Abyssus (Abgrund) zwischen der theoretischen und praktischen Vernunft überwunden werden.

Dacqué, Edgar (1875–1945), Paläontologe und Naturphilosoph, der zeitweise der → Theosophischen Gesellschaft angehörte. Die Sagen von den → Drachen, die mit den Raubdinosauriern identisch sind, beweisen, seiner Meinung nach, daß im menschlichen Gehirn Erinnerungen aus einer frühen Periode der Stammesgeschichte noch vorhanden sind. Auch die paranormalen Fähigkeiten stammten aus einer solchen frühen Epoche der Menschheit. Werke: *Urwelt, Sage und Menschheit* 1925, *Natur und Seele* (1927).

Dagoba, singh. Form von skrt.: *dhatu-garba* = »Reliquienbehälter«; Bez. für den buddh. Heiligenschrein, der meistens ein turmartiger Tempelbau ist und Reliquien von Buddha oder Heiligen enthält. Das bekanntere Wort *Pagode* ist eine Verballhornung von D.

Damballah, einer der mächtigsten Geister der → Voodoo-Religion, der durch eine Schlange (Boa constrictor) dargestellt wird. Seine Frau hieß Aida Ouedo und seine Geliebte Erzulie. Diese drei Geister bestimmen das Schicksal eines Menschen. D. werden weiße Affen und Hühner geopfert. Während des Rituals muß zu seiner Ehre Wasser auf dem Altar stehen.

Dämonen, griech.: *daimon* = »Gott«; im Unterschied zu griech. *theos* (= »Gott«) bezeichnet D. mehr die Kraft Gottes, besonders wenn man den Namen eines Gottes nicht nennen wollte. Seit dem Dichter Hesiod (7. Jh. v. Chr.) hat D. die Bedeutung von Totengeister, Halbgötter oder entthronte Götter. Diese Zwischenwesen werden eingeteilt in böse D. (Kakodaimon) und gute D. (Agathodaimon). In allen Hochreligionen treten neben dem Gott oder den Göttern solche niederen Wesen auf, die nicht selten die ehemaligen Götter eines besiegten Volkes sind. Das siegreiche Christentum führte einen langen Kampf gegen die Verehrung der alten Götter, die entweder zu bösen D. uminterpretiert wurden oder deren Funktion von christlichen Heiligen übernommen wurde.

Dämonenhierarchie, das Gegenbild zur himmlischen Hierarchie in der christlichen → Dämonologie. Von dem

Neuplatoniker Psellos (Neuplatonismus) stammt eine Einteilung der D. nach ihrem Aufenthaltsort in 1. Luftbewohner, die für die Stürme und Unwetter verantwortlich sind; 2. Erdbewohner mit den Untergruppen Gnomen (auf der Erde oder in Höhlen), die für Erdbeben und Feuer verantwortlich sind, und Waldbewohner, die Wanderer irreleiten; 3. Wasserbewohner, die ein schreckliches Aussehen haben und für Schiffbrüche verantwortlich sind; 4. Feuerdämonen oder Lelirice, die erst am Jüngsten Tag mit den Menschen Kontakt aufnehmen: 6. Heliophoben oder Lucifugi, die nur nachts erscheinen und als die gefährlichsten D. gelten, weil sie Menschen töten. Umfangreiche Ranglisten, Typeneinteilungen und Klassifizierungen stammen aus der Zauberliteratur des 17. Jh. Man unterscheidet einen König der D. (Lucifer); einen Vizekönig

Dämon bedroht einen Magier (um 1860)

(Belial); vier Herrscher oder Gubernatoren: Satan, Beelzebub, Astaroth und Pluto; sieben Großfürste: Aziel, Mephistopheles, Marbuel, Ariel, Aniguel, Anifel und Barfaee. Außerdem gibt es Großräte, einen Geheimen Reichssecretarius und Hausgeister.

Dämonismus, Bez. für den Geisterglauben, für den die Welt von → Dämonen beherrscht ist. Der D. entspringt der Suche nach den Ursachen der unerklärlichen Übel in der Welt und nach einer Macht, die einen Schutz vor diesen Übel bietet. (→ Spiritismus, → Animismus)

Dämonologie, griech.: »Lehre von den Dämonen«; ursprüngl. Bez. in der kath. Kirche für die theolog. Lehre der bösen Geister, die als Widersacher Gottes den Menschen versuchen. In der Religionswissenschaft Lehre von den Zwischenwesen unterhalb Gottes oder der Götter. Für die Esoterik ist die christliche und jüdische D. von Wichtigkeit.

Dämonologie, christliche. Nach AT (1. Mosis 6, 1-4) sind die Dämonen »die Söhne Gottes«, gefallene Engel, die sich mit den Töchtern der Menschen vermischt hatten und von Gott verstoßen wurden. Dies geschah auf Anstiften des → Teufels, der auf diese Weise mit göttlicher Zustimmung das Haupt eines großen Reiches geworden war. Im NT sind die Dämonen böse Geister, die von einem Menschen Besitz ergreifen (→ Besessenheit) und die Ursache von körperlichen Gebrechen und Krankheiten sind. Einige der größten Wunder Jesu sind mit der Austreibung von Dämonen verbunden. Die Macht, Dämonen auszutreiben, übertrug Jesus (Mark. 3, 15, Luk. 9, 1) auf seine Jünger (→ Exorzismus). Die Grundlagen der ch. D. legte Augustinus, der, beeinflußt vom → Manichäismus, die Lehre von den zwei Reichen aufstellte. Nämlich die *civitas Dei* (Gottesreich) und die *civitas Diaboli* (Dämonenreich). Die Dämonen sind Luftkörper *(corpus aerium)*, die eine große Sinnesschärfe und Schnelligkeit besitzen. Da sie eine lange Lebensdauer haben, verfügen sie über eine viel größere Erfahrung als die Menschen. Sie können deshalb die Zukunft vorhersagen und Wunder vollbringen. Sie besitzen namentlich das Vermögen, Menschen zu schlechten Taten (Malefizien) anzuregen und können Unwetter, Mißernten etc. auf deren Verlangen erzeugen. Ihr Luftkörper ermöglicht es ihnen, in den Körper der Menschen im wachenden oder schlafenden Zustand einzudringen.

Dämonologie, jüdische. Im AT werden die Dämonen Schedim (Übernatürliche), die ursprüngl. kanaanäische Götter waren, und Se'rim (Haarige) sowie → Lilith, ein gefürchteter Nachtdämon, erwähnt, die der babylonischen Götterwelt entstammen. Am gefährlichsten gelten die Nächte des Mittwochs und des Sabbats, da in dieser Zeit 18 000 Dämonen umgehen. Die Dämonen kann man durch Rauchwerk vertreiben. In der neuzeitlichen Esoterik spielen die in den → Henochbüchern erwähnten Dämonen eine wichtige Rolle. Diese »gefallenen« Engel (über 200), welche die Phantasie von → Dee und → Levi entzündeten, begehrten die irdischen Frauen. Durch diesen Kontakt lernten die Menschen zahlreiche Künste kennen. Eine weitere wichtige Quelle ist das → Lemegeton oder der *Kleinere Schlüssel Salomons*, der eine Liste von 72 Dämonen enthält.

Däniken, Erich von (geb. 1935), Schweizer Hotelier und Erfolgsautor, der grundlegende Beiträge zur → Prä-Astronautik (→ Astroarchäologie) lieferte und dieses esot. Wissensgebiet einem breiten Publikum bekanntmachte. Seit 1960 vertrat er in Zeitschriftenaufsätzen die These, die Erde sei in der Vergangenheit von außerirdischen Astronauten besucht worden. Seine umfangreichen Forschungen, die begleitet waren von ausgedehnten Reisen in die Zentren der alten Hochkulturen und zu Stätten, die auch heute noch der Archäologie Rätsel aufgeben, veröffentlichte er 1968 in dem Buch *Erinnerungen an die Zukunft*, dessen großer Publikumserfolg auch renommierte Fachwissenschaftler veranlaßte, zu den darin aufgeworfenen 238 Fragen Stellung zu beziehen. In seinem 1977 erschienenen Buch *Beweise* vertritt D. die These, die Götter der Mythologien seien ehemalige Astronauten. Die alten Glaubensvorstellungen und Kulturdenkmäler wie z. B. die → Pyramiden, → Megalithen, unterirdische Stollen, Felszeichnungen, heilige Berge seien Erinnerungen der Menschheit an die Besuche von außerirdischen Wesen. Da sie über Wissen verfügt hätten, das nicht nur dem der alten Völker, sondern auch dem der heutigen Menschen weit überlegen gewesen sei, seien sie als Götter verehrt worden. Dieses Phänomen ist in der Religionswissenschaft als → Cargokult bekannt. Die Lehren D.s werden auch von der Ufologie gestützt, die davon ausgeht, daß zu allen Zeiten die Erde von außerirdischen Raumschiffen (→ Ufos) umflogen werden. Weitere Bücher: *Die Augen der Sphinx*, *Wir alle sind Kinder der Götter*, *Die Steinzeit war ganz anders*.

Dahlke, Rüdiger (geb. 1951), Arzt und Psychotherapeut, der in 12jähriger Zusammenarbeit mit → Dethlefsen eine neue Form der → Reinkarnationstherapie entwickelte. In der Therapie geht es darum, den Patienten dazu zu bringen, »das anzunehmen, was ist«. Der Name Reinkarnationstherapie ist deshalb etwas irreführend, da es nach D. unwichtig ist, ob die mit Hilfe von → Fasten, gelenkter → Meditation, Atemübung, → NLP, → Primärtherapie und → Gestalttherapie wachgerufenen Erlebnisse und Bilder Projektionen aus dem Jetzt, Phantasien oder frühere Inkarnationen sind. Er verzichtet auch auf jede Wertung und Ursachensuche. Bücher: *Mandalas der Welt*, *Bewußt fasten*, *Der Mensch und die Welt sind eins*, *Ok-*

kultismus – Der Esoterik-Boom, als Co-Autor von Dethlefsen bei *Krankheit als Weg.*

Daifunshin, → Daishinkon.

Daigidan, → Daishinkon.

Daimonion, abgel. von griech.: *daimon*; Bez. für den persönlichen Schutzgeist (→ Alter Ego) in der Antike. Vorbild eines Menschen, der sein Leben nach den Ratschlägen (»innere Stimme«) seines D. gestaltete, ist der griech. Philosoph Sokrates (496–399 v. Chr.). Eine ausführliche Darstellung des sokratischen D. stammt von dem griech. Schriftsteller Plutarch (45–120 n. Chr.). Er überprüfte die Vorstellung eines Schutzgeistes mit Hilfe von philosophischen Argumenten. Hinweise auf die Existenz eines D. finden sich außer in den Schriften der röm. Autoren Seneca (4–55 n. Chr.) und Marc Aurel (121–180 n. Chr.) auch bei den Neuplatonikern. Der Schutzgeist ist der Wächter über das Schicksal, das jedem Menschen vorbestimmt ist. Aber es findet sich auch die Auffassung, daß das D. den Menschen von seiner Schicksalsbestimmung befreien könne. In der älteren esot. Literatur wird das D. als ein paranormales Phänomen gedeutet, das der → ASW zugeordnet wird.

Daijo-Zen, eine Form des → Zen, die auch Mahayana-Zen genannt wird. Ziel des D. ist die Selbsterkenntnis und Verwirklichung des Kenshogodo, um auf direktem Weg Erleuchtung (Satori) zu erreichen.

Daishinkon, jap.: »großer Glaube«; eine der drei Voraussetzungen des → Zen: der Glaube, an die Möglichkeit der Erkenntnis des eigenen Wesens, dessen höchste Form das reine Selbstbewußtsein oder die Erleuchtung (Satori) ist. Die beiden anderen sind: *Daigidan* (großer Zweifel), der durch den Anblick der verwirrenden Vielfalt der Sinnenwelt hervorgerufen wird, und *Daifunshin* (große Standhaftigkeit), die erforderlich ist, um die Zweifel zu überwinden. Alle drei zusammen führen zu Kenshogodo, der Einsicht, daß die Natur des Menschen mit dem Urgrund des Universums identisch ist.

Dakini, skrt.: weibliche, blutsaugende Dämonen der ind.-tibet. Mythologie, die in den → Tantras als Verkörperungen der → Intuition gelten. Sie haben ein furchterregendes Äußere und sind der weibliche Teil oder dessen Begleiter (→ Kali). In der Kunst werden sie nackt dargestellt.

Daktyliomantie, griech.: *daktylios* = »Fingerring«; Weissagung mit Hilfe von Fingerringen, von der zahlreiche Verfahren bekannt sind. Gewöhnlich läßt man einen Ring über einer runden Platte auspendeln, an dessen Rand die Buchstaben des Alphabets eingraviert sind. Die von dem Ring berührten

Buchstaben werden zu einem Wort zusammengesetzt, das als Antwort auf eine gestellte Frage gedeutet wird.

Dalai-Lama, mongol. Übers. von tibet.: *rgya mtsho* = »Ozean des Wissens«; Titel des religiösen und weltlichen Oberhauptes des tibet. Buddhismus (→ Lamaismus). Der D. L., der auch der Sekte der Gelbmützen *(gelugpa)* vorsteht, gilt als Inkarnation des Bodhisattva → Avalokiteshvara oder → Chenresi. Nach dem Tod eines D. L. inkarniert sich nämlich Avalokiteshvara 49 Jahre später in einen neugeborenen Knaben. Dieser Knabe wird von dem Panchen-Lama (tib.: *rin-po-che* = »das Juwel des großen Gelehrten«), der sich mit dem D. L. die religiöse Herrschaft über Tibet teilt und als Inkarnation von Buddha → Amitabha gilt, gesucht. Der heutige 14. D. L., der nach einer alten tibet. Prophezeiung als der letzte D. L. gilt, wurde 1935 in Amdo (Nordtibet) geboren. Mit zwei Jahren wurde er zum Nachfolger des 13. D. L. gewählt. Sein Amt trat er 1950 im Alter von 15 Jahren an. Schon mit 25 Jahren hatte er an drei Klosteruniversitäten (Drepung, Sera und Ganda) in buddh. Philosophie und Religion promoviert. 1959 floh er vor den chin. Invasoren aus seinem Land und ließ sich im nordind. Dharamsala nieder. Für seine Bemühungen um den Weltfrieden erhielt er 1989 den Friedensnobelpreis. In der New-Age-Bewegung betrachtet man den D. L. als einen führenden Repräsentanten einer der wichtigsten östlichen Weisheitslehren. Bücher in dt. Übers.: *Das Auge der Weisheit* (Autobiographie), *Das Auge einer neuen Achtsamkeit.*

Dale, Rodney (geb. 1933), engl. Biologe, der zusammen mit Georg Sassoon das vom Himmel fallende Brot (hebr. *manna),* mit dem Jahwe die Juden 40 Jahre lang auf ihrer Wüstenwanderung versorgte, im Sinne der → Prä-Astronautik interpretierte. D. las aus kabbalistischen Texten (→ Sohar) einen Konstruktionsplan für eine »Mannamaschine« heraus, die mit Hilfe von Algenkulturen diese biblische Nahrung produzierte. Werke: *The Manna Machine, The Kabbalah decoded.*

Dana, 1. skrt. u. Pali; im Buddhismus das Almosenspenden an Arme, Bedürftige und Mönche, das fünffachen Segen bringt (Beliebtheit, edlen Umgang, guten Ruf, sicheres Auftreten und himmlische Wiedergeburt). D. ist neben moralischem Verhalten (Sila) und Meditation (→ Bhavana) eine der drei verdienstvollen Handlungen. Der zehnstufige Weg (Paramitas) zu der Buddhaschaft, den der → Bodhisattva zurücklegen muß, beginnt mit D.
2. auch: Danu; Name der kelt. Muttergottheit, die zugleich die Urmaterie oder den Geist der Natur symbolisiert. Sie tritt in der Gestalt von drei Welten auf. a) die weiße W., wo das Heilige seinen Sitz hat, b) die Erdw., der Ort der toten und unbelebten Materie, c) die mittlere W., wo sich das Wasser befindet. Bei den Kelten ist das Wasser der

Träger der Lebenskraft (kelt.: *nwyr)*, von der alle Energie herstammt. Vertreter des modernen Druidentums vergleichen Nwyr mit dem → Äther oder dem fünften Element (Quintessenz). Die mittlere Welt ist die Brücke zwischen der Erdwelt und der weißen Welt. (→ Druide.)

Dante, Alighieri (1265–1321), ital. Dichter aus Florenz. Sein Hauptwerk *Die göttliche Komödie*, verfaßt in der Zeit zwischen 1307–1321, besteht aus drei Teilen: Hölle *(Inferno)*, Fegefeuer *(Purgatorio)* und Paradies *(Paradiso)* mit je 33 Gesängen. → Luzifer, ein Zerrbild der göttlichen Dreieinigkeit, lebt als Scheusal mit drei Gesichtern (rotes G.: Urhaß; weißlich-gelbliches G.: Ohnmacht; schwarzes G.: Unwissenheit) im Zentrum der Erde, wo die Spitze des Höllentrichters, dessen einzelne Stufen den Abfall von Gott symbolisieren, endet. Das Fegefeuer erhebt sich auf der südlichen Erdhälfte als ein kegelförmig gestufter Berg, an dessen Spitze das Paradies beginnt. Über dem Mittelpunkt des Erddeckels, der die Hölle verschließt, liegt die heilige Stadt Jerusalem. Ein solches mythisches Weltbild, das in seinem strengen symmetrischen Aufbau alle Elemente der mittelalterlichen Weltanschauung vereinigte, war zu allen Zeiten Gegenstand der esot. Deutung. Der geheime Sinn dieses Werkes sollte nach einer alten Legende erst 600 Jahre nach seiner Abfassungszeit entdeckt werden. 1925 fand der Franzose → Guenon verborgene Beziehungen zum → Tempelherrenorden, die in der Gegenwart von Arthur Schult in einem umfangreichen Werk vertieft worden sind.

Dargah, arab.: ein geistiges Heiligtum oder Versammlungsort für lebende Sufimeister. (→ Sufismus)

Darsana, skrt.: »Anblick«; 1. Bez. für eine der sechs Philosophenschulen (davon sind von Wichtigkeit → Yoga, → Samkhya, → Ayurveda). 2. Der Anblick eines Weisheitslehrers (→ Guru), der nach dem Glauben der Hindus Glück bringt. Im Buddhismus Bez. für die Intuition.

Daseinsformen. Der → Hinduismus unterscheidet sechs Gruppen von Wesen, denen jeweils eine bestimmte Farbe zugeordnet wird: Götter (weiß), Dämonen (grün), Menschen (gelb), Tiere u. Pflanzen (blau), Geister oder Pretas (rot) und Höllenwesen (schwarz).

Dashwood, Sir Francis
(1708–1781), engl. Aristokrat und Begründer des satanischen Geheimordens »Knights of St. Francis« (nach seinem Vornamen), der Sexualmagie praktizierte und die → Große Göttin verehrte. Die 13 Mitglieder dieses allgemein als »Hellfire« (engl.: »Höllenfeuer«) bezeichneten Ordens praktizierten fast 15 Jahre lang ihre Riten in einer Kapelle, bis D. dafür in West Wycombe einen unterirdischen Tunnel ausbauen ließ.

Datumsmagie, → Numerologie.

Daumer, Georg Friedrich (1800–1875), Philologe und Philosoph, der zunächst Protestant war, dann zum Katholizismus überwechselte und sich in späteren Jahren dem Okkultismus zuwandte. Kennzeichnend für diesen kath. Romantiker ist sein Hang zur → Mystik. In seinem Hauptwerk *Das Geisterreich in Glauben, Vorstellung, Sage und Wirklichkeit* (1867) behandelt er ausführlich die Grundlagen des Geisterglaubens. Er verwarf die Dreiteilung von Seele, Geist, Leib. Die Seele besitze eine plastische Selbstdarstellung, eine innere Leiblichkeit (Eidolon), die durch die »Integritätsgefühle« nachgewiesen werden könne. Wenn ein Mensch z. B. ein Bein verloren habe, könne er dennoch an den Zehen Schmerzen empfinden. Durch die innere Leiblichkeit könne nicht nur ein Geist sichtbar werden, sondern auch ein → Spuk hervorgerufen werden, wenn sie sich vom Körper loslöse.

David-Neel, Alexandra (1868–1969), franz. Tibetforscherin und Buddhistin, die als erste Frau die für Fremde verbotene Stadt Lhasa besuchte. Während ihres 14jährigen Aufenthaltes in Tibet studierte sie eingehend die tibet. Religion und Okkultismus. Sie praktizierte den gefährlichen → Chöd-Ritus und die → Tulka-Technik. Werke in dt. Übers.: *Heilige und Hexer, Arjopa, Pilgerreise einer weißen Frau nach der verbotenen Stadt des Dalai-Lama* (1933), *Meister und Schüler* (1934).

Davidstern, andere Bez.: Davidschild; ein durch zwei ineinandergeschobene Dreiecke gebildeter sechszakkiger Stern, der das Symbol des Judentums ist. In der → Kabbala bedeutet der D. das gegenseitige Durchdringen der sichtbaren und unsichtbaren Welt.

Davis, Andrew Jackson (1826–1910), amerik. Mystiker (»Seher von Poughkeepsie«), der schon in seiner Kindheit über hellseherische Fähigkeiten verfügte. 1843 ließ er sich von einem Magnetiseur in einen tranceähnlichen Schlaf versetzen. Dabei entdeckte man, daß D. in den menschlichen Körper hineinsehen und Krankheiten diagnostizieren konnte. 1844 wanderte er in einem solchen Zustand von zu Hause weg und wachte am anderen Morgen 40 Meilen entfernt im Gebirge auf, wo er zwei ehrwürdigen Gestalten begegnete, die er als den griech. Arzt Galen und als → Swedenborg identifizierte. Nach diesem Erlebnis begann er eine Heilpraxis auf der Grundlage des → Mesmerismus zu betreiben und wurde als Seher bekannt. Seine Visionen wurden von seinen Mitarbeitern aufgezeichnet *(Principles of Nature, Her Divine Revelations and a Voice Mankind,* 1847). D. wurde in der Folgezeit zu einer Leitfigur des amerik. → Spriritismus.

Dawamesc, arab.; eine psychoaktive → Droge aus Nordafrika, die aus einer Mischung von Zucker, Orangensaft, Zimt, Nelken, Kardamon, Muskat, Moschus, Pistazien, gemahlenen Piniennüssen und Hanfspitzen besteht. Gelegentliche Zusätze sind Brechnuß und Spanische Fliege (sexuell erregend). Die Wirkung von D. ähnelt der von → Haschisch (→ Hanf).

Deckung, Bez. in der → Freimaurerei für 1. den Austritt aus der Loge und 2. das Verlassen des Logenraumes. Eine Loge ist gedeckt, wenn nur Bundesmitglieder anwesend sind.

Dekokt, lat.: »Abkochung«; Bez. für einen wäßrigen Rückstand (Absud), den man durch Kochen pflanzlicher und animalischer Stoffe erhält.

Decumbitur-Horoskop, lat.: »Kranken-H.«; ein → Stundenhoroskop, das einem Kranken erteilt wird, damit er den Verlauf seiner Krankheit besser erkennt. Dahinter steht auch die Vorstellung, daß die Planeten bestimmte Krankheiten beeinflussen können. (→ Iatromathematik).

Dee, Dr. John (1527–1608), berühmter engl. Astrologe, Alchemist und Magier. Unter der Königin Maria I. wurde D. der schwarzen Magie und Zauberei angeklagt und sollte als Ketzer abgeurteilt werden. Seine Situation änderte sich schlagartig, als nach dem Tod Marias Elisabeth I. den Thron bestieg. D. wurde Hofastrologe und Berater der Königin. 1564 veröffentlichte er das Buch *Monas Hieroglyphica*, worin er mit Hilfe der Mathematik, Kabbala und Alchemie die gesamte Schöpfung auf eine Einheit von Kreis, Linie und Punkt zurückführte.

1582 machte er die Bekanntschaft des Apothekers Edward → Kelley (eigentlich Talbot, 1555–1597) die für sein weiteres Leben entscheidend wurde. In dem von → Ashmole aufgefundenen Manuskript des Buches *Libri quinque mysteriorum* (»Fünf Bücher der Geheimnisse«) fanden sich die Protokolle für die Zeit von 1581–1583 über spiritistische Sitzungen, die D. mit Kelley als → Medium zusammen ausführte. Kelley starrte in die berühmte Kristallkugel, fiel in einen Trancezustand und rief mit Hilfe einer Wachstafel, in die magische Zeichen und Symbole eingraviert waren, die Geister herbei. Diese Engel zeigten ihm auf 49 Zoll großen Quadraten, welche die Buchstaben des Alphabets enthielten, bestimmte Buchstaben. D. schrieb diese Buchstaben auf. Im Juni 1583 glaubten beide, mit zwei Geistwesen namens Madimi und Ave in Kontakt zu stehen. Letzterer vermittelte ihnen auf diese Weise Botschaften und Beschwörungen in einer völlig unbekannten Sprache (→ henochische Sprache), die ein ganzes magisches System (henochische Magie) bildeten. D.s Protokolle wurden von Ashmole kopiert, der sie an Meric Casaubon weitergab, und dieser ließ sie schließlich in seinem Werk *A True and Faithful Relation of what passed for many Years between Dr. John Dee and some Spirits* (1659) drukken. Einen Neudruck gab J. O. Halliwell 1852 unter dem Titel *Private Diary of Dr. John Dee* heraus. Diese Aufzeichnungen studierten → Mathers und andere führende Mitglieder des → Golden-Dawn-Ordens und kombinierten D.s »henochische Magie« mit anderen Aspekten der westlichen und östlichen Magie, besonders aber der → Geomantie. Schwierigkeiten mit seinen Feinden veranlaßten D., England fluchtartig zu verlassen und sich zeitweise (1584–85) nach Krakau und an den Hof des dt. Kaisers Rudolf II. nach Prag zu begeben, der sich als Schirmherr der Magier und Alchemisten seiner Zeit betrachtete. D. gelang es jedoch nicht, den Kaiser von seinen Offenbarungen und der Reformation der religiösen Vorstellungen zu überzeugen. Auf Betreiben des päpstlichen Nuntius, der ihn der schwarzen → Magie verdächtigte, mußte er Prag wieder verlassen. Nach seiner Trennung von Kelley und Rückkehr nach England (1588–89) war er Präfekt des Manchester College.

Dehar, Name des → Schamanen bei den nichtislamischen Kalash-Kafiren in Pakistan. Der D. kann sich selbst in → Trance versetzen, indem er Geister anruft, ein Opfertier tötet und den mit Blut beträufelten Altar anstarrt. Nach einem Übergangszustand, der von Krämpfen und Zuckungen gekennzeichnet ist, folgt eine tiefe Trance, in der der D. eine → Seelenreise (→ Schamanismus) unternimmt.

Dehnlehre, eine Heilmassage und Bewegungstherapie, die von Paul Oppenheimer (geb. 1916 in Frankfurt) begründet wurde. Für seine D. zog er Ergebnisse bzw. Lehren der Verhaltensforschung, der Anthroposophie, der modernen Biologie, der Organgymnastik, östlicher Weisheitslehren (besonders → Yoga) und die → Feldenkrais-Methode heran. Grundlage ist das Bipolaritätsprinzip, das in der chin. Medizin als → Yin und Yang bekannt ist. Auf den Menschen bezogen ergibt dies das Gegensatzpaar Körper–Seele (bzw. Geist). Eine Vernachlässigung eines dieser gegensätzlichen Bereiche führt demnach zu schweren Störungen. Wenn das Denken die dem Körper innewohnenden »Weisheiten« unterdrückt, dann wird das Organische zur Maschine und der Mensch zu einer Marionette, deren Gliedmaßen sich nach ganz bestimmten, aber sehr eingeschränkten Regeln bewegen. Das Bipolaritätsprinzip müsse deshalb konsequent auf alle Glieder unseres Körpers angewandt werden. Das Gegensatzpaar von Spannung und Lösung, Zug und Gegenzug bestimme alle Körperpartien, auch die Funktion der inneren Organe wie Herztätigkeit, Zwerchfellbewegung und Verdauung im Darm (Peristaltik). Deshalb sei es wichtig, in seine Leiblichkeit hineinzuhören (Sensory Awareness). Schon eine einfache Handbewegung habe Auswirkungen auf Schulter, Hals, Nacken und Kopf.

Dehypno-Therapie, eine von dem Amerikaner Dick Shoulder begründete Hypnotherapie, die auf der Annahme beruht, der moderne Mensch sei durch die vielfältigen Einflüsse der Erziehung und der Gesellschaft schon hypnotisiert. Durch die ersten Erlebnisse bei der Geburt, wie z. B. dem Getrenntwerden von der Mutter, werde ein strategisches Programm gebildet, das als ein wirksamer Schutz das weitere Verhalten des Kindes in ähnlichen Situationen bestimmt. Die meisten Verhaltensstrategien eines Menschen, die sich als schlechte Gewohnheiten, Ängste, Essensgewohnheiten etc. äußern, stammten aus dem Zeitraum der ersten vier Lebensjahre. Durch einen Dialog mit dem Unterbewußtsein, zu dem auch Meditationen und eine Umstellung der Eßgewohnheiten (keine scharfen Gewürze und Süßigkeiten) gehören, wird das alte Programm aus der Kindheit gelöscht und gegebenenfalls durch ein neues ersetzt, das die Erfahrungen des Erwachsenenlebens enthält.

Deismus, lat.: *deus* = »Gott«; eine religionsphilosophische Strömung, die im 17. Jh. in England entstand. Die Existenz eines Gottes wird zwar nicht geleugnet, aber er führt ein von der Welt getrenntes Dasein und ist für das Weltgeschehen auch nicht verantwortlich, auf das er weder durch Wunder noch durch Offenbarungen Einfluß nimmt. Die Welt ist nach der Auffassung des D. eine großartige Maschine, die von Gott gleichsam wie von einem »Urmacher« geschaffen wurde. Der D. lehrt ein Christentum, das frei von allen Elementen des Wunder- und Offenbarungsglaubens ist und als »natürliche Religion« bezeichnet werden könnte. Der D. bildet auch die Grundlage der → Freimaurerei.

Déjà vu, franz.: »schon einmal gesehen«; Bez. für das Gefühl, ein Ereignis früher schon einmal wahrgenommen zu haben. D. v. wird als Beweis für die → Reinkarnation angesehen. In der Psychologie wird diese Form der Erinnerung als ein plötzliches Bewußtwerden von unbewußt aufgenommenen Ereignissen gedeutet, die aus dem Unterbewußtsein hervortreten. Denkbar ist auch eine Sinnestäuschung, indem Ereignisse aus der Vergangenheit irrtümlich mit einem neuen Vorgang in Verbindung gebracht werden.

Dekane, griech.: »zehnter Teil«; andere Bez.: Prosopon. In der Astrologie werden die 360 Grad des → Tierkreises in 36 D. von je 10 Grad eingeteilt, von denen je drei einem → Tierkreiszeichen zugeordnet werden. Jeder dieser Abschnitte wird von einem Regenten, der ein Gott oder Mischwesen ist, regiert. So heißen z. B. die drei Regenten der Zwillinge in der antiken Astrologie Theosgar, Ver und Tepis. Diese Einteilung geht letztlich auf die babylonische Gestirnkunde zurück, wo die D. die 36 Zeitsterne waren und die Grundlage für die Einteilung des Tages in 24 Stunden bildeten. Die Ägypter verwandelten sie in Dekangötter. In der Astrologie der Spätantike, im Mittelalter und bei den Arabern spielten die D. eine ebenso wichtige Rolle wie die zwölf Tierkreiszeichen.

Della Porta, Giovanni Battista (1538–1615), Arzt, Dramatiker und Alchemist aus Neapel, der als erster eingehend die → Magia naturalis behandelte. Sein Anliegen war es, von der Scholastik und der Naturphilosophie des Aristoteles loszukommen. Das von ihm entwickelte System der natürlichen Magie kann als Vorläufer der Naturwissenschaften angesehen werden. Schon mit 15 Jahren veröffentlichte er sein Hauptwerk *Magia naturalis* (1553, erweiterte Ausgabe 1589), das im 1. Bd. in Anlehnung an → Agrippa von Nettesheim ein System der Magie enthält. Seine → Signaturenlehre basiert auf der Annahme, daß zwischen den Pflanzen, Tieren und Gestirnen ein geheimnisvoller Zusammenhang besteht. Dieser einheitliche Aufbau der Natur äußert sich in Abstoßung (Antipathie) und Anziehung (Sympathie) zwischen den verschiedenen Lebewesen und Dingen. Die anderen Bücher behandeln Fragen der Naturphilosophie, → Theosophie, → Alchemie, → Astrologie, okkulte Phänomene und naturwissenschaftliche Merkwürdigkeiten. So beschreibt er seine Versuche mit den → Hexensalben. Nach längeren Reisen gründete er 1560 in Neapel eine »Gesellschaft zur Erforschung der Geheimnisse der Natur«, die aber auf Befehl des Papstes aufgelöst wurde.

Del Rio, Martin Antoine (1551–1608), span. Jesuit und Theologe, der während des 16. Jh. als eine Autorität auf dem Gebiet der Hexenverfolgung galt. Sein Werk *Disquisitionum Magicarum Libri Sex* (1599), das ausführlich alle Bereiche des Hexenwesens erörtert und Ratschläge zur Führung von Hexenprozessen gibt, steht in der Tradition des → Hexenhammers.

Delphi, ein berühmtes griech. Heiligtum des Gottes Apollo am Fuß des Parnass (Phokien), wo die Priesterin Pythia → Orakel erteilte. Der Überlieferung nach saß sie auf einem goldenen Dreifuß, der über einem Erdspalt stand. Durch Einatmen der giftigen Dämpfe, die daraus hervorquollen, versank sie in einen Trancezustand und stieß verstümmelte Worte hervor, die von Priestern aufgezeichnet und als Antwort auf die Fragen von Ratsuchenden gedeutet wurden.

Dematerialisation, lat.: »Entstofflichung«, Bez. im Spiritismus für die Auflösung bzw. Unsichtbarmachung von körperhaften Gestalten auf → Séancen, die aus dem → Ektoplasma geformt werden (→ Materialisation). Die D. dient auch zur Erklärung des → Apportes.

Demeter, griech. Göttin der Fruchtbarkeit und des Ackerbaus, die als Mutter Erde (→ Erdmutter) verehrt wurde. D. ist auch die Schutzgöttin der heiligen Satzungen, vor allem der Ehe, welche die Grundlage der menschlichen Gesellschaft bilden. Durch ihre Tochter Persephone ist sie auch mit der Unterwelt und dem Totenreich verbunden. Neben Dionysos und Kore war sie eine der wichtigsten Gottheiten bei den → Eleusinischen Mysterien. Da sie auf Abbildungen mit Ährenbüscheln und Mohn geschmückt dargestellt wird, glaubte man, daß die Teilnehmer dieses Geheimkultes sich durch ein opiumhaltiges Getränk in einen Trancezustand versetzten.

Demiurg, griech.: »Handwerker«. Seit dem Philosophen Platon (428–347 v. Chr.) Bez. für den Weltschöpfer. In der → Gnosis der Name des dem höchsten Gott untergeordneten Schöpfers der Sinnenwelt.

Demuth, hebr.: »Ebenbild«. Der Gottesbegr. der → Kabbala beruht auf einer Gleichsetzung von Gott und dem Absoluten (→ En Soph), so daß wir von Gott nur eine Ahnung oder Spiegelbild besitzen, das sein Wesen nur unvollkommen wiedergibt.

Dengyo Daishi, jap.: »der die Lehre übermittelnde große Lehrer«; jap. Gelehrter, der 805 n. Chr. die Tendai-Sekte des jap. → Buddhismus begründete.

Depersonalisation, lat.: »Entpersönlichung«; Bez. in der Parapsychologie für das Gefühl der Losgelöstheit vom eigenen Körper, das bei → Astralreisen und → Nahtoderlebnissen auftritt.

Derlon, Pierre (1920–1982), franz. esot. Schriftsteller, der sich von den »Kakus«, den Magiern und Heilkundigen der Zigeuner in deren geheimes Wissen und Praktiken einführen ließ. Werke in dt. Übers.: *Unter Hexern und Zauberern, Die Gärten der Einweihung und andere Geheimnisse der Zigeuner, Die geheimen Heilkünste der Zigeuner.*

Dermatoglyphie, griech.: »Hautfurchen«; ein Zweig der → Chirologie, der aus der Beschaffenheit der Handrillen und -furchen Rückschlüsse auf den Gesundheitszustand eines Menschen zieht. Eine Aufwertung hat die D. durch die Daktylographie (Lehre von den Fingerabdrücken) erhalten. Der Umstand nämlich, daß die Fingerabdrücke eines Menschen unveränderlich sind, findet praktische Anwendung in der Erbforschung und der Kriminalistik.

Dermographie, griech.: »Hautschrift«; auf die Haut von Menschen mit einer hohen Gefäßerregbarkeit können mit stumpfen Gegenständen oder den Fingernägeln Buchstaben, Zeichen etc. gezeichnet werden, die jedoch nur wenige Sekunden bis höchstens einige Stunden dort bleiben. Die mit der D. verwandten → Stigmata (Wundmale) bleiben aber Monate, Jahre oder ein ganzes Leben lang. Als ein → paranormales Phänomen wird die D. bei der → Besessenheit und beim → Spuk beobachtet.

Dermooptik, griech.: »Hautsehen«; andere Bez. »Paraoptik«. Die paranormale Fähigkeit, mit Fingern und Fingerspitzen zu sehen, wurde 1915 ausführlich von dem franz. Augenarzt J. Romain untersucht. Wahrscheinlich beruht die D. auf der Fähigkeit sensitiver Menschen, die unterschiedlichen Schwingungen, die von den Farben ausgehen, wahrzunehmen.

Derwische, pers.: »Bettler«; Bez. im Islam für einen heiligen Mann, der sich zum → Sufismus bekennt, aber nicht unbedingt einem der zahlreichen Derwisch-Orden angehören muß. Die in Klöstern lebenden D. stehen unter der Aufsicht eines Scheichs (pers. *Pir),* tragen geflickte Mäntel und verrichten gemeinsame Andachtsübungen, zu denen bei den Mevleviten (von arab. *mevlana* = »Meister«) auch Tänze gehören. Dieser Orden wurde von Jalai al-din → Rumi (geb. 1207) gegründet. Die Zeremonie, die von dem Scheich überwacht wird, beginnt mit der Musik einer Rohrflöte, wodurch das Verlangen nach einer Vereinigung mit Gott symbolisiert werden soll. Der schwarze Mantel und das weiße Hemd, den die D. dieses Ordens tragen, erinnern an Grab, Grabstein und Leichentuch. Der Tanzboden steht für das Jüngste Gericht. Der ekstatische Tanz (→ Zikr), der in einem → Trancezustand endet, stellt die Bewegung der Planeten in Beziehung zur Sonne (Symbol des Scheichs) dar. Der im 15. Jh. von Bektash aus Bokhara gegründete gleichnamige Orden führt seine Anfänge auf Ahmed Yesevee, den Schwiegervater Mohammeds, zurück. Die D. dieses Ordens müssen einen siebenstufigen Weg zurücklegen, der eine geistige Verwandtschaft zwischen dem Scheich als dem Hüter des Wissens des Ordengründers und dem → Adepten herstellen soll. Nach einer strengen Prüfung, die ein Jahr dauern kann, legt der Scheich dem Adepten den mit drei Knoten versehenen Gürtel um und überreicht ihm als Ordenszeichen einen Stein aus Alabaster. Den D. wird von orthodoxen Moslems vorgeworfen, daß ihnen das Wohlergehen ihres Ordens wichtiger sei als der islamische Glauben.

Desbarolles, M. Adolphe (Mitte 19. Jh.), franz. Gelehrter, der die Handlesekunst (→ Chirologie, → Chiromantie) neu beleben wollte. Zusammen mit Jean-Hippolyte (Ps. für Abbé Michon) gab er 1872 das erste Werk über → Graphologie heraus. Werke: *Chiromancie nouvelle* (1865) u. *Mystere de la Main* (1879).

Descartes, René (1596–1650), franz. Philosoph (»der Vater der Philosophie der Neuzeit«) und Mathematiker, dessen Weltanschauung (»kartesianische«) das Wissenschaftsdenken bis in die Gegenwart bestimmte. Die Überwindung des kartesianischen Denkens ist eines der wichtigsten Ziele der → New-Age-Bewegung (→ Capra). Ausgangspunkt ist für D. seine berühmte Feststellung: *Cogito, ergo sum* (»Ich denke, folglich bin ich«). Daraus schloß er, daß das Wesentlichste der menschlichen Natur im Denken liege. Kennzeichnend für sein Denken ist die analytische (= zergliedernde) Methode, die ein Charakteristikum der neuzeitlichen Wissenschaft überhaupt ist. Der Geist *(res cogitans* = »denkendes Ding«) und die Materie *(res extensa* = »ausgedehntes Ding«) sind zwei völlig voneinander getrennte Bereiche. Daraus entwickelte sich die Trennung von Geistes- und Naturwissenschaften, die das abendländische Denken tief beeinflußte und erst im Laufe des 20. Jh. langsam überwunden wird. Sein Satz: »Alle Wissenschaft ist sicheres, evidentes Wissen« führte zu einer Wissenschaftsgläubigkeit, die erst durch die moderne Naturwissenschaft erschüttert wurde. Denn die Physik des 20. Jh. hat den Beweis erbracht, daß es keine absolute Wahrheit geben kann und alle Theorien nur eine begrenzte Gültigkeit haben. Hauptwerk: *Abhandlung über die Methode* (1641).

D'Esperance, Elisabeth (1855–1919), Ps. für E. Reed; engl. → Medium, das schon seit der Kindheit → Visionen hatte. Nachdem sie in spiritistischen Kreisen verkehrte, sah sie im Dunkeln verschiedene Geister, deren Porträts sie zeichnete und die ihr Botschaften diktierten. Als sie 1875 ihre Eltern und ihren Mann verlor, versuchte sie sich auf dem Gebiet der → Materialisation. Sie erreichte auf → Séancen die Manifestation von mehreren Geistern, am bekanntesten davon Yolande, ein junges arab. Mädchen, das seltene Blumen hervorzauberte. Ihre Erfahrungen und Erlebnisse als Medium beschrieb sie in ihrer Autobiographie *Im Reich der Schatten* (dt. Übers. 1897). D'E., die → Aksakow und → Zöllner testeten, wurde zweimal des Betruges überführt.

Deshimaru, Taisen (1914–1982), jap. Zenmeister, der → »Bodhidharma der modernen Zeit«, der 1967 nach Frankreich kam, wo er bis zu seinem Tod lehrte. Sein Lebensziel sah er darin, den → Zen der westlichen Welt bekanntzumachen. Er war Schüler des Zenmeisters Kodo Sawaki-Roshi (1880–1965), der den Zen reformierte und zur ursprünglichen Frische und Reinheit im Sinne → Dogens zurückführte. Werke in dt. Übers.: *Zazen – die Praxis des Zen; Zen in den Kampfkünsten Japans; Die Stimme des Tales – ein Sesshin-Tagebuch; Fragen an einen Zenmeister; Shinjinmei-Gedichtsammlung von dem Glauben an den Geist; Sandokai – die Einheit von Essenz und Erscheinung; Hokyai Zanmai – das Samadhi des Schatzspiegels.*

Dessoir, Max (1867–1947), Mediziner und Philosophieprof. in Berlin, der 1889 den Begr. → Parapsychologie prägte. Auch der Begr. der → Synchronizität ist bei ihm schon vorgebildet. Fälschlich wird ihm das Buch *Der Okkultismus in Urkunden*, 2 Bde., 1925, zugeschrieben (→ Dreimännerbuch). Werke: *Das Doppel-Ich* (1890), *Jenseits der Seele* (1917), *Das Ich, der Traum und der Tod* (1947), *Buch der Erinnerung* (1947).

Destillation, lat.: Das Verdampfen und Wiederverflüssigen zählt zu den wichtigsten Verfahren in der → Alchemie. Die D. war schon bei den alten Ägyptern und in der Antike bei der Herstellung von Ölen bekannt. Man erhitzte Pflanzenteile über einem offenen, tönernen Kessel, über dem Holzstäbe mit Schichten von Wolle lagen. Nachdem sich die Dämpfe in der Wolle verdichtet hatten, wurde diese ausgepreßt und durch neue ersetzt. Das sich auf der Wasseroberfläche ansammelnde Öl wurde abgehoben. Die Araber ver-

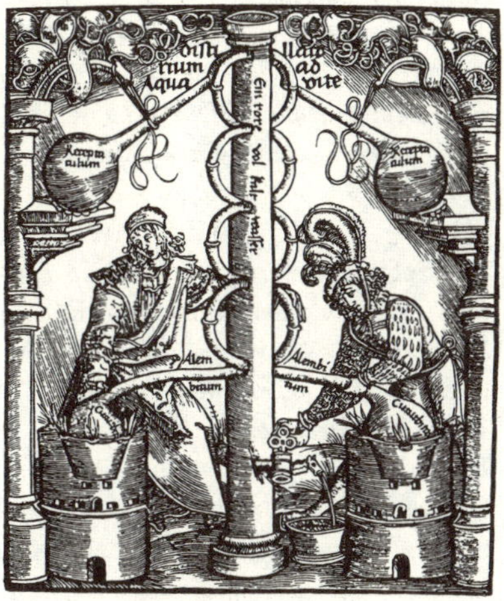

Destillation, 16. Jh.

besserten diese primitive Form der D., indem sie Kühlschlangen und einen helmartigen Deckel (Alambik) erfanden. Die D. des Alkohols, die schon der mediz. Schule von Salerno (11. Jh.) bekannt war, führte zu dem Glauben, daß es Aufgabe der D. sei, die wirksame Substanz (→ Essenz, → Äther oder → Elixier) eines Stoffes zu isolieren. Einen wichtigen Beitrag zur Kenntnis der D. leistete der Straßburger Arzt Hieronymus Brunschwig (1450–1534) mit seinem 1500 erschienenen *Destillierbuch.* Zu dieser Zeit konnte man gerade 13 ätherische Öle destillieren. 50 Jahre später betrug deren Zahl schon 40, und 1589 kannte man 108 Öle.

Deszendent, lat.: »der Absteigende«; Bez. in der Astrologie für den zur Geburtszeit und am Geburtsort am Westhorizont untergehenden Punkt der → Ekliptik.

Determinismus, lat.: *determinare* = »bestimmen«; eine philosoph. Weltanschauung, der zufolge nicht nur das gesamte Weltgeschehen, sondern auch das Leben eines Menschen durch Ursachen oder Naturgesetze festgelegt ist. Der D. verneint den Zufall und den freien Willen. Die moderne → Chaosforschung scheint den D. zu widerlegen. In der Astrologie bedeutet D. die Abhängigkeit des Schicksals oder Willens von (charakterlichen) Ursachen, die das → Horoskop aufzeigt. Nach → Dethlefsen sind D. und Willensfreiheit zwei Pole, die sich gegenseitig ergänzen, aber nicht ausschließen. Wie jede Polarität können wir die Gleichzeitigkeit beider Pole verstandesgemäß nur schwer begreifen. Beide bedingen sich gegenseitig. Auch die → Reinkarnationslehre beruht auf dem D. Das jetzige Leben nämlich ist eine Folge der guten bzw. schlechten Taten (→ Karma) im vorangegangenen Leben. Die Reinkarnation kann aber auch final, d. h. von der Zukunft aus gedeutet werden. Die Gegenwart eines Menschen wird nicht von vergangenen Ursachen, sondern von zukünftigen Zielen bestimmt.

Dethlefsen, Thorwald (geb. 1946), Psychologe, Leiter eines »Privatinstitutes für Außerordentliche Psychologie« in München und Spezialist für → Reinkarnationstherapie. D. entwickelte eine esot. Psychologie auf der Grundlage der alten Geheimlehren, die er den modernen Naturwissenschaften gegenüberstellte. Diese Psychologie soll es dem Patienten ermöglichen, seine Lebensgeschichte besser zu verstehen und in Krankheit oder Tod einen Sinn zu sehen. Eine wichtige Rolle spielt in diesem System die Astrologie, die von D. als ein Abbildungssystem der Wirklichkeit interpretiert wird. Astrologie und Reinkarnation sind für ihn auf das engste miteinander verbunden, da nur auf diese Weise erklärt werden kann, warum zwei Menschen unterschiedliche Horoskope haben. Andernfalls würde das Horoskop, das ein gesetzmäßiges Zwischenergebnis unseres bisherigen Weges durch die früheren Erdenleben und Spiegel des → Karmas eines Menschen ist, zu einem Produkt des Zufalls und der Willkür. Dies bedeutet für den Menschen, sein Schicksal anzuerkennen, wie es durch das → Geburtshoroskop festgelegt ist. Denn »nur wer unter dem Gesetz steht, ist frei«, lautet eine der wichtigsten Lehren D.s. Dies kann man durch vier Regeln erreichen: 1. Erkenne dich selbst (→ Mikrokosmos). 2. Erkenne die Gesetzmäßigkeit des Universums (→ Makrokosmos). 3. Erkenne, daß die Gesetzmäßigkeit gut ist. 4. Stelle dich freiwillig unter die als gut erkannte Gesetzmäßigkeit. Eine Krankheit hat die Aufgabe, den Menschen mit einem Prinzip bekannt zu machen, das auf einer bestimmten → Konstellation eines Planeten beruht. D. zeigt in seiner Astrotherapie Wege auf, wie der Mensch auf andere Weise dieses Prinzip verwirklichen kann, so daß eine Krankheit überflüssig wird. Werke: *Das Leben nach dem Tod; Das Erlebnis der Wiedergeburt: Schicksal als Chance; Krankheit als Weg.*

Deuteroskopie, griech.: heute veraltete Bez. für das zweite Gesicht (→ Hellsehen).

Deva, skrt.: »Gott«; 1. Bez. in der ind. Mythologie für die Götter. 2. In der → Theosophie Bez. für Geistwesen, die unterhalb der Gottheit stehen. Man unterscheidet drei Hauptgruppen: a) körperlose D., sie sitzen in der höheren geistigen Welt, b) körperhafte D., die zu einer niederen geistigen Welt gehören, c) D., die der → Astralebene angehören. 3. In der iran. Mythologie (→ Zoroaster) sind D. ursprüngl. gute Geister, dann nach der Reformation durch Zoroaster böse → Dämonen. 4. In der modernen Esoterik (z. B. in der → Findhorn-Gemeinde) sind D. Naturgötter, die das Wachstum beschleunigen.

Devachan, skrt./tib.: »Götterland«; in der → Theosophie ein Ort, der mit dem christlichen Himmel vergleichbar ist. Zwischen zwei Erdenleben bzw. → Inkarnationen halten sich dort die Seelen auf, um die Vollendung und Erfüllung ihrer Hoffnungen zu erreichen, die ihnen in einer früheren Inkarnation versagt blieb.

Devaloka, skrt.: »Welt der Götter«; andere Bez. »Swarga«. Sitz der Hindugötter (→ Deva), der sich zwischen der Sonne und dem Polarstern befindet. Auch zeitweiliger Sitz der Seelen, wo sie die himmlischen Belohnungen für ihre guten Taten erhalten, ehe sie wieder zur Erde zurückkehren.

Devekhuth, hebr.: »anhaften«. Im → Chassidismus wird damit das Anhaften des in Ekstase Betenden an sein göttliches Gegenüber bezeichnet.

Developmentals, engl.: Unvollständige psychische Strukturen wie z. B. das Ich oder die Sprache, die dem Menschen von der Geburt her mitgegeben werden. Damit sie aber verwirklicht werden können, muß ein Mensch in seinem Leben ganz bestimmte soziale und kulturelle Erfahrungen sammeln.

Devereux, George (geb. 1908), Prof. für Ethnopsychiatrie. Der gebürtige Ungar D. ging nach seinem Studium in Frankreich in die USA (Topeka Institute for Psychoanalysis in Kansas). Von 1932–50 führten ihn seine Forschungen nach Indochina und Neuguinea. Seine zahlreichen Bücher beschäftigen sich neben der Soziologie, Anthropologie und Psychoanalyse auch mit der Parapsychologie *(Psychoanalysis and the Occult,* 1953), der → Levitation, → Voodoo, Aberglaube und Träumen.

Dhamma, → Dharma.

Dhammapada, Pali: »Wort der Lehre«; eine buddh. Gedichtsammlung, die aus 423 Strophen in 26 Kapiteln besteht und zum → Suttapitaka gehört. Dieses Hauptwerk des → Buddhismus soll zur Zeit des 1. buddh. Konzils (477 v. Chr.) entstanden sein. Es enthält die wichtigsten Lehren Buddhas wie z. B. den Achtfachen → Pfad.

Dharana, skrt.; eine Yogaübung (6. Stufe des → Raja-Yoga). Der Schüler konzentriert seine Gedanken auf ein inneres Objekt wie auf einen Punkt.

Dharani, skrt.; eine magische Anrufungsformel, die länger als ein → Mantra ist. Sie wird in der → Meditation dazu benutzt, die Gedanken auf eine Vorstellung oder → Vision zu konzentrieren.

Dharma, skrt.: »Gesetz«, (Pali: *dhamma)*; ein häufig benutzter Ausdruck in den ind. Religionen. 1. Im → Hinduismus die universelle ethische Ordnung, Recht, Gesetz und Ritual, welche von den einzelnen Kasten beachtet werden müssen. Wollust, Habgier und Zorn sind die Feinde des Dh. In der → Bhagavad-Gita ist Dh. das erste Wort. 2. Im → Buddhismus Bez. für die von Buddha gegründete Religion, seine Lehre und das alles beherrschende Gesetz. 3. Im → Jainismus die Kraft, welche hinter allen Vorgängen steht und die Bewegung verursacht. 4. In der → Theosophie das Naturgesetz, auf dem sich die Ordnung des Universums gründet.

Dharmakaya, skrt.: »Leib des Gesetzes«; im → Mahayana-Buddhismus der dritte Körper des Trikaya (neben Nirmanakaya und Sambhogakaya). Bez. für den transzendentalen Buddha. Der D. ist identisch mit dem Tathata. Er ist der seinshafte oder wesenhafte Leib aller Buddhas und die unaussprechliche Wahrheit, die allem Dasein zugrunde liegt.

Dharmapala, skrt.: »Beschützer der Religion«; Sammelbez. für die Gottheiten, die geschworen haben, die Religion → Buddhas gegen → Dämonen zu verteidigen. Sie haben ein besonders schreckenserregendes Äußeres.

Dhatu, skrt.: »Wurzel«; in der ind. Philosophie das Element, von denen es vier gibt: Erde, Wasser, Feuer und Wind.

Dhauti, skrt.; Name einer → Yogaübung, mit deren Hilfe der Körper innerlich und äußerlich gereinigt werden soll.

Dhutanga, skrt. u. Pali.: »Läuterungsmittel«; im → Buddhismus 13 asketische Übungen (»Abschüttelungsmittel«), welche die Leidenschaften beseitigen sollen.

Dhyan-Chohans, skrt. u. tib.: »Herren der Meditation«; in der abendländ. Esoterik als Planetengeister gedeutet, die in drei Klassen mit je sieben Unterklassen zerfallen. Sie haben den Rang von Erzengeln (→ Engel) und waren einst die geistigen Führer der Menschheit, mit deren Entwicklung sie eng verbunden sind.

Dhyana, skrt.: »Meditation«, Pali: *jhana,* chin.: *Cha an* u. jap. *Zen.* 1. Im Yoga die 7. Stufe und Vorstufe des → Samadhi, in welcher der → Yogi jedes Raum- und Zeitgefühl verliert. 2. Im → Buddhismus eine der sechs *paramitas* oder Vollkommenheiten. Durch die Meditation werden die fünf Sinne ausgeschaltet, und das Bewußtsein konzentriert sich nur auf sich selbst.

Dhyana-Bodhisattva, im tib. Buddhismus (→ Lamaismus) eine der fünf → Emanationen der → Dhyana.

Dhyana-Buddha, Personifikationen des → Adi-Buddhas, die in der → Meditation erscheinen.

Diablero, span.: »Teufelsanbeter«; Name der Schwarzmagier oder Zauberer in Mexiko. Der D. kann sich auch in ein Tier verwandeln. (Lykanthropie). Andere Bez.: Brujo.

Diamant, ein Edelstein, der in der reinsten Form farblos und wasserhell ist; es gibt aber auch gelbe, blaue und sogar schwarze Varianten. Bedeutung in der alten Magie und Medizin: Wegen seiner Härte und seines Glanzes nannten ihn die Griechen *adamas* = »der Unbezwingliche«. Die magische Kraft des Edelsteins ist so stark, daß er sogar Eisen anziehen kann. Bei den Indern ist er ein Allheilmittel, das gegen alle Krankheiten hilft, alle Schmerzen lindert und den Körper stärkt. In der Antike war er ein wirksames Mittel gegen Blasen- und Nierenleiden, da er aufgrund seiner Beschaffenheit für alle Steine spricht. Aus diesem Grund mußte man sich hüten, einen D. zu verschlucken, denn er würde alle Gedärme zerreißen. Er wurde in Form von D.-Pulver und -Elixier angewendet. Doch nach der hl. → Hildegard heilt er Trunksucht, Lüge, Bosheit und Hinterlistigkeit, wenn man ihn in den Mund nimmt. Anwendung in der modernen Edelsteinmedizin: Er wirkt auf das Scheitel-Chakra. Das Elixier beseitigt alle Blockaden in und zwischen den feinstofflichen Energiezentren.

Diamant-Sutra, skrt.; *vajrachchedika*; ein sehr bekanntes Weisheitsbuch des → Mahayana-Buddhismus aus dem 4. Jh. n. Chr., das einen Teil des *Prajna Paramita Sutra* bildet. Buddha erklärt darin seinen Mönchen die sechs Vollkommenheiten; die Almosen *(dana)*, Selbstlosigkeit *(sila)*, Geduld *(ksanti)*, Kraft oder Energie *(virya)*, Meditation *(dhyana)* und Weisheit *(prajna)*.

Diamantfahrzeug, → Vajrayana.

Diamond, John, austral. Psychiater und Musiktherapeut. Durch die Verbindung von → Musiktherapie, → Akupunktur und Kinesiologie (Bewegungslehre) zeigt er seinen Patienten, wie sie ihren persönlichen Selbstausdruck oder »Gesang der Seele« (Cantillation) finden können. D. geht davon aus, daß diese Lebensenergie mit Hilfe der Thymusdrüse durch den Körper geleitet wird. Aufgrund der Untersuchung von circa 40 000 Musikaufnahmen kam D. zu der Erkenntnis, daß Musik die Kraft besitzt, die Funktion der Thymusdrüse nachhaltig zu beeinflussen. Aber sie kann auch Streß erzeugen, so daß sich die Thymusdrüse zusammenzieht und das Immunsystem nur noch mangelhaft aktiviert. Durch das Studium der Biographien berühmter Komponisten entdeckte D., daß jeder dieser Künstler seine individuellen Gesundheitsprobleme in die Musik einbrachte, um auf diese Weise die Harmonie seiner Lebensenergie wiederherzustellen. Daher empfiehlt er, Musik von Komponisten zu hören, die dieselben Probleme hatten wie der Patient (Beethoven-Musik z. B. soll gegen sexuelle Probleme helfen). Um festzustellen, wie die Lebensenergie erhöht bzw. geschwächt wird, entwickelte D. kinesiologische Tests.

Diana, röm. Mondgöttin, welche die Funktion verschiedener griech. Göttinnen des Magna-Mater-Kultes (→ große Göttin, besonders der → Artemis) übernahm: D. → Demeter verkörperte die Fruchtbarkeit der Erde. D. → Hekate war die Göttin der Nacht, des Schicksals, des Totenreiches und die Schutzherrin der Zauberinnen. D. Kore oder Persephone war eine jungfräuliche Göttin. Sie war Teil eines Fruchtbarkeitskultes und symbolisierte die Blüte. In den mittelalterlichen Bußbüchern *(Canon episcopi)* und den Schriften der Dämonologen und Hexenverfolger ist D. die Göttin der Zauberinnen und der Hexen.

Dianetik, griech.: *dia* u. *nous* = »durch den Sinn«; Bez. für die Psychologie der Scientology-Kirche. Nach dem Begründer der Scientology-Bewegung L. Ron Hubbard ist die D. »die moderne Wissenschaft der geistigen Gesundheit« *(Dianetics – The Modern Science of Mental Health,* 1950). Die Lebensenergien der meisten Menschen sind blockiert und hindern sie daran, mit ihrem eigenen Körper zu kommunizieren. Ursache sind die früheren negativen Erlebnisse, die schon im Mutterleib und während der Geburt sich einstellen können. Sie werden in den »engrams« (Erinnerungsspuren) gespeichert und haben für das spätere Leben negative Folgen. Diese Erinnerungsspuren können gemessen, durch verschiedene Programme aktiviert und aus der Erinnerung gelöscht werden. Hubbard entwickelte die D. seit 1950 zur Scientology weiter.

Diana oder Hekate

Dibbuk, hebr. Nach dem myst.-kabbal. Volksglauben fährt der Geist eines Toten in den Körper eines Lebenden. Die auf diese Weise Besessenen (→ Besessenheit) werden von den Wunderrabbis mit Hilfe von Beschwörungen von ihren Geistern befreit.

Diksha, skrt.; im → Hinduismus die spirituelle Einweihung eines → Novizen durch einen → Guru. Er erhält ein → Mantra und wird in die letzten Wahrheiten eingeführt.

Didier, Alexis (gest. 1886), franz. Schauspieler, der von 1845 bis 1865 seine Zeitgenossen durch seine hellseherische Begabung (→ Hellsehen) in Erstaunen versetzte. So besaß er die Fähigkeit, mit verbundenen Augen die Karten seiner Partner zu beschreiben. Berühmte

Zauberkünstler seiner Zeit bestätigten, daß es unmöglich war, durch Zufall oder Geschicklichkeit solche Leistungen zu vollbringen. Die Beschreibung, die D. von seinen Trancezuständen gab, gleichen denen anderer → Medien.

Digha nikaya, Pali: »Sammlung der langen Lehrvorträge«; ein buddh. Werk, das zu dem Suttapitaka gehört und aus 34 Lehrvorträgen (Pali: *suttas)* besteht. Die Nr. 16, das Mahaparinibbanasutta, ist das wichtigste, weil darin die letzten Tage Buddhas behandelt werden → buddhistisches Schrifttum.

Dill, bot.: *Anethum graveolens*; ein in Mitteleuropa und USA beheimateter Doldenblütler. Aus den Samen und dem Kraut wird durch Wasserdampfdestillation ein Öl gewonnen, das anregend auf die Magensekretion wirkt. Außer bei Magen- und Darmleiden wird es auch bei seelischen Blockaden angewandt.

Dimension, vierte, ein von → Zöllner in die → Parapsychologie eingeführter Begr., um → paranormale Vorgänge begreifbar zu machen. Durch die v. D. lassen sich vor allem solche Phänomene erklären, die auf einer Durchdringung (Penetration) der Materie beruhen (→ Apport). Wenn man nämlich annimmt, daß der Raum, den man gewöhnlich in drei Ausdehnungen auffaßt, noch eine vierte hat, so kann man einen Körper in jeden beliebigen verschlossenen Raum bringen. Man muß ihn nur durch die v. D. schleusen, und er wird, ohne die bekannten Naturgesetze zu verletzen, an jedem Punkt eines dreidimensionalen Raumes sichtbar werden. Der von der Physik bisher noch nicht erbrachte experimentelle Beweis einer höheren D. ist offenbar der Parapsychologie einfacher möglich.

Dionysius Areopagita, auch Pseudo-Dionysios; Ps. für einen der wichtigsten christlichen Schriftsteller, der nachhaltig die Philosophie, Theologie und vor allem die → Mystik des Mittelalters beeinflußte. Zu Unrecht hielt man ihn für den Athener, den Paulus (Apostelg. 17,34, → Bibel) durch seine Predigt in Rom bekehrte. Man nimmt heute an, daß der D. A. zwischen 350–500 n. Chr. lebte. Von ihm stammen die Werke: *Über die Hierarchie des Himmels*, *Über die kirchliche Hierarchie*, *Über die Namen der Götter*, *Über die mystische Theologie* u. *11 Briefe*. Darin werden die christl. Lehren mit dem → Neuplatonismus verschmolzen. Gott gibt aus Liebe den Geschöpfen ein hundertfach abgestuftes Sein, das innig miteinander verschmolzen ist. Er hält sie in einer heiligen Ordnung und führt sie in aufsteigender Bewegung wieder zu sich zurück.

Dionysos, lat.: *bacchus*; griech. Gott des Weines und der Fruchtbarkeit, der von seinen Anhängern in ausgelassenen Feiern und Orgien verehrt wurde, die in vier Hauptfesten (Dionysien) vom Spätherbst bis zum Frühjahr stattfanden. D.

trägt auch den Beinamen Zagreus (»der Zerstückelte«), weil ihn die Titanen zerrissen. Denn sie sahen in ihm, dem Sohn des Zeus und der Persephone, eine neue Götterklasse aufkommen. Sein Herz wurde jedoch gerettet, so daß ein neuer D. entstehen konnte. Die Erinnerungsfeiern an seine Tötung und Wiederauferstehung fanden in → Eleusis und → Delphi statt. Neulinge, die an diesen Zeremonien teilnahmen, mußten sich zunächst einer Reinigung durch das Feuer einer brennenden Fackel unterziehen, danach durch Wasser mittels eines feuchten Lorbeerzweiges und durch Luft, die durch eine Getreideschwinge in Bewegung gesetzt wurde. Nach dem Verlesen der heiligen Formeln ließ man u. a. den Phallos (künstliches Glied) auf das Haupt des Neulings fallen. Diese nächtliche Zeremonie wurde untermalt durch das Geschrei von Frauen (Mänaden). In Erinnerung an das Schicksal des D. zerstückelte man einen Stier und trank Wein.

Dioskurides (1. Jh. v. Chr.), griech. Arzt aus Kilikien (Kleinasien), der in Rom als Militärarzt tätig war. In seiner in griech. Sprache verfaßten *Arzneikunde* behandelt er 600 Pflanzen und über 1000 Heilmittel. Dieses Werk veranschaulicht, wie sehr das drogenkundliche Wissen der Antike mit magischen Elementen durchsetzt war. Die aus dem 6. Jh. n. Chr. stammende lat. Übersetzung des Werkes war im Mittelalter und teilweise bis in die beginnende Neuzeit ein Grundlagenwerk der Arzneikunde.

Direkte Schrift, → Automatismen.

Direkte Stimme, ein schon in der Antike beobachtetes paranormales Phänomen, daß nämlich auf Séancen eine oder mehrere Stimmen hörbar werden, ohne daß der Sprecher erkennbar ist. Diese Stimmen werden von den Zuhörern gleichzeitig gehört und meistens als die Stimmen Lebender oder Toter erkannt.

Direct Focussing, engl.: »unmittelbare Bündelung«; ein von dem amerik. Arzt Selby geprägter Begr. Die heilenden Energien des Immunsystems werden durch Konzentrationsübungen auf die erkrankten Regionen des Körpers gelenkt. D. F. ist ein Verfahren der Psychoimmunologie.

Direktion, lat.: »Lenkung«; in der → Astrologie die Berechnung des Zeitpunktes, an dem ein Ereignis eintritt, das im → Geburtshoroskop vorausgesagt wurde. Ein Gestirn wird zu einem anderen »hindirigiert«. Der in Grad gemessene Weg wird nach einem Schlüssel in die Zeit (Jahre) umgesetzt.

Dissipative Strukturen, lat.: *dissipare* = »zerstreuen«; Begr., der von dem Nobelpreisträger Prigogine geprägt wurde. Wenn sich die alte Ordnung eines lebenden Systems (z. B. Gesellschaft) auflöst, muß nicht Unordnung oder Chaos entstehen. Da solche Systeme im Austausch mit ihrer Umgebung stehen und über freie Energien verfügen, können sie sich in einer höheren und komplexeren Ordnung neu organisieren. (→ Chaos)

Dissoziation, lat.: »Spaltung«; in der → Parapsychologie Bez. für die Verselbständigung von psychischen Tätigkeiten, die sich der Kontrolle des Wachbewußtseins entziehen, oder für die Trennung des → Astralkörpers vom psychischen Körper.

Deunov, Peter (1864–1944), bulgar. Weisheitslehrer, der die »weiße Bruderschaft« in Bulgarien gründete. D. entwickelte die Paneurythmie, die mit Hilfe von Musik, Gesang und gymnastischen Übungen die seelischen Kräfte entfalten will. Der bedeutendste Schüler von D. war → Aivanhov. (→ Eurythmie).

Ditthi, Pali: »Anschauung«; der → Buddhismus unterscheidet Samma-ditthi (»die rechte Anschauung«), welche die erste Stufe des achtfachen → Pfades ist. Sakkaya-ditthi (»die falsche Anschauung«) ist z. B. der Glaube, daß die Konstituenten der Persönlichkeit (Khandas) eine Seele enthalten.

Divination, lat.: »Weissagung«; andere Bez. ist → Mantik. Im Gegensatz zur → Magie, welche die Zukunft durch magische Mittel bestimmen will, beruht die D. auf der Vorstellung, daß alles in der Welt vorbestimmt ist (→ Determinismus). Möglich wird die D., weil nach der → Mikrokosmos-Makrokosmos-Lehre oder der → Signaturenlehre auch scheinbar unauffällige Gegebenheiten (z. B. Leberfleck, zufällige Äußerung eines Tieres etc.) immer Teil des Ganzen sind und dazu verwertet werden können, zukünftige Ereignisse vorauszusagen. In der modernen Esoterik sind die bekanntesten Methoden der D. die → Astrologie, → Tarot, → I-Ging, → Chiromantie, → Radiästhesie, → Numerologie. Im Mittelpunkt stehen aber nicht so sehr die Zukunftsschau oder praktische Alltagsfragen als vielmehr die Einsicht in das eigene Wesen, besonders aber in die unbewußten Seelenteile (→ Schatten).

Divine Light Mission, engl.: »Göttliches-Licht-Mission«; Name einer spirit. Sekte, die von dem ind. Guru Maharaj Ji (geb. 1957) gegründet wurde. Seit 1971 reist Maharaj Ji um die Welt, um seine Botschaft zu verkünden. Im Mittelpunkt seiner Lehre steht die → Meditation über die Lebenskraft (→ Prana, Ch'i), die man in vier Arten erleben könne: als göttliches Licht, als die Harmonie, die aus einer wunderschönen Musik besteht, als himmlischen Nektar und als Worte Gottes. Weltweit hat die D. L. M. circa acht Mio. Anhänger, die sich als »Premies« bezeichnen.

Dixon, Jeanne (geb. 1918), amerik. Wahrsagerin, welche die Ermordung des amerik. Präsidenten Kennedy und den Selbstmord von Marilyn Monroe voraussagte. Schon im Alter von acht Jahren entdeckte ein Zigeuner ihre medialen Fähigkeiten. Sie ist gläubige Katholikin und betrachtet ihre Fähigkeiten als ein Geschenk Gottes. Als Hilfsmittel bedient sie sich bei ihren Prophezeiungen der → Astrologie, → Kristallsehen, → Kartomantie und der → Numerologie. Daß einige ihre Prophezeiungen nicht eintraten, hat wahrscheinlich, wie auch bei anderen Wahrsagern, seine Ursache in einer Fehlinterpretation von → Symbolen.

Divyanand, Soami (geb. 1931), ind. → Guru und Mystiker, der eine umfassende Übersetzung und Kommentar zu den → Veden veröffentlicht hat. In den heiligen Schriften aller großen Religionen habe sich Gott den → Mystikern in Visionen offenbart. Nach D. sind dies die Erfahrungen des göttlichen Lichtes und der göttlichen Musik (→ Sphärenharmonie). Das Christentum sei nach dem Tod Jesus durch fragwürdige → Dogmen ersetzt worden, die nicht der Erleuchtung der Gläubigen, sondern dem Machtstreben selbsternannter Lehrer dienten. Auch bezeugten die Evangelien, daß Jesus die Kreuzigung überlebt habe. Werke: *Vorsicht Sekten*; *Jesus überlebte die Kreuzigung*; *Die Meister des Adi Granth*.

Dogen (1200–1253), jap. Zenmeister, der zunächst den → Zen in Japan studierte. Im Alter von 24 Jahren ging er 1223 nach China, studierte die Lehren der T'sao Tung (jap. Soto)-Schule und kehrte 1227 n. Chr. nach Japan zurück, um dort die Soto-Schule zu begründen, die mit ihren 15 000 Tempeln neben der Rinzai-Schule eine der Hauptrichtungen des → Zen wurde. D.s Schriften, in denen die tiefsten existentiellen Fragen des Menschen angesprochen werden, hatten in den folgenden Jahrhunderten einen richtungweisenden Charakter für die Praxis des Soto-Zen. In seinem 95 Kapitel umfassenden Hauptwerk *Shobogenzo* wird der Zusammenhang von subjektiver und objektiver Welt dargestellt. Form und Leerheit, Übung und Verwirklichung, Mensch und Universum, Leben und Tod sind eins. Ein weiteres umfangreiches Werk ist das *Funkanzazengi*, ein → Sutra, das abends in allen Zen-Tempeln rezitiert wird.

Dogma, griech.: Satzung, Verordnung; ein Glaubenssatz einer religiösen oder esot. Gemeinschaft, der als Wahrheit angesehen wird, weil er von Gott, einem → Guru geoffenbart bzw. verkündet wurde oder in heiligen Schriften (z. B. der → Bibel) steht. Die Angehörigen einer solchen Gruppe sind zum Glauben an ein D. verpflichtet.

Döbereiner, Wolfgang (geb. 1928), einer der führenden Astrologen Deutschlands, der in München ein Institut gleichen Namens leitet. Aufgrund von umfangreichen astrologischen Versuchsreihen, Experimenten und der Erfahrungen seiner langjährigen Arbeit erzielte D. bei der Wetterprognose, Wirtschaftsberatung und Krankheitsdiagnose eine bisher kaum für möglich gehaltene Präzision. Werke: *Astrologi-*

sches Lehr- und Übungsbuch 1–6, Astrologisch-homöopathische Erfahrungsbilder zur Diagnose und Therapie von Erkrankungen 1–2.

Do-in, → Makrobiotik.

Doinel, Jules Stanislas (18?–1902), Ps. Jean Ktsko; franz. Paläontologe, Freimaurer, Martinist und Begründer der »Eglise Gnostique Universelle« (Universelle gnostische Kirche). 1894 trat er aus dieser Kirche, dem Martinistenorden und der Freimaurerei aus und schloß sich der kath. Kirche an. In seinem 1895 veröffentlichten Buch *Lucifer demasqué* (»Der demaskierte Luzifer«) beschreibt er u. a., wie er mit Hilfe von → Bataille, der dabei die Rolle des → Mediums übernahm, erkannte, daß er bei seinen früheren Aktivitäten nur dem Teufel gedient habe.

Dojo, jap.: »der Ort, wo man Do, den Weg oder die höchste Weisheit übt«; deshalb auch Bez. für ein buddh. Kloster oder den Raum, wo → Judo oder → Kendo geübt wird. (→ Sodo).

Dokusan, jap.; Raum in einem → Rinzai-Tempel, wo der Zen-Meister oder Roshi ein Gespräch unter vier Augen mit seinem Schüler führt. Daher auch Bez. für ein solches Gespräch.

Dolmen, kelt.: »Steintische«; tischähnliche Grabkammern in Nordwesteuropa, die aus der Steinzeit stammen und zu den ältesten Megalithbauten zählen. In solchen Grabanlagen, die mit mehreren Steinkreisen umgeben sind, liegen oft mehrere Tote bestattet. Die Darstellungen von Menschen und Göttern (Dolmengötter) auf den Steinen hat zu der Vermutung geführt, daß die D. keine Grabanlagen, sondern Meditationsräume waren, in denen ein auf der → Reinkarnation beruhender Kult praktiziert wurde.

Donden, Yeshi (geb. 1929), tib. Arzt, der 20 Jahre lang Leibarzt des → Dalai-Lama war. In seinem in Dharamsala gegründeten »Tibetan Medical Centre« behandelt er Patienten aus der ganzen Welt. In seinem Buch *Gesundheit durch Harmonie* (dt. Übers.) gibt er eine zusammenfassende Darstellung der tib. Medizin, die ein ganzheitliches mediz. System ist. Sie hat ihren Ursprung in der buddh.-ind. Medizin und wurde von den Ärzten Tibets in über tausendjähriger Praxis weiterentwickelt.

Don Juan, Name eines Heilzauberers (→ Curandero) der Yaqui-Indianer, dessen Lehren → Castaneda in seinen Büchern aufzeichnete. Seine Existenz konnte aber bisher nicht nachgewiesen werden.

Donnelly, Ignatius (1831–1901), amerik. Politiker und Jurist, der sich intensiv mit → Atlantis beschäftigte. D. vertrat in seinen Büchern *Atlantis, the Antediluvian World* (1882; dt. Übers.: *Atlantis,* 1894) u. *Ragnarök: the Age of Fire and Gravel* (1883) die Auffassung, daß ein Zusammenstoß der Erde mit einem Planeten nicht nur die Eiszeit zur Folge hatte, sondern auch zum Untergang von Atlantis führte.

Donnerbart, bot.: *Sempervivum*; der Name D. ist abgel. von lat.: *Barba Jovis* (Bart des Jupiters). Volkstüml. Bez.: Hauswurz. Die saftreichen Blätter werden gegen Fieber, Ruhr, Entzündungen und Blutungen angewandt. In der Magie schreibt man dem D. die Kraft zu, ein Haus gegen Blitzschlag zu schützen, wenn er auf dem Dach wächst. Der D. ist ein → Sympathiemittel in der magischen Medizin, das Warzen vertreiben kann. (→ Signaturen).

Donnerbesen, eine Mißbildung an Bäumen (besonders Tannen), die durch einen Blattpilz *(Aecidum elatinum)* verursacht wird. In der mittelalterlichen Magie schrieb man dem D. die Kraft zu, vor dem Blitz zu schützen.

Donolo, Schabatai (913–982 n. Chr.), ital. Arzt und Kabbalist jüd. Abstammung. Sein Kommentar zu → Sefer Yezirah mit dem Titel *Sefer Chahmoni* enthält viel Material zur kabbal. → Astrologie.

Doppelgänger, andere Bez.: *Alter Ego* (lat.) oder Deuteroskopie. Eine im Volksglauben wurzelnde Vorstellung, daß manche Menschen die Fähigkeit besitzen, an zwei verschiedenen Orten zugleich aufzutreten. Dahinter steht der Glaube, daß die Seele das Abbild des Körpers ist oder ein Mensch einen → Astralkörper aussenden kann. Wenn ein Mensch seiner »Freiseele« oder Astralkörper begegnet, dann gilt dies als Todesvorzeichen.

Dorje, tib.: »Donnerkeil« oder »Diamant« (skrt. Vajra); 1. im → Vajrana-Buddhismus Symbol des ewigen und unvergänglichen Wesens der Wirklichkeit. 2. Name eines liturgischen Zepters, das mit dem Donnerkeil des röm. Gottes Jupiter vergleichbar ist.

Dosa, skrt.: »Fehler«; im → Ayurveda Bez. für einen der drei Grundsäfte, nämlich Vayu, Pitta und Kapha, die im Körper des Menschen entweder im Überfluß oder zu wenig vorhanden sind.

Doyle, Sir Arthur Conan
(1859–1930), schott. Arzt, der mit seinen »Sherlock Holmes«-Kriminalgeschichten so berühmt wurde, daß er seinen Beruf aufgab und Schriftsteller wurde. Zwischen 1885–88 nahm D. an → Séancen teil, wo Tischerücken praktiziert wurde. D., der auch Mitglied der »Society for Psychical Research« wurde, war von der Möglichkeit der → Telepathie fest überzeugt. Seine Bekanntschaft mit Oliver → Lodge brachte ihn zu der Überzeugung, daß es ein Weiterleben nach dem Tode gibt. Auf Séancen glaubte er 1919, die Stimme seines verstorbenen Sohnes zu hören und seine Mutter und Neffen zu sehen. In London gründete er 1925 das »Psychic Museum« und war Präsident der »London Spiritualist

Alliance«, des englischen »College of Psychic Science« und der »Spiritualist Community«. Werke: *The New Revelation, The Vital Message, Wandering of a Spiritualist, The Coming of the Fairies, The Edge of the Unknown* u. *The History of Spiritualism.*

Drache, lat.: *draco*; Sammelname für schlangenartige Mischwesen, die in der Sage und der Kunst verschiedener Kulturen unterschiedliche Darstellung finden. Der D. ist oft Schatzhüter, Gewittergeist und verkörpert in der orientalischen und antiken Mythologie das Böse, das die Welt in ein Chaos verwandeln will. Deshalb muß er von einem Gott besiegt werden. In der ägypt. Mythologie bezwingt der Gott Re den D. Apophis. Bei den Griechen hatte der Gott Apollo die Aufgabe des »Drachentöters«. In China aber ist der D. ein wohltätiges Wesen, das Fruchtbarkeit, Glück, Harmonie und Ordnung bringt. Der alchemistische D. ist der Wächter des → Opus magnum. Er kann unzählige Gestalten annehmen und repräsentiert das Quecksilber (Mercurius) und die → Materia prima.

Drache, wahrhaft feuriger, ein parodistisches Zauberbuch, das zwar vorgibt, 1712 in Köln erschienen zu sein, aber in Wirklichkeit erst Mitte des 19. Jh. von Scheible in Stuttgart veröffentlicht wurde. Offensichtlich ist es eine Übersetzung eines franz. Zauberbuches mit dem Titel *Le veritable dragon rouge* oder *Le Grand Grimoire ou l'art de commander aux esperits celestes, aeriens, terrestes, infernaux* (1522, richtig aber 1845). In der Vorrede wird mitgeteilt, daß es aus 20 Bde.n zusammengezogen wurde und nach der Franz. Revolution entstanden sei. Seine Absicht ist es, den Menschen den Glauben an den Teufel auszutreiben. Ohne Zweifel enthält es sehr viel altes magisches Gedankengut, das aber lächerlich gemacht wird.

Drachenblut, ein rotes Harz, das aus einer ind. Palmenart und dem kanarischen Drachenbaum gewonnen wird. Man benutzte das D. besonders für magische Räucherungen.

Drache

Drachendreieck, jap.: *Ma-no Umidas*; ein Gebiet im Südchinesischen Meer, südlich und östlich von Japan. Immer wieder sind hier Schiffe und Flugzeuge, sogar mit Atomwaffen an Bord, auf rätselhafte Weise verschwunden. Nach Auswertung alle verfügbaren historischen Quellen, Legenden und neueren Berichten kommt der Amerikaner → Berlitz zu dem Schluß, daß dort vielleicht eine geheimnisvolle Macht unter Wasser Nuklearwaffen hortet, um die Menschheit vor sich selbst zu schützen oder um einen Gegenschlag vorzubereiten. Berlitz schließt auch die Möglichkeit nicht aus, daß es schon ein nukleares Zeitalter in der Frühzeit der Menschheit gab. Dafür sprechen zahlreiche archäologische Zeugnisse wie z. B. Erdschichten im Industal und im südlichen Irak, die geschmolzenem Glas ähneln. Die gleiche Bodenstruktur findet sich auch auf dem Atomversuchsgelände in Los Alamos (USA).

Drachenkopf, oder aufsteigender Mondknoten; Kreuzungspunkt der Mondbahn mit der → Ekliptik, wenn der Mond von der Südseite zur Nordseite der Ekliptik übergeht und diese durchschneidet. Dahinter steht die Vorstellung, daß ein → Drachen bei Finsternissen die Sonne oder den Mond verschlingt. In der → Astrologie ein glückverheißender Punkt.

Drachenschwanz, oder absteigender Mondknoten (→ Drachenknoten); Kreuzungspunkt des Mondes mit der → Ekliptik, wenn er von der Nordseite zu der Südseite der Ekliptik übergeht und diese durchschneidet. Der D. gilt als unglückbringend.

Dracula, Name eines → Vampirs in dem gleichnamigen Roman von Bram Stoker (1847–1912), der 1897 veröffentlicht wurde. Diese Gestalt bildete Stoker nach dem Prinzen Drakula (Vlad V), der im 15. Jh. in Transsilvanien (Rumänien) ein gefürchteter Sadist war. Stoker erhielt Kenntnis von D. durch den ungarischen Gelehrten Arminius Vambery. Der Romanhintergrund enthält viele Einzelheiten der Folklore Rumäniens, besonders die Vampirgeschichten.

Dragon-Projekt, engl.: *dragon* = »Drachen«; Name eines Forschungsprojektes, das seit 1977 von einer Gruppe von Wissenschaftlern und Wünschelrutengängern durchgeführt wird, um die Energie der prähistorischen Stätten, denen im Volksglauben Heilkräfte nachgesagt werden, zu erforschen. So wurde bei den Megalithen (steinzeitliche Steinblöcke) festgestellt, daß bei Sonnenaufgang Ultraschallwellen entstehen, die nachweisbar Krankheiten günstig beeinflussen können. Mit Hilfe der → Kirlianfotografie wurde auch eine ungewöhnliche Aurastrahlung festgestellt.

Drei, in der Esoterik zwar die Synthese von Eins und Zwei, aber Drei bildet eine neue mystische Einheit, welche z. B. bei → Steiner die Offenbarung (die Zwei) und die Gottheit (Eins) symbolisiert. Die D. gilt im Glauben der Völker als eine heilige Zahl. Die Dreiheit oder Dreifaltigkeit als höchster Ausdruck der Gottheit findet sich in der ägypt. Mythologie (→ Osiris, → Isis, → Horus), in der ind. Mythologie (→ Brahma, → Vishnu, → Shiva). Im Christentum als Trinität von Gottvater, Gottessohn und Hl. Geist. Eine wichtige Rolle spielte die D. bei den Griechen. Nach → Pythagoras besteht die Welt aus Materie, Seele und Geist. In Magie und Esoterik symbolisiert die D. das Männliche und Aktive, in der Astrologie Sonne, Mond und Erde. In der Kabbala liegen die → Sephiroth Chokmah, Daath und Binah über dem → Abyssus und bilden das Vernunftreich. Der dritte Buchstabe des hebr. → Alphabets, Gimel, steht für die Natur. Aus dieser Überlieferung leitet sich auch die Bedeutung der D. in der → Numerologie ab: Intelligenz, Begabung und Ehrgeiz.

Drei Lichter. Die → Freimaurerei unterscheidet die drei großen L.: Winkelmaß, Zirkel und Buch, die auf dem Altar liegen. Die drei kleinen L. brennen auf den Säulen der Weisheit, Schönheit und Stärke. Sie symbolisieren den Meister vom Stuhl, den Vorsteher der Loge und die beiden Aufseher (Sonne, Mond).

Drei Punkte, in der → Freimaurerei werden hinter einer Abkürzung d. P. gesetzt. Deshalb werden Freimaurer auch als »Dreipunktebrüder« bezeichnet. Die d. P. werden als Symbole der drei Lichter gedeutet. Wahrscheinlich handelt es sich aber nur um einen alten Setzer- und Schreiberbrauch, den die Freimaurer in ihren Schriften übernommen haben.

Dreieck, geometrische Darstellung der heiligen Zahl → Drei. Bei den Ägyptern das Symbol der Gottheit. Zwei gleichseitige D.e bilden das Hexagramm oder das Davidswappen (Schild oder → Siegel Salomons). In Verbindung mit dem Zirkel hat das nach oben gerichtete D. die Bedeutung des konstruktiven Prinzips, das nach unten gerichtete D. die des destruktiven Prinzips. In der Alchemie ist das nach oben weisende D. Symbol des Feuers, das nach unten weisende das des Wassers.

Dreimännerbuch. Unter diesen Namen ging das Standardwerk *Der physikalische Mediumismus* (1925) in die Geschichte der → Parapsychologie ein. In diesem Werk haben Klinkowstroem, Gulat und Rosenbusch kritisch die bekannten → Medien ihrer Zeit untersucht. Als Erwiderung veröffentlichte Schrenck-Notzing zusammen mit sechs weiteren Gelehrten das *Siebenmännerbuch* mit dem Titel: *Die physikalischen Phänomene der großen Medien* (1926).

Dreiunddreißigjähriger Rhythmus, ein von → Steiner entdeckter Zyklus, der auf den 33 Lebensjahren Jesu basiert. Nach Ablauf dieser Zeit treten gesellschaftliche und historische Veränderungen ein, die auch das individuelle Leben beeinflussen.

Dreizehn, im Abendland eine Unglückszahl; bei den Orientalen und Asiaten eine göttliche und daher glückbringende Zahl. Besonders ist der Freitag der 13. ein gefürchteter Tag. Wenn bei Tisch 13 Personen sitzen, so sterben noch in demselben Jahr die erste und letzte Person. Vermutlich geht dieser Aberglaube auf den Bericht der Bibel zurück, daß beim letzten Abendmahl Jesu 13 Personen am Tisch saßen. Der Verräter Judas erhob sich als erster und verübte später Selbstmord.

Driesch, Hans (1867–1941), Biologe, Philosoph und Präsident der »Society for Psychical Research« (1926–27), der in Deutschland zu den Pionieren auf dem Gebiet der → Parapsychologie gehörte. Der von ihm begründete Vitalismus (von lat.: *vita* = »Leben«) vertritt die Meinung, daß das Leben nicht allein aus chemischen und physikalischen Phänomenen erklärt werden könne. Schon in seiner *Philosophie des Organischen* (1905) kam er zu dem Ergebnis, daß den paranormalen Phänomen Realität zukomme. Seine *Ordnungslehre* (2. Aufl. 1926) enthält ein Kapitel über Parapsychologie und Parapsychophysik (→ Telekinese), das in den *Grundproblemen der Psychologie* detaillierter ausgestaltet wurde. 1926 faßte D. seine Ansicht zu den paranormalen Phänomen folgendermaßen zusammen: Halluzinationen sind nicht die Ursache für Medialität. Die paranormalen Phänomene hängen ausschließlich vom Körper des Mediums ab. Der Spiritismus ist nicht bewiesen. Seine *Parapsychologie* (1932) gilt nach dem Urteil von → Bender als ein Wegbereiter auf diesem Gebiet. D. arbeitete mit den Medien Willi und Rudi Schneider zusammen, an deren Medialität er nicht zweifelte.

Drittes Auge, das 6. → Chakra oder Ajna. Es hat seinen Sitz mitten auf der Stirn und wird gelegentlich mit der Zirbeldrüse in Verbindung gebracht. Der Begr. wurde durch das gleichnamige Buch von Lobsang → Rampa bekanntgemacht.

Drogen, psychotrope, eine Sammelbez. für die Inhaltsstoffe von Pflanzen, die auf die Psyche und den Körper eines Menschen nachhaltig einwirken können (psychoaktiv). Umfassender aber ist die Bez. psychotrop (griech.: »bewußtseinsverändernd«), weil sie sich nicht nur auf die Aktivierung des Bewußtseins bezieht, sondern auch auf die beruhigende (sedative) Wirkung der D. Andere gebräuchliche Bez. sind: 1. Halluzinogene (von lat.: »Sinnestäuschung«) u. Entheogene (griech.: »Gott hineinschaffen«). Nach dem Zauberglauben sollen solche Pflanzen göttlicher Herkunft sein. 2. Psychedelika (griech.: *psyche* = »Geist« und *delosis* = »Offenbarung«). Die Wirkung der p. D. besteht in einer Erweiterung des Bewußtseins. 3. Narkotika (griech.: *narcao* = »erstarren«). Sofort oder nach dem Abklingen haben sie eine betäubende oder lähmende Wirkung. 4. Toxika (griech.: *toxon* = »Pfeil« oder »Gift«). Die Wirkstoffe fast aller

Zauberpflanzen sind bei falscher Dosierung Gifte, die tödlich sein können.
Von den circa 500000 Pflanzenarten sind etwa 150 psychotrop, davon wachsen 120 Arten in der Neuen Welt und der Rest im eurasischen Raum. → Haschisch war schon 2737 v. Chr. in China und 800 v. Chr. in Indien bekannt. Es ist eine offene Frage, weshalb in den Räumen, in denen die großen Hochkulturen entstanden sind, deren Medizin, Arzneiwissenschaft und Botanik einen sehr hohen Stand erreicht haben, bedeutend weniger p. D. bekannt sind. Die Ureinwohner Amerikas waren Jäger, die für ihren Überlebenskampf auf übernatürliche Kräfte angewiesen waren. Die Priester und Führer (→ Schamanen) dieser Stämme traten im Zustand der → Ekstase mit den Göttern in Kontakt und baten sie um Hilfe. In den eurasischen Hochkulturen traten an Stelle der Jagd der Ackerbau und die Viehzucht, was zu einem Desinteresse an p. D. führen mußte. Wichtige Beiträge zur Erforschung der p. D. leisteten Lewin *(Phantastica*, 1931) und der Schweizer Gelehrte Albert Hoffmann, der 1943 das → LSD entdeckte. Einem breiten Publikum wurden diese D. durch die Selbstexperimente → Huxleys, → Alberts (Ps.: Baba Ram Dass) und → Learys bekannt, die in Büchern ausführlich die bewußtseinserweiternde Wirkung beschrieben.

Droit Humain, franz.: »Menschenrecht«; ein gemischter → Freimaurerorden, der 1893 von der Französin Maria Deraismes (1828–1894) gegründet wurde. Deraismes setzte sich besonders für Frauenemanzipation und Demokratie ein. Zusammen mit Freidenkern organisierte sie 1881 den ersten antikirchlichen Kongreß. 1882 wurde sie als erste Frau in die Loge »Les libres Penseurs« aufgenommen, die aus dem Freimaurerorden »Grand Loge Symbolique Ecoisse de France« ausgeschieden war. Als die Loge aufgrund heftiger Proteste ihre Arbeit einstellen mußte, wurde der D. H. gegründet. 1894 weihte Deraismes 13 Frauen zu Freimaurerinnen. Großen Aufschwung nahm der D. H., als → Besant Mitglied wurde und Logen in England und Indien gründete.

Drude, abgel. von gotisch *truden* = »treten«; in der germ. Mythologie und im Volksglauben ein böser Nachtgeist, der beim Menschen Alpträume hervorruft (→ Alp).

Drudenfuß, Fußabdruck der → Drude; ein Fünfeck (Pentagramm), das als magisches Zeichen zur Abwehr der Druden gebraucht wurde.

Drudenstein, ein vom Wasser rundgeschliffener Stein mit einem Loch, der zur Abwehr der → Druden benutzt wird.

Druiden, von griech.: *dryas* = »Eiche«; wahrscheinliche Bed. »Hochweisen«. Name der Priester der Kelten, die der Aristokratie entstammten. Überdies waren sie Lehrer, Dichter und Schiedsmänner. Diese Priesterschaft (Druidentum) beherrschte im 1. Jh. v. Chr. fast die Hälfte Europas. Man kann sie am besten mit den → Schamanen vergleichen, denn ihre Aufgabe war die Durchführung der religiösen → Rituale und die Herstellung des Kontakts zu den Göttern. Vermutlich benutzten sie bei ihren Zeremonien psychotrope → Drogen. Der röm. Schriftsteller Plinius berichtet, daß sie sich in Weiß kleideten, auf Eichen kletterten, → Misteln abschnitten, weiße Rinder opferten und anschließend ein Fest veranstalteten. Die Lehren der D., die nur mündlich überliefert wurden, sind in den ersten christlichen Jh. untergegangen und haben sich – besonders in Irland und Großbritannien – mit dem kelt. Urchristentum verschmolzen. In der modernen Esoterik versucht man, das Druidentum und seine Lehren wieder neu zu erwecken. Nach → Guenon haben die D. das »alte Wissen« unversehrt bewahrt, zu dem auch das Christentum gerechnet wird. Die irischen Christen waren deshalb der Ansicht, ihr Christentum sei nur eine Verkörperung der alten kelt. Lehren, die von den D. mündlich überliefert wurden. Michel ist der Meinung, daß die D. eine Art → Geomantie kannten, die es ihnen ermöglichte, Kraftorte (»heilige Orte«), besonders über unterirdischen Quellen, auszumachen, wo sie ihre Heiligtümer errichteten. Sie haben diese Orte mit einer → Wünschelrute (kelt.: *cambu* oder *cambutta)* gefunden, auf die der Bischofsstab (Krummstab) der Christen zurückgeht. Die späteren christlichen Kirchen seien an solchen Orten errichtet.

Druidenorden. Die Quellen dieses Neodruidentums sind zum einen die Schriften des walisischen Gelehrten Morgannwc (18. Jh.), der aber niemals für sich in Anspruch nahm, das alte Druidentum entdeckt zu haben, sowie zum anderen mündliche Überlieferung, Bardenliteratur und Gedankengut der Freimaurerei. Der »Vereinigte Alte Orden der Druiden« (United Ancient Order of Druids), der 1781 in London gegründet wurde, hat viele Gemeinsamkeiten mit der → Freimaurerei. Die Haine (engl.: *groves),* die den Logen der Freimaurer entsprechen, werden von den »Edelherzen« geleitet. Man unterscheidet drei Grade: 1. Ovaten. Einführung in den Orden. Das Ziel ist Erkenntnis und Wissen. 2. Barden. Erziehung zum Kunstverstand. 3. Druiden. Ausführung der Ethik des Ordens und Anwendung im praktischen Leben. Außerdem gibt es einen Hochgrad, den Hoch-Erz-Kapitel (Royal Arch Chapter). An der Spitze der Haine eines Landes (Großhain) steht der Edel-Groß-Erz. 1872 wurde in Preußen ein D. gegründet.

Drusen, eine islam.-christl-gnost. Sekte im Libanon, die ihren Namen von einem der Gründer, Darazi, ableitet (gest. 1019). Hamza, der zweite Gründer, den die D. als Propheten verehren, führt seinen Ursprung auf Gott zurück. Gott nämlich schuf das Licht und die Finsternis. Aus dem Licht entstanden Hamza und vier Geister und aus der Finsternis der Teufel und die vier Gefährten Mohammeds: Abu Behr, Omar, Othman und Ali Ibn Abu Taleb. Hamza erklärte den ägypt. Kalifen Al-Hakim (996–1021) für göttlich. Nur zu Lebzeiten des Propheten Hakim konnte man sich der Lehre der D. anschließen. Danach wurden seine Offenbarungen geheimgehalten und jeder Mensch wird in seinem früheren Glauben wiedergeboren. Die Zahl der Seelen bleibt immer gleich, weil nach dem Tod eines Menschen seine Seele in den Körper eines Neugeborenen übergeht. Die D. selbst teilen sich in Wissende und Unwissende ein. Die letzteren können durch Buße zu Lebzeiten ihre Schicksal ändern. Andernfalls werden sie als Unwissende wiedergeboren. Die von den D. einzuhaltenden Gebote sind: Lossagung von Teufel und Gottlosigkeit, Wahrheitsliebe und Unterstützung von Glaubensbrüdern.

Dschin, arab.: böse Nachtgeister, die aus dem Gluthauch der Wüste geschaffen wurden. Sie bevölkern die Unterwelt und die Erdoberfläche und besitzen die Fähigkeit, sich in Tiere zu verwandeln. Gelegentlich gibt es auch gutartige D. Der → Islam übernahm die Vorstellung von den D., aber er verbietet ihre Anbetung. Identisch mit den D. sind die Schaitane.

Dua, arab.: »Segen«; Bez. für verschiedene Formen des islam. Gebetes, besonders aber für die erste Sure (arab.: *surat al-dua)* des → Koran, die als Grundlage aller Gebete angesehen wird.

Duat, in der ägypt. Mythologie der Name der Unterwelt, wo → Osiris nach dem ägypt. → Totenbuch das Totengericht abhält. Gelegentlich auch mit dem Himmel gleichgesetzt. Wie das alte Ägypten in ein Ober- und Unterägypten eingeteilt wird, so gibt es ein Unter- bzw. Oberduat. Einige Ägyptologen vertreten die Ansicht, daß D. kein unterirdisches Reich war, sondern auf gleicher Höhe wie die Gebirgskette lag, welche das Reich der Lebenden umgab.

Dualismus, lat.: »Zweiheitslehre«; in der Religionsgeschichte die Erklärung der Zustände in der Welt durch zwei Gottheiten oder Prinzipien. Bekannt ist der iranisch-zoroastrische D., der einen guten *(Ahura Mazda)* und einen bösen Gott *(Ahriman)* an den Anfang des Weltgeschehens stellt und dieses von dem Kampf der beiden beherrschen läßt, bis der gute Gott mit der Hilfe seiner Anhänger am Ende der Zeiten den Sieg davonträgt. Der D. der indischen Philosophie *(Dvaita)* lehrt, daß Gott und die Lebewesen für alle Zeiten verschieden sind. Von großem Einfluß auf das abendländische Denken war der ontologische und metaphysische D. des griech. Philosophen Platon. Er unterscheidet zwischen zwei Seinsebenen:

den ewigen → Ideen und ihren vergänglichen Abbildern, die den Kosmos bilden. Von diesen Formen unterscheidet sich der D. der → Gnosis. Durch die negative Bewertung der sichtbaren Welt und ihrer Urheber ist er antikosmisch. Die Neuplatoniker (z. B. Plotin 3. Jh. n. Chr.) warfen deshalb den Gnostikern eine Verteufelung des Kosmos vor. Wenngleich auch die Welt nicht vollkommen sei, so habe sie trotzdem Anteil am höchsten Sein und sei ein Produkt des göttlichen Weltplanes.

Duchoborzen, russ.: »Geistkämpfer«; eine im 18. Jh. entstandene russ. Sekte, die ein Geistchristentum gnostischer Prägung vertritt. Die D. berufen sich auf ein inneres Licht und betrachten die menschliche Vernunft als höchste Wahrheitsnorm. Die Bibel, die christliche Lehre, die Sakramente und der Kriegsdienst werden abgelehnt. Heute gibt es in Kanada und Kolumbien eine größere Zahl von D.-Gruppen.

Dürckheim, Karlfried Graf
(1896–1988), Philosophieprof., Psychologe und Zen-Meister; 1948 gründete er mit seiner Frau in Todtmoos-Rütte (Schweiz) ein Therapiezentrum, wo er die »Initiatische Therapie« (von lat.: *initiare* = »einweihen«) entwickelte. Die Quellen dieser Therapie sind die Lehren von Meister → Eckehart und des → Zen. In D.s Menschenbild wird die Unterscheidung von Leib und Seele im Begr. des personalen Subjekts aufgehoben, das in sich das göttliche Wesen aufnehmen soll. Diese Innewerdung des göttlichen oder überweltlichen Wesens (→ Transzendenz) könne durch geistige Übungen erreicht werden. Ein Mensch, der nicht nur an dieses göttliche Wesen in sich glaube, sondern es auch erfahre, verändere sein Bewußtsein und betrete den »initiatischen« Weg. Voraussetzung sei aber, daß der Mensch ein anderes Lebensgefühl gewinnt, das durch den jap. Begr. Hara umschrieben wird. Nur wer seinen Schwerpunkt in die Leibesmitte verlege, könne sich aus dem Bannkreis der raum-zeitlichen Welt befreien und das transzendente, göttliche Wesen erfahren. In der Praxis setzt die Verknüpfung mit dem überweltlichen Wesen zunächst eine Beschäftigung mit verdrängten Teilen der Seele, den → Schatten voraus. Weiterhin gehört dazu das »geführte Zeichnen«, bei dem der Patient mit geschlossenen Augen seine momentanen Einfälle aufzeichnet. Wichtig ist auch die → Zazen-Meditation. Von seinen 16 Werken sind die wichtigsten: *Übung des Leibes, Der Alltag als Übung, Zen und Wir, Vom doppelten Ursprung des Menschen, Hara.*

Dugpa, tib.; ursprünglich eine Untersekte der → Kargyut-Sekte (Rotmützen, 12. Jh.), welche die Reformen des Tsongkhapa nicht mitmachte und viele Elemente der vorbuddh. Bonreligion (→ Lamaismus) enthält. Wegen ihrer magischen Praktiken und schamanistischen Rituale (→ Schamanismus) heißen sie auch Schwarzmützen.

Dukkha, Pali: »Leiden«; 1. eines der drei Merkmale *(tilakkhana)* neben → Anatta und → Anicca. Alle Dinge, Vorgänge und Erscheinungen sind leidbringend, da sie der Vergänglichkeit unterworfen sind. 2. die erste der vier edlen Wahrheiten *(sacca)*. Eine der wichtigsten Lehren des Buddhismus ist das Verhaftetsein der Welt mit dem Leiden und dem Schmerz. Dies wurde häufig mißverstanden als Pessimismus oder Todessehnsucht. Da das Leiden eine Grundtatsache des Lebens ist, muß man sich jedoch damit abfinden. Andernfalls vergrößert man es nur noch.

Du Potet de Sennoy, Baron (1796–1881), franz. Magnetiseur und Anhänger Mesmers. Nach seiner Meinung ist der Magnetismus das Band zwischen Geist und Stoff, Seele und Materie. Aber trotzdem ist er nur ein Ausfluß aus dem ätherischen Leib und identisch mit der Nervenkraft. Bei allen paranormalen Vorgängen bildet der Magnetismus, den er »Magismus« nennt, die Grundlage. Werke in dt. Übers.: *Elementare Darstellung des tierischen Magnetismus* (1851).

Du Prel, Baron Carl (1839–1899), Philosoph und Forscher auf dem Gebiet der paranormalen Phänomene. Bevor er sich mit dem → Spiritismus befaßte, führte er Untersuchungen auf dem Gebiet des → Magnetismus durch. Durch die Zusammenarbeit mit den Medien → Eglinton und Palldino kam er zu dem Ergebnis, daß es ein Weiterleben des Menschen nach dem Tode gibt und daß den Geistwesen Realität zukommt. Die Psychographie (Automatismen) hat als Urheber ein Geistwesen, das lesen, schreiben und die menschliche Sprache verstehen kann. Werke: *Die Philosophie der Mystik* (1885), *Studien auf dem Gebiet der Geheimwissenschaften* (1890–1891).

Dunkle Nacht der Seele, Titel einer Schrift *(Noche obscura del alma,* 1583–85) des span. Mystikers Johannes vom Kreuz (1542–1591). Zusammen mit seinen Gedichten und Abhandlungen beschreibt er ein mystisches System der Theologie, das neben eigenen Erfahrungen viele Entlehnungen aus den Werken des → Dionysius Aeropagita enthält. Die Nacht bedeutet aber nicht die Sünde oder die Niedergeschlagenheit, sondern den Zustand der Seele nach der Überwindung der Leidenschaften.

Dunne-Effekt, benannt nach dem engl. Ingenieur Dunne (1875–1949), der sich schon in seiner Jugend mit → Spiritismus beschäftigte. D. machte die Entdeckung, daß seine voraussehenden oder proskopischen Träume oft Ereignisse der nahen Zukunft voraussagten. Dabei bestand eine teilweise Übereinstimmung (fragmentarische Kongruenz) zwischen Trauminhalt und dem zukünftigen Ereignis, das durch → Präkognition erfaßt wurde und als Traumauslöser wirkte. Seine Forschungen über diese Traumgattung veröffentlichte D. in zwei Büchern: *An Experiment with Time* u. *The Seriel Universe.* Darin entwickelte er die Idee einer »seriellen Zeit«. Die Zeit, die der Mensch im Unterbewußtsein erlebt, hat einen anderen Charakter als die normale Zeit.

Durga, ind. Göttin. Sie ist die Gattin → Shivas und wird unter verschiedenen Namen verehrt. Im → Shaktismus symbolisiert sie die »Große Kraft« (Shakti), die man sich als weiblich vorstellt. Als *Kali* (»die Schwarze«) wird sie mit einem Tigerfell, einer Halskette aus Menschenschädeln, Schwert, Stock und Schlinge dargestellt. Ihr zu Ehren brachten die → Shaktas Menschenopfer dar, die in unserer Zeit durch Tieropfer ersetzt wurden. Die Mördersekte der Thags, deren Mitglieder reiche Kaufleute überfielen und nach bestimmten Ritualen umbrachten und begruben, verehrte besonders die D.

Durville, Hector (1849–1923), franz. Magnetiseur, der sich mit animalischem Magnetismus (→ Aura) und okkulten Phänomenen wie → Astralreisen und dem Aufbau der Aura beschäftigte. Mit seinem Sohn Henry gründete er das »Institut für Magnetismus« in Paris. Werke: *Der Fluidalkörper des lebenden Menschen* (1917).

Dvaita, skrt.: »Zweiheit«; Philosophie des → Dualismus und → Dvaitavedanta.

Dvaitavedanta, die dritte der drei Richtungen der → Vedanta-Philosophie, die von Madhva (1199–1278) gegründet wurde. Er vertrat eine dualistische Vedanta, welche die unmittelbare Verschiedenheit von Gott, der Vielheit von Einzelseelen und der einen Urmaterie annimmt. Diese drei Realitäten existierten seit Ewigkeit nebeneinander. Aber Gott sei den beiden anderen Gruppen von seinem Wesen her übergeordnet und übe über sie unbeschränkte Herrschaft aus.

Dynamismus, griech.: *dynamis* = »Kraft«; Bez. für eine weltweit verbreitete Vorstellung von einer unpersönlichen, mystischen Kraft, die in Gegenständen, Tieren und Menschen (besonders Häuptlingen und Medizinmännern) vorhanden sei. Bei den Irokesen heißt sie *Orenda,* bei den Sioux *Wakonda,* bei den Melanesiern und Polynesiern *Mana* und bei den Indonesiern *Tondi.*

E

EA, Ps. für → Evola.

Ebenen, Bez. für die verschiedenen Seinsbereiche in der Esoterik, die das Universum bilden. Man unterscheidet: die körperliche E. (stoffliche Welt), die astrale E. (der Bereich des Unbewußten), die mentale E. (die → Archetypen) und die spirituelle E. (Sitz der Lebenskraft, → Prana, → Ch'i). Die feinstofflichen oder geistigen E. werden oft als → Emanationen Gottes oder der Göttlichkeit angesehen.

Eberesche, bot.: *Sorbus aucuparia*; im Volksmund: Vogelbeerbaum. Seine erbsengroßen, scharlachroten Beeren, die sehr viel Apfelsäure enthalten, werden als harntreibendes Mittel und Brechmittel benutzt. In der Magie heißt die E. Drachenbaum, weil ihre Zweige Häuser und Ställe vor Drachen und Ungeheuer schützen.

Ebertin, Baldur R. (geb. 1933), Astrologe und Heilpraktiker; Sohn des Astrologen Reinhold E. In der von ihm entwickelten → Reinkarnationstherapie werden die Ereignisse des früheren Lebens bewußtgemacht (Reinkarnationsbewußtsein). Werke: *Das ABC der Kosmobiologie, Kombination der Gestirneinflüsse.*

Ebertin, Reinhold (geb. 1901), Astrologe und Begründer der Aalener Schule, die sich besonders mit Fragen der → Kosmobiologie beschäftigt. 1928 begründete E. die Zeitschrift *Kosmobiologie.*

Eberwurz, bot.: *Carlina acaulis*; volkstüml. Bez.: Karlskraut, Mariendistel und Roßwurz. In der Volksmedizin ein Mittel gegen Katarrh. Im Volksglauben wird die Entdeckung der Heilkraft der E. Kaiser Karl dem Großen zugeschrieben. Als er vergeblich nach einem Mittel gegen die Pest suchte, habe ihm ein Engel im Traum den Rat erteilt, er solle einen Pfeil in die Luft schießen. Jenes Kraut, auf das der Pfeil falle, sei das gesuchte Heilmittel. Die E. habe angeblich die Seuche geheilt. Im Volksglauben ist die E. ein Heilmittel gegen Ermüdung und dient zur Wettervorausschau, da sie bei Sonnenschein ihre Blätter öffnet.

Ebioniten, → Essener

Eckankar, 1. Der Name des »Höchsten Wesens« in der Religion der → Sikhs (→ Adi Granth). 2. Eine esot. Organisation, die von dem Gründer Sri Paul Twitchell (gestorb. 1971) als »die alte Wissenschaft von der Seelenreise« definiert wurde. Die Grundlagen des E. stammen aus dem Hinduismus und der Religion der Sikhs → Adi Granth. In mehreren → Astralreisen will Twitchell Kontakt mit den »Eck«-Meistern (→ Mahatmas) aufgenommen haben. Sie wohnen in den 7 Tempeln der Goldenen Weisheit, die unter der Leitung von ehemaligen Eck-Meistern stehen. Von den zahlreichen Schriften der E., von denen Twitchell über 30 verfaßte, ist die wichtigste *Shariyat-Ki-Sugmad.* Die »Seelenreise« ist eine Form der außerkörperlichen Erfahrung, um auf eine höhere Bewußtseinsform zu gelangen. Auf diese Weise erkennt die Seele ihren göttlichen Charakter.

Eckart, Dietrich (1868–1923), Literat und führendes Mitglied der Thulegesellschaft. Sein Gedankengut schöpft er aus der christlichen Mystik, aus der er auch seinen Rassismus ableitet. Besonders wird von ihm → Steiner bekämpft, weil dieser Jude war und angeblich »sexuelle Magie« betrieb. E., der wahrscheinlich mit → Peyote experimentierte, hielt sich für eine → Reinkarnation von Bernhard v. Barcelona, der eine zentrale Rolle beim Untergang der christl.-islam. Welt in Spanien spielte. E. war der geistige Lehrer Hitlers, den er in die Geheimlehre und die politische Propaganda einführte. Seine Gespräche mit Hitler sind in der Broschüre *Der Bolschewismus von Moses bis Lenin – Zwiegespräch zwischen Hitler und mir* festgehalten worden.

Eckhartshausen, Karl von (1752–1803), bayr. Archivar und Autor von okkult. Büchern: *Aufschlüsse zur Magie* (4 Bde., 1788–1791), *Sammlung der merkwürdigsten Visionen* (1793), *Entwurf einer ganz neuen Chemie, Zahlenlehre der Natur* (1794). Wenngleich E. auch der Aufklärung Zugeständnisse macht, so steht er doch unter Einfluß der kabbalistisch-rosenkreuzerischen Ideen, besonders der Lehren → Fludds.

Ecker und Eckerhofen, Hans Heinrich (1750–1790), Freimaurer, der um 1780 den Orden der Asiatischen Brüder gründete. Die Lehren des aus fünf Graden bestehenden Ordens enthalten Gedankengut der → Gold- und Rosenkreuzer und der → Kabbala, das den Schriften des Wiener Ordensmitgliedes Christoph Froschmayr von Schreibenhoff entlehnt wurde. In diesen Orden wurden auch Juden aufgenommen.

Eckhart, Meister (1260–1328), Dominikanermönch und christl. Mystiker, der als einer der berühmtesten Prediger seiner Zeit galt. Sein Eintreten für ein reines, unverfälschtes inneres Leben, die Verneinung der Autorität der Kirche und die Ablehnung jedes Dogmas brachte ihn vor ein Inquisitionstribunal. Nach E. ist Gott nicht begrifflich bestimmbar, sondern nur seelisch erfahrbar. Der Mensch muß sich von allen Dingen frei machen, damit in der Abgeschiedenheit von der Welt die Einkehr Gottes in die Seele (lat.: *unio mystica)* stattfinden kann → Mystik.

Eco, Umberto (geb. 1932), ital. Prof. für Semiontik in Bologna und Erfolgsautor, der in seinen beiden Romanen

Der Name der Rose (ital. 1980, dt. Übers. 1982) und *Das Foucaultsche Pendel* (ital. 1988, dt. 1989) die klassischen Themen der Esoterik wie → Okkultismus, → Satanskult, → Schwarze Messen, → Schwarze Magie, → Rosenkreuzerorden und → Templerorden behandelt.

Edda, Name zweier altnordischer Sammlungen von Sagen, Liedern und Sprüchen. Die ältere E. enthält 30 Lieder aus dem 9.–11. Jh., die Themen der nordischen Mythologie behandeln. Verfasser ist wahrscheinlich der isländ. Priester Sämund Sigfusson (gest. 1131). Die jüngere E. ist ein Lehrbuch für junge Dichter (Skalden), denen Kenntnisse der Dichtkunst (Versarten etc.) vermittelt werden sollen. Als Autor wird der Isländer Snorri Sturluson (um 1230) vermutet.

Eddy, Mary Baker, → Christian Science

Edelsteinkunde, astrologische
Edelsteine und Planeten stehen schon in den alten Kulturen des Orients miteinander in Verbindung. Schon die Babylonier verglichen die damals bekannten Planeten: Sonne, Mond, Venus, Merkur, Saturn, Jupiter und Mars mit den sieben Farben des Sonnenspektrums.

Die Zuordnung der Edelsteine zu den Planeten wird aber kompliziert, weil seit der Antike und dem Mittelalter alle roten Steine Rubine, alle grünen Smaragde, alle gelben Topase und alle blauen Saphire genannt wurden. Strittig ist auch, welche Farbe die neuentdeckten Planeten Uranus (1781), Neptun (1846), Pluto (1930) und Chiron (1977) haben.

Edelsteine und Planeten

1. Sonne	*Farbe:* Orange; Diamant, Chrysoberyll, Rubin, Sonnenstein, Quarze. *Symbole:* Vater, das schöpferische Prinzip, Verstand und Rationalität. Der Diamant paßt eher zu Uranus (s. dort).
2. Mond	*Farbe:* Grün; Perle, Smaragd, Nephrit, Jade, Malachit, Mondstein, Goldberyll, Quarze. *Symbole:* Mütterliches, Weibliches, Gefühl, Seele, Phantasie.
3. Merkur	*Farbe:* Gelb; Gelber Saphir, Edeltopas, Bernstein, Tigerauge, gelber Achat, gelber Topas. *Symbole:* Geist, Intelligenz, Verstand, Urteilskraft.
4. Venus	*Farbe:* Blau; Amethyst, Aquamarin, blauer Zirkon, Koralle,

	blauer Saphir. *Symbole*: Gefühl, Empfindungen, Hingabe, Liebe, Schönheit, Reichtum.
5. Mars	*Farbe*: Rot; Rubin, Granat, Karfunkel, Spinell, Hämatit, roter Jaspis, roter Karneol. *Symbole:* Libido, Begehren, Tat, Kampf, Energie, Durchsetzungsvermögen.
6. Jupiter	*Farbe*: Dunkelblau/purpur; Lapislazuli, alle Arten des Amethyst, Alamdin, Türkis, Heliotrop, Labrador, Chalcedon, Saphir. *Symbole*: Weisheit, Macht, Frömmigkeit.
7. Saturn	*Farbe:* Schwarz; Onyx, Gagat. In der Tradition auch Aquamarin und Türkis. *Symbole*: Tod, Todestrieb, Strenge, Gewalt, Selbstdisziplin.
8. Uranus	*Farbe*: Weiß; Diamant, Bergkristall. In der Tradition gilt der Uranus als zwiespältig, was wohl am besten durch die Mischfarben Blaugrün des Aquamarins ausgedrückt wird. In der → New-Age-Bewegung symbolisiert der Uranus den Durchbruch der → Kundalinikraft und das höhere Bewußtsein. Der Diamant, der König unter den Edelsteinen, steht auch für die Verwandlung des Niederen zum Höheren. Die Menschen des Neuen Zeitalters werden sich verändern und eine neue → Spiritualität erlangen.
9. Neptun	*Farbe*: Violett; Amethyst, Opale, Turmaline. Die Farbe Violett ist doppeldeutig, sie vereinigt nämlich Feuer (rot) und Kälte (blau). Die Wirkung des Neptuns ist überwiegend negativ: Täuschung, Hinterlist und Falschheit. Im Mittelalter war der → Amethyst der Ringstein der Kirchenfürsten.
10. Pluto	*Farbe*: Braun; Quarze, Granate. Der Pluto ist das Symbol der »unterirdischen Mächte«, des Dämonischen, der Aggression und des Todestriebes.
11. Chiron	*Farbe*: Silbergrau; Perle. → Chiron ist das Tor zum Leben. In der christlichen Symbolik wird Jesus, dem Erlöser der Welt, die Perle zugeordnet, die alle Schätze der Welt aufwiegt. Aber Perlen können auch Tränen sein, und ein Übergang in eine neue Zeit ist nicht frei von Problemen.

Mit der Zuweisung einer bestimmten Farbe zu den Planeten ist auch entschieden, welche Farbe zu den einzelnen Tierkreiszeichen gehört. Die Planeten als Herrscher der Tierkreiszeichen bestimmen auch deren Farbe. Den vier neuen Planeten Uranus, Neptun, Pluto und Chiron wird jeweils eine Mitregentschaft über ein Tierkreiszeichen eingeräumt.

Die Edelsteine des Tierkreises

1. Widder	Roter Jaspis, Sardonyx, Chalcedon, Rubin, Karneol.
2. Stier	Oranger Karneol, Sarder, Smaragd, grüner Turmalin, Rosenquarz.
3. Zwillinge	Topas, Tigerauge, Chrysopras, Onyx, Achat.
4. Krebs	Heliotrop, Sarder, Hyazinth, Aventurin.
5. Löwe	Goldquarz, Jaspis, Sardonyx.
6. Jungfrau	Beryll, Saphir, Smaragd, brauner Jaspis.
7. Waage	Goldtopas, Opal, Beryll, Jaspis, Perle.
8. Skorpion	Sarder, Chrysopras, Beryll.
9. Schütze	Hyazinth, Türkis, blauer Jaspis, Chalcedon.
10. Steinbock	Katzenauge, Granat.
11. Wassermann	Diamant, Bergkristall, Aventurin, Falkenauge.
12. Fische	Amethyst, Saphir, Hämatit.

Monatssteine sind die Geburtssteine, die der Träger entsprechend seinem Geburtsmonat auswählt. In der Regel nimmt man den Stein seines Tierkreiszeichens (s. Kasten).

Edelsteinmedizin. Die moderne E. basiert auf der Annahme, daß von den Edelsteinen Schwingungen ausgehen. In diesen Steinen ist ein gewaltiges Energiepotential oder Kraftfeld konzentriert, das durch seine Farbe, Muster, Einschlüsse, Form, Größe, Wachstumsstruktur und Schliffform eine konstante Schwingungsfrequenz hat, die denen der → Chakren und der → Aura ähnelt. Folglich ist es möglich, alle sieben Energiezentren des Menschen durch Edelsteine aufzuladen, zu reinigen und zu harmonisieren. Die Prozedur selbst ist von Heiler zu Heiler verschieden. Voraussetzung ist, daß die Edelsteine echt sind. Vor ihrer Anwendung müssen sie in fließendem Wasser oder Salzwasser gereinigt werden. Eine konsequente Anwendung der Chakren-Lehre erfordert, daß man den passenden Edelstein auf das zugehörige Chakra legt:

Chakra	*Farbe*	*Edelstein*
Basis-Ch.	rot	Achat, Granat, Rubin, Jaspis, Hämatit
Sexual-Ch.	orange	Karneol
Nabel-Ch.	gelb	Bernstein, Tigerauge, Topas
Herz-Ch.	grün	Aventurin, Chrysopras, Turmalin
oder	rosa	Koralle, Rosenquarz
Kehlkopf-Ch.	blau	Türkis, Opal, Aquamarin
Drittes Auge	indigo	Lapislazuli, Saphir, Bergkristall
Scheitel-Ch.	violett	Diamant, Amethyst

Man kann auch nur grüne Steine auf die Chakren legen, wozu sich besonders der Malachit eignet. Auch der Bergkristall besitzt die Eigenschaft, alle Chakren zu harmonisieren. Vor der Behandlung werden Meditationsübungen durchgeführt, um die feinstofflichen Energiezentren des Körpers zu sensibilisieren und eine Verbindung mit den Farbschwingungen der Steine herzustellen. Man kann die Steine auch intuitiv auswählen und dann auf die Chakren legen. Aber auch die klass. Methoden der E. sind noch im Gebrauch. Die Steine werden pulverisiert und dann zu Salben, Latwergen und Tinkturen verarbeitet. Die lebenspendende Kraft der Sonne kann man mitbenutzen, wenn man aus den Edelsteinen → Elixiere herstellt.
Eine billige Form der E. ist das Heilen mit Kristallen. Quarzkristalle besitzen nämlich die Eigenschaft, Energie zu speichern, zu konzentrieren und zu übertragen. Man schreibt ihnen von alters her die Eigenschaft zu, den menschlichen Körper mit dem Kosmos in Gleichklang zu bringen. Die Wirkung des Kristalls wird noch verstärkt, wenn man die Pyramidenform benutzt. Denn da das Quarz spiralförmig gewachsen ist, fließt der Energiestrom gleichsam wie in einer engen Spirale aus der Spitze der Pyramide heraus. Kristall gilt als Universalheilmittel, das gegen alle Krankheiten eingesetzt werden kann. (→ Aurasomatherapie)

Edeltanne, bot.: *Abies alba*; ein Kieferngewächs. Das Öl wird durch Wasserdampfdestillation aus den Nadeln und Zapfen gewonnen. Wegen seiner antiseptischen, schleimlösenden und schweißtreibenden Wirkung kommt es bei Erkrankungen der Atemwege, bei Erkältung, Rheuma, Leberleiden und Erschöpfungszuständen zur Anwendung.

Edwards, Harry (1893–1976), engl. Geistheiler, der seine paranormalen Fähigkeiten während seines Aufenthalts als Offizier in Persien entdeckte. Er heilte nicht nur durch bloßes Handauflegen, sondern berief sich auf die Geister von Louis Pasteur und Lord Lister. Durch seine intensiven Bemühungen als Präsident der engl. Geistheiler und nicht zuletzt durch den großen Zulauf zu seinen Massenveranstaltungen erreichte er, daß das Geistheilen von den offiziellen engl. Stellen toleriert wurde. In Burrow Lea (Surrey) richtete er ein Heilzentrum ein. Werke in dt. Übers.: *Geistheilung, Praxis der Geistheilung.*

EEG, Abk. für Elektroenzephalogramm; ein von dem Psychiater Ernst Berger 1929 entwickeltes Verfahren zum Aufzeichnen der durch die Gehirntätigkeit verursachten Strömungen (→ Gehirnwellen) in Form eines Kurvenbildes.

Ei, in der → Kosmologie (Orphik) Symbol der Einheit des Universums. Der Eidotter stellt die Erde dar, das Eiweiß das Wasser, in dem die Erde schwimmt, und die Schale den Him-

Ei

mel. Von der Orphik drang die Symbolik des E. in die → Alchemie ein. Die Teilung des kosmischen oder philosophischen E. in den alchemist. Bildern stellt den Beginn der Großen Werke (→ Opus magnum) dar, wenn die vier Elemente aus der → Materia Prima ausgesondert werden. Der Alchemist ahmt hierbei Gott nach, der die Welt aus dem kosmischen E. durch Aussonderung der Elemente (Wasser, Erde) schuf. Das Eigelb symbolisiert das Gold oder die Rötung *(rubedo)* und das Eiweiß die Weißung *(albedo)*. Das aus dem E. entschlüpfte Junge ist der → Stein der Weisen.

Eibe, bot.: *Taxus*; die kugeligen und roten Beeren werden in der Volksmedizin als Abtreibungsmittel benutzt. In der Magie ist E.-Holz, das als Amulett kleinen Kindern um den Hals gelegt wird, ein Schutzmittel gegen Zauberei.

Eiche, ein heiliger Baum in Religion und Volksglauben: Japan, Griechenland (Zeus-E. in Dodonna), bei den Römern (E. auf dem Kapitol), den Germanen (Wotans-E.) und den Kelten, deren Priester, die → Druiden, vor dem Wahrsagen Eicheln aßen. Die Eichenblätter wurden in der Magie und Volksheilkunde benutzt.

Eichenmoos, eine Baummoosart, die besonders auf Eichen wächst. Hauptlieferant sind die Balkanländer. Das Öl dient als Grundlage zahlreicher Parfüms.

Eidetik, griech.: *eidos* = »Bild«; die Fähigkeit bestimmter Menschen (→ Medien), bildhafte Vorstellungen hervorzubringen, die sich von der Wirklichkeit nicht unterscheiden. Der von E. R. Jaensch geprägte Begr. wird im Werk des Dichters Jean Paul als »Empfindungsbilder« erwähnt. E. findet sich be-

Einhorn

sonders bei Kindern und Jugendlichen. Auffällig ist, daß diese Fähigkeit oft an bestimmte Landschaften gebunden ist.

Einhorn, ein Fabeltier in der Gestalt eines Pferdes mit einem waagrecht vorstehenden Horn auf der Stirn, das schon von dem griech. Philosophen Aristoteles (384–322 v. Chr.) beschrieben wurde. Aus dem Orient und der Antike gelangte es in das Christentum, wo das Horn die Einheit von Gottvater und Gottsohn und die Jungfräulichkeit seiner Geburt symbolisiert. In der Alchemie war das E. das Zeichen für das vollendete Große Werk (→ Opus magnum). Der Buddhismus betrachtet es als Symbol der Tugend und Weltabgewandtheit.

Eins. Die Zahl E. bezeichnet die Einheit im dreifachen Sinn: das All-Eine, das Einzelne und die Vereinigung von mehreren zu einer höheren Einheit. Da E. an sich noch keine Zahl darstellt, ist sie das Symbol der Gottheit. Denn die Welt entwickelt sich aus der Gottheit wie die Zahlenreihe aus der E., ohne daß beide ihren → Emanationen angehören. Selbst bei den → Pythagoräern, welche die Zahlenreihe mit der E. beginnen lassen, steht sie für das Göttliche, weil das Ungerade als Symbol des Ruhenden und Guten dem Geraden als Verkörperung des Vielen, Bewegten und Bösen gegenübergestellt wird.

Eisenhut, bot.: *Aconitum cammarum*; gehört zur Gattung der Hahnenfußgewächse. Die Blätter enthalten das Alkaloid Acontin, das in der Medizin als harntreibendes Mittel und bei Herzkrankheiten angewandt wird. Bei Überdosierung (psychotrope → Drogen) führt es zu Erregungszuständen und ruft → Visionen hervor. Der E., der an bestimmten Tagen gesammelt werden mußte, war Bestandteil der → Hexensalbe.

Eisai (1141–1251), jap. Mönch, der den → Rinzai-Zen von Japan nach China brachte (1191). Mit Hilfe des jap. Kaisers gründete er die buddh. Klöster in Kyoto und Kamakura. Außerdem führte er die Teepflanze in Japan ein.

Eisenkraut, bot.: *Verbena officinalis*; im Volksmund: Eisenhart. Diesen Namen hat die Pflanze von ihrer angeblichen Eigenschaft, Eisen zu Stahl zu härten, wenn man es mit ihrem Saft behandelt. Bei den Germanen war es bei Kriegs- und Friedensschlüssen ein → Talisman. Wenn das E. seine magische Wirkung entfalten soll, muß es am Karfreitag oder am St. Peter- bzw. Paulstag mit einem goldenen Griffel ausgegraben werden. In der Medizin hat es den Rang eines Universalmittels, das besonders gegen Kopfleiden und Epilepsie wirksam sein kann.

Ekliptik, Sonnenbahn; die scheinbare Kreisbahn, die von der Sonne im Lauf des Jahres beschrieben wird. In Wirklichkeit ist die E. aber der Schnittkreis der Erdbahnebene mit der Himmelskugel. Die beiden Schnittpunkte sind der

Frühlings- und der Herbstpunkt der E. Der Teilung des Jahres in zwölf Monate entsprechend ist die E. in zwölf Abschnitte von je 30 Grad Länge geteilt, die nach den zwölf zugeordneten Zeichen des → Tierkreises benannt sind.

Ekstase, griech.: »Heraustreten«; seelischer Erregungszustand, bei dem die Wahrnehmung der realen Außenwelt und die Verbindung zu ihr verlorengehen. In diesem Zustand des »Außersichseins« werden Prophezeiungen gemacht, Visionen erlebt und die unmittelbare Verbindung mit der Gottheit erfahren. Die E., die auch durch halluzinogene → Drogen erzeugt werden kann, wird bei → Medien beobachtet, ist eine bekannte Erscheinung bei den → Schamanen und tritt innerhalb des Christentums (→ Mystik, → Besessenheit) ebenso auf wie in der Mystik des Hinduismus, die mehrere Stufen der E. unterscheidet, von denen die höchste als → Samadhi bezeichnet wird. Der Psychoanalytiker → Grof unterscheidet drei Arten von E.: 1. die ozeanische oder apollinische E. Man empfindet eine tiefe Einheit mit der Natur, Gott und der kosmischen Ordnung. Dazu kommen Gelöstheit, Freude und Ruhe. Die Werke Bachs und die Bilder von Fra Angelico wurden in einem solchen Zustand geschaffen. 2. die vulkanische oder dionysische E. Kennzeichen sind extreme körperliche Spannungen und ein Gemisch von gewaltigen Aggressionen. In der Religion entsprechen dieser Form von E. die Teufelsanbetung, Sexualmagie etc. 3. die erleuchtende oder promethische E. Ihr geht eine Periode von quälender Sehnsucht und vergeblicher Suche voraus. Die plötzliche Lösung wird als göttliche Offenbarung empfunden, die von einem Gefühl der Befreiung und Einsicht begleitet ist. Die genialen Leistungen der Wissenschaft, Kunst und Religion verdanken diesem Zustand ihren Ursprung.

Ektoplasma, griech.: »ein nach außen Geformtes«; Bez. für eine feinstoffliche Substanz, die ein → Medium während → Séancen aus der Atmosphäre oder den → Emanationen der Anwesenden erzeugt. Aus dem E. werden durch → Materialisation menschliche Gebilde geformt, die das Aussehen von Geistern oder von Verstorbenen haben. Diese Gebilde, die sich bewegen und reden, können von den Anwesenden gesehen, berührt und fotografiert werden.

Elektroakupunktur. Die bei der → Akupunktur benutzten Nadeln werden unter Stromspannung gesetzt. In den 30er Jahren entwickelte der dt. Arzt Voll eine neue Form der Akupunktur, die davon ausgeht, daß die traditionellen Akupunkturpunkte der chin. Medizin bei Erkrankungen der Körperorgane eine veränderte Leitfähigkeit haben. Die Folge ist eine Störung des Gleichgewichtes des gesamten elektromagnetischen Feldes. Mit den von Voll konstruierten Geräten kann bei Energiemangel der Punkt »aufgebaut« oder bei Energieüberschuß »abgebaut« werden.

Elektrosmog, Bez. für die elektromagnetische Umweltverschmutzung. Elektrische Ströme und magnetische Felder beeinflussen alle Funktionen im menschlichen Körper. Dieses Heilungspotential macht sich die Energiemedizin zunutze. Eine Massierung oder Veränderung von elektrischen Strömen führt zu Gesundheitsstörungen und wird als Krebsursache angesehen. Besonders Stoffe und Kunststoffe können sich aufladen und die Ladung noch sehr lange speichern. Es gibt verschiedene Methoden, um die unnatürlichen elektromagnetischen Spannungen abzubauen oder abzuleiten, damit es zu keiner Veränderung der Spannung kommt, an die sich der Körper gewöhnt hat.

Elemente. In der Esoterik werden vier E.: Feuer, Luft, Wasser, Erde unterschieden, die von einem fünften, dem → Äther oder der Quintessenz miteinander verbunden werden. Den E. werden in der → Alchemie und → Astrologie folgende Eigenschaften zugeordnet:

Element	*Qualität*	*Farbe*	*Temperament*
Feuer	warm/trocken	rot	cholerisch
Luft	warm/feucht	gelb	sanguinisch
Wasser	feucht/kalt	grün	phlegmatisch
Erde	kalt/trocken	blau	melancholisch

Tierkreiszeichen und Elemente

Feuer:	Widder, Löwe, Schütze
Luft:	Zwilling, Waage, Wassermann
Wasser:	Krebs, Skorpion, Fische
Erde:	Stier, Jungfrau, Steinbock

Die hind. Philosophie kennt fünf bzw. sechs E. (→ Bhuat, → Dhatu).

Elementargeister oder Elementale; im Okkultismus lebende, unbeseelte Wesen, die nach → Paracelsus dem → Chaos entstammen und nach der Gunst der Menschen streben, um eine Seele zu bekommen.

Man teilt sie nach der Zahl der → Elemente in vier Gruppen ein:

1. Feuer: Salamander. Der Name ist wahrscheinlich von griech.: *salambe* »Feuerstelle« abgeleitet. Man stellte den Salamander als einen Drachen dar. Der König der S. heißt Djin.
2. Luft: Sylphen. Abgeleitet von griech.: *silphe* = »Schmetterling«. Sie werden in einer sehr schönen Gestalt und mit Schmetterlingsflügeln abgebildet. Ihr König heißt Paralda.
3. Wasser: Undinen; abgel. von lat.: *unda* = »Welle«. Sie leben im Wasser und werden auch als Nymphen bezeichnet. Ihr König ist Nikisa.
4. Erde: Gnomen, Erdgeister; abgel. von griech.: *gnome* = »Wissen«. Die G. sind »die Wissenden«. Ihr König ist Ghob. Dahinter steht die Vorstellung, daß die Erde magische Kräfte verleiht (→ Erdmutter, → Geomantie, → Baumkultus).

Elementargeister

Elemi, bot. *Canarium luzonicum.* Ein auf den Philippinen, Molukken und Java wachsendes Balsamgewächs, aus dem durch Wasserdampfdestillation ein Harz gewonnen wird. Seine antiseptische und schleimlösende Wirkung wird besonders bei Bronchialleiden genutzt.

Eleusinische Mysterien. In Eleusis, das 22 km von Athen entfernt liegt, fanden im Frühling die kleinen M. und im Herbst die großen M. statt. Dieser Geheimkult, von dem auch heute noch die wichtigsten Details unbekannt sind, fand zu Ehren der → Demeter und ihrer Tochter → Persephone statt. Man glaubte bisher, daß vor den Eingeweihten (griech.: *mysten)* in Form eines Dramas der Mythos von Demeter und Persephone aufgeführt wurde, eine heilige Hochzeit von Himmel und Erde stattfand und die Geburt eines Kindes verkündet wurde, das den Teilnehmern symbolisch als eine Kornähre gezeigt wurde. Durch dieses Kultdrama sollten sich die Teilnehmer wie neugeboren fühlen und auf ein glückliches Leben nach dem Tod hoffen. Da die Archäologie keine Hinweise auf den Theatercharakter dieser M. fand, ist die Annahme → Wassons nicht unwahrscheinlich, daß die Teilnehmer sich durch eine halluzinogene → Droge in einen Rauschzustand versetzten. Aufgrund von Schriftzeugnissen (Homerischer Demeterhymnus) nimmt Wasson an, daß bei den e. M. ein Getränk benutzt wurde, das als psychoaktiven Bestandteil das Mutterkorn enthielt.

Eliade, Mircea (geb. 1907), rumän. Prof. für Religionsgeschichte, der seit 1958 in Chicago lehrt. Von ihm stammen wichtige Beiträge zu Themen der östlichen Weisheitslehren, besonders Yoga und Schamanismus. Werke: *History of Religious Ideas* (3 Bde.), *Yoga–Immortality and freedom*; *Shamanism–Archaic Techniques of Ectasy*, *From Primitives to Zen.*

Elixier von arab.: *al-aichsir* = »Stein der Weisen« u. griech.: *xerion* = »Heilmittel«; eine Sammelbez. für → Essenzen, Emulsionen (Flüssigkeiten, in der feste Stoffe gelöst sind), Wunder- und Zaubergetränke. In der → Alchemie ist das Große E. eine geistige Substanz, die alle Stoffe durchdringt und sie in Gold verwandeln kann. Im engeren Sinne das E. vitae oder Alkahest, das Lebenselixier oder Universalheilmittel, das sämtliche Krankheiten heilt und Alter und Tod vertreibt. Das E. findet auch Anwendung in der modernen → Edelsteinmedizin.

Elf, in der Zahlenmystik das Symbol für Treue, Einsicht und Offenbarung, da Jesus nach dem Verrat durch Judas noch elf Jünger hatte. In der → Kabbala gibt es elf → Sephiroth, einschließlich der Hilfssephira → Daath.

Elongation, lat.: »Vergrößerung«; im → Spiritismus die Vergrößerung des menschlichen Körpers, der während → Séancen bei → Medien beobachtet wurde. Schon der Neuplatoniker Jamblichos (363 n. Chr.) berichtet über dieses Phänomen. In der Neuzeit demonstrierte das Medium Home die E.

Emanation, lat.: »Ausfluß«. In der → Gnosis, im → Neuplatonismus und in der → Kabbala geht das Niedere aus dem Höheren hervor, was bedeutet, daß die sichtbare Welt aus dem Göttlichen entstanden ist. In der Parapsychologie sind E.en Ausströmungen und Ausstrahlungen von dem menschlichen Körper, die von → Medien wahrgenommen werden können. (→ Aura)

Emmerich, Anna Katharina (1774–1824), Nonne in dem Kloster Agnetberg bei Dülmen. Von 1812–24 zeigten sich bei ihr an jedem Freitag die Wundmale Christi, und sie erlebte → Ekstasen, bei denen sie Mitteilung über die Leiden Jesu Christi machte. → Brentano, der fünf Jahre an ihrem Krankenbett verweilte, zeichnete in zwölf Bänden die Visionen der E. auf.

Encounter, engl.: »Kontakt, Treffen«; eine Gruppentherapie, die Will Schutz und Carl Rogers in den 60er Jahren auf der Grundlage der Forschungsergebnisse von → Laing, Maslow, Perls und Reich entwickelten. Ausgangspunkt ist das Sensivity-Training (T-Gruppen Training), das 1947 in den USA entstand. Jeder Teilnehmer bekommt ein erhöhtes Bewußtsein dessen, wie andere ihn sehen, und erlangt die Fähigkeit, sich anderen gegenüber in einer Weise zu verhalten, die mit seinen Zielen übereinstimmt. In der Geborgenheit einer solchen Trainings-Gruppe, zu der auch Körperkontakte wie z. B. das Erforschen der Hände und des Körpers der anderen gehören, können die Teilnehmer leichter ihre unterdrückten Gefühle ausleben und Blockaden abbauen. Hauptsächlich geht es dabei darum, zu lernen, was Spiel und Freude ist. Für die Übungen gibt es keine festgelegte Struktur. Jedes Mitglied ist für die Gruppenaktivität in gleicher Weise verantwortlich. Die beiden Hauptformen der E.-Therapie sind die »Basic Encounter« von Carl Rogers und die »Open Encounter« von Will Schutz und anderer Mitglieder des → Esalen-Institutes.

Endres, Franz Carl (1878–1954), Offizier, Freimaurer und esot. Schriftsteller. Werke: *Geheimnisse des Freimaurers*; *Mystik und Magie der Zahlen.*

Energiesysteme, → Chakren, → Aura, → Prana, Ch'i

Enfleurage, franz.: »Blumenduftgeben«; Gewinnung von Duftstoffen durch Fettresorption. Frisch geerntete Blüten werden auf mit Fett bestrichene Platten gestreut. Nach einigen Tagen werden sie entfernt und durch neue ersetzt. Dieser Vorgang wird nach circa drei Monaten wiederholt, bis die Fettschicht auf der Glasplatte reichlich mit ätherischem Öl getränkt ist. Das Öl wird schließlich durch Alkohol aus dem Fett gelöst.

Engel, Leopold (gestorb. 1931), gründete 1897 in Dresden den Illuminatenorden, der 1899 mit dem Orden von → Reuß (→ O.T.O) vereinigt wurde. 1927 schuf er den Weltbund der Illuminaten. Werk: *Geschichte des Illuminatenordens* (1906).

Engel, griech.: *angelos* = »Boten«; von Gott geschaffene Geistwesen, die als Mittler zwischen Gott und den Menschen tätig sind. Die von Gott abgefallenen E. heißen → Dämonen. Seit dem 5. Jh. n. Chr. (→ Dionysius Areopagitus) werden die E. in neun Klassen eingeteilt:

Rang	*Planet*	*griech. Name*	*dt. Name*
9. Kl.	Mond	Angeloi	Engel
8. Kl.	Merkur	Archangeloi	Erzengel
7. Kl.	Venus	Archai	Kräfte
6. Kl.	Sonne	Excusiai	Mächte
5. Kl.	Mars	Dynameis	Herrschaften
4. Kl.	Jupiter	Kyriotes	Fürstentümer
3. Kl.	Saturn	Thrones	Throne
2. Kl.	Fixsterne	Seraphim	Seraphim
1. Kl.	Tierkreis	Cherubim	Cherubim

Die Engel der 9. Kl. sind die Schutzengel, die sich um den einzelnen Menschen kümmern. (→ Erzengel)

Engelwurz, bot.: *Angelica officinalis*; volkstüml. Bez. sind: Heilige Geistwurzel, Erzengelwurzel und Theriakwurzel. Der Geruch der Wurzel der E. erinnert an Fenchel. In der Volksmedizin schätzt man die E. als Universalmedizin, die eine kräftigende und anregende Wirkung hat. In der Magie wird die E. unter dem Namen *Angelica archangelica* als Abwehrmittel gegen böse Geister benutzt. Da ihr diese Kraft angeblich der Erzengel verliehen hat, erhielt sie den Namen E.

Engo (1063–1135), jap. Namensform des chin. → Zen-Meisters (Yuan-wu). Berühmt ist sein Kommentar und seine »Einleitung« zu dem Werk von Setcho, das aus einer Sammlung von 100 Geschichten früherer Zenmeister und einem eigenen Kommentar besteht. Seine Schüler sammelten das Material und veröffentlichten es als *Hekigan Roku* (»Blaue Klippe Aufzeichnungen«).

Engramm, griech.: »Einprägung«. Ein Gegenstand kann aus seiner Umgebung Eindrücke aufnehmen. Ein E. kann zu einer Wiederholung des Ablaufes führen, oder die Eindrücke können auch von einem → Medium gegenwärtig gemacht werden.

Enlightment intensive, engl.: »Intensive Erleuchtung«; eine von dem Amerikaner Charles Berner entwickelte Gruppentherapie, bei der die Teilnehmer über paradoxe Fragen diskutieren. E. I. basiert auf dem → Zen und dem → Counselling. Zunächst wird versucht, die Fragen zu beantworten. Wenn dies mißlingt, wird darüber mit Hilfe des Verstandes diskutiert. Im dritten oder Phänomenstadium werden diese Fragen mit Hilfe von → Visionen angegangen. Ziel des Endstadiums (Satori) ist es, die eigene Person nicht mehr als Mittelpunkt zu empfinden.

Enneagramm, griech.: »Neunerfigur«. Eine geometrische Figur, die aus den Verbindungslinien von neun im gleichen Abstand auf einer Kreislinie eingezeichneten Punkten entsteht. Sie setzt sich zusammen aus einem Kreis, einem Sechseck und einem Dreieck. Nach → Gurdjieff das Grundsymbol der Sarmaun-Bruderschaft, die in Zentralasien schon seit tausend Jahren lebt. → Bennett und Ichazo (→ Arica) behaupten, daß das E. seinen Ursprung im Islam habe und bei den → Sufis als Geheimsymbol bekannt sei. Das E. war für sie das »Angesicht Gottes«, weil sie glaubten, alle neun Kreispunkte seien Aspekte Gottes. Aber es wurde von den Sufimeistern auch dazu benutzt, Schülern zu helfen, bestimmte Fixierungen (Trägheit, Zorn, Stolz, Lüge, Neid, Habsucht, Furcht, Unmäßigkeit, Wollust) zu erkennen. Bei Gurdjieff ist das E. ein universelles Symbol, in dem alles Wissen zusammengefaßt und gedeutet werden kann. Die neun Kreispunkte entsprechen neun Menschentypen (Reformator, Helfer, Karrierist, Künstler, Denker, Loyalist, Generalist, Führer, Friedensstifter), die man in drei Gruppen zusammenfassen kann: 1. Kopfzentrierter Typ, 2. Herzzentrierter Typ, 3. Bauchzentrierter Typ.

Ennemoser, Joseph (1781–1841), Medizinprof. in Bonn. In seinem Werk *Geschichte der Magie* (1844) zeigt er die geschichtlichen Zusammenhänge zwischen Magnetismus (→ Aura) und → Magie auf. Magnetismus sei die Ursache übernatürlicher und okkulter Erscheinungen.

Enomiya-Lassalle, Hugo M. (1892–1990), Jesuitenpater, Zenmeister und Prof. für Religionsgeschichte in Hiroshima, der seit 1929 in Japan lehrte. E. versuchte den → Zen mit dem Christentum zu verbinden. Hauptwerke: *Zen-Meditation, Zen-Meditation für Christen, Erfahrung eines Christen mit der Zen-Meditation.*

En-Soph oder Ain-Soph; hebr.: »das Unbegrenzte«; in der → Kabbala Bez. für das Absolute, das sowohl Uridee, Urkraft und Urwille ist. Das E.-S. ist das Allerhöchste, was sich überhaupt denken läßt und ist mit Gott identisch. Man kann von ihm nur sagen, was es nicht ist, weil es letztlich für den Menschen unbegreiflich ist. Deshalb spricht man dem E.-S. gelegentlich sogar den Charakter einer ersten Idee oder eines ersten Willens zu und faßt es als das reine, absolute Sein auf. Aus dem E.-S. gehen durch → Emanation die zehn → Sephiroth hervor.

Ephemeriden, Gestirnstandverzeichnisse, welche die Stellung der Planeten tagweise (12 Uhr mittags) enthalten. Aufgrund der Bahnbestimmung ist es möglich, die geozentrischen (Erde als der Mittelpunkt) bzw. heliozentrischen (Sonne als der Mittelpunkt) Orte eines Himmelskörpers in bestimmten zeitlichen Abständen vorauszuberechnen. Das früheste Verzeichnis dieser Art ist das *Calendarium novum,* das der Mathematiker Regiomontanus (1475–1506) herausgab.

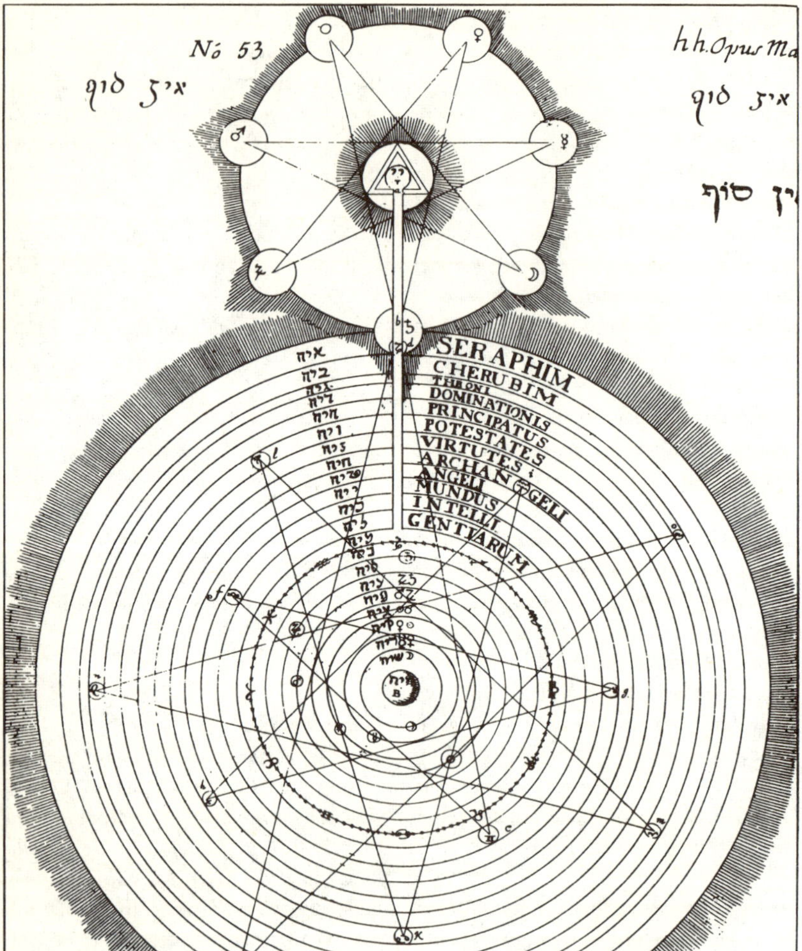

Aus dem En-Soph emaniert die gesamte sichtbare Welt

Ephesische Buchstaben,
unverständliche Zauberworte, die im Altertum auf dem Bild der Artemis von Epheseus gestanden haben sollen und als Amulett und zur Befreiung der von Dämonen → Besessenen verwendet wurden.

Erdmutter, lat.: *terra mater.* Sowohl im Mittelmeerraum als auch bei den Germanen gibt es Spuren einer Erdverehrung, die wahrscheinlich auf die Zeit der Indogermanen zurückgeht. Dieser Erdkult ist eng verbunden mit einer Erdmagie bzw. -mantik. Die Erde ist die Spenderin aller Fruchtbarkeit und allen Wachstums. Die Wiederentstehung der Natur in jedem Frühjahr war die Offenbarung der unerschöpflichen Kraft der Erde. Erdkult, Vegetationskult und Frühlingsfeier wuchsen zu einer kultischen Einheit zusammen, die unter dem Zeichen der Erdmutter stand. Kenner und Hüter dieses magischen Zaubers der Erde waren Priesterinnen, die als → Inkarnation dieser Gottheit angesehen wurden. (→ Baumkult)

Erdstrahlen, überwiegend als schädlich angesehene Strahlen aus der Erdkruste bzw. von Orten (Kraftorten), die auch als geopathogene Reizzone bezeichnet werden. Die Ursache sieht man in unterirdisch kreuzenden Wasseradern und Erzlagern. Mit Hilfe von → Pendeln und → Wünschelruten können sie nachgewiesen werden. E., die in der Vergangenheit oft angezweifelt wurden, gelten heute nur als eine der vielfältigen und komplexen Wechselbeziehungen zwischen dem Planeten Erde und dem menschlichen Organismus.

Eremit, der, die 9. Karte der großen Arkana des Tarot. Auf der Karte sieht man das Bild eines Greises mit einer Laterne in der erhobenen Rechten und einem Stock in der Linken. In den ältesten Darstellungen ist ein Greis abgebildet, der statt einer Laterne eine Sanduhr hält. Er ist das Symbol des Alterns und Sterbens. Man vermutet, daß er sich auf das Bild des greisen Gottes Saturn (= Kronos) bezieht. In der ursprünglichen Reihenfolge kommt dem E. die 10 zu. Im übrigen war nach Auffassung der spätantiken Astrologie der Saturn ein kalter Planet, weil er die höchsten Regionen des Himmels berührte. In der Alchemie wird das »Blei« des Saturn als kalt bezeichnet. Von den Sephiroth schreibt man ihm Jesod (Fundament) und den Pfad zwischen Tiphereth (Schönheit) und Chesed (Milde, Gnade) zu. (→ Tarot)

Erickson, Milton, amerik. Psychotherapeut, Hypnotiseur und Gründungspräsident (»Mister Hypnosis«) der »American Society for Clinical Hypnosis«. Durch E.s Forschungen *(Hypnose – Induktion – psychotherapeutische Anwendung,* Werk in dt. Übers.) trat der Unterschied zwischen klinischer Hypnose und der Alltagstrance (→ Trance) deutlicher hervor.

Erle, bot.: *Alnus glutinosa.* Die bitter schmeckende Rinde wird wegen ihrer zusammenziehenden Wirkung bei Hautkrankheiten benutzt. Im Zauberglauben gilt ein in Wein hergestellter Aufguß aus der Innenrinde der E. als Mittel, um die Wirkung von Zaubertränken aufzuheben. Der Honigtau, der sich manchmal auf den Blättern findet, dient in der Zauberei dazu, Unfruchtbarkeit herbeizuführen.

Erlösung, Grundbegr. aller wichtigen Weltreligionen (Christentum, Hinduismus, Buddhismus). E. bedeutet im Christentum, daß die Menschen durch den Kreuzestod Jesu Christi (→ Bibel) von der Erbsünde befreit wurden und den ursprünglichen Zustand der Gnade wieder erreichten, der es ihnen ermöglicht, wieder in Gemeinschaft mit Gott zu leben. Der → Brahmanismus sieht die E. in der Vereinigung mit dem Absoluten. Im → Hinduismus ist ein Mensch erlöst, wenn er vom → Karma befreit aus dem Kreislauf der Wiedergeburt ausgeschieden ist (→ Samsara). Im → Buddhismus ist E. das Eingehen in das → Nirvana.

Eros, griech. Gott der Liebe; bei → Freud Bez. für den Lebenstrieb, der dem Todestrieb gegenübersteht. Der E. stellt die fundamentalen Lebensbeziehungen her und erhält sie, während der Todestrieb diese Verbindungen zerstört. → Jung widerlegte dieses Gegensatzpaar, indem er zeigte, daß der logische Gegensatz zu E. der Haß ist oder die Furcht.

Erzengel. Ihre Aufgabe ist es, sich um Gruppen von Menschen, Völkern und Nationen zu kümmern. → Steiner bezeichnet sie als Feuergeister. Die wichtigsten E. sind:

Name	*Jahreszeit*	*Element*	*Planet*
Raphael	Frühling	Luft	Merkur
Uriel	Sommer	Erde	Erde
Michael	Herbst	Feuer	Sonne
Gabriel	Winter	Wasser	Mond

In der kabbal. Tradition werden den → Sephiroth E. zugeordnet.

Sephira	*Erzengel*	*Widersacher*	*Sphäre*
Kether	Metatron	Thaumiel	Der Erste Beweger
Chokmah	Raziel	Chaigidiel	Tierkreis
Binah	Zaphkiel	Sathariel	Saturn
Chesed	Zadkiel	Gamchicoth	Jupiter
Geburah	Camael	Golleb	Mars
Tiphereth	Michael	Togarni	Sonne
Nezach	Hamiel	Harab Serap	Venus
Hod	Raphael	Samael	Merkur
Yesod	Gabriel	Gamaliel	Mond
Malkuth	Metatron	Lilith	Mensch und Elemente

Es, Begr. der → Psychoanalyse für das, was unbewußt im Menschen wirksam ist, besonders die Sphäre der Triebe.

Esalen-Institut, begründet 1962 von Michael Murphy und Richard Price in Big Sur (Kalifornien). Esalen ist der Name eines Indianerstammes, der an diesem Ort heiße Quellen entdeckte und ihnen magische Kräfte zuschrieb. Das Instiut ist eng verbunden mit dem → Human Potential Movement. An diesem Institut, das heute zu den Zentren der → New-Age-Bewegung gehört, arbeiteten: → Bateson, → Grof, → Huxley und → Watts.

Esalen-Massage, eine sanfte Körpertherapie, die am → Esalen-Institut entwickelt wurde. Sie enthält die wichtigsten modernen Therapien wie → Alexander, → Feldenkrais, → Polarity, → Reiki, → Rolfing und → Shiatsu, die gemäß dem augenblicklichen Zustand des Patienten angewandt werden. Der Übergang zu den einzelnen Techniken muß kontinuierlich erfolgen.

Esbat, von franz. *s'ebattre* = »sich amüsieren«; Name für die monatlichen Zusammenkünfte der lokalen Hexenvereinigungen (→ Coven). Da das Mondjahr gelegentlich 13 Monate hat, gibt es 13 E.s im Jahr. Nach → Murray ist E. schon seit 1567 bekannt. Die E.s sind weniger feierlich als die → Sabbate. Auf ihnen werden die neugeborenen Kinder der Hexen getauft.

Eschatologie, griech.: »Lehre von den letzten Dingen«; die Lehre vom Schicksal des Menschen bzw. der Seele nach seinem Tod spielt schon im Ahnenkult und bei den Bestattungsgebräuchen in den Naturreligionen eine wichtige Rolle. In der ägypt. Religion, im → Lamaismus und → Islam wird die E. in den → Totenbüchern beschrieben. Die christliche E. behandelt den Zustand nach dem Tod (→ Fegefeuer), Tausendjähriges Reich, die Auferstehung und das Jüngste Gericht, die → Hölle und das → Paradies. (→ Apokalypse)

Esoterik, griech.: »nach innen gerichtet«; Bez. für eine Lehre oder Geheimlehre, die für Außenstehende nicht bestimmt war und nur einem ausgewählten Kreis von Menschen zugänglich sein sollte. Solche Gemeinschaften zeichnen sich durch mehrere übereinstimmende Merkmale aus. 1. Tradition: Die Lehren und die in der Gemeinschaft praktizierten → Rituale, die gleichsam in einer Kette von Meister zu Meister über Jahrhunderte hinweg überliefert wurden, haben eine mystische Person als Urheber. 2. → Arkandisziplin oder Pflicht zur Geheimhaltung: Das Schweigen über alles Gehörte und Gesehene war ursprünglich ein Wesensmerkmal der E. 3. Initiation oder Einweihung: Der Aufnahme in eine esot. Gruppe geht eine Zeit der Prüfung bzw. Selbstprüfung voraus, in welcher der Neuling unter Leitung eines Meisters oder → Gurus und abgeschirmt von seiner bisherigen Umgebung das Wissen der Gemeinschaft und ihr → Mysterium gefühlsmäßig und persönlich erleben soll. In dieser Probezeit muß sich der Neuling (Neophyt) u. U. gewissen Praktiken wie Fasten, Schlafentzug, → Trance unterziehen oder sogar Drogen einnehmen, um Visionen zu erleben. Die Initiation kann auch als ein Läuterungsprozeß verstanden werden, nach deren Abschluß der Neuling sich als ein »Neugeborener«, »Erwachter« oder »Sehender«

fühlt. 4. Instruktion oder Belehrung: Der Initiierte wird nun von seinem Meister mit den letzten Geheimnissen der Lehre vertraut gemacht. 5. Ritus oder symbolhaftes Handeln: Die Praktiken einer esot. Gemeinschaft verbergen hinter ihrer äußeren Form einen inneren Sinn, der nur den Eingeweihten verständlich ist.

Die Hauptquellen der traditionellen E. sind die Weisheitslehren des Ostens (→ Hinduismus, → Buddhismus etc.) und des Westens, die bis zu den Griechen zurückreichen (→ Gnosis, → Kabbala, → Mystik). Aber auch Stämme in Ozeanien (→ Kahuna), Afrika und die Ureinwohner Süd- und Nordamerikas (→ Indianer) haben ein uraltes geheimes Wissen, das von der modernen E. entdeckt wird. Die moderne E., die wenig Wert auf die Geheimhaltung legt, so daß man sie eher als → Exoterik bezeichnen sollte, verbindet die östlichen und westlichen Weisheitslehren mit den Erkenntnissen der modernen Psychologie, besonders den Lehren von → Jung. Das erklärte Ziel ist die Selbsterkenntnis bzw. -findung und Selbstverwirklichung, indem den Menschen ihre verborgenen Seelenteile (→ Schatten) bewußt gemacht werden. Eine solche Bewußtseinsveränderung, die möglichst eine große Zahl von Menschen erfaßt, soll eine neue → Spiritualität und Weltsicht bewirken. (→ New Age).

Esp, Abk. für *extra-sensory perception,* »außersinnliche Wahrnehmung« (→ ASW).

Essener, syr.: »die Reinen« (→ Bibel, → Christus); eine jüd. Sekte, die im 2. Jh. v. Chr. entstand und nach 70 n. Chr. unterging. Durch die circa 800 Textfunde von → Qumran (1947) wurden Einzelheiten über ihre Lehre bekannt. Der franz. Orientalist → Szekely, der wichtige Beiträge zur Essener-Forschung lieferte, veröffentlichte 1936 in engl. Übers. eine Schrift *(The Gospel of Essenes),* welche genaue Angaben über die Lebensweise der E. enthält. Sie verwarfen den Geldbesitz, lebten ehelos in einer Gütergemeinschaft und befolgten genaue Reinheits- und Speisevorschriften. Das schlimmste Vergehen war die Lüge. Im Mittelpunkt ihrer religiösen Vorstellung steht ein → Dualismus von Licht und Finsternis, der seinen Ursprung vielleicht in der pers. Religion hat, sowie die Hoffnung auf einen Messias. Die unsterbliche Seele geht nach dem Tod eines Menschen in eine Art Paradies ein. Man vermutet, daß sie sich später dem Christentum zuwandten und als Ebioniten (hebr.: »Arme«) oder Zazaräer eine Glaubensspaltung heraufbeschworen. Diese Sekte hielt am mosaischen Glauben fest und betrachte Jesus nur als einen Reformator des Judentums.

Essenzen, lat.: »Wesen«; wäßrig-alkoholische Lösungen aus Pflanzen, die als wichtigen Bestandteil einen geringen Prozentsatz an ätherischen Ölen enthalten. Daneben gibt es noch die aromatischen E., die entweder aus einem einzelnen ätherischen Öl oder einem

Gemisch verschiedener ätherischer Öle bestehen. Unter E. wird oft auch der »Geist« aus einer Pflanze (z. B. Melissengeist, Wacholdergeist etc.) verstanden, da bei der → Destillation der »Pflanzengeist« seinen Körper ebenso verläßt wie beim Tod eines Menschen die Seele den Körper des Menschen. Der → Äther war seit der Antike das 5. → Element (Quintessenz), das man später als das wichtigste Element ansah. Deshalb werden Duftstoffe als das Wesentlichste einer Pflanze angesehen, das in den Äther geht, und folglich auch E. genannt (→ Aromatherapie).

EST, Abk. für Erhard-Seminar-Training; eine Gruppentherapie, die von Jack Rosenberg (geb. 1935) entwickelt wurde. E. basiert auf der Vorstellung, daß jeder sein bisheriges Leben ändern kann, wenn nur sein altes Selbstbild und seine alte Persönlichkeitsprogrammierung aufgehoben werden. Die Methoden des E. sind dem → Zen-Buddhismus, → Encounter, Scientology (→Dianetik), → Carnegie und → Subud entnommen.

Estragon-Öl, bot.: *Artemisia dracunculus*; ein in Europa und Indien beheimateter Korbblütler. Das Öl wird aus dem Kraut und den Blättern durch Wasserdampfdestillation gewonnen. E. hat eine antiseptische, durchblutungsfördernde, appetitanregende und krampflösende Wirkung. Mediz. Anwendung: bei Magenbeschwerden, Rheuma und Nervenleiden.

Etteilla (Ende des 18. Jh.), Anagramm für Alliette; franz. Perückenmacher, der sich selbst als »Algebraprof.« bezeichnete. Über sein Leben sind nur wenige sichere Daten bekannt. Nach eigenen Angaben will er 1753 das Geheimnis der Karten entdeckt haben. E., der sich in seinen Werken als der große Reformator der Kartenlegerei bezeichnete, gab 1783 sein erstes Buch heraus, das sich mit Wahrsagerei unter Verwendung des → Tarot beschäftigte (→ Buch Thot). E., der sich in einem Pariser Hotel für hohe Summen als Wahrsager betätigte, entwickelte ein eigenes Tarotspiel, das »Grand Etteilla Tarot«. Bei der Gestaltung der Karten sind zahlreiche alchemist. Spekulationen des 18. Jh. eingeflossen.

Eukalyptus-Öl, bot.: *Eukalyptus globulus*; ein in Europa, USA, Afrika und Australien beheimatetes Myrtengewächs. Es wird durch Wasserdampfdestillation aus den Blättern und Zweigen gewonnen. E. gehört zu den → Phytohormonen, da es eine östrogenhaltige Substanz enthält. Mediz. Anwendung: bei Diabetes, Infektionen der Atem- und Harnwege, Blasen- und Niereninfektionen und Schwächezuständen.

Eurythmie, griech.: »Schöne Bewegung«; eine von Steiner (→ Anthroposophie) entwickelte körperliche Bewegungskunst, die aus Tanz und Musik besteht, aber als eine selbständige neue Therapieform angesehen wird. Je nachdem, ob Sprachliches oder Musikalisches eurythmisiert werden soll, spricht man von einer Laut-Eu. oder einer Ton-Eu. Neben der reinen Eu. gibt es noch die pädagogische Eu., die in den Waldorfschulen praktiziert wird. Für therapeutische Zwecke kommt die dritte Art der E., die Heil-Eu., zur Anwendung. Deren Übungen sind der normalen E. entnommen, aber so abgeändert, daß sie erkrankte Organe heilen können.

Eva C. (1890–1943), Marthe Beraud; franz. → Medium, das wegen seiner → Materialisationen berühmt war. Die von ihr materialisierten Organismen sollen sogar eine richtige Atmung besessen haben. Mit ihr arbeitete auch → Schrenck-Notzing.

Evans-Wentz, Walter Yeeling (1878–1965), amerik. Gelehrter, Experte für Feenmärchen, tib. und ind. Mystik und Religion. In Anlehnung an die parapsychologischen Forschungen von → Crookes und → Lodge kam E. zu dem Ergebnis, daß → Feen und ähnliche übernatürliche Wesen in einem veränderten Bewußtseinszustand wahrgenommen werden. Von 1917 bis 1922 reiste er durch Indien und Tibet, wo er in einem buddh. Kloster bei dem Lama Kazi Dawa Sandup lebte. In den 30er Jahren hatte er Kontakt mit Paramahansa → Yogananda und Sri Ramana → Maharshi. Er verfaßte grundlegende Werke über die tib. Mystik: *Das tibetische Totenbuch, Milarepa – Tibets großer Yogi, Cuchama – Heilige Berge der Welt.*

Evokation, lat.: »Herausrufen«; im → Okkultismus eine Form der → Beschwörung, die bei den niederen Dämonen Anwendung findet. Die Geister werden in ein magisches Dreieck gerufen. Ursprüngl. bedeutet E. das Herausrufen der Schutzgötter aus einer Stadt, damit die Bewohner nicht mehr auf übernatürliche Hilfe zählen können. In der mittelalterl. Magie wurde hierfür das Zauberbuch → Picatrix benutzt. Im Gegensatz dazu wird die → Invokation bei Göttern und höheren Dämonen benutzt.

Evola, Julius (1898–1974), ital. Baron und esot. Schriftsteller, der schon früh mit der Esoterik östlicher und

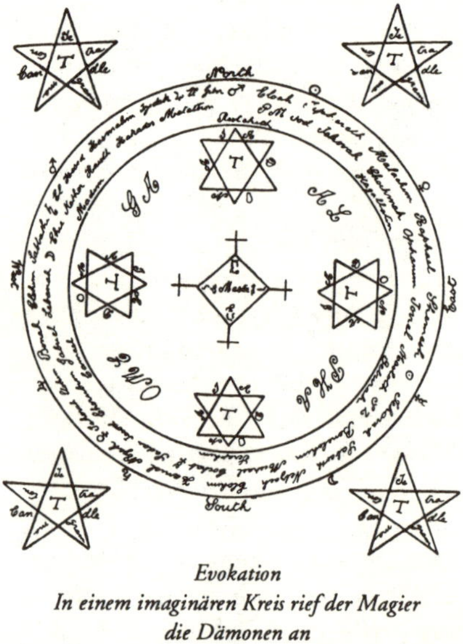

Evokation
In einem imaginären Kreis rief der Magier die Dämonen an

westlicher Prägung in Berührung kam. Bekannt wurde er durch die Führung der magischen »Gruppe von Ur«, deren umfangreiche Schriften er unter dem Titel *Magie als Wissenschaft vom Ich* herausgab. Weitere wichtige Werke behandeln den → Gral *(Das Mysterium vom Gral)*, Tantrismus, Buddhismus und Taoismus *(Die hermetische Tradition)* und die zeitgenössische Esoterik *(Revolte gegen die moderne Welt)*.

Ewers, Hans Heinz (1871–1943), dt. Schriftsteller, der auch okkulte Themen behandelte (esot. → Belletristik) Werke: *Alraune, Die Besessenen, Das Grauen, Vampir, Absonderliche Geschichten*.

Exobiologie, ein Zweig der → Prä-Astronautik, der sich mit der Frage von Lebensformen auf anderen Planeten befaßt. Schon in der Mythologie, bei antiken und mittelalterlichen Philosophen wird die Ansicht vertreten, daß die anderen Planeten und Sterne ähnlich wie die Erde bewohnt seien. → Paracelsus hielt es für töricht, die Erde als einzigen bewohnten Planeten anzusehen. → Swedenborg sah in seinen Visionen unzählige belebte Welten. (→ Benz)

Exopsychologie, untersucht als Zweig der → Prä-Astronautik die Frage, ob aufgrund der Beschreibungen der Götter in den alten Mythologien Rückschlüsse auf die Charaktereigenschaften außerirdischer Wesen möglich sind. In den Mythologien werden die Götter einerseits als sehr menschliche Wesen dargestellt, was den Schluß zuläßt, daß die menschliche Rasse mit der außerirdischen verwandt ist, andererseits finden sich bei den alten Göttergestalten auch Züge, die uns sehr fremd und unverständlich erscheinen.

Exorzismus, lat.: »Geisteraustreibung«; die Vertreibung von feinstofflichen Geistwesen oder → Dämonen, die von einem Ort oder einem menschlichen Körper Besitz ergriffen haben, mit Hilfe von Gebeten, Anrufung Gottes oder → Riten. Im NT (→ Bibel) werden zahlreiche E. durch Jesus (→ Besessenheit) beschrieben. Nach dem Vorbild Jesu übt die kath. Kirche den E. bei der Taufe, Wasserweihe und bei fast allen Segnungen über Menschen, Tiere und Dinge aus. Der »Große E.« darf von nur einem Priester mit Genehmigung des Bischofs durchgeführt werden, wenn nachgewiesen ist, daß Dämonen von einem Menschen Besitz ergriffen haben.
In der tib. → Medizin ist der E. ein wichtiges Verfahren, um Geisteskrankheiten zu heilen. Zwar kann man sich vor den bösen Geistern durch → Amulette und → Mantras schützen, wenn sie sich aber einmal in den Körper eingenistet haben, hilft nur noch ein E. Man unterscheidet im wesentlichen fünf Methoden: 1. Glud. Durch Opfergaben wird der Kranke freigekauft. 2. Mdos. Die Dämonen werden durch Gebilde aus bunten Fäden, die vor dem Haus des Kranken aufgestellt werden, aus dem Körper gelockt. 3. Mnan. Der Dä-

mon wird in einen Gegenstand gelockt und dann mit ihm zusammen verbrannt. 4. Bsreg. Der Dämon wird herbeigerufen und verbrannt. 5. Phan. Der Geist wird durch ein Gebilde aus Gras angelockt und verbrannt.

Exoterik, griech.: »nach außen gerichtet«; Gegenbegr. zu → Esoterik. Alle Lehren und Erkenntnisse, die nicht auf einen inneren Kreis von Mitgliedern einer esot. oder religiösen Gemeinschaft beschränkt sind.

Expression, lat.: »Auspressen«; ein Verfahren zur Gewinnung von ätherischen Ölen aus den Schalen der Zitrusfrüchte (→ Bergamotten, Mandarinen, Orangen und Zitronen). Das Öl wird mit Schwämmen aufgesogen und dann weiterverarbeitet.

Externsteine, Felsen und Steine (Säulen) im Teutoburger Wald, die man als Kultstätten aus vorchristlicher Zeit ansieht. Strittig ist, ob es sich um kelt. oder germ. Heiligtümer handelt. In Erwägung gezogen wird auch, daß die E. von den Germanen zur Gestirnbeobachtung benutzt wurden. Die ersten Beschreibungen der E. stammen von dem mit Goethe bekannten Wilhelm Drove, der diese Steine als heidnische Kultstätten betrachtete. Diese Interpretation wurde von Goethe geteilt.

Exteriorisation, lat.: »Hinausversetzung«; andere Bez.: → Astralreise oder außerkörperliche Erfahrung. Das Wahrnehmungsvermögen und das Empfindungsvermögen wird bei → Séancen aus dem Körper hinausverlegt. Dabei kann es zu Ausscheidungen von → Ektoplasma kommen. Dem → Medium kann trotzdem die Fähigkeit erhalten bleiben, seine Lage zu beschreiben.

Extraktion, ein gegen Ende des 19. Jh. erfundenes Verfahren zur Gewinnung von ätherischen Ölen. Das pflanzliche und tierische Material wird mit flüchtigen Lösungsmitteln zusammengebracht und dann destilliert (→ Destillation). Bei dem sehr verkürzten Destillationsprozeß verändert sich nicht die Struktur der ätherischen Öle. Es bleibt eine wachsartige Masse zurück, die dann einem weiteren Reinigungsverfahren unterworfen wird. Am Schluß erhält man reines Öl (L'essence absolue).

Exorzismus

F

Fabeltiere, Tiere, besonders aber Mischwesen (halb Mensch, halb Tier), die nur in der Mythologie, in Märchen oder in der menschlichen Phantasie existieren. Man unterscheidet fünf Gruppen: 1. Mischwesen mit Menschen- oder Tierleib in betonter menschlicher Haltung, wie z. B. Teufel, Engel, Satyr und Minotaurus (Tiermensch). 2. Mischwesen mit Tierleib oder in betonter Tierhaltung, z. B. Sphinx, Kentaur, Sirene (Menschentier). 3. Mischwesen mit Tierleib und Tierkopf verschiedener Arten oder weiteren hinzugefügten Tiermerkmalen, z. B. Drachen, Greif, Pegasus (Mischtier). Es fehlen die menschlichen Formbestandteile. 4. Mischwesen oder Mischkombinationen mit bewußter Vervielfachung oder Vergrößerung der Körpermerkmale, z. B. Einhorn, Kyklopen. 5. Vermenschlichte Gegenstände oder Naturgegebenheiten, z. B. Wasser-, Berg- und Baummensch. Diese Mischwesen sind eine Schöpfung der alten Hochkulturen. Die ältesten bekannten Darstellungen stammen aus Ägypten und Mesopotamien (3. Jh. v. Chr.). In Asien sind Indien und China Zentren der Mischwesen-Gestaltung. In den altamerik. Kulturen finden sich Ansätze für solche Gestaltungen, aber man kann schwer unterscheiden, ob es sich um Mischwesen oder um maskierte oder mit Tierhaut verkleidete Menschen handelt. Die Kultur der Weltreligionen hat viel zur Verbreitung der Mischwesen beigetragen. Wichtig war auch die islamische Vermittlung von Mischwesentypen in Kunst und Literatur, besonders in den *Märchen aus Tausendundeiner Nacht.* Eine Hochblüte erlebte die Mischwesen-Darstellung in der romanischen und gotischen Kunst Europas. Wegen ihres Symbolgehaltes waren Mischwesen besonders auf Wappen ein beliebtes Motiv.

Fabre, d'Olivet (1767–1825), franz. Musiker, Okkultist und Sektengründer. Um 1790 wurde er in Deutschland in einer freimaurerähnlichen Loge eingeweiht, was seinen weiteren Lebensweg bestimmte. F. versuchte, das musikalische System der Griechen neu zu beleben und das Hebräische aus den ägypt. Hieroglyphen abzuleiten. Seine musikalischen Studien brachten ihn in ein enges Verhältnis zu dem griech. Philosophen → Pythagoras, auf dessen Gedankenwelt auch seine Sekte basierte. Sein Anliegen war es, das Christentum und die ägypt. Geisteswelt zu versöhnen.

Faculty X, ein Ausdruck, der von dem Engländer Colin → Wilson in seinem Buch *The Occult* (1971, dt. Übers.: *Das Okkulte)* geprägt wurde. Damit bezeichnet Wilson die paranormale Fähigkeit des Menschen, eine Realität jenseits der sinnlichen Erfahrung wahrzunehmen. Dieser Ausdruck ist identisch mit → ASW.

Fa-hsien , chin. buddh. Mönch, der um 400 n. Chr. über Turkestan nach Indien segelte. In seinem Buch *Fo Kuo Ki* berichtet er über die heiligen buddh. Stätten Indiens.

Fakir, arab.: »arm«; im Islam Bez. für die Asketen und → Derwische. F.e werden auch die ind. → Yogis und die Sannyasins (Asketen) genannt, welche die physiologischen Funktionen ihres Körpers so kontrollieren können, daß sie ihren Puls bis fast zum Stillstand verlangsamen können und die → Feuerimmunität erreichen. F.e besitzen auch die Fähigkeit, ihren Körper in einen künstlichen Winterschlaf zu versetzen.

Familiar, Abk. für lat.: *Spiritus familiaris* = »Hausgeist«; Bez. für einen → Dämon, der als persönlicher Diener einem Magier zur Verfügung steht. Der Zauberglaube weist diesen Hausgeistern als Aufenhaltsort den Ring oder andere persönliche Gegenstände eines Magiers zu. Meistens nehmen sie die Gestalt eines Tieres (Vogels) an. Ein bekannter F. ist der schwarze Hund des → Agrippa v. Nettesheim.

Fana, arab.: »Verschwinden«; bezeichnet in der islam. Mystik das Aufgehen in Gott. Ursprüngl. nur das Sehen von Gott, wenn alle menschlichen Eigenschaften und das Bewußtsein ausgelöscht sind. Vom buddh. → Nirvana unterscheidet es sich dadurch, daß das Selbst nicht aufhört, sondern weiterbesteht. F. wird oft in der gleichen Bedeutung wie *Safa* (Reinheit) gebraucht.

Fankenhauser, Alfred (1890–1973), Journalist, Astrologe und freier Schriftsteller. Nach F. ist → Astrologie auch Psychologie. Über die Astrologie könne der heutige Mensch auch einen Zugang zur → Magie finden, die es ihm ermöglicht, die Kräfte in und um ihn zu handhaben. Besonders ausführlich erörtert F. die Rolle des Planeten Merkur, seine Wechselwirkung mit anderen Planeten und seine Bedeutung für unsere Zeit.

Fakir

Werke: *Magie – Versuch einer astrologischen Lebensdeutung, Das wahre Gesicht der Astrologie.*

Fantasyreise, eine Therapiemethode, die aus der → Dehypno-Therapie entwickelt wurde. Durch Lenkung der Phantasie (→ Visualisation) sollen die im Unterbewußtsein des Menschen liegenden Kräfte und Fähigkeiten erschlossen und aktiviert werden.

Farbenklangtherapie → Farbtherapie

Farbpunktur. Bei dieser von Peter → Mandel entwickelten Form der → Akupunktur werden die klass. Akupunkturpunkte mit Farblicht bestrahlt. Wenn man z. B. Durchfall behandeln will, so wird bei der klass. Akupunktur eine goldene Nadel in den Akupunkturpunkt des Dickdarms gestoßen. Das Übergewicht an → Yin-Qualität kann durch das Gold, das dem → Yang-Prinzip zugeordnet ist, harmonisiert werden. Dieselbe Wirkung kann man erreichen, wenn man diese Stelle mit gelber Farbe bestrahlt. Mandel nahm an, daß an dieser Stelle durch das Übergewicht an Yin-Energie die violette (Yin) Farbe vorherrscht. Eine Harmonisierung wird durch die entsprechende Komplimentärfarbe Gelb (Yang) erreicht.

Farbensymbolik. Schon in der Jungsteinzeit (50 000 bis 10 000 v. Chr.) haben die Völker in Mitteleuropa die rote Farbe als eine Art Kraftquelle betrachtet, wie archäologischen Funden zu entnehmen ist. Es gab zu dieser Zeit große Ockerbergwerke am Plattensee (Ungarn). In Gräbern wurden bis zu 10 kg roter Ocker gefunden. Bei den alten Kulturvölkern hatten die Farben eine unterschiedliche Symbolik:

Farbe	*Bedeutung bei*		
	den Ägyptern	*den Juden*	*den Chinesen*
weiß	Pracht, Herrlichkeit	Reinheit	Gerechtigkeit
gelb	Neid, böser Blick	Tod	Tugend
indigo	Schutz, Sicherheit	Himmel, Pracht	
grün	Hoffnung, Lust	Leben	Güte
rot	Zorn, Rache, Versöhnung	Sünde	Anstand
schwarz	Tod	Trauer	Weisheit

	Trauerfarben
schwarz	Ägypter, Araber, Römer, Griechen,
weiß	Germanen, Chinesen, Siamesen, Parsen,
blau	Türken, Japaner,
gelb	Kelten

Eine ausgebildete, aber auch widersprüchliche F.-Symbolik findet sich in den »geheimen Wissenschaften« (→ Alchemie, → Astrologie) und den esot. Gruppen (→ Anthroposophie, Freimaurer)

Alchemie (Farbe der Metalle)

Eisen	rot
Kupfer	grün/orange, blau, weiß
Quecksilber	weiß/gelb, grün/blau
Silber	blau/grün
Gold	gelb/weiß
Blei	schwarz
Zinn	grau/purpur/weiß

Astrologie (Farbenpalette der Planeten)

Sonne	orange, golden, grün und purpur.
Mond	weiß, silbergrau, grün, alle blassen Farben.
Merkur	hellgrau, hellgelb, weißgrau, alle schmutzigen Farben.
Venus	hellblau, rosa, gelb, weiß, blau, grün, braun und alle leuchtenden Farben.
Mars	rot, weißlich, grün, gelb, indigo.
Jupiter	purpurrot, safrangelb, dunkelblau.
Saturn	schwarz, braun, dunkelgrün, dunkelgelb, grau und alle dunklen Farben.
Uranus	Violett bis Indigo. Aber auch weiß.
Neptun	silbergrau, grau, dunkelgelb.
Pluto	braun.
Chiro	silbergrau

Farbenpalette der Tierkreiszeichen

Widder	rot, gold, grün
Stier	grün, gelb, silber, schwarz, blau
Zwilling	orange, blau, dunkelgrün, hellgelb
Krebs	gelborange, silber, grün, gelb, weiß, violett, hellgrün.
Löwe	gelb, gold, schwarz, blau, orange, rotgelb.

Jungfrau	gelb, grün, gold, weiß, purpur.
Waage	grün, silber, schwarz, blau, orange.
Skorpion	blaugrün, rot, orange, gold
Schütze	blau, gelb, silber, schwarz, braunrot, hellrot, purpur.
Steinbock	blauviolett, blau, rot, gold, schwarz, grau, meergrün.
Wassermann	violett, schwarz, grün, silber, lila, indigo, grau.
Fische	rotviolett, blau, schwarz, rot, braun, grau.

Farben in der Freimaurerei

grün	die eigentliche Hauptfarbe der F. Grün ist das Farbsymbol der Hoffnung auf die Wiedererrichtung des Salomonischen Tempels. Deshalb wird die F. in Italien als die »grüne Schlange« bezeichnet.
rot	Farbe der Hochgrade
blau	Symbol der allesumspannenden Idee der F.
schwarz	Symbol der → Initiation
weiß	vorbehalten für die höchsten Grade der F. (31.–33. Grad)
silber	oft für weiß benutzt. Farbe des 25. Grades.
gold	wird mit Weiß verbunden im System von Memphis und Misraim (→ Cagliostro)
purpur	Farbe der höchsten Logenbeamten.

Anthroposophie

Steiner, der auf die Farbenlehre von Goethe zurückgreift, unterscheidet zwischen Bildfarben (schwarz, grün, pfirsichblüte, weiß) und Glanzfarben (gelb, blau, rot). Die einzelnen Reiche werden durch Bildfarben repräsentiert, die aber immer nur Schatten sind:

1. Naturreich, Mineralreich (Tod):	schwarz; Pflanzenreich (Leben): grün
2. Menschenreich (Seele):	pfirsichblütig
3. Geistige Welt:	weiß

Die *Glanzfarben* zeigen das Wesen nach außen an:

gelb	Glanz des Geistigen (geistige Welt)
blau	Glanz der Seele (Menschenreich)
rot	Glanz des Lebens (Pflanzenreich)

Farben in den östlichen Weisheitslehren

Farben der *Tattwas*

Name	Element	Farbe	Symbol im Golden-Dawn-Orden
Akasha	Äther	schwarz	tiefviolette Eiform
Vayu	Luft	blau	blauer Kreis
Tejas	Feuer	rot	rotes Dreieck
Prithvi	Erde	gelb	gelbes Quadrat
Apas	Wasser	weiß	silberne Mondsichel

Farben der *Chakren*

Basis-Ch.	gelb oder rot
Sexual-Ch.	weiß oder orange
Nabel-Ch.	rot oder gelb
Herz-Ch.	graublau oder grün
Kehlkopf-Ch.	weiß oder blau
Drittes Auge	weiß oder indigo
Scheitel-Ch.	violett

Farben in der Psychologie

Grundlage ist die Lehre von den vier Säften (Blut, Schleim, gelbe und schwarze Galle), die der griech. Arzt Hippokrates (400 v. Chr.) entwickelte. Durch Einfluß der Lebensweise, des Klimas oder des Alters kommt es zu einem Überwiegen eines der vier Säfte, so daß jeder Mensch eine eigene Individualität besitzt, die ihn einem der vier Menschentypen zuweist:

Choleriker (Galle)	rot
Sanguiniker (Blut)	gelb
Phlegmatiker (Phlegma = »Schleim«; gelbe Galle)	weiß
Melancholiker (schwarze Galle)	schwarz/blau

Der »Vierfarben-Mensch« von → Lüscher, der im Prinzip auf diese antike Lehre zurückgeht, wird durch folgende Farben charakterisiert:

Choleriker	rot.
Sanguiniker	gelb.
Phlegmatiker	blau; in der Tradition weiß.
Melancholiker	grün; in der Tradition schwarz/blau.

Für Lüscher stellen diese Farben, die einen harmonischen Farbenkreis bilden, das Symbol der Ganzheit und Ausgeglichenheit dar. Entsprechend diesen Farben finden sich im Menschen auch vier Gefühlszustände:

Selbstachtung	grün
Selbstvertrauen	rot
Zufriedenheit	blau
Innere Freiheit	gelb

In der modernen Esoterik sind auch von großer Wichtigkeit die Farben der → Aura.

Farbtherapie, andere Bez. Colortherapie (*color* = »Farbe«) und Chromotherapie (griech.: *chromos* = »Farbe«); die gemeinsame Grundlage der → Edelsteintherapie und der F. ist die Erkenntnis, daß jede Farbe ihre eigene Schwingungsfrequenz hat. Sogar in diesen Eigenschwingungen gibt es noch große Abstufungen zwischen helleren und dunkleren Tönen. Der Grundgedanke der F. findet sich schon in der Antike und in der chin. → Medizin. So empfiehlt der röm. Schriftsteller Plinius, Blutungen mit roten Edelstein zu behandeln. Die chin. Ärzte heilten Darmerkrankungen, indem sie den Unterleib der Patienten mit gelber Farbe bestrichen. Scharlachkranke wurden in rote Tücher eingewickelt. Die eigentliche F. beginnt aber mit der Entdeckung der beiden Engländer Downs und Blunt (1877), daß Hauterkrankungen und Rachitis (Vitamin D-Mangelkrankheit) durch ultraviolettes Licht geheilt werden können. Der Organismus wird durch die Lichtschwingungen zur Bildung von Vitamin D angeregt.

Ein wichtigen Schritt bei der Entwicklung der F., bildeten die Arbeiten der beiden Amerikaner E. D. Babitt *(The Principles of Light and Color*, 1878) und Pleasanton, welche die Heilkraft der Farben (besonders Blau) bei verschiedenen Krankheiten beschrieben. Der dt. Arzt Georg von Langdorf entdeckte, daß Rotlicht die Gefäße erweitert und Blaulicht sie verengt. *(Die Licht- und Farbgesetze und ihre therapeutische Anwendung*, 1894.) Der dän. Arzt Finsen, der 1904 den Nobelpreis erhielt, behandelte über 4000 Pockenkranke mit ultraviolettem Licht. Er konstruierte ein Gerät, das es ihm ermöglichte, fünf Patienten gleichzeitig zu behandeln. 1912 veröffentlichte der Astrologe Oskar Ganser das Buch *Chromotherapie*, das eine Zusammenfassung des uralten Wissens (→ Jatromathematik) von der Verbindung der Planeten und Tierkreiszeichen, denen bestimmte Farben zugeordnet sind, mit den menschlichen Organen enthält. Der Rosenkreuzer Surya (1873–1949) beschrieb seine Erfahrungen bei der Behandlung von Krankheiten mit Farben in *Der moderne Rosen-*

kreuzer. Neben Farblicht benutzte er auch Farbwasser und ein Farbzimmer. Die bis dahin erreichten Ergebnisse der F. faßte Bruno P. Schliepke in dem Buch *Farbe und Heilweise* (1931) zusammen, das für die folgende Zeit richtungweisend blieb. Prof. L. Eberhard, die selbst wichtige Beiträge zur mediz. F. leistete, berichtete in *Heilkräfte der Farben* (1954) von dem ind. Arzt Dinshah P. Ghadiali in New Jersey (USA), der in einem mehrere tausend Seiten umfassenden Werk *(Spectro Chrome Metry)* seine Theorie der F. und seine beachtlichen Erfolge damit beschreibt.

Die moderne F. basiert auf den Erkenntnissen der → Kirlianfotografie, → Auraforschung und → Chakrenlehre. Wichtige Neuansätze sind die → Farbpunktur von → Mandel und die → Aurasomatherapie. Die Fehlfunktion eines der Energiezentren des Körpers (Chakren) bzw. die Krankheit eines Organs, was in beiden Fällen zu einem stärkeren Hervortreten einer Farbe führt, lassen sich mit Hilfe der Kirlianfotografie nachweisen. Wie schon bei der → Edelsteintherapie gezeigt wurde, kann ein gestörtes Chakra durch seine Harmoniefarbe geheilt werden. Bei einer Überfunktion wird die entsprechende Komplementärfarbe (Heilfarbe) eingesetzt.

Rot

Basis-Ch.; *Unterf.*: Energiemangelzustände, Stoffwechselstörungen, Verdauungsstörungen, Knochen- und Wirbelsäulenleiden. *Überf.*: Nervosität und Suchtleiden. *Heilfarbe*: blau.

Orange

Sexual-Ch.; *Unterf.*: Sexualleiden, besonders Impotenz und Frigidität, Blasen- und Nierenleiden, Bluterkrankungen. *Überf.*: Nervosität, Hektik, sexuelle Ausschweifungen. *Heilfarbe*: blau.

Gelb

Nabel-Ch.; *Unterf.*: Magen-, Galle-, Leber-, Zwölffingerdarmerkrankungen. *Überf.*: Gallensteine, Diabetes. *Heilfarbe*: grün.

Grün

Herz-Ch.; *Unterf.*: Herzerkrankungen, Durchblutungsstörungen, Funktionsstörungen der Thymusdrüse, Immunschwäche. *Überf.*: hoher Blutdruck, nervöse Herzleiden, vegetative Dystonie (Unruhe, Kopfschmerzen, Schwindel) *Heilfarbe*: blau. Statt grün, das die Harmoniefarbe des 4. Chakra ist, kann auch gold und rosa benutzt werden.

Blau

Kehlkopf-Ch.; *Unterf.*: Schilddrüsenerkrankungen, Kehlkopfleiden, Erschöpfungszustände, Kiefer- und Zahnerkrankungen. *Überf.*: hoher Blutdruck, erhöhte Erregbarkeit. *Heilfarbe*: gelb, orange.

Indigoblau

Drittes Auge; Unter- und Überfunktion führen zu Augen-, Ohren- und Nasenerkrankungen. Da dieses Chakra mit der Hypophyse in Verbindung steht, ruft eine Unterfunktion eine verminderte und eine Überfunktion eine erhöhte Hormonproduktion hervor. In beiden Fällen kann es zu schweren Krankheitserscheinungen kommen. So bildet diese Drüse das Wachstumshormon STH, das für das Längenwachstum verantwortlich ist. Eine Überf. führt zur krankhaften Vergrößerung der Finger, Ohren und des Kinns (Akromegalie). *Heilfarbe*: orange, grün.

Violett

Scheitel-Ch.; steht mit der Epiphyse in Verbindung, deren Funktion noch nicht restlos geklärt ist. Über- bzw. Unterfunktion führen zu Gehirnerkrankungen und Nervenleiden. Eine der häufigsten Störungen dieses Zentrums sind Kopfschmerz und Migräne.

Wie bei der → Aromatherapie muß auch bei der F. beachtet werden, daß Farben physiologische Reaktionen hervorrufen können. Deshalb sollte Rot nicht bei Entzündungen, hohem Blutdruck und Akne und Blau nicht bei niedrigem Blutdruck benutzt werden. Besondere Vorsicht ist bei Indigoblau geboten, weil es auf die endokrinen Drüsen wirkt.

Die wichtigsten Anwendungsformen der Farbtherapie:

1. → Farbpunktur.
2. Bad. Man badet in gefärbtem Wasser oder läßt sich während dem Baden mit Farblicht bestrahlen.
3. Bestrahlen. Hierfür werden farbige Glühlampen oder Bestrahlungsgeräte benutzt. Durch pyramidenförmige Aufsätze wird die Kraft der Farblampen noch erheblich verstärkt.
4. Brillen. Bei Farbbrillen dringen die Schwingungen der Farben über die Augen direkt in das Gehirn ein und lösen die gewünschten Reaktionen aus.
5. Edelsteine. → Edelsteintherapie.
6. Klangtherapie. Schon im 18. Jh. war bekannt, daß den Tönen Farben entsprechen. Die moderne Farbklangtherapie geht davon aus, daß die Töne durch ihre Schwingungen die Energiezentren (Chakren) beeinflussen können. Statt über die Augen dringen sie über das Ohr in das Gehirn ein und führen zu einer Veränderung des → Gehirnwellenmusters. Es gibt jedoch noch keine eindeutige Zuordnung von Tönen und Farben.
7. Nahrung. Der Mensch ißt nicht nur mit den Augen, sondern die farbigen Nahrungsmittel enthalten sehr viele Vitamine. Nach Ghadali enthalten die Farben selbst Minerale und Elemente. Man sollte deshalb die Speisen und das Trinkwasser mit Farblicht bestrahlen.
8. → Visualisieren. Indem man intensiv farbige Flächen anblickt oder sich Farben in der Phantasie vorstellt, kann man Visionen oder Tagträume hervorrufen. Die Farbe ist somit nur das Mittel, um einen veränderten Bewußtseinszustand zu erreichen. Eine Farbe, die man sich überhaupt nicht oder nur sehr verschwommen vorstellen kann, fehlt in der Aura. Auf diese Weise kann man eine Unterfunktion eines Chakra feststellen.

9. Farbenzimmer. Ein solches Zimmer wird in dem oben erwähnten Buch von Ganser beschrieben. Das völlig abgedunkelte Zimmer, in dem sich vier kreuzende Spiegel gegenüberstehen, ist in einer der acht Farben gestaltet: schwarz, blau, lila, dunkelgrün, hellgelb, violett und orange. Statt dieser acht Farben nimmt man die Harmonie- bzw. Heilfarben der Chakren. Der Patient wird mit verbundenen Augen in eines dieser Zimmer geführt, wo er sich zehn Minuten bis zu zwei Stunden aufhält. Eine Variante dieser Therapie besteht darin, ihn der Reihe nach in alle acht bzw. sieben Zimmer zu führen.

Farkas, Viktor (geb. 1945), österr. Journalist und Spezialist für Science-fiction, der sich besonders mit der → Prä-Astronautik und den Grenzwissenschaften beschäftigte. Werke: *Unerklärliche Phänomene, Esoterik – eine verborgene Wirklichkeit?*

Farnkraut, bot.: *Filix*; alle Arten des F. gelten als Zauberkräuter. Wenn man die Stengel des Waldfarnes (bot.: *Nephrodium filix mas)* im Frühjahr, bevor sich die ersten Wedel entwickelt haben, aus dem Boden entfernt und aus dem Ende eine Menschenhand schneidet, erhält man die im Mittelalter sehr berühmten »Johannis- oder Glückshändchen«. Wer eine solche Hand besitzt, ist gegen jedes Unglück geschützt. Nach Angaben der → Hildegard von Bingen wird das F. besonders vom Teufel und seinen Dämonen gefürchtet. Nach dem Volksglauben sind die Stellen, an denen das F. wächst, auch vor Hagel und Blitzschlag geschützt. Angeblich blüht und wächst das F. nur in der Johannisnacht (24. Juni) und zu Weihnachten. Auch dem Samen des F. werden magische Kräfte zugeschrieben. Mit seiner Hilfe kann man leicht Kristalle finden und sogenannte Erdspiegel anfertigen, mit deren Hilfe man alles in der Erde sehen, sich aber auch unsichtbar machen kann.

Farr, Florence (1860–1917), engl. Esoterikerin und Feministin, die aus einer begüterten Arztfamilie stammte. Sie war eng befreundet mit den Schriftstellern Bernard Shaw und → Yeats, welcher 1890 mit ihr zusammen in den Golden-Dawn-Orden eintrat. Da sie Regisseurin war, trainierte sie mit den führenden Mitgliedern des Ordens die Durchführung der kunstvollen → Rituale. Als → Mathers mit seiner Frau nach Paris übersiedelte, ernannte er F. zu seiner Vertreterin in London. Unter ihrer Leitung vollzog sich die Spaltung des Ordens. 1904 trat sie aus dem Orden aus. Von ihr stammt auch ein Buch über ägyptische Magie. Ab 1912 hielt sie sich in Ceylon auf, wo sie eine Schule leitete.

Fasten. Aus religiösen und gesundheitlichen Gründen kann freiwillig auf die Nahrungsaufnahme verzichtet werden. F. ist bei Naturvölkern vielfach die Voraussetzung der → Initiation in die Gemeinschaft der Erwachsenen. Im →

Islam gehört das F. zu einer der fünf Forderungen. Im Monat Ramadan darf von Sonnenaufgang bis zum Untergang weder gegessen, getrunken noch der Geschlechtsverkehr ausgeübt werden. Im Christentum gilt eine 40tägige Fastenzeit vor Ostern. Jeder 11. Tag ist im → Hinduismus ein F.-Tag, und im → Buddhismus wird alle 14 Tage gefastet. F. hat zum Ziel, dem Körper eine physiologische Ruhepause zu gönnen, damit die Energie, die normalerweise für die Verarbeitung der Nahrung aufgewendet wird, für Heilzwecke zur Verfügung steht. Beim F. werden die Nahrungsdepots des Körpers, weniger wichtige Strukturen und die verwendbaren Anteile toter oder kranker Gewebe abgebaut. Die Auswirkungen: 1. Verjüngung der Zellen und Gewebe, 2. Revitalisierung der Körperenergien, 3. verbesserte Verdauung, 4. Normalisierung des Körpergewichtes und 5. Erhöhung der Atemkapazität.

Faszination, lat.: *fascinare* = »bezaubern«; andere Bez. für das Bezaubern durch den → bösen Blick.

Father Divine, engl.: »Göttlicher Vater«; Ps. für Georg Baker (1874/1880–1965). Farbiger Evangelist und Sektengründer, den seine Anhänger als Messias (→ Christus) und → Inkarnation Gottes betrachten. Er gründete nicht nur religiöse Gruppen, sondern auch ein Wirtschaftsimperium. Seine zweite Frau, die er 1946 heiratete, trug den Namen »Mother Divine«.

Fatima, portug. Wallfahrtsort bei Leira (Estremadura), wo die Gottesmutter Maria den drei Bauernkindern Lucia da Santos, ihrer Schwester Jacinta und ihrem Bruder Francesco erschienen sein soll. Von den sechs Erscheinungen vom Mai bis Oktober 1917 ist die wichtigste die letzte, bei der die Kinder das »Geheimnis von Fatima« erfuhren. Erst 1942 offenbarte Papst Pius XII. diese Prophezeiung: ein schlimmes Schicksal wird von Rußland kommen und die großen Nationen würden im 2. Weltkrieg gegeneinander kämpfen. Das »Dritte Geheimnis von F.« wurde erst 1959 von Lucia offenbart: Die Mutter Gottes sei enttäuscht, daß ihre Botschaft von 1917 nicht gehört wurde. Deshalb müßten viele Länder von der Erde verschwinden. Diese gottlosen Regierungen könnten nur gerettet werden, wenn die Gläubigen sie durch Gebete bekehren.

Fatima, 1. jüngste Tochter Mohammeds und der Chadidscha, Gattin seines Vetters und Adoptivsohnes Ali. 2. Hände der F.; eine Methode der Weissagung, die von → Cagliostro erfunden worden sein soll. Man schreibt Zahlen auf die Finger einer Hand und ordnet ihnen dann bestimmte Zahlen zu. Der durch Addition ermittelte Zahlenwert wird mit Hilfe der praktischen → Kabbala gedeutet.

Faust, Dr. Johann (1480–1540). Der historische Faust war der uneheliche Sohn eines reichen Bauern aus

Knittlingen. Er führte ein unstetes Wanderleben als Arzt, Astrologe und Wahrsager. »Vom bösen Geist« soll er schließlich in Staufen im Breisgau ermordet worden sein. Gelegentlich wird er auch mit dem Mainzer Buchdrucker Johannes F. identifiziert. Zahlreiche → Zauberbücher werden ihm zugeschrieben. In zahlreichen Volksbüchern wird er als ein Teufelsbündner und Schwarzkünstler dargestellt. Berühmt wurde die Gestalt des F. durch die literarische Ausgestaltung des Stoffes durch Marlow, Goethe und Thomas Mann.

Fee, abgel. von lat.: *fatua* = »Weissagerin« und *fata* = »Schicksalsgöttin« über franz. *fée* = »Zauberin«; übernatürliche Wesen oder Naturgeister weiblichen Geschlechtes, die dem Menschen helfen, ihm aber auch gefährlich werden können. Zu ihren Aktivitäten gehören die Entführung von kleinen Kindern und die Förderung des Wachstums von Pflanzen. Der F.-Glaube findet sich in Europa besonders in England, aber auch in Asien, Amerika und Afrika. Bei den F. handelt es sich vielleicht um eine Urerinnerung an eine alte Pygmäenrasse oder um Personifikationen von Naturphänomenen, die aus einer untergegangenen Religion stammen. Eine grundlegende Arbeit zu den F. veröffentlichte → Evans-Wentz mit dem Titel *The Fairy-Faith in Celtric Countries* (1911). Er kam zu dem Schluß, daß die F. existierende Geistwesen sind. Man hat auch die → UFOs als eine Art von F. zu deuten versucht.

Fegefeuer, lat.: *purgatorium*; in der christlichen → Eschatologie ein Ort, wo die abgeschiedenen Menschenseelen vor ihren Eintritt in den Himmel noch Sündenstrafen abzubüßen haben. Grundlage für dieses → Dogma sind die Bibelstellen (NT. Matth. 5,26; 1. Kor. 3,15). Das F. befindet sich im Inneren der Erde nahe der → Hölle, während es → Dante in seiner *Göttlichen Komödie* in den oberen Luftraum verlegt. Die Angehörigen können dem Verstorbenen durch Gebete und Opfer helfen.

Feild, Reshad (geb. 1935), engl. esot. Schriftsteller und Sufi-Meister, der mit Pir Vilayaz → Khan und → Bennett in Paris zusammenarbeitete. Viereinhalb Jahre lebte er bei dem Sufi-Meister Rauf Bulent in der Türkei. In den USA gründete er das »Institut des Bewußten Lebens«. Von Suleyman Dede wurde er

Faust beschwört den Teufel (17. Jh.)

1975 zum Scheich der Mechlevi-Derwische initiiert. Werke in dt. Übers.: *Ich ging den Weg der Derwische, Das atmende Leben, Der Siegel des Derwisch, Die Alchemie des Herzens.*

Feinstofflich, in der hind. Philosophie und in der → Theosophie eine Eigenschaft der drei Elemente des f. Körpers: Verstand, Intelligenz und Falsches → Ego. Nach dem Tod überleben diese Elemente den grobstofflichen Körper.

Feldenkrais-Methode, eine von dem israel. Physiker, Physiologen und Therapeuten (1904–1984) entwickelte ganzheitliche Körpertherapie. Als 15jähriger wanderte F. nach Palästina aus. 1930 veröffentlichte er das Buch *Autosuggestion.* 1938 Studium der Physik in Paris und gemeinsam mit Joliot-Curie erste Kernspaltung, anschließend Aufenthalt in England (1940). F. beschäftigte sich besonders mit Neuro- und Verhaltensphysiologie und Neuropsychologie. Seine Forschungsergebnisse faßte er 1949 in dem Buch *Body and Mature Behaviour* zusammen. Ab den 50er Jahren Tätigkeit in Israel, die durch Lehrtätigkeit (Verhaltensphysiologie) an europäischen und amerikanischen Hochschulen unterbrochen wurde. Nach F. wird der Mensch geprägt durch Vererbung, Erziehung und Selbsterziehung. Die ersten beiden Komponenten sind dem Menschen vorgegeben, die dritte hängt von seinem Willen ab. Der Mensch ist Opfer einer repressiven Erziehung und muß sich seiner selbst, d. h. seines Körpers und dessen Funktionen, erst bewußt werden. Dies kann nur durch ein bewußtes Trainieren aller körperlichen und geistigen Funktionen erreicht werden. Dazu gehören: richtige Haltung, gutes Handeln, richtige Bewegung und Atmung, Koordinierung der Beuge- und Streckmuskeln, richtige Bewegung des Beckens, korrekte Kopfhaltung, Vervollständigung des Ich-Bildes, koordiniertes Handeln im Raum, die Abstimmung der Augenbewegung auf die des Körpers, die Bewußtmachung der unbewußten Körperteile mit Hilfe der bewußten und die Verbindung von Denken und Atmung.

Felken-Kur, eine von dem »Lehmpfarrer« L. E. Felken (1856–1926) entwickelte Badekur, bei der Mineralschlamm und Kaltwasser in Verbindung mit einer Diät zur Anwendung kommen.

Felkin, Robert William
(1838–1922), engl. Arzt, der 1894 zusammen mit seiner Frau in Edinburgh dem Golden-Dawn-Orden beitrat. Nach der Spaltung des Ordens übernahm F. diejenigen Mitglieder, die sich von Mathers trennten, aber weiterhin nach seinem System arbeiteten. Der neue Tempel erhielt den Namen »Stella matutina« (Morgenstern). F. wollte vor allem den Kontakt zu den geheimen Meistern wiederherstellen. Deshalb nahm er Kontakt mit Steiner (→ Anthroposophie) auf. F. gehörte auch zu der Gruppe »Sphäre«, die von → Farr geleitet wurde.

Fenchel, bot.: *Foeniculum vulgare*; ein in Europa, USA, China und Indien beheimateter Doldenblütler. Das Öl wird durch Wasserdampfdestillation aus dem Samen gewonnen. Das F.-Öl hat in der Medizin ein breites Anwendungsspektrum, es gilt als blutzuckersenkend, wundheilend, antibakteriell und milchbildend. Es enthält nämlich ein Pflanzenhormon, das auf die Milchdrüsen stillender Frauen einwirkt.

Feng-huang, der chin. Phönix (→ Fabeltiere), männlich-weiblich, mit Kopf und Kamm eines Fasanen und Federn eines Pfauen.

Feng-Shui, chin.: *Feng* = »Wind« und *Shui* = »Wasser«; chin. Form der → Geomantie. Andere Bez.: *Ti-li* = »Beschaffenheit der Landschaft« und *Kan-yü* = »Abdeckung und Stütze«. In der westl. Esoterik wird F.-S. als Astroökologie oder Standorttheorie übersetzt. Die Kunst des F.-S. besteht darin, die Drachenlinien zu entdecken, die durch das Erdinnere strömen. Es handelt sich hierbei um Adern des → Ch'i, die den gesamten Kosmos durchfließen. Nur die wohlbringenden Ch'i-Linien bewirken Glück, Frieden und ein langes Leben. Deshalb bezeichnet man F.-S. als die Kunst, in Harmonie mit der Landschaft zu leben und sich am richtigen Ort aufzuhalten. Grundlegend für F.-S. ist die Orientierung der Lage nach den Himmelsrichtungen, denen Tiersymbole zugeordnet werden.

F.-S. untersucht darüber hinaus die Wechselwirkung zwischen Sternbildern und der Geographie. Die Wohnstätten werden unterteilt in die für Tote und Lebende.

	Süden Roter Vogel/Phönix. Ursprung von Wärme, Licht und Leben.	
Osten Azurblauer Drachen		Westen Weißer Tiger
	Norden Dunkler Krieger/Schildkröte und Schlange	

Ferguson, Marilyn (geb. 1938), amerik. Schriftstellerin und prominente Vertreterin der → New-Age-Bewegung; in ihrem Werk *The Aquarian Conspiracy* (1980, dt. Übers.: *Die sanfte Verschwörung)* beschreibt sie eine Bewußtseinsrevolution, die ohne hierarchische Strukturen und nur durch das → Netzwerk von schon veränderten Menschen durchgeführt werden solle. Es gebe schon genug Menschen mit einer neuen → Spiritualität, die in allen Bereichen der Gesellschaft aktiv sind. Um das Gesamtsystem der Gesellschaft zum »Umkippen« zu bringen, müßten sich die einzelnen Gruppen miteinander verbinden. Als Herausgeberin der Zeitschrift *Brain/Mind Bulle-*

tin veröffentlichte sie seit 1975 Beiträge, die sich mit einzelnen Gruppen der »Aquarian Conspiracy« befaßten. Seit 1976 nannte sie diese Bewegung »The Movement That Has No Name« (Bewegung ohne Namen). Weiteres Werk: *Geist und Evolution – Die Revolution der Gehirnforschung.*

Fetischismus, portug.: *Feitico* = »künstlicher Zauber«; Bez. für die Verehrung von leblosen Gegenständen bei den Naturvölkern in Westafrika und Nordasien. Der F. ist eine Weiterentwicklung des weitverbreiteten → Dynamismus.

Man unterscheidet zwei Formen: 1. dynamischer F. Den Gegenständen werden übernatürliche Kräfte zugeschrieben. Sie haben die Funktion von → Amuletten und → Talismanen. 2. animistischer F. Geister werden in die Gegenstände gebannt und dann kultisch verehrt (→ Animismus).

Feng-huang

Fetthenne, bot.: *Sedum telephium*; sie gehört zur Gattung der Crassulceen (dickblättrigen Pflanzen); volkstüml. Bez.: Schmeerwurzel, Bohnenblatt und Donnerbart. In der Volksmedizin ist die F. ein kühlendes, schmerzstillendes, reinigendes und wundheilendes Mittel. Die F. gilt in der Magie als eine prophetische Pflanze. Wenn man nämlich den Stengel in Spalten oder Ritzen eines Hauses steckt, kann man nach der Dauer der Verwelkung Rückschlüsse auf die Lebenserwartung des Besitzers ziehen. Die Drehungen der Pflanze im Licht geben Aufschlüsse über das zukünftige Eheleben von unverheirateten oder neuvermählten Personen.

Feuer. In der Religion und Magie werden dem F. magische Kräfte zugeschrieben. Im → Brahmanismus hat es drei Funktionen, die in den → Veden beschrieben werden. 1. Abwehr von bösen Geistern und Dämonen (Zauberfeuer). 2. Als Opferfeuer befördert es die Spenden und Gaben zu den Göttern. 3. Das Haus- oder Herdfeuer muß vom Hausherrn ständig unterhalten werden, damit die beiden kultischen Funktionen erfüllt werden können. Besonders ausgebildet ist die Verehrung des F. in der Religion des → Zoroaster. Es gehört zu den sieben höchsten Wesen. Die Flamme ist das

Sinnbild des höchsten Gottes, Ahura Mazdas. Das F. ist eines der vier → Elemente, dem die Sternzeichen Widder, Löwe und Schütze zugeschrieben werden.

Feuer, paranormales oder Auto-Oxidation; die spontane Selbstverbrennung von Menschen, ohne daß deren Kleidung mit verbrannte, ist in mehreren Fällen bezeugt. Die ersten Berichte stammen aus dem Jahre 1671 *(Acta Medica* und *Philosophica Hafniensia)* und 1763 *(De Incendiis Corporis Spontaneis* von Jonas Dupont). Im 19. Jh. erklärte man dieses Phänomen durch die entzündbaren Gase, die sich bei Alkoholikern bildeten. 1938 ereigneten sich am selben Tag drei Fälle in benachbarten Orten in England. Wenngleich auch keine weiteren Fälle von spontaner Selbstverbrennung vorkamen, so verglich man diese Orte dennoch mit dem → Bermudadreieck.

Feuerimmunität. Die → paranormale Fähigkeit, vom Feuer nicht verletzt zu werden, ist als religiöses Wunder gut bezeugt. Der Feuerlauf indischer → Yogis hat als kultische Übung eine sehr lange Tradition, der durch intensive → Meditationen vorbereitet wird. Die Schmerzunempfindlichkeit beruht auf einer Verengung der Körpergefäße, so daß die Durchblutung an diesen Stellen gestoppt wird.

Ficino, Marsiglio (1433–1499), ital. Philosoph aus Florenz, der in seiner Lehre eine Harmonie zwischen christlicher Offenbarung und platonischer Philosophie aufzeigte. Durch die Übersetzung der Schriften Platons, Plotins und Proclus ins Lat. trug er zur Wiederbelebung des Platonismus und → Neuplatonismus bei. Seine lat. Übersetzung des *Corpus Hermeticum* führte zur Entstehung des → *Hermetismus.*

Fichtennadel-Öl, bot.: *Picea abies.* Das Öl wird aus den Nadeln gewonnen. Mediz. Wirkung: schweißhemmend, antiseptisch und beruhigend. Nach neuesten Forschungen regt es den Adrenalinausstoß an.

Findhorn, ein Dorf im Nordosten von Schottland, wo 1962 Peter und Eileen → Caddy und Dorthy McLean auf einem unfruchtbaren Stück Land Pflanzen und Gemüse von erstaunlicher Größe züchteten. Diese Erfolge schrieben sie nicht nur den biologischen Anbaumethoden, sondern auch der Hilfe der Naturgeister *(Devas)* zu, mit denen sie zusammenarbeiteten. In den folgenden zehn Jahren entwickelte sich F. zu einem der wichtigsten New-Age-Zentren, das als die »Universität des Lichtes« (University of Light) bezeichnet wurde. Die Menschen sollten dort lernen, ein neues Verhältnis zu der Natur zu bekommen. Die Gemeinde gibt die Zeitschrift »*Onearth*« heraus. Literatur: Findhorn Community, *The Findhorn Garden* und Paul Hawken, *The Magic Findhorn.*

Fisch. In zahlreichen Religionen haben Götter und die Dämonen F.-Gestalt. Im Christentum ist der F. das Symbol Jesu Christi, weil die Anfangsbuchstaben der griech. Wörter von »Jesus Christus, Gottes Sohn, Heiland« das griech. Wort *Ichthys* = »Fisch« ergeben. Im Volksglauben ist der F. das Sinnbild des Lebens bzw. Todes und des männlichen Gliedes.

Fische, lat.: *piscis*; das 12. Zeichen des Tierkreises. → Jupiter (→ Neptun) hat hier sein → Haus. Die Herrscher (→ Dekane) sind Saturn, Jupiter und Mars. Die F. gelten als weiblich. Zuordnungen: menschliche Organe (Füße); Lebensfunktion (Schlaf); Krankheiten (Rheumatismus, Geschwüre); Farbe (blau); Zahlen (11); Länder (Normandie, Portugal); Tiere (Elefant, Schwan); Bäume (Ulme); Kräuter (Seepflanze, Gräser, Farne, Moose); Edelsteine und Mineralien (Saphir, Koralle, Kiesel, Chrysolith).

Fische-Zeitalter. Das große oder platonische (auch astrologische) Jahr umfaßt 25 850 Jahre, in denen die Erde den gesamten Tierkreis durchläuft, und folglich steht sie jeweils 2100 Jahre in einem Tierkreiszeichen (Großer Monat). Das augenblickliche Tierkreiszeichen dieses astrologischen Jahres sind die Fische, die im Begriff sind, durch den → Wassermann abgelöst zu werden. Die Fische sind das Symbol des Christentums.

Fixsterne, lat.: *stellae fixae*; mit eigenem Licht leuchtende Sterne, die wegen ihrer minimalen Eigenbewegung als »feststehend« angenommen werden. Aus ihnen setzen sich die wechselnden Sternbilder am nächtlichen Himmel zusammen, die seit Jahrtausenden dem Menschen zur Bestimmung der Jahreszeiten und zur Orientierung auf seinen Wegen zu Wasser und zu Lande dienten. Von der großen Zahl der F. galten circa 100 als wichtig für das → Geburtshoroskop und → Mundanhoroskop. Schon Ptolemäos (→ Alkahest) teilte die F. in sechs Gruppen ein. Bei einer → Konjunktion eines F. mit einem Planeten verstärkt sich ihr Einfluß. Allgemein gilt die Wirkung eines F. analog eines oder mehrerer Planeten. Eine grundlegende Arbeit zu den F. stammt von dem bekannten engl. Astrologen Vivian Robson (1880–1941).

Fixe Zeichen, die → Tierkreiszeichen Stier (Erde), Löwe (Feuer), Skorpion (Wasser) und Wassermann (Luft). Sie bewirken Individuationsprozesse, die Ausformung von Willen und Selbstbewahrung.

Flamel, Nicolas (circa 1330–1418), franz. Buchhändler und Alchemist. Er gab vor, bei einer Wallfahrt nach Santiago de Compostella von einem span. Juden einen Rindercodex erworben zu haben, auf dem die Methode zur Erlangung des Steines der Weisen (→ Lapis philosophorum) beschrieben wurde. Es sei ihm auch gelungen, Silber und Gold aus Quecksilber herzustellen. Als Gegenleistung für seine großzügigen Spenden mußten verschiedene Kirchen in Paris von ihm beschriebene Allegorien anbringen.

Flammarion, Camille Nicolas (1842–1925), franz. Astronom, der sich intensiv mit Parapsychologie beschäftigte. Seinen Untersuchungen basierten auf Antworten von Fragen, die er einer möglichst großen Zahl von Menschen vorlegte. Als er einen Aufruf erließ, ihm die telepathischen Erlebnisse mitzuteilen, erhielt er über 4280 Antworten. Man warf F. aber vor, er habe diese Antworten nie kritisch überprüft. F. kam zu dem Ergebnis, daß die Seele eine unabhängige Existenz vom Körper hat. Sie besitze Fähigkeiten, die der Wissenschaft bisher noch unbekannt seien. Dazu gehöre, daß sie auch über eine größere Entfernung ihre Wirkung entfalten könne.

Fliegende Untertassen → UFOs.

Fliegenpilz, bot.: *Amanita muscaria.* Der Name »Fliegenpilz« wird im Volksglauben von seiner Fähigkeit abgeleitet, Fliegen töten zu können. Wahrscheinlicher ist, daß der Name auf die von ihm hervorgerufenen Flugvisionen zurückgeht oder einfach sich auf die Fliegen bezieht, die als Zaubertiere gelten. Der F. enthält die psychoaktiven Stoffe Muscarin, Ibotensäure und Muscimol. Die beiden letzteren sind in den tödlichen Arten *Amanita panthera, A. verna* und *A. phalloides* in hohen Konzentrationen vorhanden. Der F. wurde von den → Schamanen Sibiriens benutzt, um sich in ekstatischen Zustand (→ Ekstase) zu versetzen. Die frühesten schriftlichen Berichte stammen aus dem 17. Jh. → Wasson, der den psychoaktiven → Pilzen eine wichtige Rolle bei der Entstehung der Religionen zuschreibt, vermutet, daß das → Soma der alten Inder und das Haoma der Iraner mit dem F. identisch sind. Auch die geheimnisvolle Götterspeise der Griechen, Ambrosia und Nektar, werden mit dem F. in Verbindung gebracht. Zweifelhaft ist, ob die Wutanfälle der → Berserker auf den Genuß dieses Pilzes zurückgehen. Ranke-Graves vermutet, daß der F. auch bei den → Eleusinischen Mysterien benutzt wurde. Der geheimnisvolle Trunk bestand aus Minze, Wasser und gemahlener Gerste, deren griech. Anfangsbuchstaben zu *Myka*, der Akkusativform des griech. Wortes für Pilz, führen. → Allegro glaubt, einen Geheimkult um den F. im Alten Orient entdeckt zu haben, auf den die großen Weltreligionen des Orients zurückgehen.

Flournoy, Theodore (1854–1920), Schweizer Philosoph. In seinem Buch *Des Indes a la Planete Mars* untersuchte er das Medium Helene Smith, die auf Séancen vorgab, berühmte historische Personen zu verkörpern. Sie behauptete sogar, Kontakte zum Mars zu haben. Ihre Beschreibungen vom Leben der dortigen Menschen, von deren Sprache sie reichliche Proben vorlegte, wurden ihr geglaubt. F. analysierte sehr scharfsinnig ihre Mitteilungen und kam zum Schluß, daß bei ihr eine Spaltung der Persönlichkeit vorliegen müsse. Es handele sich hierbei nur um Träumereien und Verwirklichung von Sehnsüchten aus ihrer Jugend. Die Marssprache wies F. als umgearbeitetes Französisch nach.

Fluch, eine formelhafte Rede, die anderen oder sich selbst ein Unheil oder Mißgeschick herbeiwünscht. Ursprüngl. war sie ein verkürztes Gebet oder eine Anrufung der Dämonen. Einen solchen Wunsch schrieb man in der Antike auf Fluchtäfelchen. Auch die Germanen kannten viereckige Knochenplatten, die einen Fluch, im → Runenalphabet geschrieben, enthielten.

Fludd, Robert (1574–1637), latinisiert »Robertus de Fluctibus«; engl. Arzt, Theosoph und Verteidiger der Rosenkreuzer. Als Schüler des → Paracelsus vertrat er den → Mikrokosmos-Makrokosmos-Gedanken. Zwischen Gott und der Welt steht die Weltseele *(anima mundi)*. Nach seiner Ansicht ist die ganze Welt nach den Gesetzen der Musik aufgebaut, was schon → Pythagoras lehrte. Der Monochord (Einsaiter) ist das Symbol für die alle Dinge und Formen umfassende Harmonie des Universums. Seine Schriften wurden von den Rosenkreuzern als Beweis für die Existenz der Bruderschaft vom Rosenkreuz angeführt.

Fluidalkörper, andere Bez. für → Ätherleib.

Fluidum, lat.: »das Flüssige«; Bez. in der Alchemie für Verflüssigungen. Später verstand man darunter auch nicht faßbare geheimnisvolle Kräfte, Energieströme und Abstrahlungen des menschlichen Körpers, welche Träger von paranormalen Phänomenen sind.

Fohat, tib. → Blavatsky versteht darunter »kosmische Elektrizität« oder das »erste Licht«.

Fort, Charles Hoy (1874–1932), amerik. Schriftsteller und Erforscher von unerklärlichen Phänomen. F. veröffentlichte mehrere Bücher *(The Book of the Damned*, 1919; *New Lands*, 1923; *Lo!* 1931; *Wild Talents*, 1932;), die auf einer Sammlung von über 100 000 Zeitungsausschnitten beruhen. 1941 wurden sie von der Fortean Society in New York, welche die Forschungen von F. fortsetzt, unter dem Titel *The Books of Charles Fort* herausgegeben.

Fortune, Dion (1891–1946), abgel. von *deo non fortuna* = »Durch Gott und nicht durch das Schicksal«, Ps. für Violet Mary Firth; engl. Okkultistin und Mitglied des → Golden-Dawn-Ordens. → Brodies-Innes führte sie 1919 in den Golden-Dawn-Orden ein. Zwischen ihr und Moina → Mathers kam es bald zu Spannungen (magischer → Angriff). Als F. ihr Buch *Cosmic Doctrine*, das sie in Trance erhalten hatte, in dem Orden

Fo-Ti-Tieng. Ein chinesischer Alchemist bereitet das Unsterblichkeitselixier vor

bekannt machte, war der Bruch endgültig. Moina Mathers behauptete, daß die darin vertretene Lehre, die auf der Zwölfheit des Tierkreises basierte, unvereinbar mit den Grundlagen des Golden-Dawn-Ordens sei. Dazu gehörte vor allem die Zehnheit des kabbalistischen Baumes. Man stellte F. vor die Alternative, ihre Lehren zu vergessen oder den Orden zu verlassen. F. gründete ihre eigene Vereinigung, die Fraternity of the Inner Light (1922). Der Orden gab eine Zeitschrift *The Inner Light Magazine* heraus. In → Glastonbury besaß der Orden ein Haus, wo sich die Studenten des Okkultismus und der Mystik trafen. Von ihren zahlreichen Werken hat das Buch *Die mystische Kabbala* (1935) den Rang eines Klassikers. Wertvolle Informationen über den Golden-Dawn-Orden enthalten ihre Romane *The Winged Bull* und *The Demon Lover*. Weitere Werke in dt. Übers.: *Selbstverteidigung mit Psi, Glastonbury, Das karmische Band.*

Fo-Ti-Tieng, chin.: »Elixier des langen Lebens«. Die Suche nach Pflanzen, die eine lebensverlängernde Wirkung haben oder die Unsterblichkeit (chin.: *hsien)* verleihen, ist das oberste Ziel der chin. Medizin. Einen derartigen Ruf genoß die kleine Sumpfblume (bot.: *Hydrocotyle asiatica minor).* Sie enthält ein Alkaloid, das den vorläufigen Namen Vitamin X trägt.

Frankenberg, Abraham (1593–1652), schles. Adliger, der zu den bedeutendsten Schülern → Böhmes zählt. Ähnlich wie Böhme wurde auch er von einem religiösen Erlebnis erleuchtet. Diese ihm zuteil gewordene Botschaft versuchte er in Worten, Bildern und Symbolen weiterzugeben. In seinem Hauptwerk *Der Raphael oder Arztengel* (1676) behandelt er die Entstehung des Lebens, die → Makrokosmos-Mikrokosmos-Lehre und mediz. Fragen bzw. Arzneien.

Frankenstein, Titelheld des gleichnamigen Romans *(Frankenstein or The Modern Prometheus,* 1818) von Mary Shelley (1797–1851). Victor F. formt aus menschlichen Knochen ein Wesen mit menschlichem Körper, aber ohne eine Seele. Dieses Ungeheuer, das Liebe und Anerkennung sucht, verbreitet Angst und Schrecken. Um sich an seinem Schöpfer zu rächen, ermordet es den Bruder, Freund und die Braut von F. Der gedankliche Hintergrund dieses Romans bildet die Frage, ob der Mensch in die Schöpfung Gottes eingreifen darf. Der Autor kennt die zeitgenössische Diskussion um das Werk Darwins sehr genau.

Frater, V. D., Ps. des bekannten dt. Magiers und esot. Schriftstellers Tegtmeier. V.D. entspricht UD (die Römer haben V = U gleich geschrieben), das eine Abk. des lat. Satzes: *ubique dämon, ubique deus* (»Der Satan sitzt in allem, Gott sitzt in allem«). Tegtmeier fügt zu VD noch drei Pünktchen hinzu, was für ihn die drei Aggregatzustände Quecksilber, Schwefel und Salz zum Ausdruck bringt.

Fraternitas Saturni, Abk. F.S.; ein freimaurerähnlicher Orden, der 1928 von dem Berliner Buchhändler → Grosche (Ordensname: Gregor Gregorius) gegründet wurde. Die Mitglieder kamen aus der → Pansophischen Gesellschaft, die sich nach der Weida-Konferenz wegen der Person → Crowleys und seiner → Sexualmagie spaltete. Grundlage der F.S. sind die Lehren Crowleys. Die Loge arbeitet in 33 Graden: Vorhof (1–11), R. und C. (Rosenkreuzer 12–20), Hochgrade (21–26) Hochwürden (27–29) und Hochwürdengrade *(Sanctum Sanctuarium Gnosis)*. Die Sexualmagie soll ab dem 18. Grad betrieben werden. Ordenszeitschrift: *Saturn Gnosis.* Nach 1945 Sitz in Berlin und Frankfurt. Zeitschrift: *Blätter für angewandte Lebenskunst.*

Frazer, Sir James (1854–1941), engl. Anthropologe, der durch sein 12 Bde. umfassendes Werk *The Golden Bough* (»Der goldene Bogen«) weltberühmt wurde. Darin beschreibt er die Entwicklungsgeschichte der Mythen, Motive des Volksglaubens und der Urreligion. Im Mittelpunkt stehen die Tötungsriten, das Opferfeuer, Karnevalsriten, Fruchtbarkeitszauber, Zwangshandlung und Tabu. F. prägte den Begr. der »Sympathiemagie«, die auf dem → Analogiezauber und der Kontaktmagie beruht. Unter dem letzten Begr. versteht F., daß Gegenstände, die einmal miteinander in Berührung standen, auch noch aus der Ferne aufeinander wirken können.

Freimaurerei, abgel. von engl.: *freemasonry*, eine esot. Vereinigung von unterschiedlichen Strömungen und Richtungen, die in der 2. Hälfte des 18. Jh. einer der bedeutendsten Geheimbünde Europas war. In ihren Ursprüngen geht sie auf die mittelalterl. Maurer und Steinmetze zurück, die in Gilden und Zünften zusammengeschlossen waren. Noch heute erinnern die Bräuche der F., die Rituale und die dabei benutzten Geräte wie Winkelmaß, Zirkel, Hammer, Kelle, Schurz und Loge (ursprüngl. Bauhütte) an diese Herkunft. Sie sonderten sich gegenüber anderen Handwerkern ab, hüteten ihr Fachwissen und hatten Statuten, in denen ihre Pflichten und Privilegien festgehalten waren. Sie erfanden → Paßworte und besondere Handgriffe, um sich einander zu erkennen zu geben. Während auf dem Kontinent das Zunftwesen der Maurer und Steinmetze immer mehr verschwand, blieb es in England und Schottland erhalten. Hier wurde auch der Begr. »Freemansonry« geprägt, denn die »Freemasons« befaßten sich mit der Bearbeitung von »freestone«, einem feinkörnigen Sand- und Kalkstein. Allmählich wurden in diese Gilden auch Nichthandwerker aufgenommen, und aus der operativen F. entwickelte sich die symbolische F. Die Geschichte der F. beginnt im Jahre 1717 mit dem Zusammenschluß von vier Logen von London und Westminster zu einer Großloge. Die Rechte und Pflichten sind von dem presbyterianischen Geistlichen James → Anderson in einem noch heute gültigen Konstitutionenbuch zusammengefaßt worden. Die erste Loge (Absalom L.) entstand 1737. Neben dem Gradsystem von Lehrling, Geselle und Meister (Johannisfreimaurerei) haben sich auch Hochgradsysteme entwickelt.

Freitag, Erhard F. (geb. 1940), Heilpraktiker, der zu den bekanntesten Hypnotherapeuten in Deutschland zählt. Seit 1974 leitet er in München ein Institut für Hypnoseforschung. Seine Therapie basiert auf dem → Positiven Denken von Joseph → Murphy. Durch → Suggestion und → Hypnose könne jeder Mensch eine positive Grundeinstimmung und Geisteshaltung erzielen, die bei ihm starke Energien freisetze und mit deren Hilfe man auch aussichtslose Probleme lösen könne. Werke: *Kraftzentrale Unterbewußtsein, Hilfe aus dem Unterbewußtsein.*

Freud, Sigmund (1856–1939), öster. Arzt und Psychologe, der die Psychoanalyse begründete. Zusammen mit dem Arzt Breuer beschäftigte sich F. in Paris (1885) bei dem bekannten Psychiater → Charcot mit → Hysterie und → Hypnose. Ihre Forschungen veröffentlichten sie in einem gemeinsamen Buch mit dem Titel *Studien über Hysterie* (1895), in welchem sie den Nachweis erbrachten, daß durch Hypnose verdrängte seelische Konflikte, die dem Bewußtsein unzugänglich sind, wieder bewußtgemacht werden und durch Abreaktion beseitigt werden können. Diese Erkenntnis entwickelte F. selbständig in seiner *Traumdeutung* (1900) weiter. Die Psychoanalyse geht davon aus, daß dem Unbewußten, über das das Bewußte nur als eine dünne Oberschicht auflagere, eine entscheidende Bedeutung zukommt. Der Königsweg in dieses Unbewußte führt über die → Träume. Die Aufgabe der Traumdeutung liegt für F. darin, den verborgenen (latenten) Traumgedanken aus dem »Traumtext« (manifester Trauminhalt) herauszuarbeiten, ihn aus dem Unterbewußtsein herauszugraben und ins Bewußtsein zu heben. Diese zurückführende (reduktive) Methode der Traumanalyse stößt auf drei Schwierigkeiten: 1. Der Traum arbeitet wie eine Zensur, durch die der latente Traumgedanke bis zu seiner Umsetzung zum manifesten Trauminhalt verstümmelt und entstellt wird. 2. Die eigentliche Umsetzung erfolgt in Bildern und → Symbolen (vorwiegend Sexualsymbolen). 3. In einer Art sekundärer Bearbeitung wird den Träumen eine gewisse Einheitlichkeit verliehen.

Aus der Traumanalyse entwickelte F. allgemeine Einsichten in die Triebstruktur des Menschen. Die Triebenergie (oder Sexualenergien) werden bei der Überschreitung der Schwelle des Bewußtseins zensiert und werden ins Unbewußte zurückgewiesen (»verdrängt«). Sie werden aber nicht vernichtet, sondern kehren als neurotische Störungen aller Art wieder und können so maskiert die Zensur überwinden. Aber auch als wissenschaftliche, künstlerische, religiöse und andere Kulturtendenzen (»sublimiert« von lat.: *sublimare* = »emporheben«) kehren sie in das Bewußtsein wieder zurück. Wichtig für die Psychoanalyse ist die »Objektwahl« der → Libido (Sexualtrieb). Beim Kind ist das Objekt der Lustgewinnung der eigene Körper. Zwischen dem 2. und 5. Lebensjahr wird die Mutter bzw. der Vater Sexualziel. Beim Sohn kommt es zu einer unbewußten Bindung an die Mutter (»Ödipuskomplex«) unter Rivalitätsgefühlen gegen den Vater (bei den Mädchen umgekehrt).

Grundsätzlich gliedert sich ein Individuum nach F. in ein Es, Ich und Über-Ich. Das Es ist der Träger der Leidenschaften, Triebkräfte und die Zusammenfassung alles Unbewußten und Verdrängten. Das Über-Ich ist eine Folge des Ödipuskomplexes und der Identifizierung mit seinem Vater, nachdem die unbewußte Bindung an die Mutter beseitigt wurde. Das Ich ergibt sich aus dem Es und Über-Ich und enthält Vernunft und Besonnenheit. Darüber hinaus steuert es auch die Strebungen des Es, so daß dies keine Aktion ohne seine Genehmigung ausführen kann. Die psychischen Störungen (Neurosen) sind Ausdruck eines innerseelischen Konfliktes, bei dem die Ich-Funktion vom Es oder Über-Ich bedroht wird. Die Lösung des Konfliktes bedeutet meist eine Flucht in die Krankheit.

Fulcanelli, Jean Julien
(1877–1932), franz. Alchemist, dessen Name wahrscheinlich Julien Champagne lautet. Von ihm wird behauptet, er habe wie Saint Germain den Schlüssel zu ewiger Jugend gefunden. F. versuchte in seinem Buch *Le Mystère des Cathédrales* (1926, »Das Geheimnis der Kathedralen«) den Nachweis zu erbringen, daß die Zeichen und Symbole an den Kathedralen von Paris, Bourges etc. einen geheimen alchemist. bzw. okkult. Sinn haben.

Fußzonentherapie, andere Bez.: Fuß-Reflexologie oder Podotherapie (von griech.: *podus* = »Fuß«). Eine holographische → Heilmethode, die auf dem Grundsatz beruht, daß ein Teil des Organismus den ganzen Organismus widerspiegelt. Den verschiedenen Körperorganen entsprechen bestimmte Zonen an den Füßen. Dieses Wissen war schon in der buddh. → Medizin, in Japan, China und bei den amerikanischen Indianern bekannt. Um die Jahrhundertwende lokalisierte der amerik. Arzt W. H. Fitzgerald genaue Zonen an den Füßen, die er mit einer intensiven Punktmassage behandelte. Der Amerikaner Ralph Alan Dale setzte die Forschungen Fitzgeralds fort und fand heraus, daß sich auf den Füßen Entsprechungen (Projektionen) mit den Meridianen der chin. Akupunktur finden. Beide Systeme (der Teil und das Ganze) bilden zusammen ein bioenergetisches System.

G

Gagat, andere Bez.: schwarzer → Bernstein; besteht aus bituminöser, polierfähiger Braunkohle. In der Magie ist der G. der Talisman der Kaufleute und Reisenden. Der griech. Dichter Nikander (2. Jh. v. Chr.) schreibt ihm die Kraft zu, Schlangen zu vertreiben. Der griech. Arzt → Dioskurides empfiehlt den Rauch dieses brennbaren Steines als Mittel gegen die Fallsucht und Hysterie. In Wein gekocht soll er Zahnschmerzen lindern. Aber schon bei den antiken Ärzten finden sich Warnungen vor der giftigen Wirkung des Rauches. Mit Wein vermischt beseitigt er Geschwülste und Anschwellungen. In der Spätantike war der G. ein Allheilmittel: er vertreibt Spulwürmer, lindert Kopfschmerzen, hilft einer Gebärenden, regt die Herztätigkeit an und fördert mit Traubensaft vermischt den Stuhlgang. Mit dem »Gagatwasser« heilte man im Mittelalter lose Zähne. Anwendung in der modernen Edelsteinmedizin: Das Elixier hilft bei Tumoren.

Gaia-Theorie, nach der griech. Erdgöttin Gaia. Der Chemiker John Lovelock geht davon aus, daß die Erde kein gigantischer toter Felsbrocken ist, der von lebenden Organismen bevölkert wird, sondern selbst ein riesiger Organismus, den man als ein vollkommenes, sich selbst regulierendes System bezeichnen kann. Sie hat ein eigenes Gehirn, das von den Menschen repräsentiert wird, sowie Atmung, Stoffwechsel etc. Die wichtigste Aufgabe der Menschheit besteht darin, sich um die »Gesundheit« dieses Organismus zu kümmern, damit die Umweltbedingungen sich nicht weiter verschlechtern und das sich selbst regulierende System zusammenbricht.

Galbanum, bot.: *Ferula galbanifula*; ein im Iran, Irak und Syrien beheimateter Doldenblütler. Das Gummiharz wird durch Wasserdampfdestillation aus den grünlich-braunen Körnern des Milchsaftes gewonnen, der stark aromatisch riecht und einen terpentinartigen Geschmack hat. Mediz. Anwendung: bei unregelmäßiger Menstruation, Rheuma, Durchblutungsstörungen.

Galgant, bot.: *Alpinia officinarum*; ein in China, Indien und Thailand beheimatetes Ingwergewächs. Aus der Wurzel wird durch Destillation ein Öl gewonnen, das bei Schwindelgefühlen, Ohnmacht, Magen- und Darmkrankheiten und Frauenleiden wirksam ist.

Galläpfel, im Volksmund: »Knoppern«; gelblichbraune, kugelförmige Auswüchse an der Eiche, die durch Insektenstiche entstehen. Wegen ihres Gehaltes an Gerbstoffen wurden sie in der Vergangenheit in der Färberei benutzt. Im Zauberglauben ein Schutzmittel gegen Feuer und Blitzschlag.

Gardner, Gerald Brosseau (1884–1964), engl. Pflanzer und Begründer eines neuzeitlichen Hexenkultes. G., der bis 1936 in Ceylon und Malaya lebte, war Mitglied des O.T.O. Durch die Schriften von → Murray, Lelands (→ Aradia, → Buch der Schatten) und → Crowley wurde er offenbar inspiriert, einen eigenen Hexenkult (→ Wicca) zu gründen. Obwohl G. vorgab, er sei in den Wicca-Kult eingeführt worden, der ein Überrest einer alten Hexenreligion der britischen Insel sei, gilt er selbst als der Begründer. 1950 eröffnete er auf der Insel Man ein Hexenmuseum. Neuen Mitgliedern, die in den Wicca-Kult eingeführt wurden, überreichte er das *Buch der Schatten*, bei dessen Abfassung auch Crowley mitgewirkt haben soll. Von ihm stammen sehr populäre Bücher über die »Gardner-Hexenkunst«: *High Magic Aid* (1949), *Witchcraft today* (1954), *The Meaning of Witchcraft* (1959).

Gauqelin, Michael (geb. 1928), franz. Psychologe, Statistiker und Astrologe. G. wurde durch seine astrolog.-statistischen Untersuchungen bekannt, in denen er den Einfluß der verschiedenen Planeten auf den Menschen untersuchte. Das Aufsteigen und die → Kulmination der Planeten bei der Geburt berühmter Männer untersuchte er bei verschiedenen Berufsgruppen (Schauspieler, Sportler, Schriftsteller usw.). Dabei kam er zu folgendem Ergebnis: 1. 5438 bedeutende europäische Heerführer wurden bei der Kulmination des Mars geboren (Wahrscheinlichkeit 1:1000000), 2. 3305 Gelehrte beim Aufsteigen und der Kulmination des Saturn (Wahrscheinlichkeit 1:1000000), 3 993 Staatsmänner beim Aufsteigen und der Kulmination des Jupiter (Wahrscheinlichkeit 1:5000) 4. 1485 Rekordsportler beim Aufsteigen und Kulmination des Mars. Nach Ansicht G. bestätigt diese Untersuchung die Hypothese des → Ptolemäus, daß der Beruf eines Menschen von dem Aufstieg und der Konstellation der Planeten abhängt. Der Planet ist nicht für die Berufswahl zuständig, sondern bedingt die für den Beruf erforderlichen Eigenschaften.

G. untersuchte auch die Astralvererbung. Schon der Astronom Kepler (1571–1630) behauptete, daß ähnliche → Konstellationen der Gestirne unter nahen Verwandten häufiger seien als zwischen Menschen ohne Verwandtschaftsbeziehung. Die Überprüfung von 25 000 Geburtsdaten und -stunden von Eltern und Kindern in dem Zeitraum von 1850–1945 ergab: Wenn ein Vater oder eine Mutter beim Aufsteigen oder der Kulmination eines bestimmten Planeten geboren wurden, kamen die Kinder meistens beim Aufsteigen oder der Kulmination des gleichen Planeten zur Welt. Außerdem war die erbmäßige Ähnlichkeit zwischen Kind und Elternteil zweieinhalbmal größer, wenn das Kind an einem magnetisch gestörten Tag zur Welt kam. Daraus folgt, daß die Sonne die Energiezentrale des Kosmos und die Planeten die Energie-Umwandler sind. Der Fötus ist nach G. nur der Resonator. Wenn aber die Geburt durch einen Kaiserschnitt erfolgt oder durch Medikamente künstlich beschleunigt wird, tritt die Astralvererbung außer Kraft. G. glaubt, daß der Fötus mit einem »Selektor« ausgestattet ist, der es ihm ermöglicht, den für sein Astraltemperament geeigneten Zeitpunkt bzw. die Einwirkung der Planeten zu bestimmen.

Gayatri-Mantra, eines der berühmtesten → Mantras des Hinduismus, das auch die »Mutter der Veden« *(Vedamata)* genannt wird. Der Sage nach soll es dem weisen Vishwamitra, dem Lehrer des Prinzen Rama, dem Titelhelden des berühmten ind. Epos *Ramayana*, offenbart worden sein. Jeder Brahmane ist verpflichtet, das G.-M. am Morgen und am Abend aufzusagen. Es ist an die Göttin Sonne, der Gemahlin von → Brahma gerichtet. Dieses Mantra soll die Kraft haben, die → Kundalini-Energie zu erwecken. Der Sanskrit-Text lautet: *Om Bhuh Bhuvah Swah, Tat Savituh Varenyam Bhargo Devasya Dhimahi, Dhiyah Yah Nah Prachodayat.* Dt. Übers.: »Erde, Himmel und All, wir meditieren über diese und das unbeschreibliche Licht und den Glanz der Sonne! Möge sie unsere Gedanken leiten!«

Gebelin, Court de (1719–1784), franz. protestantischer Pfarrer, Freimaurer und Gelehrter. 1773 gründete er den Orden »Göttlicher Orden der Philalethhen«, der sich mit den Visionen → Swedenborgs befaßte. G. setzte sich auch für → Mesmer und seine Lehre ein. In seinem enzyklopädischen Monumentalwerk *Le Monde primitif*, das 1773–1778 erschien, stellte er die Behauptung auf, daß das → Tarot ägypt. Ursprungs sei. Als Beweis führte er an, daß das Wort »Tarot« im Ägypt. »der königliche Weg« bedeutet. Die ägypt. Priester hätten ihr geheimes Wissen in die Form eines Kartenspiels gekleidet, um es vor dem Untergang zu bewahren. Die Zigeuner, die man zu dieser Zeit irrtümlich als Nachfahren der Ägypter ansah, hätten die Tarot-Karten in Europa bekanntgemacht. G. sah schon die mögliche Verbindung der 22 Arkana mit den 22 Buchstaben des hebr. Alphabets. Diese Erkenntnis gab dann den Anstoß, die Tarotkarten im Sinne der → Kabbala zu interpretieren.

Gebet, der Versuch des Menschen, mit dem von ihm geglaubten höchsten Wesen in Kontakt zu treten. Es handelt sich meistens um einen Dialog, der von der unterwürfigen Demut bis zur Bitte reicht. Nach seiner Form lassen sich Bitt-, Buß-, Lob- und Dankgebet unterscheiden. Das Gesundbeten (→ Geistheilung) ist ein religiös verbrämtes Heilverfahren, bei dem mit geschriebenen oder gesprochenen Worten die Gesundheit von Menschen oder Tieren erreicht werden soll. Eine Sonderform des G. ist die → Zauberformel.

Gebser, Jean, → Bewußtsein

Geburah oder Din (Gerechtigkeit) und Pachad (Furcht); 5. Sephirah (→ Sephiroth), die Stärke, Kraft und Strenge symbolisiert. Zusammen mit → Gedullah oder → Chesed bildet sie das Seelenreich. Zuordnungen: göttlicher Name: Elohim Gibor; Erzengel: Kamael; materielle Welt: Madim, Sphäre des Mars.

Geburtshoroskop. Im Gegensatz zum → Horoskop während der Empfängniszeit, das lediglich die Kräfte aufzeigt, die einem Keim eingepflanzt sind, ist das G. repräsentativer, weil es eine Aussage über den fertigen Menschen erlaubt. Es stellt die spezielle Seelenverfassung dar, die in Übereinstimmung mit der speziellen Planetenkonstellation im Augenblick der Geburt entsteht. Um das G. zu bestimmen oder zu berechnen, studiert man die Himmelskarte im Augenblick der Geburt und am Geburtsort. Wenn ein Mensch zur Welt kommt, ist er durch die Planetenkonstellation bestimmt. Der äußere Himmel wird zu seinem inneren Himmel. Das G. zeigt, wie ein Mensch vom Kollektiven Unbewußten und den allen Menschen gemeinsamen Symbolen, z. B. Sonne, Mond (→ Archetypen) ergriffen wird. Aufgabe des Astrologen ist es, diese symbolische Beziehung zwischen Mensch und Universum mit Hilfe der Tradition und der Psychologie zu entziffern. (moderne → Astrologie)

Geburtshoroskop. Ein Astrologe stellt einem Neugeborenen ein Horoskop

Gedullah → Chesed.

Geerkraut, bot.: *Gentiana cruciata*; volkstüml. Bez.: Modelgeer. Die Pflanze besitzt einen Bitterstoff, der als Magenmittel und zur Herstellung des Branntweines Enzian verwendet wird. Mediz. Anwendung: bei Verdauungsschwäche, Wurmkrankheit, Fieber.

Geheimwissenschaft, ein von Steiner (→ Anthroposophie) geprägter Begr., den er gleichbedeutend mit → Okkultismus benutzte. Ohne Zweifel wollte er damit seine eigene Lehre der → Theosophie → Blavatskys entgegenstellen, die ihr Hauptwerk mit *Secret Doctrine* (»Geheimlehre«) betitelte. Dahinter steht die Vorstellung, daß das esot. Wissen in der Vergangenheit durch die → Arkandisziplin vor einer Verbreitung in die Öffentlichkeit geschützt war und als »geheim« gelten konnte.

Gehenkte, der, die 12. Karte der großen Arkana des Tarot. Ein mit einem Bein nach oben gefesselter Mann hängt mit dem Kopf nach unten. In älteren Karten hält er noch zwei Geldbeutel in den Händen.
Die Symbolik der Karte hat einen Bezug zur Strafe. In der Antike wurden die christl. Märtyrer an einem Bein aufgehängt, besonders aber Frauen, damit ihre Geschlechtsorgane entblößt würden. Bei den beiden Geldsäcken kann es sich ursprünglich um Steine handeln, die nach den Märtyrerakten noch zusätzlich den Gehenkten an die Hände gebunden wurden. Gelegentlich sah man in dieser Karte eine Parodie auf die Hinrichtung Christi. Für diejenigen Interpreten, die das Tarotspiel als ein ganz gewöhnliches Kartenspiel zur Unterhaltung ansehen, symbolisiert diese Karte nur eine außergewöhnliche Form von Bestrafung. Eine tiefsinnige Interpretation gibt der tschech. Mystiker Weinfurter *(Der brennende Busch*, 1930), der die ind. Chakrenlehre heranzieht. Er stellte fest, daß die Verbindungslinien der Astknorren des Märtyrerholzes, an welchem der Gehenkte gefesselt ist, alle Chakren am Körper berühren. Es soll die Erleuchtung dargestellt werden, wenn die Kundalinikraft das oberste Chakra erreicht und tausendfach erstrahlt. Dies ist der Zustand der höchsten Glückseligkeit für den Weisen. Gelegentlich wird der G. mit einem Haupt abgebildet, von dem ein Licht ausgeht. Die ind. Askese kennt das Sichaufhängen mit dem Kopf nach unten. Nach

Geburtsastrologie

der jüd. Mystik stellt es die Sephirah Binah, das Sinnbild des Großen Meeres der Weisheit, dar. Im kabbal. Lebensbaum entspricht der Karte der Pfad zwischen Hod (Ruhm) und Geburah (Stärke). (→ Tarot)

Gehirnwellen, 1. elektromagnetische Wellen, die vom menschlichen Gehirn nach Art der Radiowellen ausgehen sollen. Sie werden zur Erklärung der → Telepathie herangezogen.
2. Mit Hilfe eines Elektroenzephalographen (EEG) können die Wellen, die bei der Hirnaktivität auftreten, gemessen werden. Man unterscheidet vier Hauptgruppen von elektrischen Rhythmen: a) Betawellen (13–30 Hz; Hertz ist das Symbol für die in Zyklen gemessenen Frequenzen pro Sekunde, b) Alphawellen (8–13 Hz), die bei Entspannung und veränderten Bewußt-

seinsformen auftreten, c) Thetawellen (4–7 Hz), die vor allem bei → Mediation auftreten, d) Deltawellen ($^1/_2$–4 Hz), die Zeichen für den Schlafrhythmus sind, aber auch bei → Medien, Heilern und → Gurus ein Zeichen für Erleuchtung und höchste Bewußtseinszustände sein können.

Geist, lat.: *spiritus*; griech.: *pneuma, nous, logos.* Bez. für den nicht körperlichen (immateriellen) Teil der Welt im Gegensatz zur Materie. Analog dieser Zweiteilung der Welt werden beim Menschen Geist, Seele (Gefühl) und Körper unterschieden. Der Begr. G. ist aber doppeldeutig, denn es kommt nicht zum Ausdruck, ob es sich hierbei um den rationalen G. (= Verstand) oder den überrationalen G. (→ Spiritualität) handelt. In der Esoterik ist deshalb eine Vierteilung des Menschen üblich geworden: Spirit, Verstand, Gefühl und Körper. Dieser Einteilung, die in der → Theosophie und → Anthroposophie noch verfeinert wird, liegt die Vorstellung zugrunde, daß es eine einheitliche Geist-Energie gibt, die in ihrer obersten Stufe reiner G. ist und sich nach unten immer mehr verdichtet. Die Bereiche zwischen reinem G. und dem Körper werden als → feinstofflich bezeichnet. (→ Aura, → Chakra)

Geistchirurgie oder Logurgie; andere Bez.: Trance-, spiritualistische oder psychische Chirurgie; wird besonders in Brasilien und auf den Philippinen praktiziert. Der Operateur behandelt den feinstofflichen Körper (→ Ätherleib), welcher die Vorlage für den physischen Körper bildet. Jede Manipulation an der Vorlage führt auch zu Veränderungen am physischen Körper. In der Praxis werden diese Operationen gegen alle Regeln der orthodoxen Chirurgie durchgeführt (ohne Narkose, Sterilisation und Instrumente). Es gibt auch G.-Chirurgen, die zwar nach den Regeln der Schulmedizin arbeiten, aber sich der

Geister. Eine automatische Zeichnung, die auf einer Inspiration beruht. 1909 von Austin Spare

Hilfe von Geistwesen versichern. Die G. wurde bekannt durch den Filipino → Agpaoa und den Brasilianer J. P. Freitas.

Geister, andere Bez.: Geistwesen; menschliche oder menschenähnliche Wesen, die dem feinstofflichen Bereich (→ Geist) zugeordnet werden. Man unterscheidet: → Dämonen, → Elementare, → Engel, → Familiare. Der → Spiritismus geht davon aus, daß Verstorbene zu G. werden und in der diesseitigen Welt erscheinen können. G. können auch durch Materialisation von Medien hervorgebracht werden. (→ Animismus)

Geistheilung, Heilung von Krankheiten durch den Geist, der als reine (Geist-)Energie oder verdichtete oder feinstoffliche Energie, die auch von dem Heiler selbst ausgeht, interpretiert wird. Von diesem Ansatz her ist G. bei psychosomatischen Erkrankungen erfolgreich, die ihre Ursachen im geistig-seelischen Bereich des Menschen haben. Hierbei muß aber beachtet werden, daß auch viele körperliche Erkrankungen auf geistig-seelische Störungen zurückgeführt werden können. Man unterscheidet heute drei Formen der G.: 1. Der Heiler arbeitet mit seinen eigenen Kräften. Dazu gehören → Magnetismus und das → Gebet. Der Vorgang der G.-Heilung spielt sich nur zwischen dem Heiler und dem Patienten ab. 2. Der Heiler ist nur der Mittler zwischen übernatürlichen Wesenheiten (→ Geister, besonders → Engel) oder überträgt feinstoffliche Heilenergien auf den Patienten. 3. Der Heiler arbeitet mit dem Geist, was in der Regel durch Beten geschieht. Die mediz. Handlung wird damit zu einer religiösen. Krankheit beruht demnach auf einem Mißverhältnis zwischen überrationalem Geist (Spirit) und der Seele. Der Heiler stellt den Kontakt zu der (Geist-)Energie her.

Geller, Uri (geb. 1946), Israeli, der in den 70er Jahren durch seine paranormalen Fähigkeiten bekannt wurde, Metallgegenstände (Geller-Effekt) zu verbiegen. Nachdem G. im Fernsehen seine Fähigkeiten vorgeführt hatte, behaupteten Zuschauer, über die gleichen Fähigkeiten zu verfügen. Ab 1974 stellte G. seine paranormalen Talente Industriekonzernen für die Öl- und Erzsuche zur Verfügung. Es handelte sich hierbei um Teleradiästhesie, bei der G. nur anhand einer Landkarte die Lagerstätten entdeckte. Der israel. Parapsychologe Andrija Puharich, der eng mit G. zusammenarbeitete und seine Fähigkeiten untersuchte, behauptete, G. verdanke seine Talente außerirdischen Wesen.

Gelong, tib. Bez. für einen ordinierten Mönch im → Lamaismus.

Gelugpa, tib.: »Sekte der Tugend«; andere Bez.: »Gelbmützen«. Die letzte der vier Schulen des → Lamaismus, die von Tsong Khapa (1356–1418) gegründet wurde. Er reformierte die Kadampa-Schule des indischen Heiligen Atisha. Die G. hebt sich äußerlich von den

Rotmützen, der Nyingmapa-Schule ab. Sie legt Wert auf das Studium der heiligen Schriften und auf Gelehrsamkeit. Sowohl der → Dalai-Lama als auch der Pantschen-Lama gehören dieser Schule an.

Gematria, aus griech.: *geometrie*; eine Methode der praktischen → Kabbala, die zur Voraussetzung hat, daß jedem hebr. Buchstaben (hebr. → Alphabet) ein Zahlenwert zugeordnet ist. Mit Hilfe der G. ist es möglich, ein schwer deutbares Wort in einem Bibelvers durch ein anderes Wort, dessen Buchstaben denselben Zahlenwert haben, oder durch einen Begriff, mit dem die entsprechende Zahl verbunden ist, zu erklären. So wird (AT Mos. 1,49.10 → Bibel) der hebr. Text: *jabo schiloh* (»es wird kommen Schiloh«) auf den Messias gedeutet, denn die Konsonantenbuchstaben beider Wörter haben denselben Zahlenwert wie das hebr. *maschiach* (»Messias«).

Gemmotherapie, lat.: *gemma* = »Edelstein«, Knospe; 1. → Edelsteintherapie. 2. Blütentherapie. Bez. für eine → Pythotherapie, bei der die Knospen und Spitzen einer Pflanze, in denen besondere Lebenskräfte sitzen, für den Menschen nutzbar gemacht werden. Diese Pflanzenteile enthalten besonders viele Wachstumshormone.

Gemswurz, bot.: *Doronicum pardalianches*; die Wurzel, die süßlich aromatisch schmeckt, galt in der älteren Medizin sowohl als ein Mittel, um die Wirkung von Giften aufzuheben, als auch soll sie selbst giftig sein, was schon der Name *Pardalianches* (»Leopardenwürger«) andeutet. In der Magie ist die G. ein Schutzmittel gegen Behexung und Verzauberung, wenn man sie als Amulett trägt oder unter der Türschwelle vergräbt.

Genius, ein → Dämon (gleichbedeutend mit arab. *dschin)*, der engen Kontakt mit den Menschen pflegt. Die guten G.e sind die Schutzengel. Die bösen G.e sind die Seelen der Toten, die nicht begraben wurden.

Genku (1133–1212), Gründer der Jodo-Sekte (»Sekte des reinen Landes«) des jap. → Buddhismus. Das »reine Land«, das die Erlösung symbolisiert, kann nur durch die Hingabe an Amida (→ Amitabha) erreicht werden. Dahinter steht die Vorstellung, daß das Wesen Buddhas in jedem Menschen gegenwärtig ist. Die Gebete an Buddha richten sich daher letztlich nur an das eigene Selbst. Die Schüler G.s haben diese Lehre aber so ausgelegt, daß zwar der Glaube an Buddha selig mache, aber seine Gnade nicht erworben werden könne, sondern ein Geschenk sei.

Geomantie, griech. Erdweissagung. Ursprüngl. verstand man darunter das Wahrsagen aus unterirdischen Lauten, besonders Erdbeben. Bei den Chinesen ist die G. als → Feng-shui bekannt. Im Mittelalter bezeichnete das Wort die

Punktierkunst, die seit dem 12. Jh. über die Araber nach Europa kam. → Agrippa v. Nettesheim brachte diese Wahrsagemethode in ein System mit der Astrologie. Eine willkürliche Anzahl von Punkten werden in mehreren Reihen auf ein Stück Papier oder in den Sand geschrieben. Von diesen Punkten werden dann nach bestimmten Regeln zwölf Figuren gebildet, die man dann in die zwölf → Häuser der Tierkreiszeichen zeichnet. Jede Figur hat, je nach dem Haus, in dem sie steht, ihren eigenen Sinn. Um nun weissagen zu können, muß man eine Tafel von der Bedeutung der Figuren in den einzelnen Häusern haben.

In der modernen Esoterik ist die G. das Wissen von den Kraftlinien bzw. -orten der Erde, die wie ein lebendiger Organismus von diesen Linien als ihren Nervenbahnen durchzogen wird. Diese Kraftströme der Erde lassen sich mit Hilfe der → Radiästhesie aufspüren. Es gibt sichere Hinweise, daß den kelt. → Druiden schon eine Technik des Aufspürens bekannt war. Sie haben diese Orte mit einer Wünschelrute gefunden, die identisch mit dem Krummstab der christlichen Bischöfe war. Schon um die Jahrhundertwende entdeckte Alfred Watkins, daß eine große Zahl von alten Kirchen und Kultplätzen auf einer geraden Linie (engl.: *leylines)* lagen, wenn man sie auf einer Karte miteinander verband. Erfahrene Geomanten können diese Linie schon an der Beschaffenheit der Vegetation erkennen. Es gibt Bäume und Sträucher, die Strahlen fliehen wie z. B. Tanne oder Fichte. Strahlensucher sind Holunder, Haselnuß und Brennessel. Mistel, Eiben, Weißdorn und Wacholder findet man an Kraftorten sehr häufig. Weitere Hinweise bilden die Ortsnamen wie Teufelstein, Druidenstein, Lichtenstein.

Geranium, bot.: *Perlagonium odorant*; ein in Ostafrika, Réunion und Europa vorkommendes Storchschnabelgewächs. Das Öl wird durch Wasserdampfdestillation aus der ganzen Pflanze gewonnen. Davon muß man das bulgarische Geranium-Öl unterscheiden, das einen krautigen Geruch hat. Das G. hat einen breiten mediz. Anwendungsbereich: bei Entzündungen aller Art (Magen, Mund etc.). Nach neuesten Erkenntnissen senkt es auch die Adrenalinabgabe und senkt den Blutzuckergehalt.

Gerechtigkeit, die, die 8. Karte der großen Arkana des Tarot. Auf dieser Karte findet sich schon in der ältesten bekannten Gestalt das Bild der Göttin der Gerechtigkeit mit Schwert und Waage in den Händen. Die ital. Benennung dieser Karte »La Giustizia« entspricht genau dem lat. Wort *iustitia.* Die Schicksalsgöttin Ananke, die von den griech. Magiern auch Dike (Gerechtigkeit) genannt wurde, hieß bei den Römern gewöhnlich Necessitas oder Nemesis. Von den Sephiroth entspricht ihr Hod (Pracht) und der Pfad zwischen Tipheret und Geburah im Lebensbaum. In der modernen Tarotdeutung wird die Symbolik der Karte mit dem ägypt. Totengericht (ägypt. → Totenbücher) in Verbindung gebracht. Die auf der Karte abgebildete Göttin wird als Maat (Göttin der Wahrheit) gedeutet. (→ Tarot)

Gericht, das, die 20. Karte der großen Arkana des Tarot. Das Bild sämtlicher erhaltenen Varianten stellt das Jüngste Gericht dar, wie es im NT (Matthäus 25,31) beschrieben wird. Die beiden Engel, die sich in den älteren Darstellungen finden, stehen für die Schafe (die Gerechten) und die Böcke (die Verfluchten), die an diesem Tag voneinander getrennt werden. Man dachte aber auch an das düstere Szenario beim Tod Jesu (NT, Matthäus 27, 52 ff.), wo es heißt: »Und die Erde erbebte, und die Felsen zerrissen, und die Gräber taten sich auf, und standen auf viele Leiber der Heiligen, die da schliefen.« Im kabbal. Lebensbaum entspricht ihm der Pfad zwischen Hod (Pracht) und Malkuth (Reich). (→ Tarot)

Gespenst, ursprüngl. Bedeutung: »Verlockung«; ein lockendes Trugbild, das heute als identisch mit einer Spukgestalt (→ Spuk) angesehen wird.

Gestalttherapie, eine von dem Psychoanalytiker Fritz Perls (1893–1971) entwickelte Psychotherapie, die der humanistischen → Psychologie zugeordnet wird. Sie wird meistens in Einzelsitzungen unter Leitung eines G.-Therapeuten durchgeführt. Unter »Gestalt« versteht man ein organisiertes, sinnvolles und harmonisches Ganzes, das sich aus der äußeren Erscheinung und dem Hintergrund (Persönlichkeit, Erfahrung etc.) zusammensetzt. Wenn die Beziehung zwischen beiden gestört ist, entstehen Krankheiten. Unsere gewohnten Verhaltensmuster, die von diesem Hintergrund geprägt werden, haben die Funktion einer Stütze. Ziel der G. ist die Einsicht, daß Teile dieses einmal benötigten Verhaltensmusters nun nicht mehr notwendig und ein Hindernis geworden sind. Bei der G., die neben Tanz und Kunst auch alle Verfahren der modernen Psychotherapie wie → Traumdeutung, → Phantasiereise, → Bioenergetik etc. anwendet, wird die Analyse und Deutung, wie sie in den verschiedenen Richtungen der Psychoanalyse üblich ist, vermieden. Der Patient wird ermutigt, sich auf das Hier und Jetzt zu konzentrieren. Wichtig ist die → Körpersprache und die Konzentration auf das, was im Augenblick geschieht. Die G., die zur Selbsterkenntnis, Entfaltung der Persönlichkeit und Selbststeuerung führt, wird oft mit dem → Zen verglichen.

Gesundbeten, → Gebet

Gibran, Khalil (1883–1931), liban. Maler und Dichter. Die Jahre zwischen seinem 12. und 27. Lebensjahr verbrachte er abwechselnd im Libanon, USA und in Europa, wo er sich in Paris dem Künstlerkreis um Rodin anschloß. Ab 1910 ließ er sich endgültig in Amerika nieder. Sein Hauptanliegen war die

Erneuerung der arab. Literatur. 1920 gründete er in New York die Arabische Literarische Gesellschaft. Im Jahre 1923 erschien sein einziges Buch *Der Prophet*, an dem er über 25 Jahre lang gearbeitet hatte. Es enthält Meditationen und Gleichnisse über das Verhältnis der Menschen zueinander. Nach dem sensationellen Erfolg dieses Buches plante G. noch zwei weitere Bände mit den Titeln *Im Garten des Propheten*, das in poetischen Meditationen die Beziehung des Menschen zur Natur behandeln, und *Der Tod des Propheten*, das Betrachtungen über die Beziehungen des Menschen zu Gott darlegen sollte. Durch seinen frühen Tod war es ihm nur vergönnt, das zweite Buch teilweise fertigzustellen. 1934 wurde es von seiner Nachlaßverwalterin Barbara Young veröffentlicht.

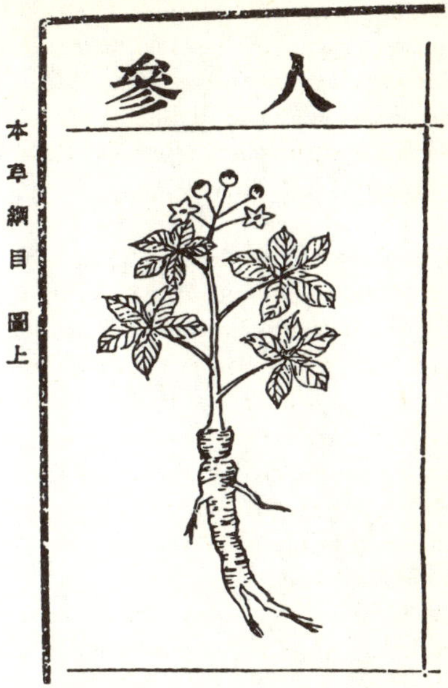

Ginseng

Ginseng, bot.: *Panax ginseng*; eine in Ostasien vorkommende staudenartige Wurzel, die zu der Familie der Araliazeen gehört. Sie gilt als ein Allheilmittel. G. ist, neben Tee, die berühmteste Pflanze Chinas, sie ist auch Bestandteil der Unsterblichkeitselixiere (→ Fo-Ti-Tieng). Der Legende nach soll → Laotse die Wunderwirkung der Pflanze entdeckt haben. In mancher Hinsicht ähneln diese Legenden den mittelalterlichen Erzählungen über die → Alraunwurzel. Die G.-Wurzel, die gern eine phantastische menschenähnliche Gestalt annimmt, schreit und heult während der Nacht. Beim Sammeln sind bestimmte Vorschriften zu beachten. Nach dem → Bon-tsau beruhigt G. den Geist, kräftigt die Seele, vertreibt böse Einflüsse, stärkt den Körper und verlängert das Leben. Mediz. Untersuchungen haben ergeben, daß G. die Harnmenge steigert und ein schwaches Aphrodisiakum ist. In der Magie schreibt man ihr die Fähigkeit zu, einen Menschen in einen Tiger, Vogel oder ein anderes Lebewesen zu verwandeln.

Ginster, bot.: *Spartium junceum*; eine in Europa und Amerika wachsende Hülsenfrucht; das Öl wird durch Alkoholextraktion aus den Blüten gewonnen. Mediz. Anwendung: bei Menstruationsbeschwerden, Depressionen.

Ginza, ostaramäisch: »Schatz«; das heilige Buch (8. Jh.) der Mandäer, das auch *Sidra Rabba* (»Das große Buch«) genannt wird. Seine 21 Bücher enthalten Beschreibungen der Reiche der Finsternis und des Lichtes.

Ginzburg, Carlo (geb. 1939), ital. Prof. für Neuere Geschichte in Bologna. G. wurde durch sein Buch *Benandanti* (1966; dt. 1982) bekannt, in dem er einen bisher unbekannten Feldkult beschreibt, den er in den Inquisitionsakten aus dem 16./17. Jh. im Archiv von Undine entdeckte. Die Benandanti müssen viermal im Jahr ihren Körper verlassen, und sie fliegen zu wechselnden Orten, um mit den Malandanti (Hexer) um die Fruchtbarkeit der Äcker zu kämpfen. G. wies nach, daß sich in einer Randzone Europas ein Rest eines uralten Fruchtbarkeitskultes erhalten hat, der Parallelen zu Elementen (→ Hexensabbat) des Hexenglaubens enthält. In *Hexensabbat* (1989) zeigte er, daß die Benandanti kein Sonderfall, sondern Teil eines in Eurasien verbreiteten Totenkultes waren. Im Mittelpunkt dieses Kultes standen Praktiken und Glaubensvorstellungen des → Schamanismus.

Gnosis oder Abraxos
Gemmen, die von gnostischen Sekten als Amulett benutzt wurden. Auffällig das Schlangensymbol

Gitagovinda, skrt.: »Gesang des Govinda«; ein berühmtes ind. Gedicht, das die Liebe → Krishnas (= Govinda) zu seiner Geliebten Radha schildert. Verfasser ist Jayadeva, der Hofpoet des bengalischen Königs Lakshmanasena (12. Jh.). In einer leidenschaftlichen Sprache, hinter der sich ein tiefer religiöser und mystischer Sinn verbirgt, beschreibt der Dichter die Entfremdung der Liebenden und ihre schließliche Wiedervereinigung. Man interpretierte die Dichtung als eine Allegorie auf die Entfremdung der Menschheit von Gott und der möglichen Erlösung der Menschenseele.

Glastonbury, eine engl. Stadt in Somerset, die zu den Zentren der → New-Age-Bewegung gehört. Der kelt. Sage nach ist hier der Eingang zur Unterwelt. Die Kapelle von G. wird mit Joseph von Arimathea in Verbindung gebracht, der den Gral nach G. brachte und einen Stab in den Boden steckte, der zu einem Dornbusch wurde und jedes Jahr zur Weihnachtszeit blühte. Bis zur Reformationszeit soll dieser Dornbusch bestanden haben. G. soll auch das sagenhafte → Avalon sein, wohin sich König Arthur nach seiner Verwundung zurückzog.

Gnom, → Elementargeister.

Gnosis, griech.: »Wissen«, »Erkenntnis«; Bez. für eine spätantike Religionsbewegung, die im 2. und 3. Jh. nach Chr. ihren Höhepunkt erreichte. Dafür kann auch der Begr. »Gnostizismus« gebraucht werden, der aber von einigen Gelehrten für die gnostischen Systeme des 2. und 3. Jh. vorbehalten wird. Schon das Neue Testament (1. Tim. 6,20) spricht warnend von den Lehrsätzen einer »falschen Gnosis«. Die Vertreter dieser Lehre nennen sich selbst »Gnostiker«.

Die Lehren der G. beinhalten: 1. Geist und Materie sind ewige Prinzipien. Das letztere ist böse, von Gott unabhängig und ihm entgegengesetzt (→ Dualismus). 2. Die Welt ist das Werk untergeordneter Geister. Der Weltbaumeister (Demiurg) wird oft mit dem Gott des Alten Testamentes gleichgesetzt. 3. Aus dem in ein unzugängliches Dunkel gehüllten obersten guten Wesen entspringen in abnehmender Güte und paarweise Geister oder Kräfte, die sich in der Welt des Bösen verlieren (→ Emanation). 4. Die Menschen zerfallen in drei Gruppen: Gnostiker oder Geistmenschen (Pneumatiker), in denen das Lichtelement vorherrscht, und Seelenmenschen (Psychiker), in denen Gutes und Böses miteinander kämpfen, sowie Leibmenschen (Hyliker), die rettungslos der Materie verfallen sind. 5. Sünde bedeutet Verstrickung in die Materie, und Erlösung ist Befreiung vom Zwang der Leiblichkeit. 6. Christus ist ein Geistwesen (→ Äon), das sich mit dem Menschen Jesus vorübergehend eint, nicht um durch menschliches Leben, Leiden und Sterben, sondern durch die Lehre (Gnosis) die Auserwählten zu retten. 7. Entweder wird auf strenge Askese geachtet, oder eine freizügige Sexualität wird nicht nur geduldet, sondern ausdrücklich verlangt.

Von dem umfangreichen gnostischen Schrifttum waren bis zu den umfangreichen Funden in Nag Hammadi abgesehen von einigen größeren Stücken (Pistis Sophia) nur Fragmente bekannt. Das Gedankengut der G. lebte weiter im → Manichäismus, den Lehren der Katharer (→ Albigenser) und der → Kabbala. Um 1022 gab es in Orleans eine gnostische Gruppe, welche die Sakramente ablehnte und die Sexualität als nicht sündhaft betrachtete. Die wichtigsten gnost. Sekten sind: Valentianer, benannt nach dem 160 n. Chr. verstorbenen Valentinus. Sie lehren, daß die drei Katastrophen (Schöpfung, Sündenfall und Erlösung) schon in der übersinnlichen Welt (Pleroma) vorgebildet sind. Die Ophiten (griech.: »Schlangenanbeter«) behaupten, daß die Schlangen dem von Gott geschaffenen Menschen den Genuß der Früchte vom Baum der Erkenntnis ermöglichten, obwohl Gott aus Eifersucht ihnen dies verwehrte. Die Marcioniten betonen besonders die strenge Askese.

Goetie, griech.: »Schwarze Magie«; eine Form der Zauberei, die sich der Hilfe von bösen Dämonen und der Totenbeschwörung (→ Nekromantie) bedient. Gegensatz: Theurgie oder Weiße → Magie.

Görres, Joseph von (1776–1848), Publizist und Gelehrter, der durch seine 3000 Seiten umfassende *Christliche Mystik* berühmt wurde. Die 4 Bde. (1836–1842; ab der 2. Aufl. 1879 5 Bde.) dieses Werkes sind analog der menschlichen Person (Leib, Seele, Geist) in drei Teile gegliedert. I.) 1. Bd.: Natürliche Grundlagen der Mystik. II.) 2.–5. Bd.: Die christliche Mystik. III.) 6–9 Bd.: Die dämonische Mystik. Das ganze Werk ist unvollendet geblieben, da G. noch die höchste Mystik behandeln wollte. G. beabsichtigte, den Leser stufenweise zum Geist Gottes in der christlichen Mystik und zum Geist des Bösen in der dämonischen Mystik hinzuführen. Man hat G. vorgeworfen (Prof. Ute Ranke-Heinemann in der Einleitung zu der Neuausgabe, Frankfurt/M. 1990), daß es ihm nicht um das eigentliche Anliegen der christlichen Mystiker gehe, nämlich den stufenweisen Aufstieg zu Gott und um seine Vereinigung mit ihm, sondern nur um die Randerscheinungen der Mystik wie Dämonen, Wolfsmenschen, Naturgeister, Teufel, Hexen, Magie, Spuk, Totenbeschwörung etc. G. hat über 1500 Zitate aus mittelalt. Lebensbeschreibungen, Legenden, Ordensgeschichten, Heiligenregister, Hexenprozeßakten etc. in sein Werk eingearbeitet und so diese seltenen Quellen der Nachwelt erhalten.

Götter-innen, übermenschliche, unsterbliche Wesen; sie werden in Religionen verehrt, die keinen Eingott-Glauben (Monotheismus) haben. In den frühen Stufen solcher Religionen sind es meistens Himmels-, Erd- und Elementargötter (Feuer, Wasser). Später nehmen sie Menschengestalt an. (→ Große Göttin)

Gold, ein Abwehrmittel gegen Schadenszauber (→ Analogiezauber), da es als Sonnenmetall der Feind aller dunklen Mächte ist. Als Amulett wehrt es den bösen → Blick ab. Das Ziel der Alchemie ist die Herstellung des Steines der Weisen (→ Lapis philosophorum), der roten Tinktur oder des Großen Elixiers, mit dessen Hilfe alles in Gold verwandelt wird. Wichtiger aber noch als die Herstellung des »gemeinen G.« *(aurum vulgi)* war das »philosophische G.«, was sich auf die innere Veredlung des Menschen bezieht.

Golden-Dawn-Orden, engl.: *Hermetic Order of the Golden Dawn.* »Der hermetische Orden von der Goldenen Dämmerung«. Die Gründung dieses für die Magie des 20. Jh. so wichtigen Ordens beginnt mit dem Auftauchen des → Cypher Manuscripts und Briefen einer gewissen Anna Sprengel im Jahre 1887. Der Geistliche und Arzt → Woodman, der diese in einer Geheimschrift abgefaßten Dokumente entdeckte, gab sie an → Westcott weiter, der seinerseits den jungen Freimaurer MacGregor → Mathers mit der Entzifferung betraute. Das Manuskript enthält fünf mystische Rituale und die Briefe Sprengels, die der deutschen Rosenkreuzergesellschaft »Goldene Dämmerung« angehörte.

1888 gründeten Wescott, Woodman und Mathers in London den »Isis-Urania Temple of the Hermetic Order of the Golden Dawn«. Anfänglich beschränkte sich die Ordenstätigkeit auf das Studium von okkulten Texten, besonders von Zauberbüchern und die Durchführung von Ritualen und magischen Operationen (das Schließen eines Paktes mit seinem Schutzengel, das Herstellen von Talismanen und Sigillen etc.). In Anlehnung an die zehn Sephiroth hatte der Orden zehn Grade: Zelator, Theoricus, Prakticus, Philosophus, Adeptus Minor, Adeptus Major, Adeptus exeptus, Magister Templi, Magus und Ipsissimus. Die Lehren des G. D. enthalten vor allem Elemente der → Kabbala, Gedankengut der → Rosenkreuzer, der → Theosophie und der ägypt. Magie und Mythologie. 1892 wurde von Mathers ein »innerer« Orden »Ordo Rosae Rubae et Aurae Crucis« (Orden der roten Rose und des goldenen Kreuzes) gegründet. Wer den Grad des Adeptus Minor erlangt hatte, konnte diesem zweiten Orden beitreten. Die Rituale, welche die → Adepten dieses Grades vollziehen mußten, stammten von Mathers, der vorgab, sie von geheimen Meistern (Secret Chiefs) empfan-

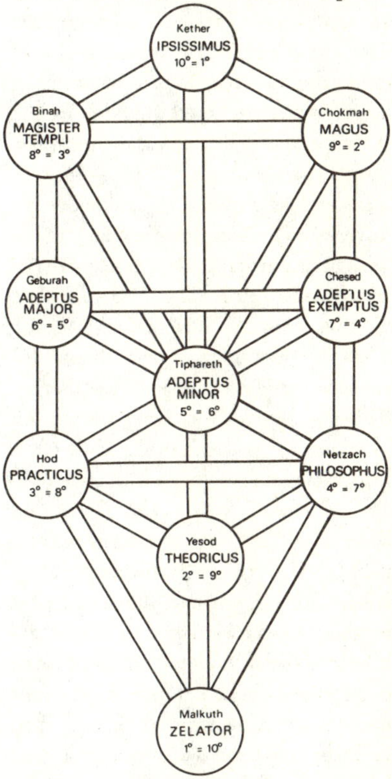

Golden-Dawn-Orden
Im G. D. hatten die 10 Syst. eine fundamentale Bedeutung. Analog gab es 10 Ordensgrade

gen zu haben. Jeder Adept mußte sich sieben Ausrüstungsgegenstände herstellen: einen Kelch für das Element Wasser, einen Dolch für die Luft, eine Scheibe für die Erde, einen Zauberstab für das Feuer, ein Schwert für die feurige Energie des Mars, einen Lotosstab für die allgemeinen Beschwörungen und ein Rosenkreuz. Diese Insignien erhielten ausgewählte Farben, die nach der Überzeugung des G. D. ein Bindeglied zwischen der Welt des Geistes und der Welt der Materie waren. Überhaupt spielt die Farbentheorie eine wichtige Rolle, weil man mit Hilfe von Farben gezielt in das Unterbewußte eindringen konnte. So stellte man 25 (5 Grundtattwas und 20 Subtattwas) verschieden gestaltete → Tattwas her, die man zum → Visualisieren benutzte. Aber auch mit Tarotkarten und magischen Zeichen rief man solche Astralvisionen hervor. Die Geheimen Lehren, Rituale und Instruktionen, die »Flying Rolls« (fliegende Rollen) hießen, wurden teilweise von → Crowley in der Zeitschrift *Equinox* und ausführlich von → Regardie *(The Golden Dawn*, 4 Bde., 1937–40, und Francis → King *(Astral Projection, Magic and Alchemy)* veröffentlicht.

Nachdem → Crowley 1898 dem Orden beigetreten war, kam es 1900 zum Konflikt, der damit endete, daß der Orden in gegenseitig sich befehdende Fraktionen zerfiel. Mathers, der sich in Paris aufhielt, geriet mit der Londoner Gruppe in Streit. Crowley gründete seinen eigenen Orden (→ A.A.) und veröffentlichte geheime Ordensrituale. Nachdem Mathers und Crowley den G. D. verlassen hatten, übernahm → Yeats die Leitung des äußeren und des inneren Ordens. Nach dem Ausscheiden Yeats im Jahre 1901 kam es zu einer Spaltung. Die Anhänger Mathers bildeten den »Alpha und Omega Tempel«, und eine andere Gruppe schloß sich 1903 als »Stella Matutina« (Morgenstern) → Waite an, an dessen Stelle 1915 → Felkin trat. (→ Blackwood, → Brodie, → Innes, → Farr und → Fortune)

Gold- und Rosenkreuzer, ein in der 2. Hälfte des 18. Jh. in Deutschland weit verbreiteter Orden, dessen Mitglieder in Preußen und Bayern einen großen Einfluß besaßen. Es gibt mit Sicherheit keine Kontinuität zu den Rosenkreuzerorden des → Andreae aus dem 17. Jh. Auch zu den engl. Rosenkreuzern → Fludd und → Ashmole besteht keine Verbindung. Man führt die G. u. R. meistens auf Sincerus Renatus (Ps. für Samuel Richter) zurück, der 1710 eine Schrift mit dem Titel *Die wahrhafte und vollkommene Beschreibung des philosophischen Steines der Bruderschaft aus dem Orden des Golden- und Rosenkreuzes* veröffentlichte. Auf dieser Schrift beruht die Verbindung von Rose und Kreuz mit dem Gold, was die Zweiteilung des rosenkreuzerischen Wissens in Theosophie und Philosophie symbolisch darstellt, deren Einheit der Stein der Weisen (→ Lapis philosophorum) ist. Mit Hilfe der Philosophie dringt der Rosenkreuzer in die Naturgeheimnisse ein, während ihn die Theosophie zur

Göttlichkeit hinführt. Die eigentliche Ordensgeschichte beginnt aber erst in den 70er Jahren des 18. Jh. Die G. u. R., die ein Gradsystem von neun Stufen hatten, nutzten den Niedergang der Freimaurerei aus, um Mitglieder anzuwerben. Den Höhepunkt erreichte der Orden, als 1781 Kaiser Wilhelm II. unter dem Ordensnamen Omersus aufgenommen wurde. Der Hauptvertreter dieses Ordens war Christoph Wöllner (1732–1800), der den Illuminatenorden und alles, was nach Aufklärung aussah, bekämpfte. Zu den wichtigsten Schriften gehört der *Kompaß der Weisen* (1779), *Das Hermetische ABC (1778–79)* und der *Signatstern.*

Goldwurzel, bot.: *Asphodelus,* gehört zu den Liliazeen. In der Magie wird sie bei der Geisterbeschwörung und zu Räucherungen benutzt.

Golem, hebr.: *galam* = »zusammenfalten«, das Unentwickelte; ein künstlicher Mensch, den wundertätige Rabbiner erschaffen können. So soll der Rabbi Elija von Chelm aus Litauen bis zu seinem Tod im Jahre 1797 einen G. als Diener gehabt haben. Im 19. Jh. machte man den Prager Rabbi Loew (1520–1609) zum Schöpfer dieser Gestalt. Aber erst durch den gleichnamigen Roman Gustav von → Meyrincks wurde der G. populär.

Golowin, Sergius (geb. 1930), Schweizer Bibliothekar und esot. Schriftsteller. In den 50er Jahren gehörte er zu den Mitbegründern des Phantastischen Realismus in der Kunst. Von 1950 bis 1968 war er Bibliothekar. Seine Werke stellen wichtige Beiträge zur Esoterik dar. *Götter der Atomzeit* enthält einen Vorgriff auf die Theorie der prähistorischen Astronauten. *Magie der verbotenen Märchen* versucht, den Nachweis zu erbringen, daß die Märchen ein geheimes Wissen enthalten, einen magischen Schlüssel zum Auffinden und zum Gebrauch der Zauberpflanzen. Dieses Thema behandelt auch *Die Weisen Frauen.* G., der 1974 den Preis der schweizerischen Schillerstiftung für seine Verdienste um die Volkskunde und die Kulturen am Rande der Gesellschaft erhielt, sammelte und deutete das geheime Wissen der Zigeuner und half, es zu bewahren. Weitere Werke: *Die Welt des Tarot, Traumdeutungsbuch des fahrenden Volkes, Magier Merlin, Edelsteine – Kristallpforten der Seele.*

Govinda, Anagarika (geb. 1898), Ps. für E. L. Hoffmann; dt. Buddhist, der nach seinem Studium Europa verließ, von 1928–31 in Ceylon und Burma buddh. Philosophie studierte und anschließend an ind. Universitäten bis 1937 Archäologie und buddh. Philosophie lehrte. Er trat der Kargyutpa-Schule des tib. Buddhismus (→ Lamaismus) bei. Von 1935–45 war er Generalsekretär der International Buddhist University Association. G. ist auch als Maler hervorgetreten. Werke (Auswahl): *Kompendium buddhistischer Philosophie und Psychologie* (1931); *Mandala – Stufen* *der Meditation* (1961); *Der Weg der weißen Wolke* (1969), *Grundlage der tibetischen Mystik* (1966), *Schöpferische Meditation und multidimensionales Bewußtsein* (1977).

Gral, altfranz.: »schüsselartiges Gefäß«; nach einer Sage, die keltischen oder iranisch-orientalischen Ursprungs ist, ein sakraler Gegenstand, in dem Josef von Arimathia das aus den Todeswunden Jesu tropfende Blut aufgefangen hat. Oder die Schüssel, in der das Osterlamm lag bzw. aus der Christus beim Abendmahl trank. Auf diese Weise wurde der G. geheiligt und mit wunderbaren Kräften ausgestattet. Nach Josephs Tod nahmen Engel den G. in ihre Obhut und brachten ihn an einen geheimen Ort, wo er von den Gralsrittern streng bewacht wird und nur von Auserwählten gefunden werden kann. Man verband den G. auch mit der → Arthur-Legende. Guyot, ein provenzalischer Dichter des 12. Jh., gilt als der Erfinder der G.-Legende. In einem arab. Buch des Astrologen Flegitanis will er diese Geschichte gefunden haben. Bedeutende Dichter wie Chrestien de Troyes und Wolfram von Eschenbach (1170–1220) nahmen sich dieser Sage an. In dem Epos *Parzifal* von W. v. Eschenbach ist der G. ein Edelstein von unbestimmter Form, der von den Tempeleisen, einer Schar keuscher Ritter, auf der Burg Munsalvaesche bewacht wird. Parzifal, der Titelheld, findet nach zahlreichen Abenteuern, die ihn auch läutern, die Gralsburg. Dort erlöst er den König Amfortas von seinen Leiden und erlangt die Herrschaft über das Gralsreich. Der dt. Journalist Otto Rahn (1904–1939) glaubte nach umfangreichen Studien und Recherchen in Archiven in Montsegur (Ostpyrenäen), die geheimnisvolle Gralsburg entdeckt zu haben. Dort hätten die → Katharer den G., den Stein des Lichtes, gehütet. Die Albigenserkriege, die von dem Papst Innozenz III. geführt wurden, seien eigentlich ein Kreuzzug gegen den G. gewesen. Nach Meinung des engl. Schriftstellers → Baignet ist der G. nur das Symbol des Blutes Jesu und des Schoßes Maria Magdalenas, seiner Gemahlin (→ Christus), deren Nachfahren das mittelalterliche fränkische Geschlecht der Merowinger ist.

Granat. Dazu gehört eine ganze Familie von Silikaten, deren Farbe zwischen hell- und dunkelrot schwankt. Eine Variante ist der Almadine oder Karfunkel. Sein Name leitet sich ab vom lat.: *Carbunculus alabandicus.* In dem kleinasiatischen Alabanda nämlich fand man diesen Stein in größeren Mengen. Der G. ist seit alters her in der Magie und Mystik ein geschätztes Mittel. Er soll unkeusche Gedanken vertreiben, vor Blitzen schützen und vor Pestilenz bewahren. Sein Träger wird vor den schädlichen Einflüssen der Dämonen bewahrt. Schließlich stärkt er die Energien seines Besitzers, so daß dieser besser mit Enttäuschungen fertig werden kann. In der → Kristallomantie wird er zum Hellsehen benutzt. Schatzsuchern zeigt

er verborgene Schätze. Dem Karfunkel wird eine große Heilkraft zugeschrieben. Wenn man ihn nämlich aufs Herz legt, dann soll er Schmerzen lindern und Unruhe beseitigen. Bei den Arabern ist er ein Schutzstein gegen Seuchen. Während der Kreuzzüge war er ein begehrtes Mittel gegen Pest und Blutkrankheiten. Im Grab eines Toten verhindert er dessen Verwesung.
Anwendung in der modernen Edelsteinmedizin: wirkt auf das Basis-Chakra; das Elixier stimuliert ebenfalls dieses Chakra.

Green, Liz, amerik. Astrologin und Psychotherapeutin, die zusammen mit Howard Sasportas das »Centre for Psychological Astrology« leitet. G., die als Psychoanalytikerin der Schule → Jungs angehört, verbindet in ihren Werken die → Astrologie mit Psychologie. In *Entfaltung der Persönlichkeit durch psychologische Astrologie* (mit Howard Saportas) zeigt sie die sehr weitreichenden psychoanalytischen Strukturen im Horoskop auf. In *Dimensionen des Unbewußten* (mit H. Sasportas) stellt sie dar, wie Depressionen sich astrologisch offenbaren.

Grenzwissenschaften,
wissenschaftliche Beschäftigung mit den Grenzgebieten der Wissenschaft. Darunter fallen alle Themen und Gebiete aus dem Überlappungsfeld der Naturwissenschaften (besonders Physik, Astronomie und Biologie) mit den Geisteswissenschaften (Psychologie, Anthropologie, Archäologie), die von den heutigen wissenschaftlichen Fächern überhaupt nicht oder nur als Randfragen behandelt werden. Dazu gehören u. a. die → Parapsychologie und die → Prä-Astronautik.

Grimoire, Verballhornung aus franz.: *grammaire*; Bez. für ein → Zauberbuch.

Griscom, Chris (geb. 1942), amerik. spirituelle Lehrerin, Reinkarnationstherapeutin und esot. Schriftstellerin. Sie ist Leiterin des Light Institute in Galisteo (Neu-Mexiko), die auf einem Pilotprojekt der Nizhoni-Schule für Globales Bewußtsein beruht. In diesen Schulen soll durch eine evolutionäre Erziehung die → Kundalini-Energie entfaltet werden. G. ist Mutter von sechs Kindern. Ihr sechstes Kind hat sie allein auf den Bahamas im Meer zur Welt gebracht. Werke: *Zeit ist Illusion*; *Die Heilung der Gefühle*; *Die Frequenz der Ekstase*, *Der Weg des Lichtes* u. *Die Geburt als Initiation.*

Grof, Stanislav (geb. 1931), tschech. Psychiater und führender Vertreter der → New-Age-Bewegung auf dem Gebiet der Psychologie; lebt seit 1967 in den USA. Von 1978 bis 1982 war er Präsident der International Transpersonal Association. Zeitweilig arbeitete er auch am → Esalen-Institut. G., der zunächst versuchte, mit Hilfe von → LSD außergewöhnliche Bewußtseinszustände zu erforschen, entwickelte ein Modell, um die verschiedenen Schulen der Psychologie zu einem zusammenhängenden System zu integrieren. Mit seinem Buch

Geburt, Tod und Transzendenz (1985), das die Ergebnisse seiner über 30jährigen Forschungen auf dem Gebiet der außergewöhnlichen Bewußtseinszustände enthält, leitete er eine völlig neue Sichtweise in der Psychologie ein. Er fand nämlich heraus, daß die Persönlichkeitsprobleme nicht, wie die Psychoanalyse (→ Freud) glaubt, ihren Ursprung in der frühen Kindheit haben, sondern in traumatischen Erfahrungen im Mutterleib und während der Geburt. Die Psychotherapie müsse also viel früher ansetzen als bisher. G. hat eine Methode entwickelt, wie man die eigene Geburt wiedererleben und so selber die Wurzeln des neurotischen Verhaltens erkennen kann. Erst durch das eigene Erlebnis könne die Heilung erfolgen. Weitere Werke: *Topographie des Unbewußten, Jenseits des Todes – An den Toren des Bewußtseins.*

Große Göttin, die oder Große Mutter. In der vorgeschichtlichen Zeit des → Matriarchats kannte man, besonders in Europa, keine männlichen Götter. Allein die G. G. wurde als unsterblich, unveränderlich und allmächtig betrachtet. Man ordnete ihr die einzelnen Mondphasen (zunehmender Mond, Vollmond und abnehmender Mond) zu. Dies führte dann in einer Spätphase zu einer Dreiteilung der G. G. in das Mädchen der oberen Luft, die Nymphe der Erde und des Meeres und das Alte Weib der Unterwelt. In der griech. Mythologie entsprechen dieser Dreiheit Selene, Aphrodite und Hekate.

Gruppenreinkarnation, → Guirdham.

Guaita, Stanislas Marquis de (1861–1897), franz. Schriftsteller, Okkultist und Sektengründer. Durch das Studium der Werke von → Fabre d'Olivet und Eliphas → Levi kam G. zum Okkultismus. Ende der 80er Jahre des 19. Jh. gründete er mit Peladan einen Rosenkreuzerzirkel (»Ordre kabbalistique de la Rose-Croix«). Das Interesse G.s am → Satanskult spaltete in kurzer Zeit den Orden, und er gründete einen eigenen Zirkel (»Ordre de la Rose-Croix Catholique«). 1890 veröffentlichte Guaita sein Hauptwerk *Essais de Science Maudites.* Darin rechtfertigt er die Schwarze → Magie und erklärt den Sinn des Bösen durch das Gesetz der Gegensätze. Darüber hinaus enthält das Werk wichtige Einzelheiten über den älteren Martinismus (→ Papus), Hexenprozesse und Hexer. Im Teil 2 stellte er die Behauptung auf, daß → Boullan den Satanismus praktiziere. Zwischen beiden Okkultisten entbrannte eine heftige Auseinandersetzung, bei der auch magische Tötungsrituale benutzt wurden (magischer → Angriff).

Guirdham, Arthur (geb. 1905), Ps. für Francis Eaglesfield; engl. Psychiater und Schriftsteller. G., der sich intensiv mit den Katharern beschäftigte, kam zu der Überzeugung, daß er die → Reinkarnation eines Katharer Priesters namens Roger de Grisolles sei. Bei der Behandlung einer seiner Patientinnen machte er die Entdeckung, daß sie die Reinkarnation eines Bauernmädchens aus Toulouse war, deren Familie mit dem Priester Roger de Grisolles befreundet gewesen war. Bei seinen umfangreichen Recherchen entdeckte er noch weitere Personen, die Reinkarnationen (»Gruppenreinkarnation«) von Katharern waren. Werke: *The Cathars and Reincarnation, The Lake and the Castle.*

Guenon, René (1886–1951), franz. Esoteriker und Schriftsteller. Er gab sein Mathematikstudium auf, um sich in der Ecole des Science Hermetique von → Papus einzuschreiben. 1907 wurde er Freimaurer. Später trat er zum Islam über und nahm den Namen Abdel Wahed Yahia an. In seinen zahlreichen Werken beschäftigte er sich mit → Mystik, → Sufismus, → Hinduismus. Werke in dt. Übers.: *Die Symbolik des Kreuzes, Stufen des Seins, Der König der Welt.*

Gujakaholz, bot.: *Bulnesia sarmienti*; ein auf dem amerik. Kontinent beheimatetes Jochblattgewächs. Das Öl wird durch Wasserdampfdestillation aus der Rinde und dem Holz gewonnen. Der Geruch erinnert an Tee, Rose und Veilchen. Mediz. Anwendung: bei Nervenleiden (euphorisierende Wirkung), Harnwegsinfektionen, Rheuma. Damit darf nicht das Guajakaharz verwechselt werden, das vom Baum *Guajacum officinale* stammt und als Mittel gegen Syphilis benutzt wurde.

Guna, skrt.: »Seil, Strick«; zentraler Begr. der hind. Philosophie. Die drei Erscheinungsweisen der Materie: Sattvam (Güte), Rajas (Leidenschaft) und Tamas (Finsternis). Die Mischung dieser drei Faktoren ist bei jeder Einzelform verschieden, so daß es eine Vielheit von Einzelexistenzen gibt.

Gundelrebe, bot.: *Glechoma hederaca*; volkstüml. Bez.: Hederich oder Gundermann. Die G. riecht nach → Balsam. Mediz. Anwendung: bei Krankheiten der Schleimhäute. In der Magie ein Schutzmittel gegen Bezauberung. Wer in der Walpurgisnacht einen Kranz aus der G. auf dem Kopf trägt, soll die Fähigkeit erlangen, Hexen zu erkennen.

Gurdjieff, Georgei Ivanovitch (1877–1949), in Georgien geborener moderner Mystiker und Okkultist, der zu den wichtigsten Esoterikern des 20. Jh. gehörte. Mit 20 Jahren reiste er nach Tibet, Indien und in die arabischen Länder. Ab 1912 sammelte er in Moskau und Leningrad Schüler um sich, die er mit seiner Lehre vertraut machen wollte. Er fühlte sich berufen, den Menschen den Schrecken der gegenwärtigen Lage und den möglichen Ausweg aufzuzeigen. Zu seinen Schülern gehört auch P. D. Ouspensky, der schon ein bekannter Schriftsteller war. In den folgenden Jahrzehnten verbreitete er als die »Stimme Gurdjieffs« die Lehren seines Meisters. 1922 gründet G. in Paris ein Institut zur harmonischen Entwicklung des Menschen. Durch Selbstbeobachtung und körperliche Arbeit, die oft bis zur Erschöpfung ausgeübt werden muß, sollen seine Schüler zusätzliche Energiereserven mobilisieren. Mit diesen Übungen, zu denen noch Tanz, Musik und Atemübungen kommen, will G. seine Schüler aus dem Zustand des Schlafes und Halbschlafes zu einem höheren Bewußtsein führen. In der traditionellen Mystik gibt es drei Wege, die zwar ein ähnliches Ziel verfolgen, aber zugleich auch zu einer Flucht aus der Gesellschaft führen, nämlich den Weg des Mönches, des Fakirs und des Yogis. G. nennt seine Lehre den »vierten Weg«. G. veröffentlichte drei Hauptwerke: *All und Alles – Beelzebubs Erzählungen für seinen Enkel*; *Begegnungen mit bemerkenswerten Menschen*; *Das Leben ist nur dann wirklich, wenn ich bin*. G. wählte die Gestalt eines außerirdischen → Beelzebubs, der seinem Enkel Hassein seine Abenteuer erzählt. Im Auftrag des höchsten Absoluten fliegt er durch den Weltraum und besucht mehrfach die Erde, wo die dreihirnigen Wesen wohnen. Darunter versteht G. die drei Funktionsschichten des Menschen: 1. Instinkt-, Sexual- und Bewegungszentrum, 2. Gefühlszentrum, 3. intellektuelles Zentrum. Das Verhalten der Menschen werde besonders von dem ersten Zentrum bestimmt, was dazu führe, daß die ganze Welt in Unordnung sei. Da auch der Mensch wie alle Organismen nur ein Apparat zur Erhaltung der Energie des Sonnensystems sei, habe er die Pflicht, das Leben auf der Erde zu schützen. Bei dem Menschen aber bestehe ein krasses Mißverhältnis zwischen dem, was er meint zu sein und dem, was er wirklich ist. In Wirklichkeit sei der Mensch nur ein Automat, der nicht ein Ich, sondern viele sich widersprechende Ichs besitze. G.s Therapie zielt darauf ab, diese Ich-Fragmente wieder in Kontakt zu bringen.

Guru, skrt.: »Lehrer«; Bez. im → Hinduismus für einen spirituellen Meister und Lehrer, der mit nur wenigen Schülern heilige Schriften studiert und Yoga-Übungen praktiziert. Seit den 60er Jahren in Amerika und Europa übliche Bez. für einen spirituellen Lehrer.

Guru Marajaj Ji, → Divine Light Mission.

H

Haggada, hebr.: »Verkündigung«; ein Teil des Talmuds, der die ethischen Lehren, Weisheitssprüche, Legenden etc. enthält, besonders aber die Auslegungen der Bibel durch die jüd. Rechtsgelehrten. Die H. ist eine Fortsetzung der → Bibel. (→ Halacha)

Hakomi, Hopi-Indianersprache: Der, der du bist; eine Psychotherapie, deren Ziel die fortschreitende Wiederentdeckung der Identität eines Menschen ist. Das Hauptmittel dazu ist die Achtsamkeit, mit deren Hilfe die emotionalen Einstellungen entdeckt werden können.

Hämatit, dt. Bez.: Blutstein. Das Mineral besteht aus kristallisiertem Eisenoxyd von stahlgrauer bis eisenschwarzer Farbe. In der Medizin ist der H. seit alters her als Mittel gegen Blutungen bekannt, weil das Eisenoxyd das Bluteiweiß zum Gerinnen bringt. Die alten Ägypter legten ihn unter das Kopfkissen und ließen Sprüche aus dem Kopfkissen darauf gravieren. Nach Meinung der chin. Ärzte mußte er in Gold gefaßt sein, wenn seine Wirkung zur Entfaltung kommen sollte. Die antiken Ärzte brachten ihn zum Erglühen und löschten ihn mit Wein, ehe sie ihn gegen Augenleiden verschrieben. Man unterscheidet männliche und weibliche H.e, von denen die ersteren besonders wirksam sind. In der Magie der Italiener ist er ein Schutzmittel gegen den bösen Blick.
Anwendung in der modernen Edelsteinmedizin: beeinflußt das Basis-Chakra. Das Elixier wirkt blutreinigend und hilft gegen Nierenerkrankungen.

Halacha, hebr.: »Wegweiser für den Wandel«; derjenige Teil des Talmuds, der die Gesetze enthält.

Halluzination, lat. *allucinare* = »ins Blaue reden«; Bez. für eine subjektive Sinnestäuschung, die ohne äußere Reize bei bestimmten Krankheitszuständen, → Medien oder als Folge der Einnahme von halluzinogenen → Drogen entsteht. Typisch für H. ist, daß der Betreffende sie niemals als solche empfindet, sondern die vor seinem Auge aufsteigenden Bilder für echt hält, während sie für den Außenstehenden nicht echt sind.

Hanf bot.: *Cannabis.* Es gibt drei Arten dieser psychoaktiven Pflanze: 1. *Cannabis sativa,* die unter dem Namen Marihuana (abgel. von Maria Johanna) bekannt und in der Neuen Welt verbreitet ist. 2. *Cannabis indica,* die sich von dem Marihuana durch den kürzeren Wuchs unterscheidet. 3. *Cannabis ruderalis;* kommt im südlichen Sibirien vor.

Die Hauptbestandteile von H. sind über 60 chemisch ähnliche Stoffe, die unter dem Namen *Canabinoide* bekannt sind. H. ist als Nutz- und Rauschpflanze seit 8500 v. Chr. in China bekannt. Im Atharveda (→ Veda) wird der H. als eine der fünf heiligen Pflanzen Indiens erwähnt. Die Assyrer benutzten ihn schon im 8. und 7. Jh. als Räucherwerk. In ihrer Sprache heißt er *Qunubu*, was eine gemeinsame Wurzel mit griech. *Kannabis* hat, die sich wieder in griech.: *Konabas* = »Lärm« findet. Dahinter steht die Vorstellung, daß das Haschischrauchen zu lauten Gefühlsausbrüchen führt. Bei dem griech. Historiker Herodot findet sich schon der Hinweis, daß die Skythen die psychoaktive Wirkung des Hanfes kannten. Der röm. Arzt Galen (130–200 n. Chr.) kennt den H. als Genußmittel, der verarbeitet zu kleinen Plätzchen die Lust am Trinken erhöht. Die → Assassinen (abgel. von Heissessin oder Haschischinen; Wurzel: arab.: *haschisch* = »Hanf«) sollen für ihre Einweihungszeremonie die H.-Pflanze benutzt haben.

Hare-Krisna Bewegung, Abk.: ISKCON (International Society for Krisna Consciousness); → Bhaktivedanta.

Hatha-Yoga, skrt.: »Gewalt«; eine Form des → Yogas, deren Ziel die völlige Kontrolle des Körpers ist. H.-Y. wird deshalb auch als Vorbereitung der anderen Yogaformen angesehen. Nachdem die sechs Arten der Reinigung (Zähne, Mastdarm, Nase, Magen etc.) vollzogen wurde, werden bestimmte Atemtechniken (z. B. Verlängerung des Ein- und Ausatmens) praktiziert, welche die natürliche Funktion (z. B. Schlafdauer) des Körpers beeinflussen. In den letzten Stadien glaubt der → Yogi, daß er »springt wie ein Frosch« und sich in die Lüfte erhebt. Der H.-Y. soll den Yogi in die Lage versetzen, nicht nur wie der gewöhnliche Mensch die quergestreifte, sondern auch die vom Willen nicht abhängige glatte Muskulatur zu beherrschen.

Haus, lat. *domus*; Bez. für jedes → Tierkreiszeichen, das der Sonne, dem Mond und den fünf Planeten zugeordnet ist. Sonne und Mond besitzen nur ein Haus (Sonne = Taghaus und Mond = Nachthaus). Die fünf Planeten haben sowohl ein Tag- als auch Nachthaus. In dem H. kann der Planet seine Macht voll entfalten. Heute gebraucht man dafür »Feld« oder »Ort«. (→ Horoskop)

Hechaloth, → Merkaba-Mystik.

Heiligenschein, lat. *gloria, nimbus, aureola, halo*; ein strahlenförmiger Lichtkranz, der das Haupt oder den ganzen Körper eines Menschen umgibt. Der H. ist in allen Kulturen bei der Abb. von Göttern, Priestern und Herrschern belegt, in der christl. Kunst seit dem 4. Jh. Mit dem H. werden Christus, Maria, die Engel, Evangelisten und seit dem 7. Jh. auch alle Heiligen abgebildet. Der H. kann als ein früher Hinweis auf die Existenz einer → Aura verstanden werden. Eine ähnliche Erscheinung findet sich bei den Leuchtkäfern, deren Leuchten durch die Reaktion von Sauerstoff, Luciferase und Adenosintriphosphat (ATP) erklärt wird.

Hekate, griech. Göttin. (→ Aphrodite, → Diana, → Erdmutter)

Heliotroph, andere Bez.: Blutjaspis; eine Chalcedonart von lauchgrüner Farbe und mit roten Punkten durchsetzt. Der H. wurde in der Vergangenheit häufig mit dem → Hämatit verwechselt. Bei den alten Ägyptern und in der Antike wurde er als Amulett und Mittel gegen Magenschmerzen und Blutungen benutzt. Nach einer mittelalterl. Legende habe dieser Stein am Fuße des Kreuzes Christi gelegen, und auf ihn sei das Blut aus den fünf Wunden Christi getropft. Der H. stillt Blutungen und hilft bei Herzklopfen, Wassersucht und Verdauungsstörungen. Wenn man eine blutsaugende Fledermaus eingraviert, soll er Macht über Dämonen verleihen. Anwendung in der modernen Edelsteinmedizin: wirkt auf das Herz-Chakra. Das Elixier ist eine Arznei gegen Krankheiten des Knochenmarks, der Milz, des Herzens, der Hoden, Eierstöcke und Gebärmutter.

Hellsehen, paranormale Wahrnehmung (»inneres Sehen«) von räumlich entfernten und unsichtbaren Gegenständen (räumliches H.), aber auch Sachverhalten (zeitliches H.), die dem normalen Gesichtssinn entzogen sind. In der Praxis werden beim H. okkulte Gegenstände wie → Kristallkugeln verwendet, oder man benutzt einen Gegenstand einer verschollenen Person, die man aufspüren möchte. In diesem Fall spricht man von → Psychometrie. Der bekannteste Hellseher in der jüngsten Zeit war → Croisset.

Hemisphären-Synchronisation. Der Amerikaner Robert Monroe entdeckte, daß das Gehirn Tonfrequenzen, die es hört, zu imitieren versucht (Frequence following response). Die Schallwellen im Gehirnwellenbereich haben viel zu niedrige Frequenzen, um wahrgenommen zu werden, aber sie können durch einen von Monroe entdeckten Trick hörbar gemacht werden. Wenn nämlich den beiden Ohren zwei verschieden hörbare Frequenzen vorgespielt werden, so nimmt das Gehirn die Differenz dieser verschiedenen Frequenzen wahr und schwingt sich auf diese ein. Wurde z. B. dem linken Ohr eine Frequenz von 400 Hz vorgegeben und dem rechten eine von 410 Hz, so schwingt sich das Gehirn auf die Differenz von 10 Hz ein, was dem Alpha-Zustand entspricht.

Henochbuch, eine spätjüd. Schrift (2. Jh. v. Chr.), die zu den → Apokryphen zählt. Sie wird auf Henoch, den 7. Patriarchen (AT Mosis 1, 5,18-24), der nach einem Leben von 365 Jahren in den Himmel erhoben wurde und als ein »Wunder des Wissens« gilt, zurückgeführt. Das H., das sich mit dem Fall der Engel beschäftigt, beeinflußte sowohl das jüd. wie auch das christl. Denken. Man kennt zwei Versionen, ein äthiop. H., das ursprüngl. wahrscheinlich aramäisch oder z. T. hebräisch abgefaßt ist, und ein slawisches H. (1. Jh.), das wahrscheinlich auch auf ein hebr. Original zurückgeht. Das äthiop. H. enthält eine Erzählung über die Engelwelt (Kap. 6-36). Der unbekannte Autor, der sich auf die uralte Überlieferung vom Kampf der Mächte der Finsternis gegen die Lichtmächte beruft, schildert, wie die 200 Engel unter ihrem Anführer Semjasa sich Menschenfrauen nehmen und Kinder zeugen. Als ihre Riesenkinder die Menschen verzehrten, erschienen auf deren Hilferufe hin die vier Hauptengel Michael, Uriel, Rafael und Gabriel. Sie bitten Gott um Hilfe, der daraufhin die Erde samt den Menschen (außer Noah) durch die Sintflut vernichtet. Semjasa wird mit den abgefallenen Engeln bis zum Endgericht in einen feurigen Kerker geworfen. Das hebr. H. B. (3. u. 4. Jh. n. Chr.), das vermutlich mit dem hebr. Buch *Sefer pirque hekhalot* (»Buch der Paläste«) identisch ist, beschreibt eine mystische Himmelsreise (→ Seelenreise, → Himmelfahrt) zu dem höchsten Engelwesen → Metatron.

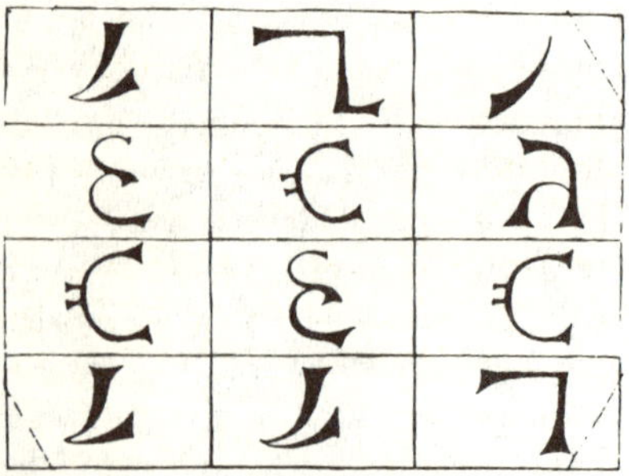
Henochische Sprache oder Dee

Henochische Sprache, 19 magische Anrufungen, die von → Dee und Kelley benutzt wurden. Die h. S., die eine eigenständige Sprache zu sein scheint, soll auf Atlantis gesprochen worden sein. Beispiel: *Micma Goho Mad Zir Comselha Biah Os Londoh Norz Chis Othil Gigipah Vnd-L Chis ta Pu-Im Q Mosleh Teloch* (»Sieh«, sagt Gott, »ich bin ein Kreis, auf dessen Weißer Hand zwölf Königreiche stehen. Sechs davon sind der Sitz des lebenden Atems. Der Rest ist wie scharfe Sicheln oder Hörner des Todes.«) Die h. S. wurde von → Crowley für magische Operationen benutzt, und → La Vey legte sie in modifizierter Form seiner *Satanic Bible* zugrunde.

Hermes Trismegistos, griech. = »Hermes der dreimal Größte«. Der griech. Gott Hermes (ursprüngl. Gott der Wege, der Händler) verschmolz mit dem ägypt. Gott Thoth (Tehuti, Theut oder Tat), dem Lehrer der → Isis, dem Erfinder der Schrift, der Musik und Astrologie, Gott der Zauberei und Verfasser der heiligen Bücher. H. T., ein Weiser und Gesetzgeber, gilt auch als der Urheber der hermetischen Literatur. Diese Bücher, die in den Tempeln von den Priestern aufbewahrt wurden, enthielten die geheimgehaltenen Kenntnisse der ägypt. Naturphilosophie, Heilkunde, Alchemie, aber auch Zauberformeln und Beschreibungen von magischen Praktiken. Der Legende nach soll diese Literatur auf den ägypt. König Cheops (2650 v. Chr.) zurückgehen. Historisch faßbar werden diese verlorengegangenen »hermetischen« Schriften erst bei dem Gnostiker Zosimos (4. Jh. n. Chr.), der die Originale offensichtlich noch kannte. Auf H. T. wird auch der → Corpus hermeticum, eine Sammlung philosophischer, magischer und astrologischer Schriften aus den ersten nachchristlichen Jahrhunderten, zurückgeführt, ebenso wie die → Tabula Smaragdina, die nicht nur von den Alchemisten als Zusammenfassung ihres Wissens, sondern von den Esoterikern als Grundtext der abendlichen Geheimwissenschaft geschätzt wurde.

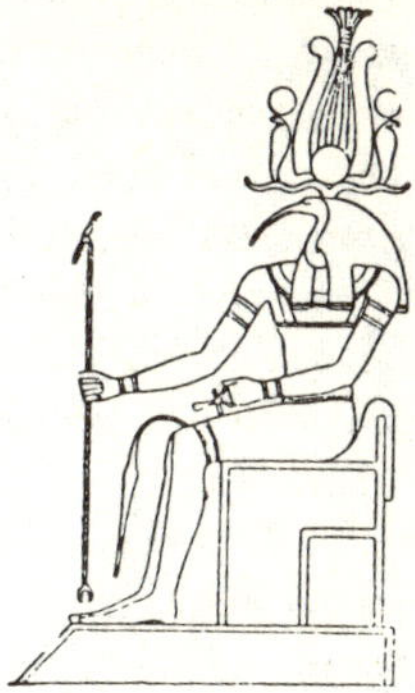

Hermes Trismegistos
Abb. des ägypt. Gottes Thot

Hermetik oder Hermetismus; abgel. von → Hermes Trismegistos. 1. Bez. für die philosoph. und alchemist. Lehren und Schriften, die im → Corpus Hermeticum zusammengefaßt sind. 2. allgemeine Bez. für Geheimwissenschaft und die geheimen Lehren. Die Alchemisten schrieben Hermes Trismegistos die Fähigkeit zu, ein Gefäß luftdicht (lat.: *hermetice* = »hermetisch«) durch Sigillen (→ Charaktere) zu verschließen. Hieraus entwickelte sich die Bedeutung »geheim, nur den Eingeweihten zugänglich« (→ Esoterik). 3. Bei → Levi eines der drei okkulten Systeme neben Kabbala und Magie.

Herrscher, der, die 4. Karte der großen Arkana des Tarot. Auf dieser Karte findet sich das Bild eines alten sitzenden Herrschers. In der Rechten hält er ein langes Zepter und in der Linken einen Reichsapfel. Die älteste Karte zeigt statt eines Reichsapfels einen Globus, d. h. eine Kugel ohne Kreuz. In den venezianischen Tarotkarten nimmt der H. den 5. Platz ein, was mit hoher Wahrscheinlichkeit die ursprüngliche Reihenfolge ist. Er stellt den Gott Aion der → Mithrasreligion dar, der als das Urfeuer (5. Element) mit der Zahl 5 magisch verknüpft war. In den ägypt. Zauberpapyri wird er so beschrieben: »Ein löwenköpfiges Männerbild mit Gürtel, der in der Rechten einen Stab mit einer Schlange hält; um seine ganze Linke windet sich eine Schlange, und aus seinem Löwenmaul schlägt Feuer heraus.« Auf der Abb. steht eine löwenköpfige Gestalt mit einem langen Zepter auf einer Kugel, die als das Weltei gedeutet wird. Vermutlich wurde diese Figur, die unmittelbar nach dem Bild einer Frau mit einer

Krone auf dem Haupt folgt, im Mittelalter als die Darstellung eines mächtigen Herrschers aufgefaßt. Von den Sephiroth entspricht ihr Chesed (Milde) und der Pfad zwischen Tiphereth (Schönheit) und Chockmah (Weisheit). Der H. ist das Symbol für die bewahrenden Kräfte des Universums. (→ Tarot)

Herrscherin, die, die 3. Karte der großen Arkana des Tarot. Diese Karte zeigt eine sitzende Frau mit einem Zepter in der Hand und einer Krone auf dem Haupt. Vielleicht stellt sie die ephesische → Diana dar, die als die Herrin der vier Elemente betrachtet und mit einer Krone auf dem Haupt abgebildet wurde. Ihr entspricht von den Sephiroth Binah (Intelligenz) und der Pfad zwischen Binah und Chockmah (Weisheit). Man bringt sie auch mit der ägypt. Göttin Hathor, der Mutter des Universums in Verbindung. (→ Tarot)

Hesse, Hermann (1877–1962), bekannter Schriftsteller, der 1946 den Nobelpreis erhielt. Durch das Studium von Schopenhauer und Nietzsche kam er zur ind. Philosophie. Sein Interesse galt den Reden Buddhas und der → Bhagavadgita. Von seinem Interesse für chin. Philosophie und Literatur zeugen die über 100 Werke, die er gelesen, diskutiert und über die er geschrieben hat. Seine erste Arbeit verfaßte er 1906 über Konfuzius. Enttäuscht über Indien, das er 1911 bereiste, wandte er sich noch mehr der chin. Geisteswelt zu. Das *Tao Te King* des → Laotse und das *I Ging* haben neben der Bibel den meisten Einfluß auf ihn ausgeübt. Eine Synthese von östlicher und westlicher Weisheitslehre enthält das *Glasperlenspiel* (1943). Die Hauptfigur Josef Knecht, der das I Ging in das System des Glasperlenspiels einführte, ist von den wichtigsten Kernsätzen der Lehre des Konfuzius beeinflußt: Treue zu sich selbst und Güte zu anderen. Weitere Werke: *Siddharta* (1922), *Steppenwolf* (1927), *Morgenlandfahrt* (1932).

Hexen, die neuen. Darunter versteht man nicht nur die Wiederbelebung des traditionellen → Hexenwesens wie z. B. des → Wiccakults, sondern auch eine Richtung der modernen Frauenbewegung. Sie will das Wissen der alten Hebammen wieder neu entdecken. Dazu gehört besonders die Abschaffung der männlich geprägten Gesundheitsversorgung, die geprägt wird von einer Hierarchie von männlichen Ärzten und weiblichen Krankenschwestern. Gefördert werden Hausgeburten, Geburt im Sitzen auf dem Gebärstuhl, Kräuterheilkunde und Verhütungsberatung.

Hexenprozesse. Vorläufer der H. waren die kirchlichen Verfahren, in denen schon vor 800 n. Chr. Zauberer mit bis zu zehn Jahren Haft bestraft wurden. Die weltlichen Gerichte verhängten in Anlehnung an das römische Recht die Todesstrafe, weil Zauberei ein Verbrechen gegen den Staat war. Gegen die Ketzerbewegung (→ Albigenser) in Südfrankreich und Oberitalien wurde im 13. Jh. das von Papst Innozenz III. eingeführte Inquisitionsverfahren eingesetzt, das den vom Papst ernannten Ketzerrichtern erlaubte, auch ohne Ankläger ein geheimes Ermittlungsverfahren einzuleiten. Da zu der Kompetenz dieser Inquisitionsgerichte auch die Bekämpfung aller Formen des Götzendienstes und des Teufelsdienstes gehörte, kam es zu einer verhängnisvollen Gleichsetzung der von den Hexen praktizierten Zauberei und der Ketzerei. Die Inquisitoren glaubten sogar in den Hexen eine noch viel gefährlichere Sekte als in der Ketzerbewegung entdeckt zu haben. Die von den Hexenrichtern und den Theologen hineingetragene Vorstellung über diese neue Sekte der Hexen löste dann in der 2. Hälfte des 15. Jh. und zwischen 1560–1630 eine epidemische Verfolgung aus (→ Hexenhammer).

Die Ansicht, daß mit diesen H. die Kirche und die weltlichen Regierungen die »weisen Frauen« ausrotten wollten, die als Hebammen und Kräuterfrauen nicht nur über das Verhütungswissen verfügten, sondern auch die Krankenpflege ausübten, wird in der Wissenschaft kontrovers beurteilt. Die Befürworter weisen darauf hin, daß die Landesherren an einer Vermehrung der durch die Pest dezimierten Bevölkerung interessiert waren. Auf den Besitzungen der Kirche und der Feudalherren bestand ein spürbarer Mangel an Arbeitskräften. Überdies wollte die Kirche die Krankenversorgung in ihre Hände bekommen, weil dies ein wichtiges Mittel der sozialen Kontrolle war. Dagegen wurde besonders von → Behringer vorgebracht, daß für den Zeitraum von 1560–1630, in dem die größten Hexenverfolgungen stattfanden, nicht eine Unter-, sondern Überbevölkerung in Mitteleuropa bestand. Überdies sei das geheime Wissen, besonders über die Geburtenkontrolle, auch nicht auszurotten gewesen, denn es sei durch die weit verbreiteten Wunderarzneibücher allgemein zugänglich gewesen. Die ständig wiederkehrenden Hungersnöte warfen die Frage nach den Schuldigen auf. Verantwortlich waren nach der Meinung der Bevölkerung die Hexen, die den existenzbedrohenden Schadenszauber ausübten. Falsch sei es deshalb, nur dem Staat oder den Kirchen die Verantwortung für die H. zuzuschreiben, da diese Verfolgungsmaßnahmen gerade auch den Bedürfnissen der bäuerlichen Bevölkerung entgegenkamen.

Die Zahl der durch die H. hingerichteten Menschen schwankt zwischen 100 000 und 3 Mio. Seit 1580 spielten Kinder (»Hexenkinder«) eine aktive Rolle bei den H., indem sie sich selbst der Hexerei beschuldigten oder durch ihre Aussagen andere belasteten. Da sie keine Hemmungen hatten, umlaufende Beschuldigungen öffentlich auszusprechen, wurden sie zu einem Sprachrohr von Gerüchten in der Öffentlichkeit. Zu Beginn des 17. Jh. wurden solche von Kindern bestimmten Prozesse sogar vorherrschend, in denen die Kinder nicht nur die Verfolgungen in Gang setzten, sondern selbst Opfer wurden.

Hexenhammer, Titel der lat. Originalausgabe: *Malleus Maleficarum.* Ein von den beiden Inquisitoren Sprenger und Institoris verfaßtes autoritatives Handbuch über das Hexen- und Zauberwesen (1487), das bis 1669 in 29 Auflagen erschien. Die päpstliche Bulle des Papstes Innozenz VIII. von 1484 wurde als Geleitwort vorangestellt. Die beiden ersten Teile enthalten eine Beschreibung des Treibens der Hexen und eine genaue Auflistung ihrer Verbrechen. Der dritte Teil stellt die Normen zur Durchführung der → Hexenprozesses auf und gibt Anweisungen zu ihrer Durchführung. Die Behexung betrifft besonders das Verhältnis der Geschlechter. Impotenz des Mannes sei die häufigste Folge der hauptsächlich von Frauen betriebenen Hexerei. Bei den Frauen wird der Geschlechtsverkehr mit dem als Mann gedachten Teufel hervorgehoben. Die Hexerei gilt nicht nur als kirchliches Delikt (Abfall von Gott), sondern auch als ein weltliches (Crimen mixtum), weil die Hexen durch die Zauberei Schaden zufügen. Deshalb sollten die weltlichen Gerichte sie zum Tode verurteilen.

Wichtigste Wirkung der Hexensalben waren Flugerlebnisse

Hexenwesen
Vorbereitung eines Wetterzaubers

Hexenkräuter, Sammelbez. für halluzinogene Pflanzen (→ Drogen) wie z. B. → Bilsenkraut, → Stechapfel und → Tollkirsche, die Bestandteile der → Hexensalben und Hexengetränke (→ Bier) waren.

Hexensalben. Schon im 16. Jh. vertraten Gelehrte wie → Cardano und Della Porta die Meinung, daß Erscheinungen des → Hexenwesens wie Teufelserscheinung, Tierverwandlung und Fliegen auf den Gebrauch von halluzinogenen → Drogen in Salben und Getränken zurückzuführen sei.
Der Okkultismusforscher Kiesewetter (1854–1895) unterschied drei Arten: 1. die sagenhaften, 2. die indifferenten 3. die narkotischen H., zu denen Nachtschattengewächse (→ Bilsenkraut, → Stechapfel und → Tollkirsche) und Mohn gehören. Ein von ihm unternommener Selbstversuch mit Bilsenkraut rief bei ihm Träume vom Fliegen und Visionen hervor. 1930 unternahm der Göttinger Prof. Peuckert mit den H. zusammen mit einem Rechtsanwalt einen Selbstversuch. Als beide nach dem Aufwachen unabhängig voneinander ihre Erlebnisse niederschrieben, stellten sie fest, daß sie bis ins Detail übereinstimmten. Sie deckten sich auch mit den Berichten und Geständnissen der verurteilten Hexen. Für Peuckert stand fest, daß solche Salben von den Frauen im Mittelalter benutzt wurden. Außer den Nachtschattengewächsen enthalten die H. auch Teile des gefleckten Schierlings und des Eisenhutes (bot.: *Acontitum napellus)*, dessen psychoaktiver Bestandteil, das Akonit, die sensiblen Nervenfasern erregt und das Gefühl einer Tierverwandlung hervorruft.

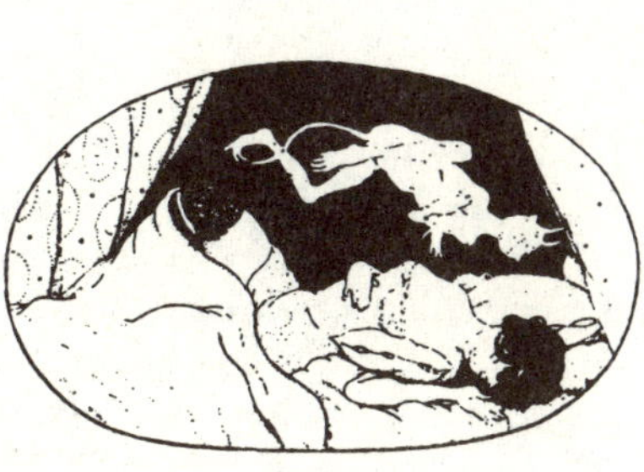
Incubus

Hexentränke, → Bier.

Hexenwesen. Das Wort H. ist abgeleitet von althochdeutsch *hagzissa* oder *hagazussa* = »Zaunreiterin«, womit ein dämonisches Wesen bezeichnet wird, das sich auf Hecken und Zäunen aufhält. Das Hexenbild, das im 15. Jh. nicht nur durch die → Hexenprozesse und die umfangreiche kirchliche Literatur zu diesem Thema voll ausgebildet war, sondern auch im Volk verbreitet war, setzt sich aus folgenden Elementen zusammen: 1. Teufelspakt. Seit dem 13. Jh. war die Lehrmeinung der Theologen allgemein anerkannt, daß die Hexer und Hexen mit dem Teufel einen mit Blut geschriebenen Vertrag schlossen. Beide Vertragschließenden waren aber nicht gleichberechtigt, sondern der Mensch mußte dem Teufel seine Unterwürfigkeit durch einen Fußkuß erweisen. Der Vertrag wurde am Versammlungsort der Hexen abgeschlossen und mindestens einmal jährlich erneuert. 2. Teufelsbuhlschaft. Der Geschlechtsverkehr mit dem Teufel, den man sich entweder als ein männliches (Incubus) oder weibliches Wesen (Succubus) vorstellte, ist schon aus der antiken, jüd., kelt. und germ. Mythologie bekannt. Der Teufel nimmt Tier- bzw. Menschengestalt an. Die Frage, ob aus einer solchen Verbindung Kinder hervorgehen können, war unter den Theologen umstritten. 3. Sabbat. Bez. für die Zusammenkünfte und Treffen mit dem Teufel, die auf Hügeln und in Gebirgen (→ Blocksberg) stattfanden. Die Hexen gaben sich dem Teufel hin, der die Gestalt eines riesigen Bockes annahm. Er lehrte ihnen auch die »Hexenkünste« wie z. B. das Wissen von den Kräutern, Giften etc. und gab ihnen die → Hexensalben. Aufgrund ihrer Erfahrung mit der Ketzerbewegung gingen die Theologen und Hexenrichter davon aus, daß die Hexen in einer großen Sekte organisiert seien. 4. Flug durch die Luft und Tierverwandlung. Nachdem sie sich mit einer Salbe eingerieben haben, fliegen die Hexen nachts auf einem Gegenstand, z. B. Stecken (daher Zaunweib), oder in Tiergestalt zu dem Sabbat, oder sie versinken in einen todesähnlichen Schlaf, und nur ihre Seele begibt sich dorthin. Die Kirche hat diese im Volksglauben verbreiteten Vorstellungen nie anerkannt. 5. Schadenszauber (Maleficium). Bis ins 17. Jh. hinein stand für die Mehrheit der Theologen, und für den Volksglauben noch Jahrhunderte länger fest, daß die Hexen Schaden zufügen können. Sie erhalten auf dem Sabbat ein Pulver von dem Teufel, mit dem sie jeden nur denkbaren Schaden verursachen können.

Hexenwesen

Der Teufelspakt und die -buhlschaft gehen auf die mittelalterlichen Theologen zurück. Die übrigen Elemente (Sabbat, Flug, Tierverwandlung und Schadenszauber) finden sich auch im Volksglauben zahlreicher Völker. Vorherrschend war lange die Meinung, daß das Hexenbild weitgehend der Phantasie der mittelalterlichen Theologen und Inquisitoren entsprungen ist, die aus Angst vor einer neuen Ketzerbewegung antike und orientalische Glaubensvorstellungen miteinander vermengten. In Wirklichkeit habe es nie diese mit so vielen Einzelheiten beschriebene Sekte von Hexern und Hexen gegeben. Schon früh findet sich der Einwand, daß die meisten Elemente des Hexenbilds sich auch in der Glaubenswelt der Germanen finden. Eine völlig entgegengesetzte Meinung vertritt die engl. Ägyptologin → Murray. Das Hexenwesen geht ihr zufolge auf einen vorchristlichen Kult zurück. Hinter den Geständnissen, die den Hexen unter der Folter abgepreßt wurden, verberge sich steinzeitlicher Glauben an einen gehörnten Gott, den die Hexenrichter zu dem Teufel gemacht hätten. Peuckert vertrat die Auffassung, daß es sich bei dem Hexensabbat um »Weiberbünde« mit ekstatischen erotischen Tänzen handelte. → Ginzburg sieht im Hexensabbat einen eurasischen Totenkult, von dem sich von Schottland bis Sibirien Spuren im Volksglauben (→ Benandanti), besonders im → Schamanismus erhalten haben.

Hildegard von Bingen

(1098–1179), Benediktinerin-Äbtissin, Visionärin, Ärztin, Naturforscherin und Beraterin der bedeutendsten Persönlichkeiten ihrer Zeit. Ihre erste → Vision, in der sie den Sinn der Bibel plötzlich erfaßte und überdies den Auftrag erhielt, niederzuschreiben, was sie sah und hörte, erlebte sie 1141. Unterstützt von Papst Eugen III. (1145–1179), faßte sie 26 Visionen in dem Buch *Scivias* (»Wisse den Weg«) zusammen. Indem sie Theologie, Kosmologie und Anthropologie miteinander verbindet, beschreibt sie in Bildern und Symbolen, wie Gott, Welt und Mensch ineinander verflochten sind. In der modernen Esoterik sind ihre Naturkunde *(Physica)* und Heilkunde *(Causae et Curae)* wichtig. Die *Physica*, die ein aus der Volkstradition hervorgegangenes Arzneibuch ist, gliedert sich in neun Bücher mit über 513 Einzelbeschreibungen. Die Arzneikunde beruht auf dem Prinzip, daß Gott allen Dingen – Pflanzen, Früchten, Tieren – einen Menschenzweck hineingegeben hat (Subtilitätslehre). Das Steinbuch zum Beispiel enthält eine Erklärung der Herkunft der Edelsteine und ihrer mediz. Wirksamkeit (→ Edelsteintherapie). Am Gewand des ersten geschaffenen Engels erstrahlten einst alle Edelsteine. Nachdem Lucifer sich gegen Gott empörte, wurde zwar zunächst mit seiner Verstoßung auch der Glanz der Edelsteine vernichtet, aber sie sollten weiterhin auf der Erde Gottes Pracht verkünden und als Heilmittel benutzt werden. Die Wirkung der Steine könne durch Besprechen und magische Operationen verstärkt werden. *Causae et Curae* hat folgenden Inhalt: die Schöpfung, Bau des Kosmos, Welt-Elemente, Bildung des Menschen, gesunder und kranker Körper, der Mensch zwischen Schlafen und Wachen, die Krankheiten von Kopf bis Fuß, das geschlechtliche Verhalten, die Zustände und Umstände der Frau, Ernährung und Verdauung, die Gemütsbewegung, die Stoffwechselstörung und die Heilmittel.

Himmel. Die Verehrung des H.s als einer Gottheit und die Vorstellung, daß sich dort ein Gott, Götter, Geister etc. aufhalten, findet sich sowohl im Glauben der Naturvölker als auch in den Religionen der Hochkulturen. H. und Erde (→ Erdmutter) gelten als ein Urpaar, wobei der H. als männlich und die Erde als weiblich gedacht wird. Im Christentum und im Islam verknüpft man damit die Vorstellung des Paradieses, wohin der Gläubige nach dem Tod erhoben wird. Im → Schamanismus findet sich die Vorstellung der Himmelfahrt oder Seelenreise, welche das zweite Ich oder die Seele der Priester im Zustand der Ekstase unternimmt, um sich mit dem Göttlichen zu vereinigen. Hierzu gehört auch die Himmelfahrt des Jesaia, einem Propheten des Alten Testamentes (→ Bibel). Der H. ist im Glauben vieler Religionen mit der Erde durch eine Himmelsleiter verbunden. Im AT (Mos. 1, 28,12) sieht Jakob die Engel auf einer solchen Leiter auf und nieder steigen.

Hina, Öl aus der ind. Henapflanze; der Geruch des sehr teuren Öles wird häufig als abstoßend empfunden. Anwendung in der arab. Medizin: bei Nervenleiden, Geisteskrankheiten, mangelnder Lebenskraft und Fieber. Die → Sufis benutzen H. bei Anwandlungen von Zweifel und Unglauben.

Hinayana, skrt.: »Kleines Fahrzeug«; eine der drei großen Schulen des → Buddhismus, die in Ceylon und Südostasien beheimatet ist (andere Bez.: »südlicher Buddhismus«). Sie steht der ursprüngl. Form des Buddhismus am nächsten und versteht sich als eine Heilslehre, welche den einzelnen durch sittliche Vervollkommnung zur Erlösung vom Wiedergeborenwerden (→ Samsara) führt. Die Götter vermögen dem Menschen nicht zum Heil zu verhelfen, da sie selbst dem Gesetz der Vergeltung (→ Karma) unterliegen. Nur durch eigene Anstrengungen wird man ein Heiliger (→ Arhat), der sich von den anderen Menschen dadurch unterscheidet, daß er bei seiner Erleuchtung (→ Boddhi) die schon von → Buddha in einem früheren Weltzeitalter entdeckte Heilslehre neu entdeckt und sie allen Wesen unterbreitet.

Hinduismus, Bez. für die 3. Phase des → Brahmanismus (2.–4. Jh. n. Chr.); aber auch für alle Formen des Brahmanismus überhaupt. Der Name ist von dem nordind. Fluß Indus abgeleitet, der dann später als religiöse Bez. für alle Inder diente, die sich zum H.

MUTUS LIBER IN QUO TAMEN
tota Philosophia hermetica, figuris hieroglyphicis
depingitur, ter optimo maximo Deo misericordi
consecratus, solisque filiis artis dedicatus,
authore cujus nomen est Altus.
21·11·82·Neg·
93·82·72·Neg·
82·81·33·Jued·
RUPELLÆ
apud PETRUM SAVOURET * cum Privilegio Regis
M·DC·LXXVII·

Himmel

bekannten. Da man nur durch Geburt ein Hindu werden kann, missioniert der H. nicht. Kennzeichnend für diese Phase sind die Verfestigung der Kastenordnung und Vorstellung von der → Seelenwanderung. Von der Götterdreiheit (Trimurti) aus → Brahman, → Shiva und → Vishnu werden besonders die beiden letzteren verehrt. Sie haben zahlreiche andere Götter in ihrem Gefolge. Der H. ist eine Erlösungsreligion, deren zahlreichen Sekten sich hauptsächlich dadurch unterscheiden, wie dieses Ziel erreicht wird. Die Erlösung (skrt.: *mukti)* d. h. die Befreiung von der Wiedergeburt, wollen die Shivaiten durch den Weg der Erkenntnis (skrt.: *jnanamarga)* erreichen, wozu besonders → Yoga gehört. Ihr Ziel ist das Einswerden mit Gott. Die Vishnuiten bevorzugen den Weg der Gottesliebe (skrt.: *bhaktimarga)*, die wichtiger als die Erkenntnis (skrt.: *samkhya)* sei. Die Liebe zu Gott auf seiten des Menschen hat ihre Entsprechung in der Gnade Gottes, welche den Menschen erlöst. Sie verwerfen sowohl die → Askese als auch die sexuellen Praktiken (→ Tantrismus, → Shaktismus) der Shivaiten. Ihr Ideal ist in den Lehren der *Bhagavadgita* niedergelegt.

Hod, 8. Sephirah (→ Sephiroth), die Ruhm, Pracht darstellt. Zusammen mit → Nezach und Jesod bildet sie das Naturreich. Zuordnungen: göttlicher Name (Elohim Tzabaoth), Erzengel (Michael), materielle Welt (Kokab, Sphäre des Merkur).

Hohlwelt-Lehre. Die Vorstellung, daß die Erde hohl ist, findet sich schon in der babyl. Mythologie. Der babyl. Held Gilgamesch besucht seinen Vorfahren Utnapischtim im Erdinnern. Die ägypt. Pharaonen sollen durch unterirdische Tunnel in den → Pyramiden mit der Unterwelt in Verbindung stehen. Die Buddhisten kennen das unterirdische Paradies → Agartha, wo ein König über Millionen von Menschen herrscht. Im 18. Jh. behauptete der berühmte Mathematiker Euler, daß die Erde im Inneren eine Sonne enthalte und bewohnt sein müsse. Nach Halley, dem Entdecker des »Halleyschen Kometen«, birgt das Erdinnere drei Planeten. Im 19. Jh. wurde die H.-L. von dem Amerikaner John Cleves Symmes und seinem Sohn bekanntgemacht. *(The Symmes Theory of Concentric Speres*, 1878). Das Erdinnere sei durch große Höhlen am Nord- und Südpol erreichbar. In diesem blühenden und fruchtbaren Land würden die zehn verlorenen Stämme Israels leben. Die H.-L. wurde besonders auch in der esot. → Belletristik behandelt. Jules Verne schildert in dem Roman *Reise zum Mittelpunkt der Erde* (1864), wie ein abenteuerlustiger Professor eine Reise ins Erdinnere macht. → Bulwer-Lytton siedelt in dem Roman *The Coming Race* (dt. Übers.: *Vril*, 1871) eine fortschrittliche und rachsüchtige Menschenrasse (Vrilya) in der Erde an, wohin sie sich vor der Sintflut rettete. Die Möglichkeit, daß unsere Erde eine Hohlwelt ist, wurde auch durch die → UFOs neu belebt. Man nahm an, daß sie durch riesige Löcher an den Polen in die Erde eindringen würden. Als Beweis führte man Satellitenfotos von der Antarktis an, die über einen Zeitraum von 24 Stunden angefertigt wurden. Die mit Hilfe eines Computers erstellte Gesamtschau zeigte ein großes Loch an der Antarktis.

Hölle, althochdeutsch: *hel*; Name der Totengöttin der Germanen; ursprüngl. ein Schattenreich (hebr.: *scheol*, griech.: *hades)*, wo die Toten ein freudloses Leben als Schatten führten. Im Christentum wurde die H. dann zum Aufenthaltsort verstorbener Sünder und zum Symbol der Qual. Ähnliche Vorstellungen finden sich auch in anderen Religionen (z. B. Buddhismus, Islam).

Hohepriester, der, die 5. Karte der großen Arkana des Tarot. Auf den ältesten Karten aus dem 14. Jh. findet sich das Bild des Papstes. Die antike Wahrsagekunst kennt Abb. von Ober- und Opferpriestern, aus denen sich das Bild eines christlichen Priesters entwickelt hat, das man schließlich als den Papst deutete. Von den Sephiroth wird ihm Geburah (Stärke), Pesched (Bestrafung) und Din (Urteil) und der Pfad zwischen Chesed (Milde) und Chockmah (Weisheit) im Lebensbaum zugeordnet. (→ Tarot)

Hohepriesterin, die, die 2. Karte der großen Arkana des Tarot. Die Karte zeigt das Bild einer Frau mit einer Tiara, der dreifachen Krone des Papstes, zu deren Füßen sich ein Halbmond befindet. Man vermutet, daß es sich ursprünglich um eine Darstellung der Göttin → Isis handelte. In den ägypt.-röm. Isismysterien kannte man das Bild einer Göttin mit einem Halbmond. In der Antike trug sie den Namen *prima caelitum* (»die erste unter den himmlischen Wesen«). Es wird der H. von den Sephiroth Chockmah (Weisheit) und der Pfad zwischen Tiphereth (Schönheit) und Kether (Weisheit) im Lebensbaum zugeordnet. Die H. ist Symbol und Archetyp für das Weibliche und die Große Mutter. (→ Tarot)

Hokuspokus, eine Verballhornung aus den lat. Wörtern: *hax, pax, max, deus, adimax*, die eine Zauberformel wandernder Scholaren des 16. Jh. bildeten. Auch die Ableitung von den lat. Worten: *hoc est corpus meum* (»dies ist mein Leib«) der katholischen Messe wird für möglich gehalten.

Holismus, griech.: »ganzheitliches Denken«; grundlegender Sammelbegr. der modernen Esoterik, der das kartesianische Weltbild (→ Descartes) ablöst. Seit drei Jahrhunderten betrachtete die Wissenschaft das Teilen und Zergliedern als das oberste Ziel. Dagegen ist für den H. die Welt ein dynamisches Gewebe von Beziehungen, in dem kein Teil fundamentaler als der andere Teil ist. Das ganze Sein besteht aus einem → Netzwerk von Beziehungen und Abhängigkeiten. Die enge Verflechtung des Menschen mit dem übrigen Sein liegt schon der → Mikrokosmos-Makrokosmos-Lehre zugrunde, die schon in einem der Grundtexte der abendländischen Esoterik, der *Tabula Smaragdina* (→ Hermetik) vorformuliert ist: Was unten ist, ist wie das Obere, und das Obere ist gleich dem Unteren, auf daß sie vereinigt ein Ding hervorbringen mögen, das voller Wunder steckt. (→ Hologramm, → holographische Heilmethoden, → Holomovement, moderne → Astrologie)

Hologramm, griech.: »Bild vom Ganzen«. Die Entdeckung der Laserstrahlen führte 1965 zu einer neuen Form der Fotografie (Holographie). Diese dreidimensionalen Laserbilder vermitteln den Eindruck, daß die abgebildeten Gegenstände im »Raum« stehen. Wenn man einen Teil davon herausschneidet, um ihn zu vergrößern, sieht man nur wieder den ganzen Gegenstand. Lediglich die Unschärfe (engl.: *blurr)* wächst. Diese H.e machen deutlich, daß das Ganze und die Teile eng miteinander verbunden sind. Nach seiner Entdeckung wurde das H. in der Biologie, Neurologie, Kybernetik und Kernphysik als Modell benutzt. 1969 erkannte der amerik. Neurologe Karl Pribram, daß das H. ein Modell ist, um die Gehirnfunktionen zu erklären. Wenn man nämlich diejenigen Teile des Gehirns bis auf einen geringen Rest entfernt, welche die Gedächtnisfunktion enthalten, so findet man in den verbliebenen Gehirnzellen die gesamte Erinnerung. Jede Gehirnzelle enthält zwar das Gedächtnis, aber der *blurr* nimmt in diesem Fall zu. Nach David → Bohm ist das physikalische Universum ein gigantisches H., bei dem jeder Teil im Ganzen und das Ganze in jedem seiner Teile enthalten ist. Hieraus entwickelte sich ein holographisches Weltbild, das davon ausgeht, daß das Gehirn das holographische Universum wahrnimmt und gleichzeitig als Hologramm an ihm teilnimmt. Im sichtbaren Raum sind zwar alle Dinge nach Raum und Zeit getrennt, aber unter der Oberfläche sind sie eins und ungeteilt. (→ Holomovement)

Holographische Heilmethoden. Sie beruhen auf der Erkenntnis, daß ein Teil des Organismus den ganzen Organismus widerspiegelt. Folglich können Krankheiten in einem Teilsystem des Körpers nicht nur erkannt, sondern auch behandelt werden. Holographische Diagnose- und Behandlungssysteme setzen an der Ohrmuschel (→ Auriculotherapie), der Nasenschleimhaut (→ nasale Reflextherapie), der Zunge (→ Zungendiagnostik), der Regenbogenhaut (→ Irisdiagnostik), Händen und Füßen (→ Fußzonentherapie) und der Schädelhaut (→ Akupunktur) an.

Holomovement, aus griech.: *holos* = »ganz« u. engl.: *movement* = »Bewegung«; »Bewegung des Ganzen«. Nach → Bohm ist das → Hologramm nur eine statische Aufnahme eines Bewegungsprozesses des Ganzen. Die Bewegung des Ganzen spielt sich in einer implizierten Ordnung ab, die aus zwei

Realitäten besteht, nämlich der entfalteten und der unentfalteten. Die unentfaltete Realität ist wirklicher als die entfaltete oder sichtbare Welt. Das Entfaltete kann aber auch wieder unsichtbar werden. Das H. kann gedanklich in acht miteinander vernetzte Bereiche (Materie, Zeit, Raum, die Verbundenheit der Dinge, Bewußtsein, Gesellschaft, → Psi und epochaler Umbruch) zergliedert werden, die das Ganze bilden.

Homöopathie, griech.: *homöos* = »ähnlich« und *pathie* = »Leiden«; ein von der Schulmedizin (Allopathie; griech.: *allos* = »anderer«) abweichendes Heilverfahren, das von Samuel Hahnemann (1755–1843) entwickelt wurde. Er stellte nämlich fest, daß die Symptome, die Chinin in einem gesunden Körper erzeugt, denjenigen ähnlich waren, zu deren Linderung es benutzt wurde. Hieraus entstand der Grundsatz der H.: *Similia similibus curantur.* (»Ähnliches wird durch Ähnliches geheilt.«) Eine Krankheit, die nach Hahnemann ein Abirren vom gesunden Zustand ist, weist in der Regel so viele Erscheinungsformen auf, daß auch die Heilmittel unendlich groß sind. Deshalb wird der Arzneischatz *(materia medica)* ständig durch neue Substanzen erweitert. Eine weitere Entdeckung Hahnemanns ist die Erkenntnis, daß die Kraft eines Heilmittels nicht in dem Material, sondern in dem Muster liegt. Seine Wirkung (Potenz) ist umgekehrt proportional zu der Menge der Materials. Die H. kennt daher so große Verdünnungen, bei denen kein einziges Molekül der ursprünglichen Substanz mehr in der Flüssigkeit enthalten ist. Der Schulmedizin wirft die H. vor, daß sie durch die Behandlung von Krankheitserscheinungen mit Hilfe von gegensätzlichen Heilmitteln den erkrankten Körper noch mehr schädige, weil diese Mittel meistens aus einer Anzahl von chemischen Substanzen bestehen und die Last des kranken Organismus noch vergrößerten, weil sie in keiner Beziehung zu dem behandelten Krankheitsbild stünden.

Homunculus, lat.: »Menschlein«; Bez. für einen Menschen aus der Retorte (→ Frankenstein, → Golem). In der → Alchemie wurde die künstliche Zeugung eines Menschen ausführlich diskutiert.

Ho'oponopono, hawaiianisch: »Dinge recht machen«; eine Methode der Konfliktlösung der Urbevölkerung. Soziale Beziehungen umgeben einen Menschen wie ein schützendes Netz. Durch Fäden dieses Netzes wird Liebe *(aloha)* ausgedrückt. Jeder Mensch muß bestrebt sein, möglichst viele soziale Verknüpfungen zu haben. Bei einem Konflikt werden die Verbindungen der Beteiligten verwirrt, und die Energie kann nicht mehr ungehindert fließen. In einer gemeinsamen Diskussion werden die Ursachen des Konflikts schließlich gelöst.

Horoskop, griech.: »Stundenschau«, die Himmelskarte im Augenblick der Geburt; daneben auch noch andere Bedeutungen: 1. Zeitmeßgerät, 2. Sterndeuter, 3. → Aszendenten, 4. das 1. Haus. Wenn der Aszendent gefunden wurde, so wird seine Beschaffenheit danach beurteilt, in welchem Tierkreiszeichen er liegt. Neben den Tierkreiszeichen spielen im H. die zwölf Häuser eine wichtige Rolle. Man unterscheidet 1. die irdischen oder mundanen Häuser, die mit dem Widder als 1. Haus beginnen und dem Fisch als dem 12. Haus enden, und 2. die individuellen Häuser, die man vom Aszendenten und der Himmelsmitte aus berechnen kann. (→ Tierkreiszeichen, → Fixsterne)

Hui Chun Gong, chin.: »Übung zur Rückkehr des Frühlings«; andere Bez.: *Qi Gong.* Eine Bewegungs- und Atmungstherapie, die von den taoistischen Mönchen (→ Taoismus) entwickelt wurde, aber jahrhundertelang ausschließlich dem chin. Kaiser und seinen Frauen vorbehalten war. Im Gegensatz zu anderen Formen des Qi Gong sind diese Bewegungsübungen schnell zu erlernen. H. C. G ist eine sehr wirksame Methode zur Selbstregulation der endokrinen Drüsen (Bauchspeicheldrüse, Schilddrüse, Eierstöcke, Hoden, Hypophyse und Hypothalamus).

Huna, → Kahuna.

Huxley, Aldous Leonard
(1894–1963), engl. Schriftsteller, der sich durch seine Bekanntschaft mit Lawrence (Nahtod-Forschung) mit Okkultismus und Fragen der Bewußtseinserweiterung beschäftigte. Nachdem er von → Crowley mit Meskalin (→ Peyote) vertraut gemacht worden war, erregte er Aufmerksamkeit durch einen Eigenversuch, den er in *Pforten der Wahrnehmung* (dt. Übers. 1964) beschrieb. In romanhafter Form behandelte er in *Die Teufel von Loudoun* (dt. Übers. 1955) die Ereignisse von → Loudoun und die Frage der → Besessenheit.

Huysmanns, Joris Karl
(1848–1907), franz. Schriftsteller, der zunächst die Richtung des Naturalismus vertrat und sich mit der Darstellung des Häßlichen, Triebhaften und Kranken befaßte. Mit seinem 1884 erschienenen Roman *A Rebours* (»Gegen den Strich«) wurde er auf einen Schlag ein führender Repräsentant des Impressionismus. In dieser »Bibel der Dekadenz« zieht sich der Hauptakteur Des Essentes, angewidert vom Leben, in die Einsamkeit zurück und gibt sich Rechenschaft über sein Leben. Auf der Suche nach Material für seinen Roman *La Bas* (1891; »Dort unten«) traf H. auch mit → Boullan zusammen, der ihm Vorlagen für die berühmte Schilderung der → Schwarzen Messen lieferte.

Hydrotherapie, griech.: »Wassertherapie«. (→ Badekuren)

Hyazinth, seit dem 17. Jh. Bez. für den roten und rotgelben edlen Zirkon. Er wird oft mit dem Hessonit-Granat verwechselt. Der arab. H. ist eine rötlich-lila Rubinart. In der alten Medizin und Magie schreibt man ihm die Kraft zu, Kühlung zu verschaffen und die Geburt zu erleichtern. In Essig aufgelöst, ist er ein Heilmittel gegen Husten, Frakturen und Melancholie. Seine Heilkräfte werden besonders in der arab. Medizin geschätzt. Die hl. → Hildegard benutzte ihn gegen entzündete Augen und Halluzinationen. Anwendung in der modernen Edelsteinmedizin: Beeinflussung des Stirnauges. Das Elixier wirkt auf die Hypophyse und Zirbeldrüse.

Hyazinthe, bot.: *Hyazinthus orientalis*; ein in Europa beheimatetes Liliengewächs. Das Öl wird aus den Blüten destilliert. Mediz. Anwendung: bei Impotenz, Frigidität und nervösen Leiden.

Hypnose, griech.: »Schlaf«. Der Begr. wurde von dem engl. Arzt und Chemiker James Braid (1795–1860) geprägt, der im Jahre 1841 Zeuge der Experimente des franz. Magnetiseurs Lafontaine war. Durch eigene Experimente kam B. bald darauf, daß Versuchspersonen in einen hypnotischen Schlaf versetzt werden, wenn man sie auf eine Glaskugel starren läßt. Die H. ist somit ein durch Fixieren hervorgerufener schlafähnlicher Bewußtseinszustand, in welchem der bewußte Wille und die Wahrnehmung des Betreffenden durch den Hypnotiseur ausgeschaltet bzw. eingeengt und kontrolliert werden können. (→ Trance, → Erickson)

James Braid, Begründer der Hypnose

I

Iblis, arab. »Teufel«; abgel. von griech.: *diablos*; andere Bez.: Schaitan. (→ Teufel)

Ich, lat.: *Ego*; in der Psychoanalyse → Freuds neben dem → Es und dem Über-Ich einer der drei psychischen Bereiche des Menschen. Bei → Jung Gegenpol zum Kollektiven Unbewußten und seinen → Archetypen.

I-Ging, chin.: »Buch der Wandlungen«; ein chin. Wahrsagebuch, das angeblich von Kaiser Fuchi (um 2950 v. Chr.) verfaßt wurde. Grundlage bildet die Polarität der beiden Prinzipien Yin (weiblich) und Yang (männlich), aus deren Zusammenwirken alle Dinge entstehen und auch das Wesen des Menschen erklärt werden kann. → Jung erkannte die Verbindung des I.-G. zu den → Archetypen und die Möglichkeit, auf diese Weise einen Zugang zum kollektiven Unbewußten zu finden. Yin wird durch eine unterbrochene und Yang durch eine durchgezogene Linie dargestellt. Wenn man diese beiden Prinzipien zu Dreiergruppen (Trigrammen) kombiniert, ergeben sich acht Möglichkeiten (s. Kasten).

Die Trigramme des I-Ging

1. ☰ Kien (Himmel, Vater, das Schöpferische, Dunkelrot)
2. ☷ Kun (Erde, Mutter, das Empfangende, Schwarz)
3. ☳ Dschen (Donner, 1. Sohn, das Erregende, Orange)
4. ☵ Kan (Wasser, 2. Sohn, das Abgründige, Rot)
5. ☶ Gen (Berg, 3. Sohn, das Beharrende, Morgenrot)
6. ☴ Sun (Wind, 1. Tochter, das Sanfte, Weiß)
7. ☲ Li (Feuer, 2. Tochter, das Verbindende, Golden)
8. ☱ Dui (See, 3. Tochter, das Heitere, Grün)

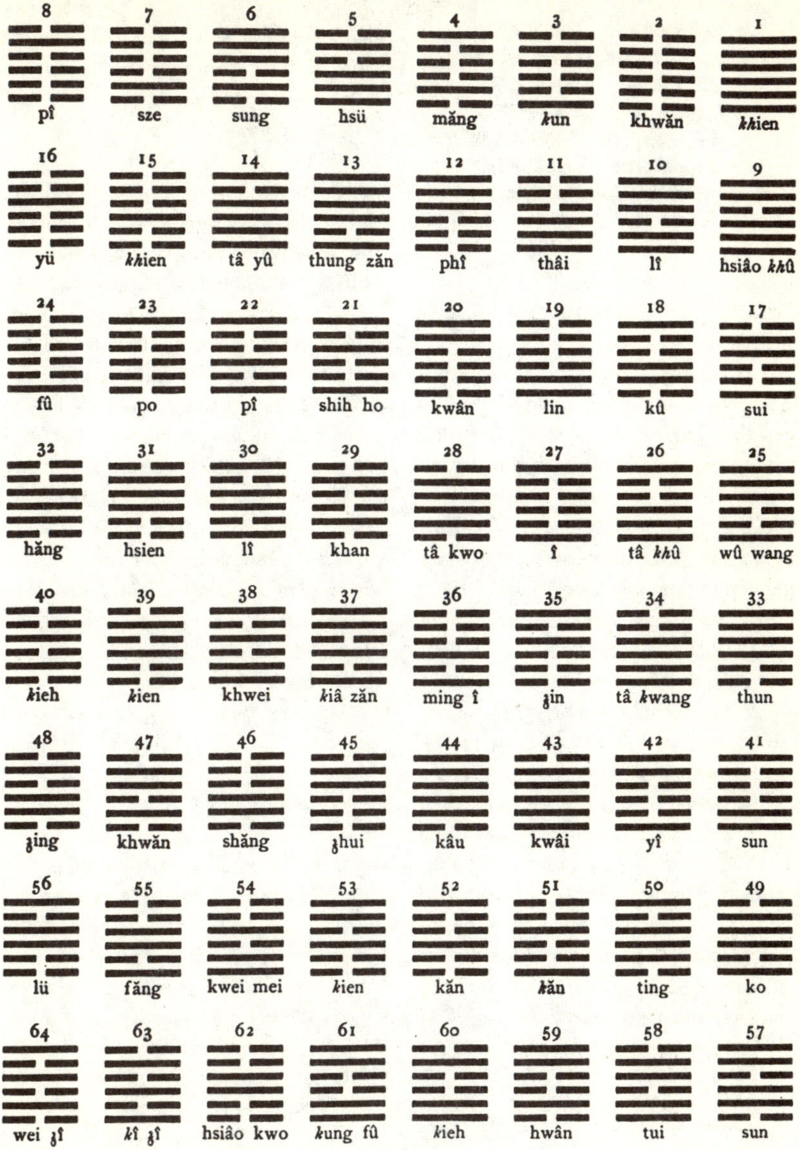

I-Ging
Verzeichnis aller 64-Hexagramme

Beispiel für ein Hexagramm:
Dschun – die Anfangsschwierigkeit:
oben Kan, das Abgründige, das Wasser;
unten Dschen, das Erregende; der Donner

Aus zwei Trigrammen wird eine Sechserkombination (Hexagramm) gebildet, deren Gesamtzahl 64 beträgt. Ihre Bedeutung ergibt sich aus den beiden Trigrammen.
Um nun ein solches Hexagramm zu ermitteln, geht man folgendermaßen vor: Man wirft drei Münzen. Dem Kopf wird der Wert 3 und der Zahl der Wert 2 zugeordnet. Den vier möglichen Kombinationen werden ruhende und bewegte Linien zugeordnet. Diese Linien verändern sich, wie schon der Titel »Buch der Wandlungen« besagt. Die bewegten Yang-Linien werden zu Yin-Linien, die bewegten Yin-Linien zu Yang-Linien. Wenn man ein Hexagramm bilden will, muß man sechsmal die drei Münzen werfen. Das Hexagramm wird von unten nach oben aufgebaut und dann die Umwandlung der Linien vollzogen. Ein Hexagramm wird schließlich nach den Angaben des I. G. gedeutet.

Imagination, lat.: »Einbildung«; → Jung entwickelte die Technik der aktiven I., mit deren Hilfe er die Inhalte des kollektiven Unbewußten nicht nur sich bewußt machte, sondern auch sich mit ihnen so auseinandersetzte, als ob sie Wirklichkeiten wären.

Imago. lat.: »Bild«; bei → Jung ein inneres Bild, besonders von Bezugspersonen wie Vater, Mutter etc., das unbewußt im Menschen geformt wird.

Imam, arab.; *Führer*; der Vorbeter des fünfmal am Tag stattfindenden Gottesdienstes. Bei den Schiiten sind die I.e die Nachkommen → Alis, des Schwiegersohnes Mohammeds. Sie gelten als sündenlos, denn in ihnen findet sich als Zeichen, daß Ali eine → Inkarnation Gottes ist, ein göttlicher Funke. Einige Sekten glauben, daß sich die Imamwürde bis zum 11. Imam vererbt hat. Sein Sohn, Mohammed Abul Kasin (geb. 872) verschwand im Alter von acht Jahren von der Erde und soll unsichtbar weiterleben, bis er einst als Erlöser (Mahdi) wieder erscheint und ein Friedensreich aufrichtet.

Indianer. Die Glaubensvorstellungen der I. finden seit den 60er Jahren in der Esoterik große Beachtung, als nach Religionen gesucht wurde, die nicht von der westlichen Zivilisation geprägt waren. Gemeinsam ist allen Stämmen die Vorstellung, daß alles, was existiert, göttlicher Abkunft ist. Insbesondere wird die Erde als die Mutter allen Lebens begriffen, deren Schutz die höchste Pflicht des Menschen ist. An auserwählten Plätzen wie Bergen,

Quellen und Bäumen ist diese Kraft besonders stark konzentriert. Diese Kraft kann auch als eine Person gedacht werden. Durch bestimmte Rituale (besonders durch Tänze) kann man mit diesen Kräften oder Wesenheiten in Kontakt treten. Für den I. ist es unvorstellbar, daß man sein Land verkaufen kann. Ihren klassischen Ausdruck fand dieser Gedanke in der Rede des Häuptlings Seattle von 1855. Eine Neubelebung des indianischen Glaubens fand nach 1948 statt, als die Hopi nach den Atombombenabwürfen die Isolation ihrer Reservate verließen und ihre religiösen Lehren zu verbreiten begannen.

Individuation, lat.: »Persönlichkeitswerdung«; in der Psychologie → Jungs Bez. für den Reifevorgang des Menschen, dessen Ziel die Ganzheit der Persönlichkeit ist.

Ingwer, bot.: *Zingiber officinalis*; das Öl wird aus der Wurzel gewonnen. Mediz. Anwendung: bei Verdauungsstörungen und Zahnschmerzen. Laut Volksmedizin soll der I. sexuell anregend wirken.

Initiation, lat.: »Einweihung«. Bei Naturvölkern findet sich die Sitte, die Unmündigen mit feierlichen → Riten in den Kreis der Erwachsenen aufzunehmen. Mit diesen primitiven Weihen ist auch die rituelle Aufnahme von Erwachsenen in Geheimbünde, → Kulte und → Mysterien verwandt.

Inkarnation, lat.: »Eingehen in das Fleisch«; Bez. für die Menschwerdung Gottes. Sowohl in den primitiven Religionen der Naturvölker als auch in den Hochreligionen findet sich die Vorstellung, daß die Könige, Religionsgründer und Helden I.en eines Gottes sind. Im → Hinduismus, der solche I.en als → Avatar bezeichnet, sind verschiedene Götter und Menschen I.en → Vishnus. Der → Buddhismus und der → Lamaismus lehren, daß bedeutende Persönlichkeiten I.en → Buddhas und der → Bodhisattvas sind. Zentrales Thema des Christentums ist die Menschwerdung → Christi. Die moderne Esoterik versteht in Anlehnung an den Karmagedanken des Hinduismus (→ Brahmanismus) unter I. das jetzige Leben, das eine Folge der Taten in den früheren Leben ist.

Inspiration, lat.: Einhauchung; Bez. für eine plötzliche, meistens nicht durch das logisch-folgerichtige Denken bewirkte Eingebung, Einfall, Gedanken, Idee etc. Wenn man annimmt, daß heilige Schriften durch I. eines Gottes zustande gekommen sind, so spricht man von Verbalinspiration.

Irisdiagnostik, eine → holographische Heilmethode, die anhand von kleinen Veränderungen der Regenbogenhaut (Iris) des menschlichen Auges Krankheitszustände diagnostiziert. Die I. wurde vor 100 Jahren von dem ungar. Arzt I. von Peczely entdeckt und von Pastor Felk (1856–1926) weiterentwickelt. Man ist jedoch der Meinung, daß die I. von einer → Sensitivität für ultraviolettes Licht abhängig ist. Für die Diagnose wird die Iris in radiale (kreisförmige, 1 bis 60 Grad) und zirkuläre (durch konzentrische Kreise) Abschnitte eingeteilt. Die Positionen der einzelnen Organe werden durch Segmente (Hälften-, Viertel-, Achtel- und Sechzehntelsegmente) festgelegt, indem man 96 mögliche Kombinationen aus der radialen, zirkulären und Segmenteinteilung bildet. Als Kennzeichen einer unnatürlichen Färbung gelten schwarze (Substanzverlust eines Körperteils), weiße (Entzündungen) und dunkle Male (Verringerung der Funktion eines Körperteils).

Iris-Öl. Das Öl, das den Riechstoff Iron enthält, wird aus dem getrockneten Wurzelstock der Schwertlilie gewonnen. Die wertvollsten Öle kommen aus der Gegend um Florenz (Iris de Florence).

Isis ägypt. Göttin; Schwester und Gattin des Totengottes Osiris und Mutter des Horus. Als ihr Gatte von → Seth in Stücke gerissen wird, sucht sie die Teile wieder zusammen und erweckt den Leichnam zum Leben. In der hellenistischen Zeit entwickelte sie sich zur kosmischen Göttin, so daß sie als das »Wesen aller Götter« bezeichnet wurde. Wie Osiris war sie auch Unterweltgöttin, die Träume und Erscheinungen sendete. Ihr Wirkungskreis vermischte sich dann mit dem der griech. Göttinnen → Artemis, → Demeter, → Hekate und Persephone. I. war auch Mittelpunkt eines → Mysterienkultes, der in der antiken Welt weit verbreitet war. Der Novize oder → Adept, der in verschiedenen Einweihungsstufen eine symbolische Wanderung aus der Unterwelt über die Elemente zu den Gestirnen unternahm, trat am Ende der I. gegenüber und wurde ihr ähnlich.

Islam, arab.: »Eingebung in den Willen Gottes«; eine von Mohammed (569–632) auf dem Boden der alten arab. Stammesreligion gestiftete Religion, deren wesentlicher Inhalt durch die fünf Grundpfeiler des I.s bestimmt wird: 1. Es gibt nur einen Gott (→

Isis schützt Osiris

Allah). Dies findet seinen Ausdruck in dem islam. Glaubensbekenntnis: Es gibt keinen anderen Gott außer Allah, und Mohammed ist sein Prophet. 2. Jeder Anhänger des I. (Moslem) muß fünfmal täglich ein Gebet mit dem Gesicht nach Mekka gerichtet sprechen, freitags aber in der Moschee. 3. Als Opfer für Allah und als Akt der Frömmigkeit müssen Almosen gespendet werden. 4. Einhaltung des Ramadan-Fastens. Da Mohammed seine Offenbarungen im neunten Monat (Ramadan) der muslimischen Zeitrechnung erhielt, ist jeder Moslem in diesem Monat zum → Fasten verpflichtet. 5. Einmal in seinem Leben muß jeder Moslem eine Wallfahrt nach Mekka unternehmen. Niedergelegt sind diese Lehren und Pflichten im → Koran, der im I. eine zentrale Rolle spielt.

J

Jade, andere Bez.: Nephrit und Hornblende; gehört zur Gruppe der Hornblenden. In prähistorischer Zeit wurde J., besonders in China zur Herstellung von Beilen verwendet. Schon im 4. Jh. v. Chr. wurde J. im Zweistromland zu Amuletten verarbeitet, die von schwangeren Frauen getragen wurden. Dahinter stand die Vorstellung, daß diese J.-Beile den Geburtskanal der Gebärenden öffnen sollten. Die antiken Ärzte glaubten, daß J. eine Fehlgeburt verhinderte. In der arab. Medizin war J. sehr geschätzt. Wer es an seinem Gürtel trug, hatte bei der obligatorischen Pilgerreise nichts zu befürchten. Überdies unterdrückte es sexuelle Begierden, verhinderte Schwangerschaften und schützte vor Fehlgeburten, wenn eine Schwangerschaft eingetreten war. Da J. auch gegen Blasen- und Nierensteine wirkte bzw. sie auflöste, erhielt es in der antiken Medizin den Namen »Nephrit« (griech.: *nephros* = »Niere«). Anwendung in der modernen Edelsteinmedizin: Das Herz-Chakra wird von ihm beeinflußt. Das Elixier hat auch Einfluß auf die Stimmungslage und das Seelenleben eines Menschen und erhöht besonders die Sensibilität.

Jahwe, hebr.: *JHWH* geschrieben, weil die hebr. Schrift keine Vokalzeichen kennt. Der Name Gottes bei den Juden, der aus religiösen Gründen nicht ausgesprochen werden durfte und durch → *Adonay* (Herr) oder *Elohim* ersetzt wurde. Später vokalisierte man *JHWH* mit den Vokalen von Adonay (a, o, a), woraus sich im 11. Jh. die falsche Form Jehova entwickelte. Aus Tabugründen durfte das a nicht gebraucht werden.

Jainismus, skrt.: *jaina* = »Sieger«; eine ind. Religion, die von Vardhamana (539–477 v. Chr.), Beiname Mahavira (skrt.: »Held«), gegründet wurde. Nach 13 Jahre dauernden Meditationsübungen gewann er die erlösende Erkenntnis, daß der Mensch nur durch die Askese zu den drei Juwelen gelangen könne: 1. rechte Erkenntnis, 2. rechte Einsicht und 3. rechtes Wandeln. Die rechte Erkenntnis besitzt, wer den unüberbrückbaren Unterschied zwischen Geist und Materie kennt. Rechte Einsicht hat, wer an die Lehre von Mahavira glaubt. Der rechte Wandel besteht in der Einhaltung der fünf Gebote (nicht töten, nicht lügen, nicht stehlen, keinen Geschlechtsverkehr ausüben, auf alle Freuden des Daseins verzichten). Den Kreislauf der Wiedergeburt (→ Samsara), der zur Voraussetzung die Tat (Karma) des Menschen hat, kann nicht durch Wissen, sondern nur durch Kasteiung und Askese überwunden werden. Der J. ist in eine milde *(Shvetam-*

bara, skrt: »Weiße Kleider Tragende«) und eine strenge Richtung *(Digambara,* skrt.: »Luftgekleidete«) gespalten.

Jannat Al-Fardaws, arab. »Tor zum höchsten Himmel«; ein arab. Öl, das ein »Sufi-attar« (Dufthersteller) komponiert haben soll, als er bei seinen Übungen in den höchsten Himmel vordrang. Nach seiner Rückkehr versuchte er, den Duft herzustellen, den er dort wahrnahm. J. wird in der Medizin der Sufis benutzt.

Japa, skrt.: »Murmelmeditation«; eine Form des → Yoga. Durch das endlose Wiederholen von Silben und Wörtern (→ Mantra, → Yatra) wird die Versenkung und die Loslösung des Bewußtseins von der Außenwelt erstrebt. Die Rezitation wird begleitet von → Askese.

Jasmin, bot.: *Jasminum officinale.* Die Jasminblüte, die das Öl liefert, bildet das Aroma erst nach dem Abpflücken. J. wirkt besonders auf die Hypophyse. Mediz. Anwendung: bei Impotenz, Frigidität und nervösen Leiden.

Jaspis, eine Edelsteingruppe, die zu der Chalcedonenart gehört. Die Steine sind undurchsichtig und von roter, gelber und brauner Farbe. Den grünen J. mit roten Punkten nennt man → Heliotroph. Die Herleitung des Namens ist unsicher. Schon in der Antike verband man den Namen mit griech.: *aspis* (»Schlange«), weil man glaubte, der Stein würde sich im Gehirn von Schlangen bilden und ihre Farben annehmen. Der rote und braune Jaspis wurde besonders im alten Ägypten benutzt. Die Amulette der ägypt. Göttin Isis mußten aus rotem J. hergestellt werden und trugen die Aufschrift »Blut der Isis«. In der antiken Medizin schrieb man dem J. eine blutstillende Wirkung zu. Der rote J. enthält nämlich Eisenverbindungen, die das Bluteiweiß zum Gerinnen bringen. Anwendung in der modernen Edelsteinmedizin: Das Elixier beeinflußt das Basis-Chakra.

Jatromathematik, griech.: »Heilwissenschaft«; andere Bez.: astrologische Medizin; sie beruht auf der → Mikrokosmos-Makrokosmos-Lehre (→ Agrippa von Nettesheim), die den Sternen und dem Weltall (Makrokosmos) einen bestimmenden Einfluß auf Menschen, Tiere, Pflanzen und Steine (Mikrokosmos) zuschreibt. Diesen Einfluß kann man anhand der → Signaturen, d. h. der Form, Gestalt etc. jedes Wesens und Gegenstandes auf der Erde erkennen. Jedem Organ im menschlichen Körper entspricht ein bestimmter Planet oder Tierkreiszeichen. Im Weltall herrscht das Prinzip von → Sympathie (Anziehung) und Antipathie (Abstoßung), das sich auf der Erde z. B. beim Magnetismus beobachten läßt. Wie der Magnet das Eisen anzieht, so zieht der → Jaspis bei einer Gebärenden das Kind an. Andere Edelsteine stoßen ab, wie z. B. der → Amethyst, der gegen Trunkenheit wirkt.

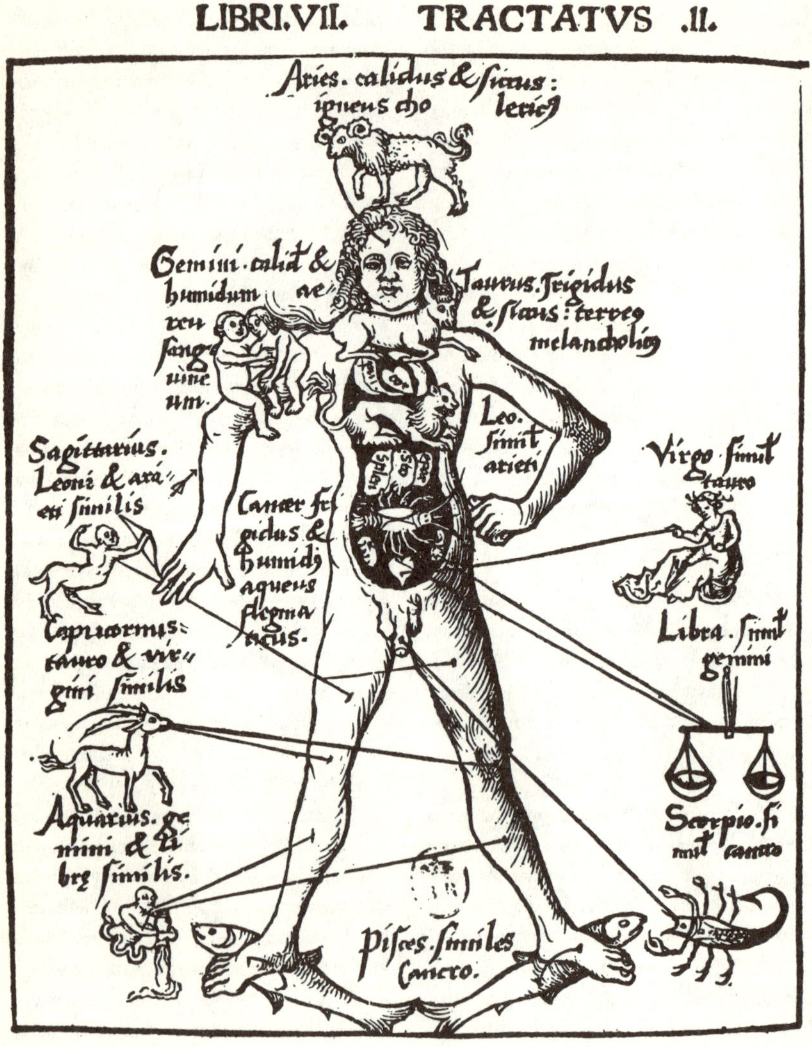

Jatromathematik

Jatrochemie, griech.: »Heilchemie«; basiert auf den Anschauungen von → Paracelsus, der versuchte, die menschlichen Lebensvorgänge auf chemischer Grundlage darzustellen. Die gesamte Körperwelt besteht aus Festem, Unverbrennlichem *(Sal)*, aus Flüssigem, Flüchtigem *(Mercurius)* und aus Verbrennbarem *(Sulphur)*. Durch chem. Operationen wie z. B. Destillieren können die flüchtigen Teile der Substanzen als Extrakte und → Essenzen gewonnen, die verbrennbaren dem Körper teilweise entzogen werden, und das Feuerfeste bleibt als Elixier zurück. Die J. entzog vor allem der → Edelsteinmedizin den Boden, die ihren Höhepunkt bei der Bekämpfung der Pest im 16. und 17. Jh. erreicht hatte. Die Wirkung der Edelsteine beruht demnach nicht auf astrologischen Einflüssen, wie die → Jatromathematik behauptete, sondern auf ihrem Gehalt an metallischem Sulphur. Wenn man Edelsteine als Amulett trägt, wirken sie durch ihre flüchtigen Teile, die durch die Poren in die Haut eindringen und die Körpersäfte beeinflussen.

Jenseits, Gegenbegr. zum Diesseits, der sich vor allem auf den Zeitraum vor und nach dem jetzigen Leben bezieht. Das J. ist in der Mythologie von der diesseitigen Welt durch Flüsse, Meere etc. getrennt. Der Ort des J. wird oft in die Himmelsrichtung verlegt, wo die Sonne untergeht, oder in den Himmel bzw. das Erdinnere.

Jesod, die 9. Sephirah (→ Sephiroth); Bedeutung: »Grund oder Fundament«; andere Bez.: *Tzadiq-Yesod-Olam* (»Gerechtigkeit ist die Grundlage der Welt«). Zusammen mit → Nezach und Hod, zwischen denen sie vermittelt, bildet sie das Naturreich. Zuordnungen: göttlicher Name (Gabriel), Erzengel (Cherubim), materielle Welt (Levanah, die Sphäre des Mondes).

Jezira, das Buch, hebr.: »Buch der Schöpfung«. Aufgrund der zahlreichen sprachlichen Eigentümlichkeiten des Hebräischen des 2. Jh. und der Übereinstimmungen mit der → Gnosis liegt die Entstehungszeit zwischen dem 3. und 4. Jh. n. Chr. Die Kosmologie basiert auf den zehn Urzahlen (→ Sephiroth) und den 22 Buchstaben des hebr. Alphabets, welche zusammen die 32 Wege der Weisheit oder die Urkräfte der Schöpfung bilden. Im 1. Kap. wird dargestellt, wie Gott mit Hilfe dieser 32 Wege die Welt erschuf. Der Rest des Buches behandelt die 22 Buchstaben als Elemente des Kosmos. Alle Bereiche des Seins, die Welt, die Zeit und der menschliche Körper sind aus der Verbindung der 22 Buchstaben hervorgegangen. Unklar ist, ob der Autor so etwas wie eine doppelte Schöpfung im Sinn hatte. Die Lehre von den zehn Urzahlen (Sephiroth) und den 22 Buchstaben führte zu vielen Überschneidungen bei der Darstellung der Schöpfung. Einen wichtigen Beitrag zur Deutung leistete der Judaist Leo Baeck, der den Nachweis zu erbringen versuchte, daß der Autor die Ideen des Neuplatonikers Proklus (410–485) in die Gedankenwelt der → Merkabamystik umsetzte. Als Abfassungszeitraum käme dann die Zeit nach dem 5. Jh. in Frage.

Johannes, der Priester, der Legende nach ein christl. König, der über ein geheimnisvolles Reich herrschte. Dort befand sich das Paradies, wo Drachen, Einhörner (→ Fabeltiere) und der Riesenvogel Greif lebten. Die ersten Berichte über J. d. P. tauchten 1145 auf, als die Kreuzfahrer sehnsüchtig auf seine Ankunft im Heiligen Land warteten. 1165 zirkulierte ein an den Papst, den Kaiser Barbarossa und andere hohe Persönlichkeiten adressierter Brief, in dem J. d. P. eine detaillierte Beschreibung seines Königreiches gab. Fast vier Jahrhunderte lang suchte man dieses geheimnisvolle Königreich. Man identifizierte J. d. P. mit dem Großen Khan der Mongolen, dessen Vasall der gefürchtete Dschingis-Khan war. Im 15. und 16. Jh. kam man zur Überzeugung, daß J. d. P. der äthiopische König war.

Jodo, »Reines Land«; chin.: *chingtu*; eine jap. Schule des Buddhismus, die von Huiyuan (334–416) und Honen (1133–1212) gegründet wurde. Die Erlösung, die durch den Eintritt in das »Reine Land« erreicht wird, erfolgt durch die tägliche Anrufung von → Amitabha (jap.: Amida). Doch ist dies nur eine der vielen Stationen im Verlauf der Wiedergeburt, bis der Gläubige das Reich der Wahrheit erreicht, wo er sich durch die erlösende Erleuchtung mit Buddha vereinigt. Dahinter steht die Vorstellung, daß in jedem Menschen die Buddha-Natur vorhanden ist und diese Anrufe eigentlich an die eigene Natur gerichtet sind. Vom J. spalteten sich drei Sekten ab: Shin, Yuzunembutsu, Ji.

Jonquilleblüten-Öl, bot.: *Narcissus joquilla*. Diese Narzissenart wird in Südfrankreich und Marokko angebaut. Der Duft des gelben Öls erinnert an den von Orangen.

Jugendreligion, andere Bez.: Jugendsekten oder Neureligionen (engl.: *cults)*; eine seit 1974 von F. W. Haack (gest. 1991), dem Sektenbeauftragten der evangelischen Kirche für Bayern, benutzte Bez. für religiöse Gruppen, die ihre Anhänger vornehmlich unter Jugendlichen suchen. Dazu gehören: → Bhagwan-Bewegung, → Hare Krisna Bewegung, Scientology-Kirche (→ Dianetik), und die → Vereinigungskirche.

Jung, Carl Gustav (1875–1961), Schweizer Psychologe und Psychiater, der eine von → Freud abweichende Richtung der Psychoanalyse, die komplexe oder analytische Psychologie, begründete.
Im Mittelpunkt von J.s Lehre steht das → Unbewußte, das → Es der Psychoanalyse, das als persönliches Unbewußtes eines jeden Menschen in das viel größere kollektive Unbewußte der Mensch-

heit eingebettet ist. Das persönliche Unbewußte ist ein Sammelbecken verdrängter Gedanken und Gefühle, die bewußt in den Träumen und in gewissen Verhaltensweisen (z. B. Versprechen) auftauchen. Wichtig ist derjenige Teil des persönlichen Unbewußten, den J. die Schatten nennt. Er enthält alles, was der Mensch nicht sein möchte, und bildet seine zweite Persönlichkeit oder »dunkle Seite«. Die modernen Psychotherapien und esot. Lehren (moderne → Astrologie, → Tarot) zielen darauf ab, die »Schatten« des Menschen bewußt zu machen. Das kollektive Unbewußte, »die geistige Erbmasse der Menschheitsentwicklung«, enthält die → Archetypen (Urbilder). Diese kollektiven Erfahrungen der Menschheit finden ihren Ausdruck in den → Symbolen und Mythen der Religion und den verschiedenen esot. Lehren (→ Alchemie). Beide Formen des Unbewußten befinden sich in einem unaufhörlichen Zustand gegenseitiger Beeinflussung, wobei aber das kollektive Unbewußte der tragende und wichtigere Teil ist. Die Entwicklung des Menschen beschreibt J. als einen Reifeprozeß (Individuationsprozeß), der sich zwischen dem Unbewußten und dem Bewußtsein abspielt und in den Träumen seinen Niederschlag findet. Die für J. sehr wichtige → Traumanalyse soll zur Selbstentdeckung des Menschen führen. Träume sind für ihn in Symbolen mitgeteilte Botschaften unseres Unbewußten. Die Deutung dieser Symbolik setzt die Kenntnis der Mythologie, Religionswissenschaft, Folklore und der esot. Lehren voraus, mit denen sich J. intensiv beschäftigte.

Von seinen über 20 Werken ist wohl *Psychologie und Alchemie* (1944) für die Esoterik am wichtigsten. J. weist darin nach, daß die alchemist. Schriften und ihre Bilder nicht bloß irgendwelche »Retortenvorgänge« beschreiben wollen, sondern daß sie psychologische Projektionen, d. h. das Übertragen von unbewußten seelischen Inhalten (die z. B. auch in den Mythen enthalten sind) auf den noch unbekannten Stoff sind. Unbewußtes und äußerer Stoff fließen gleichsam ineinander ein.

K

Ka, ägypt. Geist; in der ägypt. Mythologie der Doppelgänger bzw. das feinstoffliche Abbild eines Menschen, der in der Gestalt eines Vogels in den Gräbern lebt. Durch die Mumifizierung ihrer Toten wollten die Ägypter erreichen, daß der K. länger lebte. Der K. muß von → Ba unterschieden werden, das als Seele den Körper eines Menschen bei dessen Tod verläßt.

Ka
Ein ägyptischer Pharao mit seinem Ka. In der Hand hält er ein → Ankh

Kabbala, hebr.: »Überlieferung«; Bezeichnung für die jüd. Mystik und Geheimlehre, besonders ihrer mittelalterl. Ausformung seit dem Beginn des 13. Jh. Das Wort K. bezeichnet ursprünglich alles, was nicht zum Pentateuch (fünf Bücher Mosis, → Bibel) gehörte. Die K. ist eine Phase in der langen Geschichte der jüd. Mystik, deren Anfänge bis in das 1. Jh. n. Christus zurückreichen. Bezeugt sind in dieser Zeit Geheimlehren, die sich mit mystischen Spekulationen im Anschluß an das erste Kapitel der Genesis (Schöpfungsgeschichte) und des Buches Hesekiel beschäftigen. Eine dieser Geheimlehren, die »Kunde von den Anfangsdingen« (hebr.: *Ma'asseh Bereschiht),* kann als eine Art mystische Kosmogonie bezeichnet werden. Wer aber die Etappen der Entstehung der Welt und des Menschen kennt, ist auch im Besitz des Wissens, um an die Quelle allen Seins, Gott, zu gelangen. In diese Richtung gehört das Buch → Jezira. Bei weitem einflußreicher war aber die zweite Geheimlehre, die »Kunde von dem Gotteswagen« (hebr. *Ma'asseh Merkaba),* die sich bis ins 11. Jh. nachweisen läßt und die bei der Entstehung der Kabbala eine wichtige Rolle spielte. Diese → Merkaba-Mystik brachte eine umfangreiche Literatur hervor, welche den Weg des Mystikers durch die sieben Paläste (hebr. *Heckhaloth)* beschrieb.

Religionsgeschichtlich kann man die Merkaba-Mystik als eine Form der jüd. → Gnosis bezeichnen. Reste dieser jüd. Mystik haben sich im → Buch Bahir, dem ältesten kabbal. Werk, erhalten, das auch schon die kabbalist. → Sephiroth-Lehre enthält. Das Hauptwerk der K. ist der circa 1275–1293 in Kastilien entstandene → Sohar (Buch des Glanzes), der aus 2400 eng beschriebenen Seiten besteht. Er hat die Form eines Midrasch, d. h. er besteht aus Reden, Monologen und Dialogen zu den fünf Büchern Mosis, dem Hohenlied und dem Buch Ruth (→ Bibel).

Nach dem heutigen Forschungstand kann man die Entstehung der K. so skizzieren: Der historischen K. ging eine präkabbalistische Bewegung (900–1200) voraus, die das Erbe der jüd. Gnosis bewahrte und pflegte. In mehreren Etappen ist sodann diese mystische Bewegung nach Europa vorgedrungen. Eine wichtige Zwischenstation war der → Chassidismus. Ihre klass. Form erhielt die K., nachdem sie mit der Gedankenwelt des → Neuplatonismus zusammengetroffen war. Diese Durchdringung und die damit verbundene Formulierung ihrer Lehren führte dazu, daß das gnostische Element immer mehr in den Hintergrund trat. Neben dieser theoretischen und mystischen K. gab es noch eine ältere Form, in der die geheimen Namen Gottes und der Engel im Sinne der weißen Magie, d. h. nicht zum Schaden der Menschen, benutzt wurden.

Wenngleich diese Zweiteilung seit dem 13. Jh. bekannt war, haben sich die meisten Kabbalisten von dieser okkulten Disziplin distanziert. Doch es gibt auch genügend Beweise, daß diese »praktische Kabbala« im Chassidismus gepflegt wurde. Davon getrennt werden muß die »Schwarze Magie« (hebr.: *kischuf*), die eine internationale Strömung ist und Elemente aus der arab., christl. und jüd. Magie enthält. Mehrheitlich dominiert der arab. Einfluß. Aus Unkenntnis haben die christl. Kabbalisten diese Form der praktischen Kabbala mit der jüd. Mystik verbunden.

Nach der Vertreibung der Juden aus Spanien im Jahre 1492 und der Errichtung eines jüd. Zentrums in Safed

ט 9.	ח 8.	ז 7.
צ 90.	פ 80.	ע 70.
ץ 900.	ף 800.	ן 700.
ט 9000	ח 8000	ז 7000

Praktische Kabbala
Der Zahlenwert einiger hebr. Buchstaben

(Obergaliläa) wandelte sich auch die K. Zwei Systeme haben von hier ihren Ausgang genommen: die K. des Jakob Cordovera (1522–1570) und die K. des Isaak Luria (1534–1572). Zusammenfassend kann man die K. Cordoveros als eine theoretische K. bezeichnen, die viele gnostische Elemente enthält. Die K. Lurias ist dagegen eine praktische Mystik.

Kabbala, christliche, eine Geistesströmung gegen Ende des 15. Jh., welche die → Kabbala mit den christl. Lehren zu verbinden suchte. Der ital. Humanist Pico della Mirandola (1463–1491), der die hebr. Schriften im Original lesen konnte und sich intensiv mit den jüd. magischen Schriften beschäftigte, vertrat die Meinung, daß alle Weisheitslehren, auch wenn sie voneinander abwichen, auf eine Wahrheit zurückgingen. 1486 versuchte er, 900 Thesen aus den Gebieten Kabbala, Magie, Theologie, Physik, Mathematik etc. öffentlich zu verteidigen, wobei er antikes, christl. und jüd. Gedankengut miteinander verband. Neben Johannes Tritheim (1462–1516) und → Agrippa v. Nettesheim wurde die christl. K. vor allem von Reuchlin entwickelt, der seine Lehre in drei Werken niederlegte: *De verbo* (1494), *Arcana academia* (1517) und *De arte cabbalistica* (1517). In der Kabbala findet sich nach seiner Meinung eine tiefgründige → Theosophie, die man zur Verteidigung des Christentums und der Harmonisierung der Wissenschaften nutzen könne. Gott ist das Grenzenlose (→ En soph), das sich bei der Weltschöpfung seines Sohnes → Adam Kadmon als Mittler bedient. In ihm leben die Kräfte des → Sephiroth, welche die göttlichen Kräfte durch das Weltall leiten. Zwischen Gott und den Menschen sind geistige Wesen angesiedelt. Die chr. K. fand im 16. Jh. große Verbreitung und wurde mit der → Alchemie verbunden. Ihren Höhepunkt erreichte die chr. K. mit der kommentierten lat. Übersetzung der drei ältesten Stücke des → Sohars *(Kabbala denudata)*, die Knorr von Rosenroth (1636–1689) im Jahre 1677/78 und 1684 veröffentlichte. Jesu Christus wird von ihm mit Adam Kadmon gleichgesetzt, und die drei oberen Sephiroth (Kether, Binah, Chokmah) entsprechen der Dreifaltigkeit (Gottvater, Gottsohn und Heiliger Geist). Auch die Gold- und Rosenkreuzer des 18. Jh. und MacGregor → Mathers wurden von dieser Strömung beeinflußt.

Kabbala, praktische, auch K. der Buchstaben (→ Gematria) und der Zahlen. Ausgangspunkt ist das hebr. Alphabet, das jedem Buchstaben einen Zahlenwert beigibt. Deshalb ist es möglich, Wörter mit dem gleichen Zahlenwert zu vertauschen und einer Textstelle einen geheimen Sinn beizulegen. Der Zahlenwert der einzelnen Buchstaben wird addiert (kabbalist. Addition oder »Kette der Väter«). Dieses System kann auch auf andere Sprachen und deren Alphabete übertragen werden. Um aber einzelne Wörter und besonders Eigennamen und Geburtsorte (→ Numerologie) mit einer Zahl zu verbinden, deren magische Bedeutung auch den Sinn erschließt, benutzte man die kabbalist. Reduktion: die Zahlen werden addiert, und dann wird so lange die Quersumme gebildet, bis eine Zahl von 1 bis 9 entsteht, zum Beispiel: 4678; 4+6+7+8 = (25); 2+5 = (7).

Kabir (1440–1518), Begründer einer Sekte, die den → Hinduismus und den → Sufismus vereinte. Beide Religionen würden denselben Gott verehren, so daß ihre Unterschiede nur in Äußerlichkeiten bestehen würden. Der höchste Gott ist für ihn Allah-Rama, neben dem es keine weiteren Götter gibt. Vom Hinduismus übernahm er die → Seelenwanderung, das → Karma-Gesetz und die Gottesliebe.

Kadampa, eine von dem tib. Heiligen Atisha Dipankara in der ersten Hälfte des 11. Jh. in Tibet gegründete Sekte. Sie legte besonderes Gewicht auf die Kenntnis heiliger Schriften und die Ausübung der mildtätigen Güte. Die → Gelugpa-Schule ist eine Neubelebung der K.-Schule.

Kagyü, tib.: »mündliche Überlieferung«; zweitälteste Schule des Buddhismus (→ Lamaismus) in Tibet. Ihre Lehre geht auf den tib. Heiligen Marpa und dessen Schüler Milarepa zurück. Die Anhänger dieser Sekte zogen sich in die Berge zurück, um sich der Meditation zu widmen.

Kahuna, hawaiianisch: »Bewahrer des Geheimen«; Bez. für ein altes magisches System (»psychologische Religion«) der Hawaiianer, das von dem Amerikaner Friedmann Long wiederentdeckt wurde.
Man unterscheidet drei Ebenen im menschlichen Körper: Das Unterbewußtsein *(Unihipli)*, das seinen Sitz im Solarplexus hat, ist der Wächter des physischen Gleichgewichtes. Das bewußte Selbst *(Uhane)* hat seinen Sitz im Kopf und kontrolliert den Verstand. Über beiden steht als höchste Instanz *Aumakua* (göttlicher Funke) oder überbewußtes Selbst, das auf der kosmischen Kraft *mana-loa* beruht und als feinstoffliche Energie charakterisiert werden könnte. Aumakua macht sich mit Hilfe von → Telepathie und Traumsymbolen bemerkbar. K. enthält Techniken, um diese drei Körper *(aka)* im Menschen zu harmonisieren und Blockaden abzubauen.

Kailas, Name eines Berges im Himalaja nördlich des Manasarowar-Sees; heiliger Berg der Tibeter und Wallfahrtsort der Hindus. Von ihm entspringen alle großen Flüsse.

Kali, skrt.: »Schwarze«; Gemahlin Shivas. (→ Durga)

Kalmus, bot.: *Acorus calamus*; beheimatet in Asien (China, Java) und in USA. K. ist ein Arongewächs, aus dessen Wurzel durch Wasserdampfdestillation das Öl gewonnen wird. Mediz. Anwendung: bei Magen- und Darmerkrankungen, Schleimhautentzündungen und Nervosität.

Kampfer-Öl, bot. *Camphora officinarum*; Kampferbaum (Familie der Laurazeen), der in Asien und Amerika beheimatet ist. Die Gewinnung des Öles erfolgt aus dem Holz der Bäume, die 2–5 m dick und 20–50 m hoch werden. Je älter ein Baum ist, um so mehr ätherisches Öl enthält sein Holz. Mediz. Anwendung: als Hautreizmittel, das die Durchblutung der Haut fördert. Wirksamer noch ist der Kampferspiritus. K. erhöht den Blutdruck. Durch die entgiftende Wirkung, die K. auf das Herz ausübt, wirkt er anregend. K. muß vorsichtig dosiert werden, weil er in größeren Mengen lähmend wirkt. In der modernen → Aromatherapie schätzt man seine antidepressive Wirkung.

Kamille, bot.: *Matricaria chamomilla*; ein Korbblütler, der in Ägypten, Indien und Südamerika wächst. Die Gewinnung des Öles erfolgt durch Wasserdampfdestillation aus den Blüten. Mediz. Anwendung: bei Schmerzen aller Art, Fieber, Entzündungen, Schlaflosigkeit und Verdauungsbeschwerden.

Kandschur, tib.: »das übersetzte Wort Buddhas«; die heilige Schrift des → Lamaismus, die von dem tib. Gelehrten Buston (um 1300 n. Chr.) herausgegeben wurde. Sie besteht aus 1087 verschiedenen Werken, die in 108 Bänden zusammengefaßt sind. Außer den kanonischen Schriften des südlichen Buddhismus, dem sog. Dreikorb (Tripitika; Tripitik → buddh. Schrifttum) enthält der K. eine umfangreiche Zauberliteratur.

Kardamone, bot.: *Elettaria cardamomum*; ein in Südasien beheimatetes Ingwergewächs. Das Öl wird durch Wasserdampfdestillation aus dem Samen gewonnen. Mediz. Anwendung: bei Krämpfen, Entzündungen, Magen- und Darmleiden; in Indien als Aphrodisiakum (Liebesmittel) benutzt.

Karma, skrt.: »Tat«; zentraler Begr. des → Hinduismus, → Buddhismus und → Jainismus, der die Grundlage der Seelenwanderungslehre bildet. Gute und böse Taten führen zu einem entsprechenden Wiedergeborenwerden. Jede Tat ist die Wirkung einer Ursache und ihrerseits die Ursache einer Wirkung. Der gesamte Ablauf vollzieht sich in einem Kreislauf (→ Samsara), dem alles Sein und nach buddh. Auffassung auch die Götter unterworfen sind. Dieser Kreislauf findet kein Ende, weil alles an das Verlangen zu leben, d. h. zu handeln, gekettet ist und immer ein neues K. geschaffen wird. Die Folge dieses Kreislaufs ist ein Leiden. Eine Befreiung (Moksha) davon ist nur möglich, wenn man sich des Handelns enthält und keine die Wiedergeburt erzeugenden Taten schafft. Im Hinduismus und Buddhismus geschieht dies durch die Erkenntnis der wahren Natur der

Dinge und ihrer Verkettung durch das K. Der → Jainismus glaubt, daß das K., welches die Seele verunreinigt, nur durch Askese ausgeschieden werden kann.

Katharer, griech.: »Reine«; eine Sekte, die in Italien Gazzari und in Frankreich → Albigenser hieß.

Kassia, bot.: *Cinnamomum cassia*; ein in Indien, China und Sumatra beheimatetes Lorbeergewächs. Das Öl wird durch Wasserdampfdestillation aus der Rinde gewonnen. Mediz. Anwendung: bei Entzündungen, Magen- und Darmbeschwerden, Erkältungen.

Karneol, eine Gruppe von fleischfarbenen bis weißen Steinen, die zu den Chalcedonen gehören. Vom Fundort Sardinien leitet sich die Bez. Sarder ab. Häufig wird K. mit dem roten Achat verwechselt. In der alten Magie und Medizin wurde er als Siegel, Talisman und Zaubermittel benutzt. In der Antike ein Schutzstein gegen Unfälle und Giftanschläge. Nach → Albertus Magnus kann man mit seiner Hilfe Dämonen und Furcht vertreiben. Die mittelalterl. Ärzte stellten aus ihm eine Essenz her, von der vier bis fünf Tropfen als Heilmittel gegen Ruhr, »innere Hitze« und schlechtes Gedächtnis verschrieben wurden. Anwendung in der modernen Edelsteinmedizin: einer der wichtigsten Steine, um das Sexual-Chakra zu beeinflussen. Das Elixier heilt auch Kreislaufstörungen.

Kether, 1. Sephirah (→ Sephiroth), welche die Krone symbolisiert. Sie ist das Bindeglied zwischen dem → En Soph, mit dem sie noch viele Gemeinsamkeiten hat, und den höchsten Sephiroth. Da sie gleichsam die anderen Sephiroth enthält, nimmt sie eine bevorzugte Stellung ein. Beinamen sind: der Alte der Alten; der Höchste der Hohen, der Alte, dessen Name geheiligt ist. Zuordnungen: göttlicher Name (Ehyeh); Erzengel (Metatron).

Kelten. In der modernen Esoterik findet eine Neubelebung der Lehren der K. statt, die in den ersten vorchristlichen Jahrhunderten in der Hälfte Europas bestimmend waren. Die K. lebten im Einklang mit der Natur, und in ihrer Kunst erwiesen sie sich als Meister der Verknüpfung und der → Netzwerke, einer Kunstfertigkeit, die in übertragenem Sinne die Grundlage der Strategie der New-Age-Bewegung bildet (→ Ferguson). Sie lebten in einem komplexen Geflecht von Sippen und Clans in einer geistigen Einheit ohne eine übergreifende Staatsorganisation. Mit einer bewundernswerten Leichtigkeit gelang es ihnen, ihre Lehren mit denen des Christentums zu verbinden. Obwohl die Kelten wie alle Indoeuropäer in einem patriarchalischen, d. h. vom Mann bestimmten Gesellschaftssystem lebten, findet man in ihrer Religion und ihren Glaubensvorstellungen auch archaische Relikte einer älteren Gesellschaftsform (Matriarchat), in der die Frau das bestimmende Element war. Der Keltologe Jean Markale (geb. 1925) erbrachte den Nachweis (*Die keltische Frau*, 1984, u. *Die Druiden*, 1985), daß der keltische Mann, nachdem er die Frau dem Patriarchat unterworfen hatte, rastlos nach ihrem aus dem Gedächtnis verbannten Bild suchte und sich nach einer Zeit zurücksehnte, in der sie die allmächtige Beschützerin gewesen war. (→ Arthur, → Avalon, → Druiden, → Dana).

Kelder, Peter, unbekannter engl. Autor (vielleicht auch Pseudonym einer Frau), der 1939 das Buch *The Eye of Revelation* (»Was sich dem Auge offenbart«) veröffentlichte, das unter dem Titel *Die Fünf Tibeter* in dt. Übers. erschien. Es enthält die Beschreibung von fünf uralten tib. Riten, mit deren Hilfe nicht nur Gesundheit und Vitalität gefördert, sondern auch tief in den Altersprozeß des Menschen eingegriffen werden kann. Die Übungen regulieren das Energiesystem und bringen es wieder ins Gleichgewicht. Insbesondere zielen sie darauf ab, das sog. Todeshormon zu blockieren, das von der Hypophyse nach Einsetzen der Pubertät produziert wird und verhindert, daß die Zellen aus den aufbauenden Hormonen Nutzen ziehen.

Khan, Hazrat Inayat (1882–1927), ind. Sufi-Meister und Musiker, der ab 1910 in Amerika und Europa wirkte und den → Sufismus einem breiten Publikum bekannt machte. Die Schöpfung, die aus den verschiedenartigen Schwingungen besteht, ist für ihn die Musik Gottes. In seinem zwölfbändigen Gesamtwerk verkündet er die Lehre von der kosmischen Harmonie (Seele, Natur, Kosmos). Sein Lebenswerk wird heute von seinem Sohn Pir Vilayat Khan fortgesetzt.

Kiefer, bot.: *Pinus silvestris*; ein in Rußland, Amerika und Europa beheimatetes Kieferngewächs. Das Öl wird durch Wasserdampfdestillation aus den Nadeln gewonnen. Mediz. Anwendung: bei Entzündungen, Asthma, Rheuma und Nervenleiden.

Kilian, J. (1847–1920), engl. Arzt und Entdecker des nach ihm benannten K.-Schirmes. Er stellte fest, daß er um seine Patienten eine »schwache Wolke« (→ Aura) sehen konnte, wenn er sie durch eine mit Diacinblau gefärbte Scheibe betrachtete. Aufgrund dieser Beobachtung kam K. zu dem Ergebnis, daß bestimmte Zentren des Gehirns für diese Ausstrahlungen verantwortlich seien. In der Aura unterschied er drei Schichten, deren Intensität auch durch den Willen beeinflußt werden könne. Zusammenfassende Darstellung in seinem Werk: *The Human Atmosphere* (1911).

Kirlian, S. D., russ. Gelehrter, der 1939 (ab 1958 veröffentlicht) zusammen mit seiner Frau die nach ihm benannte Hochspannungsfotografie zur Sichtbarmachung der → Aura entdeckte. Es handelt sich hierbei um eine besondere Form der Hochfrequenzfotografie, die schon dem russ. Ingenieur Yakov Narkevich-Todko (1898) bekannt war. Nach der Entwicklung zeigt die bei Aufnahme benutzte fotografische Platte eine Art Leuchten (Lumineszenz), das genau den Umrissen des fotografierten Objektes folgt. Diese Lichteffekte bilden das Energiefeld der elektromagnetischen Hülle oder der Aura des betreffenden Menschen oder von Tieren, Pflanzen und toten Gegenständen. Kirlianfotos gelten heute als Beweis für die Existenz der Aura.

Kien-Öl. Das harzreiche Kienholz der Föhre oder Kiefer liefert bei der Destillation zunächst dickflüssigen braunschwarzen Teer, aus dem durch nochmalige Destillation das K. gewonnen wird. Mediz. Anwendung: bei Infektionen der Atemwege und Grippe.

Kinesik, griech. Lehre von der Bewegung; andere Bez.: Kinesiologie. K. ist die Erforschung der Körpersprache (Haltung, Gestik und Bewegung) und der nichtverbalen Kommunikation. Sie vermittelt wichtige Erkenntnisse zum Verständnis der menschlichen Persönlichkeit und des mitmenschlichen Verhaltens.

Klinger-Raatz, Ursula (geb. 1950), Pädagogin und Psychologin. Seit 1970 beschäftigt sie sich mit der bewußten Nutzung geistiger Kräfte zur Selbstheilung und Bewußtseinserweiterung. Beeinflußt wurde sie u. a. durch die Bekanntschaft mit Geistheilern aller Traditionen, besonders aber von den indischen und indianischen Lehren und von der neuzeitlichen Chakra-Lehre. Seit 1983 arbeitet sie in einer freien Praxis. Werke: *Engel und Edelsteine, Die Geheimnisse edler Steine* u. *Reiki und Edelsteine.*

Knorr von Rosenroth → Kabbala, christliche.

Koan, jap.; abgel. von chin.: *kunga-an* = »öffentliches Dokument«. Im → Zen bezeichnet K. eine Aussage oder Frage, die zunächst widersinnig erscheint und mit Hilfe des Verstandes und der Logik nicht zu beantworten ist. Sie dient dazu, die Grenzen des Denkens zu erweitern, die → Intuition anzuregen und die Meditation zu fördern. So entsteht z. B. durch das Zusammenschlagen der Hände ein Geräusch. Welches Geräusch entsteht nun, wenn eine Hand zusammengeschlagen wird? Es gibt circa 1700 solcher K.e, die von Zen-Meistern in fünf bzw. mehr Gruppen zusammengefaßt wurden.

Kollektives Unterbewußtes, ein von → Jung eingeführter Begr. zur Kennzeichnung des an sich nicht bewußtseinsfähigen Unterbewußten, das über die Individualpsyche hinaus die Lebenspsyche schlechthin charakterisiert. Es erscheint in → Träumen, → Visionen und Wahnvorstellungen. Nach Jung ist das k. U. die gewaltige geistige Erbmasse der Menschheitsentwicklung, die in jeder individuellen Hirnstruktur wiedergeboren wird.

Kompensation, lat.: »Ausgleich«; ein von Max → Adler eingeführter Begr. für den Ausgleich von Minderwertigkeitserlebnissen durch gesteigerte, wirkliche oder vermeintliche Leistungen. Dahinter steht ein abnormes Geltungsbedürfnis. Der psychische Abwehrmechanismus kann zur Überkompensation durch Anmaßung und Überheblichkeit führen. Von C. G. → Jung wurde dieser Begr. in Richtung einer unbewußten Selbstregulierung der psychischen Aktivität erweitert.

Konfuzianismus chin.: *ju-kiau* = »Lehre der Gelehrten«; Bez. für die chin. Familien-, Gesellschafts- und Staatsethik, die bis zu der Errichtung der Republik im Jahre 1912 in China bestimmend war. Ihr Begründer ist der chin. Weise und Staatsmann Konfuzius (551–479 v. Chr.) Zu Lebzeiten hatte Konfuzius wenig Einfluß, erst der Kaiser Wu (156–187 n. Chr.) machte den K. zur Grundlage des Staates. Da die Natur des Menschen weder gut noch böse ist, bedürfe sie der Erziehung und des guten Beispiels. Die höchste Tugend ist die Schicklichkeit (chin.: *li),* die sowohl Sitte, Anstand, Zeremonien und Riten umfaßt. Hierauf gründet sich ein umfassendes Tugendsystem, das u. a. die Elternliebe und die Ahnenverehrung fordert. Durch die Beachtung dieser Regeln verhält sich der Mensch analog dem Wirken des Himmels.
Die Lehre des K. ist in einem umfangreichen Schrifttum niederlegt, das aus den kanonischen Büchern *(King)* und den klassischen *(Schu)* besteht. Von Konfuzius wurde das *King* verfaßt bzw. herausgegeben. Es umfaßt das → *I Ging,* das *Schu-king* (Buch der Urkunden, das die Reden der berühmtesten Staatsmänner seit dem 7. Jh. enthält), das *Schi-king* (Sammlung von 305 Liedern) und das *Li-ki* (Sitten und Regeln für Opfer und Zeremonien), das *Tsch'un-ts'iu* (Die Frühlings- und Herbstannalen des Staates Lu, aus dem Konfuzius stammt). Das *Schu* enthält das *Lun-yü* (Gespräche des Konfuzius mit seinen Schülern), das *Tschung-yung* (Weg der Mitte), das *Ta-hio* (große Lehre; die Weisheiten Konfuzius') und das *Mengtsi* (Gespräche des Philosophen Mengtsi, des berühmtesten Schülers des Konfuzius, der auch die Tradition seines Lehrers fortsetzte).

Konjunktion lat.: »Zusammenschein«; ein → Aspekt, bei dem die Gestirne die gleichen Längen haben. Je nach der Natur der Gestirne wird bei guten das Gute, bei schlechten das Schlechte verstärkt.

Konstellation, lat.; 1. die Anordnung der Sterne zu Sternbildern; 2. im Planetensystem die → Aspekte.

Konstruktiv-synthetisches Verfahren, nach C. G. → Jung der Versuch der → Persona, das für ihr Handeln notwendige Einsseins mit dem Unbewußten durch entsprechende Träume zu vermitteln. Im Gegensatz zu der Traumdeutungslehre → Freuds beabsichtigt dieses Verfahren, das »Wozu« eines Traumes zu ermitteln und fragt: Was hat die regulative Funktion des Unbewußten mit diesem Traumbild erreichen wollen?

Kontemplation, lat.: »Betrachtung«; eine intensive und gesteigerte Form der → Meditation, die bewußt auf Hilfsmittel wie Bilder etc. verzichtet. Sie ist nach innen gerichtet und versucht, durch die Überwindung aller Sinneseindrücke und Gedanken höhere Bewußtseinszustände zu erreichen. (→ Bewußtseinsänderung)

Koran, arab.: »Lesung«; die heilige Schrift des → Islam, die die Offenbarungen Mohammeds enthält. Der K. besteht aus 114 Suren (Abschnitten), die aus unterschiedlichen Zeiten stammen. Jeder Sure ist mit einem Stichwort benannt (z. B. die Kuh, das Eisen, die Betrüger etc.). Die Suren aus der Frühzeit, bevor Mohammed nach Medina zog (622) stehen am Ende des K. Sie beschäftigen sich mit dem Jüngsten Gericht, den alten Göttern der Araber und den Gegnern Mohammeds. Die Suren der Spätzeit behandeln vornehmlich Rechtsfragen. Die Niederschrift dieser Offenbarungen geschah erst nach dem Tod Mohammeds. Deshalb bat der Nachfolger Mohammeds, Abu Bakr (Kalifat von 632–34), den Privatsekretär Mohammeds, Said Ibn Thabit, die verschiedenen kursierenden Überlieferungen zu ordnen. Erst der dritte Kalif, Othman (644–656), legte die endgültige Fassung fest und ließ alle abweichenden Lesarten verbrennen. Die islamische Theologie hat den Inhalt des K. in sechs Glaubensartikel zusammengefaßt: 1. Lehre von Allah, 2. von den Engeln, 3. von den Büchern, 4. von den Propheten 5. vom Gericht und 6. der Vorbestimmung.

Koriander, bot.: *Coriandrum sativum.* Das Öl wird durch Wasserdampfdestillation aus dem Samen des in Ägypten beheimateten Doldenblütlers gewonnen. Mediz. Anwendung: bei Blähungen und Verdauungsstörungen.

Koralle, weiße (»Isis«) und rote K., die aus den inneren Hartteilen des Korallenpolypen besteht. K.en wurden in der Antike von Frauen und Kindern als Amulette benutzt. Sie zerstört die Wirkung der Gifte, macht den bösen Blick unschädlich und verleiht den Feldern Fruchtbarkeit. In der arab. Medizin als Mittel gegen Geschwülste und Geschwüre geschätzt. Die mittelalterl. Ärzte hielten sie bei Blutflüssen und Harnbeschwerden für wirksam. → Paracelsus empfahl sie als Talisman gegen die Furcht, gegen Versuchung durch den Teufel, Blitzschlag, Fallsucht und Gifte aller Art. Anwendung in der modernen Edelsteinmedizin: Die rote K. beeinflußt das Herz-Chakra.

Kornkreise. Seit Anfang der 80er Jahre wurden in Kornfeldern in England, dann in Kanada, USA, Dänemark, der

Ukraine und Deutschland über 900 geheimnisvolle Kreise dokumentiert, deren Ursachen unbekannt sind. Die sehr komplexen Muster legten den Verdacht nahe, daß es sich vielleicht um das Werk nichtmenschlicher Intelligenzen handeln könnte, die den Erdbewohnern eine verschlüsselte Botschaft übermitteln wollten. Auch atmosphärische Wirbel (Plasmawirbel) wurden als Ursache genannt. Zwischenzeitlich gilt aber als sicher, daß die K. mit Hilfe von Hubschraubern angelegt wurden.

Kosmobiologie, Lehre von den biologischen Folgen, die von kosmischen Ereignissen verursacht werden. Dazu gehören Sonnenfleckentätigkeit, verschiedene Mondphasen etc. Die K. ist eine moderne Form der → Astrologie, zu deren führenden Vertretern die Aalener Schule (→ Ebertin) gehört.

Kostus-Öl, bot.: *Sausurea lappa clarke*; eine in Asien beheimatete Ingwerpflanze. Das aus der Wurzel gewonnene Öl hat einen veilchenartigen Geruch. Mediz. Anwendung: anregend, fiebersenkend, antibakteriell.

Kraft, die, die 11. Karte der großen Arkana des Tarot. Diese Karte zeigt das Bild einer kräftigen Frau, die mit den Händen den Rachen eines Löwen öffnet. Auf der ältesten bekannten Karte findet sich eine sitzende weibliche Figur mit einem zerbrochenen Pfeil in den Händen. Es handelt sich um zwei verschiedene symbolische Darstellungen der Stärke. Man deutet diese Karte auch als einen Sieg der Intuition über die rohe Gewalt oder als Überwindung des Triebes durch die Vernunft bzw. in der Seele als Sieg des höheren Teiles über den niederen. Im kabbal. Lebensbaum entspricht ihr der Pfad von Geburah (Stärke) nach Chesed (Milde). (→ Tarot)

Krausminze, bot.: *Mentha spicata*; ein in den Mittelmeerländern beheimateter Lippenblütler. Die Gewinnung des Öls erfolgt durch Wasserdampfdestillation aus den Blättern. Mediz. Anwendung: bei Erkältung, Grippe, Magenbeschwerden, Nervenschmerzen und Erschöpfungszuständen.

Kräuterbücher, Bez: für mediz.-bot. Werke, die in der Zeit zwischen 1470–1670 entstanden. Seit dem Erscheinen des ersten Kräuterbuches *(Herbarius*, dt. Titel *Garten der Gesundheit)* von Peter Schöffer im Jahre 1484 sind fast über 100 Werke dieser Art veröffentlicht worden. Die ersten K., die meistens nur eine Zusammenfassung früher erschienener handschriftlicher ärztlicher Werke sind, geben den Autor noch nicht an. In ihrer Mehrzahl sind die K. Kompilationen von antiken (Hippokrates, Galen, Plinius, Dioskurides) oder arab. (Mesue, Avicenna) Werken. Die lat. verfaßten K., besonders die nach 1500 entstandenen, waren als »Arzneibücher« für Ärzte gedacht, während die deutschen K. eher mit unseren »Doktorbüchern« verglichen werden können und dabei helfen wollten, die Konsultierung der sehr teuren Ärzte zu vermeiden. Die wichtigsten K. stammen von Leonard Fuchs (1543), der sein Werk mit Idealbildern von Pflanzen schmückte, von Matthiolus (1544), dem Leibarzt des Kaisers Maximilian, dessen Werk blattgroße Abbildungen enthielt und in 32 000 Exemplaren verbreitet wurde, sowie von Besler, dessen *Hortus Eystettensis* (1613) über 100 Abbildungen aufwies.

Kräutermedizin. In der Heilkunde aller Völker nehmen Kräuter einen wichtigen Platz ein. Schon mehrere Jahrtausende vor Christus waren Heilkräuter in China, Indien und im Alten Orient bekannt. Die früheste schriftliche Erwähnung von Kräutern findet sich in einem Papyrus aus Ägypten (1500 v. Chr.). In den alten Hochkulturen wurden Kräuter als etwas Göttliches verehrt. Ihre Entdeckung schrieb man den Göttern oder Wesen aus der Mythologie zu. Die Kenntnis der Heilkräuter erlangten die Menschen bei der Nahrungssuche und durch Beobachtung der Tiere, die bei Krankheiten gewisse Kräuter fressen sollten. Als die Umweltzerstörung noch nicht so weit fortgeschritten war, wuchsen diese Kräuter in der Nähe der menschlichen Siedlungen, was ein Beweis dafür ist, daß sie systematisch angebaut wurden. Eine besondere Wertschätzung genossen die Frühlingspflanzen, da sie gleichsam die Lebenskraft der »kräutertragenden« Erde symbolisierten, die in vielen Kulturen als Fruchtbarkeitsgöttin verehrt wurde (→ Erdmutter). Mit diesen Frühlingskräutern sind sehr alte magische Riten verbunden. Von großer Wichtigkeit war die Zeit, zu der die Kräuter gesammelt wurden. Da jede Pflanze unter der Herrschaft eines Planeten stand, konnten sich ihre Heilkräfte nur entfalten, wenn das betreffende Gestirn auch dominierte. In den alten Quellen findet sich meistens die Vorschrift, daß man solche Pflanzen vor dem Aufgang der Sonne sammeln solle. Die hl. → Hildegard empfiehlt als geeigneten Zeitpunkt den zunehmenden Mond. In Europa genießt der Johannistag (24. Juni) oder die Johannisnacht für das Sammeln das höchste Ansehen, weil zur Sonnenwende die magischen Kräfte ihren Höhepunkt erreichen. Die → Signaturenlehre, die in der Medizin des 16. und 17. Jh. eine wichtige Rolle spielte, versuchte, die Heilkräfte der Pflanzen anhand von geheimen Sinnzeichen (Signaturen) zu erkennen. So soll das Mondkraut Tumore heilen, weil es dem Krebs ähnelte. Das Bingelkraut, das

Kräutermedizin
Weise Frauen bearbeiten einen Kräutergarten

Knoten hat, heilt Gichtknoten. Die weiß gefleckte Birkenrinde ist nicht nur wirksam gegen Sommersprossen, sondern heilt auch alle Formen von Gesichtskrankheiten. Nach den heutigen Erkenntnissen beruht die Wirksamkeit der Heilkräuter auf ihrem Gehalt an Stickstoffverbindungen (Alkaloiden),. Glykosiden (Zuckerverbindungen), Gerbsäure, die zusammenziehend wirkt, sowie an Harzen, Ölen, Fetten, Kohlenhydraten, Klebstoffen, Proteinen, Enzymen, Vitaminen und → Pythohormonen. (→ Kräuterbücher).

Krebs, lat.: *cancer*, 4. Tierkreiszeichen, das das 4. Haus beherrscht. Die unter dem K. Geborenen sind gemütvoll, intuitiv und reiselustig. Sehr häufig wechseln sie ihre Ansichten. Dem K. sind zugeordnet: Wochentag (Montag), menschliches Organ (Blase, Leber, Milz), Krankheiten (Verdauungsstörungen, Krebs des Magens und der Lungen), Farben (blau), Zahlen (2, 7) Länder (Holland, Türkei, Südafrika), Tiere (Hund), Kräuter und Bäume (Haselnuß, Gurke, Kürbis, Melone, Seerose und alle Wasserpflanzen), Mineralien (Smaragd, Chalzedon, Kalk, Selenit und alle weiße Steine).

Krippner, Stanley Curtis, (geb. 1932), amerik. Psychologe und Parapsychologe, zu dessen Hauptarbeitsgebiet die Erforschung von Träumen und veränderten Bewußtseinszuständen gehört. Hilfreich für seine Forschungen war seine genaue Kenntnis der Ideen der sog. Gegenkultur der 60er Jahre. Seine zahlreichen Versuche über die telepathische Traumbeeinflussung und Psi basieren auf einer Verbindung von Physik und Psychologie. Werke: *Song of Siren* (Autobiographie) u. *Grateful Dead*.

Krishna, skrt.; hind. Gott, der eine Verkörperung → Vishnus ist und besonders von den Vishnuiten (→ Hinduismus) verehrt wurde. In den Gedichten der → Bhagavadgita und → Gitagovinda spielt er eine wichtige Rolle.

Krishna, Pandit Gopi
(1903–1984), ind. Gelehrter und Guru, der als eine Autorität auf dem Gebiet der → Kundalini gilt. Die Erweckung der Kundalini wird in der Literatur ausführlich beschrieben, aber in der Praxis nur selten erreicht. 1937 erlebte K., wie sich die Kundalini mit dem obersten Chakra vereinigte. Dieses Experiment war mit seltsamen Visionen verbunden und hatte eine Verschlechterung seines Gesundheitszustandes zur Folge. Doch K. entdeckte, daß dieses Erlebnis auch sein Bewußtsein verändert hatte. K. kam zu der Erkenntnis, daß es sich bei der Kundalini um eine der wichtigsten biologischen Kräfte in der menschlichen Entwicklung handelt, welche die Menschen zu einem höheren Bewußtsein führen kann. Hauptwerk: *Kundalini – The Evolutionary Energy* (1967).

Krishnamurti, Jiddu (1895–1986), ind. Philosoph und → Guru. Die beiden Theosophen → Leadbeater und →

Besant glaubten 1909, in dem erst 15jährigen K., einem Sohn von Brahmanen, den kommenden → Maitreya und Christus zu erkennen. Sie adoptierten ihn und gründeten eigens für ihn den Orden »Order of the Star« (Orden des Sterns) in der Theosophischen Gesellschaft. 1910 erschien unter dem Namen Alkyone die erste seiner Schriften *At the Feet of the Master*, (dt. Übers.: *Zu Füßen des Meisters).* Vermutlich waren aber Besant und Leadbeater die Autoren. 1929 erklärte er, daß er nicht der kommende religiöse Führer sei, sagte sich von der Theosophie los und löste den Orden auf. Die Krishnamurti-Bewegung spaltete die Theosophische Bewegung. Die dt. Gruppe trat fast geschlossen zu den Anthroposophen über. K.s Lehren basieren auf der Erkenntnis, daß der Mensch sich zunächst von allen Glaubenssystemen befreien müsse, um zur Selbsterkenntnis zu gelangen. Wichtig für jeden Menschen sei, sich von den Fesseln des Ichs zu lösen.

Kristallsehen, eine Form der Selbsthypnose, bei der Spiegel, Wasser oder geschliffene Steine benutzt werden, um einen → Trancezustand herbeizuführen. Als weitere Hilfsmittel dienen Drogen und Salben bzw. Augenwasser. Das schon bei → Agrippina von Nettesheim und → Paracelsus erwähnte K. benutzte → Dee bei seinen magischen Operationen, die ihm Zugang zu der Engelswelt verschafften. Besonders im England des 19. Jh. war das K. eine beliebte Methode, um sich einen Zugang zum Unterbewußten zu verschaffen. Es spielte sich in einer rituellen Form ab: Der Ausführende stand in einem magischen Zirkel mit brennenden Kerzen und Weihrauch und benutzte einen Zauberstab, um die Geister in den Spiegel heraufzubeschwören.

Kübler-Ross, Elisabeth, Schweizer Ärztin und Expertin für Sterbeforschung. Seit 1965 beschäftigt sie sich mit dem Problemkreis des Todes und der Humanisierung des Sterbens. In ihren Werken *Verstehen, was Sterbende sagen wollen* und *Über den Tod und das Leben danach* vertritt sie die These, daß der Tod für die Sterbenden ein schönes Erlebnis ist. Ihre umfangreichen Studien brachten sie auch zu der Überzeugung, daß es außerkörperliche Erfahrungen (→ Astralreise) und eine → Reinkarnation gibt.

Kümmel-Öl, bot.: *Carum carvi.* Das farblose, würzig duftende Öl wird aus dem Samen des in Asien, Europa und Amerika beheimateten Doldenblütlers destilliert. Je nach dem Anteil des Wirkstoffes Carvon unterscheidet man leichte und schwere K. Mediz. Anwendung: bei Magen- und Verdauungsbeschwerden.

Kum-Nye, tib.: »den Körper massieren«; eine ganzheitliche Heilmethode, die der tib. Lama → Tartang Tulku in der westl. Welt bekannt machte. In Berkeley (Kalifornien) gründete er das

Nyingma-Institut. Das Hauptziel von K.-N. besteht darin, die inneren Energien zum Fließen zu bringen und den ganzen Menschen zu harmonisieren. Körper, Geist und Seele müssen in gleicher Weise behandelt werden, deshalb lehrt diese Selbsthilfemethode Techniken für richtiges Atmen, Bewegungsübungen und Meditation.

Kundalini, skrt.: »Erwachen der Schlangenkraft«; andere Bez: *Kutlangi* (»was einen gewundenen Körper hat«) u. Bhujangi (»weibliche Schlange«); Bez. für eine kosmische Kraft, die in jedem einzelnen Menschen als vitale Kraft auftritt und ihren Sitz im untersten Chakra (→ Muladhara) hat. Bildlich stellt man sich K. als eine in dreieinhalb Ringen aufgerollte Schlange vor. Beim gewöhnlichen Menschen ruht diese Kraft und stellt eine Art statische Energie dar, von der alle weiteren vitalen Kräfte ausgehen, die sowohl im körperlichen als auch im seelischen Bereich des Menschen ständig wirksam sind. Wenn K. »schläft«, wirkt der Mensch seine Kräfte nach außen aus, fällt aber zugleich der Illusion anheim, daß er, die Welt und → Brahma voneinander verschieden seien. Mit Hilfe des → Kundalini-Yoga wird diese Kraft geweckt, so daß sie sich entrollt und längs des Sushumna (→ Nadi) sich entfaltet und die einzelnen Chakren zum »Erblühen« bringt.

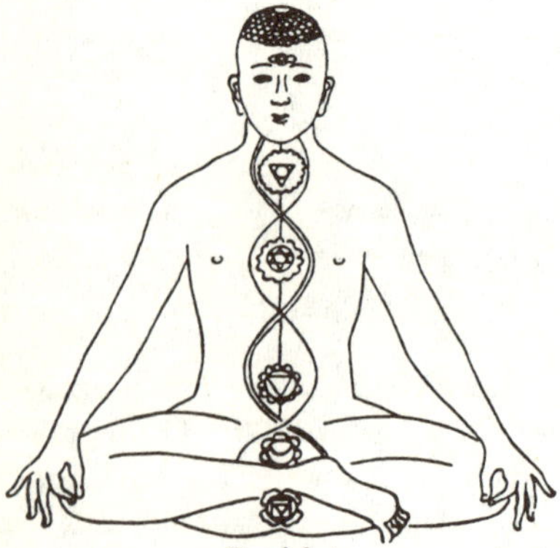

Kundalini

Kundalini-Yoga oder Laya-yoga (skrt.: *laya* = »Auflösung«). Ziel dieser Form des Yoga ist die Weckung der Schlangenkraft (→ Kundalini), damit sie im Sushumna-Kanal aufsteigen und die einzelnen Chakren zum Erblühen bringen und sich schließlich mit dem obersten Chakra (→ Sahasrara) vereinigen kann. Symbolisch bedeutet dies die Vereinigung der Urmaterie *(Prakrti)* mit dem Urgott *(Prusha)*. Wenn sie das Sahasrara erreicht hat, löst sie sich auf und kehrt wieder in das unterste Chakra zurück. In der Praxis bedient sich der K.-Y. der Methoden, die in den anderen Yogaformen (→ Hatha-Yoga, → Raja-Yoga) üblich sind. Hierzu gehören Sitzstellungen, Atemtechnik, Unterwerfung der Sinne unter den Verstand, Konzentration, Meditation und tiefe Versenkung in sich selbst. Dazu kommen besondere Bewegungen, die das Aufsteigen der Kundalini erleichtern sollen. Außer solchen physischen Hilfsmitteln gibt es das Aussprechen von → Mantras, Formeln und die Vorstellung, die leidende Seele *(jivatman)* halte sich statt im Herzen in dem untersten Chakra auf.

Kyphi, ein aus 16 Stoffen bestehendes Räucherwerk der alten Ägypter, das für religiöse Handlungen bei Sonnenuntergang benutzt wurde. Zusammensetzung: Honig, Wein, Rosinen, großer und kleiner Wacholder, Kardamom, Kalmus, Galgan (Harz der Galgan-Alpinie), Balsamharz, Myrrhe, Ginster, Steinklee, Mastixharz, Asphalt, Feigenblätter und Ampfer. Man vermischte es mit Honig und formte Pillen daraus, die zur Parfümierung der Vagina und zur Mundhygiene benutzt wurden.

L

Labdanum, bot.: *Cistus creticus*; ein Harz, das aus den Zweigen und Blättern eines Zitrusstrauches destilliert wird. L. ist ein feines, ambraartig duftendes Öl, das in zahlreichen Duftkompositionen enthalten ist.

Laing, Ronald David (1927–1989), schott. Psychologe und Psychiater, der zu den führenden Vertretern der humanistischen → Psychologie gehörte. Die Psychoanalyse ist ihm zufolge noch an dem mechanistischen Weltbild orientiert, denn sie ist zu sehr auf die psychische Struktur des Patienten bezogen. Eine Interaktion von mehr als einer Person setzt aber ein System zwischenmenschlicher Beziehungen voraus. Psychotherapie ist für ihn die Begegnung zweier Menschen, wobei dem Therapeuten die Rolle des aufmerksamen Begleiters zukommt. Werke: *The Divided Self, Sanity, Madness and the Family* u. *The Voice of Experience.*

Lama, tibet.: »Höherer«; geistlicher Lehrer der tib. Religion (→ Lamaismus), der mit einem ind. → Guru verglichen werden kann. Ein L. kann sowohl ein Mönch wie auch ein Laie sein.

Lamaismus, tib. Form des → Buddhismus, dessen Grundlage der → Vajrayana-Buddhismus (Diamantfahrzeug) bildet. Um den Einfluß der einheimischen Bon-Religion, die aus einer Mischung von → Animismus und → Schamanismus bestand und in der drei Arten von Göttern verehrt wurden, zu brechen, wurde der Buddhismus im 8. Jh. n. Chr. zur Staatsreligion erhoben. Als eigentlicher Gründer des L. gilt Padmasambhava, der im 9. Jh. nach Tibet kam. Der L. hat eine wechselhafte Geschichte und wurde zeitweise wieder durch die alte Bon-Religion abgelöst. Der eigentliche Sieg des Buddhismus begann mit Atisa Dipankara, der die Sekte → Kadampa gründete. Von der Bon-Religion unterschied er sich durch die Ablehnung der Magie. Zuvor war schon von den Anhängern Padmasambhavas die Sekte → Nyingmapa gegründet worden. Die zweitälteste Schule war → Kagyü. 1355 entstand unter Tsongkhapa die Sekte der Gelbmützen (Gelugpa), die den Einfluß der Bon-Religion zurückdrängen und die buddh. Elemente verstärken wollte. Kennzeichnend für den L. sind die Götterbilder, Amulette, Gebetsmühlen und Reliquien, die im täglichen Kult eine wichtige Rolle spielen. Eine wichtige Rolle unter den zahlreichen Göttern des L. spielen → Avalokitevara und die weibliche Göttin Tara, von der 21 Gestalten bekannt sind. Die heiligen Schriften des L. sind um 1300 n. Chr. von dem tib.

Historiker Buton im → Kandschur und → Tandschur gesammelt worden. Religiöser Führer des L. ist der Panchen-Lama, während der → Dalai-Lama für die weltlichen Belange verantwortlich ist.

Landmarkierungen. Der Engländer Alfred Watkin (1855–1935) stellte 1925 in seinem Buch *The Old Straight Track* die Behauptung auf, daß die prähistorischen Stätten durch ein Netz von Linien miteinander verbunden seien. Anfänglich glaubte Watkin, es handele sich um Markierungen alter Salzwege. Da sich die Hauptlinien aus England auf dem Kontinent fortsetzen und oft aus zwei Linien bestehen, wie 1930 F. C. Tyler nachwies, wurde die Vermutung geäußert, daß es sich um Kraftlinien oder Orientierungshilfen für außerirdische Wesen (→ UFOs) handeln könnte. John Mitchell verglich die europäischen L. mit den chin. »Drachenpfaden« *(lung mei)*, welche nach den Lehren des → Feng Shui mystische Energie zu dem chin. Kaiser bringen sollen. Von den Experten für L. wurde als Bedingung für eine L. festgelegt, daß sie mindestens fünf alte Orte miteinander verbinden muß.

Laotse, → Taoismus.

Lapislazuli, ein blauer Lasurstein mit gelben bzw. weißen Punkten, der zu den natürlichen Ultramarin-Verbindungen gehört. Er wurde in der Vergangenheit häufig mit der Kupferlasur und dem → Saphir verwechselt. Schon 1500 v. Chr. wurde er von den ägypt. Priestern als »Stein des Himmels« besonders geschätzt. In der alten Magie und Medizin glaubte man, daß er Harmonie und Freundschaft bewirken könne und Furcht vertreibe. Das Elixier soll Augenkrankheiten heilen. Wenn man ihn erwärmt, heilt er angeschwollene Glieder. Pulverisiert und mit Eigelb vermischt heilt er Epilepsie. Bei Ohnmachtsanfällen legt man ihn zwischen die Augenbrauen. Die arab. Ärzte schrieben ihm die Kraft zu, »schwarze Galle« und alle »rohen Säfte« aus dem Blut zu vertreiben. Außerdem heilt er Melancholie und Asthma. Auch wirkt er gegen Geschwüre, und in Essig aufgelöst heilt er Lepra. Die Inder sahen ihn als ein Gallenmittel an. Anwendung in der modernen Edelsteinmedizin: Er wirkt auf das Stirnauge. Das Elixier beeinflußt Krankheiten des Kehlkopfes, der Bronchien und Mandelentzündungen.

Lapis-Christus-Parallele, Analogie zwischen Christus und der Arbeit der Alchemie. Im Mittelalter wurde gelegentlich die Behauptung aufgestellt, die Alchemie sei der Inhalt des Christentums, und die Herstellung des Steines der Weisen (→ Lapis philosophorum) sei identisch mit der Christuserfahrung.

Lapis philosophorum, lat.: »Stein der Weisen«; das Ziel des Großen Werkes (→ opus magnum) der → Alchemie. Ausgangspunkt bildet die → Materia prima, die in den vier Stufen des Großen Werkes in den L. ph. verwandelt wird. Mit Hilfe dieses Steines können unedle Metalle in edle verwandelt werden. Der L. ph. ist schon in der Materia prima im verborgenen Zustand enthalten und wird durch das alchemist. Werk nur sichtbar gemacht. Paradoxerweise wird das, was die Verwandlung bewirkt, selbst verwandelt. Nach C. G. → Jung symbolisiert die Herstellung des L. ph. den → Individuationsprozeß.

Lataif, arab.; Organe der Wahrnehmung im → Sufismus, die durch bestimmte Farben charakterisiert sind: 1. Verstand (arab.: *qalb*; gelb, Ort: linke Körperhälfte, 2. Geist (arab.: *ruh*; rot, Ort: rechte Körperhälfte), 3. Bewußtsein (arab.: *sirr*; weiß, Ort: Solarplexus, 4. tiefe Wahrnehmung des Bewußtseins (arab.: *ikhfa*; grün, Ort: Mitte des Brustkorbs). Im Gegensatz zu den Chakren handelt es sich hierbei um keine physisch lokalisierten Zentren, die durch unsichtbare Kanäle miteinander verbunden sind, sondern um Zentren der Konzentration.

Lapis philosophorum. Saturn speit den L. p. aus

La Vey, Anton Szandor (geb. 1930), amerik. Okkultist, der in San Francisco einen magischen Zirkel (eines der Mitglieder war Kenneth → Anger) leitete und 1966 die »First Church of Satan« gründete. In dieser neuen Religion wurde anstelle des christl. Gottes → Satan verehrt. Die Grundlage der Rituale bildete die *Satanic Bible* (1969) von L. V., der vorgab, über eine Mio. Mitglieder zu haben. Zu seinen prominenten Verehrern zählte die bekannte Filmschauspielerin Jane Mansfield.

Lavendel, bot.: *Lavandula officinalis*; ein in Europa beheimateter Lippenblütler. Das Öl wird aus den Blüten und den oberen Pflanzenteilen durch Wasserdampfdestillation gewonnen. Außer in der Parfümerie findet das Öl des L. Anwendung in der Medizin: bei Erkältungen, Entzündungen, Insektenstichen und Verbrennungen.

Leadbeater, Charles Webster (1847–1934), engl. Theosoph und Mitarbeiter von → Besant; seit 1884 Mitglied der Theosophischen Gesellschaft. Nach dem Tode von → Blavatsky wurde er Leiter des inneren Schulungszirkels der Bewegung. Als L. gemeinsam mit Besant den Brahmanensohn → Krishnamurti zum kommenden Messias erkor, kam es zur Spaltung der Theosophischen

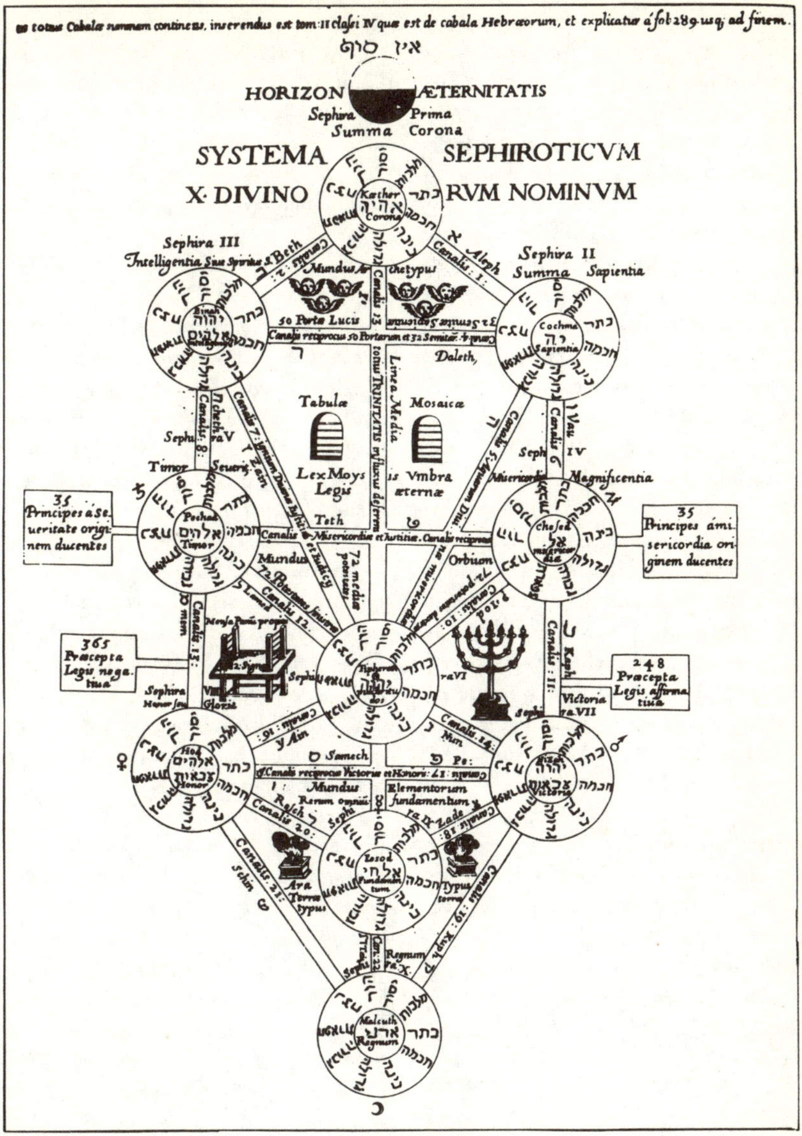

Lebensbaum
oder 10 Sephiroth

Bewegung. Später gründete er die »Liberal Catholic Church«. Grundlegend sind seine Arbeiten zu den Farben der → Aura (dt. Übers.: *Der sichtbare und unsichtbare Mensch* u. *Gedankenformen)* und der → Chakren (dt. Übers.: *Die Chakren).*

Leary, Timothy (geb. 1920), amerik. Psychologe, der zusammen mit Alpert (→ Baba Ram Dass) und → Huxley zu den zentralen Figuren einer Bewegung gehörte, die mit Hilfe von psychoaktiven → Drogen eine Bewußtseinserweiterung zu erreichen suchte. Im Gegensatz zu Alpert, der 1967 nach seiner Rückkehr aus Indien den Gebrauch von Drogen verwarf, benutzte L. weiterhin Drogen, was ihm eine zehnjährige Gefängnisstrafe einbrachte. 1970 floh er zunächst in den Libanon, dann in die Schweiz, wurde aber schließlich an die USA wieder ausgeliefert. Werke in dt. Übers.: *Denn sie wußten, was sie tun* (Autobiographie), *Die Intelligenz-Agenten, Exo-Psychologie, Neuropolitik, Spiel des Lebens* u. *Was will die Frau.*

Lebenspanorama, Bez. für eine Lebensrückschau, die plötzlich bei Lebensgefahr und beim Sterben (→ Kübler-Ross) auftreten kann. Infolge einer außerordentlichen Gedächtnisleistung erscheinen im Bewußtsein filmartig zahlreiche Ereignisse aus der Vergangenheit.

Lebensbaum, 1. auch Weltenbaum. In der Mythologie vieler Völker wird das Weltall von Bäumen, die Unsterblichkeit verleihen, getragen. Die Krone ist das Firmament, das Wurzelwerk die Unterwelt und der auf der Erde stehende Stamm trennt die Erde vom Himmel. Einen Unsterblichkeit verleihenden L., der mitten im Paradies steht, kennt auch die → Bibel (Mosis 1, 2, 9 und 1, 3, 22).
2. Ein Bilddiagramm, das die zehn → Emanationen der Gottheit (→ Sephiroth) der → Kabbala darstellt. a) Kether (Krone), b) Chockmah (Weisheit), c) Binah (Wissen), d) Chesed (Liebe, Mitleid), e) Geburah (Macht und Furcht), f) Tiphereth (Schönheit), g) Nezach (Dauer, Sieg), h) Hod (Majestät, Ehre), i) Jesod (Basis), j) Malkuth (Königtum).

Lemonengras, bot.: *Andropogon citratus;* ein in Indien, China und Amerika beheimatetes Süßgras, aus dem durch Wasserdampfdestillation das verbenartige Öl gewonnen wird. Mediz. Anwendung: bei Entzündungen der Atemwege, besonders bei Schnupfen, und zur Blutreinigung.

Levitation, lat.: »Schweben«; Bez. für das paranormale Phänomen des Schwebens und Emporgehobenwerdens von Gegenständen und Menschen, das die Aufhebung der Schwerkraft voraussetzt. Diese Fähigkeit wird in allen Kulturen Heiligen und spirituellen Meistern zugeschrieben. Im NT schreitet Jesus über das Wasser. → Görres erwähnt 70 Fälle von L.en christl. Heiliger. Das engl. Medium Home (1852–1886) führte 1868 eine L. vor. In der Gegenwart lehrt die transzendentale Meditationsbewegung des Maharishi Yogi die L., eine Fähigkeit, die auf den durch das Yoga hervorgerufenen Siddhi-Kräften beruht.

Lévi, Eliphas (1810–1875), Ps. für Alphonse-Louis Constant; franz. Okkultist und produktiver Schriftsteller, der zu den Schlüsselfiguren des modernen → Okkultismus gehört. L. war zunächst kath. Diakon (ohne die Priesterweihe), dann Anarchist, revolutionärer Sozialist und geriet schließlich unter den Einfluß des poln. Glaubensfanatikers Hoene Wronski, der ihn in die Kabbala einführte. Wenig befriedigend waren für ihn seine Experimente mit der rituellen → Magie, besonders sein Versuch in London, den Geist des → Apollonius von Tyana zu beschwören. Von nun an beschäftigte er sich mehr mit der Theorie der → Magie, die für ihn auf folgenden drei Gesetzen basierte: 1. Das Gesetz der wechselseitigen Entsprechung oder die → Mikrokosmos-Makrokosmos-Lehre. Zwischen den einzelnen Körperteilen und dem Kosmos gibt es eine exakte Übereinstimmung. Vor allem die Seele ist nach L. ein magischer Spiegel des Universums. 2. Der menschliche Wille, der eine eigenständige Kraft ist, kann alles erreichen. 3. Die gesamte Natur wird von Astrallicht, ein Begr., den L. von → Paracelsus übernahm, durchflutet. Es ist zwar formlos und unsichtbar, kann aber durch den menschlichen Willen gestaltet werden. Mit seiner Hilfe lassen sich die übernatürlichen Phänomene erklären. → Medien sind demnach natürliche Magier, welche die natürliche Kraft besitzen, aus dem Astrallicht Körperteile oder einen ganzen menschlichen Körper zu formen. L. hat als erster die Tarotkarten mit der Kabbala in Verbindung gebracht (Große → Arkana). Seine 184 »Einweihungsbriefe in die Hohe Magie und Zahlenmystik«, die er privat an den Baron Spedalieri richtete, behandeln die geheimen Beziehungen zwischen Zahlen, Tarot und Buchstaben. Von seinen über 200 Werken sind am wichtigsten: *Dogme de la Haute Magie* (1854), *Rituel de Haute Magie* (1856), dt. Übers.: *Transzendentale Magie), Histoire de la Magie* (1860, dt. Übers.: *Geschichte der Magie,* 2 Bde.), *La Clef de Grands Mystères* (dt. Übersetzung: *Der Schlüssel zu den großen Mysterien).*

Leys, engl.; → Landmarkierungen.

Libido, lat.: »Verlangen«; nach → Freud die seelische Energie aller auf Lustgewinn bezogenen sexuellen Aktivitäten. Dieser Geschlechtstrieb ist der Grundantrieb des unbewußten und bewußten Lebens. C. G. → Jung erweitert diesen Begr. zur seelischen Energie, die allen seelischen Vorgängen zugrunde liegt.

Liebenden, die, die 6. Karte der großen Arkana des Tarot. In den ältesten bekannten Tarotkarten ist es die Nr. 7. Man sieht oben einen Liebesgott mit Pfeil und Bogen, unten einen jungen Mann zwischen zwei Frauen. Oder oben sind zwei schießende Liebesgötter und unten drei Liebespaare abgebildet. Das Thema dieser Karte ist die Liebe. In der antiken Liebesmagie ist die vorherrschende Zahl die Sieben. Von den Sephiroth wird ihnen Tiphereth und der Pfad zwischen Tiphereth (Schönheit) und Binah (Intelligenz) im Lebensbaum zugeordnet. Man deutet diese Karte auch als Überwindung der sexuellen Polarität und Dualität und Wiedererlangung der Unschuld. (→ Tarot)

Liebstöckel, bot.: *Levisticum*; ein in Amerika und Europa beheimatetes Doldengewächs. Diese stark riechende Pflanze wird im Volksglauben zur Abwehr des höllischen Zaubers benutzt. Seiner Verwendung als Sympathiemittel bei Liebeswerbungen liegt eine falsche Deutung des Namens L. zugrunde, der mit Liebe nichts zu tun hat, sondern eine Verballhornung der lat. Namensform darstellt. Das durch Wasserdampfdestillation gewonnene Öl wird bei Verdauungsstörungen, Blasen- und Nierenleiden, Nervosität und Menstruationsbeschwerden eingesetzt.

Lilith

Lilie, bot.: *Lilium martagon*; gehört zu der Gattung der Liliaceen. Die Wurzelzwiebel dient der Volksmedizin wegen ihres bitteren, scharfen Saftes als Mittel gegen Wechselfieber und als harntreibendes Mittel.

Lilith, hebr.: »die Nächtliche«; ursprüngl. eine babylonische Dämonin *(illu* = »böser Geist«). Bei den Juden ist sie eine Spukgestalt (Jesaias 34, 14) oder auch → Adams erste Frau. Sie gehört zu den »schwarzen Göttinnen« (→ Artemis, → Durga, → schwarze Madonna).

Lilly, John, amerik. Psychologe, der 1972 in dem Buch *The Centre of the Cyclone* (»Zentrum des Zyklons«) seine persönlichen Erfahrungen bei der → Bewußtseinserweiterung mit Hilfe von Hypnose und Meditation beschrieb. Er entwickelte eine besondere Vorrichtung (Samadhi-Tank), um im Gehirn durch Entzug der Sinnesreize außergewöhnliche Bewußtseinszustände zu erzeugen. Der Tank besteht aus einer mit Salzwasser gefüllten, licht- und schalldicht verschlossenen Wanne. Durch die totale Isolierung stellt sich ein Zustand tiefer Entspannung (skrt.: *samadhi)* ein, den auch die Yoga-Übungen zum Ziel haben. Werke in dt. Übers.: *Der Dyadische Zyklon, Der Scientist, Simulationen von Gott* u. *Das tiefe Selbst.*

Limetten-Öl, bot.: *Citrus aurantifolia*; ein in Südeuropa und Indien wachsendes Rautengewächs, aus dessen Schalen durch Kaltpressung das Öl gewonnen wird. Es gibt zwei Arten: 1. das ital. L., das aus *Citrus limetta risso* gepreßt wird und nach Bergamotte-Öl riecht, 2. das ind. L. aus *Citrus medica acida*, das einen Zitronengeruch hat. Mediz. Anwendung: bei Infektionskrankheiten und Hautleiden.

Linde, bot.: *Tilia europaea*, eine Baumart, die in ganz Europa verbreitet ist. Die L.-Blätter sind wegen ihrer krampfstillenden und schweißtreibenden Wirkung als Volksheilmittel beliebt. Das L.-Holz besitzt die Eigenschaft, seine magische Kraft allen Kräutern mitzuteilen, wenn man es zum Ausgraben benutzt. Mit L.-Bast verbundene Körper sind vor Verhexung sicher. Wenn verhextes Vieh mit L.-Holz geschlagen wird, so soll sich die Hexe durch lautes Schreien verraten.

Lodge, Sir Oliver, bekannter engl. Physiker, der sich mit Parapsychologie beschäftigte. 1901 wurde er Präsident der engl. »Society for Psychical Research«. Nach dem Tod seines Sohnes Raymond 1915 widmete sich L. hauptsächlich den Fragen des Lebens nach dem Tode. Die Jenseitskontakte mit seinem Sohn beschreibt er in dem Buch *Raymond. Life after Death.*

Logos, griech.: »Vernunft«; in der griech. Philosophie Weltvernunft, Weltidee oder Mittelwesen. Das Christentum kennt L. als das Wort Gottes: Das Wort ward Fleisch (NT; Joh. 1, 14). Die Vorstellung der schöpferischen Macht des Lautes findet sich auch im → Hinduismus. Die Silbe *Om* (Aum) symbolisiert die Gegenwart des Absoluten in der Welt. In der → Theosophie bezeichnet Fohat damit den verborgenen Gott, dessen Manifestation L. ist.

Lomi, eine von der Amerikanerin Alyssa Hall begründete Psychotherapie, die auf der Verbindung von östlichen Weisheitslehren, der modernen Psychologie von → Assagioli, Maslow und Pearls und den Körpertherapien → Rolfing, → Gestalttherapie und → Polaritätstherapie beruht. Das Zentrum von L. liegt in Mill Valley (Kalifornien).

Lorbeer, bot.: *Laurus nobilis.* Seine Beeren enthalten ein ätherisches Öl und das in Wasser unlösliche Lauroverin. Durch Auskochen der Lorbeeren wird Lorbeerbutter gewonnen, die schon im Altertum für Salben und Spezereien benutzt wurde. Das L.-Öl wird seit dem Mittelalter in der Medizin bei Verdauungsstörungen angewandt. Im Zauberglauben der europäischen Völker ist der L. der Baum der Götter, welcher Sieg und Ruhm symbolisiert. Sein scharf aromatischer Duft unterdrückt Verwesungsgeruch, so daß er in der Antike Apollo geweiht war, der Tod und Seuchen durch seine Strahlen senden konnte. In der griech. Mythologie wird berichtet, daß Orest, der seine Mutter getötet hatte, von Apollo entsühnt wurde. Zum Dank brachte er ihm ein Reinigungsopfer dar. An der Stelle, wo er es vergrub, wuchs ein L.-Baum. In der Magie schreibt man dieser Pflanze die Fähigkeit zu, die Zukunft und Verborgenes schauen zu können. Man benutzte die L.-Blätter als magisches Rauchwerk. Es wurde vermutet, daß der geheimnisvolle Dampf des griech. Orakelortes → Delphi von verbrannten L.-Blätter herrührte.

LSD, Abk. f. *Lysergsäure Diäthylamid*; eine halbsynthetische psychoaktive Droge, die aus dem → Mutterkorn *(claviceps purpurea)* hergestellt wird (LSD 25). Die psychoaktive Wirkung entdeckte der Schweizer Pharmakologe Albert Hofmann 1943. Umfangreiche Selbstversuche unternahmen → Leary, → Baba Ramm Dass und → Huxley. LSD wirkt folgendermaßen: 1. Es erweitert den Bewußtseinshorizont. 2. Künstlerische, kreative, schöpferische und problemlösende Fähigkeiten werden aktiviert. 3. Von der Psychoanalyse als Unbewußtes bezeichnete Inhalte können dadurch bewußt werden. Vermutlich wurde eine Mutterkornart auch bei den → Eleusinischen Mysterien benutzt.

Loudun, Stadt in Mittelfrankreich, die im 17. Jh. Schauplatz einer → Besessenheitsepidemie war. Im Mittelpunkt stand die Nonne des Anges, die eine Massenhysterie unter den anderen Nonnen des Ursulinerinnenklosters auslöste. Der Priester Urbain Grandier wurde aufgrund der Beschuldigungen der Nonnen 1634 zum Flammentod verurteilt. In Romanform schilderte → Huxley diese Vorgänge.

Lovelock, James, → Gaia.

Lüscher, Max (geb. 1923), bekannter Schweizer Psychologe, der eine nach ihm benannte Farbskala zur Deutung des menschlichen Charakters entwickelt hat. Die Farben rot, grün, blau und gelb entsprechen den vier Selbstgefühlen des Menschen: Selbstvertrauen, Selbstachtung, Zufriedenheit und innere Freiheit. L. fand Methoden, wie man diese vier Farben und die mit ihnen verbundenen Empfindungen entwickeln, miteinander in Harmonie bringen und bei passender Gelegenheit anwenden kann. Mit Hilfe seiner Vierfarbenscheibe kann man auch den Charakter anderer Menschen bestimmen, um sich im Alltag auf sie einzustellen.

M

Ma, Anandamayi (1896–1982), ind. Heilige; Beiname »die von der Glückseligkeit durchdrungene Mutter«. Schon mit zwölf Jahren war sie verheiratet. Von früher Jugend an zeigte sie Interesse für das spirituelle Leben. In ihren Aussagen verbindet sie alle Glaubensrichtungen, Philosophien und → Yogawege miteinander. Man hat sie oft mit dem ind. Heiligen Ramanan Maharshi verglichen. Zu ihren Verehrern zählten Enomiya Lasalle und Graf Friedrich Dürckheim. Sie gründete über 30 → Aschrams.

Mäßigkeit, die, die 14. Karte der großen Arkana des Tarot. Auf der Karte mit diesem Namen sieht man eine weibliche Figur mit zwei Wasserurnen. Auf den ältesten erhaltenen Karten ist eine sitzende Frau abgebildet, die aus einer hocherhobenen Urne in der Rechten in eine unten in der Linken gehaltene Urne Wasser gießt. Man interpretierte das Bild als die Mischung von Wasser und Wein, was im Mittelalter als das Symbol der Mäßigkeit galt. Oder man sieht eine Anspielung auf die Verwandlung von Wasser in Wein, die im NT bei der Hochzeit von Kanaa geschildert wird. Anhänger von C. G. → Jung verbanden die Thematik dieser Karte mit dem → Individuationsprozeß, bei dem das bewußte Ich durch das Unbewußte (→ Archetypus) korrigiert und der Mensch seiner Ganzheit nähergebracht wird. Diese sehr komplexe seelische Entwicklung wird durch Wiedergeburtsträume begleitet. Das fließende Wasser zwischen den beiden Urnen kann als ein Symbol des neuen Lebens aufgefaßt werden. Im kabbal. Lebensbaum entspricht ihr der Pfad zwischen Jesod (Fundament) und Tiphereth (Schönheit). (→ Tarot)

Magie pers.: »Zauberkunst«; Lehre von den geheimen Kräften in der Natur, die der Wissende beherrschen und benützen kann. Grundlage ist ein magisches Weltbild, das den Menschen als Teil eines universalen Systems gegenseitiger Abhängigkeit betrachtet (→ Mikrokosmos-Makrokosmos-Lehre). Im Mittelalter unterschied man zwischen Schwarzer *(Goetie)* und Weißer Magie *(Theurgie)*, je nachdem, ob der beabsichtigte Zauber durch böse oder durch himmlische, gute Geister erreicht werden sollte. Daraus entwickelte sich im 14. Jh. die natürliche Magie *(magia naturalis)*, welche hinter allen Naturerscheinungen zunächst einen Wesenskern (Weltseele, → Anima mundi), dann aber ein Gesetz suchte. Diese Form der M. kann man als Vorstufe der Naturwissenschaft ansehen. Man kann die M. nach Art der Tätigkeit in drei

Bereiche einteilen: 1. Anwendung des Ähnlichkeitsgesetzes (→ Mikrokosmos-Makrokosmos-Lehre), 2. Nutzung fremder Energien (→ Dämonen, geheime Kräfte der → Pyramiden), 3. Aktivierung eigener Energien. Der engl. Anthropologe Frazer führte die Unterscheidung zwischen Sympathie-M. und Kontakt-M. ein. Die erste Form beruht auf dem Gesetz der Ähnlichkeit. Da das Bild eines Menschen nach diesem Gesetz dem Original entspricht, kann man z. B. durch die Beschädigung eines Bildes auch einem Menschen Schaden zufügen. Hierfür ist auch die Bez. imaginative M. üblich. Die Kontakt-M. geht von der Vorstellung aus, daß zwischen Dingen bzw. Personen, zwischen denen einmal eine räumliche Verbindung bestand, weiterhin ein geheimer Zusammenhang fortbesteht. Besonders wirkungsvoll ist die

Magie
Eine Voodoo-Puppe, die zum Schadenszauber benutzt wurde

Kombination von Sympathie-M. und Kontakt-M. (so kann z. B. das Bild der zu schädigenden Person mit echten Haaren geschmückt werden. (→ Crowley, → Levi)

MacLaine, Shirley (geb. 1934), amerik. Tänzerin, Filmschauspielerin und Autorin, die zu den zentralen Figuren der → New-Age-Bewegung zählt. In ihren Erfolgsbüchern (alle in dt. Übers. erschienen) *Raupe mit Schmetterlingsflügeln*, *Schritt für Schritt*, *Zwischenleben* u. *Tanz im Licht* beschreibt sie ihren Weg nach innen. Das Buch *Tanz im Licht* beruht auf → Channeling und wurde ihr in nur fünf Wochen aus dem Jenseits diktiert.

Magier, pers.: »Der Große«; Bez. für die Priester der Perser, Dämonenbeschwörer und Traumdeuter bei den Griechen und Römern. Im Mittelalter ein »Wissender«, der sich in den geheimen Wissenschaften auskannte.

Magier, der, die 1. Karte der großen Arkana des Tarot. Auf der Karte sieht man einen Gaukler, der einen Zauberstab in seiner Linken erhoben hat. Mit einem solchen Stab beschwört bekanntlich der Magier die Dämonen. Die Symbolik dieser Karte geht auf die Spätantike zurück. In den ägypt.-griech. Zauberpapyri wird der Dämonengott (→ Seth) mit einem langen Stab in der linken Hand dargestellt. Er wird im griech. Original als *Skeptouche* (Zepterträger) angerufen. Wenn man in der ägypt.-griech. Magie eine Lichtgottheit wie z. B. Apollo anrief, benutzte man die Rechte. Ein solcher Zauberstabträger hieß lat.: *baculatus*, was von dem Namen des Stabes *baculum* der röm. Auguren (Wahrsager) abgeleitet ist. Hieraus entstand die ital. Form *il bagatto* für Gaukler oder Magier. In der modernen Tarotdeutung ist der M. das Symbol der männlichen Energie, die er aus dem Kether holt. Er gehört im kabbal. Lebensbaum zu der Welt des Verstandes, die von den Sephiroth Kether, Chockmah und Binah gebildet wird. Sie ist von den verbleibenden Sephiroth durch einen Abgrund (→ Abyssus) getrennt, den nur der Erleuchtete zu überschreiten versteht. (→ Tarot)

Magnetit, oder Magneteisenstein. Der schwarze, glänzende und undurchsichtige Stein gehört zur Gruppe der Spinelle. Der M. wird besonders von den ind. Ärzten wegen seiner Heilwirkung gegen Gelbsucht und Geschwüre geschätzt. Für Männer ist er ein hervorragendes Liebesmittel. Der röm. Arzt Plinius kennt fünf Arten, mit deren Hilfe man grundsätzlich jede Krankheit heilen und die Stimmen der Götter hören kann, wenn man ihn in die Hand nimmt und schüttelt. Arab. Ärzte empfehlen ihn Gebärenden, wenn sie rasch niederkommen wollen. Bei Vergiftungen trinkt man pulverisierten M., der mit Milch vermischt wird. Hängt man ihn sich um den Hals, so nimmt das Gedächtnis wieder zu. Die hl. → Hildegard rät, ihn Tobsüchtigen über die Stirn zu streichen. Anwendung in der modernen Edelsteinmedizin: Er beeinflußt das Basis-Chakra; das Elixier übt eine heilsame Wirkung auf den ganzen Körper aus und harmonisiert die Energiezentren. Insbesondere werden Krankheiten geheilt, die auf einer Fehlfunktion der endokrinen Drüsen beruhen.

Macis oder Muskatnuß-Öl, bot.: *Myristica moschata.* Das Öl wird aus den frischen Früchten des in Ceylon beheimateten Muskatnußbaumes gewonnen. Aus den Blüten gewinnt man das Muskatöl. Obwohl beide Öle dieselbe chemische Zusammensetzung haben, unterscheiden sie sich im Geruch erheblich. Mediz. Anwendung: bei Störungen des zentralen Nervensystems wie Verwirrung, Gedächtnisverlust, Ohnmacht, auch bei Darmbeschwerden und Kreislaufstörungen.

Maharishi Mahesh Yogi (geb. 1918), → Transzendentale Meditation (TM).

Maharshi, Ramana (1879–1950), einer der bedeutendsten ind. Heiligen und Gurus; Beiname »der Weise von Arunchala«. Schon im Kindesalter hatte er ein → Nahtoderlebnis, das seinen weiteren Lebensweg beeinflußte. Er wurde ein spiritueller Lehrer und Mystiker, zu dessen Schülern → Brunton gehörte. Nach M. hat der Mensch ein mit Gott identisches Wesen, aber Erleuchtung ist nur erreichbar, wenn das Ich oder das falsche Selbst sich der höheren Wahrheit beugt.

Mahatma, skrt.: »Große Person«; Bez. für einen ind. Weisheitslehrer oder eine überragende Persönlichkeit wie z. B. den Gründer des ind. Staates, Mahatma Gandhi. In der Theosophischen Bewegung sind M.s übermenschliche Wesen, welche in der Einsamkeit des Himalaja wohnen. → Blavatsky, → Besant und Dion → Fortune gaben vor, mit M.s in Kontakt zu stehen, die ihnen ihr geheimes Wissen mitteilten.

Mahatma-Briefe, eine Briefsammlung, die aus der Feder des tibet. → Mahatma M. und Kut Humi stammen soll. Sie sind an den Journalisten A. P. Sinnett und an den Gründer des ind. Nationalkongresses A. O. Hume gerichtet. Mit Sicherheit wurden sie von → Blavatsky gefälscht.

Mahayana, skrt. »Großes Fahrzeug«; eine der drei Hauptrichtungen des → Buddhismus, die sich im 1. nachchristl. Jh. entwickelt hat. Ziel ist nicht mehr der → Arhat, der sich selbst erlöst, sondern die Erlösung aller Wesen. Man versucht ein → Buddha zu werden, der anderen Menschen die Erleuchtung bringt. Das religiöse Ideal des M. ist der → Bodhisattva, der zehn Stufen (→ Bhumi) durchlaufen muß, ehe er in der 10. Stufe *(dharmamegha* = »Wolke der Religion«) im Besitz unendlicher Erkenntnis und damit gleich einem Buddha ist. Wenngleich in der Lehre des M. zwischen einem Buddha und einem Bodhisattva ein großer Unterschied besteht, so ist dieser Unterschied in der Praxis verwischt. Von den Bodhisattvas genießt → Avalokitesvara und unter den zahllosen Buddhas → Amitabha höchstes Ansehen. Kennzeichnend für den M. ist die Dreikörperlehre *(Trikaya)* und die Lehre von der alleinigen Realität des Denkens *(Vijnanavada* oder *Yogachara),* welche alle Objekte für unwirklich hält. Eine zweite Richtung, die Lehre vom Leeren *(Shunyavada* oder *Madhyamikavida* = »Mittlerer Weg«) geht noch weiter, indem sie behauptet, alle Begr. enthalten Denkunmöglichkeiten, was zur Aufstellung des Unbestimmbaren als einziger Realität führt.

Maitreya, im → Mahayana der Name des zukünftigen → Buddha, der noch in diesem Weltalter auf der Erde inkarniert wird.

Majoran-Öl bot.: *Origanum majorana*; ein in Amerika und Nordafrika beheimateter Lippenblütler. Das Öl wird aus den Blättern und Blüten gewonnen. Mediz. Anwendung: bei Verdauungsbeschwerden, Bluthochdruck, Migräne, Angst und Stirnhöhlenkatarrh.

Makrobiotik, griech.: »Lehre von einem langen Leben«; Bez. für eine Ernährungsweise, die auf den jap. Philosophen George Ohsawa (gestorb. 1966) zurückgeht. Fortgesetzt wird sein Werk von Michio Kushi. Die Grundlage bildet das Yin- und Yang-Prinzip der chin. Medizin, nach dem die Nahrungsmittel eingeteilt werden.

Nahrung

Yin	*Yang*
wächst auf heißem Boden	wächst in kaltem Klima
enthält mehr Wasser	trocken
Früchte u. Blätter	Stengel, Wurzel, Samen
wächst über dem Boden	unter dem Boden
verursacht saure Reaktionen	verursacht alkalische Reaktion
heiße Speisen	kalte Speisen

Eine ausgewogene Ernährung hat Pflanzenkost zur Grundlage, welche dem Körper Licht, Erde, Wasser und Luft zuführt.

Malachit, ein grüner Edelstein aus Kupferkarbonat; früher hieß er in Deutschland »Molacks«, was eine Verballhornung von griech.: *malaku* = »Malve« ist. Wegen der Farbengleichheit wurde diese Bez. auch auf den Stein übertragen. Bei den Ägyptern war er unter dem Namen *Mafek* bekannt. Sie benutzten ihn als Augen- und Schönheitsmittel. Die Griechen nannten ihn *Chrysokolla* = »Goldlot«. Er schützt vor Blitzschlägen, Herzleiden und unglücklicher Liebe. Trinkgefäße aus M. stärken das Herz und bringen den Betreffenden in Kontakt mit den Göttern. Sogar die Sprache der Tiere versteht der Besitzer eines M. Umfangreich sind die Möglichkeiten der mediz. Anwendung: bei Atemnot, Augenleiden, Brechmittel, Epilepsie. Die Araber schätzen ihn als Hautmittel, besonders wenn er mit Essig vermischt wird. Bei den Indern gilt er als Mittel gegen Koliken und Rheumatismus. Bis ins 18. Jh. wurde dieser Stein in den Apotheken vorrätig gehalten. Anwendung in der modernen Edelsteinmedizin: Das Herz-Chakra wird aktiviert; das Elixier hilft bei Frauenkrankheiten und Unfruchtbarkeit; auch Magenleiden werden günstig beeinflußt.

Malkuth, 10. Sephirah (→ Sephiroth), die Macht symbolisiert. Wie die → Kether der Ursprung der Sephiroth ist, so bildet M. deren Resultat, Quintessenz und Symbol über die Welt der Urschöpfung (hebr.: *Beriah).* Sie wird auch als Inbegriff der Gottesgegenwart (hebr. *Schechinah)* und Herrschaft Gottes in allen Sephiroth gedeutet. In der kabbal. Bildersprache heißt M. auch »die Königin«, »Matrone« oder »Frau«. Zusammen mit → Tiphereth (»König«) bildet sie die nächst untere Welt (Beriah). Zuordnungen: göttlicher Name (Adonai ha Eretz); Erzengel (Sandalphon); materielle Welt (Sphäre der Elemente); verbunden mit dem He des → Tetragrammaton.

Manas, skrt.: »Verstand«; Pali: *mano*; Organ des Wahrnehmens, Empfindens, Wünschens und Überlegens; auch der innere Sinn des Menschen. Das M. entsteht zusammen mit den äußeren Sinnen aus dem → Ahamkara und vermittelt die angebotenen Objekte dem Ahamkara und der → Buddhi.

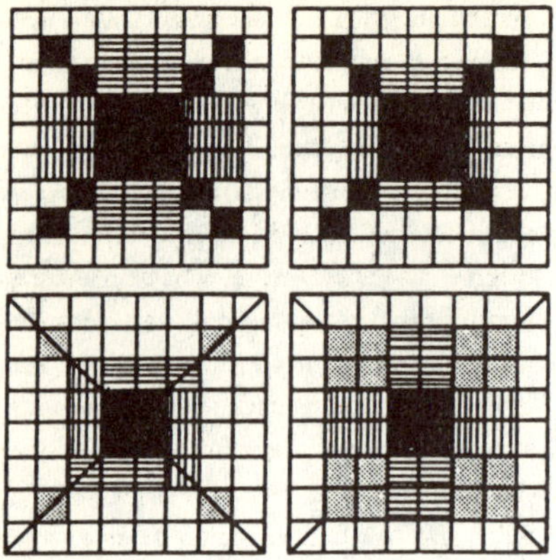

Mandala

Mandala, skrt.: »Kreis«; Symboldarstellungen und Diagramme in Form eines Kreises als Grundlage der östlichen Bildmeditation. Der → Yogi dringt von außen in das M. ein und nähert sich dem Zentrum *(brahmarandhara).* Hierdurch stellt er als der Mikrokosmos die Einheit mit dem Makrokosmos her. → Jung bezeichnete auch gemalte Träume und bildhafte Gestaltungen aus dem Unbewußten als M.s, als Symbole des Selbst.
Sie spielen beim Prozeß der → Individuation eine wichtige Rolle.

Mandarinen-Öl, bot.: *Citrus madurensis* bzw. *nobilis*; ein in Japan, USA und Südeuropa wachsendes Rautengewächs. Das Öl wird durch Kaltpressung aus der Schale gewonnen. Mediz. Anwendung: bei Erschöpfungszuständen und Störungen des zentralen Nervensystems.

Mandel, Peter (geb. 1941), dt. Heilpraktiker und Leiter des Institutes für wissenschaftlich-energetische Fotografie und Diagnostik in Bruchsal. M. ist Begründer der → Farbpunktur (→ Akupunktur). Der von ihm entwickelten »Energetischen Terminalpunkt-Diagnose« (E. T. D.) liegt die durch empirische Untersuchungen gewonnene Erkenntnis zugrunde, daß die Finger- und Zehenkuppen alle Organe des Körpers repräsentieren. 1975 erstellte er in seinem Institut aufgrund von 200 000 Aufnahmen eine genaue Topographie, welche die Lage der Organe plaziert. Die Diagnose wird mit Hilfe der → Kirlianfotografie der Finger- und Zehenkuppen erstellt.

Ma'asseh Bereschiht, hebr.: »Lehre von der Schöpfung«; eine Richtung in der jüd. Mystik, die im Buch → Jezira dargestellt wird.

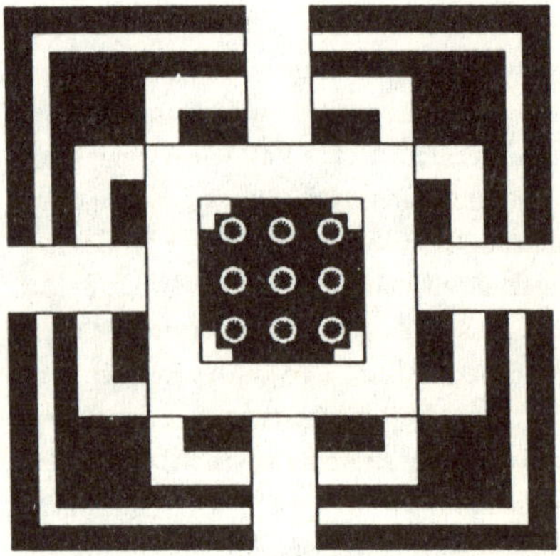

Mandala

Mandragora, → Alraun.

Manichäismus, eine gnost. Weltreligion (→ Gnosis), die im 3. Jh. von dem Perser Mani gegründet wurde. Trotz schwerer Verfolgungen hatte sie viele Anhänger von Spanien bis China und war zeitweilig ein gefährlicher Konkurrent für das Christentum. Der M. besteht aus christl.-gnost., buddh. und zoroastischen Elementen. Grundlegend ist ein → Dualismus von Licht und Finsternis, an denen der Kosmos und der Mensch jeweils Anteil haben. Die Erlösung des Menschen kann nur stattfinden, wenn er sich seines Lichtanteils bewußt wird, was nur durch strenge Askese möglich ist. Nur wenige Auserwählte, die sich schon äußerlich durch weiße Gewänder von den übrigen Anhängern unterscheiden, erfüllen diese Bedingungen. Am Weltende wird ein Brand den anfänglichen Dualismus von Geist und Materie wiederherstellen. Der M. beeinflußte die → Katharer (→ Albigenser).

Manipura-Chakra, skrt. *mani* = »Juwel« u. *pura* = »Fülle«; andere Bez.: *nabhisthana* = am Nabel liegend. Dieses Chakra steht mit dem Element Feuer und der Sonne in Verbindung. Wer sich auf das M. konzentriert, erlangt die höchste physische Kraft und ist von allen Krankheiten befreit. Zuordnungen: Keimsilbe (RAM), Farbe (rot) Form (Dreieck).

Mantra, skrt. »Gesang zur Befreiung«; Machtworte oder Zauberworte, die im → Yoga und → Tantra zur Erlangung von magischen Kräften benutzt werden. Es handelt sich hierbei um Buchstaben des Sanskritalphabetes oder unvollständige Sätze, deren Klangschwingungen nicht nur das Bewußtsein läutern, sondern auch Macht über die Wesen verleihen, denen sie zugeordnet sind. So lautet zum Beispiel das Mantra, das besonders im gegenwärtigen Zeitalter wirksam ist; *Hare Krisna, Hare Krisna, Krisna, Krisna Hare Hare, Hare Rama Hare Rama, Rama Rama Hare Krisna.*

Mantra-Yoga, eine → Yogaform, welche das Schwergewicht auf die Murmelmeditation legt. Nachdem die ersten vier Glieder des Yoga praktiziert wurden, folgt → Japa als Ersatz für die letzten vier Yogaglieder.

Mastix, bot.: *Pistacia lentica*; Harz eines im Mittelmeergebiet verbreiteten Strauches. Die zitronengelben Körner wurden schon im Alten Orient zu Räucherzwecken benutzt. Mediz. Anwendung: bei Zahnfleischerkrankungen und schlechtem Mundgeruch.

Materia prima lat.: »Urstoff«; Ausgangsstoff für die Herstellung des Steines der Weisen (→ Lapis philosophorum). Dieser Stoff ist unrein, unansehnlich und schließt noch alle Gegensätze in sich ein. Erst durch die Kunst des Alchemisten wird er geordnet.

Materialisation, lat.: »Einkleidung in die Materie«; Umschreibung des paranormalen Phänomens, daß → Medien aus feinstofflichen Substanzen (→ Ektoplasma) vorübergehend Gebilde mit menschlichem Aussehen formen können. So soll es sich z. B. um die Geister von Verstorbenen handeln. Man kann diese sich bewegenden M.en berühren und auch fotografieren.

Mathers, MacGregor (1854–1918), engl. Okkultist und Mitbegründer des → Golden-Dawn-Ordens. Aufgrund seines Interesses für Mystik wurde er Mitglied des engl. Rosenkreuzer-Ordens (»Societas Rosicruciana in Anglia«), wo er die Bekanntschaft von Westcoot und Woodman machte. Vier Jahre nach der Gründung des Golden-Dawn-Ordens (1888) zog er mit seiner Frau Moina, der Tochter des bekannten franz. Philosophen Bergson, nach Paris. Seine privaten Auseinandersetzungen mit Annie Hornimann und → Crowley, der Ordensmaterialien veröffentlichte, führten zu seinem Ausschluß und zur Spaltung des Ordens. Die Bedeutung M.s liegt nicht nur in der Entwicklung der Ordensrituale des G. D. O, sondern auch in der Veröffentlichung wichtiger Quellenwerke des Okkultismus, die er in Bibliotheken aufstöberte: *The Kabbalah Unveiled* (1907, Teilübersetzung der *Kabbala denudata* von → Knorr von Rosenroth), *The Key of Solomon the King* (1889) u. *The Book of the Sacred Magic of Abramelin the Mage* (1889).

Mazeration, franz.: *maceration* oder *enfleurage a chaud*; die Gewinnung von ätherischen Ölen durch Erhitzung der Pflanzenteile in heißem Öl. Schon der griech. Arzt Dioskurides berichtet, daß Rosenöl durch Auskochen der Blüten in heißem Olivenöl gewonnen wird. Nach einiger Zeit wird das heiße Öl abgegossen und mit neuen Blüten vermischt. Zuletzt werden dem Fett mit Hilfe von Alkohol die Duftstoffe entzogen.

Maya, skrt.: »Das, was nicht ist«; nach der Lehre der → Vedanta ist die irdische Welt nur ein Blendwerk. Das wirklich Existierende ist nur das ewig Absolute, das → Brahman, der → Atman, d. h. das eigene Selbst im Menschen. Das Ziel des Erlösungsweges ist es, die materielle Welt als bloße Illusion zu erkennen.

Medial, Bez. für die Eigenschaften und Fähigkeiten eines → Mediums.

Medium, lat.: »Zwischenglied«; Bez. für eine Person, die über die Fähigkeit der außersinnlichen Wahrnehmung verfügt und paranormale Phänomene hervorrufen kann. Besonders in → Séancen treten solche Personen auf und vermitteln den Kontakt mit Geistern.

Meditation, lat.: »nachsinnen«; ein Sammelbegr. für verschiedene Arten der Bewußtseinserweiterung, der Innenschau und der Ausübung der → Mystik, die in den östlichen Weisheitslehren (Hinduismus, Buddhismus, Sufismus,

Zen) und im Christentum als praktizierte → Mystik eine lange Tradition haben. Voraussetzung ist, daß der Verstand, das Gefühl und der Körper völlig zur Ruhe kommen. In der Regel wird dies dadurch erreicht, daß der Meditierende eine bestimmte Sitzhaltung (→ Yoga) einnimmt. Es gibt aber auch die Bewegungs.-M., die durch den Gruppentanz (→ Sufismus), durch Schattenboxen (→ Tai Chi) oder wilde Tanzbewegungen wie in der Dynamischen M. des → Bhagwan) ausgeübt wird. Erstrebtes Ziel ist entweder ein Zustand der Überwachheit (Buddhismus) oder eine Absenkung des Bewußtseins (Mystik). Durch Messung der Gehirnwellenaktivitäten (Bewußtseinserweiterung, → Biofeedback) läßt sich die positive Wirkung der M. nachweisen. In der Praxis wird die M. außer durch bestimmte Körperhaltungen durch bewußtes und kontrolliertes Atmen ausgeübt. Die Atemtechniken führen am schnellsten den gewünschten psychischen Zustand herbei, weil der Atem gleichsam ein Bindeglied zwischen Bewußtsein und Unterbewußtsein ist. Dazu kommen in der → Zen.-M. paradoxe Sätze (→ Koan) und im → Yoga geometrische Figuren (→ Mandala) oder Silben (→ Mantra, → Om).

Meher Baba (1894–1969), ind. Guru, der sich nach der Begegnung mit der islam. Heiligen Hazrat Babajan der Religion und Mystik zuwandte. 1921 errichtete er ein → Aschram und nahm Kontakt zu → Sai Baba auf. Seit 1925 schwieg er und kündigte an, eines Tages der Welt eine Botschaft zu vermitteln, die ihr die ersehnte Erleuchtung und Liebe geben würde. Von ihm stammt der Satz: »Die Wahrheit ist von den Weisen des Altertums oft genug formuliert worden. Heute kommt es darauf an, sie zu leben.« Seine Anhänger bezeichnen ihn als einen → Avatar des göttlichen Prinzips. Seine berühmten *Discourses* erscheinen in dt. Übers. als *Darlegungen.*

Melissen-Öl, bot.: *Melisse officinalis;* ein in Europa und USA beheimateter Lippenblütler. Gewinnung des Öles durch Wasserdampfdestillation aus dem Kraut. Mediz. Anwendung: bei Erschöpfungszuständen und nervlich bedingten Störungen.

Merkaba-Mystik, hebr.: »Gotteswagen«; eine Richtung in der jüd. Mystik, die vom 1. Jh. n. Chr. bis ins 11. Jh. bestand. Sie beruht auf dem 1. Kapitel des Buches Hesekiel (AT, → Bibel), wo die ekstatische Schau des göttlichen Thronwagens (Merkaba) beschrieben wird. Die Erlebnisse des Mystikers auf seinem Weg durch die sieben Paläste (hebr.: *Hekhaloth)* zum Thron Gottes bilden den Inhalt der »Hekhalothliteratur«. Diese Tore können nur nach einer umständlichen Prozedur durchschritten werden, denn die Wächter verlangen die Kenntnis von geheimen Siegeln und Paßworten. Am Ende sehen die »Jorde Merkaba« die Gottheit (hebr.: *Scha'ur Koma)* in einer solchen menschlichen

Gestalt, wie sie der Prophet Hesekiel sehen durfte. Die Maße dieser Gottheit übersteigen jede menschliche Vorstellung. Wegen dieser Übertreibungen hat man die gesamte M.-Literatur als Lektüre für Kinder angesehen. Aber Ziel dieser mystischen Reise ist nicht allgemein Gott, sondern der höchste aller Engel, Metatron (griech.: »Der neben dem Thron Stehende«). Es ist niemand anders als der in den Himmel entrückte → Henoch. Denn die Beschreibung der Himmelfahrt des Henoch stimmt in vielen Punkten mit der Reise der Merkaba-Mystiker überein. Religionsgeschichtlich kann man die M. als eine Form der jüd. → Gnosis bezeichnen.

Merlin, nach der Artus-Sage Zauberer und Seher bei König Artus. M. ist der heidnische → Magier, der in der Sage das Gegengewicht zu dem mystischen Christentum des Parzival und all jener bildet, die auf der Suche nach dem → Gral waren. Somit verkörpert er jene Elemente in der Sage, die einen radikalen Trennungsstrich zwischen der Magie und dem orthodoxen Christentum ziehen. Auf die M.-Sage beziehen sich viele okkulte Gruppen, besonders in England.

Metatron, → Merkaba-Mystik.

Meyrink, Gustav (1868–1932), Ps. des bekannten österr. Romanschriftstellers Gustav Meyer. Von 1889–1902 leitete er zusammen mit einem Neffen des Dichters Christian Morgenstern ein Bankhaus in Prag. Nachdem der Schriftsteller Oskar A. H. Schmitz seine literarischen Talente entdeckt hatte, veröffentlichte er 1901 die ersten Erzählungen, die schon seine späteren Neigungen zu Mystik und Okkultismus verrieten. Bekannt wurde M. durch seinen Roman *Golem* (1915), mit der er die → Golemgestalt berühmt machte. Es folgten dann: *Das grüne Gesicht, Walpurgisnacht, Der weiße Dominikaner* u. *Engel vom westlichen Fenster.* M. war Mitglied verschiedener okkulter Geheimorganisationen und behauptete, auf dem Weg der Telepathie Kontakt zu dem Guru von → Brunton, Sri → Ramana Maharshi zu haben.

Mikrokosmos-Makrokosmos-Lehre, griech.; Lehre von der Entsprechung zwischen dem Weltall und den kleinsten Bauteilen der Erde, besonders aber dem Menschen samt seiner seelischen und geistigen Innenwelt. Zwischen diesen beiden Welten besteht eine gegenseitige Beziehung, da beide aus den gleichen Elementen bestehen und ihre materielle Gestalt nur der sichtbare Ausdruck der Kräfte ist, die beide durchströmen. Diese Lehre findet sich weltweit. Im chin. → I Ging, dem Buch der Wandlungen, wird der Versuch unternommen, die Weltordnung als Entsprechungen darzustellen. Der → Taoismus lehrt, daß der Mensch sein Tun dem himmlischen angleichen soll. In der ind. Mythologie entsteht die Welt aus den Körperteilen eines menschengestaltigen Urwesens *(purusha).* Die anti-

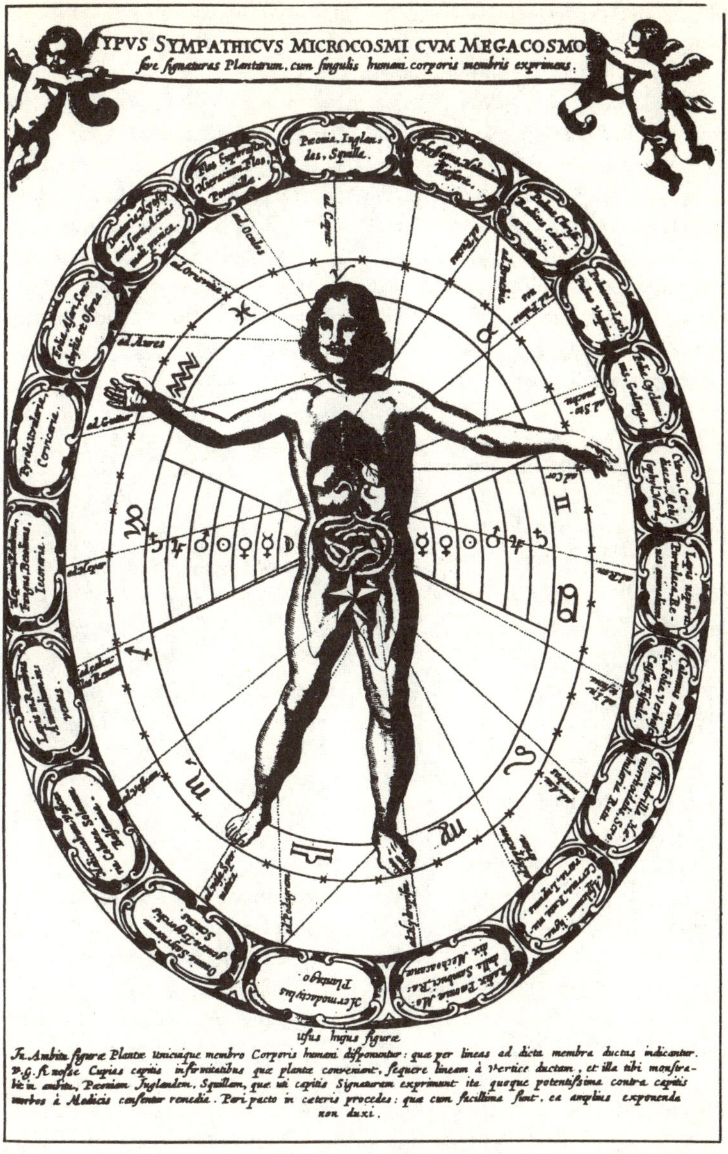

Mikrokosmos-Makrokosmos

ken Philosophen, Plato und die Stoiker, lehrten die Analogie zwischen Mensch und Weltall. In der Spätantike ist der Mensch Abbild des Tierkreises. Die Sympathie oder Übereinstimmung der Dinge, die man anhand der → Signaturen erkennen kann, wird von → Agrippa v. Nettesheim und → Paracelsus vertreten. In der → Astrologie werden himmlische Konstellationen seelischen Strukturen oder wie in der → Alchemie stoffliche Veränderungen seelischen Wandlungen zugeordnet.

Mistel, bot.: *Viscum album*; eine in der Magie sehr geschätzte Schmarotzerpflanze, die auf Haselnußstauden wächst. Der Glaube an die Zauberkraft der M. reicht bis in die Antike zurück. Ihre gegabelten, im Winter goldgrün schimmernden Zweige gaben das Vorbild für die goldene Zauberrute ab, woraus sich die- → Wünschelrute entwickelte. Die M. ist das Symbol der erloschenen Sonnenkraft, die nur in ihr erhalten bleibt. Für die Kelten gab es nichts Heiligeres als die Eichenmisteln, die man in einer feierlichen Zeremonie mit einer goldenen Sichel abschnitt. In England werden zur Weihnachtszeit die Zimmer mit M.-Büscheln geschmückt. Im christl. Glauben gilt die M. als das heilige Kreuzholz, weil die Gabel an das Kreuz erinnert, an dem Christus den Tod fand.

Mithras, die wichtigste der orientalischen Mysterienreligionen, die im 2. Jh. n. Chr. von den röm. Heeren aus den pers. Grenzgebieten im ganzen röm. Reich verbreitet wurden. Grundlage bildet der alte iran. Glauben von dem Kampf des Lichtes gegen die Finsternis, der zum Dualismus zwischen Gut und Böse vergeistigt wurde. Den Lichtmächten stehen höllische Mächte gegenüber, die bekämpft und am Ende siegreich überwunden werden. Zentralgestalt dieser Religion ist der Gott M., der siegreiche Sonnengott, der in einem Stieropfer

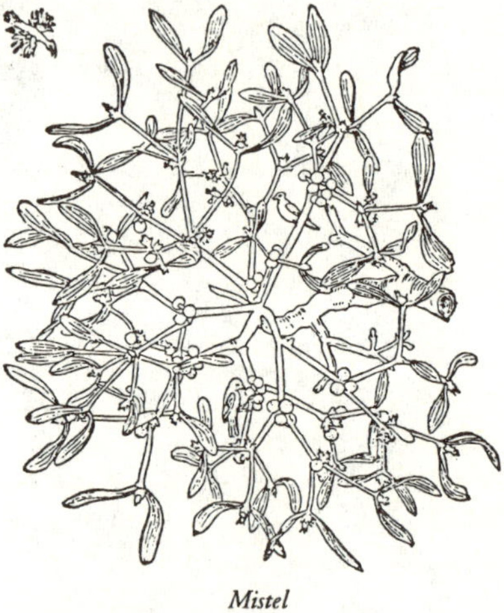

Mistel

verehrt wird. Begleiter des M. sind Cautes und Cautopates, welche den Tag und die Nacht symbolisieren. Mit M. zusammen bilden sie eine göttliche Trinität, die für Anfang, Ende, Verlorenheit und Errettung des Kosmos stehen. Der M.-Kult kennt Weihen mit unterschiedlichen Graden, Gebeten, Kultmale und Opfer, die stufenweise zu einer Gemeinschaft mit dem Gott hinführen.

Moksa, skrt.: »Befreiung«; andere Bez.: *Mukti*; Kernbegr. des → Hinduismus, der sowohl die Befreiung von dem Kreislauf von Geburt und Tod als dem Ende allen materiellen Leides ausdrückt als auch die höchste nur denkbare Befreiung, nämlich die Rückkehr in die spirituelle Welt.

Mond, der, die 18. Karte der großen Arkana des Tarot. Auf allen Varianten dieser Karte sieht man einen Mond. Auf den Karten älteren Typus sieht man unter dem Bild des Halbmondes zwei miteinander sprechende Astrologen. Die Abb. von zwei Hunden und einem Krebs unter dem Mond, die sich auf Karten jüngeren Datums befindet, scheint dennoch eine viel ältere Symbolik zu repräsentieren. In der Astrologie wurde die Konstellation des Krebses als das Haus des Mondes betrachtet. Der Mond läuft auch wie der Krebs rückwärts und vorwärts. In der antiken Mythologie war der Hund ein mit der → Diana zusammengehöriges Tier. Sie wurden als Mondgöttinnen verehrt und stellten die dunkle, machtvolle und abnehmende Seite des Mondes dar. Der 13. August war ihnen in Griechenland und Rom geweiht, an dem die Christen später »Maria Himmelfahrt« feiern. Maria wird in den südlichen Ländern der »Mond der katholischen Kirche« genannt. Der Mond galt als Spender der Fruchtbarkeit, da sein 28-Tage-Zyklus mit der weiblichen Periode übereinstimmt. Diese Mondgöttinnen stellte man sich als schwarz vor (→ Isis, → Kali, → Schwarze Madonnen), weil Schwarz das Weibliche, die Fruchtbarkeit und Sexualität symbolisiert. Im kabbal. Lebensbaum entspricht ihm der Pfad zwischen Malkuth (Reich) und Jesod (Fundament). (Tarot)

Mondstationen, in der Astrologie der Araber 14, bei den Indern 27 Punkte des Tierkreises, die der Mond auf seiner Himmelsbahn berührt.

Mondstein, ein farbloser, durchsichtiger Stein, der zu den Feldspaten gehört. Wegen seines bläulich-weißen, milchigen Schimmers nennt man ihn M. oder Selenit. Von dem M. werden besonders in der arab. Magie Wunderdinge erzählt. Seine Farbe veränderte sich nach dem Mondstand. Wenn sich seinem Träger ein Feind nähert, zeigt er diesen durch ein sanftes Licht an. Seine magnetische Kraft bewirkt, daß alle Untergebenen des Besitzers ihm treu ergeben sein müssen. In Salbengefäßen aus M. kann man Medikamente besonders lang aufbewahren. Anwendung in der modernen Edelsteinmedizin: beeinflußt das Kehlkopf-Chakra und hilft bei Streß, Angst und Krankheiten des Beckenbereiches.

Moschus, oder Musk, das salbenartige Drüsensekret des Moschustieres, das herdenweise in Nordasien lebt. Der drüsige Beutel, der das Sekret zur Anlockung der Weibchen enthält, wird getrocknet. M. ist ein → Pheromon, das die menschlichen Sexualdrüsen beeinflußt. In China wurde er schon Jahrhunderte v. Chr. als Allheilmittel benutzt, welches das Nervensystem und die Schweißsekretion anregt, krampfstillend ist und Puls und Atem beschleunigt. Die mittelalterl. Ärzte verschrieben M. bei Geisteskrankheiten und Nervenleiden. Als »Bisamäpfel« trug man ihn in Beuteln um den Hals, um sich gegen Pest zu schützen.

Mosis, 6. und 7. Buch, Name eines bekannten dt. Zauberbuches, das 1849 von dem Stuttgarter Verleger von okkulter Literatur Scheible veröffentlicht wurde. Auf diese Erstausgabe gehen alle späteren Nachdrucke zurück. Die Erwähnung des 6. und 7. Buches in Zauberbüchern aus dem 18. Jh. spricht dafür, daß dieses Buch schon im 18. Jh. erschienen ist oder vielleicht nur als Handschrift vorlag. Der biblischen Gestalt Mosis werden außer den fünf ersten Büchern des AT (→ Bibel) schon in der Antike eine Reihe weiterer Werke zugeschrieben, besonders Zauberbücher. Ein 8. und 10. Buch M. wird aus der Zeit des 1. Jh. nach Christus erwähnt. Es besteht aus einer Einleitung, die auf Sadock, den Hohenpriester Salomons, Bezug nimmt, und einer Reihe von Tafeln mit → Charakteren, magischen Siegeln und Beschwörungsformeln. Das 7. Buch M. soll von dem Rabbi Chaleb aus der Weimarer Bibelausgabe übersetzt worden sein. Dahinter steht der Volksglaube, daß es bestimmte Bibelausgaben gebe, die noch geheime Bücher M. enthielten.

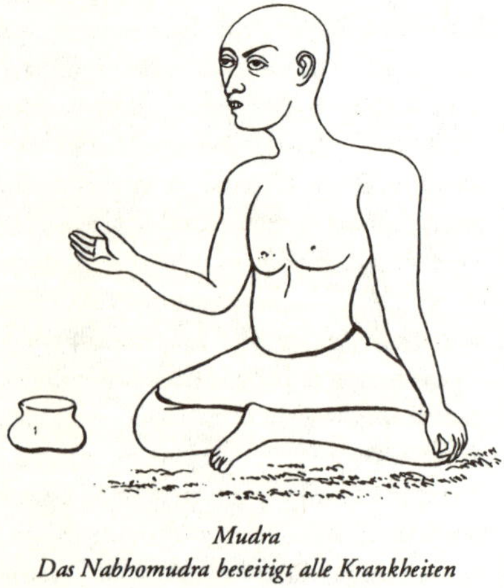

Mudra
Das Nabhomudra beseitigt alle Krankheiten

Mudra, skrt.: »Siegel«, »Mysterium«; eine symbolhafte Gebärde der Finger oder Hände, die bei buddh. Andachtsübungen und im Yoga verwendet wird. Durch die Symbolkräfte, die den M.s zugeschrieben werden, können der → Astralleib, die → Kundalini und die → Siddhis beeinflußt bzw. geweckt werden.

Muktanada, Swami (1908–1982), ind. Guru, der zu den bekanntesten Vertretern des → Kundalini-Yoga gehört. Sein Lehrer war Swami Nityananda von Ganeshpuri, der über die Gabe des »Shaktipat« verfügte, die es ihm ermöglichte, durch Berühren die → Kundalini-Kraft zu wecken. Seine eigenen Erfahrungen, die viele Gemeinsamkeiten mit den Erlebnissen Gopi → Krishnas haben, beschreibt er in dem Buch *Guru* (1971). Seine Anhänger gaben ihm den Ehrentitel »Paramahansa«, der nur den größten Heiligen vorbehalten ist.

Muladhara-Chakra, skrt.: »Wurzel«. Dieses → Chakra liegt an der Wurzel der Wirbelsäule zwischen der Afteröffnung und den Geschlechtsorganen. Es repräsentiert das Element Erde und ist Sitz der → Kundalini-Kraft. Zuordnungen: Keimsilbe (LAM); Farbe (gelb); Form (Quadrat).

Mulford, Prentice (1834–1891), amerik. Journalist, Schriftsteller und Philosoph, der zu den führenden Vertretern der Neugeistbewegung zählte. Mit 60 Jahren zog er sich in die Wildnis von New Jersey zurück, wo er die Bücher der berühmten »White Cross Library« schrieb. Titel: *Der Gott in Dir, Deine Reise im Schlaf, Das Gesetz des Erfolgs.* Seine Autobiographie enthält auch *Prentice Mulford's Story.*

Mundanastrologie, lat.: *mundus* = »Welt«; Teilgebiet der → Astrologie, das 1000 Jahre älter als die Geburtsastrologie ist. Im Gegensatz zu der Individualastrologie macht sie Aussagen über das Schicksal von Ländern, Völkern, Städten, über Kriege, Epidemien etc. Problematisch ist die Zuordnung der Staaten zu den Zeichen des → Tierkreises, weil sich die politische Bedeutung und der Umfang der Länder unter dem Einfluß politischer und wirtschaftlicher Umwälzungen ebenso ändert wie der Charakter der Nationen. Staatshoroskope waren zwar schon den Arabern bekannt, wurden aber erst von den Engländern zu politisch-prognostischen Zwecken benutzt.

Murray, Margaret Alice (1863–1963), engl. Archäologin, die bei der Entstehung der modernen Hexenbewegung ein wichtige Rolle spielte. In dem Buch *The Witch Cult in Western Europe* (1921) stellte sie die Behauptung auf, der Hexenkult sei eine vorchristliche Religion. In modifizierter Form wird diese These heute auch von → Ginzburg vertreten. M. übte einen großen Einfluß auf → Gardner aus, der vorgab, dieser alte Hexenglauben würde heute noch in geheimen Gruppen praktiziert.

Murphy, Joseph, → Positives Denken.

Musiktherapie → Farbtherapie (unter »Farbklangtherapie«).

Muskatellersalbei, bot.: *Salvia sclarca*; ein in Nordafrika und Südeuropa beheimateter Lippenblütler. Das Öl wird durch Wasserdampfdestillation aus dem Kraut gewonnen. Mediz. Anwendung: bei Verdauungsstörungen und entzündlichen Hauterkrankungen. Nach neueren Erkenntnissen senkt M. den Bluthochdruck.

Mutterkorn, bot.: *Claviceps purpurea*; volkstüml. Bez.: Mehlmutter und Kornmutter. Das M. bildet sich als Schmarotzerpilz am Roggen und anderen Getreidesorten. Es enthält verschiedene Alkaloide (Stickstoffverbindungen), die gefäßverengend und psychoaktiv (→ LSD) wirken.

Myrrhe, bot.: *Commiophora abyssinica*; ein in Äthiopien und Arabien beheimatetes Balsamgewächs. Das Gummiharz sammelt sich unter der Baumrinde als goldgelbe Flüssigkeit, die einer Extraktion mittels Alkohol unterzogen wird. M. wurde schon im Alten Orient als Räuchermittel und Zutat zu Salben benutzt. Sie eignet sich besonders zur Unterstützung der Meditation.

Mysterium, griech.: »Geheimnis«; der Eingeweihte (Myste) war streng dazu verpflichtet, geheimzuhalten, was er bei der → Initiation und später erfuhr. Hierdurch wurde der Wert der Lehren gehoben und es wurde verhindert, daß Nichteingeweihte sie in entstellter oder unwürdiger Form weitergeben konnten. Durch Symbole wurde der wahre Sinn der Lehren verborgen gehalten. M. kannten nicht nur die Griechen (→ Eleusinische M.), auch in Ägypten (→ Isis), Kleinasien, Syrien und Persien gab es M.-Religionen.

Mystik, griech.: »Augen und Mund schließen«; Bez. für das Streben nach unmittelbarer Vereinigung mit Gott. Im Unterschied zur → Magie wird die Berührung und das Einswerden mit der Gottheit nicht durch aktive Einflußnahme erstrebt, besonders aber verzichtet der Mystiker darauf, Macht über andere Menschen zu erlangen. In der modernen Esoterik ist die M. transpersonal, d. h. sie überschreitet den Verstand und das Ich, während die Magie präpersonal und prärational ist, weil sie ein Entwicklungsstadium vor der Ausbildung des Verstandes repräsentiert. Um dieses Ziel zu erreichen, bedient sich der Mystiker der → Intuition, → Kontemplation und der → Ekstase. In der spätantiken und mittelalterl. M. wird dieses Streben, sich mit der Gottheit zu vereinigen, als *Via contemplativa* (»Weg der Kontemplation«) bezeichnet. Der Gegensatz dazu ist *Via activa* (»Weg des tätigen Lebens«). Die Via contemplativa besteht aus drei Stufen: 1. *Via purgativa*; = »Reinigung«, indem sich der Mensch von den Sünden und allen Hindernissen befreit, die das Einströmen der göttlichen Gnade in seine Seele verhindern, 2. *Illumination* = »Erleuchtung«; 3. *Unio mystica* = Vereinigung mit Gott, der sich der Seele unmittelbar mitteilt. Dies bedeutet jedoch nicht eine Identität von Gott und Mensch. (→ Pantheismus)

Mythen, griech.: »Wort, Erzählung«; Bez. in der Religionsgeschichte für die bildhaft ausgeschmückten Berichte von den Taten der Götter und den Helden der Frühzeit (Heroen) und dem Entstehen und dem Untergang der Welt. Gelegentlich liegen den M. historische Fakten zugrunde. Man unterscheidet theogonische M. (Erzählungen von dem Entstehen der Götter), kosmogonische M., die vom Ursprung der Welt berichten, und eschatologische M., die vom Weltuntergang bzw. der Welterneuerung handeln. Nach C. G. → Jung spiegelt sich in den M. ein frühes Stadium der menschlichen Bewußtseinsentwicklung, das wie die → Archetypen und die → Symbole im kollektiven Unterbewußtsein angesiedelt ist.

Mysterium: Der Eingang in das Haus der Mysterien
Aus Khumrath (1560–1605)
Amphitheatrum Sapientiae Aeternae 1608

N

Naarde, bot.: *Nardostachys jatamansi*; ein in China und im Himalaja wachsendes Baldriangewächs. Mediz. Anwendung: bei Magen- und Darmleiden, Koliken, Krämpfen und Nervosität.

Nahtod-Erlebnisse. Nach Untersuchungen des amerik. Arztes Raymond A. Moody, der Schweizer Ärztin → Kübler-Ross u. a., die Sterbende beobachteten bzw. die Sterbeerlebnisse von klinisch Toten auswerteten, läuft das Sterben in folgenden Phasen ab: 1. das Erlebnis, aus dem menschlichen Körper wie aus einem Tunnel auszutreten und über ihm zu schweben; 2. Begegnung mit Wesen (Verwandten, Freunden etc.), die in einem übernatürlichen Licht erscheinen; 3. → Lebenspanorama; 4. Begegnung mit einem höchsten Wesen, das gleißendes Licht ausstrahlt und das Gefühl von größter Harmonie und Glück vermittelt; 5. Rückkehr in den physischen Körper, die als Enttäuschung empfunden wird. Denkbar ist, daß diese Erlebnisse eine Erinnerung an die Geburt sind, die Parallelen zum Tod zeigt. Bei der Geburt trennt sich der Mensch vom Mutterleib, beim Tod von der Mutter Erde.

Nadi, skrt.: »Tunnel«. Nach ind. Auffassung wird der Körper des Menschen von 118 Kanälen durchzogen, durch die sich die Energie ausbreitet. Im Moment des Todes verläßt die Seele durch einen dieser Tunnel den Körper. Wichtigste N. ist Susumna.

Narr, der, die 22. Karte der großen Arkana des Tarot. Die älteste Darstellung aus dem 14. Jh. zeigt einen Narren, der von lächelnden Kindern umgeben ist. Er trägt eine Mütze mit großen Tierohren. Diese Karte trug die ital. Bez. *tarocco*, was wahrscheinlich mit dem provenzalischen Wort *Taruc* (Narr) in Verbindung steht. Gemeinsame Wurzel ist lat.: *taurus* (»Stier«). Man sieht in dieser Figur eine Parodie auf den mittelalterlichen Clericus vagantes, die wandernden Scholaren, die immer auf der Suche nach neuen Lehrern waren und bei der Vorbereitung der Reformation eine wichtige Rolle spielten, da sie neue Ideen verbreiteten. Nach der neueren Tarotdeutung ist der N. das Symbol des transzendenten Wissens. Im kabbal. Lebensbaum entspricht ihm der Pfad zwischen Kether (Krone) und Chockmah (Weisheit). (→ Tarot)

Nasale Reflextherapie, eine → holothrophe Therapie, die in der 1. Hälfte dieses Jh. von den Ärzten W. Fliess, P. Bonnier und F. Asuro entwickelt wurde. Sie fanden heraus, daß die verschiedenen Organe des Gesamtkörpers ihre

Entsprechungen (Projektionspunkte) in der Nasenschleimhaut haben. Besonders Sexualleiden könnten durch die N. R. behandelt werden.

Necronomicon, ein Zauberbuch der Schwarzen Magie, das von dem engl. Fantasy-Autor H. P. Lovecraft erwähnt wurde und über das er sogar einen Essay schrieb *(History of the Necronomicon,* 1936). Verfasser des N., dessen ursprüngl. arab. Titel *Al Azif* lautet, und von dem ein Exemplar in der Bibliothek der Universität von Miskatonic (von Lovecraft erfunden) existieren soll, war angeblich ein Araber namens Abdul Alhazred. In zahlreichen Geschichten Lovecrafts wird das N. zitiert. 1978 veröffentlichte der Experte für Okkultismus Colin Wilson ein Buch mit dem Titel *The Necronomicon: Book of Dead Names,* das er entdeckt haben wollte. Es wurde auch behauptet, das N. sei Teil eines Buches von Alkind (gestorb. 850 n. Chr.) mit dem Titel *Das Buch vom Wesen der Seele.* Dieses Buch von Alkind soll auch John → Dee bekannt gewesen sein und den Titel tragen *Liber Logaeth.*

Nekromantie, griech.: »Weissagung durch die Toten«. Wegen seiner ital. Form *nigromancia* (lat.: *niger* = »schwarz«) erhielt dieser Begr. auch die Bedeutung »Schwarze Magie«. Bei den Griechen bezeichnet N. eher den Abstieg in den Hades (Reich der Toten), um die Toten um Rat zu befragen, als ihre Herbeirufung.

Nelken-Öl, bot.: *Carryophyllus aromaticus*; ein in Indien und Sansibar beheimatetes Myrtengewächs. Das Öl wird durch Wasserdampfdestillation aus den getrockneten Blüten gewonnen. Wirksamer Bestandteil ist das Eugenol, das inzwischen auch synthetisch hergestellt und in der Zahnheilkunde benutzt wird. Das N. hat eine hohe antibakterielle Wirkung. Das N.-Blütenöl aus den Blüten der in Europa wachsenden Gartennelke, die im Altertum aus dem Mittelmeerraum nach Mitteleuropa gebracht wurde, ist ein beliebter Bestandteil von Parfüms. Heute werden die Nelkendüfte synthetisch hergestellt. Das reine Nelkenblütenöl ist ein Aphrodisiakum (Liebesmittel). Auch bei Depressionen und anderen nervlich bedingten Leiden wird es eingesetzt.

Neroli, bot.: *Citrus bigaradia*; ein in Europa, China und Afrika wachsendes Rautengewächs. Aus den Blüten wird durch Wasserdampfdestillation das stark duftende Öl gewonnen, das Hauptbestandteil des Kölnischwassers ist. Das wertvollere N. stammt aus dem franz. Grasse und trägt die Bez. *Neroli-Öl Bigarade.* Aus den Blättern des Baumes gewinnt man das Petitgrain-Öl; die Fruchtschalen liefern das billige Pomeranzen-Öl. Mediz. Wirkung: bei Schlaflosigkeit, Herzbeschwerden, Kopfschmerzen und Depressionen.

Netzwerk, Übers. von engl.: *network*; zentraler Begr. der → New-Age-Bewegung, der Kommunikation und die Kooperation von Gleichgesinnten und Personen mit einem neuen Bewußtsein bezeichnet. Die Merkmale dieser neuen Form von menschlichen Beziehungen bzw. Verbindungen sind die Selbständigkeit und Gleichrangigkeit der einzelnen Personen oder Gruppen, die sich die Regeln für ihr Zusammenwirken selbst geben. (→ Ferguson)

Neuplatonismus, eine philosoph. Richtung, welche die Lehren Platons unter Aufnahme von orientalischem und christlichem Gedankengut weiterbildet. Die Hauptvertreter dieser Lehre, die eine Art Religionsersatz bieten wollten, waren Plotin (204–269), Porphyrios (232–301) und Jamblichos (283–330). Grundlage des N. ist die → Emanationslehre, nach der die Welt durch Ausströmen aus dem Einen (Gott) in einer Stufenordnung hervorgegangen ist. Der Mensch, dessen Seele einen »göttlichen Funken« habe, müsse versuchen, aus der sinnlichen Welt in die übersinnliche Welt zurückzukehren, um seine göttliche Seele wieder mit Gott zu verschmelzen. Der Weg zu diesem Ziel führt über die sittliche Vervollkommnung und Befreiung der Seele vom Körper. Der N., der die abendländische Philosophie nachhaltig beeinflußt hat, spielte seit seiner Wiederentdeckung im 15. Jh. (→ Ficino) ein wichtige Rolle in der Esoterik, besonders wegen seiner Gemeinsamkeiten mit den östlichen Weisheitslehren. (→ Mystik, → Dionysios Areopagita)

Neurolinguistisches Programmieren, Abk. NLP; eine Kommunikationsmethode und Psychotherapie, die in den 70er Jahren von dem amerik. Psychologen Bandler und dem Linguisten Grinder entwickelt wurde. Sie untersuchten die bekanntesten Psychotherapien wie z. B. die → Gestalttherapie und die Hypnosetherapie von → Erickson. NLP analysiert zunächst die »Sprache« des menschlichen Nervensystems und versucht, seine Gesetzmäßigkeiten herauszufinden. Das Handeln einer Person kann man aus der Sprache und den Augenbewegungen erkennen. Die Ursachen von psychischen Problemen sind unbewußte Blockierungen der Hilfsquellen aus dem eigenen Inneren. Solche störenden Verhaltensweisen werden beseitigt, indem man ihre Struktur erkennt und dann diese psychophysiologischen Gesetzmäßigkeiten anwendet. Neue Denkschemata und Verhaltensweisen können antrainiert und verankert werden. In der Praxis bedient man sich leichter Formen der Trance, um den Patienten von dem Zwang der alten Verhaltensmuster zu lösen und ihm seine noch unentdeckten Quellen für Verhaltensänderungen bewußt zu machen. NLP zielt darauf ab, den Menschen so zu verändern, daß er im Leben erfolgreich ist.

New Age, engl.: »Neues Zeitalter«. Neben dem Jahresrhythmus gibt es noch einen Weltrhythmus von rund 25 200 Jahren oder zwölf Weltmonaten zu je 2100 Jahren. Man spricht deshalb von einem Stier-, Widder- und → Fische-Zeitalter, das von dem bevorstehenden Wassermann-Zeitalter abgelöst werden soll. Der Mensch dieses Wassermann-Zeitalters wird ein »neuer Mensch« sein, der von einem ganzheitlichen Denken (→ Holismus) und einem anderen Bewußtsein (→ Bewußtseinserweiterung) geprägt ist. Das kartesianische Weltbild (→ Descartes), das über 300 Jahre lang abendländisches Denken entscheidend bestimmt hat, wird durch ein neues Weltbild (→ Paradigmawechsel) abgelöst werden. Kennzeichnend für dieses neue Paradigma ist die Synthese von östlichen Weisheitslehren (→ Buddhismus, → Hinduismus, → Sufismus, → Zen) und der westlichen Philosophie und Wissenschaft. Dieses neue, ganzheitliche Denken wird zu tiefgreifenden Neuansätzen in allen Wissenschaftszweigen, besonders in der Physik (→ Capra), Medizin, Psychologie (→ Grof) führen und eine Veränderung in den Lebensgewohnheiten der Menschen bewirken (→ Gaia). Nach Ansicht führender Vertreter der N. A.-Bewegung wie z. B. → Ferguson könne das bisherige System durch ein Geflecht (→ Netzwerk) von einzelnen Menschen und Gruppen von Menschen, die sich spontan bilden und die ihr Bewußtsein schon verändert haben, zum »Kippen« gebracht werden.

Nieswurz, bot.: *Veratrum.* In der Magie werden zwei Arten benutzt, die weiße *(V. album)* und schwarze *(V. nigrum)* N. Der Wurzelstock der weißen N., der das giftige Alkaloid Veratrin enthält, heißt »weißer Germer«. In der älteren Medizin wurde es in Salbenform gegen Lähmungen benutzt. Die Magie gebraucht es bei Räucherungen und in den → Hexensalben.

Nirvana, Pali: *Nibbana* = »das Verlöschen«; nach der buddh. Lehre (→ Buddhismus) das Verlöschen jeglichen Strebens nach Leben und Taten, die neues → Karma schaffen. N. ist der Zustand, in dem es kein Leid mehr gibt, der Zustand des Erlöstseins, das als »nichtwahrnehmbares Bewußtsein« umschrieben wird. Das N. ist schon zu Lebzeiten erreichbar. Nach der Lehre des → Mahayana-Buddhismus kann ein → Buddha auch noch in diesem Zustand zum Wohle aller Menschen wirken.

Niauli, bot.: *Melaleuca viridiflora*; ein in Malaysia und Australien beheimatetes Myrtengewächs. Das Öl wird durch Wasserdampfdestillation aus den Blättern gewonnen. Mediz. Verwendung; bei Entzündungen aller Art.

Nostradamus, Michel de
(1503–1566), franz. Arzt, Seher und Astrologe; wirkte zunächst ab 1525 als Pestarzt, durchzog danach fast zehn Jahre lang Frankreich, Deutschland und Italien und ließ sich dann in Salon nieder. Auf seiner Wanderschaft will er auch die Bekanntschaft von → Faust gemacht haben. Seine Prophezeiungen, die in Vierzeilern (Quatrains) geschrieben und in Gruppen (Centurien) von je 100 zusam-

mengefaßt sind, veröffentlichte er 1558 in Lyon. Als ein Jahr später der 35. Vierzeiler in Erfüllung gehen sollte, wurde er in ganz Frankreich berühmt:

Der junge Löwe wird den alten besiegen,
auf dem Kampfplatz in einzigartigem
Duell.
Er wird ihm in einem Käfig aus Gold
die Augen ausstechen.
Zwei Wunden in einer, um einen
grausamen Tod zu sterben.

Denn 1559 durchstieß der Graf von Montgomery bei einem Turnier das Drachennetz des Helmes von Heinrich II., der bald darauf starb. Die franz. Königin Katharina von Medici rief N. an den Hof. Die Deutung der Vierzeiler, die in Altfranzösisch, vermischt mit lateinischen, griechischen, hebräischen und verballhornten Wörtern abgefaßt sind und deren zeitliche Reihenfolge von N. bewußt abgeändert wurde, ist auch heute größtenteils noch nicht gelungen. In der N.-Forschung gilt der Grundsatz, daß erst dann eine Prophezeiung in Erfüllung gegangen ist, wenn das betreffende Ereignis eintrat. Der 1. Vierzeiler legt auch die Vermutung nahe, daß N. psychoaktive Drogen genommen hat.

Numerologie, lat.: »Lehre von der Bedeutung der Zahlen«. Die Magie der Zahlen hat ihren Ursprung in dem hebr. Alphabet, dessen Buchstaben einen bestimmten Zahlenwert haben. Von jedem Wort, besonders von Eigennamen, kann man durch Addition einen Zahlenwert ermitteln (→ Gematria). Außer dieser Namenszahl ist es auch möglich, mit Hilfe der Methoden der praktischen → Kabbala Zahlen selbst umzuformen und auf eine einfache Zahl zu reduzieren. Man bildet dabei von dem Geburtsdatum die Quersumme, z. B. 9. 9. 1942 = (9+9+1+9+4+2) = (34) = 3+4 = (7). Die magische Bedeutung der 7 wird nun anhand der überlieferten Zahlenmagie gedeutet, und man würde einem solchen Menschen zum Beispiel sagen, er sei besonders mystisch bzw. philosophisch veranlagt.

Numeroskop, griech.: »Zahlenbetrachtung«; → Numerologie, → Zahlenmagie.

Titelkupfer der berühmten Nostradamusausgabe von 1668

O

Obertöne, Bez. für die im Einzelton mitschwingenden höheren Töne, deren Schwingungszahl ganze Vielfache der Schwingungszahl des Grundtons (Primzahlen) sind. In jedem Ton schwingt die Obertonleiter mit, die zunächst in weiten, dann in immer enger werdenden Abständen alle ganzen und halben Tonstufen enthält. Die O. schaffen die Klangfarbe. Die abendländische Musik legt Wert auf die Basistöne, während für die östliche Musik, insbesondere die ind. und tib., das eigentliche Wesen der Musik in den O. besteht. Die Obertonreihe, die an sich nicht aufhört und unendlich ist, weil es unendlich viele Primzahlen gibt, wird unterteilt in den Obertonraum 1 bis 6, der im Mittelalter *senarius* hieß und dem Raum der Planeten entspricht. Eine große Barriere liegt bei der 11 (Trotonius), jenseits dessen der außerplanetarische Kosmos beginnt.

Od, isl.: »Sinn, Gefühl«; eine von dem österreich. Chemiker von Reichenbach (1788–1859) geprägte Bez. für Energie, die von Gegenständen und vom Menschen *(Biod)* gleichsam wie von einem Magneten abstrahlen. Besonders sensitive Menschen konnte diese Odkraft leuchten sehen (Odlicht). Die Farben waren bei jeder Substanz verschieden. Beim Menschen beobachtete Reichenbach, daß das O.-Licht den ganzen Tag über schwankte, nach einem Mahl zunahm, bei Hunger aber abnahm und bei Sonnenuntergang ganz zurückging. Vergeblich bemühte sich Reichenbach, das O.-Licht zu fotografieren. Auch das Tischrücken versuchte er auf O. zurückzuführen. Ähnliche Strahlen (N-Strahlen) glaubte zu Beginn des Jh. auch der Franzose Blandlot zu sehen. Mit der Entdeckung des O. begann die moderne → Auraforschung. (→ Kilner, → Kirlian)

Ölbaum-Öl, oder *Elemi.* Das Gummiharz des in Südasien beheimateten Ölbaums *(Canarium luzonicum Asa Gray).* Seit alters her wird es in Indien zu gottesdienstlichen Räucherungen benutzt.

Österreich, Traugott Konstantin (1880–1949), Prof. für Philosphie in Tübingen, der wichtige Beiträge zur Parapsychologie lieferte. Nach anfänglicher Skepsis gegenüber paranormalen Phänomenen, besonders der → Materialisation, war er fest von deren Existenz überzeugt. In den Büchern *Grundbegriffe der Parapsychologie* (1921) und *Der Okkultismus im modernen Weltbild* wies er Materialisationen und → Telekinese als reale Phänomene nach. Eine grundlegende Studie zum Problem der → Besessenheit enthält das gleichnamige Werk aus dem Jahre 1921.

Okkultismus, lat.: »Geheimlehre«. Schon → Agrippa von Nettesheim bezeichnete die Geheimlehren seiner Zeit als »Occulta Philosophia«. Der Ausdruck O. kam erst im 19. Jh. nach dem Entstehen der → Theosophie von → Blavatsky auf. Darunter versteht man heute die Gesamtheit aller geheimwissenschaftlichen Disziplinen. Der O. grenzte sich im 19. Jh. vom → Spiritismus ab, indem er versuchte, die spiritistischen Phänomene durch die Annahme einer nicht näher bekannten Naturkraft zu erklären. (→ Esoterik, → Parapsychologie, → Spiritismus)

Okkultgruppen, Sammelbez. für Gruppen, Orden und Sekten, deren Lehre und Ziele folgende Merkmale aufweisen: 1. Die sichtbare Welt gilt nur als Teil der Gesamtwirklichkeit 2. Die unsichtbare Gesamtwirklichkeit oder Überwelt kann durch die übersinnlichen (paranormalen) Erscheinungen bewiesen werden. 3. Die O. zeigen Wege auf, wie die Menschen einen Zugang zu dieser Überwelt bekommen können. Man kann vier Hauptrichtungen der O. unterscheiden: 1. die gnostisch-magische Weltdeutung (→ Golden-Dawn-Orden, → OTO), 2. → Astrologie, 3. → Spiritismus, 4. → Ufologie.

Om

Olcott, Henry Steel (1832–1907), amerik. Oberst und Theosoph und zusammen mit → Blavatsky Mitbegründer der »Theosophical Society«. O., der die mediale Begabung von Blavatsky erkannte, gründete zunächst mit ihr zusammen den »Miracle Club«, aus dem die »Theosophical Society« hervorging. 1879 siedelten beide nach Indien über, konvertierten zum Buddhismus und bauten in Adyar das Hauptquartier der Gesellschaft auf. Der Skandal um die Meisterbriefe (→ Mahatmabriefe) brachte auch O. ins Zwielicht. Man geht heute davon aus, daß O. von den Fälschungen der Madame Blavatsky nichts wußte und ebenfalls getäuscht wurde. O., der in Adyar starb, wurde in Europa durch seinen *Buddhist Catechism* bekannt, ein Werk, das lange den Rang eines wichtigen Quellenwerkes für die westlichen Buddhisten hatte.

Olibanum → Weihrauch.

Om, oder Aum; die heilige Silbe des → Hinduismus und → Mahayana-Buddhismus, die als Mantra benutzt wird. Sie ist das Symbol des unerkennbaren → Brahman oder der absoluten Wahrheit. In ihr ist Vergangenheit, Gegenwart und Zukunft enthalten. Wenn man O. bei der Meditation benutzt, kann man bis zur absoluten Wahrheit vordringen.

Onyx, eine Steinfamilie, die zu der Quarz-Chalcedongruppe gehört: es gibt den schwarzen und weißen O. Sind nur weiße Streifen im Stein, spricht man von dem Sardonyx. Der O. ist sicherlich einer der ältesten Edelsteine. Bei den Chinesen wurde aus O. das Privatsiegel des Kaisers hergestellt. Keiner der Untertanen durfte diesen Stein benutzen. Bei den Juden gehörte er zum Brustschmuck des Hohenpriesters. In der Antike wurde er zur Herstellung von Gemmen benutzt. Da er ein ausgesprochener Saturnstein war, sollte er nur von Menschen getragen werden, die unter diesem Planeten geboren sind. Jedem anderen Menschen bringt er nur Kummer, schlechte Träume und verursacht Melancholie. Der schwarze O. ist bei den Arabern ein ausgesprochener Unglücksstein. Der röm. Schriftsteller Plinius erwähnt, daß nur Sklaven und Aussätzige ihn berührten. Der O. kann seinen Träger auch unsichtbar machen. Die antiken Ärzte verbrannten diesen Stein und stellten aus dem Rückstand Salben und Elixiere her. Nach Dioskurides zerteilen diese Pflaster Anschwellungen, lindern Magenleiden und heilen Entzündungen des Zahnfleisches. Die Geburt erleichtert er, weil er Mutter und Kind schnell trennt. Nach der → Signaturlehre heilt er wegen seiner schwarzen Farbe die Melancholie (»schwarze Galle«). In pulverisierter Form angewandt, beeinflußt der O. Herzschwäche und allen Arten von Augenleiden. Anwendung in der modernen Edelsteinmedizin: Das Elixier wird bei Nieren- und Herzkrankheiten empfohlen.

Opal, ein farbloser Stein aus wasserhaltiger Kieselsäure. Infolge von Beimischungen kann er die gesamte Farbpalette umfassen. Übliche Bez.: Sonnen-, Flammen-, Lachs-, Gold-, Milch- und Wachsopal. Ableitung des Namens von skrt.: *upala* = »Stein« oder griech.: *op* = »Auge«. Die zweite Erklärung beruht darauf, daß der O. besonders günstig auf geschwächte Augen wirkt und das Sehvermögen wiederherstellen kann. Da der O. gegenüber seiner Umgebung sehr empfindlich ist und ein sehr auffälliges Farbenspiel zeigt, spielt er in der Magie eine wichtige Rolle. Das geheimnisvolle Farbenspiel brachte ihm den Ruf ein, er wirke wie der »böse Blick«. Wer ihn trägt, erleidet Unglück und Krankheit. Seine zerstörerische Kraft ist so groß, daß er Liebende entzweien kann. Sein Licht kann so sehr blenden, daß der Träger unsichtbar wird. Anwendung in der modernen Edelsteinmedizin: Er wirkt auf das Kehlkopf-Chakra; das Elixier des dunklen O. ist ein Mittel bei Depressionen. Es beeinflußt auch Erkrankungen des Hodens, der Eierstöcke und der Bauchspeicheldrüse. Das Elixier des hellen O. hilft bei Augenleiden.

Opium, psychoaktive Droge, die aus dem weißen Saft der unreifen Mohnkapsel gewonnen wird. O. stammt ursprüngl. aus dem arab. Raum und aus Indien, von wo aus es nach Europa und China gelangte. Fraglich ist, ob die Griechen O. schon kannten. Bekannt ist aber, daß sie aus Mohnsamen Arzneimittel herstellten. Schon 2500 v. Chr. benutzte Herkleides von Tarent ein Extrakt aus dem Mohn als Heilmittel gegen verschiedene Krankheiten. Das O., das nur schwach psychoaktiv ist, kam erst im 1. Jh. aus Kleinasien nach Griechenland. In China wird die Mohnpflanze erst 625 n. Chr. erwähnt. Die chin. Bez.: *A-f-yung* weist auf Arabien als Ursprungsland hin. Damit das O. seine psychoaktive Wirkung voll entfalten kann, muß es einem aufwendigen Umarbeitungsprozeß unterworfen werden. Man erhält dann das Rauchopium (Tschandu), das 50% des stark psychoaktiven Morphiums enthält.

Opoponax, das Gummiharz einer Commiphorenart *(Commophora erythracea)*, die in Arabien und Afrika beheimatet ist. Man bezeichnet O. als Panaxgummi oder Panax. Das Öl wird durch Alkoholauszug aus dem Harz gewonnen. Mediz. Anwendung: bei Lungen- und Atemwegsentzündungen, Pilzerkrankungen.

Orakel, lat.; eine göttliche Offenbarung, die in Form eines Spruches oder Zeichens Aufschluß über die Zukunft geben soll. Quellen, Pflanzen, Tiere, Lose oder Propheten bzw. Prophetinnen dienten als → Medien. Den O. der Antike ist gemeinsam, daß sie an eine bestimmte Örtlichkeit und einen Tempelkultus gebunden sind. Neben dem berühmten → Delphischen Orakel gab es viele kleine Lokalheiligtümer, wo man Rat holen konnte.

Orangen-Öl, bot.: *Citrus aurantium dulcis*; Gewinnung des Öles durch Kaltpressung aus den Schalen der süßen Orange. Mediz. Anwendung: bei nervösen Herzstörungen, Schlaflosigkeit. (Bitteres Orangenöl, → Neroli-Öl)

Orgon, abgel. von »Orgasmus«; Bez. für eine kosmische Energie (→ Chi'i, → Prana, → Od), die Wilhelm → Reich 1936 entdeckte. Er konstruierte ein Gerät (Orgon-Akkumulator), mit dessen Hilfe diese Energie verstärkt werden kann. Eine Erhöhung der »Aufladung« des menschlichen Körpers führt zu einer Verbesserung des menschlichen Immunsystems und bewirkt eine »Lumination«, d. h. bekämpft die Tendenz zum Schrumpfen, was ein Merkmal vieler Krankheiten ist. Bei Entzündungen wird der Körper in einen ausgewogenen Zustand zurückversetzt. Neben dieser physikalischen O.-Therapie gibt es eine psychiatrische, welche die Fehlfunktionen und die Energieblockaden beseitigen will. Hieraus entstand die → Bioenergetik.

Origanum, → Majoran.

Orphik, eine religiöse, aus dem Orient stammende Bewegung, die zunächst in Griechenland ansässig war und sich seit dem 6. Jh. bis nach Unteritalien ausbreitete. Der Name leitet sich von Orpheus ab, einer Gestalt der griech. Mythologie, den die Mitglieder dieser Bewegung als ihren Gründer ansahen. Orpheus wurde im Glauben der Griechen die Macht zugeschrieben, Pflanzen und Tiere zu bezaubern. Als seine Gattin Eurydike durch einen Schlangenbiß getötet wurde, stieg er in die Unterwelt hinab, um sie wieder zurückzuholen. Hades, den Gott der Unterwelt, konnte er durch seinen Gesang von seinem Wunsch überzeugen. Doch die ihm auferlegte Bedingung, sich nicht nach ihm umzusehen, wenn er mit ihr zurückkehrte, hielt er nicht ein. Eurydike verschwand für immer. Nach längerer Trauer wurde er von Anhängerinnen des Gottes → Dionysos zerrissen, dem er keine Verehrung erweisen wollte. Den in die → Mysterien der O. Eingeweihten wurde ein seliges Leben nach dem Tod versprochen. Durch die Totenpässe, die man ihnen ins Grab mitgab, waren sie als Eingeweihte zu erkennen. Die O.er bereiteten sich durch Askese, Reinigung und Weihen auf das Leben nach dem Tode vor. Die Seele nämlich, die wie in einem Gefängnis im Körper eingeschlossen ist, erwarten nicht nur Höllenstrafen, sondern auch eine ewige Wanderung, wenn sie im Körper eines Frevlers war.

Osteopathie, griech.: »Knochenbehandlung«; ein alternatives Heilverfahren, das von dem amerik. Arzt Andrew Taylor (1828–1917) begründet wurde. Struktur und Funktion des menschlichen Körpers sind völlig voneinander abhängig. Wenn die Funktion des Körpers (z. B. die Wirbelsäule) sich verändert, so führt dies auch zu einer Veränderung der Struktur. Anomalien in der Struktur der Wirbelsäule rufen Durchblutungsstörungen der Arterien hervor. Zwar richtet sich die Aufmerksamkeit des Osteopathen besonders auf die Wirbelsäule, aber bei Atmungs- und Verdauungsproblemen ist die Beweglichkeit des Brustkorbs von großer Wichtigkeit.

Der Osteopath prüft grundsätzlich die Beweglichkeit aller Gelenke. Wenn er eine teilweise Bewegungsunfähigkeit feststellt, läßt er den Patienten Bewegungen durchführen, um die Gelenke wieder zu öffnen.

Es gibt Sonderformen der O., wie die Schädelosteopathie, die von Sutherland entwickelt wurde. Blockaden der Schädelknochen führen demnach zu Funktionsstörungen des Gehirns.

O. T. O. Abk. f.: »Ordo Templi Orientis« (Orientalischer Templerorden); eine Geheimgesellschaft, deren Anfänge im Dunkeln liegen. Wahrscheinlich wurde dieser Orden 1904 von dem Industriellen Kellner (1850–1905) gegründet. Seine intensive Beschäftigung mit → Yoga gab dem O. T. O. von Anfang an eine sexualmagische Ausrichtung (→ Sexualmagie). Nach seinem Tod übernahm Theodor Reuss (1855–1923) die Leitung. Nach einem

Ouroboros

Besuch Reuss bei → Crowley, der sich ebenfalls intensiv mit Sexualmagie beschäftigte, kam es 1912 zu einer Vereinigung von AA und O. T. O. Crowley wurde das Oberhaupt der engl. Sektion des O. T. O. In der folgenden Zeit geriet der Orden immer mehr unter den Einfluß Crowleys, der u. a. das Meßbuch für die gnostisch-katholische Kirche, einer Nebenorganisation des O. T. O., verfaßte. Zeitweise war auch Steiner (→ Anthroposophie) Mitglied.

Ouroboros, griech.; Symbol einer sich in den Schwanz beißenden Schlange, das bei den griech. Alchemisten die → Materia prima und die Einheit des Kosmos darstellte. Der Alchemist muß diesen Drachen töten, wenn er das Große Werk (→ Opus magnum) vollenden will. Es wird als Beweis für die gnost. Elemente in der → Alchemie angeführt. In dem gnost. Text *Pistis Sophia* wird die Sonne als ein → Drachen beschrieben, der sich in den Schwanz beißt. Die ägypt. Mythologie kennt ebenfalls dieses Symbol. Auch das → Yin- und Yang-Symbol kann als ein O. gedeutet werden.

Ouspensky, Peter Demianowitch (1878–1947), russ. Mathematiker und Philosoph, der zu den engsten Mitarbeitern → Gurdjieffs zählt. Seit seiner Bekanntschaft mit der Theosophie (1907) beschäftigte ihn die Frage, wie eine Synthese zwischen Wissenschaft, Religion und Mystik herbeizuführen sei. Ergebnis dieser Studien ist das Buch *Die Vierte Dimension.* Ab 1915 war er ein begeisterter Anhänger und Interpret der Lehren Gurdjieffs. Das mehr formal mathematisch ausgerichtete Denken O.s führte zu Spannungen zwischen den beiden und 1924 zum endgültigen Bruch. O. blieb aber den Lehren Gurdjieffs treu und stellte sie in seinen Werken *(Tertium Organum,* 1923, *Der Vierte Weg* u. *Das seltsame Leben des Ivan Osokin)* dar.

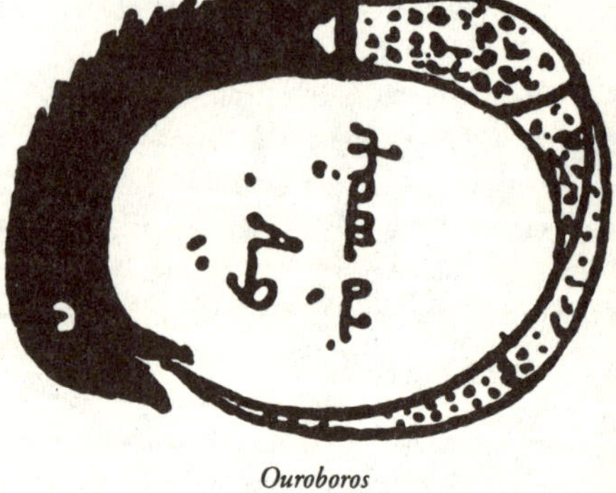

Ouroboros

P

Palmarosa-Öl, bot.: *Andropogon schoenanthus;* andere Bez.: »Türkisches Geraniums-Öl«. Das Öl wird aus den Blüten der Magnolienart gewonnen. Mediz. Anwendung: bei hohem Blutdruck, nervlich bedingten Störungen des Allgemeinbefindens wie Schlaflosigkeit, Nervosität und Erregbarkeit.

Pampelmuse, bot.: *Citrus maxima*; ein in den USA und Asien beheimatetes Rautengewächs, aus dessen Schale durch Kaltpressung das Öl gewonnen wird. Medizin. Anwendung: bei Durchfall, Erschöpfung und Ermüdung.

Panentheismus, griech.: »All-in-Gott-Lehre«; eine religionsphilosphische Lehre, die den → Pantheismus und Theismus vereinigen will. Zwar ruht das Weltall in Gott, und die ganze Welt ist eine Erscheinungsweise Gottes, aber Gott ist nicht in allem.

Pansophie, griech.: »Lehre von der allumfassenden Weisheit«. Nach → Comenius ist die P. die Gesamtdarstellung aller Wissenschaften. In seinen Werken *Pansophiae prodomus* (1639) und *Schola pansophiae* (1670) versucht er mit Hilfe der → Geheimwissenschaften, das weltliche Wissen mit der Weisheit Gottes zu verbinden. Hauptvertreter der P. sind → Paracelsus und → Böhme.

Pantheismus, griech.: »Allgottlehre«. Der unpersönlich aufgefaßte Gott wird mit dem Weltall gleichgesetzt und ist dessen lebendes Prinzip. Hieraus folgt, daß Gott und die lebende Natur eins sind (naturalistischer P.). Der schon in der antiken Philosophie von Xenophanes (570–480) und Aristoteles (384–322 v. Chr.) benutzte Begriff wurde von dem engl. Philosophen Toland durch sein Buch *Pantheisticon* (1720, dt. Übers. 1897) in die neuzeitliche Geistesgeschichte eingeführt.

Papus (1865–1916), Ps. für Gerard Encausse; franz. Okkultist, der vor → Rasputin am Hofe des russ. Zaren Nikolaus II. tätig war. 1889 übernahm er die Leitung des »Ordre Martiniste«, einer Gruppe von Theosophen, Okkultisten und Anhängern der Lehren Saint Martins (1743–1803), eines franz. Philosophen, der die Richtung von → Böhme vertrat. P. war der führende Kopf unter diesen »Martinisten«, die sich besonders in das Studium der Symbole, Kulte und der magischen Tradition vertieften. Unter seinen zahlreichen Werken sind auch heute noch wichtig: *La Kabbale* (1892) und *Le Tarot de Boéhmiens* (1909), worin er die These aufstellte, daß Indien das Herkunftsland des → Tarot sei und die Zigeuner es in Europa verbreitet hätten.

Paracelsus, Theophrastus (1494–1541), Arzt und Philosoph, der das philosophische und naturwissenschaftliche Wissen seiner Zeit in einer Gesamtschau zusammenfaßte. Als Arzt verwarf er die herkömmliche, auf den antiken Arzt Galen zurückgehende Schulmedizin und entwickelte eine mediz. Lehre, die auf dem Gedanken der → Mikrokosmos-Makrokosmos-Lehre (→ Neuplatonismus) basiert. Für ihn bilden Gott, die Natur, die Seele und der Mensch eine Einheit (→ Pantheismus). Da alles miteinander verbunden ist, müsse der Arzt zugleich Astrologe, Alchemist und Theologe sein. (→ Jatrochemie)

Paradigma, griech.: »Beispiel«; ein von dem Wissenschaftshistoriker Kuhn geprägter Begr., um eine Weltsicht und ein Modell zu bezeichnen, nach dem die Wirklichkeit organisiert ist. Im Zentrum steht eine Theorie, der sich die einzelnen Wissensgebiete stillschweigend unterwerfen. Unsere heutige Welt ist nach den Vorstellungen der → New-Age-Bewegung immer noch nach dem kartesianischen P. (→ Descartes) strukturiert. Durch die »sanfte Verschwörung« (→ Ferguson), die durch die New-Age-Bewegung eingeleitet wird, entsteht ein allmählicher Umbruch (Paradigma-Shift), an dessen Ende ein neues P. stehen soll.

Paracelsus

paranormal, griech.: »übernatürlich«; charakterisiert außergewöhnliche Ereignisse, die nicht mit den Sinnen wahrgenommen werden können. Andere Bez.: übersinnlich.

Parapsychologie, griech. Wissenschaft von den okkulten Erscheinungen (→ Okkultismus). Dieser Begr. wurde von Max → Dessoir geprägt. Gegenstand dieses Teils der Seelenkunde sind Erlebnis- und Verhaltensweisen, die das normale Erkenntnisvermögen überschreiten und auch jenseits des normalen Wachbewußtseins liegen. Diese paranormalen Erscheinungen beziehen sich 1. auf eine Wahrnehmung außerhalb der uns bekannten Sinnesorgane (außersinnliche Wahrnehmung; → ASW) und 2. auf eine unerklärliche Wirkung auf die Körperwelt (→ Psychokinese).

Parsismus, abgeleit. von Parsi = Perser. (→ Zoroaster).

Past-Life Therapie → Reinkarnationstherapie.

Patschouli, bot.: *Pogostemon patschouli*; ein in Java und Indien beheimateter Lippenblütler. Das Öl wird durch Wasserdampfdestillation aus den Blättern gewonnen. Mediz. Anwendung: bei Nervosität, Schwäche, Impotenz und Hauterkrankungen.

Pendel, lat.: »Schwingkörper«; ein an einem Faden hängender Körper aus Metall, wovon der häufige Zusatz »siderisches« P. (griech.: *sidereos* = »eisern«) abgeleitet wird. Durch die Schwingungen werden in der → Radiästhesie reale Dinge wie Wasser und Erzadern (physikalisches Pendeln) und Sachverhalte wie z. B. Krankheiten ermittelt (mentales Pendeln). Die erste Erwähnung des Pendels findet sich schon bei dem röm. Schriftsteller Ammianus Marcellinus (330–390 n. Chr.).

Pentagramm, → Drudenfuß; gilt in der Magie als ein Dämonen bannendes Symbol. In geheimen Orden, besonders solchen, die Schwarze Magie betreiben, wird es als Erkennungszeichen gebraucht. Fünfzackige Sterne finden sich schon auf den gnost. → Abraxasgemmen.

Perle, lat.: *pillula* = »Pille«; entsteht aus bestimmten Muschelarten. Wegen ihres Glanzes sind die wertvollsten P.-Sorten die orientalischen, die aus dem Persischen Golf und Ceylon stammen. Die Inder rechnen sie zu den fünf Edelsteinen (Diamant, Rubin, Smaragd, Saphir), die das magische Halsband → Vishnus zieren. Die P. ist bei ihnen das Symbol des Reichtums. Bei den Arabern steht sie für belohnte Demut. Nach einer Legende sind die P. aus den Reuetränen der biblischen Eva entstanden. Im Christentum ist Jesus die P., die alle Schätze der Welt aufwiegt. Die P. in der Muschel symbolisiert die unbefleckte Empfängnis Marias. In der alten Medizin schrieb man der P. die Kraft zu, das Blut von schwarzer Galle zu reinigen und Herzklopfen und Angstgefühle zu beseitigen. Zu Pulver zerrieben und unter eine Salbe vermischt, heilt sie Augenleiden. Das P.-Elixier gilt bei den arab. Ärzten als Mittel gegen den Aussatz. Die P.n sollen magnetische Kräfte ausstrahlen und auf diese Weise die Lebenskraft des Trägers erhöhen. Anwendung in der modernen Edelsteinmedizin: Sie hat Einfluß auf das Kehlkopf-Chakra; das Elixier heilt Rückenleiden und Magenkrankheiten, besonders wenn sie streßbedingt sind, und es beseitigt vor allem innere Spannungen.

Perubalsam, bot.: *Myroxylon balsamum*; ein in Südasien wachsender Schmetterlingsblütler. Das Harz wird durch Alkoholauszug gewonnen. Mediz. Anwendung: bei Erkrankungen der Atemwege, Depressionen und Nervosität.

Petitgrain, bot.: *Citrus aurantium amara*; das Öl wird durch Wasserdampfdestillation aus den Blättern, Früchten und Zweigen gewonnen. Mediz. Anwendung: Angstzustände, Depressionen und Magenerkrankungen.

Peyote, bot.: *Lophophora williamsii*; ein in Mittelamerika beheimateter Kaktus, der schon 300 Jahre v. Chr. von den Indianern wegen seiner psychoaktiven Wirkung verehrt wurde. Hauptbestandteile sind das morphinähnliche Meskalin, Naholin (reflexsteigernd), Pelotin (krampffördernd) und Lophophorin (atemstimulierend). Die Spanier, welche Peyote die »Pflanze des Teufels« nannten, verboten ihre Verwendung, da sie Teil eines einheimischen Kultes war. Die → Curanderos, die Heilzauberer, benutzten sie, um sich in einen Trancezustand zu versetzen und ihre Seelenreise (→ Schamanismus) zu den Göttern anzutreten. Bekannt wurde P. durch die Selbstversuche → Huxleys, die er 1953 unternahm.

Pfad, achtfacher, Weg zur Erreichung des → Nirvana. Es handelt sich dabei um folgende acht Tugenden: rechtes Erkennen, rechtes Entschließen, rechtes Reden, rechtes Handeln, rechtes Erwerben, rechtes Bemühen, rechte Aufmerksamkeit und rechte Versenkung.

Pfefferminz-Öl, bot.: *Mentha piperita.* Das Öl wird aus dem Kraut des Lippenblütlers gewonnen. Wirksamer Hauptbestandteil ist das Menthol, das eine stark keimtötende Wirkung hat. Das P. wirkt besonders auf die Gallenwege, weil das Menthol nicht durch die Nieren, sondern durch die Galle ausgeschieden wird. Mediz. Anwendung: bei Magen-, Darm- und Gallenkoliken. Äußerliche Anwendung: bei Kopfschmerzen, Ohnmacht, Neuralgien und Schwächezuständen.

Pfeffer-Öl, bot.: *Piper nigrum*; Gewinnung des Öls durch Wasserdampfdestillation aus dem Samen. Das stark duftende Öl wirkt keimtötend. Mediz. Anwendung: bei Infektionen, Magen- und Darmstörungen.

Pfingstrose, bot.: *Paeonia officinalis*; volkstüml. Bez. Päonie, Gichtrose oder Königsblume. Wurzel, Blumenblätter und Samen werden in der Volksmedizin als Gichtmittel und gegen Asthma benutzt. Die Blütenblätter bilden einen Bestandteil der magischen Räuchermittel. Nach → Allegro bezeichnet der Name Päonie ursprünglich den → Fliegenpilz, der Mittelpunkt eines geheimen, im ganzen Alten Orient verbreiteten Pilzkultes war.

Pheromone, griech.: *pherein* = »tragen«; Botenlockstoffe, mit deren Hilfe die Männchen im Tierreich die Weibchen zur Paarung anlocken. Dazu gehören → Ambra, → Bibergeil, → Moschus und → Zibet.

Phytohormone, griech.: = »Pflanzenhormone«; Sammelbez. für Inhaltsstoffe in Pflanzen, deren chem. Struktur menschlichen Hormonen, besonders Sexualhormonen ähnelt. (→ Anis-Öl, → Aromatherapie)

Phytotherapie, griech.: »Pflanzenheilkunde«. (→ Kräutermedizin, → psychotrophe Drogen)

Pilzreligion. Der Ethnopharmakologe → Wasson und seine Frau verbreiteten in den 50er Jahren die These, daß es vor 6000 Jahren eine Religion gegeben habe, in deren Mittelpunkt die Verehrung eines heiligen Pilzes gestanden habe. Sie bezogen sich auf die Pilzsteine, die in Mittelamerika entdeckt wurden. Diese Steine hatten eine Symbolfunktion, wie das Kreuz bei den Christen. Hinweise erblickten sie auch in dem Umstand, daß einige Völker eine panische Angst vor Pilzen haben (Mykophoben), andere aber ausgesprochene Pilzliebhaber sind (Mykophilen). Ihre Theorie, die sich nur auf archäologische Zeugnisse gründete, wurde dann durch die Entdeckung von Überresten einer Pilzreligion bestätigt. Der → Fliegenpilz und ein dem Mutterkorn ähnlicher Pilz spielten in den Religionen der alten Hochkulturen eine wichtige Rolle. (→ Soma, → Eleusinische Mysterien)

Piment-Öl, bot.: *Pimenta officinalis*; ein in Indien, USA und Réunion beheimatetes Pfeffergewächs. Das Öl wird durch Wasserdampfdestillation aus den Samen gewonnen. In der Parfümerie wird es wegen seines nelkenartigen Duftes geschätzt. Mediz. Anwendung: bei Durchblutungsstörungen, Erschöpfungszuständen, Schmerzen aller Art.

Poimandres, griech.: »Menschenhirt«; eine der Hauptschriften aus dem → Corpus Hermeticum. Sie beinhaltet eine Darstellung der Welt- und Menschheitsentwicklung, die neben Gedankengut der → Gnosis auch Elemente der iran. Religion (→ Zoroaster) und der ägypt. → Alchemie enthält. Nach dem kosmischen Sündenfall erfolgt die Erlösung durch den Aufstieg der Seele durch die sieben Planetensphären bis in einen achten Kreis, wo sie sich schließlich mit Gott vereinigt. Diese Schrift übte einen großen Einfluß bis ins späte Mittelalter aus.

Polaritytherapie, eine Körpertherapie, die von dem Österreicher Randolph Stone (1890–1981) begründet wurde. Sie beruht auf der Vorstellung, daß die universelle Polarität (Sonne/Mond; männlich/weiblich; positiv/negativ), die in der chin. Philosophie als → Yin- und Yang-Prinzip bekannt ist, auch im Menschen seine Entsprechung hat. Nach Stone ist die rechte Körperseite positiv und die linke negativ. Außerdem hat der Körper noch fünf Energiezentralen, die den fünf Elementen der ind. Philosophie entsprechen: Äther, Luft, Feuer, Wasser und Erde. Durch Massage und Berührung durch den Therapeuten werden diese Energiefelder beeinflußt und Energieblockaden aufgehoben.

Popol vuh, Quiché-Sprache: »Fürstenbuch«, »Zusammenkunfts- oder Beratungsbuch«; enthält die Überlieferung der Quiché-Indianer, die ein christl. Indianer namens Diego Reynoso um 1530 aufzeichnete. Der Text des in vier Bde. geteilten Buches ist in indianischer Sprache verfaßt. Neben einer Stammesgeschichte der Quiché enthält dieses Buch einen Bericht von der Erschaffung des Menschen. Die Quiché sind von den Maya stark beeinflußt und haben von ihnen die Religion und den Kalender übernommen.

Positives Denken, von → Mulford, Norman V. Peale (geb. 1898) und Joseph Murphy (1895–1981) begründete Schule der praktischen Lebenshilfe. Glück, Erfolg bzw. ihr Gegenteil haben ihre Ursache in unserem Denken und unseren Gewohnheiten. Die Quellen des P. D. sind neben der → Autosuggestion auch die → Magie, da sie den Gedanken und dem Geist die Kraft und die Macht zuschreiben, die Realität zu bestimmen und zu verändern. Auch liegt eine moderne Form der Sympathie-Lehre (→ Makrokosmos-Mikrokosmos-Lehre) vor. Denn Gleiches (glückliche Gedanken bzw. das Gegenteil) ruft Gleiches hervor.

Prä-Astronautik, basiert auf der von → Däniken erdachten Götter-Astronautentheorie, die er 1966 in seinem Buch *Erinnerung an die Zukunft* darlegte.

Präexistenz, lat.: »Vorherdasein«. Die Vorstellung, daß die Seele im Himmel, in der Unterwelt oder an andern Orten ein Dasein hatte, bevor sie in den Körper eintrat, findet sich mehr oder weniger ausgeprägt in den meisten Kulturen. Die P. der Seele führte zur Vorstellung der Seelenwanderung und ihrer Unsterblichkeit. (→ Reinkarnation)

Präkognition, lat.: »Vorherwissen«; Bez. für die Fähigkeit, zukünftige Ereignisse, die aus der gegenwärtigen Lage weder erwartet noch erschlossen werden können, vorherzusagen oder zu ahnen. Die P. von Zukunftsereignissen, welche sich auf die Menschheit oder eine größere Gruppe von Menschen beziehen bzw. einen theologischen Inhalt haben, heißen Prophezeiungen.

Prana, skrt.: »Aushauch«; Bez. für die kosmische Lebensenergie in der ind. Philosophie (→ Chi'i, → Od), die den menschlichen Körper durchströmt. Sie erscheint in fünf Arten: Prana im eigentlichen Sinne (»Aushauch«), Apana (»Aushauch«), Samana (»Mithauch«), Undana (»Aufhauch«), Vyana (»Durchhauch«). → Chakra, → Yoga.

Primärtherapie, Sammelbez. für Psychotherapien, die durch Freisetzung von Primärprozessen ohne Anwendung von Hypnose eine natürliche und gelenkte Selbstheilung herbeiführen wollen. Unter Primärprozessen wird die frühkindliche psychische Entwicklung verstanden, die jedes Kind bei der Mutter bzw. an der Mutterbrust durchmacht. Sie verkörpert das Lustprinzip. Dem Patienten wird durch Rollenspiele, sanfte Massage etc. die Einsicht vermittelt, daß er kindliche Grundbedürfnisse wie das Bedürfnis nach Hautkontakt, Weinen oder bei Enttäuschungen um sich zu schlagen und zu toben nicht länger unterdrücken muß. Durch diese Technik der »Ausbrüche« soll der Charakterpanzer (→ Reich) aufgelöst werden.

Primel, bot.: *Primula veris*; volkstüml. Bez.: Himmelsschlüssel, Peterschlüssel, Schlüsselblume. Der Tee aus den getrockneten Blüten hat eine schweißtreibende Wirkung. Im Zauberglauben werden dieser Pflanze geheime, magische Kräfte beigelegt, mit deren Hilfe man verborgene Schätze finden könne. Nach dem Volksglauben soll sie unter dem Schutz des Hl. Petrus stehen, wovon sich die obigen Namen ableiten.

Projektion, lat.: »Hervorwerfen«; in der Psychoanalyse (→ Freud, → Jung) wird damit das Nachaußenverlegen von psychischen Inhalten bezeichnet. So erklärt man die Bilderwelt der → Alchemie als eine P. der → Archetypen aus dem → kollektiven Unbewußten in die grobstoffliche Welt.

Psi, griech. Buchstabe; Sammelbez. für alle paranormalen Phänomene und Fähigkeiten, die nicht auf physikalische Ursachen zurückgeführt werden können.

Psychedelisch, griech. Bez. für einen tranceartigen Zustand, der durch → psychotrophe Drogen hervorgerufen wird. Im gleichen Sinn wie »halluzinogen«.

Psychoanalyse, → Freud, → Jung, → Adler.

Psychodrama. Der rumän. Psychologe Moreno (1892–1974), ein Zeitgenosse von → Freud, entwickelte eine Psychotherapie, die sich die reinigende Wirkung (Katharsis-Effekt) der Tragödie zunutze machte. Moreno glaubte, daß die verbale, d. h. nur auf dem Gespräch beruhende Methode nicht ausreicht, einem Patienten einen Konflikt bewußt zu machen. Starke emotionale Reaktionen können durch Handeln, besonders durch Interaktion mit anderen Menschen, leichter ausgelöst werden. Das Leben, das von jedem Menschen verlangt, verschiedene Rollen zu spielen, fordert geradezu zu einem Vergleich mit einer Bühne heraus. Das P. setzt sich aus folgenden fünf Komponenten zusammen: 1. die psychodramatische Bühne, wo der Konflikt gleichsam in der Gegenwart ohne die Beschränkungen des wirklichen Lebens nachgespielt wird. 2. der Protagonist; Mittelpunkt der Handlung ist der Patient, der Szenen aus seinem Leben darstellt und dabei von dem Therapeuten unterstützt wird. 3. Hilfskräfte. 4. Personen, die andere Rollen übernehmen, damit eine Interaktion möglich wird, und 5. das Publikum, das den Protago-

Pyramiden

nisten beurteilt und sich gegebenenfalls mit ihm identifiziert. Dem Patienten können zusätzlich durch Rollentausch und durch ein Doppel seine Probleme bewußt gemacht werden.

Psychokinese, griech.: »Bewegung durch Geist«; Bez. für die Bewegung, Beeinflussung oder Veränderung von Gegenständen durch psychische Einwirkungen wie Denken, Wünschen etc., ohne daß physikalische Energien oder die Benutzung von Instrumenten nachgewiesen werden können. P., die sich auf entfernte Gegenstände bezieht, heißt → Telekinese. (→ Parapsychologie, → Geller)

Psychometrie, griech.: »Seelenmessung«; → Buchanan.

Psychosynthese, griech.: »Seelenzusammensetzung«; eine Psychotherapie, die von dem ital. Psychoanalytiker Roberto Assaglio (1888–1974) entwickelt wurde. Man kann die P. als den bewußten Versuch bezeichnen, sich selbst zu vervollkommnen, zu harmonisieren und zu »synthesieren«. Die P. unterscheidet 1. das niedere Unbewußte, die Quelle der biologischen Triebe, 2. das höhere Unbewußte oder Überbewußte, den Inhalt aller künstlerischen, wissenschaftlichen und philosophischen Bestrebungen, 3. das Selbst oder das Zentrum unseres Bewußtseins und Ausgangspunkt unseres Willens. Die P. verläuft in zwei Stadien: 1. personale Synthese, die aus einer Integration des persönlichen Selbst besteht, 2. transpersonale Synthese, die eine Art von Bewußtseinserweiterung ist, die den Menschen auf das transpersonale oder höhere Selbst ausrichtet. Dieses höhere Selbst ist der Kernpunkt seines Überbewußtseins. Die Methoden der P. sind u. a. → Meditation, → Fantasyreise und → Visualisation.

Pyramidenenergie, engl.: *pyramid power*. In den 30er Jahren entdeckte der franz. Radiästhesist Antoine Bovis, daß Tiere in der berühmten Cheopspyramide nicht verwesten, sondern mumifiziert wurden. Der tschech. Ingenieur Karel Drbal beobachtete in den 50er Jahren, daß Rasierklingen geschärft wurden, wenn man sie im rechten Winkel zu der nach Norden liegenden Seite legte. Außerdem hat sich gezeigt, daß unter dem Einfluß von Pyramiden Entzündungen besser heilen, die Qualität einer Meditation sich verbessert und die Weite der Alphawellen (→ Gehirnwellen) sich erhöht. Die Frage, ob diese Wirkung durch den Ort der P., den man als einen besonderen Kraftplatz mit erhöhten Erdstrahlen ansehen müßte, oder durch die Form der P. bedingt ist, welche die kosmische Energie (→ Prana, → Chi'i) besonders bündelt, ist mit letzter Sicherheit noch nicht zu beantworten. Künstliche Pyramiden nämlich brachten ähnliche Wirkungen entweder überhaupt nicht oder nur mit großer Verzögerung hervor. Die P. wird mit dem Orgon-Akkumulator (→ Orgon) verglichen, der die kosmische Energie (Orgon) verstärkt.

Pythagoräismus, eine auf den griech. Philosophen Pythagoras (580–497 v. Chr.) zurückgehende Lehre, die in der Zahl und den Zahlenverhältnissen die Grundprinzipien des Weltgeschehens sieht. Die wichtigste Zahl ist die 10, welche die Summe der ersten vier Zahlen ist. Der Gegensatz von Gerade und Ungerade, der ein Merkmal der Zahlen ist, findet sich im gesamten Kosmos. Diese Gegengesetzlichkeit versuchten die Pythagoräer in Tafeln zu erfassen. Die Pythagoräer, die in Unteritalien eine sektenartige Gemeinschaft bildeten, glaubten an die → Seelenwanderung und bemühten sich um die Verwirklichung von sittlichen und religiösen Idealen, zu denen besonders die → Askese und der → Vegetarismus gehörten.

Q

Quietismus, lat.: *quies* = »Ruhe«; eine von Miquel de Molinos (1640–1697) aufgestellte Lehre, die das völlig passive Hingeben in den Willen Gottes fordert und jeden Gottesdienst und Askese ablehnt. Die kath. Kirche verdammte den Q.

Qumran, Name eines Flußtales am Nordwestende des Toten Meeres, wo 1947 800 Textfragmente von Schriften der → Essener gefunden wurden. (→ Christus, → Bibel)

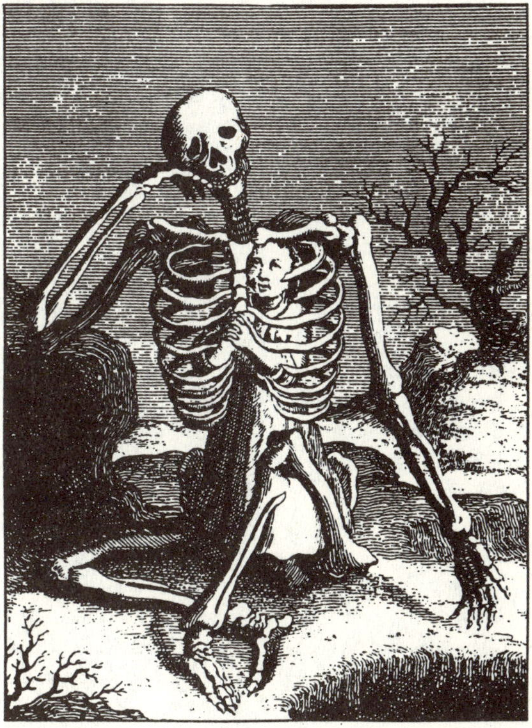

Quietismus:
Das Ersterben von Seele und Körper – der »mystische Tod« – ist der sicherste Weg zu Gott

R

Radiästhesie, lat./griech.: »Strahlenempfänglichkeit«; Bez. für die sensitiven Menschen angeborene Fähigkeit, die Vibrationen oder die Wellen der Kräfte aufzuspüren, die von Objekten ausgehen und jenseits der physikalischen Wahrnehmung liegen. Um diese Wellen zu verstärken, verwendet man → Pendel oder → Wünschelruten. Die R. wird auch benutzt, um Wasser, Erdöl, Minerale und eine Krankheit bzw. die passende Medizin herauszufinden. Bei der R. handelt es sich um eine → paranormale Fähigkeit, die sich mit der Psychometrie (→ Buchanan) vergleichen läßt. Die R. muß seit alters her den Menschen bekannt gewesen sein, da die prähistorischen Stätten und alten Kirchen oft an Plätzen erbaut sind, wo man auch noch heute unterirdische Energiestrahlen (→ Erdstrahlen) nachweisen kann. Bekannt wurde sie durch die Aktivitäten der beiden franz. Priester Mermet und Bouley. (medizinische → Radiästhesie)

Radiästhesie, medizinische. Dahinter steht die Vorstellung, daß der Körper des Menschen im Grunde nichts anderes als der Körper der Erde ist. Die m. R. befaßt sich mit der Aufdeckung der verborgenen Ursachen der Krankheiten und gibt Mittel an, welche die Krankheit beseitigen können. In der Praxis bedient man sich eines → Pendels und Karten mit geometrischen Mustern oder eines Meßblattes, das mit seinem oberen Ende nach Norden weist. Punkte auf der Grafik oder dem Meßblatt weisen auf bestimmte Krankheiten hin. Oft werden Proben verschiedener Krankheiten zusammen mit einer solchen Karte benutzt. Wenn man sie an das westliche Ende und eine Organprobe des Patienten an das östliche Ende legt, bestimmt der Ausschlag des Pendels, ob eine Veränderung des Gesundheitszustandes vorliegt.

Radionik, instrumentelle → Radiästhesie, mit der die Ursachen von Krankheiten von Menschen, Tieren und Pflanzen und Veränderungen der Erde (ökologische Schäden) ermittelt werden können. Grundlage der R. sind die Forschungen des amerik. Arztes Albert Abrams (1863–?), der feststellte, daß beim Abklopfen des Körpers von Kranken krankheitsspezifische Geräusche entstanden. Um sie besser voneinander zu unterscheiden, entwickelte er Instrumente, mit denen ihre Intensität gemessen werden konnte. In den 40er und 50er Jahren dieses Jh. wurde die R. von den engl. Ärzten George und Majorie De La Wart weiterentwickelt. Alle Lebewesen haben demnach ein spezifisches Energiefeld, dessen Schwingungen nicht nur meßbar sind, sondern auch auf Krankheiten hinweisen, wenn sich dieses Feld verzerrt. Die von den Krankheiten, Organen und Heilmitteln ausgehenden Schwingungen können mit Hilfe der Gradeinteilung der radionischen Geräte gemessen werden. In der Praxis muß der Patient eine Blut- oder Haarprobe einsenden. Nachdem die Schwingungen gemessen wurden, stellt der Therapeut anhand des Grades fest, welche Krankheit vorliegt und verordnet die diesem Grad entsprechende Therapie.

Raja-Yoga, skrt.: »Königsyoga«; eine → Yoga-Form, die sich erst in der Mitte des vorigen Jh. entwickelt hat. Man kann sie als eine vergröberte Art des → Hatha-Yoga bezeichnen. Man sieht R. auch als die höchste Form der sich ergänzenden Yoga-Arten → Mantra-Y., → Hatha-Y. und Laya-Y. an. Durch ihn wird nicht nur die bewußte, sondern auch die unbewußte Versenkung in die höchste Form herbeigeführt. R.-Y. allein gewährt die volle und endgültige Befreiung von allen irdischen Banden.

Ramakrishna (1834–1886), ind. Weisheitslehrer und Ordensgründer, der die Lehre von der Harmonie der Religionen vertrat; der Sohn armer Brahmanen eignete sich schon frühzeitig eine umfassende Kenntnis der Lehren und Riten des → Hinduismus, des → Islams und des Christentums an. Allmählich kam er zu der Überzeugung, daß alle Religionen gleichberechtigt und nur ein Weg zu dem Göttlichen seien. Sein Kernsatz lautete: »Soviel Religionen, soviel Wege.« Durch Meditation sei es möglich, sich mit dem Absoluten, dem → Brahman, zu vereinigen, das jenseits aller Vielheit liegt. R.s Aussprüche wurden von seinen Schülern gesammelt, da er selbst nichts Schriftliches hinterlassen hat. Seine Lehre wurde von der »Ramakrishna-Mission«, die 1897 von- → Vivekananda gegründet wurde, auch in Europa verbreitet.

Ramanuja (1017–1137), ind. Sektengründer; ursprünglich ein Anhänger der All-Einheitslehre des → Shankara, bekannte er sich dann aber zum Glauben an → Vishnu. Seiner Lehre nach läßt Gott das Universum periodisch aus sich hervorgehen, so daß die Einzelseelen und die Materie, solange die Welt existiert, als reale Größen bestehen. Sie haben nicht nur Gott als Ursache, sondern werden auch von ihm durchdrungen. Der ewige Weltenherr ist Vishnu, auf den sich der Mensch in demütiger Hingabe verlassen muß, um die Erlösung zu erreichen.

Rampa, Lopsang (1911–1981), Ps. des engl. Schriftstellers Cyril Henry Hoskins, der durch sein Buch *Das Dritte Auge* weltweit bekannt wurde. Darin beschreibt er eine Operation, bei der ihm sein »drittes Auge« (→ Chakra, → Ajna) geöffnet wurde. Kritiker haben ihm vorgeworfen, daß er nie in Tibet war und daß das »dritte Auge« oder »Stirnauge« ein Chakra, d. h. ein feinstofflicher Körper bzw. Energiewirbel im Körper ist.

Rasputin, Grigory Efimovitch (1871–1916), russ. Mönch und Wunderheiler, der am Hof des Zaren Nikolaus II. bis zu seiner Ermordung eine wichtige Rolle spielte. R., der in Verbindung zu der schwärmerischen Sekte der Chlysten stand, wandte sich nach dem Tod seines Sohnes an den Eremiten Makary. Nachdem er in einer Vision die Jungfrau Maria gesehen hatte, folgte er dem Rat des Eremiten und machte eine Pilgerfahrt in das griech. Kloster Athos (1891). Nach einer Wallfahrt ins Heilige Land zog er als Wanderpriester (russ.: *aretz)*, Wunderheiler und Prophet durch Rußland. Ab 1903 hielt er sich in St. Petersburg auf, wo ihn sein Ruf als Wunderheiler und Prophet bald zum Vertrauten der Zarenfamilie machte. 1911 machte er eine weitere Pilgerfahrt ins Heilige Land. Durch die Wunderheilung des Zarensohnes 1912 errang er am Zarenhof eine solch starke Stellung, daß seine Gegner unter Führung des Prinzen Yussupov seine Ermordung beschlossen.

Raudive, Konstantin, → Conceptophonie, → Tonbandstimmen.

Raute, bot.: *Ruta graevolens*; volkstüml. Bez.: Weinraute oder Gartenraute. Sie war in der Antike Hauptbestandteil eines Theriak (Allheilmittel), der bis ins Mittelalter hoch geschätzt wurde. Man benutzte sie auch als Antidotum oder Gegengiftmittel. Ihre Blätter enthalten ein sehr kräftiges Reizmittel. Im Zauberwesen gilt die R. als ein zauberlösendes Mittel, wenn sie unter der Schwelle eingegraben oder als Amulett getragen wird.

Rebirthing, engl.: »das Wiedergeborenwerden«; eine Psychotherapie, die von den amerik. Ärzten Leonard Orr, Ray, Janov und → Grof begründet wurde und zu den → Primärtherapien gehört. Dahinter steht die Vorstellung, daß das Geburtserlebnis für die Entwicklung des Menschen und für die spätere Entstehung von Krankheiten von grundlegender Bedeutung ist. Mit Hilfe von Atemtechniken, wozu Schnellatmen und Luftanhalten gehört, wird die Geburt noch einmal erlebt.

Reich, Wilhelm (1897–1957), österr. Arzt und Psychoanalytiker. Bei der Anwendung der Psychoanalyse (→ Freud) entdeckte R. bei seinen Patienten »Charakterpanzer«, die er als deren »erstarrte Lebensgeschichte« bezeichnete. Dieser Panzer, der die Lebensenergie absorbiert und blockiert und zu Spannungszuständen der Körpermuskulatur führt, hat eine dreischichtige Struktur: 1. das zur Schau gestellte Gesicht oder die soziale Maske, 2. die Schicht der Impulse und Affekte, die explosionsartig ausbrechen können, 3. den Kernbereich, d. h. die primäre oder lebensbejahende Schicht. Um diesen Panzer aufzulösen, müßten außer der Psychoanalyse auch Körpertherapien wie Massage, Handauflegen etc. zur Anwendung kommen. R. beschränkte sich bei seinen Forschungen auf das physische Gegenstück zu diesem

Charakterpanzer, das er in der muskulären Panzerung zu entdecken glaubte. Seine Schülerin Gerda Boysen fand als weiteres Gegenstück den Eingeweidepanzer (→ Bioenergetik), und Perls (→ Gestalttherapie) leitete aus dieser Panzerung feste Charakterhaltungen ab.

Reflexzonentherapie, → Fußzonentherapie.

Regardie, Francis Israel
(1907–1985), engl.-amerik. Okkultforscher und Therapeut. R., der Mitglied des → Golden-Dawn-Ordens war und sich dem Zirkel »Stella Matutina« anschloß, veröffentlichte von 1937–40 die geheimen Ordensmaterialien in 4 Bde.n (dt. Übers. 3 Bde.). Ab 1930 praktizierte er in New York als Psychoanalytiker und versuchte, die Lehren des Golden Dawn mit den Vorstellungen von Wilhelm Reich zu verbinden, der für ihn die Brücke zwischen Okkultismus und moderner Psychologie darstellte.

Reiki, jap.: »Universelle Lebensenergie«; andere Bez.: Radiancetechnik (»Strahlungstechnik«); eine Psychotherapie, die von dem Japaner Mikao Usui (1865–1929) begründet wurde. Jeder Mensch trägt seiner Lehre nach einen »Funken der universellen Energie« in sich, mit dem man direkt in Verbindung treten oder den man aktivieren kann, was durch Handauflegen geschieht. R. ist eine Art Brücke, welche die kosmische Energie überträgt. In der Praxis besteht R. in dem Erlernen bestimmter Handstellungen zur Behandlung der verschiedenen Bereiche und Krankheiten. R. kennt die Selbst- und Fremdbehandlung und die Behandlung von Tieren und Pflanzen. Es gibt drei Ausbildungsgrade: 1. den Grund- oder Einweihungskurs in Selbst- und Fremdheilung, 2. den Aufbaukurs, der die Technik der Fernheilung lehrt, 3. den Meisterkurs.

Reinkarnation, lat.: »Wiederzufleischwerden«; Bez. für die Wiedergeburt oder Seelenwanderung, d. h. für die Vorstellung, daß der Mensch nach seinem Tod in eine neue Existenz eintritt (zu Gruppenreinkarnation → Guirdam). Damit ist der Glaube verbunden, daß gute Taten (→ Karma) zu »guten« Wiedergeburtsformen führen, während schlechtes Handeln zu entsprechend leidvollen Seinsformen führt. Zu den möglichen Wiedergeburtsformen gehören auch Tiere, Pflanzen, aber auch Höllenwesen und Götter. Jeder Mensch hat die R. schon unzählige Male erlebt. Diesem Kreislauf (skrt.: *samsara)* von Geburt und Vergehen zu entrinnen, ist das Ziel aller Weltreligionen Asiens (→ Hinduismus, → Buddhismus). Ähnliche Vorstellungen finden sich auch bei den Ägyptern (ägypt. → Totenbuch), bei den Pythagoräern und bei Naturvölkern. Grundsätzlich unterscheidet man zwei Formen der R.: 1. Seelenwanderung. Jedes Wesen hat eine Seele, die bei der Wiedergeburt in einen neuen Körper eintritt. 2. Im → Buddhismus ist die Wiedergeburt dagegen nicht an eine Seele gebunden (→

Atman). Die wandernde Personalität – nicht Person, da der Buddhismus kein Ich (Atman) kennt – ist ein aus Elementen zusammengesetztes Wesen, das ständigen Veränderungen unterliegt. Der Gedanke der R. war auch dem frühchristlichen Denken nicht fremd. Origenes von Alexandrien (185–254 n. Chr.) lehrte, daß die Seele schon vor der Entstehung der materiellen Welt vorhanden war. Der Sinn des Lebens besteht für ihn darin, daß sich die Seele durch viele Inkarnationen läutert und veredelt, damit sie wieder in die Gemeinschaft Gottes gelangen kann. Als Grundlage dient ihm die Bibelstelle Kor. 1, 15, 36 des NT.

Reinkarnationstherapie, engl.: *Past-Life Therapy.* Die Ursachen von seelischen Leiden liegen demnach in vergangenen → Inkarnationen (→ Reinkarnation). Durch → Hypnose und → Psychodrama muß sich der Patient in seine früheren Daseinsformen zurückversetzen und sich durch Wiedererleben endgültig davon befreien.

Rigveda, das älteste Werk (1500–1000 v. Chr.) der ind. Literatur, das aus zehn Büchern (Mandalas) mit zusammen 1028 Hymnen besteht. Sie richten sich an die verschiedenen Götter des ind. Götterhimmels (→ Hinduismus), namentlich an Agni, den Feuergott, und an Indra, den Schirmherr der Krieger. Das 10. Buch enthält auch philosophische Spekulationen über den Ursprung der Welt und des Menschen. Die Beschäftigung mit dem R., das als eine göttliche Offenbarung durch die Rishis (skrt.: »Propheten«) angesehen wurde, war auf den Brahmanenstand beschränkt. (→ Brahmanismus).

Rinzai, eine der beiden großen Schulen des → Zen, die im 11. Jh. nach Japan gebracht wurde. Der Name geht auf die Schule des chin. Lehrers Lin-Chi zurück. Die Mönche dieser Schule pflegen besonders → Koan. Die R.-Schule wurde besonders durch die Werke → Suzukis bekannt gemacht.

Ritus, lat.: *ritus* = »feierlicher Brauch«; auch skrt.: *rta* = »Wahrheit«. Bei ständigem Gebrauch bildet sich aus einem R. ein Ritual.

Roberts, Jane (1929–1984), amerik. Dichterin und → Medium, das durch → Channeling Botschaften eines Geistwesens namens → Seth erhielt. Als sie 1963 zusammen mit ihrem Mann mit einem Ouija-Board experimentierte, einem Gerät, das auf einem mit Buchstaben versehenen Brett hin- und hergeschoben wird und auf diesem Wörter bildet, erhielt sie die ersten Botschaften von Seth. Durch diesen Kontakt veränderte sich auch ihr Charakter. Bis zu ihrem Tod veröffentlichte sie mehrere Bücher mit Botschaften (alle in dt. Übers.): *Das Sethmaterial, Gespräche mit Seth, Die Natur der Psyche, Die Natur der persönlichen Psyche* u. *Traum-Evolution und Wunscherfüllung.*

Rosen-Öl, bot.: *Rosa damascena, Rosa centifolia.* Das Öl wird durch Wasserdampfdestillation der Blüten der in Indien, China und in den Mittelmeerländern beheimateten Rosenarten gewonnen. Bei der Destillation entsteht Rosenwasser, das im Mittelalter ein begehrter Duftstoff war. Das R. hat eine stark erotische Wirkung. Mediz. Anwendung: bei Herz-, Haut-, Lebererkrankungen und Nervenleiden.

Rolfing, eine Körpertherapie, die in den 30er Jahren von der Amerikanerin Ida Rolf entwickelt wurde. Diese Massageform beruht auf den Lehren von → Reich und → Feldenkrais. Um sich vor emotionalen Unannehmlichkeiten zu schützen und ein bewußtes Erleben seiner tiefen psychischen Verletzungen im Inneren zu verhindern, hat sich der Mensch einen Charakterpanzer zugelegt, der zu einer muskulären Unausgewogenheit und Verzerrung führt. Die Folge sind Einschränkungen der Beweglichkeit. Die Unausgewogenheiten werden im Laufe der Zeit durch die Schwerkraft noch verstärkt. Ziel der Therapie ist die Lockerung und Dehnung der Muskeln und der Fascies, der dünnen Bindegewebshaut, welche die Strukturen des Körpers umgibt.

Rosenholz-Öl, bot.: *Aniba rosae odora*; ein in Südamerika beheimatetes Lorbeergewächs. Die Gewinnung des Öls erfolgt durch Wasserdampfdestillation des Holzes. Mediz. Anwendung: bei Störungen des Gefühllebens.

Rosenkreuz. 1. Die Verbindung der Rose mit dem Kreuz ist das Symbol für Auferstehung und Erlösung. Die → Adepten des → Golden-Dawn-Ordens trugen ein R. auf der Brust, das aus 22 unterschiedlich gefärbten Blütenblättern bestand. Sie symbolisierten die 22 Buchstaben des hebr. Alphabets und die 22 Wege im → Lebensbaum, welche die zehn → Sephiroth miteinander verbanden. Aus diesen Blütenblättern ließ sich eine geometrische Figur aufbauen, die jede seelisch-geistige Kraft repräsentieren kann. Der Name wurde zunächst in hebr. Buchstaben übertragen, und dann wurde eine Figur gezeichnet, mit deren Hilfe sich alle Buchstaben des Namens verbinden ließen, wenn man ihn auf die Rose schrieb.
2. Christian R. (1378–1484), legendärer Ordensgründer der nach ihm benannten Geheimbünde. Es kann heute als gesichert gelten, daß diese Person eine Erfindung von → Andreae ist. Die Vorstellung, daß es eine unsichtbare Bruderschaft gebe, die auf R. zurückgeht, hat sich bis in dieses Jh. (→ Golden-Dawn-Orden) erhalten. Im 18. Jh. knüpften vor allem die → Gold- und Rosenkreuzer an diesen Namen an.
Es kann heute als sicher gelten, daß vor dem 17. Jh. keine Rosenkreuzer existierten. Die Idee der Rosenkreuzerbewegung entsprang der Sehnsucht engagierter Protestanten nach einer zweiten umfassenden Reformation. In seinen späteren Jahren distanzierte sich Andreae von seinem Jugendwerk, das er nur als eine Satire auf die alchemist.-

theosoph. Schwärmereien für die Wundermänner, Astrologen und Sektierer seiner Zeit auffaßte. Aber nachdem einmal die Idee einer solchen geheimen Bruderschaft in die Welt gesetzt war, machten sich namhafte Gelehrte seiner Zeit auf die Suche nach dieser Bruderschaft, die unauffindbar blieb. → Yates sah in diesen Bestrebungen die Antriebskräfte für die wissenschaftliche Revolution des 17. Jh. In solchen Geheimbünden konnte sich ein alternatives Denken entwickeln, das mit der mittelalterlichen Weltanschauung brach und nach neuen Wegen der Welterklärung suchte. Die Mitglieder waren »Freigeister«, welche die Geheimnisse der Natur ergründen wollten. Dabei entdeckten sie neue Eigenschaften und Kräfte der Natur, die sich in das bekannte Weltbild nicht einordnen ließen und deshalb als »okkult« (geheim) bezeichnet wurden. Die mystischen und magischen Elemente dieses alternativen Denkens wurden allmählich abgestreift, als man im Laufe der Zeit durch Experimente die neuen geheimnisvollen Eigenschaften der Natur studierte und besser kennenlernte.

Rosmarin-Öl, bot.: *Rosmarinus officinalis*; das Öl wird aus den frischen Blättern und Blüten destilliert. Mediz. Anwendung: Das kampferartig duftende R. eignet sich besonders bei Kreislaufstörungen, nervlich bedingten Ausfallserscheinungen wie Schwäche etc. und bei Gicht, Rheuma und Neuralgien.

Rubin. Der echte R. ist eine hellrote bis tiefrote Korundart. Wegen seiner Härte und seines Glanzes steht er dem Diamant am nächsten. In der Magie ist der R. Symbol der Klugheit und des Fleißes. Durch Veränderung der Farben warnt er vor Giften und Feinden. Seinen Träger bewahrt er vor Trübsinn, Lastern und verbrecherischen Neigungen. Bei den Arabern ist er ein Talisman gegen Blitze, vertreibt Durst und böse Träume. Gelegentlich wird ihm auch die Kraft zugeschrieben, seinen Träger in einen tiefen Schlaf zu versetzen. Die ind. Ärzte verschreiben ihn gegen Blähungen und Gallenleiden. Bei dem arab. Arzt Avicenna (980–1037) galt er als ein herzstärkendes Mittel. Andere arab. Ärzte hielten ihn für wirksam gegen Hämorrhoiden. Da er Fäulnis und Zersetzung der Organe verhinderte, war er im Mittelalter ein Pestmittel. Anwendung in der modernen Edelsteinmedizin: Er beeinflußt das Basis-Chakra; das Elixier hat dieselbe Wirkung.

Rumi, Jalai al-Din (1207–1273), berühmter pers. Dichter. Nach der Begegnung mit dem Sufilehrer Tabrizi wandte er sich dem → Sufismus zu. Er soll den Orden der tanzenden → Derwische gegründet haben. Aus seinem umfangreichen dichterischen Werk, das über 2000 Oden umfaßt, ragt das Buch *Mathnawi*, ein Gedicht in sechs Büchern, heraus, das man auch als den pers. Koran bezeichnete. Immer wiederkehrende Themen in R.s Gedichten sind die Liebe und der Wein, die ihm helfen, zu mystischen Erfahrungen zu kommen. Sein Ziel ist die Vereinigung aller Religionen, denn »es gibt zwar verschiedene Lampen, aber nur ein göttliches Licht«.

Runen, altnord.: »Geheimnis«; 18, später 24 Schriftzeichen (→ Alphabete) der germanischen Völker (3. Jh. n. Chr.), die im Ostseeraum und Skandinavien gefunden wurden. Man vermutet, daß es sich ursprüngl. um magische Zeichen handelte, die als Lose bei der Zukunftsdeutung (→ Orakel) benutzt wurden. In der modernen Esoterik werden die R. im Zusammenhang mit anderen Wahrsagesystemen wie z. B. dem → Tarot betrachtet.

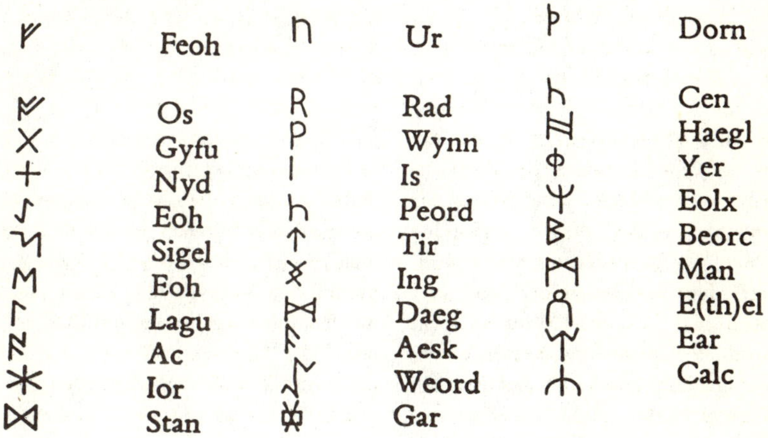

Runen

S

Sahasrarapadma, skrt.: *sahasrara* = »tausend«; 7. Chakra, das an der obersten Stelle des Kopfes liegt. Es ist die Behausung des Gottes → Shiva und besitzt 1000 → Nadi. An dieser Stelle mündet die → Kundalini, nachdem es die sechs Chakren zum Erblühen gebracht hat. Zuordnung: Keimsilbe (Om).

Sai Baba (1856–1918), Brahmane und ind. Weisheitslehrer, der in gleicher Weise von Indern und Moslems verehrt wurde. Aus seiner Jugend ist wenig bekannt. 1872 kam er in die Stadt Shirdi (bei Bombay), wo er in einer verfallenen Moschee lebte. Er beschäftigte sich mit → Astralreisen und Wahrsagung. Als sein Nachfolger und → Reinkarnation gilt Satya Sai Baba.

Salbei-Öl, bot.: *Salvia officinalis.* Das Öl wird durch Wasserdampfdestillation aus dem Kraut des Lippenblütlers gewonnen. Der Wirkstoff ist Thujon, er kann bei Überdosierung zu schweren Gesundheitsschäden führen. Mediz. Anwendung: bei Zahnfleischentzündungen, Infektionskrankheiten, Fieber, Frauenleiden, Impotenz, Appetitlosigkeit und Erschöpfung.

Samadhi, skrt.: »Zustand geistiger Konzentration und Sammlung«; letzte Stufe des achtgliedrigen → Yoga.

Samsara, skrt.: »Umherwandern«; Bez. im → Hinduismus, → Jainismus und → Buddhismus für den Kreislauf der Wiedergeburt (→ Reinkarnation), der durch das Vergeltungsgesetz (→ Karma) bedingt ist. Die Befreiung von S. (→ Moksha) ist das Ziel der ind. Religionen.

Sandelholz, bot.: *Santalum album.* Das aromatische Holz bzw. Kernholz des in Asien beheimateten Sandelbaumes wird von Hindus und Buddhisten im Gottesdienst und bei Opfern verbrannt. Da die Ameisen dieses Holz meiden, werden mit Vorliebe Götterbilder daraus hergestellt. S. ist ein erotischer Ähnlichkeitsstoff, dessen Geruch dem im Achselschweiß des Mannes vorkommenden Androstenol ähnelt. Dieser sandelholzartig riechende Stoff hat eine ähnliche chem. Struktur wie das Geschlechtshormon Testosteron. Das S. gibt einen männlichen Botenlockstoff ab (→ Pheromon), der dem anderen Geschlecht Signale zusendet. Das S.-Öl ist ein dickflüssiges, farbloses Öl mit einem starken aromatischen Geruch. Es wird erfolgreich bei Impotenz und Frigidität angewandt.

Saphir, königsblauer Edelkorund. Weniger geschätzt sind der weiße S. oder Leikosaphir und der gelbschimmernde Topassaphir. Der blaue S. steht im Ruf, ein mysteriöser und fabelhafter Stein zu sein. Die Bibel erwähnt ihn als einen der Grundsteine des »himmlischen Jerusalems«. Er ist ein heiliger Stein, der als Leitstein die Kaiser- und Königskronen zierte. Auch die Oberpriester der alten Ägypter trugen einen solchen Stein an der Brust. Ihrem Beispiel folgten die jüd. Hohenpriester. Die römischen Priester des Jupiters trugen ihn als Symbol des leuchtend blauen Himmels. Seit dieser Zeit wird er mit dem Planeten Jupiter in Verbindung gebracht. Bei den Buddhisten ist er der Stein der Wahrheit, des Seelenfriedens und der Freundschaft. So soll er vor verborgenen Gefahren warnen, Vergiftungen anzeigen und Wünsche in Erfüllung gehen lassen. Wer ihn als Amulett trägt, steht unter seinem Schutz. Er hält alle Dämonen und alles Böse von ihm fern. Aus diesem Grund ist er der Schutzstein der → Medien, → Sensitiven und Okkultisten. Sehr umfangreich sind die Berichte über seine mediz. Verwendung. Als Pulver empfiehlt ihn Dioskurides gegen Skorpionstiche und Darmgeschwüre. Äußerlich angewandt, heilt er Schwellungen, Bindehautentzündungen und Hornhauterkrankungen. Bei der hl. → Hildegard ist er ein Anti-Aphrodisiakum. Der »Likör« des Paracelsus aus dem Jahre 1520 enthielt Saphirstäubchen. Anwendung in der modernen Edelsteinmedizin: Er wirkt auf das → Dritte Auge (→ Ajna).

Satan auf einer Tarotkarte

Sassafras-Öl, bot.: *Sassafras albidum.* Das Öl wird durch Wasserdampfdestillation aus dem in Kanada und Nordamerika beheimateten Lorbeerbaum gewonnen. Mediz. Anwendung: bei Gicht, Rheuma, Geschlechtskrankheiten, Nieren- und Blasenleiden.

Satan, hebr.: »Widersacher«; im AT (→ Bibel) der Unglücksengel und Anstifter zum Bösen. (→ Teufel)

Satanskult, Verehrung des → Satans oder → Teufels: der S. stellt die Antithese zum christl. Kult dar. Wie der christl. Kult seinen Höhepunkt in der Messe hat, so gipfelt der S., für den sich seit dem 19. Jh. der Ausdruck Schwarze → Messe eingeprägt hat, in der Verspottung des kath. Gottesdienstes.
Die Anfänge des S. sind in der → Gnosis zu suchen. Berühmt wurde der S., den der Engländer Francis Dashwood 1745 in einem alten Kloster in Medmenham veranstaltete (Hell Fire Club). Zu den Mitgliedern gehörten die ersten Adligen des Landes, darunter John Wilkes, einer der führenden Politiker.
Die Aktivitäten des Clubs umfaßten obszöne Zeremonien, Nacktorgien und Teufelsverehrung.

Tungusischer Schamane

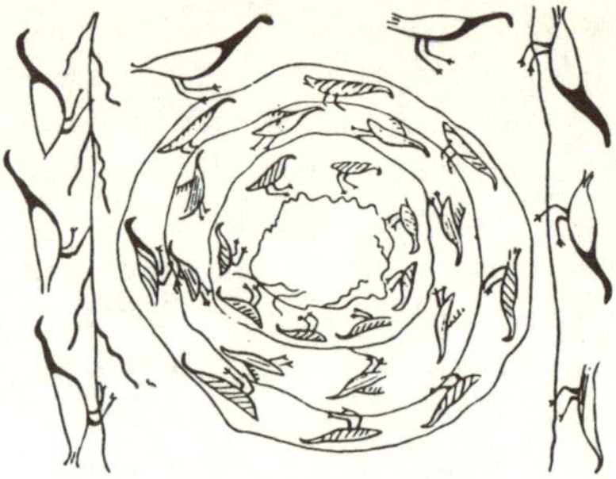

Eine Art Mandala, das der Schamane als Orientierungshilfe bei seiner Seelenreise benötigt

Schamanismus, Mandschu: *Schamane* = »Zauberer«; eine weltweit verbreitete Religionsform unter Naturvölkern (in Sibirien, Afrika und Amerika), die darin besteht, daß Priester, Medizinmänner etc. sich in eine künstliche Ekstase versetzen und sich übernatürliche Kräfte aneignen, die es ihnen ermöglichen, sich auf eine Art Seelenreise zu begeben und mit den Göttern Kontakt aufzunehmen. Diese Art von Ekstase bezeichnet man als Transformation.
Der Körper des Schamanen, der nicht mehr seiner Kontrolle unterliegt, wird zu der Wirkungsstätte der Götter und Geister geführt, und der Schamane handelt als deren Medium. Mit Hilfe der Götter oder Geister können diese Schamanen zwischen Himmel und Erde vermitteln, Kranke heilen, Verstorbene in die Unterwelt geleiten, die Zukunft erfahren und Himmelsreisen unternehmen. Der Schamane versetzt sich in Ekstase durch psychotrophe → Drogen (→ Fliegenpilz, → Peyote), durch physiologische Methoden wie Tanzen (→

Derwische), Singen, Atemtechniken und psychologische Methoden wie Reizentzug, Gesang, Schreien, Trommeln und Selbsthypnose. Die Visionen des Schamanen sind als transzendent zu bezeichnen, da sie in einem Kontakt mit den Göttern bestehen.
Bei kollektiven Zeremonien hat der Schamane die Aufgabe eines Führers, der die Erlebnisse interpretiert.

Schafgarbe, bot.: *Achillea millefolium.* Das Öl wird durch Wasserdampfdestillation aus dem Kraut des Doldenblütlers hergestellt.
Mediz. Anwendung: bei Verdauungsstörungen, Harnwegserkrankungen, Frauenleiden und Blutungen.

Schatten, in der Psychologie von → Jung sind die Sch. der verdrängte oder unbewußte Teil der Persönlichkeit, der im Verlauf des Prozesses der → Individuation vom bewußten Geist erkannt und integriert werden muß. In einem umfassenderen Sinne sind die Sch. der nicht entwickelte Teil jedes natürlichen Paars von Charaktereigenschaften. Männer haben einen weiblichen Sch. (Anima), Frauen einen männlichen (Animus).

Schicksalsrad, das, die 10. Karte der großen Arkana des Tarot. Auf den neuzeitlichen Karten wird ein Schicksalsrad abgebildet, das in der mittelalterlichen Ikonografie seit dem 12. Jh. belegt ist. Die ältesten (franz.) Karten tragen den Namen *la fortune* (Schicksal) und zeigen eine weibliche Gestalt mit einem Apfel in der Linken und einem Zepter in der Rechten. Diese Figur steht auf einem Ring, durch den eine Landschaft zu sehen ist. Man vermutet, daß das Sch. nicht den ursprünglichen Sinn wiedergibt. Bei der weiblichen Gestalt handelt es sich um die antike Göttin Persephone (= Proserpina), die von Hades (=Pluto) durch die Gabe eines Granatapfels als seine Königin gefesselt wurde. Als Königin wurde Persephone durch Zepter und Diadem gekennzeichnet. Das Schicksalsrad (lat.: *rota*) brachte man mit dem Wort Tarot und den Namen der ägypt. Göttin Hathor (eigentl.: Ator) in Verbindung, da nach der praktischen Kabbala Wörter mit den gleichen Buchstaben denselben Zahlenwert haben und somit auch sinnverwandt sind. Der amerik. Okkultist Case faßt dies in seinem Buch *Tarot* so zusammen: »Das Rad *(rota)* des Tarot verkündet das Gesetz der Hathor.« Hathor (»das Haus des Horus«) ist die ägypt. Göttin des Himmels. Sie war die oberste aller Göttinnen. Da nachts die Sonne in ihr verschwand, galt sie als Göttin des Westens, die an einer Bergwand steht und die Sonne und die Toten hineinläßt. Sie ist auch die Mutter der sieben Hathoren, die die Menschen beschützen und den Neugeborenen ihr Schicksal voraussagen. Von dem Sephiroth wird ihr Malkuth (das Reich) und Verbindungspfad zwischen Nezah (Sieg) und Chesed (Milde) zugeordnet (→ Tarot).

Schwarz, eine Farbe, die sowohl Trauer als auch das Weibliche symbolisiert (→ Schwarze Madonnen, → Kali). Zuordnung: Metall (Eisen), Planet (Saturn, Pluto) Tierkreiszeichen (Wassermann, Steinbock), Zahlen (4). Bei den Chinesen: Richtung (Norden), Planet (Merkur), Element (Wasser), Jahreszeit (Winter), Prinzip (dunkel, verborgen, stark), Tugend (Weisheit), Geschmack (salzig). In der Freimaurerei ist Sch. die Farbe der → Initiation und in der Alchemie (→ Opus magnum) die erste Stufe *(negredo* = »Schwärzung«) der Herstellung des Steines der Weisen (→ Lapis philosophorum).

Schwarze Madonnen. Die sch. M. gehen auf schwarze Kultbilder der heidnischen Göttinnen Isis, Kybele, Diana und Lilith zurück, die zu der religiösen Vorstellung der → Großen Göttin gehören (→ Kali, → Shaktismus). Man vermutet auch eine Verbindung zu Maria Magdalena, der schwarzen Geliebten Jesu (→ Bibel, → Christus). Den Kult der sch. M. sollen die Merowinger eingeführt haben, die nach → Baigent direkte Nachkommen Jesus seien.

Schwarze Messen, eine Parodie des kath. Meßopfers mit der Hostienschändung oder dem Hostienersatz durch »schwarze Rübenscheiben«. Die sch. M. werden mit dem verwandten Bacchanalienkult (→ Dionysos) und dem Hexensabbat (→ Hexen) in Verbindung gebracht. (→ Satanskult)

Séancen, franz. Bez. für spiritistische Sitzungen, bei denen ein → Medium Kontakt mit der Geisterwelt aufnimmt. (→ Spiritismus)

Seelenwanderung, → Reinkarnation.

Sellerie, bot.: *Apium graveolens*; volkstüml. Bez.: Eppich. In der Volksmedizin wird S. als ein harntreibendes und auf die sexuellen Organe wirkendes Mittel gebraucht. Die Magie hält ihn für eine glückbringende Pflanze, die man als Amulett trägt oder an Türen aufhängt. Der S. ist Bestandteil von Liebesmitteln, magischen Räucherungen und mittelalterl. Hexensalben.

Sensitiver, lat.: »Empfindender«; in der → Parapsychologie Bez. für Personen mit einer besonderen Begabung für paranormale Erscheinungen, besonders für außersinnliche Wahrnehmung.

Sephiroth, hebr.: *saphar* = »zählen«, oder griech.: *sphaira* = »Kugel«; einer der Grundbegr. der → Kabbala, welcher die zehn Eigenschaften des Absoluten (→ En Soph) oder verborgenen Gottes bezeichnet. Es sind die Stufen des göttlichen Seins, das die verborgene Welt des Absoluten sichtbar macht. Über diese zehn Stufen bewegt sich Gott aus sich selbst heraus und kehrt auch wieder zu sich zurück. Es handelt sich hierbei nicht um Mittelwesen, wie der → Neuplatonismus annimmt, sondern um verschiedene Stufen der Manifestationen Gottes, die aufeinander und auseinander folgen. Zwar erscheint der verborgene Gott in zehn verschiedenen Manifestationen, aber in Wirklichkeit gibt es unzählige weitere Abstufungen. Die einzelnen Stufen (Sephirah) haben folgende Namen: 1. Kether = »Krone« der Gottheit, 2. Chockmah = »Weisheit« oder Uridee Gottes, 3. Binah = »Intelligenz« Gottes, 4. Chesed = »Liebe« oder »Gnade« Gottes, 5. Geburah oder Din = »Macht« Gottes 6. Tiphereth oder Rachamim = »Barmherzigkeit«, 7. Nezach = »beständige Dauer« Gottes, 8. Hod = »Majestät« Gottes, 9. Jesod = »Grund« aller wirkenden und zeugenden Kräfte Gottes, 10. Malkuth = »Grund« Gottes. Diese zehn S. stellen die zehn Namen Gottes dar und bilden den mystischen → Lebensbaum oder Weltenbaum. Die Kräfte der S. leben auch im einzelnen Menschen. Die einzelnen Glieder des Menschen, wie Arme und Beine, sind die Abbilder eines inneren, spirituellen Seins, das symbolisch durch den → Adam Kadmon dargestellt wird. Spanische Kabbalisten entwickelten auf der Grundlage der → Gnosis zehn unheilige S., welche der Lichtwelt Gottes eine Hierarchie des Bösen gegenüberstellen. (→ Sohar)

Seth, ägypt. Gott, der Osiris tötete und in Stücke zerriß (→ Isis). Durch das umfangreiche, von Jane Roberts gechannelte Material (→ Channeling, Jane → Roberts) wurde er einer der bekanntesten Geistwesen.

Shah, Idries (geb. 1924), Inder afghanischer Abstammung, der zu den wichtigsten Vertretern des → Sufismus gehört. Er ist Direktor des Institute for Cultural Research in London und Mitglied des Club of Rome. Werke in dt. Übers.: *Die Hautprobe, Die Weisheit der Narren, Wege des Lernens* u. *Denker des Ostens.*

Shaktismus, abgel. von skrt.: *shakti* = »Kraft«; Name einer ind. Volksreligion, die sich im 1. Jh. n. Chr. entwickelte. Im Mittelpunkt steht die Verehrung der als weibliche Gottheiten vorgestellten »Kräfte«, denen eine wichtige Rolle beim Welt- bzw Heilsgeschehen zukommt. Sie sind die Personifikation der Kräfte ihrer männlichen Widerparts, deren Ehegattinnen sie sind. Dahinter steht die Vorstellung, daß Gott als eine Mutter zu verehren sei. So wird → Durga, die Gemahlin → Shivas, als das im All wirksame Prinzip verehrt. Eine Quelle des S. ist der Kult der weiblichen Gottheiten, der bei den nichtind. Völkern sehr verbreitet war. Religionsgeschichtlich gehört er zu der → Großen Göttin, die im Mittelmeerraum als → Artemis, → Diana oder → Demeter verehrt wurde.

Shankara (788–828 n. Chr.), Brahmane aus Südindien, der zu den bedeutendsten Gestalten nicht nur der → Vedanta, sondern der gesamten ind. Philosophie zählte. Er vertrat eine Art »Überphilosophie«, welche die verschiedenen Lehren und Riten auf der Grundlage des → Hinduismus vereinigen wollte. Denn die verschiedenen Lehren sind die vorbereitende Stufe, die über die Welt des Scheins hinaus zur höchsten Erkenntnis Gottes führt. Er unterscheidet zwischen einem höheren und niederen

Wissen. Die höchste Wahrheit ist die Nichtzweiheit (→ Advaita), was zur Folge hat, daß es nur ein einziges geistiges Absolutes gibt, das den Kern jeder Realität darstellt.

Sheldrake, Rupert (geb. 1942), engl. Biochemiker, der mit seiner Theorie der morphogenetischen (griech.: *morphe* = »Form«; *genesis* = »Werden«) Felder nicht nur das bisherige Weltbild der Naturwissenschaften in Frage stellte, sondern auch der → Parapsychologie neue Denkanstöße gab. Das Universum richtet sich dieser Theorie zufolge nicht nach unveränderlichen Mustern, sondern folgt auch Gewohnheiten (Mustern), die im Laufe der Zeit durch Wiederholung entstanden sind. Jeder Form und jedem Verhalten liegt ein solches morphogenetisches Feld zugrunde, das gleichsam das Gedächtnis ist und sicherstellt, daß der gleiche Vorgang erneut abläuft. Je mehr Wiederholungen erfolgen, desto stärker ist dieses Feld. Man kann zum Vergleich die → Archetypen → Jungs heranziehen, die ebenfalls das kollektive Unbewußte formen. Obgleich diese Felder frei von Materie und Energie sind, können sie über Raum und Zeit wirken, was für die Phänomene der → Parapsychologie von weitreichender Bedeutung ist. Wenn ein Angehöriger einer bestimmten Gattung sein morphogenetisches Feld ändert und diese Änderung über einen längeren Zeitraum beibehält, so verändert er auch die gesamte Gattung. Denn diese Felder stellen durch Wechselwirkung (morphische Resonanz) eine Verbindung unter den Lebewesen her.

Shiatsu, jap.: »Fingerabdruck«; eine Druckmassage, die oft auch als Akupressur-Massage bezeichnet wird; sie behandelt dieselben Meridianpunkte (jap.: *tsubo)* wie die → Akupunktur. In Ostasien gilt S. als Hausmittel, das Familienmitglieder bei leichten Erkrankungen gegenseitig anwenden.

Shiva, skrt.: der »Gnädige«; hind. Gottheit, die zusammen mit → Brahma und → Vishnu eine Dreiheit (Trimurti) bildet. S. ist sowohl der Gott der Zerstörung als auch der Milde. Ihn ziert eine Halskette von Menschenschädeln. Seine Gattin ist → Durga, mit der er so innig vereint ist, daß beide zu einem zweigeschlechtlichen Leib zusammenwuchsen. S. bewohnt den Berg → Kailash. Der Tanz des S. symbolisiert seine fünf Werke: die Erschaffung, die Erhaltung, die Zerstörung, die Verhüllung und die Erleuchtung. Wer den tanzenden S. sieht, erlangt die Erlösung. (→ Hinduismus).

Siddhis, skrt.: *siddha* = »Zauberer«; Bez. für geheimnisvolle Kräfte, die man durch → Yoga erwerben kann. Dazu gehören: *anima* (unendlich klein), *mahima* (groß), *laghima* (leicht), *garima* (schwer), *prapti* (die Fähigkeit, überall hinzukommen), *prakamya* (die Fähigkeit, Wünsche zu erfüllen), *ishatwa* (die Fähigkeit, zu erzeugen), *vashitwa* (die

Macht, zu befehlen). Gelegentlich werden die S. auch als Hindernis angesehen, sich selbst zu verwirklichen.

Siegwurz, bot.: *Gladiolus communis*; volkstüml. Bez.: runde Siegwurz oder Allermannharnisch. Sie hat einen süßlich-veilchenartigen Geruch.
In der Volksmedizin schreibt man ihr wunderheilende Kräfte zu.
Im Zauberwesen trägt auch der Wegbreit oder Sieglauch (bot.: *Allium victoralis)* diesen Namen. Die Wurzelknollen dieses Krautes haben eine gitter- oder panzerartige Hülle. Da der Saft eine zusammenziehende Wirkung hat, wird er bei Verletzungen und als schmerzstillendes Mittel benutzt. Im Mittelalter stand er bei den Kriegern in hohem Ansehen, denn sie trugen ihn als Amulett am Hals und glaubten, dadurch vor Hieben sicher zu sein.
Die mittelalterl. Bergknappen benutzten ihn als Schutzmittel gegen Bergdämonen. Da man ihm leicht die Gestalt des Alrauns geben konnte, wurden damit viele Betrügereien begangen, als in Europa die → Alraunwurzel sehr begehrt war.

Signaturen zwischen Pflanzen und Tieren

Signaturenlehre, lat.: »Sinnzeichen«; Grundlage der S. ist die Vorstellung, daß das All und die Erde einen einheitlichen Aufbau haben (→ Mikrokosmos-Makrokosmos-Lehre). Schon in der antiken Philosophie wurde die Meinung vertreten, daß es eine Sympathie (Gleiches zieht sich an) und eine Antipathie (Ungleiches stößt sich ab) geben müsse. Diese Zusammenhänge kann man in der Natur aufgrund der Ähnlichkeiten der äußeren Merkmale (Signaturen) erkennen. Von Anfang an werden die Signaturen als ein Mittel angesehen, die geheimen Heilkräfte einer Pflanze, eines Minerals etc. zu erkennen. Wenngleich die S. erst im 16. und 17 Jh., besonders in der Medizin, eine besondere Ausbildung erhalten hat, so war der Grundgedanke schon den ind. Ärzten bekannt. So benutzte man die Knollen der Orchideen (abgel. von griech.: *orchis* = »Hoden«) nur wegen ihrer Ähnlichkeit mit menschlichen Hoden als Liebesmittel, obgleich sie kein → Aphrodisiakum enthalten. Formuliert wurde die S. von → Paracelsus und dem neapolitanischen Arzt und Alchemisten Della Porta (1538–

1615), der in seinem Buch *Phytognomonica* ein umfassendes System von verborgenen Signaturen zwischen den Pflanzen, Tieren und Gestirnen aufdeckte. Letztlich geht auch die → Homöopathie auf die S. zurück.

Silva Mind-Therapie, auch Silva Mind Control-Methode, eine von José Silva begründete kombinierte Psychotherapie. Mit Hilfe von → Autosuggestion, → Biofeedback, → Hypnose und → Meditation wird ein Bewußtseinszustand erzeugt, in dem die Alphawellen (→ Gehirnwellen) vorherrschen. Dieses durch die Entspannung freiwerdende Potential wird zur Verbesserung der Lernfähigkeit, zur Erhöhung der Kreativität und für → außersinnliche Wahrnehmung (→ ASW) eingesetzt.

Smaragd, grüner Edelstein, der zur Familie der Berylle gehört. Der S. ist lange vor dem → Diamanten, → Rubin und → Saphir im Mittelmeerraum bekannt gewesen. Hauptlieferanten waren die Ägypter. Auf dem Brustschild der Hohenpriester der Juden war er der dritte Stein. Schon in der griech. Medizin galt der S. als ein Augenheilmittel. Zerrieben und mit Honig vermischt war der S. ein Heilmittel gegen Aussatz. Die ind. Ärzte verschrieben ihn als Antidotum (Gegengift). In der arab. Medizin wird ihm die Kraft zugeschrieben, die Geburt zu erleichtern und Fallsucht zu heilen. Noch im 19. Jh. wurde er in den Apotheken als Heilmittel geführt, weil er als einziger Edelstein dem Feuer widerstand und sich in einen weißen Kristall verwandelte. Man nahm an, daß er im Magen eine ähnliche Wirkung entfalten könne. Anwendung in der modernen Edelsteinmedizin: Er beeinflußt das Herz-Chakra; das Elixier heilt Herzkrankheiten und beseitigt die damit verbundenen psychosomatischen Störungen wie Angst, Unruhe etc.

Sohar, hebr.: = »Buch des Glanzes«; Hauptwerk der → Kabbala, das in der Zeit von 1275–1293 entstanden ist. Autor ist mit hoher Wahrscheinlichkeit der Kabbalist Moses Ben Schemtob de Leon (1250–1305). Der S., der in aramäischer Sprache abgefaßt ist, umfaßt 2400 eng beschriebene Seiten. Er hat die Form des Midrasch: Reden, Monologe und Dialoge zu den fünf Büchern Moses, zu dem Hohenlied und dem Buch Ruth (→ Bibel). Die Quellenanalyse hat ergeben, daß Moses de Leon Schriften benutzt hat, die bis spätestens 1274 verfaßt waren. Aber er gibt nicht nur eine Zusammenfassung der kabbal. Lehren bis zu diesem Zeitpunkt, sondern bekundet an zahlreichen Stellen seine Sympathie für eine Richtung der span. Kabbala, die man als »die Gnostiker« bezeichnet. Es handelt sich dabei um eine Gegenströmung zum Neoplatonismus, welche die gnostischen Elemente wieder in den Vordergrund rückt. Analog dem → Sephiroth-Schema entwickelten die kabbalist. Gnostiker eine Hierarchie des Bösen (unheilige Sephiroth).

Sonne, die, die 19. Karte der großen Arkana im Tarot. Das Bild zeigt die Sonne, die von einem Strahlengürtel (in älteren Darstellungen 16 oder 8 große und 8 kleine Strahlen) umgeben ist, und darunter ein nacktes Paar, das man mit dem Tierkreiszeichen der Zwillinge in Verbindung brachte. Sie sind durch eine Mauer von dem Licht getrennt. Man deutet dieses Paar auch in psycholog.-alchem. Sinn als die erste Stufe der Vereinigung der polaren Gegensätze. Ziel dieses großen Werkes ist die innere Veredlung, das Gold der Seele, das durch die Sonne symbolisiert wird. Im kabbal. Lebensbaum entspricht ihr der Pfad zwischen Jesod (Fundament) und Hod (Pracht). (→ Tarot)

Sonnentau, bot.: *Drosera rotundilfia*; gehört zu der Gattung der Sonnentaugewächse. S. galt in der Magie als ein Mittel gegen Bezauberung und dämonische Einflüsse. Die Alchemisten setzten Tropfen des Drüsensekretes, das sich an den Drüsenhaaren der Blätter bildet, dem Elixier zu, mit dem sie unedle Metalle in edle verwandelten (→ Lapis philosophorum). Nach dem Volksglauben soll es, wenn man es als Amulett trägt, Milch gerinnen lassen und somit stillenden Müttern schaden. Das Drüsensekret ist auch ein Heilmittel gegen Warzen.

Soma, skrt.: »Mond«; Name des Saftes einer noch unbekannten Pflanze und des daraus bereiteten berauschenden Getränkes, das den ind. Göttern bei Kulthandlungen (→ Brahmanismus) dargeboten wurde. Bei den alten Iranern heißt S. Haoma. → Wasson vermutet, daß es sich dabei um den → Fliegenpilz handelte.

Spagyrik, griech.: »trennen«. Der Begr. wurde von → Paracelsus in derselben Bedeutung wie → Alchemie gebraucht; er bezeichnet die Herstellung von Heilmitteln mit Hilfe alchemist. Verfahren. Die S. im engen Sinne wurde von Friedrich Zimpel (1800–1878) begründet. Durch ein sehr sorgfältiges und kompliziertes Verfahren versuchte er, den Geist einer Pflanze freizusetzen und damit ihre Heilkräfte zur Entfaltung zu bringen. Die Pflanzenteile werden einem Gärungsprozeß unterzogen und dann schrittweise Destillationsverfahren unterworfen. Das Endprodukt ist die spagyrische Essenz.

Sphärenharmonie. → Pythagoras dachte sich den Himmel als eine sich drehende Halbkugel. Auf die sieben Planeten (Mond, Merkur, Sonne, Mars, Jupiter, Saturn und Venus) übertrug er die Intervalle der sieben Töne, um ein Gesetz für die Abstände und Entfernungen im Himmelsraum aufzustellen. Er nahm an, daß zwischen Erde und Mond ein Abstand von 126 000 Stadien bestünde. Die Nachfolger des Pythagoras, Nikomachos (2. Jh. n. Chr.) und Plinius der Ältere (23/24–79 n. Chr.) haben dieses Modell noch verfeinert. Die sieben Planeten wurden zu einer siebensaitigen Leier, einem »Musikinstrument

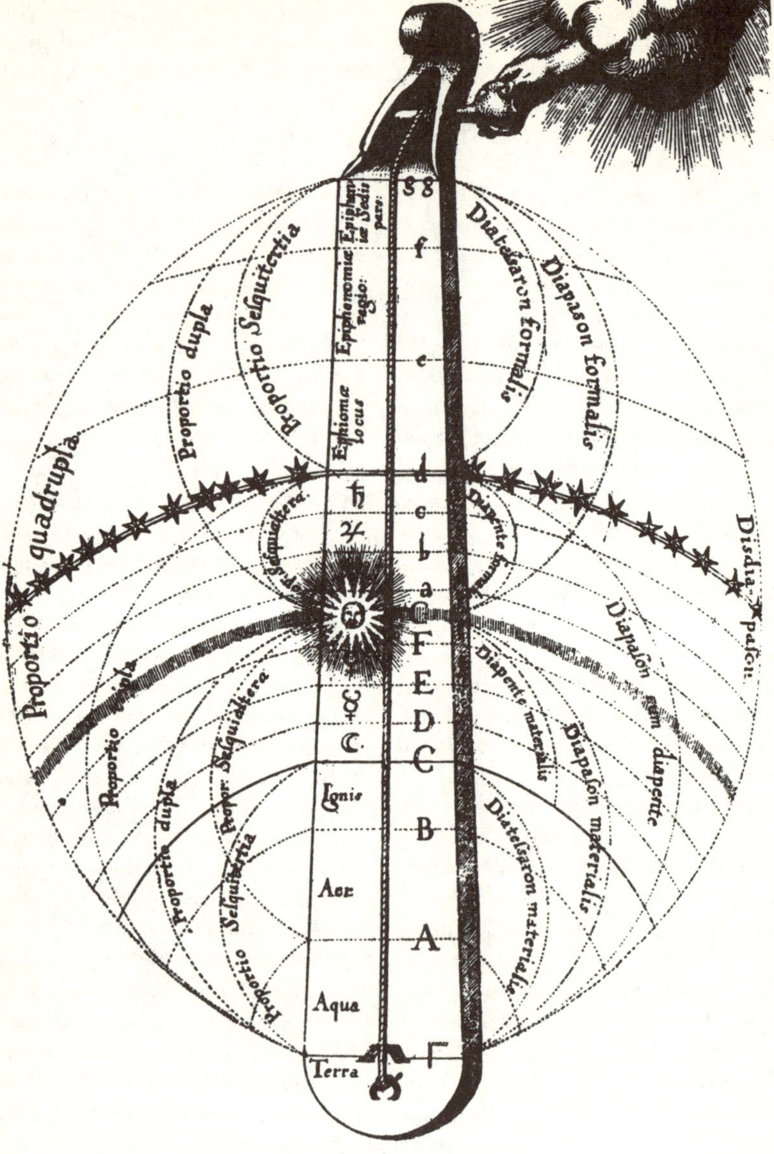

Sphärenharmonie

Gottes« (Censorinus, 3. Jh. n. Chr.), das den Lobgesang Gottes ertönen ließ. Die S. geriet im Mittelalter in Vergessenheit, bis sie Kepler neu entdeckte. Er fand sieben Urharmonien: Oktave, Quinte, Quarte, große Sexte, große und kleine Terz und kleine Sexte, indem er die Winkelgeschwindigkeit an dem Extrempunkt ihrer Ellipsen maß. Für ihn waren die Himmelsbewegungen eine fortwährende mehrstimmige Musik. Den Gesang der Planeten haben W. Ruff und J. Rogers (Yale University, USA) durch einen Synthesizer hörbar gemacht.

Spiritismus, lat.: *spiritus* = »Geist«; andere Bez. Spiritualismus. S. ist eine Sammelbez. für alle Lehren und Praktiken, mit den Geistern und auch dem → Astralleib von Verstorbenen in Verbindung zu treten. Der S. basiert auf der Annahme einer feinstofflichen Welt, welche die grobstoffliche oder materielle Welt umgibt. Im Gegensatz zum → Okkultismus spielen die → Medien eine wichtige Rolle. Die paranormalen Erscheinungen (z. B. → Spuk) sind auf die Einwirkung von Geistern zurückzuführen (→ Animismus). Der moderne S. nahm 1847 seinen Ausgangspunkt von einem → Spukfall in der amerik. Familie John Fox in Hydesville, New York. Als dort Klopfgeräusche auftraten, die sich um die beiden Töchter Margret und Katie konzentrierten, erfand der Nachbar der Familie, Mr. Post, ein Klopf-Abc, um die Geräusche zu deuten. Er fand auf diese Weise heraus, daß sich durch die Klopfgeräusche ein in dem Haus Ermordeter meldete, dessen Überreste schließlich im Keller gefunden wurden.

spirituell, lat.: »geistig« oder »immateriell«; andere Bez.: transzendental, d. h.: nicht von dieser Welt, im Gegensatz sowohl zu der grobstofflichen als auch der feinstofflichen Welt.

Springwurzel, bot.: *Euphorbia lathyris.* Sie gehört zur Gattung der Wolfsmilchgewächse und trägt im Volksmund die Namen Spechtwurzel und Maulwurfskraut. Der scharfe Milchsaft gilt als Brech- und Abführmittel. Im Zauberglauben schreibt man ihr die Kraft zu, jedes Tor zu öffnen. Der Glaube an die geheimnisvolle Kraft der Pflanze war so stark, daß die mittelalterl. Gefängnisse deshalb besonders gesichert wurden. Hexen wurden in Schaukeln gesetzt, weil man vermutete, sie könnten sich die S. verschaffen. Das einzige Wesen, das die S. erkennen und beschaffen konnte, war der Specht. Auch für Schatzgräber ist diese Zauberpflanze unentbehrlich, da man mit ihrer Hilfe Eisentruhen sehr leicht öffnen kann.

Spuk, das spontane Auftreten paranormaler Erscheinungen wie Geräusche, Klopfzeichen, Geistererscheinungen und Bewegung von Gegenständen. Man unterscheidet den ortsgebundenen S. (Spukhäuser) und den personengebundenen S., der in der Umgebung bestimmter Personen (→ Medien) auftritt.

Der → Animismus und der → Spiritismus haben zwei völlig gegensätzliche Erklärungen der Ursachen von S. geliefert.

Stechapfel, bot.: *Datura stramonium*; volkstüml. Bez.: Dornapfel, Rauhapfel, Stachelnuß und Tollkraut. Die Blätter des St.s haben einen unangenehmen, betäubenden Geruch, der beim Trocknen etwas abnimmt.
In den Blättern und im Samen ist das giftige Alkaloid Hyoscymin enthalten, das auch als psychoaktiver Bestandteil der → Hexensalben benutzt wurde. In der → Schwarzen Magie wird der Samen benutzt, um Streit und Zank zu stiften. Von den St.-Arten, die über den ganzen Erdball verbreitet sind, ist der rote St. (bot.: *Datura sanquinea)* der bekannteste. Er wird von den Indianern Lateinamerikas zu magischen Zwecken eingesetzt.

Stechapfel aus einem alten Kräuterbuch

Stein der Weisen, → Lapis philosophorum.

Steiner, Rudolf, → Anthroposophie.

Sternanis, bot.: *Illicium anisatum.* Im Geruch und Geschmack ist der St. dem Anis und Fenchel ähnlich. In Asien ist S. seit alters her ein geschätztes Gewürz und Heilmittel. Aus dem Samen wird durch Destillation das St.-Öl (chin.: Anis-Öl) gewonnen. Mediz. Anwendung: bei Magen- und Bronchialleiden. St. hat eine östrogenartige Wirkung (→ Phytohormon) und wird als milchtreibendes Mittel benutzt.

Sterne, die, die 17. Karte der großen Arkana des Tarot. Auf der Karte sind sieben stilisierte Sterne über einer nackten Frau abgebildet, die Wasser aus einem Krug gießt. Man betrachtet sie als eine Abbildung der griech. Sagengestalten der Plejaden. Es sind dies die sieben Töchter (Elektra, Celäno, Taygete, Halcyone, Maja, Merope und Sterope) des Titanen Atlas und der Ozenanide Pleione, die als Siebengestirn an den Himmel versetzt wurden, um sie vor Nachstellungen des schönen Orion zu schützen. Man dachte aber auch an das Tierkreiszeichen des Wassermannes, das in franz. Darstellungen aus dem 15. Jh. auch eine nackte Frau sein kann. Man vergleicht die Thematik auch mit den sieben Engeln der Apokalypse (XVI,3-12), welche die sieben Schalen des Zorns Gottes auf die Erde gießen. Im kabbal. Lebensbaum entspricht ihnen der Pfad zwischen Jesod (Fundament) und Nezach (Sieg). (→ Tarot)

Stirnauge, auch Drittes Auge (→ Ajna). Es soll dadurch entstanden sein, daß → Shiva einst seiner Gemahlin Umadevi beim Spiel das Auge zuhielt. Da sich aber hierdurch eine tiefe Finsternis über die Welt verbreitete, kam auf Shivas Stirn ein drittes Auge hervor. Mit den von diesem ausgehenden Strahlen verbrannte er den Himalaja. (→ Lobsang, → Rampa)

Styrax oder Storax, bot.: *Styrax calamitus*; Name des schon im Alten Orient und in der Antike bekannten Gummiharzes aus dem St.-Baum, der im Mittelmeerraum beheimatet ist. Es war eines der wichtigsten Räuchermittel der alten Kulturvölker. Im 17. Jh. wurde es durch flüssiges St. ersetzt, das aus dem in Kleinasien wachsenden Amberbaum (bot.: *Liquidambar orientalis)* gewonnen wird und nach Flieder und Narzissen duftet. Mediz. Anwendung: bei Bronchitis, Keuchhusten, Entzündungen des Mund- und Rachenraumes und Nervosität. Besonders wird es in der Medizin wegen seiner stark keimtötenden Wirkung geschätzt. Aus St. kann auch St.-Öl destilliert werden, das einen hyazinthartigen Geruch hat.

Subud, eine spirituelle Bewegung, die von Mohammed Subuh (geb. 1901) gegründet wurde. S. ist eine Synthese aus → Hinduismus, → Sufismus und indonesischen Glaubensvorstellungen. Es setzt sich aus den ersten Buchstaben der Wörter *suhila* (das Leben in Harmonie mit Gott), *budhi* (die innere geistige Kraft) und *dharama* (Hingabe an Gott) zusammen. In Europa wurde S. von → Bennett bekannt gemacht.

Sufismus, abgel. von arab.: *sufi* = »wollenes Kleid«; eine mystische Bewegung (arab.: *tasawwuf)* im Islam (→ Mystik). Vorbereitet durch → Askese, steigt die Seele auf einer Stufenleiter empor, bis sie über alle Leidenschaften triumphiert und sich in einer Art Ekstase mit Gott vereinigt. Einzelne Richtungen des S. gehen so weit, zu behaupten, daß der Mensch von → Allah abstamme und seiner Natur nach göttlich werden könne. Man unterscheidet folgende Stufen: Erkenntnis, Verweilen und Ruhen in Gott, Entwerdung seiner Selbst und mystische Vereinigung mit Gott. Spätere Formen des S. betonen Ekstase, Musik, Tanz (→ Derwische) und Murmelmeditation (der Name Allah wird ständig wiederholt). Es gibt vier Ausprägungen des S.: 1. *Qadiriyya,* sehr konservativ, legt Wert auf Selbsterniedrigung und Hingabe, um zu einer spirituellen Erfahrung zu gelangen; 2. *Suhrawaerdiya*, pantheistisch; 3. *Shadhiliyya*, in Ägypten und Nordafrika verbreitet; 4. *Mevlevi*, Derwischorden. Bedeutende Vertreter des S. waren: → Al-Arabi; → Al-Ghazzali, → Al-Hallaj u. → Rumi. Der größte Sufi-Orden in Europa und USA wurde von Inayat → Khan gegründet. (Idries, → Shah)

Suzuki, Daitetz Teitaro
(1870–1966), jap. Buddhist, der zu den besten Kennern des → Zen zählt. Nach seinem Studium an der Waseda und der Kaiserlichen Universität praktizierte er bei dem Zen-Meister Sha Soen im Engaku-Kloster in Kamakura die Zen-Meditation. Dort erlangte er grundlegende Einsichten in das Wesen des Buddhismus und des Zen. 40 Jahre lang lebte er dann in den USA und beeinflußte u. a. → Jung, Heidegger, Toynbee, Erich Fromm und andere moderne Denker und Naturwissenschaftler. Zu seinen wichtigsten Werken gehören die *Essays in Zen Buddhism* (auch in dt. Übers. erschienen).

Svadhisthana-Chakra, das 2. → Chakra, das seinen Sitz in den männlichen Zeugungsorganen hat. Es steht in Beziehung zum Element Wasser, der weißen Farbe und der Atmung. Der → Yogi, der dieses Chakra beherrscht, erwirbt sich nicht nur die Kraft, Begierde, Stolz und Zorn zu besiegen, sondern auch die Fähigkeit, den Tod zu überwinden. Zuordnungen: Element (Wasser), Keimsilbe (VAM), Farbe (weiß) und Form (Mondsichel).

Symbol, griech.: »Erkennungszeichen«; ein Zeichen oder Bild, das über sich hinausweist und einen Sinn, eine Idee und eine Bedeutung veranschaulicht. Es ist die Verbildlichung des Ungegenständlichen, das auf keine Weise gegenständlich gemacht werden kann. Eine große Rolle spielen die S.e im Traum, da sie sowohl das psychische Geschehen bildhaft ausdrücken, als auch dieses Geschehen, nachdem es zu einem Bild geworden ist, durch ihren Sinngehalt umformen und weiterleiten.

Synchronizität, griech.: »Gleichzeitigkeit«; ein von C. G. → Jung im Gegensatz zum Kausalprinzip (Ursache = Wirkung) formuliertes Prinzip, das einen Zusammenhang zwischen dem sinnvollen Beieinander und dem zeitlichen Zusammenstimmen von psychischen Vorgängen und physischen Erlebnissen herstellt, die sich kausal nicht aufeinander beziehen lassen. Auf diese Weise kann man kosmische bzw. astrologische Konstellationen mit seelischen Gegebenheiten verbinden. Die S. hat ihre Grundlage in den → Archetypen.

T

Tabula Smaragdina, eine Smaragdtafel, die das Testament des → Hermes Trismegistos enthält und angeblich in der Cheopspyramide gefunden wurde. Fast alle abendländischen Weisheitslehren betrachten die T. S. als ihr Vermächtnis. Die erste lat. Übertragung des sehr schwer verständlichen Textes stammt aus dem 12. Jh. und hat als Grundlage eine arab. Vorlage, die wiederum auf griech.-alexandrinische Quellen zurückgeht. Die T. S. enthält schon die → Mikrokosmos-Makrokosmos-Lehre: Alles, was in den oberen Sphären geschieht, wirkt auf die untere Welt und prägt sich ihr ein, alles auf Erden ist ein Abbild der Kräfte, die vom Himmel ausstrahlen.

Tai Chi Chuan, chin.: »das Erhabene Letzte«; fälschlich als »Schattenboxen« übersetzt. Eine chin. Bewegungskunst mit meditativem Charakter und philosophischem Hintergrund (→ Taoismus). Ziel dieser Bewegungsübungen ist es, den freien Fluß der Lebensenergie (Chi'i) durch alle Körperbahnen zu ermöglichen.

Tantra, skrt.: »Gewebe, Faden, Kette«; zweifache Bedeutung: 1. Ritual, 2. religiöses System (→ Tantrismus) und dessen heilige Schriften. T.s sind nach ind. Auffassung die heiligen Schriften des jetzigen Zeitalters. Sie werden auch als die »fünften Vedas« bezeichnet, aber sie besitzen im Gegensatz zu den → Veden keine allgemeine Verbindlichkeit. Der Form nach bestehen die T.s aus Erörterungen zwischen → Shiva und seiner Gemahlin Shakti. Ihr Inhalt umfaßt fünf Gegenstände: die Schöpfung der Welt, die Vernichtung der Welt, die Götterverehrung, die Erlangung von übernatürlichen Kräften und die Vereinigung mit dem Höchsten.

Abraham Eleasar 1760 oder Tabula Smaragdina

Tantrismus, eine religiöse Lehre (2. Hälfte des 1. Jh. n. Chr.) im → Hinduismus und → Buddhismus, die den Kontakt mit dem Göttlichen durch Rituale und Zeremonien herstellen will, wozu magische Mittel wie → Mantras, → Yantras, → Bijas, → Mudras verwendet werden. Die Glaubensvorschriften sind in den → Tantras niedergelegt. Besonders aber werden die Lehren des → Yoga und des → Shaktismus übernommen und mit hind. Gedankengut verbunden.

Tantsu, eine Form von → Shiatsu, die von dem amerik. Therapeuten Harold Dull in San Francisco entwickelt wurde.

Tao, chin.: »Weg«; das Grundprinzip des → Taoismus, das sich nur durch Umschreibung näher bestimmen läßt. Es ist die Urkraft, die schon vor der Erschaffung des Universums bestand. Aus ihr gingen Himmel und Erde hervor. Es brachte zwar die Welt hervor, aber ist in ihr auch enthalten, weil es zugleich auch die Norm und das Sittliche ist. T. ist ohne Handeln, aber es gibt nichts, das es nicht hervorbringt. Die Verehrung von T. erfolgt nicht durch Kulte, sondern durch Nachahmung.

Taoismus, chin. Religion, die auf Laotse (6. Jh. v. Chr.) zurückgeht. Im Mittelpunkt steht die religiöse Verehrung des → Tao. Nach seinen Lehren, die er in dem Buch *Tao-teh king* (»Buch vom Tao«) niederlegte, ist T. der Urgrund allen Seins. Der Mensch muß im Sinne des Tao handeln, wenn er die Erlösung erreichen will. Laotse beschreibt diese Erlösung als eine Versenkung in das Absolute, was durch die Befolgung der überlieferten Sittenordnung, Selbstzucht, Askese, Alchemie und einer bestimmten Atemtechnik erreicht wird, die dazu befähigt, den Körper aufzugeben und auf den Wolken zum Himmel zu fliegen. Nachdem Tao zu einer Gottheit geworden war, kamen noch andere Götter hinzu wie z. B. der Gebirgsgott Tai-shan und seine Tochter Pi-hsia-yukün (»Göttin der rotglühenden Wolke«).

Tarot, besteht aus 78 Karten, von denen 22 als die großen Arkana und 56 als die kleinen Arkana bezeichnet werden. Alles deutet darauf hin, daß die T.-Karten ursprünglich nur ein Kartenspiel waren, das erst mit Beginn des 19. Jh. mit dem Okkultismus in Verbindung gebracht wurde. Die ältesten T.-Karten sind mit einem solchen Aufwand hergestellt, daß sie nur von sehr reichen Leuten benutzt werden konnten. Im 18. Jh. wurden die T.-Karten in Frankreich sowohl von einfachen als auch von reichen Leuten zum Spielen benutzt. Die umherziehenden Zigeuner gebrauchten diese Karten zum Wahrsagen. Um 1870 kam der franz. Gelehrte Court de Gebelin zu dem Schluß, daß es sich bei den T.-Karten um ein verlorenes Buch der alten Ägypter handeln müsse. Die symbolischen Kartenbilder enthielten das geheime Wissen der ägypt. Priester, das ihnen von → Isis und Osiris vermittelt worden

Nr. 1. Der Magier

Nr. 6. Der Liebhaber

Nr. 10. Das Glücksrad

Nr. 21. Die Welt

Tarot

Abb. von Karten des »Marseiller Tarots«. Karte Nr. 1 stammt aus Italien (14. Jh.). Auffällig ist die Übereinstimmung mit dem »Magier« des Marseiller Tarots.

war. Wenngleich auch der ägypt. Ursprung der Karten nicht als erwiesen gilt, entschlossen sich berufsmäßige Kartenschläger, die verbesserte Version der T.-Karten von Court de Gebelin zu übernehmen. Diesen Verbesserungsprozeß der überlieferten T.-Karten führte der ehemalige Friseur und Kartenweissager → Etteilla weiter. Er stellte die Behauptung auf, sie stammten aus einem sieben Meilen von der ägypt. Stadt Memphis entfernten Tempel, wo sie auf goldenen Blättern gezeichnet worden seien. Diese Behauptungen hat Eliphas → Levi ins Lächerliche verwiesen, aber seinerseits die T.-Karten mit dem Okkultismus verbunden. Nach seiner Auffassung stehen sie mit der → Kabbala in

Die 22 großen Arkana

Name	*hebr. Buchstabe*	*Kabbala (10 Sephiroth)*	*Bedeutung*
1. Magier	Aleph	Kether	erste Ursache, Wille
2. Hohepriesterin	Beth	Chockmah	kreativer Gedanke, Wissen
3. Herrscherin	Gimel	Binah	Handlung, Reichtum
4. Kaiser	Daleth	Chesed	Verwirklichung, Energie
5. Papst	He	Pachad	Gerechtigkeit
6. Die Liebende	Vau	Geburah, Tiphereth	Einheit der Gegensätze, Schönheit
7. Wagen	Zain	Nezach	Sieg
8. Gerechtigkeit	Heth	Hod	Gerechtigkeit
9. Emerit	Teth	Jesod	Klugheit
10. Schicksalsrad	Jod	Malkuth	Schicksal, Unsicherheit
11. Kraft	Kaph		Gewicht
12. Hängender	Lamed		gewaltsamer Tod, Opfer
13. Tod	Mem		Veränderung
14. Mäßigung	Noun		Initiative
15. Teufel	Samech		geheime Wissenschaften
16. Turm	Main		Untergang
17. Stern	Pe		Hoffnung
18. Mond	Tsade		Täuschung
19. Sonne	Coph		Glück
20. Gericht	Resh		Erneuerung
21. Welt	Shin		geistige Macht, Selbstbeherrschung
22. Narr	Tau		Unsicherheit, Passivität

Verbindung, und er ordnete der großen Arkana die 22 hebr. Buchstaben zu. Seine Theorie baute in Frankreich → Papus weiter aus, im engl. Raum die führenden Mitglieder des → Golden-Dawn-Ordens → Waite und Mathers. Von dem letzteren stammt auch die Gleichsetzung der 56 kleinen Arkana mit dem kabbal. → Lebensbaum.
Für den Sekretär von Stanislas de → Guaita, Oswald Wirth (1860–1943), ist T. vor allem ein esot. Einweihungsbuch. 1889 veröffentlichte er das erste Kartenspiel *(Les 22 arcanes du Tarot)*, das völlig unabhängig von der auf Court de Gébelin begründeten Tradition ist. → Crowley veröffentlichte zusammen mit Frieda Harris ein T.-Spiel, das sich eng an die Farbensymbolik des Golden Dawn anlehnte und die sexuelle Symbolik der T.-Figuren hervorhob. (→ Banzaf)

Die 22 großen Arkana

Eine plausible Erklärung, wie die Reihenfolge und die Themen der 22 Karten entstanden sind, ist noch nicht gefunden worden. Die heutige Reihenfolge der Tarotkarten weicht von den ältesten Formen ab, was für die Buchstabenmystik von Bedeutung ist. Der Narr (heute Nr. 22) ging ursprünglich dem Gaukler (heute Nr. 1) voraus. Eine Erinnerung daran ist vielleicht der Brauch, daß man dem Narren gelegentlich keinen Zahlenwert oder 0 gab. Folglich hat der Narr in der Buchstabenmystik, die auf der ägypt.-griech. Magie beruht, den griech. Buchstaben Alpha, der Magier Beta, die Hohepriesterin Gamma etc. Die viel spätere Verbindung (Mitte des 19. Jh.) der Tarotkarten mit den hebr. Buchstaben setzte die neuzeitliche Reihenfolge voraus. Somit hat der Narr (Nr. 22) den hebr. Buchstaben Tau und der Magier Aleph. Auch die Zuordnung der Tarotkarten (Magier bis Schicksalsrad) zu den zehn → Sephiroth bzw. zu Verbindungswegen der einzelnen Sephirah des → Lebensbaumes geht auf das 19. Jh. zurück. Die moderne Tarotdeutung betrachtet die ersten 22 Karten als → Archetypen.

Die 56 kleinen Arkana

Die kleinen A. setzen sich aus vier sog. Farben oder Trümpfen zusammen: den Stäben, den Pokalen, den Schwertern und den Münzen. Sie entsprechen den vier Grundsymbolen eines Magiers: Zauberstab, Räucherkelch, Schwert und Pentakel (Zauberkreis = Münze). In den modernen Kartenspielen sind aus Stäben die Treffs oder Kreuze geworden, aus den Kelchen die Herzen, aus den Schwertern die Piks oder Schippen und aus den Münzen die Karos. Jeder dieser Spielfarben, also jedem magischen Werkzeug, sind vier Hofkarten (König, Dame, Ritter und Bube) sowie Zahlenkarten von eins (As) bis zehn zugeordnet. Folglich bestehen die kleinen A. aus 56 Karten, die man in zwei große Gruppen einteilen kann: die geraden (Stäbe und Schwerter) und die ungeraden (Pokale und Münzen). Der ersten Gruppe schreibt man eine aktive, der zweiten eine passive Grundtendenz zu. Man ordnet die Farben nach folgendem

Die 56 kleinen Arkana

1. Stäbe	*Hauptbedeutung*	*Nebenbedeutung*	*Bemerkung*
Stabkönig	Landmann	Guter, ernster Mann	
Stabdame	Landfrau	Schöne Frau	
Stabritter	Junger Bauer	Trennung	Zank
Stabbube	Bauernkind	Fremder	Nachricht
Stabas	Herabfall	Geburt	
Stabzwei	Überraschung	Kummer	
Stabdrei	Kurzes Übel	Unternehmung	
Stabvier	Guter Verlauf	Gesellschaft	
Stabfünf	Gold	Prozeß	Widerspruch
Stabsechs	Erwartung	Häuslich	
Stabsieben	Sprechen	Unentschlossen	
Stabacht	Innerliche Unruhe	Landleben	
Stabneun	Aufschub	Querstrich	Mißerfolg
Stabzehn	Hindernis	Verräter/in	Anfang u. Ende
2. Pokale			
Pokalkönig	Blonder Mann	Mann aus d. Ort	verheiratet
Pokaldame	Blonde Frau	Frau aus dem Ort	verheiratet
Pokalritter	Junger blonder Mann	Ankunft	Betrügerei
Pokalbube	Blondes Kind	Neigung	
Pokalas	Gastmahl	Veränderung	
Pokalzwei	Liebe	Sehnsucht	
Pokaldrei	Glücklicher Verlauf	Expedition	
Pokalvier	Langeweile	Neue Bekanntschaft	
Pokalfünf	Erbschaft	Verwandte	
Pokalsechs	Vergangenheit	Zukunft	
Pokalsieben	Gedanken	Vorschlag	
Pokalacht	Blondes Mädchen	Genugtuung	
Pokalneun	Sieg	Aufrichtigkeit	
Pokalzehn	Stadt	Ungnade	
3. Schwerter			
Schwertkönig	Ein Herr	Böser Mann	verheiratet
Schwertdame	Witwenstand	Böse Frau	verheiratet
Schwertritter	Soldat	Unmäßigkeit	

	Hauptbedeutung	*Nebenbedeutung*	*Bemerkung*
Schwertbube	Spion	Unvermutet	Kind
Schwertas	Höchster Rang	Schwangerschaft	
Schwertzwei	Freundschaft	Falsch	
Schwertdrei	Entfernung	Verirrung	
Schwertvier	Einsamkeit	Haushaltung	
Schwertfünf	Verlust	Trauer	
Schwertsechs	Straße	Erklärung	
Schwertsieben	Hoffnung	Guter Rat	
Schwertacht	Scharfe Beurteilung	Unentschlossen	
Schwertneun	Geistlicher Stand	Begründetes Mißtrauen	
Schwertzehn	Tränen	Vorteil	
4. Münzen			
Münzenkönig	Dunkler Mann	Laster	verheiratet
Münzendame	Dunkle Frau	Unsicher	verheiratet
Münzenritter	Nutzen	Untätigkeit	
Münzenbube	Dunkler Jüngling	Verschwendung	Kind/Leichtsinn
Münzenas	vollständige Zufriedenheit	Sack voller Geld	
Münzenzwei	Verlegenheit	Brief	Zweifel
Münzendrei	Edel	Kind	
Münzenvier	Geschenk	Kloster	Krankenhaus
Münzenfünf	Liebhaber	Liebhaberin	Freundin
Münzensechs	Gegenwärtig	Ehrgeiz	
Münzensieben	Geld	Unruhe	Geiz
Münzenacht	Dunkles Mädchen	Mehr	
Münzenneun	Wirkung	Nachahmung	hintergehen
Münzenzehn	Haus	Lotterie	plötzl. Gewinn

Schema den vier Elementen, Tierkreiszeichen und Monaten zu:
Stäbe: Element Feuer; Zeichen: Widder, Löwe, Schütze; Monate: März, Juli, November.
Pokale: Element: Luft; Zeichen: Zwilling, Waage, Wassermann; Monate: Mai, September, Januar.
Schwerter: Element: Wasser; Zeichen: Krebs, Skorpion, Fische; Monate: Juni, August, Februar.
Münzen: Element: Erde; Zeichen: Stier, Jungfrau, Steinbock; Monate: April, August, September.

Diese Zuordnung weicht von den Vorstellungen ab, die in der esot. Tradition mit den astrolog. Elementen verbunden werden. Im allgemeinen sind Feuer und Luft aktiv und männlich, Erde und Wasser aber weiblich und passiv. Im Tarot aber wird den männlich-aktiven Schwertern das weiblich-passive Wasser und den weiblich-passiven Pokalen das aktive Element Luft zugeordnet.

Tattwas, skrt. 1. Bez. in der ind. Philosophie (→ Shaktismus) für die 36 Stufen der Entwicklung des Einen zu der Vielheit. 2. Die fünf Schwingungszustände des Weltenäthers, die mit den Namen der fünf Elemente bezeichnet werden: a) Tejas (Feuer), b) Drithivi (Erde), c) Apas (Wasser), d) Vayu (Luft), e) Akasha (Äther). Im → Tantrismus ordnete man ihnen farbige geometrische Symbole zu, die der → Golden-Dawn-Orden zur Bewußtseinserweiterung benutzte: 1. ein rotes, gleichseitiges Dreieck, 2. ein gelbes Quadrat, 3. ein silberfarbener, auf dem Rücken liegender Halbmond, 4. ein blaugrüner Kreis, 5. ein dunkelviolettes, eiförmiges Gebilde. Durch Kombination dieser 5 T. lassen sich 20 Subtattwas bilden, die dadurch entstehen, daß man auf einem T. eine kleinere Version eines der vier anderen T. anbringt.

Telekinese, griech.: »Fernbewegung«; die Beeinflussung und Fortbewegung von Gegenständen auf → paranormale Weise, d. h. ohne mittelbare oder unmittelbare Einwirkung und nur mit Hilfe von seelischen Energien.

Telepathie, griech.: »Fernerleben«; andere Bez.: Gedankenübertragung. Es handelt sich hierbei um eine Form der Außersinnlichen Wahrnehmung (→ ASW), bei der seelische Vorgänge in anderen Menschen ohne Vermittlung der Sinne wahrgenommen werden können.

Templer, Abk. für den Orden »Die Arme Ritterschaft Christi vom Salomonischen Tempel«, die 1119 von Hugo von Payens zum Schutz der Jerusalem-Pilger vor den Sarazenen gegründet wurde. Der Name leitet sich von der ersten Niederlassung am Jerusalemer Tempelberg ab, wo ein Tempel des Salomon stand. Die Mitglieder dieses Ordens mußten sich zu Armut, Ehelosigkeit, Gehorsam und Kampf gegen die Heiden verpflichten. Durch Erbschaften, Handels- und Finanzgeschäfte breitete sich der Orden, der seit 1139 direkt dem Papst unterstand, in ganz West- und Südwesteuropa aus. Als 1291 das Heilige Land in die Hände der Mohammedaner fiel, verlegten die T. ihre Aktivitäten nach Europa. Wegen ihres Reichtums und ihrer Macht waren sie gefürchtet und wurden beneidet. Deshalb ließ der franz. König Philipp der Schöne 1307 die Mitglieder verhaften. Aufgrund erpreßter Geständnisse wurden sie wegen Unmoral und Praktizierung eines Teufelskultes angeklagt und in großer Zahl zum Tod verurteilt. Auf Bitten des franz. Königs löste Papst Clemens V. 1312 den Orden auf. Unbewiesen ist, ob die T. sich nur äußerlich zum

Christentum bekannten, aber im geheimen eine von gnost. Elementen geprägte Lehre vertraten und den Satan (→ Baphomet) verehrten. Immer wieder wurde auch die Phantasie durch die geheimnisvollen Schätze der T. angeregt. Noch in unserem Jh. suchte man in der Templerburg von Gisors (Frankreich) nach dem märchenhaften Schatz der T.

Terpentin, bot.: *Pinus pineaster.* T. ist ein gelblich-weißes, balsamisches Harz, das in Alkohol löslich ist und durch Einschnitte in den Stamm verschiedener Pinusarten gewonnen wird. Durch Destillation erhält man daraus das Terpentinöl *(Oleum Terebinthinae).* Mediz. Anwendung: bei Entzündungen aller Art.

Teufel, der, die 15. Karte der großen Arkana des Tarot. Auf der Karte dieses Namens findet man das Bild des Satans in verschiedenen Variationen. Auf älteren Karten ist der Teufel geflügelt und gehörnt. Er hat vier Gesichter: das zweite Gesicht hat er zwischen den Beinen, das dritte und das vierte auf den beiden Knien. Die beiden letzten Gesichter sind ganz klein, die beiden anderen von normaler Größe. Vielleicht geht diese Symbolik auf den röm. Kriegsgott Quirinus (= Janus) zurück, den man mit

Theosophie
Die Abb. zeigt Madame Blavatsky, die Gründerin der »Theosophical Society«

zwei Gesichtern abbildete. Der T. gilt im Tarotspiel als das Symbol des Animalischen und der niederen Triebe im Menschen. Im kabbal. Lebensbaum ist ihm der Pfad zwischen Hod (Pracht) und Tiphereth (Schönheit) zugeordnet. (→ Tarot)

Theosophie, griech.: »Gottesweisheit«; Sammelbez. für alle geistigen Bestrebungen, zur Erkenntnis des Göttlichen, Absoluten und Übersinnlichen zu kommen. Im Gegensatz zu den auf das logische Denken gegründeten Methoden der Philosophie oder der Theologie bedient sich die Th. der übernatürlichen Erkenntnisfähigkeit. Dazu gehören Erleuchtung, Offenbarungen, die innere Schauung und alle Formen von Bewußtseinserweiterung, die durch → Meditation, → Askese, → Yoga etc. erreicht werden können. Die Theosophen berufen sich häufig auf uralte Überlieferungen und Lehren, die ihnen von geheimen Meistern offenbart wurden (→ Mahatmas). Die neuzeitliche Th. begann mit → Böhme und erreichte ihren Höhepunkt mit der Gründung der »Theosophischen Gesellschaft« (1875) durch → Blavatsky und → Olcott. Kennzeichnend für diese Form der Th. war die enge Verbindung mit den östlichen Weisheitslehren (→ Hinduismus, → Buddhismus). Zentraler Gedanke der Th. ist die Lehre von der → Reinkarnation.

Thuja, bot.: *Thuja occidentalis*; ein Zypressengewächs, das im Kaukasus, in USA und in Europa beheimatet ist. Das

Tierkreis

Öl wird durch Wasserdampfdestillation aus den Zweigen gewonnen. Mediz. Anwendung: bei Blasen- und Darminfektion, Prostataleiden, Rheuma.

Thymian, bot.: *Thymus vulgaris*; ein in Europa, Afrika und Indien beheimateter Lippenblütler, aus dessen Kraut durch Wasserdampfdestillation ein Öl gewonnen wird. Mediz. Anwendung: bei Nervenschwäche, Kreislaufstörungen, Asthma. Regt die Bildung von weißen Blutkörperchen an.

Tierkreis, lat.: *zodiacus*; ein schmaler, 20 Grad breiter Gürtel beiderseits der Ekliptik, innerhalb dessen die scheinbaren Bewegungen der meisten Planeten (mit Ausnahme von Pluto) stattfinden. Schon in der Antike wurde er in zwölf Tierkreiszeichen von etwa 30 Grad Länge eingeteilt. Der Reihe nach, wie sie von der Sonne durchwandert werden oder von Ost nach West stehen: Widder *(Aries)*, Stier *(Taurus)*, Zwillinge *(Gemini)*, Krebs *(Cancer)*, Löwe *(Leo)*, Jungfrau *(Virgo)*, Waage *(Libra)*, Skorpion *(Scorpio)*, Schütze *(Sagittarius)*, Steinbock *(Capricornus)*, Wassermann *(Aquarius)* und Fische *(Pisces)*.

Tod, der, die 13. Karte der großen Arkana des Tarot. Auf dieser Karte sieht man eine Darstellung des Todes als Knochenmann mit Sense. Die ältesten bekannten Karten zeigen einen auf einem Pferd sitzenden Sensenmann. Die Zahl 13 hat den Charakter einer Unglückszahl, abgel. von den 13 Personen, als Jesus zusammen mit den 12 Aposteln das letzte Abendmahl feierte. Das Pferd gilt ebenfalls als ein Todessymbol. Die griech. Göttin Hekate, die in der Spätantike mit der Unterwelt (Tartaros) in Verbindung gebracht wurde, wo sie an Stelle der Proserpina herrschte, wird oft *Hippos* (griech.: »Pferd«) genannt. Man stellte sie sich dreigestaltig vor, weil sie den Schlüssel zu drei Reichen besaß: Himmel, Erde und Schattenreich. Die Darstellung des Todes als Skelett findet sich schon in der hellenistischen Kunst. Die älteste mittelalterliche Abbildung ist das Gerippe einer Frau auf dem Campo-Santo in Pisa. Im kabbal. Lebensbaum kommt ihm der Pfad zwischen Nezach (Sieg) und Tiphereth (Schönheit) zu. (→ Tarot)

Tonkabohne, bot.: *Dipterix odorata*; ein in Guyana und Brasilien beheimateter Lippenblütler. Die Steinfrüchte werden mit Rum übergossen und in Fässern eingelagert, wo sie eine Gärung durchmachen. Inhaltsstoff ist das Cumarin, das heute synthetisch hergestellt wird. Mediz. Anwendung: bei Neuralgien, Nervenschmerzen und Frauenleiden.

Tollkirsche, bot.: *Atropa belladonna*; volkstüml. Bez.: Wutkirsche, Teufelsbeere. Der lat. Name *belladonna* kommt daher, weil sich die Italienerinnen mit dem rosaroten Saft schminkten. Sie wurden dadurch zur »Belladonna« (ital.: »schöne Frau«). Wegen der starken Giftigkeit benannten die Griechen die T. nach der Schicksalsgöttin Atropa. Der psychoaktive Wirkstoff ist Atropin, von dem schon eine Dosis ab 0,5 mg zur psychomotorischen Unruhe, Verwirrung, Rededrang, Raserei und schweren Tobsuchtsanfällen führen kann. Im 17. Jh. wurde die T. von den Litauern als Mordmittel benutzt. Die T. ist auch Bestandteil der → Hexensalben.

Tonbandstimmen. Das Auftreten von Stimmen auf unbespielten Tonbändern wurde 1959 zuerst von Friedrich Jürgenson (1903–1987) und danach von Konstantin Raudive (1909–1974) beobachtet und systematisch erforscht. Der »Jürgenson-Effekt« bzw. die »Raudive-Stimmen«, bei denen es sich um Äußerungen von Verstorbenen oder Geistwesen handeln soll, wurden auch auf Fernsehbildern, Videos und Computerdruckern beobachtet. (instrumentelle → Transkommunikation)

Topas. Darunter versteht man den Edeltopas, der eine gelborange Farbe hat und zu den Aluminiumsilikaten gerechnet wird. Im Altertum glaubte man, daß die Kräfte dieses Steines eng mit dem Mond verbunden seien und sich bei den einzelnen Mondphasen ändern würden. Bei herannahenden Gewittern und bei großer Hitze soll der Stein elektrisch werden und auf seine Träger einwirken. Einige Besitzer werden hellsehend und können zukünftige Ereignisse prophezeien. Wer den T. trägt, besitzt die Gabe der »Geistesblitze«. Als Talisman und Amulett beruhigt er die Nerven und schützt vor Aufregung und Ärger. Im Mittelalter war er ein beliebtes Schutzmittel gegen Hexerei und Schwarze Magie. Er zeigt seinem Besitzer Gift und andere Gefahren an. Die arab. Ärzte verschrieben ihn bei Appetitlosigkeit. In der ind. Medizin galt er als Mittel, um die Fruchtbarkeit der Frauen zu erhöhen. Er gilt als Antidotum (Gegengiftmittel), stillt Blutungen, heilt Fallsucht und vertreibt schlechte Träume. Bei der hl. → Hildegard heilt er neben Aussatz und Augenkrankheiten besonders Fieber und Milzleiden. Anwendung in der modernen Edelsteinmedizin: Er beeinflußt das Nabel-Chakra; das Elixier hat eine beruhigende Wirkung und löst innere Spannungen.

Totenbuch, ägyptisches, Ägypt.: *Pert em hru* = »Weiterkommen bei Tage«; enthält Beschreibungen, was der Seele (→ Ba) nach dem Tod widerfährt. Voraussetzung für ein Weiterleben der Seele ist die Mumifizierung des Leichnams. Durch das Ritual der Mundöffnung wird erreicht, daß der Tote die Weisheiten des Totenbuches auch im Jenseits nutzen kann. Im Land der Toten herrscht Osiris, vor dessen Totengericht jede Seele treten muß. Nachdem die Seele geschworen hat, kein Unrecht getan zu haben, wird das Herz, das bei der Mumifizierung als einziges Organ im Körper blieb, von Anubis, dem Gehilfen des Osiris, auf eine Waage gelegt und mit einer Feder gewogen. Wenn sie im Gleichgewicht bleibt, kann die Seele in die zwölf Regionen der Unterwelt eingehen. Ansonsten wird sie von einem

Ungeheuer verschlungen. Die Reise in die Unterwelt *Duat* findet nur nachts statt und setzt die Kenntnis der magischen Sprüche des Totenbuches voraus, um durch die zwölf Pforten zu gelangen.

Totenbuch, tibetisches, tib.: *Bardo thödol*; ein Werk des tib. → Tantrismus, das den Zwischenzustand zwischen Tod und Wiedergeburt beschreibt. Verfasser ist Padmasambhava (8. Jh. n. Chr.), der auf Einladung des Königs Tibet besuchte und dort die Nyingma-pa-Schule gründete. Das T. T., das als Grundlage den → Hatha-Yoga hat, beschreibt, wie man in den dem Tod folgenden Zwischenstadien die Erleuchtung erlangen kann. Sobald sich der aus fünf Elementen (Holz, Feuer, Erde, Eisen, Wasser) bestehende Körper aufgelöst hat, ist das Bewußtsein von allen materiellen Bindungen befreit. Voraussetzung für eine Erlösung ist, daß es den Körper durch das Brahma-Tor (Scheitel-Chakra, → Ajna) verlassen hat. Alle weiteren Erfahrungen hängen vom → Karma und den letzten Gedanken beim Sterben ab. Wenn die Seele den Weg durch die darunter liegenden → Chakren wählt, muß sie am Ende des Bardo-Zustandes mit einer niederen Wiedergeburt rechnen.

Touch for Health, engl.: »Berührung für die Gesundheit«; eine mehr auf Gesundheitsvorsorge abgestellte Körpertherapie, die Unausgewogenheiten im Energiesystem des Körpers feststellt und zu beseitigen versucht. Die Diagnose beruht auf einem Muskeltest. Die zwölf Hauptsysteme (Magen, Lungen, Pankreas etc.) kann man überprüfen, indem man die entsprechenden Muskeln testet.

Trance, lat.: *transitus* = »Hinübergehen«; ein psychischer Zustand, der durch eine begrenzte Aufmerksamkeit, aber gleichzeitig durch eine erhöhte Empfänglichkeit für → paranormale Erscheinungen gekennzeichnet ist. Dieser schlafähnliche Zustand kann spontan auftreten oder durch → Hypnose und → Autosuggestion erzeugt werden.

Transkommunikation, instrumentelle, ein von dem Prof. Ernst Senkowski geprägter Oberbegr., der das paranormale Phänomen der → Ton-

Ägyptisches Totenbuch – Darstellung des Totengerichts

bandstimmen (Transaudio), der sichtbaren Geistermanifestationen auf Fernsehbildern (Transvideo) und auf Computern aufgenommener Jenseitstexte (Transtext) umfaßt.

Transzendenz, lat.: »das Überschreiten«; der Bereich des Absoluten und Göttlichen, der sich gänzlich außerhalb des materiellen Universums befindet. Andere Bez.: spirituelle Welt. Es ist der Bereich, woher die Seele stammt und wohin sie zurückkehren wird.

Transzendentale Meditation, Abk.: TM; eine Yoga-Form und spirituelle Bewegung, die von dem Guru Maharishi Mahesh Yogi (geb. 1918) begründet wurde. Durch eine tägliche Murmelmeditation von 20 Minuten werden bei den Schülern Versenkungszustände (→ Samadhi) hervorgerufen. TM lehrt auch Techniken, welche angeblich die → Siddhis so zu aktivieren vermögen, daß eine → Levitation möglich wird.

Traumbücher. Die ältesten T. stammen aus dem Alten Orient. Das älteste bis jetzt bekannt gewordene T. ist ein ägypt. Papyrus (2000–1790 v. Chr.), der die Träume in zwei Gruppen aufteilt: 1. T. der Gefolgschaft des Horus, 2. T. der Gefolgschaft des Seth. Die Träume werden samt den Deutungen getrennt aufgezählt. In der Bibliothek des Königs Assurbanipal in Ninive gab es einen auf Steintafeln festgehaltenen Traumkanon. Das bis in das 19. Jh. bekannteste T. verfaßte der Grieche → Artemidor. Der führende arab. Traumdeuter war Gbadorrhachaman. Sein T. enthält eine Mischung religiöser, auf dem → Koran beruhender, astrologisch gefärbter und im Volksaberglauben wurzelnder Deutungen. Die Gattung der T. kann man folgendermaßen einteilen: 1. T., die vom Inhalt ausgehen und diesen auf etwas Zukünftiges beziehen, 2. T., die vom Zeitpunkt des Traumgeschehens ausgehen (Traumorakel), 3. T., die in Verbindung mit Würfel-, Stech- und Punktierorakel in Anwendung kommen. Zu der 1. Gruppe gehört Artemidor. Die 3. Gruppe enthält die große Zahl der populären T. Die Technik der Auslegung bedient sich der Analogien. Jeder Traum ist eine Allegorie, und seine Symbolik beruht auf Ähnlichkeiten.

Traumdeutung, eine differenzierte psychologische Technik, die bestimmten mediz., besonders diagnostischen und prognostischen Zwecken dient. Es geht bei der T. nicht um die wahrsagerische Auslegung einzelner, von einer Person losgelöster Träume, sondern um die Erforschung des Sinngehaltes von Träumen, die bestimmte Personen in besonderen Lebenslagen haben. Die moderne T. beruht auf den Forschungen → Freuds, der in seinem 1900 erschienenen Werk *Die Traumdeutung* zunächst Wege zur Aufdeckung des Traumsinnes zeigte, darüber hinaus aber auch eine Theorie über das Wesen des Traumes aufstellte. Nach Freud ist der Traum eine Befriedigung eines verdrängten Triebwunsches. Bei einem Traum unterscheidet er zwischen dem manifesten Trauminhalt und den latenten Traumgedanken. Die Aufgabe der T. besteht darin, den Traumtext zu untersuchen und den latenten Traumgedanken herauszuarbeiten. Der Freud-Schüler → Adler sieht im Traum ein Voraustasten und eine probeweise Handlung. Da A. sich von der Überbewertung der Sexualität gelöst hat, ist der Traum für ihn nicht das Resultat verdrängter Triebe, sondern hat eine finale, d. h. auf ein Ziel ausgerichtete Funktion, die für ihn im Machtstreben und Selbsterhaltungswillen liegt. Die T. von → Jung beruht auf dem Konzept des kollektiven Unbewußten und der kompensatorischen Funktion, die dem Unbewußten gegenüber dem Bewußtsein zukommt. Die Bedeutung eines Traumsymbols richtet sich einerseits nach der psychischen Schicht (persönliches oder kollektives Unbewußtes), der es entstammt, andererseits nach seinen Beziehungen zu den Bewußtseinsinhalten. Da das Unbewußte das Wachbewußtsein kompensatorisch ergänzt, enthält der Traum wertvolle Aufschlüsse, Warnungen und Alarmzeichen. Gehört ein Traum zum → Individuationsprozeß, dann tauchen in ihm → Archetypen auf. Es handelt sich um die großen Träume an den Wendepunkten des Lebens, die aus dem → Kollektiven Unbewußten kommen.

Tuberose, bot.: *Poilianthes tuberosa*; eine in Mexiko, Frankreich und Afrika beheimatete Hyazinthenart. Das Öl, das einen stark aromatischen und etwas schwülen Geruch hat, wird durch Alkoholauszug aus den Blüten gewonnen. Mediz. Anwendung: bei Impotenz, Frigidität und Nervosität.

Tulku, tib.; eine durch Zauberei, Gedankenkonzentration und geheimnisvolle Ausstrahlung geschaffene künstliche Form, wie z. B. ein Gespenst oder eine schemenhafte Puppe. Im Urchristentum hielt die Sekte der Doketen → Christus für einen T., d. h. für ein aus der Geisterwelt heraus geschaffenes Wesen. Auch → Buddha soll eine solche Spukgestalt gewesen sein, denn der geistige Kern des Buddha habe seine himmlische Wohnung im Paradies nie verlassen.

Türkis. Der blaue bis grüne Stein besteht aus Aluminiumphosphat. Im alten Ägypten war er ein Schutzstein für Reiter und Pferde. Wenn man einen Wunsch in ihn hineinspricht, so wird er erfüllt. Der T. bringt seinem Besitzer Gesundheit und Reichtum, besonders wenn er ihn bei Verhandlungen und beim Siegeln von Verträgen trägt. Im Mittelalter war er der Stein der jungen Mädchen, deren Tugend er bewachte und die er vor → bösem Blick schützte. Hochgeschätzt ist dieser Stein besonders bei den Mohammedanern, die ihn sogar mit Koransprüchen verzieren. Der T. besitzt sogar die Eigenschaft, daß er jede Krankheit seines Trägers durch Veränderung seiner Farbe anzeigt. In der alten Medizin wird ihm Heilkraft gegen Augenkrankheiten, Darmgeschwüre und

Skorpionstiche zugeschrieben. In der ind. Medizin ist T. ein Gegenmittel gegen alle nur denkbaren Gifte. Anwendung in der modernen Edelsteinmedizin: Er übt Einfluß auf das Kehlkopf-Chakra aus; das Elixier ist ein Stärkungsmittel bei allen Krankheiten.

Turm, der, die 16. Karte der großen Arkana im Tarot. Das Bild auf der Karte zeigt einen Turm, der von einem Blitz zerschmettert wird. Die Spitze stürzt herab, und zwei Menschen fallen herunter auf den Boden. Die Thematik dieser Karte stellt die Bestrafung des Stolzes und Hochmutes der Menschen durch Gott dar. Man dachte auch an den Turmbau von Babel. Der röm. Gott Jupiter trug den Beinamen *Fulminator* oder *Fulgurator* (»Der Blitzschleuderer«). Bei dem Dichter Horaz findet sich der Satz: »Nichts ist den Menschen unerreichbar. In unserer Torheit und mit unseren Verbrechen erreichen wir selbst den Himmel. Wir wollen nicht dulden, daß Jupiter seine rächenden Blitze herabwirft.« Nach anderen Deutungen ist der Turm das Symbol des männlichen Gliedes, und der Blitz versinnbildlicht die Kundalinikraft, die wie eine Schlange im untersten Chakra ruht. Im kabbal. Lebensbaum entspricht ihm der Pfad zwischen Hod (Pracht) und Nezach (Sieg). (→ Tarot)

Turmalin, ein Edelstein, der erst zu Beginn des 18. Jh. nach Europa kam. Es gibt 50 Farbvarianten, von denen die rote und die grüne dem Smaragd ähneln. Bei einem so jungen Edelstein konnte sich noch kein Aberglaube bilden. Gelegentlich bringt man ihn mit Neptun in Verbindung. Anwendung in der modernen Edelsteinmedizin: Aufgrund des Farbenreichtums (schwarz, hell, grün und blau) beeinflußt der T. alle entsprechenden Chakren. Die Elixiere aus den einzelnen Farbvarianten heilen Krankheiten der Organe, die den einzelnen Chakren zugeordnet sind. Der schwarze T. hilft bei Arthritis, der rote T. beseitigt Fruchtbarkeitsstörungen, der helle T. beeinflußt Magenleiden, der grüne T. heilt Herzleiden und der blaue T. hilft bei Kehlkopfleiden.

U

Ufo, Abk. für »Unidentified Flying Object« (Nichtidentifizierbares fliegendes Objekt); volkstüml. Bez. »Fliegende Untertassen«. Der erste Bericht über solche geheimnisvolle Flugobjekte stammt von dem amerik. Piloten Kenneth Arnold, der 1947 scheibenförmige Flugkörper beobachtete. Bis zum Ende des Jahres 1947 belief sich deren Zahl schon auf 156, und in den folgenden Jahren wurde über Tausende derartiger Beobachtungen berichtet. Als Ursache werden Massenhysterie bzw. Massensuggestion, natürlich erklärbare Lichterscheinungen am Himmel, Meteoriten, aber auch die Raumschiffe von Außerirdischen angenommen, welche die Erde umkreisen und ihr in unregelmäßigen Abständen einen Besuch abstatten.

Über-Ich, nach → Freud eine Instanz im Menschen, welche die aus der Familie und Gemeinschaft übernommenen moralischen Motive repräsentiert und die aus der Triebsphäre ins Bewußtsein einwirkenden Bestrebungen kontrolliert.

Unbewußte, das, in der Psychoanalyse (→ Freud, → Adler, → Jung) der Inbegriff seelischer Inhalte und Tatbestände, die nicht durch unmittelbare Erfahrung in Erscheinung treten, aber zur Ganzheit der Seele gehören und die Voraussetzung für das Verständnis seelischer Vorgänge bilden. Nach Freud umfaßt das U. das Es und die Tiefenschicht des → Über-Ich. → Jung unterscheidet das kollektive U. vom persönlichen U., das die Gedächtnisfunktion, die Sinnesvorgänge, die noch nicht bewußtseinsreifen Inhalte umfaßt. Die → Parapsychologie nimmt an, daß sich aus dem U. Seelenkräfte abspalten und selbständig machen und z. B. → Spuk verursachen können.

Unterbewußtsein, ein Begr., der schon in der Philosophie des 18. Jh. benutzt wurde und sich mit dem persönlichen Unbewußten von → Jung deckt. Das U. umfaßt Inhalte, die aus dem Bewußtsein verschwinden, aber bereit zur Bewußtwerdung bleiben, indem sie teils wieder auftauchen, teils Wirkungen auf das Bewußtsein ausüben.

Upanishaden, skrt.: *upasad* = »nahe zusammensitzen«; 108 religiöse Lehrgedichte der Inder, die sich an die → Veden anschließen. Deshalb die ursprüngl. Bez.: *Vedanta* = »Ende der Veden«. Die U. haben auch den Nebensinn von »Geheimlehre«. Zentraler Gedanke der U. ist die Einheit von → Atman und → Brahman. Wer diese Identität von individueller Seele und der Weltseele annimmt, der kann von sich sagen: *Aham brahma asmi* (»Ich bin das Brahma«). (→ Vedanta)

V

Vajrayana, skrt.: Diamantfahrzeug; andere Bez.: *Mantrayana.* Die dritte Hauptrichtung des → Buddhismus, die sich unter dem Einfluß des → Tantrismus und → Shaktismus im 7. Jh. aus dem → Mahayana entwickelt hat. Eine Vielzahl von Buddhas beleben den Kosmos, die mit einer Shakti, einer weiblichen Energie, ohne die die männliche Erkenntnis wirkungslos ist, verbunden sind. Um sich diese Gottheiten gewogen zu machen und die Erlösung von der Welt der Erscheinungen zu erreichen, legt der V. großen Wert auf magische Praktiken (→ Mandala, → Mantra, → Yantra) und den → Yoga, mit deren Hilfe man überdies geheime Kräfte (→ Siddhi) erlangen will. Deshalb hat man V. auch als esot. Buddhismus bezeichnet.

Vanille, bot.: *Vanilla planifolia*; ein in den USA und Südasien beheimatetes Orchideengewächs. Das Öl wird durch Alkoholauszug aus dem Samen gewonnen. Mediz. Anwendung: bei Nervosität und Sexualleiden.

Vampir, russ.; ein blutsaugendes Nachtgespenst, das schon in der Mythologie der alten Inder, Babylonier und Griechen, aber besonders im Volksglauben der Balkanvölker verbreitet ist. Der Glaube an V.e trat epidemisch auf (»Vampirismus«) und ähnelte den → Besessenheitsepidemien.

Vedanta, skrt.: »Ende der Veden«; Bez. für das sich auf die → Upanischaden gründende Lehrsystem, das für sich in Anspruch nahm, die → Veden zu vollenden. Da es in den Upanischaden mannigfache Anschauungen über das Verhältnis der Einzelseele zum Absoluten gab, hat es verschiedene Formen des V. gegeben. Den ersten Versuch einer Systematisierung des V. unternahm im 1. Jh. n. Chr. der Weise Badarayana in seinem *Brahma-Sutra*, das aus 555 kurzen Aphorismen besteht. Der Kerngedanke ist, daß die Weltseele (Brahma) in einer Art Evolution (skrt.: *parinama)* sich zu der Vielheit der Einzelseelen entwickelt hat. Im 8. Jh. n. Chr. bildete sich die Lehre heraus (→ Shankara), daß die vielgestaltige Welt nur Schein ist und nur das ewige Brahma existiert, mit dem die Einzelseele identisch ist.

Veden, skrt.: »Wissen«; Sammelbez. für die heiligen Schriften des → Hinduismus, die zwischen 1500 und 500 v. Chr. entstanden sind. Sie werden in drei Klassen aufgeteilt, die zusammen das *sruti*, das Gehörte oder Offenbarte bilden, das für jeden Hindu den verbindlichen Kanon darstellt: 1. Samhita: → Rigveda, Samaveda (beim Opfer gesungene Melodien), Yajurveda (Opferformeln) und Atharvaveda (Zaubersprüche); 2. Brahmanas: für die Priester bestimmte Erklärungen und Anweisungen für ein richtiges Opfer; 3. → Aranyaka und → Upanischaden. Zu den nichtkanonischen Schriften (skrt.: *smrti* = »das Erinnerte«) zählen die Sutras (»Fäden«), Lehrbücher des Rituals, die als Gedächtnisstütze dienten. Sie bilden die Hilfswissenschaft der V. (Vedangas).

Vedismus, die älteste Form des → Hinduismus, deren Inhalt in den → Rigveden vorliegt. Kennzeichnend ist ein ausgeprägter Polytheismus mit einer nur schwach ausgebildeten Hierarchie, an deren Spitze Indra (Götterkönig), Varuna (Gott des Himmels) und Mitra (Gott des Tageshimmels) stehen. Dazu kommen als Götter personifizierte Naturerscheinungen bzw. -gewalten wie Sonne, Mond, Morgenröte, Wind, Feuer etc. Die untere Klasse bilden die Dämonen *(asuras),* Heroen und vergöttlichte Tiere. Die religiösen Praktiken bestanden aus einem komplizierten Opferwesen, das unter der Aufsicht der Priesterklasse (Brahmanen) stand.

Veilchen, bot.: *Viola odorata*; ein in Europa beheimatetes Veilchengewächs. Das Öl wird durch Alkoholauszug aus der Wurzel und dem Kraut gewonnen. Mediz. Anwendung: bei Rheuma, Keuchhusten und Blasenleiden.

Velikovsky, Immanuel
(1895–1979), russ. Arzt, Psychoanalytiker und Historiker jüd. Abstammung. Er versuchte in seinem Buch *Welten im Zusammenstoß* den Nachweis zu erbringen, daß der Planet Venus erst in der 1. Hälfte des 2. Jahrtausends v. Chr. entstand und so nahe an die Erde herankam, daß es fast zu einem Zusammenstoß gekommen wäre. Die Folge dieses kosmischen Ereignisses waren gewaltige Naturkatastrophen, die u. a. auch zum Auszug (Exodus) der Juden aus Ägypten führten.

Verbena-Öl, bot.: *Lippia citriodora kunth.* Das Öl wird durch Wasserdampfdestillation aus dem Kraut der im Mittelmeerraum beheimateten Pflanze gewonnen. Der Geruch ähnelt dem von Lemongras. Mediz. Anwendung: bei Nervosität, Depressionen etc.

Vetiver, bot.: *Vetiveria zizanoides* oder *Andropogon muricatus*; eine in Südasien beheimatete Graspflanze, aus deren Wurzel durch Wasserdampfdestillation das Öl gewonnen wird. Mediz. Anwendung: bei Nervosität und Hauterkrankungen.

Visuddha-Chakra, skrt.: »Reinheit«; das 5. → Chakra, das seinen Sitz in der Halsgegend hat. Wer dieses Chakra kennt, wird selbst beim Untergang des Kosmos nicht vergehen. Zuordnungen: Element (Äther), Keimsilbe (HAM), Farbe (weiß) und geometrische Form (Kreis).

Vishnu, ursprüngl. ein Sonnengott. V. bildet zusammen mit → Brahma und → Shiva die Götterdreiheit. V.s Gattin ist Lakshmi, die Göttin der Schönheit, und der Adler Garuda ist sein ständiger Begleiter. Von seinen zehn Inkarnationen (→ Avatar) ist am bekanntesten → Krishna.

Vision, lat.: »Gesicht, Schauung«; eine Sinnestäuschung, die aber subjektiv als etwas Wirkliches empfunden wird. Sie kann spontan im Schlaf oder Halbschlaf auftreten oder aber durch Hypnose, Kristalle und Drogen erzeugt werden. In der → Mystik sind V. die durch Ekstase erlangten Offenbarungen Gottes.

Visualisation, lat.: »Verbildlichung«; eine von dem Amerikaner Elmar Green entdeckte Psychotechnik, geistige Bilder und Vorstellungen dem Körper einzuprogrammieren. Die inneren Wünsche eines Menschen müssen aber zunächst in konkrete Vorstellungen umgesetzt werden, bevor man mit diesen inneren Bildern zu meditieren beginnt. Die V. wurde besonders von Shakti Gawain (Werke: *Leben im Licht, Im Garten der Seele, Meditationen im Licht*) weiter entwickelt.

Vivekananda, Swami (1863–1902), ind. Weisheitslehrer und Schüler von → Ramakrishna, dem er im Alter von 18 Jahren zum ersten Mal begegnete. Er wurde Asket und gab sich im Himalaja geistlichen Übungen hin. 1892 wurde er als Vertreter des → Hinduismus zum Weltparlament der Religionen in Chicago geschickt. Auf Vortragsreisen lehrte er die → Vedanta-Philosophie. 1897 gründete er die Ramakrishna-Mission. Seine zahlreichen Vorträge sind von seinen Verehrern aufgezeichnet und in sieben Büchern herausgegeben worden.

Voodoo, abgel. von *vodun* = »Fetisch«; eine Volksreligion mit starker Betonung des Dämonenglaubens und der Sexual-

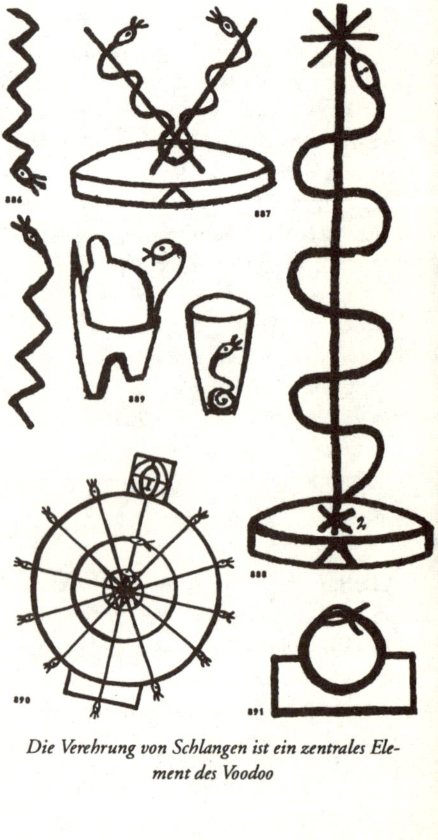

Die Verehrung von Schlangen ist ein zentrales Element des Voodoo

magie, die unter den Nachkommen der afrik. Sklaven in den USA, Mittel- und Südamerika verbreitet ist. Im Mittelpunkt steht die Verehrung der Schlange, und die wichtigsten magischen Praktiken sind der Verteidigungs- und der Angriffszauber. Wie in allen magischen Systemen spielt die Befragung der Toten eine wichtige Rolle, die von den Priestern *(Hungan)* und den Priesterinnen *(Mambo)* herbeigerufen werden. Der Einweihungsritus umfaßt zwei Hauptzeremonien: den Ritus der Sonne, in deren Mittelpunkt die Hauptgottheit Dangbe, die Schlange, steht. Der zweite Ritus richtet sich an Petro, der mit magischen Kräften ausgestattet ist. Ziel der meisten Riten ist es, Schutz für die Gemeinde gegen die Überfälle durch böse Geister zu erwirken. (→ Zombie)

W

Wacholder, bot.: *Juniperus communis*; volkstüml. Bez.: Queckholder, Reckholder. W. ist eine sehr wichtige Heilpflanze, deren Teile fast alle in der Heilkunde verwendet werden. Die Beeren und Nadeln wurden schon im Altertum als Räucherkraut benutzt. Ihr Rauch soll Schlangen, Würmer und böse Geister vertreiben. Der Trank aus den Beeren des W.s verleiht die Gabe der Prophezeiung. Der Blütenstand der männlichen Kätzchen findet Anwendung im Liebeszauber und der Totenbeschwörung. Das aus den Beeren destillierte Öl ist reich an Terpenen. Mediz. Anwendung: bei Entzündungen der Atemwege, Blasenleiden und Husten. Das W.-Öl verstärkt die Harnausscheidung. Überdosierung und Anwendung über einen längeren Zeitraum können zu schweren Nierenschäden führen.

Von Waite entworfene Tarotkarten, die einen Einblick in sein magisches Weltbild geben

Wagen, der, die 7. Karte der großen Arkana des Tarot. Man sieht auf dieser Karte, die in den ältesten Tarotspielen die Nr. 8. war, einen Wagen, auf dem ein Mann (Triumphator) steht. Auf älteren Tarotkarten wird er von zwei Pferden gezogen. Die griech. Namensform für Wagen *(Hamaxa)* diente in der antiken Astronomie und Magie als Benennung des Sternbildes des Bären oder des Kristallhimmels. Von den Sephiroth entspricht ihm Nezach (Sieg) oder Hod (Pracht, Ruhm) und der Pfad zwischen Geburah (Stärke und Macht) und Binah (Intelligenz) im Lebensbaum. Der W. ist das Symbol der kriegerischen oder aggressiven Seite des männlichen → Archetypus. (→ Tarot)

Waite, Arthur Edward (1857–1942), amerik. Okkultist und führendes Mitglied des → Golden-Dawn-Ordens. Durch seine Bekanntschaft mit → Mathers wurde er in den Golden-Dawn-Orden aufgenommen, obwohl er der Magie Mathers sehr skeptisch gegenüberstand. Er war mehr Mystiker als Magier. Der Schwerpunkt seiner Tätigkeit lag auf dem Gebiet der Alchemie, der Kabbala und des Grals. Die Hauptwerke von Eliphas → Levi übersetzte er ins Engl. Bekannt wurde er durch seine → Tarotkarten, deren Bilder nach seinen Anweisungen von Pamela Coleman Smith angefertigt wurden.

Wassermann-Zeitalter. Der Frühlingspunkt (der Schnittpunkt zwischen Ekliptik und Äquator) verschiebt sich rückläufig. Der gesamte Kreislauf des Frühlingspunktes vollzieht sich in rund 26 000 Jahren (Platonisches Jahr). Die letzten zwei Jahrtausende stehen oder standen im Sternbild der Fische (Fischezeitalter). Das W. ist mit dem → New-Age-Zeitalter identisch.

Wasson- oder Pilzreligion
Die Verehrung des Teonanacatl, einer Fliegenpilzart, durch die Azteken

Wasson, Robert Gordon (1898–1986), amerik. Bankier, der zusammen mit seiner Frau den Wissenszweig »Ethnomykologie« gründete. W. beschäftigte sich mit der Frage, welche Rolle die Pilze in der Kulturgeschichte spielen. Er war einer der ersten Forscher, der eine Pilzzeremonie der südamerikan. Indios beschrieb. (*Mushroom Ceremony of the Mazatec Indians of Mexico*, 1957). In den umfangreichen Studien *Mushroom Russia and History* (1957) und *Soma: Divine Mushrooms of Immortality* (1968) behauptete er, daß der → Fliegenpilz mit dem → Soma der alten Inder identisch ist.

Watt, Alan (1915–1974), engl. Religionsphilosoph, Psychologe und Kenner der ind. Philosophie und des Zen-Buddhismus. 1938 übersiedelte er in die USA. Zusammen mit → Leary und → Alpert experimentierte er mit psychotrophen → Drogen, um eine → Bewußtseinserweiterung zu erreichen. Seine Erfahrungen beschrieb er in dem Buch *The Joyous Cosmology* (1962), das ein großer Erfolg in der amerik. Subkultur wurde. Werke in dt. Übers.: *Vom Geist des Zen, Der Lauf des Wassers.*

Weide, bot.: *Salix*; volkstüml. Bez.: Wigge. In der W.-Rinde ist das Alkaloid Salizin enthalten, das in der alten Medizin als Ersatzmittel für das Fiebermittel Chinarinde gebraucht wurde. Die W. ist ein Zauber- und Unglücksgewächs. In der germ. Mythologie hält

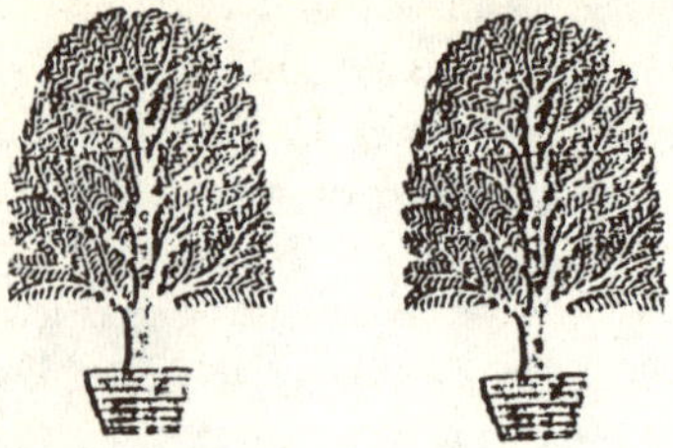

Weihrauch
auf dem ägyptischen Tempel Deir el-Bahari (18. Dynastie; 1505–1484 v. Chr.)

sich im Weidicht der schweigsame Ase Widar auf, der einen Reis von Weidenholz bei sich hat. Man sah in ihm den Hauptgott der Germanen, der den Rang eines großen Waldgottes innehatte. Der von der Feme Verurteilte wurde mit einer Weidenrute erdrosselt. In der Magie wird die W. als Schutzmittel gegen Feinde angesehen. Man kann sich vor deren Verfolgung schützen, wenn man einen Weidenzweig mit besonderen Zaubersprüchen in die Erde steckt. Überhaupt ist die W. die Zauberpflanze der Hexen. Die Volksmedizin bedient sich der W., um Krankheiten zu therapieren. Wer unter Fieber leidet, muß abends zu einer alten Weide gehen und dort warten, bis der Fieberanfall vorüber ist. Sodann soll er etwas von sich an den Baum binden und nach Hause laufen. Das Fieber bleibt am Baum hängen.

Weihrauch, bot.: *Boswellia thurifera.* Für W. wird das Harz verschiedener Boswellia-Arten benutzt. Durch Einschnitte in den Stamm wird ein milchweißer Saft gewonnen, der zu gelben Körnern erstarrt. Bei den alten Kulturvölkern des Orients und des Mittelmeerraumes war der W. schon im 3. Jh. v. Chr. als Räucherwerk in Gebrauch. In der alten Medizin wurde der W. ausgiebig verwendet. Der austral. Wissenschaftler M. Stoddard entdeckte, daß der W. Stoffe enthält, die in ihrer chem. Struktur Sexualhormonen ähneln. Die beiden dt. Pharmakologen Martinetz und Lohs wiesen im W. den psychoaktiven Stoff Tetrahydrocannabinol nach, der sich auch im Haschisch findet. In der Medizin wird der W. als Stimulans und als Hustenmittel benutzt. Er wird bei Hautgeschwüren, zur Hautreinigung, bei Heiserkeit, Katarrh, Magenschwäche, Durchfall, Gicht, Rheuma, Blasen- und Nierenleiden und auch bei Tripper (heute veraltet) eingesetzt. Das aus ihm destillierte Weihrauchöl hat einen sehr feinen Geruch und wird in der Parfümerie verwendet.

Welt, die, die 21. Karte der großen Arkana des Tarot. Auf der Karte ist eine Frau inmitten eines großen Kranzes abgebildet. In den vier Ecken sind die Symbole der vier Evangelisten: Mensch (= Matthäus), Adler (= Johannes), Stier (= Lukas) und Löwe (= Markus) dargestellt. Den Kranz deutet man als Heiligenschein. Schon die hind. Götter wurden mit einem solchen Kranz umgeben, der eine Art von »Kraftfeld« um ihren Körper markiert. In hellenistischer Zeit wird Mithra mit einem solchen Strahlenkranz umgeben, auf dem die zwölf Tierkreiszeichen abgebildet sind. Dieser Zodiakalkreis ist das Symbol des → Makrokosmos oder Universums, in dem der Mensch gleichsam eingebettet ist und dessen Spiegelbild er ist. Deshalb heißt die Karte auch »Die Welt«. Wir wissen heute aufgrund der → Kirlianfotografie, daß der Mensch von einem Energiefeld (Aura) umgeben ist und sehen in dem Heiligenschein bzw. dem Zodiakalkreis eher eine Bestätigung des Phänomens, daß medial begabte Menschen zu allen Zeiten und in allen Kulturkreisen solche Kraftfelder wahrgenommen haben. Diese Frau in dem Ährenkranz wird auch als die griech. Göttin Persephone gedeutet, die in die Unterwelt hinabstieg. Sie ist gleichsam das Symbol für Leben und Tod. Im kabbal. Lebensbaum entspricht ihr der Pfad zwischen Malkuth (das Reich) und Jesod (Fundament). (→ Tarot)

Weiß, gehört zu den uralten Zauberfarben, was schon durch den Namen ausgedrückt wird, dessen Wurzel *Wiz* in dem althochdt. Wort *Wizzago* = (»Zauberer«) vorkommt und noch heute in »Weissagung« weiterlebt. Zuordnung: im Alten Orient (Herrlichkeit, Makellosigkeit), bei den Juden (Sündenlosigkeit), bei den Chinesen eine Trauerfarbe, in der Alchemie (das Metall Silber), der Astrologie (Mond), der Freimaurerei (höchste Erleuchtungsstufe; gewährt Zugang zu den → Eleusinischen Mysterien).

Wermut, bot.: *Artemisa absinthium*; ein in Europa, Asien und Afrika beheimateter Korbblütler. Das Öl wird durch Wasserdampfdestillation aus dem Kraut gewonnen. Mediz. Anwendung: bei Durchblutungsstörungen, Magen- und Darmleiden, Krämpfen und Darmparasiten.

Westcott, William Wynn (1848–1925), engl. Arzt und Mitbegründer des → Golden-Dawn-Ordens. 1890 wurde er Mitglied der engl. Rosenkreuzer-Gesellschaft (Societas Rosicruciana). W. war ein enger Bekannter von → Blavatsky. Man machte W. verantwortlich für die Fälschung der Gründungsdokumente des Golden-Dawn-Ordens. Aus Gründen, die nie ganz aufgeklärt wurden, zog er sich 1897 aus dem Orden zurück. Angeblich hätten ihn seine Vorgesetzten vor die Wahl gestellt, die Ordenstätigkeit oder seine Beamtenstelle aufzugeben.

Wicca, Name eines modernen Hexenkultes, der von Gardner ins Leben gerufen wurde. Die Mitglieder sind in Coven von je 13 Personen organisiert. An der Spitze dieser Gruppen steht eine Hohepriesterin, der eine Gehilfin (Maiden) zur Seite steht. Die → Initiation findet an vier jährlichen Hauptfesten statt: Candlemas (Anfang Februar), Beltane (Anfang Mai), Lammas (Anfang August) und Halloween (31. Oktober). Jedes dieser Feste markiert eine wichtige Phase im Hexenjahr: Candlemas (Ende der Herrschaft der Finsternis und Er-

Wünschelrute

neuerung der Natur), Beltane (Erweckung, die ihren Höhepunkt im Mittsommer erreicht), Lammas (Zeit der Ernte) und Halloween (ein altes Totenfest). Jeder Coven ist eine Priesterschaft, welche die → Große Göttin verehrt. Im W.-Kult spielt das sexuelle Element eine wichtige Rolle. Sex ist eine Art Weiheakt, welcher der christl. Hochzeit entspricht. Die Riten des W. sind im → Buch der Schatten niedergeschrieben.

Winter, Gayan Silvia, Fotomodell, Heilpraktikerin und Autorin, die zu den bekanntesten Vertreterinnen der → New-Age-Bewegung gehört. Ihre esot. Laufbahn begann sie zunächst bei → Bhagwan in Oregon. Ihre Erlebnisse enthält ihr Buch *Wenn das Herz frei wird.* Als sie mit dem dortigen Leben nicht mehr zufrieden war und in eine Lebenskrise geriet, beschäftigte sie sich mit Psychotherapien. Sie wurde Lehrerin für → Primärtherapie, Massagetherapie, → Dehypno-Therapie, → Gestalttherapie und → Bioenergetik. Sie lebt in Santa Fe (Neu-Mexiko) und gibt dort Lebenshilfe-Seminare. Werke: *Die erwachende Göttin, Tarot der Liebe* u. *Die neuen Priesterinnen.*

Wintergreen, bot.: *Gaultheria procumbens*; ein in den USA und Kanada beheimatetes Erikagewächs. Die Ölgewinnung erfolgt durch Wasserdampfdestillation aus den Blättern. Mediz. Anwendung: bei Magen- und Darmschwäche, Rheuma, Gicht, mangelnder Durchblutung.

Wünschelrute, lat.: *Virgula divinatoria*; Gegenstück zum → Pendel; Bez. für einen gegabelten Zweig, mit dem → Sensitive Reizzonen in der Erde (Erdstrahlen, Erz- und Wasseradern) aufspüren können. Die Wirkung der W. kann auf geoelektrische Anomalien zurückgeführt werden, die vom Wünschelrutengänger wahrgenommen werden können oder auf eine besondere paranormale Fähigkeit. (Radiästhesie)

X

Xenoglossie, griech.: »Reden in fremder Zunge«; Bez. im → Spiritismus und → der Parapsychologie für die paranormale Fähigkeit, in einer fremden Sprache zu sprechen, die man vorher niemals gelernt hat. Die X. ist aus der → Hypnose bekannt. Der Hypnotiseur kann einer Person suggerieren, in eine frühere Existenz zurückzukehren. Wörter und ganze Sätze von Sprachen, mit denen dieser Mensch zufällig einmal in Berührung gekommen ist, können ins Bewußtsein treten. Im Unterschied zu dieser rezitativen X. gibt es noch die responsive X., die es der betreffenden Person ermöglicht, sich in ganzen Sätzen zu unterhalten. Plausibel kann dieses Phänomen nur durch → Reinkarnation erklärt werden.

Y

Yang/Yin, die beiden Grundkräfte, in die sich die universelle Lebenskraft (→ Chi'i) aufspaltet. Yang ist männlich (rote Farbe) und Yin weiblich (schwarze Farbe).
Symbolisch werden sie verschlungen in einem Kreis dargestellt. Diese Zweiheit findet man im gesamten Kosmos: Himmel/Erde, Sonne/Mond, Mann/Frau etc.
Das richtige Zusammenspiel beider Kräfte ist der Weg des Himmels und führt zur Harmonie. (Taoismus)

Yantra, skrt.; ein Meditationsdiagramm, eine geometrisch-symbolische Figur als Hilfsmittel zur Versenkung, im hind. → Tantrismus meistens eine Plastik mit einer farbigen Zeichnung. Oft sind noch mystische Buchstaben des altind. Sanskritalphabets daraufgeschrieben.

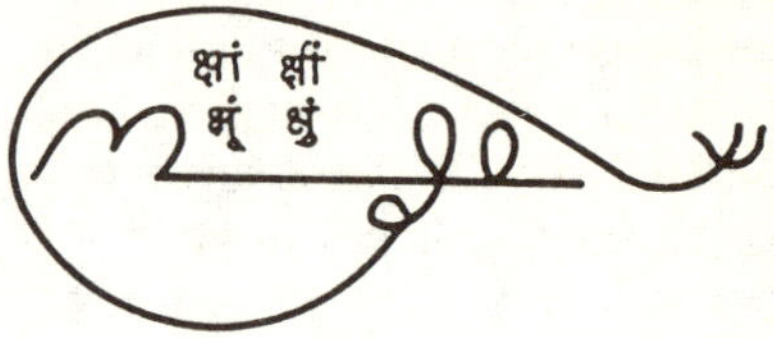

Yantra

Yang/Yin

Yates, Frances A. (1899–1981), engl. Historikerin, die von 1941–1981 am Warburg Institute in London lehrte. In ihren Studien *Giordano Bruno* und *Die Okkulte Philosophie des Elisabethanischen Zeitalters* wies sie nach, daß → Hermetik und → Okkultismus eine wichtige Rolle bei dem Paradigmawechsel von dem mittelalterl. zum kartesianischen Weltbild spielten.

Yeats, William Butler (1865–1939), bekannter engl. Dichter und führendes Mitglied des → Golden-Dawn-Ordens. 1890 wurde er in den Orden aufgenommen. Y. trug sich mit dem Gedanken, die kelt. Götter in das System des Golden-Dawn einzubringen. Als → Mathers sich mehr → Crowley zuwandte, fühlte sich Y. in seinen Hoffnungen getäuscht, künftig der Kronprinz Mathers zu werden. Er wechselte über zu den Gegnern Mathers (→ Farr) und übernahm deren Führung, als es zur Spaltung des Ordens kam.

Yidam, tib.: »Schutzgottheit«; eine persönliche Meditationsgottheit im → Tantrismus. Nach der Meditation kann mit Hilfe von Ritualen diese Gottheit herbeizitiert werden. (→ Tulku)

Ylang-Ylang, bot.: *Canaga odorat*; ein in Südasien beheimatetes Magnoliengewächs. Das Öl wird durch Wasserdampfdestillation aus den Blüten gewonnen. Auch als Canag-Öl bekannt, das ein ausgesprochen erotischer Duftstoff ist. Mediz. Anwendung: bei Blutdrucksenkung, nervlich bedingten Leiden und Beschwerden wie Angst, Depressionen und Nervosität.

Yoga, skrt.: »Joch«; Bez. für die ind. Meditations- und Kontemplationspraxis, um höhere Bewußtseinszustände zu erreichen. Vermutlich hat es solche Übungen, besonders für Krieger, schon in der ind. Frühgeschichte gegeben. Eine Statue in Yoga-Position aus der Zeit von 2500 v. Chr. wurde bei Ausgrabungen im Industal gefunden. Der Y. ist keine besondere hind. Erscheinung, denn er findet sich auch im → Buddhismus und → Jainismus. Die klass. Darstellung des Y. enthält das aus 194 kurzen Merksprüchen bestehende *Yogasutra* des Patanjali. Der sog. Yogapfad besteht aus acht Stufen: 1. Yama: Sittliche Zucht; dazu gehören das Nichtschädigen von anderen Wesen, Wahrhaftigkeit, Keuschheit, Nichtstehlen und Begehrlichkeit. 2. Niyamas: die Gelübde der Reinheit, Genügsamkeit und Askese, das Studium der heiligen Texte und Gottergebenheit. 3. Asanas: Sitzhaltungen; bekannt ist die Lotusstellung (Padmasana). 4. Pranayama: Atemregulierung; dazu gehören Ausatmen, Einatmen und Atemanhalten. 5. Pratyahara: Einziehen der Organe, das Zurückziehen der Sinne von den Sinnesobjekten. 6. Dharanan: Festlegung des Denkorgans; die Gedanken werden auf einen bestimmten Punkt konzentriert. 7. Dhyanan: Meditation, bei der das Vorstellungsvermögen beständig auf einen Punkt gerichtet ist. 8. Samadhi: Versenkung; Subjekt und Objekt werden eins. Die wichtigsten Y.-Formen sind der → Hatha-Y., → Kundalini-Y., → Raja-Y. und → Mantra-Y.

Yogananda, Paramahansa, (1893 bis 1952) Geburtsname Mukunda Lal

Yoga: Die Lotusstellung

Ghosh; ind. Weisheitslehrer, der mit 14 Jahren einem Orden beitrat und den Namen Yogananda annahm. Sein Lehrer war Swami Yuktesar. 1920 kam er in die USA, wo er ein Yogazentrum gründete. Y. entwickelte besonders den → Kundalini-Yoga weiter.

Ysop, bot.: *Cinnamonum ceylanici*; ein in Europa und Asien beheimateter Lippenblütler. Die Gewinnung des Öles erfolgt durch Wasserdampfdestillation des Krautes. Mediz. Anwendung: bei Entzündungen der Atmungsorgane, bei Husten und Magenbeschwerden.

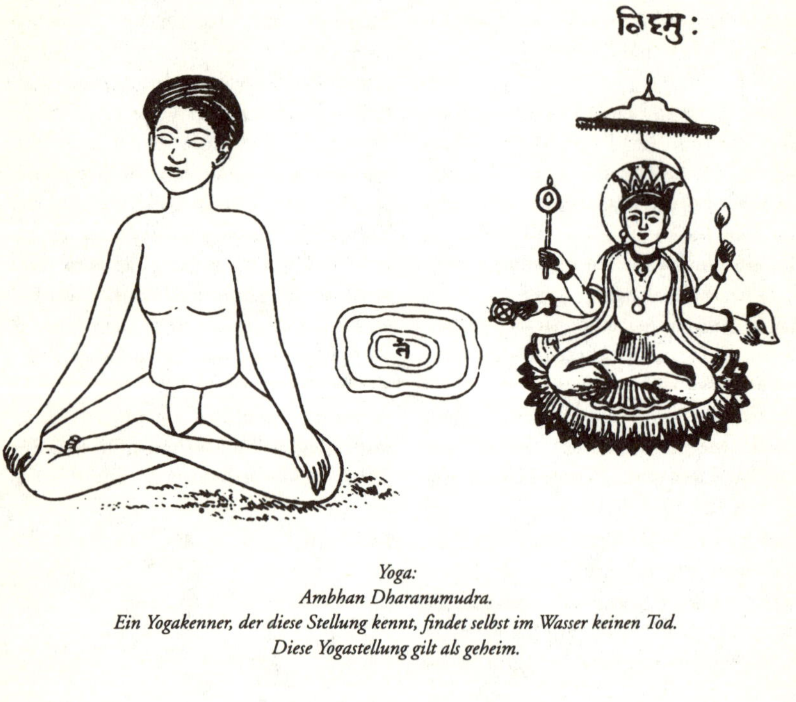

Yoga:
Ambhan Dharanumudra.
Ein Yogakenner, der diese Stellung kennt, findet selbst im Wasser keinen Tod.
Diese Yogastellung gilt als geheim.

Z

Zahlenmagie, → Gematria, praktische → Kabbala, → Zahlensymbolik.

Zahlensymbolik. Mit dem Aufkommen der → Astrologie werden auch den Zahlen geheime Kräfte zugeschrieben. Eine wichtige Rolle spielte der Geheimsinn bzw. der Symbolgehalt der Zahlen bei → Pythagoras:

1.: Gott, Sonne, Mann; Grundlage aller Zahlen, schöpferisch und positiv.
2.: Mond. Teufel, Mond, Frau; weibliche Eigenschaften.
3.: Trinität, Versöhnung der Gegensätze, Jupiter; Führungspersönlichkeit.
4.: Materie, Uranus; weltfremd.
5.: Sinnlichkeit, Männlichkeit, Sexualität, Merkur; gewandt.
6.: Ehe, Harmonie, Venus; Hartnäckigkeit.
7.: Geburt, Tod, Magie, Neptun; ausgeprägte Persönlichkeit.
8.: materielle Welt, Gerechtigkeit, Saturn; starke Natur.
9.: Geist, Mars; kämpferisch.

Wenn man nun jedem Buchstaben eines Eigennamens einen Zahlenwert (Numerologie) zuordnet oder den Geburtstag, Geburtsmonat und Geburtsjahr betrachtet und die Zahlenwerte addiert und so lange die Quersumme bildet, bis man eine Zahl von 1 bis 9 erhält, lassen sich der betreffende Name bzw. das Datum deuten.

Zazen, jap.: »Sitzen in Versunkenheit«; im → Zen der direkte Weg zum Erwachen. Beim Z. wird zur inneren Sammlung kein Meditationsobjekt benutzt. Der Geist soll auf diese Weise nämlich aus der Knechtschaft von Dingen und Vorstellungen gelöst werden.

Zaunrübe, bot.: *Bryonia alba*; volkstüml. Bez.: Gichtrübe, Hundsrübe oder Tollrübe. Im Volksglaube ist die Z. ein beliebtes Mittel gegen Unwetter und wird für den Liebeszauber benutzt.

Zen-Buddhismus, jap.; chin.: *Tsch'an*; skrt. *dhyana* = »Meditation«; ursprüngl. die chin. (d. h. pragmatische) Form des → Buddhismus, die sich von dem intellektuellen ind. Buddhismus absetzen will und den Schwerpunkt mehr auf das Alltägliche legt. Aus diesen Gründen vertritt der Z.-B. keine besonderen Lehren, so daß es fast unmöglich ist, sein Wesen zu bestimmen Z.-B. definiert man am besten durch die paradoxe Behauptung: ein Glaube, den man nicht glauben muß. Gründer des Z.-B. ist → Boddhidharma. Durch Meditation und eigenes Bemühen kann man die Erlösung *(satori)* erreichen und sich mit dem Absoluten vereinigen. Dies bedeutet jedoch nicht, sich von der Welt zurückzuziehen, sondern die Erleuchtung soll im täglichen Leben *(wu'shi)* stattfinden. Nach Boddhidharma ist in jedem Menschen die Buddha-Natur vorhanden. Aufgabe des Z.-B.s ist es, dem Menschen zu helfen, sein eigenes Wesen zu erkennen. Die vorherrschende Schule des Z.-B. ist Rinzai oder »Plötzliche Schule«, die im 12. Jh. von → Eisai in Japan in Kyoto gegründet wurde. Sie bedient sich hauptsächlich des Mondo (Dialoge aus Frage und Antwort) und des → Koan. (→ Suzuki, → Enomya-Lassalle → Watt)

Zibet, das Drüsensekret der Zibetkatze beiderlei Geschlechtes. Es gibt drei Hauptarten: die asiatische und afrikanische Z.-Katze und die Ginsterkatze, die in Südeuropa vorkommt. Z. ist ein → Pheromon, das auch auf das menschliche Sexualdrüsensystem wirkt. Z. ist der kräftigste aller tierischen Duftstoffe.

Zikr, der Tanz der → Derwische, bei dem sie den Oberkörper vorwärts und rückwärts bewegen und kurze Koranverse rezitieren, bis sie in → Trance fallen.

Zimt-Öl, bot.: *Cinnamonum Ceylanicum.* Das Z. wird aus der Zimtrinde gewonnen. Unterschieden werden muß davon das Zimtblätteröl, das aus den Blättern destilliert wird. Es riecht weniger nach Zimt, sondern hat einen ausgesprochenen Nelkengeruch. Mediz. Anwendung: bei Infektionskrankheiten, besonders Grippe und Erkrankungen der Atemwege.

Zitronen-Öl, bot.: *Citrus limonum.* Das Öl wird durch Kaltpressung der Fruchtschalen gewonnen. Schon im Mittelalter war Z. ein Heilmittel gegen innere Fäulnis. Da Z. eine starke keimtötende Wirkung hat, eignet es sich besonders als Mittel gegen Infektionskrankheiten.

Zombie, ein zum Leben wiedererweckter Toter im → Voodoo. Dies geschieht durch ein Ritual, bei dem der Leichnam dazu gebracht wird, → Stechapfel zu essen. Die Z.s sind leicht an ihrem halbidiotischen Gesichtsausdruck zu erkennen Z.s werden als Sklaven eingesetzt. Die Angst, nach dem Tod ein Zombie zu werden, ist zum Beispiel in Haiti sehr verbreitet. Deshalb müssen besondere Rituale vollzogen werden, um die Toten zu schützen.

Zoroastrismus, andere Bez.: Parsismus, Mazdaismus; Name der alten pers. Volksreligion, die von Zarathustra begründet wurde. Die zentrale Vorstellung ist der Glaube an den einen Gott im Himmel (Ahura Mazda), der es mit einem Widersacher in der Hölle (Ahriman) zu tun hat. Zwischen diesen beiden tobt ein heftiger Kampf in der Welt. Aus diesem → Dualismus ergibt sich für den Menschen die Pflicht, sich aktiv für das Gute einzusetzen. Die heilige Schrift des Z. ist der → Avesta.

Zungendiagnostik, spielt in der chin. Medizin eine wichtige Rolle. Die

Z. gibt vor allem Auskunft über Vitaminmangelzustände.

Zypresse, bot.: *Cupressus sempervirens*; ein im Mittelmeeraum beheimatetes Zypressengewächs. Das Öl wird durch Wasserdampfdestillation aus den Früchten und Zweigen gewonnen. Es ist ein Pflanzenhormon, dessen chem. Struktur weiblichen Sexualhormonen ähnelt.

154 *DE NVMERO DCLXVI.*

Qui numeri ſingulis litteris deputentur.

A	*B*	*C*	*D*	*E*	*F*	*G*	*H*	*I*	*K*	*L*	*M*	*N*	*O*
1	*2*	*3*	*4*	*5*	*6*	*7*	*8*	*9*	*10*	*20*	*30*	*40*	*50*

P	*Q*	*R*	*S*	*T*	*V*	*X*	*Y*	*Z*
60	*70*	*80*	*90*	*100*	*200*	*300*	*400*	*500.*

I	*V*	*HI*	*HV.*
600	*700*	*800*	*900.*

Hæc igitur erit ſumma numerorum perfidi Hæreſiarchæ:

M A R T I N L V T E R A

30 1 80 100 9 40 20 200 100 5 80 1.

qui ſimul iuncti numeri pariunt 666. Sed & eundem ordinem diximus ſeruaſſe Græcos omnibus ſuis litteris exprimentes numeros. verum toto alphabeti ſui charactere in numerorum figuras extenſo, tres, qui plus ſunt, numeros notis proprijs, quæ ex alphabeto non ſunt depingunt, prima eſt ϛ, notans 6. ſecunda ϙ, notans 90. poſtrema ϡ, ſignans 900. Græci igitur nomen beſtiæ reperiunt in nomine Τεῖταν *.i. gigantis, hoc inquam modo:*

Τ Ε Ι Τ Α Ν

300 5 10 300 1 50.

Et ſibi nomen Antichriſtus, quaſi omnibus potentia antecellat, vſurpatum reputans, ipſum ſe eſſe iactans; de quo ſcriptum eſt: Exultauit vt
Pſal. 18. *Gigas ad currendum viam à ſummo cælo egreſſio eius. Ponit Tychonius aliud nomen, quod illuſtris dicitur interpretatum:*

Λ Α Μ Π Ε Τ Ι Σ

30 1 40 80 5 300 10 200.

Aliud affert Arethas, quod Latinus dicitur:

Λ Α Τ Ε Ι Ν Ο Σ

30 1 300 5 10 50 70 200.

Ponit & Primaſius duo nomina, dictam numerorum ſummam comprehendentia. primum eſt:

Α Ν Τ Ε Μ Ο Σ

1 50 300 5 40 70 200.

quod ſignificat honori contrarium. (neque enim honor ei, ſed anathema conuenit.) Alterum iſtud:

Α Ρ Ν Ο Υ Μ Ε

1 100 50 70 400 40 5.

Inter-

Zahlensymbolik:
Der Name »Martin Luther« hat den Zahlenwert »666«, der dem des apokalyptischen Tieres entspricht. Aus Bengo Numerorum mysteria 1599.